孫希旦撰
沈嘯寰 王星賢 點校

禮記集解 下

文史哲出版社印行

禮記集解 下冊 目次

卷二十七
內則第十二之一……七二四

卷二十八
內則第十二之二……七五四

卷二十九
玉藻第十三之一……七七四

卷三十
玉藻第十三之二……八〇九

卷三十一
明堂位第十四……八三九

卷三十二
喪服小記第十五之一……八五九

卷三十三
喪服小記第十五之二……八七九

卷三十四
大傳第十六……九〇二

卷三十五
少儀第十七……九一九

卷三十六
學記第十八……九五六

卷三十七
樂記第十九之一……九七五

卷三十八
樂記第十九之二……一〇〇三

卷三十九
雜記上第二十之一……一〇四〇
卷四十
雜記上第二十之二……一〇六二
卷四十一
雜記下第二十一之一……一〇八三
卷四十二
雜記下第二十一之二……一一〇六
卷四十三
喪大記第二十二之一……一一二八
卷四十四
喪大記第二十二之二……一一五九
卷四十五
祭法第二十三……一一九二
卷四十六
祭義第二十四……一二〇七
卷四十七
祭統第二十五……一二三六
卷四十八
經解第二十六……一二五四
哀公問第二十七……一二五八
卷四十九
仲尼燕居第二十八……一二六七
孔子閒居第二十九……一二七四
卷五十
坊記第三十……一二八〇
卷五十一
中庸第三十一朱子章句……一二九六
卷五十二
表記第三十二……一二九七

緇衣第三十三……一三三三
卷五十三
奔喪第三十四……一三三四
卷五十四
問喪第三十五……一三四九
服問第三十六……一三五五
卷五十五
間傳第三十七……一三六四
三年問第三十八……一三七三
卷五十六
深衣第三十九……一三七八
投壺第四十……一三八三
卷五十七
儒行第四十一……一三九八
大學第四十二朱子章句……一四一〇
卷五十八
冠義第四十三……一四一一
昏義第四十四……一四一六
卷五十九
鄉飲酒義第四十五……一四二四
卷六十
射義第四十六……一四三七
燕義第四十七……一四四九
卷六十一
聘義第四十八……一四五六
喪服四制第四十九……一四六八
項琪跋……一四七五
尚書顧命解……一四七七
尚書顧命解跋……一四八六

禮記卷二十七

内則第十二之一

別録屬子法。

朱子曰：此古經也。又曰：鄭氏以爲記男女居室事父母舅姑之法，閨門之内，儀軌可則，故曰内則。此必古者學校教民之書。○趙氏師曰：内則一篇，文理密察，法度精詳，見古先聖王所以厚人倫、美教化者無所不用其全。某疑中間似有難看處，如「飯黍、稷、稻、粱」止「士於坫一」一節，與上下文似不相蒙，豈特載此因以著夫貴賤品節之差耶？又「凡養老」止「玄衣而養老」一節，疑王制文重出。不然，亦豈先王之成法，因子事父母而達之天下，以及人之老耶？又「曾子曰『孝子之養老』」一節，雖承上章「養老」之文而云，然此篇既曰「后王命冢宰降德于衆兆民」，則是古昔盛時朝廷所下教命，恐不應引曾子之言，某疑他簡脱誤在此耳。又「凡養老，五帝憲」止「皆有惇史」一節，疑簡錯，或當在上文「玄衣而養老」之下。又「淳熬」止「以與稻米爲酏」一節，亦疑簡錯，恐或當屬上文「冬宜鱻羽，膳膏羶」，及「雉兔皆有芼」之下。自此外數節，上下井井有條，獨此未易曉暢。愚謂自「養老，有虞氏以燕禮」，至「皆有惇史」，與通篇所言不相比附，而文體亦異，疑係他篇脱簡。若以「淳熬」接上「士於坫一」之下，則通篇條理秩然矣。

后王命冢宰降德于衆兆民：

鄭氏曰：后，君也。德猶教也。萬億曰兆。天子曰兆民，諸侯曰萬民。周禮冢宰掌飲食，司徒掌十二教，今一云「冢宰」，記者據諸侯也。諸侯并六卿爲三，或兼職焉。孔氏曰：君，謂諸侯；王，謂天子。蓋雖以諸侯爲主，而雜以天子言之，故又稱「王」及「兆民」也。飲食教令，所掌各有別官，今此篇內既有飲食，又有教令，則篇首當言「命冢宰、司徒」，今惟一云「冢宰」，不言「司徒」，是記者據諸侯并六卿爲三，司徒或兼冢宰之事也。意疑而不定，故稱「或」焉。朱子曰：註疏言「諸侯司徒兼冢宰」，是也。但此言「后王之命」，則冢宰實天子之冢宰耳。蓋周禮大宰「掌建邦之六典」，而二曰「教典」，則教民雖司徒之職，而冢宰無所不統，故以其重者言之。其在諸侯，則亦天子之宰施典於邦國，而諸侯承之以教其民，自不害冢宰爲司徒之兼官也。愚謂后王，天子也。不言「降教」而曰「降德」者，見王者身有此德，乃降之以教於民，所謂「有諸己而後求諸人」也。

子事父母，鷄初鳴，咸盥、漱，櫛、縰，笄、總，拂髦、冠、緌、纓、端、韠、紳，搢笏，左右佩用。左佩紛帨、刀、礪、小觿、金燧，右佩玦、捍、管、遰、大觿、木燧，偪，屨著綦。釋文：漱，所救反，徐素遘反。縰，所買反，徐所綺反。韠音必。搢，徐音箭，又音晉。紛，芳云反，或作「帉」，同。帨，始鋭反。觿，許規反，本或作「鑴」。燧音遂。捍，户旦反。遰，時世反，徐作「滯」。偪，本又作「幅」，彼力反。綦，其記反。

鄭氏曰：咸，皆也。縰，韜髮者也。總，束髮也，垂後爲飾。拂髦，振去塵著之。髦用髮爲之，象幼時鬌，其制未聞也。緌，纓之飾也。端，玄端，士服也。庶人深衣。紳，大帶，所以自紳約也。搢猶扱也，扱笏於紳。笏，所以記事也。佩用，自佩也。必佩者，備尊者使令也。紛帨，拭物之佩巾，今齊人有言紛者。刀、礪，小刀及礪礱也。小觿，解小結也。觿貌如錐，以象骨爲之。金燧，可取火於日。捍，謂拾也，言可以捍弦也。管，筆彄也。遰，刀鞞也。木燧，鑽火也。偪，行縢。綦，屨繫也。孔氏曰：此「子」謂男子，以經云「端、韠、紳，搢笏」故也。盥，謂洗手；漱，謂漱口。此據年稍長者，若孺子則晏起，而不能鷄初鳴也。縰，韜髮者也。士冠禮云「緇纚長六尺」，鄭云：「纚一幅長六尺，足以韜髮而結之矣。」盧云：「所以裹髻承冠，以全幅疊而用之。」盧說爲優。笄者，著縰既畢，以笄插之。熊氏云：「此謂安髻之笄，以縰韜髮作髻，既訖，橫施此笄於髻中以固髻也。故士喪禮云『笄用桑，長四寸，纋中』，是也。纋中，謂殺其中使細。非固冠之笄，故文在『冠』上。」總者，裂練繒爲之，束髮之本，垂餘於髻後，以爲飾也。此經所陳，皆依事先後：櫛訖加縰，縰訖加笄，笄訖加總，然後加髦著冠，冠畢然後服玄端，著韠，又加大帶也。「刀、礪」與「小觿連文，故知刀爲小刀。玦當作「決」，以象骨爲之，著於右手大指，所以鉤弦闓體。拾，以皮爲之，著於左臂以遂弦，故亦名遂。（自「玦當作決」以下至此，見朱子儀禮經傳通解所採孔疏，今本禮記註疏及衛氏集說皆無之。）刀鞞之刀，大於左廂刀也。晴則以金燧取火於日，陰則以木燧鑽火。左旁用力不便，故佩小物；右廂用力爲便，故佩大物。皇氏云：「屨頭施繫，以爲行戒。」或云：屨上施繫，以結於足也。陳氏祥道曰：詩曰「赤芾在股，邪偪在下」，蓋以幅帛邪纏於足，故謂之邪偪，所以自偪束也，故謂之偪。男子事父母有偪，詩諸侯朝天子有偪，則凡行皆有偪。特婦人不用，故婦事舅姑無偪。朱子曰：屨繫，或說爲是，爲行戒者絇也。愚謂子事父母，謂男子已冠者也。下文言「男女未冠笄者」，而不顯女子已笄者之禮，蓋女子笄則適人，故略之。其或在室者，則其禮與子婦同也。婦人吉總尺有二寸，則男子之總亦然。刀皆有鞞，左言「刀」，右言「遰」，互見之爾。觿，錐也。字或作「鑴」，是有以金爲之者。小觿以解小結，大觿以解大結。「大觿」與「木燧」相連，蓋鑽燧亦用之也。金燧，以金爲之，考工記「金錫半謂之鑒燧之齊」，是也。司烜氏「掌以夫遂取明火于日，以鑒取明水于月」，鄭云：「夫遂，陽遂也。」成伯璵謂「冬至日子時鑄銅爲鑒，謂之陽遂；夏至日午時鑄銅爲鑑，謂之陰鑒」。是金遂亦鑒類，其狀相似，欲取火則向日照之，以引取其火也。木燧，以木爲之，春用榆柳，夏用棗杏，夏季用桑柘，秋用柞楢，冬用槐檀，用鑴鑽之以出火，論語云「鑽燧改火」是也。火出於日者屬陽，故金燧佩於左；火出於木者屬陰，故木燧佩於右。左所佩凡五物，奇數，陽也。右所佩凡六物，偶數，陰也。○孔疏謂「玄冠有纓約，有纓者無笄」，蓋以士冠禮皮弁、爵弁有笄，而於冠不言笄耳。然士冠禮初加之冠乃大古之緇布冠，其制質畧，不獨無笄，且無武矣，未可據此以決玄冠之制也。冕、弁有紘又有笄，冠有纓，何必無笄乎？國語范武子以杖擊文子，「折委笄」，註謂「委貌之笄」，則冠之有笄見於此矣。男子有二笄：一爲固髮之笄，一爲固冠之笄。此言「笄」在「冠」上，則爲固髮之笄，而非固冠之笄也。

婦事舅姑，如事父母：雞初鳴，咸盥、漱，櫛，縰、笄，總，衣紳。左佩紛帨、刀、礪、小觿、金燧，右佩箴、管、線、纊，施縏袠，大觿、木燧，衿纓、綦屨。釋文：如父母，一本作「如事父母」。衣如字，又於既反。箴，之林反。線，本又作「綫」，息賤反。纊音曠。縏，字又作「鞶」，同步干反。袠，陳乙反，又作「帙」。今，本

又作「紟」，其鳩反。嬰，又作「纓」●

鄭氏曰：笄，今簪也。衣紳，衣而著紳。縏，小囊也。縏袠言「施」，明爲箴、管、線、纊有之。衿猶結也。婦人有纓，示繫屬也。孔氏曰：婦人之笄，喪服所謂「女子吉笄尺二寸」者也。但婦人之笄異於上男子笄、縰乃皮弁、爵弁之笄，故鄭以簪解之也。衣，謂玄綃衣。熊氏云：「袠，刺也。」以針刺袠而爲縏囊，故云「縏袠」也。餘物皆不言「施」，獨於「箴、管、線、纊」之下而言「施縏袠」，明爲四物而施矣。鄭註士昏禮云：「婦人十五許嫁，笄而禮之，因著纓，明有繫。蓋以五采爲之，其制未聞。」未笄無纓。下「男女未冠笄者」亦云「衿纓」，彼用以佩容臭，與此既笄之纓別也。朱子曰：婦人不冠，所謂「吉笄」，即爲固髻之用，亦名爲簪，而非如二弁之笄矣。愚謂男子有二笄：一以固髮，一以固冠。婦人惟有尺二寸之笄以固髮，而因以爲飾，與男子之冠相當，所謂「男子冠而婦人笄」也。而孔氏乃以當皮弁、爵弁之笄，故朱子非之。特牲禮「主人服玄端，主婦笄纚綃衣」，是婦人之笄纚綃衣與男子之玄端相當。士大夫以玄端爲常服，則其妻以笄纚綃衣爲常服也。婦人左佩五物，悉與男子同；右佩六物，管、大觿、木燧與男子同，餘三物則異。蓋玦、捍用於射，刀之大者用以割斷，皆非婦人之所當佩，而箴及線、纊則女工之所有事也。陳用之據士昏禮壻脫婦纓，謂「事舅姑之纓乃佩容臭之纓，非許嫁之纓」。然香纓惟男女未冠笄者有之，上男子已冠者無此，則婦人可知。昏禮「脫纓」，蓋昏夕暫脫之耳，非一脫不復著也。

以適父母舅姑之所。及所，下氣怡聲，問衣燠寒，疾痛苛癢，而敬抑、搔之。出入則或先或後，而敬扶持之。進盥，少者奉槃，長者奉水，請沃盥，盥卒，授巾。問所欲而敬進之，柔色以温之，饘、酏、酒、醴、芼、羹、菽、麥、蕡、稻、黍、粱、秫唯所欲，棗、栗、飴、蜜以甘之，堇、荁、枌、榆、免、薧、滫、瀡以滑之，脂、膏以膏之，父母舅姑必嘗之而后退。釋文：燠，本又作「奥」，同於六反。苛音何。養，本又作「癢」，以想反。少，詩召反，後皆同。奉，芳勇反，本或作「捧」。長，丁丈反。温，本又作「蘊」，又作「愠」，同於運反。饘，之然反。酏，羊支反。芼，毛報反。蕡，字又作「黂」，扶云反，徐扶畏反。秫音述。飴，羊之反。堇音謹。荁音丸。枌，扶云反。免音問。薧，字又作「槀」，苦老反。滫，思酒反。瀡音髓。膏之，古報反。

鄭氏曰：怡，説也。苛，疥也。抑，按。搔，摩也。先後之，隨時便也。槃，承盥水者。巾以帨手。温，藉也，承尊者必和顔色。酏，粥也。芼，菜也。蕡，熬枲實。甘之、滑之、膏之，謂用調和飲食也。荁，堇類。冬用堇，夏用荁。榆白曰枌。免，新生者。薧，乾也。秦人溲曰滫，齊人滑曰瀡。父母舅姑必嘗之而後退，敬也。孔氏曰：「苛」與「癢」連文，故知是疥。藉者，所以承藉於物，言子事父母，當和柔顔色，承藉父母，若藻藉承玉然。酏是粥之薄者，則饘爲厚者。公食禮三牲皆有芼，「牛藿、羊苦、豕薇」，用菜雜肉爲羹也。釋草云：「黂，枲實也。」菽豆以下，供尊者所食，悉皆須熟，故云「熬枲實」也。以甘之者，以此棗、栗、飴、蜜以甘和飲食。士虞禮記「夏用葵，冬用荁」，鄭云：「荁，堇類也，乾則滑。夏秋用生葵，冬春用乾荁。」此經「堇」「荁」相對，故知冬用堇，夏用荁也。釋木云「榆，白枌」，孫炎云：「榆白者名枌。」庖人云「共鱻、薧之物」，「鱻」「薧」相對。此經以「免」對「薧」，薧既是乾，故知免爲新生也。鱻、薨，周禮據肉爲言，此則以堇、荁等爲免、薨。以滑之者，言以此數物相和，滫瀡之令柔滑也。凝者爲脂，釋者爲膏。以膏之者，以膏沃之，使之香美。此等總爲調和飲食。陸氏德明曰：荁似堇而葉大。方氏慤曰：以甘之，周官所謂「調以甘」；以滑之，周官所謂「調以滑」；以膏之，周官所謂「膏香」「膏臊」之類也。愚謂槃以承盥水，其盛水蓋以匜，左傳「奉匜沃、盥」是也。槃輕，故少者奉之；水重，故長者奉之。飴，餳也，米糵煎成，亦謂之糖，方言「餳謂之糖」是也。爾雅：「秫，黏粟也。」然凡黍稻之黏者皆謂之秫，不獨粟也。爾雅「齧，苦堇」，郭氏云：「今堇荼也。子如米，汋食之滑。」唐本草云：「俗謂之莖菜，葉似蕺，花紫色。」邢氏云：「本草云『味甘』，云『苦』者，古人語倒，猶甘草謂之大苦也。」荁，堇類。榆，刺榆也，一名樞，又名荎。陸璣云：「樞葉如榆，爲茹美，滑於白榆。」是枌爲白榆，榆爲刺榆，枌、榆之葉皆可爲茹，而刺榆尤美也。下云「命士父子異宮，昧爽而朝」，則此不命之士，至父母舅姑之所未昧爽也。又下言「命士以上，昧爽而朝，慈以旨甘」，「日入而夕，慈以旨甘」，此不命之士，父子同宮，在父母之所無時焉，不可以朝夕限也。若日入而慈以旨甘，則亦當與命士同，此不言者，文畧爾。○陳氏澔曰：此篇所記飲食珍羞諸物，古今異制，風土異宜，不能盡曉，然亦可見古人察物之精，用物之詳也。

男女未冠笄者，鷄初鳴，咸盥、漱，櫛、縰，拂髦，總角，衿纓，皆佩容臭。昧爽而朝，問「何食飲矣」？若已食則退，若未食，則佐長者視具。釋文：冠，古亂反。朝，直遙反，下「而朝」同。

鄭氏曰：總角，斂髮束之。容臭，香物。以纓佩之，爲迫尊者，給小使也。具，饌也。孔氏曰：臭，謂芬芳香物。庾氏云：「以臭物可以脩飾形容，故曰容臭。」方氏慤曰：臭，香物。蘭茝之類不佩用，而佩容臭，示未能卽事也。朱子曰：恐身有穢氣觸長者，故佩香物。愚謂下文言「孺子晏起」，則此「男女未冠笄」謂十年以上者，十年出就外傅，學幼儀，則其習此禮宜矣。容臭，謂爲小囊以容受香物也。昧，暗也。爽，明也。昧爽，謂天將明而未明時也。昧爽而朝，視成人差後也。

凡內外，鷄初鳴，咸盥、漱，衣服，斂枕、簟，灑埽室堂及庭，布席，各從其事。釋文：衣如字，又於既反。灑，本又作「洒」，所買反，又所賣反。

鄭氏曰：斂枕、簟，不欲人見己褻者。簟，席之親身也。孔氏曰：此總論子婦而外卑賤之人，爰及僕隸之等。愚謂凡內外，謂尊卑長幼莫不皆然也。枕、簟親身之物，斂之者，爲其褻露，且避塵污也。灑埽室堂及庭，內外皆徧灑埽之也。自室及堂，自堂及庭，先後之序也。布席，布坐席也。各從其事，內治內事，外治外事也。

孺子蚤寢晏起，唯所欲，食無時。

鄭氏曰：孺子，小子也。方氏慤曰：蚤寢，則未與乎日入之夕；晏起，則未與乎昧爽之朝。唯所欲，食無時，則以弱而未勝其制節，且養之不可不備也。

由命士以上，父子皆異宮，昧爽而朝，慈以旨甘；日出而退，各從其事；日入而夕，慈以旨甘。

鄭氏曰：異宮，崇敬也。慈，愛敬進之。孔氏曰：此論命士以上事親異於命士以下之禮。程子曰：命士以上，愈貴則愈嚴，故異宮，猶今有逐位，非如異居也。方氏慤曰：尊卑之際，辨則敬，同則褻。朝見曰朝，夕見曰夕。愚謂宮，謂牆垣之所周也。凡言「宮」，有據牆之起乎大門而北周者，若昏義「祖廟未毀，教於公宮」，詩「于以用之，公侯之宮」，周禮小宰「掌宮刑」，宮正「掌王宮之戒令糾禁」，是也。有指牆之起乎寢門而北周者，若喪服傳「有死於宮中者，則爲之三月不舉祭」，公羊傳「羣公子之宮則已卑矣」，是也。父子異宮，謂牆之起乎寢門而北周者也。姑以大夫士言之：大門之內爲正寢門，正寢之後爲燕寢，燕寢之後爲妻之正寢，其旁爲側室。自燕寢以後，雖各有門，而正寢之門實北遶而周乎其外。不命之士，其子之寢室亦別有門，而包乎父之正寢門之內，故謂之同宮；命士父子各有寢門，故謂之異宮。異宮則父子之寢各有正寢、燕寢、側室之屬，而其制備；同宮則唯父備有此制，而其子或唯有燕寢及妻之寢而已，而其制簡。昧爽而朝，視不命之士稍晏也。不命之士賤，於父母抑、搔、沃、盥之事皆親之，故其朝宜蚤；命士既貴，其父母猥辱之事蓋僕御供之，故其朝可稍晏也。慈以旨甘，即上節所言「棗、栗、飴、蜜」諸物也；但命士之物或當更備耳。日出而退，視朝膳而退也。退則各治其官事。人君日出視朝，此命士日出猶得侍親者，疑人君視朝，惟卿大夫及一官之長則每日皆朝，餘則不必然。唐宋官制，有常參、九參、六參之別，意古制亦如此爾。日入又夕，每日再朝也。不命之士，在父母之所無時，命士父子異宮，則其體嚴敬，故其朝限以二時，自此以上以至於世子之事親皆然，世子記言「朝夕至於大寢之門外」是也。日入而夕，則當問親之夕膳，而又慈以旨甘，此又在夕食之後者也。

父母舅姑將坐，奉席請何鄉；將衽，長者奉席請何趾。釋文：奉，芳勇反。鄉，許亮反。止，本又作「趾」。鄭氏曰：將衽，謂更卧處也。　孔氏曰：此論父母舅姑將坐將卧奉席之禮。

少者執牀與坐，御者舉几，斂席與簟，縣衾篋枕，斂簟而襡之。釋文：縣音玄。篋，口協反。襡音獨。古人坐皆席地，此云「執牀與坐」者，蓋尊者偶然暫憩之所用。　周禮掌次「王大旅上帝，則張氈案，設皇邸」，賈疏謂「氈案，牀上置氈」。是王於次中暫憩亦有牀也。　蚤旦親起之後，斂卧席，布坐席，則少者執牀與坐，侍御之人執几以進之，使長者暫憩以待，然後乃斂卧席等物也。　少者執牀，則牀之制蓋不大鉅矣。　孔氏曰：蚤旦親起，侍御之人捧舉其几以進尊者，使憑之，斂其所卧在下之席，與上襯身之簟，又縣其所卧之衾，以篋貯所卧之枕。　簟既襯身，恐其污穢，故以襡韜藏之，席則否。

父母舅姑之衣、衾、簟、席、枕、几不傳，杖、屨祗敬之，勿敢近。敦、牟、卮、匜，非餕莫敢用，與恆食飲，非餕莫之敢飲食。釋文：傳，丈專反。近，「附近」之近。敦音對，又丁雷反。牟，本侯反。卮音支。匜，羊支反，一音以氏反。

鄭氏曰：傳，移也。　非餕莫敢用，餕乃用之也。　牟讀曰堥。　卮、匜，酒漿器。　敦、牟，黍稷器也。　非餕莫之敢飲食，餕乃食之。　恆，常也，朝夕之常食。　孔氏曰：父母舅姑之衣、衾、簟、席、枕、几，侍御之人停貯常處，子婦不得輒更傳移，令嚮他處。　杖、屨是尊者服御之重，彌須恭敬，故祗敬之，勿敢偪近。　敦，今之杯、盂也。　隱義曰：「堥，土釜也。」今以木爲器，象土釜之形。　卮，酒器也。　匜，盛水漿之器，左傳云「奉匜沃、盥」是也。　此論父母舅姑所用之物，子婦不得輒用；所恆飲食之饌，子婦不得輒食。愚謂敦，簋也。疏以爲杯、盂，非是。敦、牟、卮、匜非重物而不敢輒用，恆飮食非珍饌而不敢輒食，則其貴重者可知。

父母在，朝夕恆食，子婦佐餕，既食恆餕。父没母存，冢子御食，羣子婦佐餕如初。旨甘柔滑，孺子餕。

鄭氏曰：子婦佐餕，婦皆與夫餕也。既食恆餕，每食餕而盡之，末有原也。御，侍也，謂長子侍母食也。侍食者不餕，其婦猶皆餕也。孔氏曰：佐餕者，謂長子及長子之婦食必須盡。以父母食不能盡，故子婦佐助餕，食之使盡，勿使再進也。羣子婦，謂冢子之弟及衆弟婦。佐餕如初者，如上「父母在」，「子婦佐餕」之禮。愚謂子婦佐餕，謂長子衆子及其婦皆佐餕也。甘滑之物，於孺子爲宜，故使孺子餕。以此記觀之，則士之禮夫婦共食矣，大夫以上則同庖而各食與？

在父母舅姑之所，有命之，應、唯敬對，進退、周旋慎齊，升降、出入、揖遊不敢噦、噫、嚏、咳、欠、伸、跛、倚、睇視，不敢唾、洟。寒不敢襲，癢不敢搔，不有敬事，不敢袒裼，不涉不撅，褻衣衾不見裏。釋文：唯，于癸反，徐伊水反。齊，側皆反。噦，於月反。噫，於界反。嚏音帝。咳，苦愛反。倚，於義反，又其寄反。睇，大計反。涕，本又作「洟」，同吐細反。撅，居衛反。見，賢遍反。

應、唯者不敢諾，敬對者不敢慢。升降於堂階，出入於門户。揖，俯身也。遊，行也。進退、周旋於尊者之前，則其心必肅敬，其貌必齊莊，升降出入，雖於尊者稍遠，亦必俯身而行，而不敢縱肆其容體也。噦，氣逆聲。噫，飽食氣。嚏，噴嚏。咳，咳嗽。欠，張口出氣。伸，竦體也。立而偏任一足曰跛，依物曰倚。睇視，邪視也。自口出爲唾，自目出曰涕，自鼻出爲洟。襲，重衣也。敬事，爲尊者執勞事也。袒裼，露臂也。撅，揭衣也。褻衣衾不見裏，爲其穢而不潔也。此節言事父母恭敬之節也。○孔氏玉藻疏云：「子於父以質爲文，故父母之所，不敢袒裼。」愚謂至敬無文，孔氏謂「父母之前不裼」，是也。但此所言「裼」「襲」，自爲別義，與玉藻「裼」「襲」不同：玉藻所謂襲，謂掩其中衣也；此所謂襲，謂重衣也。玉藻所謂裼，謂露其中衣也；此所謂裼，謂露臂也。若混而爲一，則誤矣。

父母唾、洟不見。冠帶垢，和灰請漱；衣裳垢，和灰請澣；衣裳綻裂，紉箴請補綴。五日則燂湯請浴，三日具沐。其間面垢，燂潘請靧；足垢，燂湯請洗。釋文：澣，本又作「浣」，户管反。綻，字或作「袒」，直莧反，徐治見反。裂，本又作「列」。紉，女陳反，徐而陳反。燂，詳廉反。潘，芳煩反。靧音悔。

鄭氏曰：唾、洟不見，輒刷去之也。手曰漱，足曰澣。愚謂唾、洟不見，恐父母見之而生憎穢也。綻，解也。紉，以線貫針也。燂，温也。潘，米瀾也。此節言事父母服勤之禮也。

少事長，賤事貴，共帥時。

帥，循也。時，是也，謂上二節所言之禮也。○自篇首至此，言事父母舅姑及尊長之法。

男不言内，女不言外，非祭非喪，不相授器。其相授，則女受以篚；其無篚，則皆坐奠之而后取之。外内不共井，不共湢浴，不通寢席，不通乞假。男女不通衣裳，内言不出，外言不入。釋文：篚，非鬼反。湢，彼力反，本又作「偪」。

鄭氏曰：祭嚴喪遽，授器不嫌也。奠，停地也。湢，浴室也。孔氏曰：祭是嚴敬之時，喪是促遽之所，於此之時，不嫌男女有婬邪之意。愚謂內謂內事，外謂外事，在內言內，在外言外，各治其事而不得相預也。其相授，謂非喪祭而相授也。男不言內，女不言外，所以別男女之職；內言不出，外言不入，所以嚴內外之限。

男子入內，不嘯不指，夜行以燭，無燭則止。女子出門，必擁蔽其面，夜行以燭，無燭則止。

鄭氏曰：嘯讀爲叱，嫌有隱使也。孔氏曰：常事以言語處分，是顯使人也。如有姦私，恐人聞知，不以言語，但諷叱而已，故云「嫌有隱使也」。愚謂嘯，蹙口出聲也。不嘯不指，爲其聲容不肅，且惑人也。夜行必皆以燭者，所以遠暗昧之嫌也。

釋文：嘯，依註音叱。○今按：嘯如字。

道路，男子由右，女子由左。

此謂宮中之道路也。地道尊右，男子由右，女子由左，蓋以相避遠，而因以爲尊卑之別也。○自「男不言內」至此，論男女遠嫌厚別之法，朱子移於「男不入，女不出」之下。

子婦孝者敬者，父母舅姑之命勿逆勿怠。若飲食之，雖不耆，必嘗而待；加之衣服，雖不欲，必服而待。加之事，人代之，己雖弗欲，姑與之而姑使之，而后復之。釋文：飲，於鴆反。食音飼。耆，市志反。

鄭氏曰：嘗而待，待後命而去也。服而待，待後命釋藏也。朱子曰：勿逆勿怠，此謂不可變節以傷尊者平日慈愛之心也。人代之而弗欲者，慮以自逸而違命。姑與姑使者，嫌於怨懟而必爭。愚謂子婦之孝敬者，必爲父母舅姑之所愛，恐其恃愛而驕，故戒以勿逆勿怠。加之事，人代之者，謂尊者既命之事，又惜其勞而使人代之也。弗欲者，爲其所爲不必能如己之意也。姑與之者，姑聽其代也。姑使之者，姑以己之意教使之也。而后復之者，俟代者休解而後復其本業於己也。凡此皆勿逆勿怠之事也。

子婦有勤勞之事，雖甚愛之，姑縱之而寧數休之。釋文：縱，本又作「從」，足用反。數，色角反。

鄭氏曰：不可愛此而移苦於彼也。

子婦未孝未敬，勿庸疾怨，姑教之。若不可教，而后怒之；不可怒，子放婦出而不表禮焉。

鄭氏曰：庸之言用也。怒，譴責也。表猶明也，猶爲之隱，不明其犯禮之過也。愚謂不可怒，謂怒之而不從命也。子放婦出而不表禮，忠厚之道也。○應氏鏞曰：自「子婦孝者敬者」而下，勉子婦之孝於父母舅姑；自「子婦有勤勞之事」而下，勉父母舅姑之慈於子婦。

父母有過，下氣怡色，柔聲以諫。諫若不入，起敬起孝，說則復諫；不說，與其得罪於鄉、黨、州、閭，寧孰諫。父母怒，不說而撻之流血，不敢疾怨，起敬起孝。釋文：說音悅。

下、怡、柔，皆和順之意，所謂「事父母幾諫」也。起者，悚然興起之意。諫之所以不入者，必己之孝敬有未至，故復興起其孝敬，冀以感動乎親而復進其說也。有隱無犯者，雖事親之道，而陷親不義者，乃不孝之大，故父母之過足以得罪於鄉、黨、州、閭者，雖不說而必圖復諫，雖犯顏而有所不憚也。

孔氏曰：犯顏而諫，使父母不說，其罪輕；畏懼不諫，使父母得罪於鄉、黨、州、閭，其罪重。二者之間，寧可孰諫，謂純孰殷勤而諫，若物之成孰然。此一節論父母有過諫諍之禮。

父母有婢子若庶子庶孫，甚愛之，雖父母沒，沒身敬之不衰。

婢子，賤妾也，檀弓陳乾昔曰「使夫二婢子夾我」，是也。若，及也。高氏愈曰：父母愛而己則敬之，重親之意，愛之不足以盡其意故也。

子有二妾，父母愛一人焉，子愛一人焉，由衣服飲食，由執事，毋敢視父母所愛，雖父母沒不衰。

高氏愈曰：由，自也。視，比也。親之所愛，服食厚而執事常逸，己之所愛，服食薄而執事常勞，不敢以己之所愛並於親也。

子甚宜其妻，父母不說，出。子不宜其妻，父母曰「是善事我」，子行夫婦之禮焉，沒身不衰。

高氏愈曰：宜猶善也。出，謂出其妻也。行夫婦之禮者，恩情不敢稍殺也。宜與不宜，子與父母未知孰是，然人子之心，卽父母之僻惡僻愛而亦不敢有所違，順親之道當然也。愚謂婦以事舅姑也，能事舅姑則婦，不能事舅姑則不婦，而其他事之得失有不必計矣。此以上三節，言爲人子者當以父母之愛惡爲愛惡，雖婢妾庶孽之微賤而有所不敢忽，雖妻妾之親私而有所不敢專，至於父母沒而不衰焉，則又事死如事生之孝也。

父母雖沒，將爲善，思貽父母令名，必果；將爲不善，思貽父母羞辱，必不果。

高氏愈曰：貽，遺也。爲善未決，去惡未勇，人情之常也。喜其榮親，則善必爲；惡其辱親，則惡必去。

榮辱不繫於其身而繫於親，蓋孝子之心如此。

舅没則姑老。冢婦所祭祀賓客，每事必請於姑，介婦請於冢婦。

老，謂傳家事於長婦也。男子七十而傳，婦人之傳重則不係於己之年而係於其夫，蓋祭必夫婦親之，夫没則妻不得不傳重矣。每事必請於姑者，婦雖受傳，猶不敢專行也。介婦，衆婦也。介婦請於冢婦，以其代姑統家事也。

舅姑使冢婦，毋怠、不友、無禮於介婦。

鄭氏曰：善兄弟曰友。娣姒，猶兄弟也。愚謂友猶愛也。不友、無禮，皆怠之所生也。怠於事而以勞加介婦，則不友矣。怠於敬而以慢加介婦，則無禮矣。舅姑使冢婦，冢婦不可以己之尊而懈怠，以至不友、無禮於介婦也。

舅姑若使介婦，毋敢敵耦於冢婦，不敢並行，不敢並命，不敢並坐。

命，謂使令其下。舅姑使介婦，介婦不可以舅姑之任己而敵耦於冢婦，至於並行、並命、並坐而皆不敢焉，其所以尊冢婦者至矣。蓋冢婦卽異日之宗婦，介婦所宗而事之者，故雖未受傳而所以敬之者如此。此二節，言冢婦、介婦相與敬事之道。蓋家人睽常起於婦人，誠使爲冢婦者能屈己以下介婦，爲介婦者能盡禮以事冢婦，彼此各盡其道，而家無不和矣。

凡婦不命適私室不敢退。婦將有事，大小必請於舅姑。

鄭氏曰：婦侍舅姑者也，必請於舅姑，不敢專行。高氏愈曰：凡婦，通冢婦、介婦而言。私室，婦所居室也。事，謂私事。私室不敢擅退，私事大小必請，蓋重舅姑之命如此。

子婦無私貨，無私畜，無私器，不敢私假，不敢私與。釋文：畜，許六反，又許又反，又勑六反。

畜，養牲也。假，以物借人。與，以物遺人也。鄭氏曰：家事統於尊也。

婦或賜之飲食、衣服、布帛、佩帨、茝蘭，則受而獻諸舅姑。舅姑受之則喜，如新受賜；若反賜之，則辭；不得命，如更受賜，藏以待乏。釋文：茝，本又作「芷」，昌改反，韋昭昌以反。

婦或賜之者，謂其私親兄弟也。茝、蘭，皆香草可佩者。新，初也。如初受賜者，如其初受於私親兄弟之時，蓋物之藏於舅姑，不啻其藏於己也。不得命，不見許也。如更受賜者，如更受舅姑之賜，蓋物雖出於私親兄弟，不啻其出於舅姑也。藏以待乏者，待舅姑之乏而獻之也。此言婦受賜之法，所以申上「無私貨」三句之意。

婦若有私親兄弟，將與之，則必復請其故，句。賜而后與之。

復，白也。復請其故者，謂以當與之故，白請於舅姑，舅姑賜之物而後與之。此申上「不敢私假，不敢私與」之義。

適子、庶子祇事宗子、宗婦，雖貴富，不敢以貴富入宗子之家；雖衆車徒，舍於外，以寡約入。

適子，謂父及祖之適子。庶子，謂適子之弟。宗子，謂大宗也。宗婦，大宗子之婦。舍，止也。舍於外而不敢畢入，所以降下於宗子也。

子弟猶歸器，衣服、裘衾、車馬則必獻其上，而后敢服用其次也。若非所獻，則不敢以入於宗子之門，不敢以貴富加於父兄宗族。

鄭氏曰：猶，若也。子弟若有功德，以物見饋賜，當以善者與宗子也。非所獻，謂非宗子之爵所當服也。愚謂貴富驕人，無往而可，故非但不敢以入宗子之家，至於父兄宗族，皆不可以此加之也。

若富，則具二牲，獻其賢者於宗子，夫婦皆齊而宗敬焉，終事而后敢私祭。釋文：齊，側皆反。

孔氏曰：賢猶善也。大宗將祭，小宗夫婦皆齊戒助祭於大宗，以加敬焉。大宗祭畢，而後敢私祭祖、禰也。此文雖主事大宗，事小宗者亦然。愚謂宗子者，先祖之正體，尊祖，故敬宗。此上三節，言事宗子、宗婦之禮，又因事父母之孝敬而推而廣之者也。

飯：黍、稷、稻、粱、白黍、黃粱，稰、穛。釋文：稰，思呂反。穛，側角反。

鄭氏曰：飯，目諸飯也。孰穫曰稰，生穫曰穛。孔氏曰：此飯凡有六種。下云「白黍」，則上「黍」是黃黍也。下云「黃粱」，則上「粱」是白粱也。穛是斂縮之名，以其生穫，故斂縮也。「稰」既對「穛」，故爲孰穫。愚謂稰、穛者，言六種之飯，其穀皆有生穫孰穫之異也。○孔氏曰：案玉藻，諸侯朔食四簋：黍、稷、稻、粱。此則據諸侯，其天子則加以麥、苽爲六。愚謂諸侯朔食四簋，天子六簋，皆黍、稷也。蓋食以黍、稷爲正，以稻、粱爲加，四簋六簋，惟據其正者言之，其加者不在此數也。膳夫天子「食用六穀」，則朔食自當有麥、苽，但不在六簋之數耳。

膳：膷、臐、膮、醢、牛炙、醢、牛胾、醢、牛膾、羊炙、羊胾、醢、豕炙、醢、豕胾、芥醬、魚膾、雉、兔、鶉鷃。釋文：膷音香。臐，許云反。膮，許堯反，字林火攸反。鶉，順倫反。鷃音晏。

鄭氏曰：膳，目諸膳也。此上大夫之禮，庶羞二十豆也。以公食大夫禮校之，則「膮」「牛炙」間不得有「醢」，「醢」衍字也。又以「鷃」爲「鴽」。孔氏曰：案公食大夫禮二十豆：膷一，謂牛臛也。臐二，謂羊臛也。膮三，謂豕臛也。牛炙四。四物共爲一行，最在於北，從西爲始。醢五，謂肉醬也。牛胾六，謂切牛肉。醢七，牛膾八。四物爲第二行，從東爲始。羊炙九，羊胾十，醢十一，豕炙十二。四物爲第三行，從西爲始。醢十三，豕胾十四，芥醬十五，魚膾十六。四物爲第四行，從東爲始。以上十六豆，是下大夫之禮也。雉十七，兔十八，鶉十九，鷃二十。四物爲第五行，從西爲始。此是上大夫所加二十豆，公食大夫禮以「鷃」爲「鴽」。鴽，鴾母也。愚謂醢、醬皆所以配胾、膾也。此饌錯設之：膷、臐、膮、牛炙最在北，牛炙南醢，醢西牛胾，醢爲牛胾設也。牛胾西醢，醢西牛膾，醢爲牛膾設也。牛膾南羊炙，羊炙東羊胾，羊胾東醢，醢爲羊胾設也。羊胾東豕炙，豕炙南醢，醢西豕胾，醢爲豕胾設也。胾西芥醬，醬西魚膾，芥醬爲魚膾設也。公食大夫記云：「凡炙無醬。」

飲：重醴，稻醴清、糟，黍醴清、糟，粱醴清、糟。或以酏爲醴，黍酏、漿、水、醷、濫。釋文：重，直龍反。糟，子曹反，徐祖到反。醷，本又作「臆」，於紀反，徐於力反。濫，力暫反。

鄭氏曰：飲，目諸飲也。重，陪也。糟，醇也。清，泲也。致飲有醇者，有泲者，陪設之也。以酏爲醴，釀粥爲醴也。漿，酢酨也。醷，梅漿也。濫，以諸和水也。以周禮「六飲」校之，則濫，涼也。紀、莒之間，名諸爲濫。孔氏曰：漿人「六飲」有「涼」，註云：「涼，今寒粥，若糗飯雜水也。」康成以涼與濫爲一物，則此以諸和水，謂以諸雜糗飯之屬和水也。諸者，衆雜之名。案漿人「六飲」：一曰水，則此經「水」一也。二曰漿，則此經「漿」一也。三曰醴，則此經「重醴」一也。四曰涼，則此經「濫」一也。五曰醫，則此經「或以酏爲醴」一也。六曰酏，則此經「黍酏」一也。六飲之外，此經別有「醷」，若鄭司農之意，醷與醫爲一物，卽以酏爲醴者，非康成義也。康成以醷爲梅漿者，見下文云「調之以醯」，「若醯醷」，則醷是醯之類，又云「獸用梅」，故知梅漿也。　愚謂或以酏爲醴，此卽上文之「重醴」而爲之異法者。　康成注漿人以此爲醫，非是。　蓋醷爲梅漿，當從康成；醫、醷一物，當從司農。　黍酏，以黍爲粥也。水，卽井水也。此飲凡六物，與漿人「六飲」相當：醴一，酏二，漿三，水四，醷五，卽漿人之「醫」，濫六，卽漿人之「涼」也。

酒：清、白。

鄭氏曰：酒，目諸酒也。白，事酒、昔酒也。　孔氏曰：清，謂清酒。事酒、昔酒俱白，故以一「白」標之，配清酒則爲三酒。此無「五齊」者，五齊祭祀所用，非人常用故也。

羞：糗餌、粉酏。　釋文：糗，起九反，又昌糾反。餌音二。酏讀曰餰，又作「飦」，之然反，又之善反。

鄭氏曰：羞，目諸羞也。周禮「羞籩之實，糗餌、粉餈」；「羞豆之實，酏食、糝食」。此記似脫。酏當爲「餰」，以稻米與狼臅膏爲餰是也。　孔氏曰：案周禮「羞籩之實，糗餌、粉餈」，鄭註云：「合蒸曰餌，餅之曰餈。此二物皆粉稻米、黍米爲之。糗者，擣粉熬大豆。爲餌、餈之黏著，故以粉、糗擣之。」周禮「粉」下有「餈」，今無者，記人脫漏，更以「酏」益之。　酏者，於周禮羞豆之實也，自當作「餰」。若黍酏則是粥，非膳羞之用。此「酏」與「糝食」文連，則是糝類。八珍内作「糝」與「𩛿」，其事亦相連，故知「酏」當作「𩛿」。且𩛿雖雜以狼臅膏，亦粥之般類。　愚謂羞有庶羞、内羞，上文「膳」是庶羞，此言内羞也。此云「羞」，蓋總籩、豆之内羞而言之，當云「糗餌、粉餈、酏食、糝食」，而「粉」下脱去一字，「酏」下脱去三字也。

食：蝸醢而苽食、雉羹，麥食、脯羹、鷄羹，折稌、犬羹、兔羹，和糝不蓼，濡豚包苦實蓼，濡鷄醢醬實蓼，濡魚卵醬實蓼，濡鼈醢醬實蓼，腶脩、蚳醢、脯羹、兔醢、麋膚、魚醢、魚膾、芥醬、麋腥、醢、醬、桃諸、梅諸、卵鹽。釋文：食音嗣。蝸，力戈反。苽音孤，字又作「菰」，同。折，之列反。稌音杜，徐他古反。和，和卧反。糝，三敢反。蓼音了。濡音而。醢，一本作「醓」。卵醬，依註音鯤，古門反。腶，丁亂反。蚳，直其反。卵鹽，力管反。○鄭註：卵，或作「攔」。膚，或爲「胖」。

鄭氏曰：食，目人君燕食所用也。苽，彫胡也。稌，稻也。凡羹齊宜五味之和，米屑之糝，蓼則不矣。此脯，所謂「析乾牛羊肉」也。凡濡，謂亨之以汁和也。苦，苦荼也，以包豚，殺其氣也。卵讀爲鯤，魚子也。腶脩，捶脯施薑桂也。蚳，蚍蜉子也。膚，切肉也。卵鹽，大鹽也。自「蝸醢」至此二十六物，似皆人君燕所食也。其饌則亂。孔氏曰：此節總明人君燕食所用，以蝸爲醢，以苽米爲飯，以雉爲羹，三者味相宜。以麥爲飯，析脯爲羹，又以鷄爲羹，三者亦味相宜。細折稻米爲飯，以犬、兔爲羹，此三者亦味相宜。和糝不蓼者，此等之羹，宜以五味調和米屑爲糝，不須加蓼也。濡，亨煮之，以其汁調和也。知卵讀爲鯤者，鳥卵非爲醬之物，蚳醢是蚍蜉之子，「卵醬」承「濡魚」之下，宜是魚之般類，故讀爲鯤。鯤，魚子也。濡豚包裹以苦菜，殺其惡氣，濡鷄加以醢及醬，濡魚以魚子爲醬，濡鼈亦加醢及醬，四者皆破開其腹，實蓼於其中，更縫而合之以煮也。食腶脩以蚳醢配之，食脯羹以兔醢配之，食麋膚以魚醢配之，食魚膾以芥醬配之，食麋腥以麋醢配之，食桃諸、梅諸以卵鹽配之。麋膚，孰肉。麋腥，生肉也。諸，菹也。桃菹、梅菹，今之藏桃、藏梅也。欲藏之，必先乾之，故周禮謂之「乾䕩」，鄭云「桃諸、梅諸」是也。自「蝸醢」至此二十六物，蝸醢一，苽食二，雉羹三，麥食四，脯羹五，雞羹六，析稌七，犬羹八，兔羹九，濡豚十，濡雞十一，濡魚十二，濡鼈十三。自此以上，醢、醬皆和調，濡漬雞豚之屬，故不數；自此以下，醢及醬各自爲物，但相配而食，故數之。腶脩十四，蚳醢十五，脯羹重出，兔醢十六，麋膚十七，魚醢十八，魚膾十九，芥醬二十，麋腥二十一，醢二十二，醬二十三，桃諸二十四，梅諸二十五，卵鹽二十六。掌客諸侯相食，皆鼎、簋十有二，其正饌與此不同，其食臣下，則公食大夫禮具有其文，與此又異，故疑是人君燕食。上陳庶羞，依牲大小先後，此不依牲之次第，又飯食在簋，醢羹之屬在豆，是上下雜亂也。愚謂人君燕食，得用此諸物，然每用自有常數，非一食盡用之也。濡雞醢醬實蓼，「醢醬」承「濡雞」之下，即雞之醢醬也。濡鼈之醢醬，即鼈之醢醬也。麋腥醢醬，即麋之醢醬也。腶脩乃籩實，不用於食。此與下「大夫有脯無膾」，皆以脯用於食者。案八珍中之熬，有濡食、乾食之異，熬捶而加薑桂，鄭氏以爲若今之火脯。是脯脩有濡食之法，則其用於食者也。其皆釋而煮之以醢，而盛之則以豆與？麋腥，謂生切麋肉，以醢釀之，即下文「麋、鹿、魚爲菹」是也。周禮之「乾䕩」亦籩實，此桃諸、梅諸，孔氏以爲菹，蓋亦用醢釀之者，故用之於食也。

凡食齊視春時，羹齊視夏時，醬齊視秋時，飲齊視冬時。釋文：食音嗣。齊，才細反。

鄭氏曰：食宜溫，羹宜熱，醬宜涼，飲宜寒。

凡和，春多酸，夏多苦，秋多辛，冬多鹹，調以滑甘。

鄭氏曰：多其時味以養氣也。周禮註曰：「各尚其時味，而甘以成之，猶木、火、金、水之成於土。」孔氏曰：經方「春不食酸，夏不食苦，秋不食辛，冬不食鹹」，謂時氣壯者，減其時味以殺盛氣。此恐氣虛羸，故多其時味以養氣也。

牛宜稌，羊宜黍，豕宜稷，犬宜粱，鴈宜麥，魚宜苽。

鄭氏曰：言其氣味相成。孔氏曰：上云「折稌用犬羹」，此云「牛宜稌」，「犬宜粱」者，此據尊者正食，上據人君燕食以滋味爲美，故不同。自「食齊視春時」至此，皆周禮食醫文，而記者載之，論調和飲食之法。劉氏彝曰：周官食醫「掌和王之六食、六飲、六膳、百羞、百醬、八珍之齊」，而曰「凡君子之食恆放焉」。此大司徒以施諸教，人子皆視此以養親也。

春宜羔、豚，膳膏薌；夏宜腒、鱐，膳膏臊；秋宜犢、麛，膳膏腥；冬宜鮮、羽，膳膏羶。釋文：薌音香。腒，其居反。鱐，本又作「嘯」，所求反。臊，素刀反。腥音星，說文作「胜」。羶，升然反。

鄭氏曰：腒，乾雉也。鱐，乾魚。鮮，生魚。羽，鴈也。此八物，四時肥美，爲其大盛，煎以休廢之膏，節其氣也。牛膏薌，犬膏臊，雞膏腥，羊膏羶。鄭註周禮庖人曰：「牛屬司徒，土也。雞屬宗伯，木也。犬屬司寇，金也。羊屬司馬，火也。」孔氏曰：此記庖人論四時煎和膳食之宜，以王、相、休、廢相參，其味乃善。春爲木王，牛中央土畜，春東方木，木剋土，木盛則土休廢。犬屬西方金，夏南方火，火剋金，火盛則金休廢。雞屬東方木，秋西方金，金剋木，金盛則木休廢。羊屬南方火，冬水王，水剋火，水盛則火休廢。周禮鄭註云：「羔、豚物生而肥，犢、麛物成而充，腒、鱐暵熱而乾，魚、鴈水涸而性定。此八物者，得四時之氣尤盛，爲人食之弗勝，是以用休廢之脂膏煎和膳之。」義與此同。士相見禮云「冬執雉，夏執腒」，故知腒爲乾雉。周禮籩人云「膴、鮑魚、鱐」，「鱐」與「鮑」相對，鮑爲溼魚，故知鱐是乾魚也。鱐既爲乾魚，故鮮爲生魚也。月令云「季冬獻魚」，又王制「獺祭魚，然後漁人入澤梁」，是冬魚成也。羽族既多，而冬來可食者唯鴈，故知羽，鴈也。周禮云「行」，謂行用，此云「宜」，謂氣味相宜，其事同也。賈氏公彥曰：殺牲謂之用，煎和謂之膳。五行：春，木王火相，土死金囚，水爲休廢。夏，火王土相，金死水囚，木爲休廢。以下推之，可知王所剋者死，相所剋者囚，新謝者爲休廢。若然，鄉所膳膏，皆是死之脂膏。鄭云「休廢」者，相對死與休廢，別散則死亦爲休廢，故鄭以「休廢」言之。

牛脩、鹿脯、田豕脯、麋脯、麕脯，麋、鹿、田豕、麕皆有軒，雉、兔皆有芼，爵、鷃、蜩、范、芝栭、蔆、椇、棗、栗、榛、柹、瓜、桃、李、梅、杏、楂、梨、薑、桂。釋文：麕，九倫反，本又作「麇」，又作「麏」。軒音憲，出註，後放此。栭音而，本又作「檽」。蔆音陵。柹音俟。楂，側加反。○鄭註：軒或爲「胖」。鄭氏曰：軒讀爲憲，謂藿葉切也。蔆，芰也。椇，枳椇也。椇〔一〕梨之不臧者。此三十一物，皆人君燕

〔一〕「椇」，原本脫，據禮記注疏補。

食所加庶羞也。周禮天子「羞用百有二十品」，記者不能備録。孔氏曰：麋、鹿、田豕、麕，非但可爲脯，又可腥食，皆藿葉切之，而不細切，故云「皆有軒」。不言「牛」者，牛唯可細切爲膾，不宜爲軒也。雉、兔皆有芼者，雉羹、兔羹皆有菜以芼之。無華葉而生者曰芝栭。賀氏曰：「芝，木椹。栭，軟棗也。」愚謂孔氏以芝栭爲一，則爲三十一物，賀氏以芝栭爲二，則爲三十二物，未知孰是。脩、脯、蔆、棗、栗、榛、桃、梅，皆籩人之籩實也。芝栭、埧、柿、瓜、桃、杏、楂、梨，蓋亦盛之以籩，而不見於籩人，則此乃人君私燕所用也。麋、鹿、田豕、麕之軒，及雉、兔、爵、鷃、蜩、范，庶羞也，皆用以食者也。上大夫庶羞二十豆，惟有雉、兔及鶉，則此人君所用庶羞也。薑、桂二者，則調和羞膳及爲腶脩皆用之。鄭以此三十一物並爲庶羞，非也。庶羞盛於豆，皆濡物，無脯、脩之屬也。

大夫燕食，有膾無脯，有脯無膾；士不貳羹、胾；庶人耆老不徒食。

燕食，謂朝夕常食。周禮膳夫「王燕食則奉膳贊祭」，賈疏「燕食，朝夕常食」，是也。孔氏分燕食與朝夕常食爲二，非是。脯爲籩實，凡食無籩，惟飲酒有之。此大夫燕食乃有脯者，蓋燕食，物不必備，或偶無膾，則得以脯代之。蓋釋而煎之以醢，而盛之則以豆也。貳，重也。士燕食得有羹、胾，而不得重設也。胾出於牲，士朔食惟特豚，則不得貳胾矣。六十曰耆。庶人耆老不徒食者，六十非肉不飽，食得有胾，非六十者不得食也。羹則庶人皆有之，下云「羹食無等」是也。

膾，春用葱，秋用芥。豚，春用韭，秋用蓼。脂用葱，膏用薤，三牲用藙，和用醯，獸用梅。鶉羹、鷄羹、鴽，釀之蓼；魴、鱮烝，雛燒，雉，薌，無蓼。釋文：䪥，户界反，俗本多作「薤」，非也。藙，魚氣反。和，户卧反。鶉、鷄羹，本又作「鶉羹、鷄羹」。魴音房。鱮音叙。雛，仕俱反，又匠俱反。燒，如字，一音焦。○按皇氏「烝」字「燒」字「雉」字「薌」字爲句，賀氏讀「魴、鱮、烝雛」爲句。孔氏同皇，今從之。

鄭氏曰：此言調和菜釀之所宜也。芥，芥醬也。蓼，煎茱萸也。漢律，會稽獻焉。爾雅謂之榝。三牲和用醯，畜與家物自相和也。獸用梅，亦野物自相和。釀，謂切雜之也。「鴽」在「羹」下，烝之不羹也。薌，蘇荏之屬也。燒，煙於火中也。孔氏曰：上云「魚膾、芥醬」，則謂秋時用芥，芥辛，於秋宜也。鶉、鷄羹者，謂用鶉用鷄爲羹，鴽唯烝煮之，不以爲羹，故文在「羹」下，三者皆釀之以蓼。魴、鱮二魚，皆烝熟之。雛是鳥之小者，火中燒之，然後調和，若今之臛也。雉或烝或燒，或可爲羹，其用無定，故直云「雉」。言魴、鱮烝及雛燒并雉三者，調和唯以蘇荏之屬，無用蓼也。愚謂此論調和之宜，與魚膾、芥醬食時相配者不同也。膾，春用葱，即下文云「肉腥，細者爲膾」，「切葱若薤，實諸醯以柔之」是也。若秋則用芥。豚，秋用蓼，即上文「濡豚包苦實蓼」是也。若春則用韭。自「葱」至「蓼」五者，皆用以釀，醯及梅則用以和也。用菜謂之釀，用醯酸之屬謂之和。釀者雜之以亨煮，和則既熟而和之也。

不食雛鼈。狼去腸，狗去腎，狸去正脊，兔去尻，狐去首，豚去腦，魚去乙，鼈去醜。釋文：去，起吕反。尻，苦刀反。腦，奴老反。

鄭氏曰：皆爲不利人也。雛鼈，伏乳者。乙，魚體中害人者名也。今東海鰫魚有骨名乙，在目旁，狀如篆「乙」，食之鯁人不可出。醜，謂鼈竅也。陸氏佃曰：狼腸直，狗腎熱，狸脊上一道如界，兔尻有九孔，豕俯精聚在腦。醫方云：「豕腦食之昏人精神。」方氏慤曰：爾雅：「魚腸謂之乙。」餒自腸始，故去乙。

肉曰脫之，魚曰作之，棗曰新之，栗曰撰之，桃曰膽之，柤、梨曰攢之。釋文：膽，丁敢反。攢，再官反，本又作「鑽」。

鄭氏曰：皆治擇之名也。孔氏曰：肉曰脫之者，皇氏云：「除其筋膜，取好處。」爾雅李巡註云：「肉去其骨曰脫。」郭氏云：「剝其皮。」魚曰作之者，皇氏云：「作，謂動搖也。凡取魚，搖動之，視其鮮餒。」爾雅李巡註云：「作之，魚骨小，無所去。」郭氏爾雅今本作「斮之」，註云：「謂削鱗也。」棗曰新之者，棗易有塵埃，恆治拭之使新。栗曰撰之者，栗蟲好食，數數布揀。撰，省視也。桃曰膽之者，桃多毛，拭去之，令色青滑如膽也。或曰：謂若桃有苦如膽者，擇去之。柤、梨曰攢之者，恐有蟲，故一一攢視其蟲孔也。

牛夜鳴則庮；羊泠毛而毳，羶；狗赤股而躁，臊；鳥皫色而沙鳴，鬱；豕望視而交睫，腥；馬黑脊而般臂，漏。釋文：庮音由。泠音零。毳，昌銳反。麃，本又作「皫」，徐芳表反，又普表反。沙如字，一音所嫁反。睫音接。腥，依註作「星」，字林音先定反。般音班。臂，本又作「擘」，必避反。漏，依註音螻，力侯反。

鄭氏曰：亦皆不利人也。庮，惡臭也。春秋傳曰：「一薰一庮。」泠毛毳，毛別聚於不解者也。赤股，股裏無毛也。皫色，毛變色也。沙猶嘶也。鬱，腐臭也。望視，遠視也。腥當爲「星」，聲之誤也。星，肉中如米者。般臂，前脛般般然也。漏當爲「螻」，如螻蛄臭也。孔氏曰：庮是臭惡之氣，牛若夜鳴，則其肉庮臭。泠，謂毛本希泠。毳，謂毛頭結聚。羊若如此，則其肉羶氣。赤股，股裏無毛。躁，謂舉動急躁。狗若如此，則其肉臊惡。鷹色，色變而無潤澤。沙，嘶也，謂鳴而聲嘶。鳥若如此，則其肉腐臭。望視，謂豕視望揚。交睫，謂目睫毛交。豕若如此，則其肉如星。黑脊，謂馬脊黑。般臂，謂馬之前脛，其色般般然。馬若如此，其肉如螻蛄臭也。　愚謂此周禮內饔文，鄭司農云：「庮，朽木臭也。」說文「腥臊」之腥作「胜」。腥字云：「星見食豕，令肉中生小息肉也。」是腥者，豕生小肉如星，故從肉從星。

雛尾不盈握弗食，舒鴈翠，鵠、鴞胖，舒鳧翠，雞肝、鴈腎、鴇奧、鹿胃。釋文：鵠，胡篤反。鴞，于驕反。胖音判。鴇音保。奧，於六反。胃音謂，字又作「腸」，同。○鄭註：鵠或爲「鶴」。

鄭氏曰：舒鴈，鵝也。翠，尾肉也。胖，脅側薄肉也。舒鳧，鶩也。奧，脾肶也。　孔氏曰：此廣言不堪食之物，亦爲不利人也。奧，謂脾肶藏之深奧處。　愚謂上節所言，全體之不可食者，因物形之變而察之也。此節所言，一體之不可食者，據物理之常而知之也。

肉腥，細者爲膾，大者爲軒。或曰：麋、鹿、魚爲菹，麕爲辟雞，野豕爲軒，兔爲宛脾，切葱若薤，實諸醯以柔之。釋文：腥音星，字林作「胜」。辟，必益反，徐芳益反。宛，于晚反。脾，婢支反。醯，本或作「醓」。○鄭註：軒或爲「胖」。宛或作「鬱」。

鄭氏曰：細者爲膾，大者爲軒，言大切、細切異名也。膾者必先軒之，所謂「聶而切之」也。軒、辟雞、宛脾，皆菹類也。釀菜而柔之以醯，殺腥肉及其氣，今益州有鹿㹻者，近由此爲之矣。釋文云：益州人殺鹿埋地中令臭，乃出食之，名鹿㱢。㱢，於僞反。**菹、軒，聶而不切。辟雞、宛脾，聶而切之。**孔氏曰：凡大切，若全物爲菹，細切者爲齏。牲體大者菹之，小者齏之。麋、鹿、魚爲菹，野豕爲軒，是菹也。辟雞、宛脾，是齏也。少儀曰：「麋鹿爲菹，野豕爲軒，皆䐑而不切〔一〕。麕爲辟雞，兔爲宛脾，皆䐑而切之〔二〕。」是菹大而齏小也。少儀不云「魚」，此云「魚」者，記者異聞也。此魚與麋、鹿並言，是魚之大者。肉及蔥薤置之醋中，悉皆濡孰，故曰「柔之」。其辟雞、宛脾及軒之名，其義未聞。　愚謂肉腥，謂用生肉釀而食之也。細者爲膾，大者爲軒，此謂不辨牲之大小，凡細切者皆爲膾，大切者皆爲軒也。或者之說，則謂切肉之名，牲各不同，故又記之。鄭註周禮云：「全物若䐑爲菹，細切爲齏。」此謂切菜大小之異名，故醢人云：「掌五齏七菹。」此專謂菜爲齏、菹也。然齏、菹之名，菜肉通，故此言菹與軒，皆菹也；辟雞、宛脾，皆齏也。齏、菹雖異，然皆是以醯釀牲肉，故鄭云「軒、辟雞、宛脾，皆菹類也」。

羹食，自諸侯以下至於庶人，無等。釋文：食音嗣。

鄭氏曰：羹食，食之主也，庶羞乃異耳。　愚謂無等，謂常食皆得有羹食也。士不貳羹、胾，庶人耆老不徒食，則庶人非耆老，常食不得有胾矣。大夫燕食，有脯無膾，有膾無脯，則士常食不得有脯、膾矣。諸侯日食特牲，則大夫日食不得有成牲矣。此之謂有等。若羹食，則上下皆有之，故曰「無等」。若羹食所用之物，與其多少之差，則諸侯以下遞有降殺，未嘗無等也。

大夫無秩膳，大夫七十而有閣。天子之閣，左達五，右達五。公侯伯於房中五，大夫於閣

〔一〕〔二〕「䐑」，禮記少儀並作「聶」。

三，士於坫一。

鄭氏曰：大夫無秩膳，謂五十始命，未甚老者也〔一〕。七十有閣，有秩膳也。閣，以板爲之，庋食物也。達，夾室。愚謂膳，美食也。秩膳，謂常置美食於左右，以備食也。夾室與房，謂燕寢之夾室與房也。檀弓：「始死之奠，其餘閣也與？」士喪禮「醴酒、脯、醢，升自阼階」，「奠於尸東」。疾必居正寢，而餘閣之奠别從他處來，是閣在燕寢明矣。士禮如此，天子諸侯可知。坫，土坫也。士不得爲閣，爲土坫以庋食也。公侯伯不言「閣」者，蒙天子之文也。大夫士不言「於房中」者，蒙公侯之文也。大夫特言「於閣」者，别於士之坫也。士之坫亦在房，王制曰「九十飲食不離寢」，則未九十者飲食不得在寢室，當在房可知也。曰「五」曰「三」曰「一」者，謂閣與坫之數，非謂膳之種數也。士於坫一，而餘閣有脯、醢，則大夫以上非一閣、惟置一種明矣。士坫亦七十乃有之。對文則板爲者曰閣，土爲者曰坫，散文則坫亦謂之閣，檀弓言「餘閣」是也。○鄭氏謂「諸侯之五，爲三牲、魚、腊」，非也。諸侯朔食止少牢，則閣不得備三牲矣。鄭氏又謂「大夫之閣與天子同處」，亦非也。諸侯於房中亦爲閣，大夫之閣、士之坫亦於房中，非大夫與天子同處也。孔疏謂「天子尊，庖厨遠，故左夾室五閣，右夾室五閣，諸侯卑，庖厨宜稍近，故於房中」，亦非也。夾室與房，特庋食之所耳，庖厨初不在此也。○自「飯黍稷」至此，雜記飲食之法。

〔一〕「甚」，原本脱，據禮記注疏補。

禮記卷二十八

内則第十二之二

凡養老，有虞氏以燕禮，夏后氏以饗禮，殷人以食禮，周人脩而兼用之。凡五十養於鄉，六十養於國，七十養於學，達於諸侯；八十拜君命，一坐再至，瞽亦如之；九十者使人受。五十異粻，六十宿肉，七十貳膳，八十常珍，九十飲食不違寢，膳飲從於遊可也。六十歲制，七十時制，八十月制，九十日脩，唯絞、紟、衾、冒死而后制。五十始衰，六十非肉不飽，七十非帛不煖，八十非人不煖，九十雖得人不煖矣。五十杖於家，六十杖於鄉，七十杖於國，八十杖於朝，九十者，天子欲有問焉，則就其室，以珍從。七十不俟朝，八十月告存，九十日有秩。五十不從力政，六十不與服戎，七十不與賓客之事，八十齊喪之事弗及也。五十而爵，六十不親學，七十致政。凡自七十以上，唯衰麻爲喪。凡三王養老，皆引年。八十者一子不從政，九十者其家不從政，瞽亦如之。凡父母在，子雖老不坐。有虞氏養國老於上庠，養庶老於下庠；夏后氏養國老於東序，養庶老於西序；殷人養國老於右學，養庶老於左學；周人養國老於東膠，養庶老於虞庠，虞庠在國之西郊。有虞氏皇而祭，深衣而養老；

夏后氏收而祭，燕衣而養老；殷人哻而祭，縞衣而養老；周人冕而祭，玄衣而養老。

子雖老不坐，謂在父母之側也。

曾子曰：「孝子之養老也，樂其心，不違其志，樂其耳目，安其寢處，以其飲食忠養之。孝子之身終，終身也者，非終父母之身，終其身也。是故父母之所愛亦愛之，父母之所敬亦敬之。至於犬馬盡然，而況於人乎！」釋文：樂音洛。忠養，羊亮反。

忠養，謂盡其心以養之，非徒養口體而已也。孝子之身終者，父母雖没，而事死如生，事亡如存，没身而後已也。父母之所愛亦愛之，所敬亦敬之，以父母之心爲心，而隨在曲體之也。孔氏曰：此因上養老之事，遂陳孝子事親之禮。

凡養老，五帝憲，三王有乞言。五帝憲，養氣體而不乞言，有善則記之爲惇史。三王亦憲，既養老而后乞言，亦微其禮，皆有惇史。釋文：惇音敦。

鄭氏曰：憲，法也。養之，法其德行而已，三王又從之求乞善言也。惇史，史惇厚者。微其禮者，依違言之，求而不切也。愚謂五帝以老人宜安静，故務養其氣體，而不欲乞言以勞動之，老人有德行之善，則記録之爲惇厚之史也。三王既養老而後乞言，則其求之也不敢遽；微畧其禮，則其求之也不敢堅。然則雖曰「乞言」，而亦未至於勞老者之氣體矣。若夫憲之以爲法於一身，記之以垂訓於後世，則帝王養老之所同也。○自「凡養老，有虞氏以燕禮」至此，疑他篇之脱簡，説見篇首。

淳熬：煎醢加于陸稻上，沃之以膏，曰淳熬。釋文：淳，之純反。熬，五羔反。

孔氏曰：淳，沃也。熬，煎也。陸稻，陸地之稻也。以陸地稻米爲飯，煎醢使熬，加於飯上，恐其味薄，更沃之以膏，使味相湛漬。以沃之以膏，故曰淳；煎醢，故曰熬。

淳毋：煎醢加于黍食上，沃之以膏，曰淳毋。釋文：毋，依註音模。食音嗣。

鄭氏曰：毋讀曰模，模，象也。作此象淳熬。孔氏曰：淳毋，法象淳熬爲之，但用黍爲異耳。食，飯也，謂以黍米爲飯。不言「陸」者，黍皆在陸，無在水之嫌。

炮：取豚若將，刲之刳之，實棗於其腹中，編萑以苴之，塗之以謹塗。炮之，塗皆乾，擘之，濯手以摩之，去其皽，爲稻粉，糔、溲之以爲酏，以付豚，煎諸膏，膏必滅之。鉅鑊湯，以小鼎，薌脯於其中，使其湯毋滅鼎，三日三夜毋絶火，而后調之以醯醢。釋文：炮，步交反。將，依註音牂，子郎反。刲，苦圭反。刳，口孤反，又口侯反。編，必縣反，又步典反。萑音丸。苴，子餘反。謹，依註作「墐」，音斤。塗，本亦作「涂」。擘，必麥反。去，起呂反。皽，章善反。糔，息酒反，又相流反，又息了反。溲，所九反。付，徐音賦。鑊，户郭反。使湯，一本作「使其湯」。

鄭氏曰：炮者，以塗燒之爲名也。將當爲「牂」，牂，牡羊也。刲、刳，博異語也。謹當爲「墐」，墐塗，塗有穰草也。皽，謂皮肉之上魄莫也。糔、溲，亦博異語也。糔，讀與「滫瀡」之滫同。薌脯，謂煮豚若羊於小鼎中，使之香美也。謂之脯者，既去皽，則解析其肉使薄，如爲脯然，唯豚全耳。豚、羊入鼎三日，乃内醯醢，可食也。孔氏曰：萑，薍草也。苴，裹也。爲炮之法，或取豚，或取牂，刲刳其腹，實香棗於腹中，編連薍草，以裹匝豚、牂。裹之既畢，以穰草相和之塗塗之。炮之，塗皆乾，擘去乾塗也。

濯手以摩之，去其皽者，手既擘塗，不净，其肉又熱，故濯手摩之，去其皽莫也。爲稻粉，糔、溲之以爲酏，付全豚之外，若牂，則解析其肉，以粥和之。滅，没也。小鼎盛膏，以膏煎豚、牂於鼎中，膏必没此豚、牂也。鉅鑊湯，以小鼎，薌脯於其中者，謂用大鑊盛湯，以小鼎薌脯置於大鑊湯中也。使其湯毋滅鼎者，若湯入鼎中，則令食壞也。三日三夜毋絶火者，欲其微熱勢不絶。周禮有毛炮之豚。豚形既小，故知全體。周禮鄭註云：「毛炮豚者，爛去其毛而炮之。」豚既毛炮，則此牂亦當毛炮。愚謂裹物而燒之謂之炮。糔、溲，謂溲釋其粉也。付，傅也。此牂實不爲脯，以擘去乾塗之後，薄析其肉，有似脯然，故曰「薌脯」。上曰「付豚」，則知豚之置於鼎中者亦全體也，下曰「薌脯」，則知牂之用酏付之者亦薄析者也，互見之爾。

擣珍：取牛、羊、麋、鹿、麕之肉，必脄，每物與牛若一，捶反側之，去其餌，孰，出之，去其皽，柔其肉。釋文：脄音每，徐亡代反。餌音二，本或作「皽」，下句作「餌」。

鄭氏曰：脄，脊側肉也。捶，擣之也。餌，筋腱也。柔，汁和也。汁和亦醯醢與？愚謂脄與脢同，背肉也。易曰：「咸其脢」。

漬：取牛肉，必新殺者，薄切之，必絶其理，湛諸美酒，期朝而食之以醢若醯、醷。釋文：湛，子潛反，又直陰反，又將鴆反。期音朞。

絶其理，謂横斷其肌理也。湛亦漬也。期朝，匝一日也。

爲熬：捶之，去其皽，編萑，布牛肉焉。屑桂與薑，以洒諸上而鹽之，乾而食之。施羊亦如之。施麋、施鹿、施麕皆如牛羊。欲濡肉，則釋而煎之以醢；欲乾肉，則捶而食之。釋文：洒，所買反，徐西見反。醓音艷，又如字。乾而食之，一本無「而食之」三字。濡音儒。○鄭註：醢或爲「醓」。

鄭氏曰：熬，於火上爲之，今之火脯似矣。欲濡欲乾，人自由也。此七者，周禮「八珍」，其一肝膋是也。孔氏曰：七者，第一淳熬，第二淳毋，第三、第四炮豚若牂，第五擣珍，第六漬，第七熬也。其一肝膋，則此「糝」下「肝膋」也。但作記之人，文不依次，故在「糝」下。愚謂鄭氏以淳熬等八物爲八珍，因擣珍之名，以推其餘也。「肝膋」宜在「糝」上，簡錯在下耳。王制曰「八十常珍」，「九十者，天子欲有問焉，以珍從」，文王世子「養老之珍具」，則珍物者，老者之所需也。

糝：取牛、羊、豕之肉，三如一，小切之，與稻米，稻米二，肉一，合以爲餌，煎之。

鄭氏曰：此周禮「糝食」也。

肝膋：取狗肝一，幪之以其膋，濡炙之，舉燋其膋，不蓼。釋文：幪音蒙。焦，字又作「燋」，子消反。○鄭註：舉或爲「巨」。

膋，腸間脂也。炙，謂抗於火上而燒之也。濡炙之者，謂用膋濡潤其肝而炙之。舉，皆也。舉燋，謂徧皆燋也。其膋不蓼，則其肝當實蓼矣。

取稻米，舉糔、溲之，小切狼臅膏，以與稻米爲酏。釋文：臅，昌録反，徐又音燭。酏讀爲餰，之然反，又之善反。

鄭氏曰：狼臅膏，臆中膏也。此周禮「酏食」也。酏當從「餰」。愚謂「餰」與「饘」字同。餰與酏皆粥，而厚薄不同。酏用於六飲，則不可用爲豆實，故知此當作「餰」。餰食以稻米合狼臅膏爲之，則亦粥之類，但視粥差厚，故名曰「餰食」，言在食、粥之閒爾。○自「淳熬」至此，記八珍及内羞之名物，當上與「士於坫一」相屬，説已見篇首。蓋飲食者，人子之所以孝養其親，故自「飯黍稷」至此，備言其品節制度，而因以著夫貴賤等級之差，如趙氏之所言也。

禮始於謹夫婦，爲宫室，辨外内，男子居外，女子居内。深宫固門，閽、寺守之，男不入，女不出。釋文：閽音昏。

有夫婦然後有父子，有父子然後有君臣，有君臣然後有上下，有上下然後禮義有所錯，故禮以謹夫婦爲始。爲宫室，辨外内者，燕寢在内，正寢在外也。宫深則内外之勢遠，門固則出入之限嚴。周禮閽人：「掌守中門之禁。」寺人：「掌内人之禁令。」大夫士之掌門禁者亦謂之閽，檀弓「閽者止之」是也。

男女不同椸枷，不敢縣於夫之楎、椸，不敢藏於夫之篋、笥，不敢共湢浴。釋文：椸，本又作「箷」，以支反。枷音架。縣音玄。楎音輝。

鄭氏曰：竿謂之椸。楎，杙也。孔氏曰：爾雅釋宫云「在牆者謂之楎」，郭景純云：「植曰楎，橫曰椸。」是楎、椸是同類之物。橫者曰椸，以竿爲之。愚謂直曰楎，橫曰椸，皆所以架衣也。方曰篋圓曰笥，皆所以藏衣也。夫婦無取乎遠嫌，然其謹之如此者，所以厚男女之別也。

夫不在，斂枕篋，簟、席襡器而藏之。少事長，賤事貴，咸如之。

重夫之所用，而不敢褻露也。前云「事父母舅姑，斂簟而襡之」，此簟、席並襡，又以器盛而藏之。前謂每日常禮，簟席晚卽須用，此謂夫不在，簟、席未卽用故也。

夫婦之禮，唯及七十，同藏無間。故妾雖老，年未滿五十，必與五日之御。釋文：間，徐讀「間廁」之間，皇如字。年未五十，本又作「年未滿五十」。與音預。

鄭氏曰：同藏無間，衰老無嫌。御，侍夜勸息也。五十始衰，不能孕也，妾閉房，不復出御矣。五日一御，諸侯制也。諸侯取九女，姪、娣兩兩而御，則三日也；次兩媵，則四日也；次夫人專夜，則五日也。天子十五日乃一御。孔氏曰：同藏無間，謂同處居藏，無所間別，以其衰老無所嫌疑故也。妾未滿五十，必與五日之御，則妻雖五十猶與也。夫人、左、右媵各有姪、娣，凡六人，故三日。如鄭此言，夫人姪、娣卑於兩媵，如望前，則卑者在前，尊者在後，望後乃反之。

將御者，齊，漱、澣，慎衣服，櫛、縰、笄、總角，拂髦，衿纓，綦屨。釋文：齊，争皆反，下皆同。○鄭云：「角」，衍字。拂髦，或爲「繆髦」。愚謂「角、拂髦」皆衍字。

齊，以齊其心志。漱、澣，以潔其裏服。慎衣服，以謹其禮衣。妾之御於夫，猶臣之朝於君，故其致敬如此。角，拂髦，皆衍字。前婦事舅姑，不云「拂髦」，則婦人無髦。男女未冠笄者言「拂髦」，主男子言之耳。蓋髦者，子事父母之飾，父没去左，母没去右。婦人外成，若有髦，則無以爲除脱之節也。

雖婢妾，衣服飲食必後長者。釋文：後，胡豆反。

鄭氏曰：人貴賤不可以無禮。

妻不在，妾御莫敢當夕。

鄭氏曰：辟女君之御日也。孔氏曰：此謂卿大夫以下。大夫一妻二妾，則三日御徧；士一妻一妾，則二日御徧。高氏愈曰：一夕之微，而謹之如此，則少陵長，賤妨貴，以妾爲妻之禍絶矣。○自「禮始於謹夫婦」至此，明夫婦居室之禮。

妻將生子，及月辰，居側室。夫使人日再問之，作而自問之。妻不敢見，使姆衣服而對。至于子生，夫復使人日再問之。夫齊，則不入側室之門。釋文：見，賢徧反，下同。姆音茂，字林亡又反，一音母，又亡久反。

鄭氏曰：側室，謂夾之室，次燕寢也。作，有感動。不入側室之門，若初時使人問。孔氏曰：月辰謂生月之辰，初朔之日也。夫正寢之室在前，燕寢在後，側室又次燕寢，在燕寢之旁，故謂之側室。生子不於夫正室及妻之燕寢，必於側室者，以正室、燕寢尊故也。愚謂作而自問之，謂感動之日，夫自問之也。妻不敢見，所以遠私媚之嫌也。姆，女師也，士昏禮註云：「婦人年五十無子，出不復嫁，能以婦道教人者。」至于子生，夫使人日再問之者，言自作之後，以至于子生，夫又日使人再問之也。夫齊，則不入側室之門者，謂作之日，適值夫齊，則夫不自問而使人問之也。齊必處正寢，故不入側室之門。

子生，男子設弧於門左，女子設帨於門右。三日，始負子，男射女否。

鄭氏曰：設弧、設帨，表男女也。弧者，示有事於武也。帨者，事人之佩巾也。三日男射，始有事也。負者，謂抱之而使鄉前也。愚謂男射女否者，女子卑，畧其禮也。

國君世子生，告于君，接以大牢，宰掌具。三日，卜士負之，吉者宿齊，朝服寢門外，詩負之。射人以桑弧、蓬矢六，射天地四方，保受，乃負之。宰醴負子，賜之束帛。卜士之妻，大夫之妾，使食子。釋文：接，依註音捷，字妾反，下「接子」同。射天地，食亦反。食音嗣。○今按：接如字。

接，接子也。就子生之室，陳設饌具，以禮接待之也。宰，膳宰也。掌具，掌爲接子之牢具也。宿齊，前一夕齊也。寢門外，路寢之門外也。不入門者，以子尚未見也。詩之言承也。詩負之，謂以手承下而接負之也。射人，司馬之屬。桑弧、蓬矢，本大古也。天地四方者，男子之所有事也。保，保母也。受乃負之，受之於士而負之也。醴，以醴禮之也。禮以一獻之禮，以束帛酬之，使宰主其禮，猶君燕，膳夫爲獻主之義也。食子，使乳之也。皇氏侃曰：士之妻，大夫之妾，隨課用一人。輔氏廣曰：諸母則擇之，乳母則卜之，豈非性情之發，尚有可見，而血氣之相宜，有不可知者耶？○內則「醴負子」，士冠禮「醴賓」，士昏禮「醴賓」「醴婦」，字皆作「醴」，惟聘禮「禮賓」作「禮」，鄭氏於「醴」字皆破爲「禮」，以從聘禮。然以醴醴人而謂之醴，猶以食食人而謂之食也，豈禮之重者則謂之禮，而其輕者但質言之與？

凡接子擇日，冢子則大牢，庶人特豚，士特豕，大夫少牢，國君世子大牢。其非冢子，則皆降一等。

鄭氏曰：雖三日之內，尊卑必皆選其吉焉。冢子大牢，謂天子世子也。冢子，猶言長子，通於下也。「庶人特豚」以下，皆謂長子也。非冢子，謂冢子之弟及妾子也。降一等，天子諸侯少牢，大夫特豕，士特豚，庶人猶特豚也。　愚謂上先言「接子」，而後言「三日，卜士負之」，則接子在負子之前，擇日者，於三日之內擇之也。

異爲孺子室於宮中，擇於諸母與可者，必求其寬裕、慈惠、温良、恭敬、慎而寡言者，使爲子師，其次爲慈母，其次爲保母，皆居子室。　他人無事不往。

鄭氏曰：此人君養子之禮也。　異爲孺子室於宮中，特掃一處以處之也。　諸母，衆妾也。　可者，傅、御之屬也。　子師，教示以善道者。　慈母，知其嗜欲者。　保母，安其居處者。　士妻食乳之而已。　他人無事不往，爲兒精氣微弱，將驚動也。　愚謂寬裕、慈惠、温良則近於仁，恭敬、寡言則近於禮，故可以爲子師。　養子備三母，人君之禮也。　喪服「小功」章：「君子子爲庶母慈己者。」然則大夫之子，但以庶母爲慈母，而兼子師、保母之事與？

三月之末，擇日翦髮爲鬌，男角女羈，否則男左女右。　是日也，妻以子見於父，貴人則爲衣服，由命士以下皆漱、澣，男女夙興，沐浴衣服，具視朔食。　夫入門，升自阼階，立于阼西鄉。　妻抱子出自房，當楣立，東面。　釋文：鬌，丁果反，徐大果反。

此謂大夫以下之禮也。　鬌，所留不翦之髮也。　夾囟曰角，午達曰羈。　貴人，卿大夫也。　爲衣服，夫妻皆別製新服也。　命士以下，雖不爲衣服，亦漱、澣以致其潔也。　男女，謂下文「諸婦」「諸母」「諸男」之屬也。　具，夫婦入食之饌具也。　朔食，天子大牢，諸侯少牢，大夫特豕，士特豚。　適子見在正寢，夫入門者，入正寢之門也。　妻抱子出自房者，妻由側室至夫之正寢，升自北階而出於東房也。　妻不使人抱子，子不升自西階，皆避人君之禮也。次棟之梁謂之楣。妻當楣立，在西階之上而當楣也。夫在阼，亦當楣，不言者，可知也。○鄭氏謂「大夫以下見適子於側室」，非也。側室卑於內寢，見庶子於內寢，豈見適子反在側室乎？

姆先相曰：「母某敢用時日祗見孺子。」夫對曰：「欽有帥。」父執子之右手，咳而名之。妻對曰：「記有成。」遂左還授師子，句。師辯告諸婦、諸母名，妻遂適寢。夫告宰名，宰辯告諸男名，書曰「某年、某月、某日某生」而藏之。宰告閭史，閭史書爲二：其一藏諸閭府，其一獻諸州史。州史獻諸州伯，州伯命藏諸州府。夫入食，如養禮。釋文：相，息亮反。孩，字又作「咳」，户才反。還音旋。辯音遍。養，羊尚反。○鄭註：祗或作「振」。

姆先，謂在妻側而稍前也。相，助之傳辭也。某，妻之氏也。祗、欽，皆敬也。帥，循也。欽有帥，謂其子當敬循善道也。執子右手，示將授以事也。咳，頷也。咳而名之，以手承子之咳而名之也。妻對者，代其子答父也。記有成者，言當記識父言而有所成就也。授師子，謂授師以子也。諸婦，大功以上卑者之妻。諸母，衆妾也。適寢，適夫之燕寢也。不言「入御」者，妻尊，不褻言也。宰，家臣之長也。諸男，謂子若昆弟之子也。諸婦、諸母、諸男見子時皆在，故遂以名告之。其位，蓋諸婦、諸母房中南面，諸男阼階下東面與？其大功以上尊屬，當使人就其寢告之也。藏之，藏於家也。二十五家爲閭，閭胥治之。二千五百家爲州，州長治之。州伯，卽州長也。閭府、州府，閭胥、州長之府。藏史，其屬吏也。夫入食，自正寢入燕寢，而與妻同食也。如養禮，如平時夫婦供養之常禮也。鄭氏謂

「養禮爲婦始饋舅姑之禮」，非也。舅姑之饋，婦饋之也，此夫婦自食耳，二禮不可相方。若謂指其饌具而言，則上文已言「具視朔食」，不應再出也。○黄氏乾行曰：命名即告州、閭，使藏諸府，將俟其長而就閭塾也。以承教訓，以受征役，以稽德行，以應賓興，皆始於是。安有時過後學，老壯不均，冒年冒籍，如後世之弊哉？

世子生，則君沐浴朝服，夫人亦如之，皆立于阼階，西鄉。世婦抱子升自西階，君名之，乃降。

鄭氏曰：子升自西階，則人君見世子於路寢也。諸侯夫人朝於君，次而褖衣。孔氏曰：案內司服註云：「展衣，以禮見王及賓客。」「褖衣，御于王之服。」諸侯夫人以下，所得之服各如王后，今既在路寢，與君同著朝服，則是以禮見君，合服展衣，此云「次而褖衣」者，此見子訖，則當進入君寢，侍御於君，故服進御之服，不服展衣。前文卿大夫見適子，既有「父執子手，咳而名之」，及戒告之辭，其文既具，故於見世子之禮畧而不言，其實世子亦執手咳而名之及戒告也。愚謂見適子皆於正寢，但大夫士避世子之禮，故子不升自西階，而出自房耳。天子諸侯朝服不同，則后與夫人以禮見王之服亦當異：后以禮見王服展衣，則夫人以禮見君服褖衣宜也。特牲禮：「主人玄端，主婦笄纚綃衣。」男子玄端之上爲朝服，婦人笄纚綃衣之上爲褖衣，故少牢禮「主人朝服，主婦被錫衣侈袂」。被即次，錫衣即褖衣之誤也。此見子，君服朝服，則鄭謂「夫人次而褖衣」者不可易也。后御於王褖衣，則夫人御於君亦笄纚綃衣耳。

適子庶子見於外寢，撫其首，咳而名之。禮帥初，無辭。釋文：適，丁歷反。

適子庶子，謂適子之母弟也。蓋雖適妻所生，既非長適，則亦爲庶子矣。外寢，正寢也。辭，謂「欽有帥」、「記有成」之辭也。見適子之庶亦於正寢者，敬適妻也。不執其右手，又無辭者，降庶子也。此禮尊卑之所同與？

凡名子，不以日月，不以國，不以隱疾。大夫士之子，不敢與世子同名。

說並見曲禮。

妾將生子，及月辰，夫使人日一問之。子生三月之末，漱、澣，夙齊，見於內寢，禮之如始入室。君已食，徹焉，使之特餕，遂入御。釋文：三月之末，一本作「子生三月之末」。

此謂大夫士之妾也。不云「就側室」者，大夫士之妾居側室，即其所居而生子，不別就室也。故左傳「趙氏有側室子曰穿」是也。夫使人日一問之，降於正妻也。內寢，夫之燕寢也。適子見於正寢而有辭，適子庶子見於正寢而無辭，庶子見於內寢，尊卑之差也。始入室，始來嫁時也。君，謂夫也。特，獨也。常時夫婦食畢，衆妾並餕，今使生子之妾特餕，如始來嫁之禮也。士昏禮媵餕夫餘，御餕婦餘，無特餕之法，豈妾之待年而後至者，或非媵而買諸他姓者，其始至特餕與？

公庶子生，就側室。三月之末，其母沐浴，朝服見於君，擯者以其子見。君所有賜，君名之，衆子則使有司名之。

公庶子生，就側室，人君宮室多也。君之世婦視大夫，諸妻視士，其朝服亦褖衣也。見於君，不言其所者，蒙上節「内寢」之文也。　鄭氏曰：擯者，傅姆之屬也。人君尊，雖妾不抱子。有賜，於君有恩惠也。有司，臣有事者也。

庶人無側室者，及月辰，夫出居羣室。其問之也，與子見父之禮無以異也。

庶人或無側室，其燕寢夫婦共之而已，故妻及月辰，則夫出居羣室以避之。羣室，謂夾室之屬也。其問妻與見子之禮，則與大夫士同也。

凡父在，孫見於祖，祖亦名之，禮如子見父，無辭。

鄭氏曰：見子於祖，家統於尊也。父在則無辭，有適子者無適孫，與見庶子同也。父卒而有適孫，則有辭，與見冢子同。父雖卒，而庶孫猶無辭也。　愚謂孫見於祖，亦就祖之正寢見之。

食子者三年而出，見於公宮則劬。大夫之子有食母，士之妻自養其子。　釋文：食，並音嗣。

鄭氏曰：劬，勞也。士妻，大夫之妾，食國君之子三年，出歸其家，君有以勞賜之。大夫之子有食母，選於傅、御之中，喪服所謂「乳母」也。士之妻自養其子，賤不敢使人也。

由命士以上及大夫之子，旬而見。冢子未食而見，必執其右手；適子庶子已食而見，必循其首。　釋文：旬音均，出註。○按旬，朱子讀如字，今從之。

鄭氏曰：未食已食，急正緩庶之義也。　朱子曰：旬，謂十日也。別記異聞，或不待三月也。「冢子未食」以下，承上文記大夫禮，而又別其冢、適、庶子之異同也。　愚謂適子，冢子之母弟也。庶子，妾之子也。循猶撫也。上文「三月而見」，此則云「旬而見」，上文冢子、庶子皆未食而見，此則冢子未食而見，適子庶子已食而見，蓋列國禮俗不同，記者並記之。然惟大夫士如此，則天子諸侯固無異禮矣。○自「妻將生子」至此，言尊卑生子之禮。

子能食食，教以右手；能言，男唯女俞。男鞶革，女鞶絲。釋文：食食，上如字，下音嗣。鞶，步干反。

鄭氏曰：俞，然也。鞶，小囊盛帨巾者，男用韋，女用繒，有飾緣之，則是鞶裂與？詩云：「垂帶如厲。」紀子帛名裂繻，字雖今異，意實同也。孔氏曰：春秋桓二年傳作「鞶厲」，鄭此註作「鞶裂」，謂鞶囊裂帛爲飾。若服虔、杜預，則以鞶爲大帶，厲是大帶之垂者，詩毛傳亦云「厲，帶之垂者」，與鄭異。陳氏祥道曰：古者大帶、革帶並謂之鞶，內則所謂「男鞶革」，帶也。愚謂曲禮「父召無諾」，「先生召無諾，唯而起」，虞書「帝曰俞，往欽哉」，又曰「俞，往哉汝諧」，是唯、俞皆應辭。但唯之聲直，俞之聲婉，故以爲男女之別。孔氏引服、杜、毛傳之說，蓋以鄭氏「鞶裂」之說爲非。左傳疏亦云：「禮記『男鞶革，女鞶絲』，鞶是帶之別稱，言其帶革、帶絲耳。」今按鞶一名而二物：前言「施縏袠」，士昏禮「庶母至門內施鞶」，揚子法言「繡其鞶帨」，此鞶爲小囊也。此言「鞶革」「鞶絲」，左傳言「鞶厲游纓」，乃馬之鞶纓，此鞶爲大帶也。玉藻云：「童子錦紳。」又云：「弟子縞帶。」此男子鞶革，蓋孩提時所用爾。男革而女絲者，革勁而絲柔也。○自此以下，皆言教子之法。

六年，教之數與方名。

六年，稍有知識，始可教也。數，一十百千萬也。方名，四方之名。

七年，男女不同席，不共食。

始示之別也。

八年，出入門户及卽席飲食，必後長者，始教之讓。釋文：後，胡豆反。

卽，就也。長者，父兄也。徐行後長者謂之弟，疾行先長者謂之不弟。八年，始教以遜讓於長者，所以因其良知良能，而啟之以孝弟之端也。高氏愈曰：凡人質性之偏，莫不喜淩傲其上，故古人首以讓教之。出入後長者，行之讓；卽席後長者，坐之讓；飲食後長者，食之讓。所以抑其驕慢之氣，而養其德性之和者至矣。

九年，教之數日。釋文：數，所主反。

鄭氏曰：日，朔、望與六甲也。高氏愈曰：二者切於日用，且五行陰陽之理，具於干支中矣。此九年以内，宫中女師之教，兼男女而言者也。

十年，出就外傅，居宿於外，學書計。衣不帛襦袴。禮帥初，朝夕學幼儀，請肄簡諒。釋文：襦，字又作「褥」，音儒。袴，苦故反。肄，本又作「肆」，同以二反。

鄭氏曰：外傅，教學之師也。不用帛爲襦袴者，爲大温，傷陰氣。高氏愈曰：居宿，日居夜宿也。十歲則男女已大，爲之別而女不出，男不入，蓋内外之防始嚴矣。書計，卽六藝中六書、九數之學也。愚謂襦，裏衣；袴，下衣。二者皆不以帛爲之，防奢侈也。禮帥初者，謂初所教長幼之禮，帥而行之，而不敢忘也。幼儀，幼少所行之儀法，其事甚多，不第出入飲食必後長者而已，朝夕學之，而益求其詳也。肄，習也，諒，信也。請肄簡諒，謂所請肄習者貴乎簡要而誠實也。簡則不流於泛濫，諒則不至於虚浮。自此至「凡男拜，尚左手」，專言教男子之法。九年以前，男女之教同；十年以後，男女之教異。○輔氏謂「衣不帛襦袴，則上服猶用帛」，非也。成人之服，深衣玄端，皆布爲之，朝服始用素帛爲裳，則童子之上服不用帛可知。玉藻「童子緇布衣，錦緣」，是童子之上服以緇布爲深衣之制也。以帛裏布，非禮也。童子上服用布，襦袴在内，其不用帛宜矣。

十有三年，學樂、誦詩、舞勺。成童舞象，學射御。

鄭氏曰：先學勺，後學象，文武之次也。成童，十五以上。熊氏安生曰：勺，籥也。愚謂學樂，學琴瑟之樂也。詩，樂章也。學樂、誦詩，弦誦相成也。勺，卽所謂南籥也。「籥祠」之籥，亦作「礿」，是「勺」「籥」字通明矣。南籥，文王之文舞，象箾，文王之武舞，皆小舞也。射御，五射、五御之法也。蓋至此而六藝之事畧備矣。以孝弟忠信爲之本，而餘力學文，蓋雖未及乎大學，而所以培養其德性，成就其才具者，固已深矣。○大戴禮云：「古者王子年八歲而就外舍，束髮而就大學。」尚書周傳：「王子，公、卿、元士之適子，十五入小學，二十入大學。」書傳畧說：「餘子十三入小學，十八入大學。」白虎通：「八歲入小學，十五入大學。」曲禮：「人生十年曰幼學。」内則：「十年出就外傅。」今其詳固不可盡考，然周禮樂師「教國子小舞」，則國子之入大學固不待既冠矣。蓋古者公卿與庶民之子，其學不同：公卿之子以師氏所教者爲小學，以成均爲大學；庶民之子以家之塾，州、黨之序爲小學，以鄉之庠爲大學。公卿之子，其小學惟一，則其升於大學也速；庶民之子，其小學有三，則其遞升於大學也遲。而又人之材質有敏鈍，學業之成就有蚤暮，則其入大學固不可限以定期，大約自十三以上，二十以下，皆入大學之歲也與？○程子曰：古人爲學也易，八歲入小學，十三入大學，舞象舞勺，有弦歌以養其耳，舞干羽以養其氣，其心急則佩韋，緩則佩弦。出入閭里，則視聽游習與政事之施，莫不由此。如此，則非僻之心無自而入。又曰：古者家有塾，黨有庠，遂有序，故未嘗有不入學者。八歲入小學，十五擇其秀者入大學，不可教者歸之於農。三老坐於里門，出入，察其長幼、進退、揖讓之序。至於閭、里、鄉、黨之間，如三百五篇之類，人人諷誦，莫非止於禮義之言。十三，又使之舞象。然則雖未能深知義理，興起於詩，其心固已善矣。後世雖白首，未嘗知有詩。此古今異習也。以古所習，安得不厚？以今所習，安得不惡？張子曰：古者教童子先以舞者，欲柔其體也。心下則氣和，氣和則體柔。古者教胄子必以樂，欲其體和也。學者志則欲立，體則欲和。

二十而冠，始學禮，可以衣裘帛，舞大夏，惇行孝弟，博學不教，内而不出。釋文：冠，古亂反。衣，於既反。行如字，又下孟反。弟音悌。○内音納。

冠，加冠也。禮，吉、凶、軍、賓、嘉之禮也。大夏，禹樂，文舞之大也。大司樂：「以樂舞教國子，舞雲門、大卷、大咸、大磬、大夏、大濩、大武。」此言「舞大夏」，則六舞皆學可知。惇，篤也。前此但學幼儀，至此則學鄉國之通禮；前此不帛襦袴，至此則有裘帛之盛服；前此但學小舞，至此則學大夏之大舞；前此已知孝弟，至此則益惇而行之，而責以爲人子、爲人弟之全行。蓋成人之禮與大學之教，自二十而始也。博學不教者，廣見博聞以窮理，而善未可以及人。内而不出者，多識前言往行以畜德，而才未可以經世。蓋初進乎大學之事，而其德猶未幾乎成也。

三十而有室，始理男事，博學無方，孫友視志。釋文：孫音遜。

鄭氏曰：室猶妻也。男事，受田給政役也。方猶常也。無方，言學無常，在志所好也。孫，順也。順於友，視其所志也。輔氏廣曰：博學不教，內而不出，獨善而已，孫友視志，則善足以及人矣。愚謂博學無方，敬業而所以窮理者詳；孫友視志，樂羣而所以觀人者審。

四十始仕，方物出謀發慮，道合則服從，不可則去。

朱子曰：方猶比也。比方以窮理。方物出謀，則謀不過物；方物發慮，則慮不過物。愚謂四十則道明、德立、學成，而將以行之，始可仕也。比方事物而出發謀慮，則於所治之識，謀慮者無不當矣。服從，謂服其事而從君也。君臣以義合，故道合則服從，不合則去，不可以阿徇而取容也。○程子曰：古之爲士者，自十五入學，至四十始仕，中間二十五年有事於學，又無利可趨，則其志可知。此所以成德。故古之人必四十乃仕，然後志定業成。後世立法，自童稚即有汲汲利祿之誘，何由向善？

五十命爲大夫，服官政，七十致事。

王氏圻曰：四十始仕，爲士以事人，治官府之小事也。五十，爲大夫以長人，聞邦國之大事也。四十始仕，不躁進也。七十致仕，不固位也。中間三十年，盡力於王事，不負所學也。

凡男拜，尚左手。

鄭氏曰：左，陽也。

女子十年不出，姆教婉、娩、聽從；執麻枲，治絲繭，織紝、組、紃，學女事，以共衣服；觀於祭祀，納酒漿、籩豆、菹醢，禮相助奠。釋文：婉，紆晚反，徐紆願反。娩音晚，徐音萬。枲，思里反。紝，女金反，又如林反。組音祖。紃音巡。共音恭。相，息亮反。

鄭氏曰：不出，恆居內也。婉，謂言語也。娩之言媚也。媚，謂容貌也。紃，絛也。祭祀之禮，當及女時而知。孔氏曰：案九嬪註云：「婦德貞順，婦言辭令，婦容婉娩，婦功絲枲。」此分婉爲言語，娩爲容貌。鄭意以此上下備四德：以婉爲婦言，娩爲婦容，聽從爲婦順，「執麻枲」以下爲婦功。紝爲繒帛，故杜注左傳云：「紝，謂繒也。」組、紃，俱爲絛。皇氏云：「組是綬也。」然則薄闊爲組，似繩者爲紃。

朱子曰：納，謂奉而入之。愚謂執麻枲，績事也。治絲繭，蠶事也。織紝組紃，織事也。此三者，皆女工之事，學之以供衣服也。納，謂納於廟室，以進於尸也。禮相助奠，謂以禮相長者，而助其奠置祭饌也。此又學祭祀之禮也。自「婉、娩、聽從」以下，皆姆教之。此以下，專言教女子之法。

十有五年而笄，二十而嫁，有故，二十三年而嫁。聘則爲妻，奔則爲妾。鄭註：奔或爲「衒」。

鄭氏曰：十五而笄，謂應年許嫁者。女子許嫁，笄而字之，其未許嫁，二十則笄。故，謂父母之喪。聘，問也。妻之言齊也。以禮聘問，則得與夫敵體。妾之言接也。聞彼有禮，走而往焉，以得接見於君子也。愚謂妾有隨妻爲媵者，有非媵而別買之者，皆未嘗有幣帛之聘也。女不待聘而嫁者謂之奔。周禮媒氏：「仲春之月，令會男女。於是時也，奔者不禁。」

凡女拜，尚右手。

鄭氏曰：右，陰也。

禮記卷二十九

玉藻第十三之一

別録屬通論。

此篇首記天子諸侯衣服、飲食、居處之法，中間自「始冠緇布冠」至「其他則皆從男子」，專記服飾之制：始冠，次衣服，次笏，次韠，次帶，次及后、夫人、命婦之服，其前後又雜記禮節、容貌、稱謂之法。禮記中可以考見古人之名物制度者，此篇爲最詳，然其中多逸文錯簡云。

天子玉藻，十有二旒，前後邃延，龍卷以祭。 釋文：藻，本又作「璪」，音早。旒，力求反。邃，雖醉反。延如字，徐餘戰反，字林作「綖」，弋善反。卷音袞，古本反。

鄭氏曰：雜采曰藻。天子以五采藻爲旒，旒十有二。前後邃延者，言皆出冕前後而垂也，天子齊肩，延冕上覆也，玄表纁裏。龍卷，畫龍於衣。孔氏曰：藻，謂雜采之絲繩以貫於玉，以玉飾藻，故曰「玉藻」也。十有二旒者，前後各十有二旒。龍卷，言畫此龍形卷曲於衣。天子之旒十有二就，每一就貫以玉，就間相去一寸，則旒長尺二寸，故垂而齊肩。諸侯以下，各有差降，則九玉者九寸，七玉者七寸，以下各依旒數，垂而長短爲差。旒垂五采玉，依飾射侯之次，從上而下，初以朱，次白，次蒼，次黃，次玄。五采玉既貫徧，周而復始。其三采者，先朱，次白，次蒼。二采者，先朱，後緑。又王制疏曰：凡冕之制，皆玄上纁下，以木版爲中，以三十升玄布衣之於上，謂之延。以朱爲裏，但不知用布繒耳。當以繒爲之，以其前後旒用絲故也。按漢禮器制度，廣八寸，長尺六寸也。又董巴輿服志云：『廣七寸，長尺二寸。』皇氏謂『此爲諸侯冕』。應劭漢官儀廣七寸，長八寸，皇氏以爲卿大夫冕。若如皇氏言，豈董巴專記諸侯，應劭專記卿大夫？蓋冕隨代變異，大小不同，今依漢禮器制度爲定。愚謂司服王冕有六，而大裘之冕爲最尊，祭天之所服也。凡冕之旒數，與衣之章數相配，大裘襲十二章之衣，其冕亦十二旒，則天數也。衮冕九章則九旒，鷩冕七章則七旒，毳冕五章則五旒，絺冕三章則三旒，玄冕一章宜一旒，而一旒不可以爲飾，進而與絺冕同，此弁師所以止言「五冕」也。王祭天之冕，其旒前後各十有二，每旒之上，以五采玉爲飾，又以五采絲爲繩，以繫玉，謂之藻。其玉之數與藻之就數，亦皆十二，故曰「天子玉藻，十有二旒。」聘禮記：「繅六等，朱、白、蒼。」圭藻之色，以五行相克爲次，冕藻亦然。五采則次以黃，又次以玄也。五色玉之次，亦當與藻同。王之冕自衮服以下，其旒數雖有差降，而每旒皆五采玉十二，皆五采藻十二就，則與十二旒之冕同。弁師云「王之五冕，皆玄冕，朱裏，延、紐，五采繅十有二就，皆五采玉十有二」是也。自公以下，其冕之旒數皆視服章爲差降，然弁師「諸侯之繅斿皆九就，瑉玉三采，」則五等諸侯之冕，旒數雖異，而其玉皆三采，繅皆九就也。以此差之，則孤、卿二采而七就，大夫一采而五就，就間皆相去一寸也。孔疏謂「旒之長短依旒數爲差」，則三旒者止三寸，似太短矣。又二采者當以朱、白，一采者當以朱，孔氏據周禮典瑞註，謂「二采用朱、綠，」亦非是。延者，冕之上覆。冕用三十升布，則延之表裏亦皆以三十升布爲之。前後邃延者，延在冕上，其前後皆長出於冕而深邃，邃指延言，不指旒言也。龍卷以祭，謂首服十二旒之冕，又身服龍卷之衣而祭天也。

玄端而朝日於東門之外，聽朔於南門之外，閏月則闔門左扉，立于其中。釋文：端音冕，出註，下「諸侯玄端」同。朝，直遥反，篇內皆同。闔，胡臘反。左扉，音非，一本作「則闔門左扉」。○按篇內「朝」「玄端」當如字。

鄭氏曰：端當作「冕」，字之誤也。玄冕，玄衣而冕也。朝日，春分之禮也。東門、南門，皆謂國門也。明堂在國之陽，每月就其堂而聽朔焉。閏月，非常月也，聽其朔於明堂門中，還處路寢門，終月。

孔氏曰：凡衣服，皮弁尊，次以諸侯之朝服，次以玄端。下文「諸侯皮弁聽朔」，「朝服視朝」，今天子皮弁視朝，若玄端聽朔，與諸侯不類。且聽朔大，視朝小，故知端當作「冕」，謂玄冕也。　愚謂玄冕者，五冕之服皆玄也。蓋玄冕有指一章之冕言者，司服「祭羣小祀則玄冕」，又「卿大夫之服，自玄冕而下」，是也。有通指五冕言者，弁師「王之五冕皆玄冕」，郊特牲「玄冕齋戒」，疏謂「五冕通玄」是也。朝日、聽朔，其服不同，記不具言，故但以玄冕該之。司服：「王祀四望、山川則毳冕，祭社稷、五祀則絺冕。」日者，天神之尊，在四望、山川之上，國語「大采朝日」，「少采夕月」，孔晁以大采爲衮冕是也。少采降於大采，蓋鷩冕與？一章之玄冕，爲冕服之下，若朝日用一章之玄冕，則少采又爲何服乎？諸侯聽朔以皮弁，則天子聽朔不當以一章之玄冕矣。閏月則闔門左扉，立於其中，謂聽朔時也。每月聽朔於明堂之十二室，閏月非常月，於十二室無所當，故闔明堂應門之左扉，而立於其中以聽朔也。還則居路寢門終月，大史「閏月，詔王居門終月」是也。○朱子曰：禮經雖亡闕，然於覲見天子之禮，於燕、射、聘、食見諸侯之禮，餘則見大夫、士之禮，宮室名制不見其有異，特其廣狹隆殺有所不可考耳。按書顧命，成王崩於路寢，其陳位也，曰「設斧扆牖間，南嚮」，則户牖間也。「西序東嚮」，「東序西嚮」，則東西序也。「西夾南嚮」，則夾室也。「東房」「西房」，則左右房也。「賓階面」、「阼階面」，則兩階前也。「左塾之前」、「右塾之前」，則門内之塾也。「畢門之内」，則路寢門也。「兩階戺」，則堂廉也。「東堂」「西堂」，則東西廂也。「東垂」「西垂」，則東西堂之宇階上也。「側階」，則北階也。又曰「諸侯出廟門俟」，則與士喪禮「殯宮曰廟」合也。則鄭氏謂「天子廟及路寢如明堂制」者，蓋未必然。明堂位與考工記明堂之制度，非出於舊典，亦未敢必信也。愚謂考工記「夏后氏世室」，「殷人重屋」，「周人明堂」，此蓋三代明堂之異名，鄭氏誤以世室爲大廟，重屋爲路寢，而大廟、路寢、明堂同制之説自此起矣。天子路寢之制，見於顧命者可考，而覲禮在廟亦言「几俟于東箱」，皆不與明堂同制。要之，大廟、路寢，必前爲堂，後爲房室，東西爲兩序、兩夾、兩階，然後可以奉宗祏，適興居，以行朝、祭、獻、酬、揖讓之儀，以叙吉、凶、賓、主、内、外之位，有必不可與明堂同制者。自鄭氏爲三者同制之説，而疏家墨守其義，至其證之經典而不合，則爲之委曲以求其通，亦可謂甚難而實非者矣。

皮弁以日視朝，遂以食；日中而餕，奏而食。日少牢，朔月大牢。五飲：上水，漿、酒、醴、酏。卒食，玄端而居。釋文：酏，以支反。

鄭氏曰：餕，食朝之餘也。奏，奏樂也。上水，水爲上，其餘次之。天子服玄端燕居。孔氏曰：皮弁視朝，遂以朝食，所以敬養身體。餕尚奏樂，即朝食奏樂可知也。月朔禮大，故用大牢。方氏愨曰：王食必以樂侑，所以和其心志，而助氣體之養也。　愚謂天子視朝以皮弁服，以白鹿皮爲弁，而以素繒爲衣裳也。舊說謂「皮弁服之衣用十升白布爲之」，非也。衣之差，繒尊於布，玄尊於白，惟深衣、麻衣之屬用白布，玄端及朝服已緇之矣，皮弁尊於朝服，豈反用白布乎？日少牢，朔大牢，重朔以敬始，而殺常日，以爲豐儉之節也。膳夫：「王日一舉，鼎十有二物，皆有俎。」蓋每日之少牢，朔月之大牢，皆舉也。鼎十有二物，以舉之尤盛者言之，則專指朔食也。日出而朝食，逮日而夕食，此每日之正食也。餕非正食，在朝食、夕食之間，特餕朝食之餘而已。上水者，以水爲上，貴其自然之性也。周禮「六飲」有「涼、醫」而無「酒」，此「五飲」有「酒」而無「涼、醫」，記者所聞異也。卒食，謂既餕之後也。居，燕居也。天子朝皮弁，夕玄端。

動則左史書之，言則右史書之，御瞽幾聲之上下。釋文：上，時掌反。

鄭氏曰：左史、右史所書，春秋、尚書其存者。瞽，樂人也。幾猶察也。察其哀樂。　孔氏曰：左陽，陽主動，故記動。右陰，陰主靜，故記言。周禮無左史、右史之名。熊氏云：「按周禮大史職云『大師，抱天時，與大師同車』，又左傳齊大史書『崔杼弑君』，是大史記動作之事，在君左廂，則大史爲左史也。周禮內史掌諸侯、孤、卿、大夫之策命，左傳王命內史叔興父策命晉侯爲侯伯，是皆言誥之事，是內史所掌在君之右，爲右史也。」御，侍也。瞽人侍側，故曰「御瞽」。幾，察也。瞽人審音，察樂聲上下哀樂，政和則樂聲樂，政酷則樂聲哀，察之以防君之失。　愚謂史記言動，瞽察聲樂，凡視朝、燕居，無時不在君之側，皆所以防君之失而格其非心也。

年不順成，則天子素服，乘素車，食無樂。

氣不順則水旱至，物不成則饑饉生。素服，冠衣皆以素繒爲之也。素車，車不漆者。周禮巾車「王之喪車五乘」，次爲「素車，棼蔽，犬𧝓，素飾」，是也。司服：「大札、大荒、大烖，素服。」大司樂：「大札、大凶、大烖，令弛縣。」此皆自貶損，以責己而憂民也。孔氏曰：若其臣下，則不恆素服，唯助君禱請之時乃素耳。故司服云「士服玄端、素端」，註云：「素端者，爲札、荒有所禱請也。」

諸侯玄端以祭，裨冕以朝，皮弁以聽朔於大廟，朝服以日視朝於內朝。釋文：裨，婢支反。大音泰。

鄭氏曰：祭先君也。端亦當爲「冕」，字之誤也。孔氏曰：玄端賤於皮弁，下文「皮弁聽朔」，不應玄端以祭，故知亦當爲「玄冕」。愚謂玄冕，亦謂五冕通玄也。祭統曰：「君衮冕立于阼，夫人副褘立于東房。」祭義獻繭之禮，「夫人副褘受之」。此上公之禮也。然則五等諸侯皆以上服祭其宗廟，公衮冕，侯伯鷩冕，子男毳冕，記亦不具言，言「玄冕」以該之。孤、卿、大夫自祭之服，皆降於助祭，而諸侯乃以上服祭者，北面之臣，近君而屈，南面之君，遠王而伸也。裨猶副也，益也。服冕者各以其上服之次爲裨冕，公服衮，自鷩以下爲裨冕；侯伯服鷩冕，自毳以下爲裨冕；子男服毳冕，自絺冕以下爲裨冕也。裨冕以朝者，入天子之國，宜自降下，故不敢服上服而服其次。覲禮「侯氏裨冕」，「乘墨車」，裨冕亦乘墨之義也。聽朔者，天子頒來歲十二月之朔於諸侯，諸侯受而藏之祖廟，每至月朔，以特羊告廟，受而聽之，謂之朝廟。天子聽朔於明堂，明受之天與祖也。諸侯聽朔於大廟，明受之王與祖也。朝服，玄端而緇衣、素裳也。士冠禮：「主人玄冠朝服，緇帶素韠。」凡裳與韠同色，故知朝服素裳，凡言「朝服」者，皆此服也。內朝，路寢門外之正朝也。皮弁聽朔，朝服視朝，皆降於天子也。孔氏曰：每月以朔告神，謂之告朔，論語云「告朔之餼羊」是也。於時聽此月朔之事，謂之聽朔，此玉藻文是也。聽朔又謂之視朔，文十六年「公四不視朔」是也。告朔又謂之告月，文六年「閏月不告月」是也。行此禮，天子於明堂，諸侯於大祖廟，訖，然後祭於諸廟，謂之朝享，司尊彝云「朝享」是也。按天子告朔於明堂，無祭於祖廟之禮。司尊彝言「朝享」，謂大祫之祭也。又謂之朝廟，文六年云「猶朝于廟」是也。又謂之朝正，襄二十九年「釋不朝正于廟」是也。又謂之月祭，祭法云「皆月祭之」是也。○盧氏辯曰：臣及命婦祭於君，皆盡其服，自祭於家降一等，陰爵不敢申也。君與夫人皆申其服，祭統曰「君袞冕立于阼，夫人副褘立于東房」是也。鄭氏頓貶公侯，使一同玄冕以祭於己，非其差也。且諸侯專國，禮樂車旗，王命有之，何獨抑其服乎？大戴禮註。　愚謂鄭氏之說，可以決其必不然者三：一則南面之君，與北面之臣近君而屈者不同；二則袞冕、副褘，祭統有明文，不應其餘諸侯獨異；三則卿大夫自祭雖不申上服，然大夫朝服，士玄端，而雜記所言，則又有服爵弁者。其爲差等如此。若五等諸侯不辨命數，並服玄冕自祭，是反貶於其臣。以是知玄冕以祭，必非一章之玄冕也。○孔氏曰：天子諸侯皆三朝：大僕云「掌燕朝之服位」，註云：「燕朝，朝於路寢之庭」，是一也。司士云「正朝儀之位」，註云：「此王日視朝事於路門外」，是二也。朝士云「掌外朝之法」，註云：「外朝在庫門之外，臯門之內，」是三也。諸侯三朝者，文王世子云「公族朝於內朝。」路寢朝，是一也。世子又云「其在外朝，司士爲之」，與此「視朝於內朝」，皆謂路寢門外朝，是二也。此云「內朝」，對中門外朝爲內；文王世子云「外朝」，對路寢庭爲外也。此據路寢門外而稱「內朝」，則知中門之外別更有朝，是諸侯中門外、大門內又有外朝，是三朝也。諸侯三門：尋常諸侯，中門爲應門，外有皐門，若魯則庫、雉、路也。愚謂天子諸侯皆有三朝：一爲燕朝，一爲治朝，一爲外朝。此言「視朝於內朝」，即治朝也。燕朝在路寢庭，故燕禮「公立于阼階下」。治朝在路門外，故司士「正朝儀之位」：「王族故士、虎士在路門之右」，「大僕、大右、大僕從者在路門之左」。若外朝，則在大門之外。聘禮「賓至于朝」，「公迎賓于大門內，賓入門」。又聘禮「歸饔餼」，「明日，賓拜于朝」，鄭註云：「拜謝主君之惠於大門外。」賈疏云：「直言『賓拜於朝』，無『入門』之文，故知在大門外。」又聘禮賓死，「介復命，柩止于門外」，鄭云：「門外，大門外也。必以柩造朝者，達其忠心。」是諸侯外朝在大門外明矣。天子外朝所在，雖無明文可見，然周禮朝士：「掌建外朝之法：左九棘，孤、卿、大夫位焉，羣士在其後；右九棘，公、侯、伯、子、男位焉，羣吏在其後；面三槐，三公位焉，州長、衆庶在其後。」若朝位在門內，則當取節於門，今乃以槐、棘表位，亦必因朝位在門外，無可取節，故樹槐、棘以表臣民之位也。蓋外朝乃大詢衆庶之所，其人衆多而龐雜，故在大門之外，而且掌之以刑官之屬，以致其嚴肅之意。此疏謂「諸侯外朝在中門外、大門內」，鄭氏朝士註謂「外朝在庫門外、皐門內」，皆恐非是。又諸侯有庫門、雉門，無應門、皐門，說見明堂位。

朝，辨色始入。君日出而視之，退適路寢聽政，使人視大夫，大夫退，然後適小寢釋服。

朝，謂臣朝君也。辨色，昧爽之後也。臣入常先，君出恆後，尊卑之體然也。小寢，燕寢也。諸侯正寢一，燕寢三。君既退適路寢，卿大夫亦治事於治朝之左右，或事有當入謀於君者，若孔子攝齊升堂是也。故君未可卽退，俟大夫治事畢退朝，然後退適小寢釋服也。此雖言諸侯禮，其實天子亦然。

鄭氏曰：釋服，服玄端。

又朝服以食，特牲，三俎，祭肺，夕深衣，祭牢肉。朔月少牢，五俎四簋。子卯稷食菜羹。夫人與君同庖。釋文：簠，本或作「簋」。食音嗣。〇按陸氏以「四簋」爲「四簠」，蓋據皇氏本。

鄭氏曰：食必復朝服，所以敬養身也。三俎，豕、魚、腊。祭牢肉，異於始殺也。天子言「日中」，諸侯言「夕」，天子言「餕」，諸侯言「祭牢肉」，互相挾。稷食菜羹，忌日貶也。同庖，不特殺也。孔氏曰：紂以甲子死，桀以乙卯亡，後王以爲忌日。稷食者，食飯也。以稷穀爲飯，以菜爲羹而食之。愚謂祭牢肉者，切肉爲小段以祭，士虞禮所謂「膚祭」是也。特牲而曰「牢」，通朔食言之也。五俎，謂羊也，豕也，魚也，腊也，膚也。四簋，黍稷各二也。不言「稻粱」者，食以黍稷爲正，稻粱爲加，此惟言其正者也。諸侯朔食四簋，則日食二簋，天子當朔食六簋，日食四簋也。子卯忌日貶損，所以致戒懼之意，稷食則無黍，菜羹則不殺也。夫人與君同庖，蓋以右胖爲君俎，以左胖爲夫人俎，凡牲體貴右也。〇鄭氏曰：五俎，豕、魚、腊，加羊與其腸胃也。朔月四簋，則日食稻、粱各一簋而已。孔氏曰：少牢五俎，加羊與膚爲五，但少牢祭神，此人君所食，無膚而有腸胃也。朔月四簋，故知日食二簋。以稻粱美物，故知各一簋。詩云「每食四簋」，註云：「四簋：黍、稷、稻、粱。」是簋盛稻、粱也。且此文諸本皆作「簋」字，皇氏以註云「稻粱」，以簠宜盛稻粱，故以「四簋」爲「四簠」，未知然否。以此而推，天子朔月六簋，黍、稷、稻、粱、麥、苽各一簋，若盛食則八簋，故小雅「陳饋八簋」，當加以稻粱也。愚謂五俎之物，少牢禮有明文。此註言「五俎」，乃無「膚」而有「腸胃」者，蓋鄭氏以夕深衣，祭牢肉，膚既用以夕祭，則不當又爲五俎之實耳。孔氏乃以爲神、人之別，此誤解註意也。然五俎有膚，而別留之以供夕祭，未爲不可。鄭氏以腸胃備五俎，義無所據，不可從也。簋盛黍稷，簠盛稻粱。此言「四簋」，詩言「陳饋八簋」，祭統言「六簋」，皆謂黍、稷耳。蓋食以黍稷爲正，以稻粱爲加，凡言飯食，多舉其正而不及其加，故但言「簋」而不及「簠」。公食大夫禮備有黍、稷、稻、粱，而其後言上大夫之禮，云「八豆、八簋、六鉶、九俎」，亦不言「簠」，亦此義也。註疏於簋兼稻、粱言之，皆非是。○古者貴賤日皆五食：朝服以食，特牲，三俎，祭肺，此朝食也。夕深衣，祭牢肉，此夕食也。此二者爲每日之正食。又前於天子言「日中而餕」，此在朝食、夕食之間，三也。又內則「子事父母，雞初鳴」而衣服，「適父母舅姑之所」，「饘、酏、酒、醴、芼、羹、菽、麥、蕡、稻、黍、粱、秫唯所欲」，又云「命士以上，父子異宮，昧爽而朝，慈以旨甘」，此在朝食之前，四也。又云「日入而夕，慈以旨甘」，此在夕食之後，五也。王每食皆以樂侑，諸侯降於天子，昧爽及日入之食皆不侑，故魯有亞飯、三飯、四飯之官。白虎通乃謂「天子四飯，諸侯三飯」，誤矣。

君無故不殺牛，大夫無故不殺羊，士無故不殺犬豕。君子遠庖廚，凡有血氣之類，弗身踐也。釋文：遠，于萬反。踐音翦，子淺反，出註。

鄭氏曰：故，謂祭祀之屬。踐當爲「翦」，聲之誤也。翦猶殺也。愚謂諸侯朔食少牢，故無故不殺牛；以天子朔食大牢，諸侯朔食少牢差之，則大夫朔食特牲，故無故不殺羊；士朔食特豚，故無故不殺犬豕。君子之於禽獸也，見其生，不忍見其死，聞其聲，不忍食其肉，是以遠庖廚。至於凡有血氣之類，皆不忍親殺之，又不獨牲牢之大而已也。蓋於其不當殺者，既節制而不敢過，其不得已而殺者，亦未嘗不有以養其仁愛之心也。

至于八月不雨，君不舉。

鄭氏曰：爲旱變也。此謂建子之月不雨，盡建未月也。春秋之義，周之春夏無雨，未能成災，至其秋秀實之時而無雨，則雩。雩而得之，則書「雩」，喜祀有益也；雩而不得，則書「旱」，明災成也。愚謂周之春夏不雨，則首種不入，宿麥不成，不必盡建未之月而已爲災矣。記者蓋見春秋於僖二年冬十月書「不雨」，至三年六月書「雨」，又文二年書「自十有二月不雨，至於秋七月」，皆歷時不雨，至建午建未之月得雨而不書「旱」，故爲說如此。不知春秋書「不雨」即爲災，不必書「旱」也。舉，謂舉肺脊以祭也。君每日殺牲以食，則舉肺脊以祭，不舉，謂不殺牲也。

年不順成，君衣布搢本，關梁不租，山澤列而不賦，土功不興，大夫不得造車馬。釋文：衣，於既反。搢，徐音箭，又如字。

鄭氏曰：皆爲凶年變也。君衣布者，謂若衛文公大布之衣，大帛之冠是也。搢本，去珽、荼，佩士笏也。士以竹爲笏，飾本以象。列之爲言遮迾也。雖不賦，猶爲之禁，不得非時取也。造，謂作新也。

愚謂衣布，以白布爲衣，又降於天子之素服也。搢，謂所搢之笏也。君笏用象，今但用象爲本，與大夫士同也。此於大司徒「荒政」爲「眚禮」「去幾」「舍禁」「弛力」之事，所以自貶責，省國用，而寬民力也。前言凶年天子貶降之禮，此又言諸侯貶降之禮，而其文各有詳畧，亦所以互相備也。

卜人定龜，史定墨，君定體。

鄭氏曰：定龜，謂靈、射之屬所當用者。定墨，視兆坼也。定體，視兆所得也。周公曰：「體，王其無害。」孔氏曰：定龜者，按龜人云「天龜曰靈屬，地龜曰繹屬，東龜曰果屬，西龜曰靁屬，南龜曰獵屬，北龜曰若屬，各以其方之色與其體辨之。」鄭云：「屬，言非一也。色，謂天龜玄，地龜黃，東青，西白，南赤，北黑也。龜俯者靈，仰者繹，前弇果，後弇獵，左倪靁，右倪若。」定之者，定其所當用，謂卜祭天用靈，祭地用射，射則繹也，按周禮作「繹」，爾雅作「射」，射卽繹也。釋文引爾雅作「謝」。春用果，秋用靁之屬也。史定墨者，凡卜必以墨畫龜，求其吉兆。若卜從墨而兆廣，謂之卜從。周禮占人註云：「墨，兆廣也。」體，謂五行之兆象。既得兆象，君定其體之吉凶，尊者視大，卑者視小。故占人云：「君占體，大夫占色，史占墨，卜人占坼。」愚謂卜人，卜師也。定龜，定龜體所當灼。卜師云「凡卜，辨龜之上下、左右、陰陽，以授命龜者」，鄭氏云：「上，仰者也。下，俯者也。左，左倪也。右，右倪也。陰，後弇也。陽，前弇也。」卽此「卜人定龜」之事也。史，大史也。大史：「大祭祀，與執事卜日。」國語：「晉獻公卜伐驪戎，史蘇占之。」左傳「晉趙鞅卜救鄭」，「占諸史趙、史墨、史龜。」凡卜，以火灼龜，視其裂紋，以占吉凶，其鉅紋謂之墨，其細紋旁出者謂之坼。謂之墨者，卜以墨畫龜腹而灼之，其從墨而裂者吉，不從墨而裂者凶，故卜吉謂之從。裂紋不必皆從墨，以其吉者名之，故總謂之墨也。體，謂五行之體，洪範「曰雨、曰霽、曰蒙、曰驛、曰克」是也。將卜，卜師定龜，以授命龜者；卜兆既成，君先視之，而定其五行之體；次則大夫視之，而占其色之明暗；次則大史視之，而占其墨之從否；次則卜人視其坼，而總斷其吉凶。故周禮占人云：「君占體，大夫占色，史占墨，卜人占坼。」此不言「大夫」與「卜人」者，文畧也。

君羔幦虎犆；大夫齊車鹿幦豹犆，朝車；士齊車鹿幦豹犆。釋文：幦音覓，徐苦狄反。犆，依註音直。齊，側皆反，下同。

鄭氏曰：幦，覆笭也。犆，讀皆如「直道而行」之直。直，謂緣也。羔幦虎犆，此君齊車之飾。臣之朝車，與齊車同飾。孔氏曰：詩大雅「鞹鞃淺幭，」毛傳云：「幭，覆式。」即幦也。詩云「淺幭」，以虎皮爲幭，此用羔幦者，詩據以虎皮飾幦，謂之淺幭也。據此註，則君之朝車與齊車不同，但無文以言之。愚謂士喪禮：「乘車鹿淺幦。」又曰：「道車載朝服。」道車則朝車也。「乘車」在「道車」之上，則齊車也。鹿淺幦，卽此之「鹿幦豹犆」也。道車不言其幦，明與乘車同也。

君子之居恆當户，寢恆東首。若有疾風、迅雷、甚雨，則必變，雖夜必興，衣服冠而坐。釋文：首，手又反。迅音峻，又音信。衣，於既反，下「衣布」同，又如字。

鄭氏曰：當户，鄉明。東首，首生氣也。必變，必興而坐，敬天之怒。愚謂君子，謂卿大夫以下也。當，對也。當户者，坐於東北隅而南向，與户相對也。禮運曰：「死者北首，生者南鄉。」爾雅曰：「室東北隅謂之宧。」以其爲人所常處，故以頤養爲名。

日五盥，沐稷而靧粱，櫛用樿櫛，髮晞用象櫛，進禨進羞，工乃升歌。釋文：盥音館。靧音悔。櫛，則乙反。樿，章善反。禨，其既反。

鄭氏曰：晞，乾也。沐靧必進禨作樂，盈氣也。更言『進羞』，明爲羞籩豆之實。孔氏曰：盥，洗手也。沐，沐髮也。靧，洗面也。用稷粱之湯汁洗面沐髮，並須滑故也。人君靧沐皆粱。樿，白理木也。櫛，梳也。沐髮爲除垢膩，故用白理澀木以爲梳。晞，乾燥也。沐已，燥則髮澀，故用象牙滑梳以通之也。禨謂酒也。羞，謂羞籩羞豆之實。知非庶羞者庶羞爲食而設，今爲飲設羞，故知非庶羞也。進羞之後，樂工乃升堂，以琴瑟而歌，皆爲新沐體虛，補益氣也。

浴用二巾，上絺下綌。出杅，履蒯席，連用湯，履蒲席，衣布晞身，乃屨，進飲。釋文：杅音雩。蒯，苦怪反。連，力旦反。屨，本又作「履」。

鄭氏曰：用絺綌，刷去垢也。杅，浴器也。蒯席澀，便於洗足也。連猶釋也。進飲，亦盈氣也。孔氏曰：杅，浴之盤也。出杅，浴竟而出盤也。蒯非草席澀，出杅而足踐履澀草席上，刮去垢也。連用湯，言釋去足垢而用湯闌也。輔氏廣曰：屨，服之末，進屨則衣服皆舉矣，故進飲焉。愚謂絺精而綌粗，蒯席粗，蒲席精，上絺下綌，出杅履蒯席，既連用湯，乃履蒲席，皆用物之宜也。布，浴衣也。喪大記曰：「挋用浴衣如它日。」謂之布者，以別於巾之用絺綌也。晞，乾也。衣布晞身，言衣浴衣以拭乾其身也。進飲，卽進禨也。不言「進羞」「升歌」者，蒙前可知也。或謂「浴之禮殺於沐」，非也。內則及聘禮皆言「三日沐」而「五日浴」，則浴之禮非殺於沐矣。

將適公所，宿齊戒，居外寢，沐浴。史進象笏，書思對命。既服，習容觀、玉聲，乃出，揖私朝，煇如也，登車則有光矣。釋文：煇音暉。○今按：觀當音古亂反。

鄭氏曰：思，所思念將以告君者也。對，所以對君者也。命，所受君命也。書之於笏，爲失忘也。玉聲，玉佩。私朝，自大夫家之朝也。揖其臣乃行。愚謂此謂境邑之臣入見於君者也。宿，夙也。宿齊戒，謂前夕齊戒也。外寢，正寢也。齊必居正寢。臣之對君，如對神明，故宿齊戒，居外寢，沐浴，以祭祀之禮自處也。史，大夫之史也。雜記：「如筮，則史練冠長衣以筮。」象笏者，大夫之笏，以象爲本也。服，朝服也。容觀，謂容儀可以觀示於人也。玉聲，玉佩進退鏘鳴之聲。出，出寢門也。煇、光，皆謂儀容之盛，而光又盛於煇也。蓋內存乎齊肅之誠，而外發爲儀容之美，故揖私朝而已煇如，其登車而至君所，則有光明而不至隕越矣。

天子搢珽，方正於天下也。諸侯荼，前詘後直，讓於天子也。大夫前詘後詘，無所不讓也。

釋文：他頂珽反。荼音舒。詘，邱勿反。後，如字，徐胡豆反。

鄭氏曰：此亦笏也。謂之珽，珽之言珽然無所屈也。或謂之大圭，長三尺，杼上終葵首。終葵首者，於杼上又廣其首，方如椎頭，是謂無所屈，後則恆直。相玉書曰：「珽玉六寸，明自炤。」荼，讀爲「舒遲」之舒。舒懦者，所畏在前也。詘，謂圜殺其首，不爲椎頭。諸侯唯天子詘焉，是以謂笏爲荼。大夫，奉君命出入者也，上有天子，下有己君，又殺其下而圜。孔氏曰：此論天子以下笏制不同。方正於天下者，言珽然無所詘，示己之方平正直而布於天下。前詘，謂圜殺其首。後直，下角正方。讓於天子者，降讓於天子也。大夫前詘後詘，無所不讓者，大夫上有天子，下有己君，上下皆須謙退也。

陳氏祥道曰：天子之朝日，執鎮圭，搢大圭，所執者贄也，所搢者笏也。諸侯執命圭，必搢荼；大夫執聘圭，必搢笏。及其合瑞而授圭，則執其所搢而已。天子之笏曰珽，諸侯曰荼，大夫以下曰笏，尊者文其名，卑者命其實也。愚謂荀子云：「天子御珽，諸侯御荼，大夫服笏。」是珽與荼皆笏之異名也。笏長二尺有六寸，而玉人云「大圭長三尺」，則天子之笏，其終葵首長四寸也。而相玉書言「珽玉六寸」者，蓋珽玉別有長六寸者耳，非謂天子大圭之終葵首也。爾雅云「圭大尺二寸謂之玠」，而詩言「錫爾介圭」，則侯伯七寸之圭耳，豈相妨哉？

侍坐則必退席，不退則必引而去君之黨。

鄭氏曰：引，卻也。黨，鄉之細者。退〔一〕，謂旁側也。辟君之親黨也。愚謂黨，所也。公羊傳曰：「往黨，衛侯會公于沓。」「反黨，鄭伯會公于棐。」臣侍君坐，則必退其席而遠君，如君命之勿退，則亦必引卻而稍離君所，皆所以明退讓之義也。鄭以黨爲親黨，非是。大夫士位次有定，豈以君之親黨而有異乎？

登席不由前，爲躐席。釋文：爲，于僞反，本又如字。躐，力輒反。

鄭氏曰：升必由下也。庾氏蔚曰：失節而踐曰躐。愚謂此謂數人同坐之席也。數人同坐之席，以前爲上，後爲下，升必由下，於坐乃便也。若由前，則失其節矣。

徒坐不盡席尺。

〔一〕「退」，原本脫，據禮記注疏補。

鄭氏曰：示無所求於前，不忘謙也。孔氏曰：徒，空也。空坐，謂非飲食及講問時也。不盡席之前畔，有餘一尺，謙也。

讀書，食，則齊。豆去席尺。

鄭氏曰：讀書，聲當聞尊者。食，爲污席也。愚謂齊，謂與席之前畔齊也。讀書則前有簡策，食則前有饌具，坐必盡前，乃於事便也。豆去席尺，言食所以齊席之故也。

若賜之食而君客之，則命之祭然後祭，先飯，辯嘗羞，飲而俟。釋文：飯，扶晚反，下至「三飯」皆同。辯音徧。

鄭氏曰：雖見賓客，猶不敢備禮也。君將食，臣先嘗之，忠孝也。飲而俟，俟君食而後食。孔氏曰：祭，祭先也。禮，敵者共食則先祭，若降等之客則後祭；若臣侍君而賜之食則不祭，若賜食而君以客禮待之則得祭；雖得祭，又先須君命之祭，後乃敢祭也。飯，食也。君未食而臣先食，徧嘗羞膳，嘗食之義也。飲而俟者，禮食未飧，必先啜飲，以利滑喉中，不令澀噎。君既未飧，故臣亦不敢飧，而啜飲以俟君飧，臣乃敢飧。愚謂共食之禮，皆主人先祭而客祭，曲禮「主人延客祭」是也。若侍君食，則不祭；若君客之，則命之祭，臣乃祭也。君食必有膳宰嘗食，若以客禮待臣，則不使膳宰嘗食，以主道自居也。故侍食者先飯，辯嘗羞，示代膳宰之事也。

若有嘗羞者，則俟君之食，然後食，飯，飲而俟。「飯」字句。

鄭氏曰：不祭，侍食不敢備禮也。不嘗羞，膳宰存也。飯、飲，利將食也。孔氏曰：此謂臣侍食，得賜食，而非君所客者也。既不得爲客，故不得祭，亦不得嘗羞，則君自使膳宰嘗羞也。既不祭不嘗，則俟君之食已乃食也。愚謂飯，飲而俟者，謂既飯，亦先啜飲，而俟君之飧也。

君命之羞，羞近者；命之品嘗之，然後唯所欲。凡嘗遠食，必順近食。

鄭氏曰：羞近者，辟貪味也。順近食，從近始也。孔氏曰：君命之羞，羞近者，猶是君所不客者也。雖君已食，己乃後食，而猶未敢食羞，故又須君命；雖得君命，猶未自專嘗，先食其近前一種者而止。若越次前食遠者，則爲貪味也。命之品嘗之，然後唯所欲者，品猶徧也，既未敢越次多食，故君又命己徧嘗，而已乃徧嘗之，後則隨己所欲，不復次第也。凡嘗遠食，先順近食，亦辟貪味也。客與不客，悉皆如此，故云「凡」。

君未覆手，不敢飧；君既食，又飯飧。飯飧者，三飯也。釋文：覆，芳服反。飧音孫。

鄭氏曰：覆手，以循咡，已食也。飧，勸食也。三飯也者，臣勸君食，如是可也。孔氏曰：覆手者，謂食飽必覆手以循口邊，恐有殺粒汚著之也。飧，謂用飲澆飯於器中也。禮食竟，更作三飧以勸，助令飽實也。愚謂食畢者必覆手，弟子職曰：「既食乃飽，循咡覆手。」君未覆手，不敢飧者，飧以勸君之飽，君食未畢，不敢遽勸之也。君既食，又飯飧者，君已食覆手，臣乃又飯飧以勸其飽也。三飯，謂食三口也。飯飧者三飯也者，言飯飧以三飯爲節也。

君既徹，執飯與醬，乃出授從者。釋文：從，才用反。

飯醬者，食之主，執飯醬以授從者，重君之所賜而將之以歸也。「凡嘗遠食」以下之禮，客與不客之所同也。○凡食於人之禮，皆親徹，然大夫相食，客徹于西序端，而曲禮「客自前跪執飯齊，以授相者」，燕食之禮殺於禮食也。公食大夫：「賓取粱與醬，以降，奠于階西。」此乃執飯、醬出授從者，臣侍君食，異於爲賓客之禮也。

凡侑食，不盡食。食於人不飽。唯水漿不祭，若祭，爲已偞卑。釋文：偞，虚涉反。

鄭氏曰：已猶太也。水漿非盛饌，祭之爲太有所迫畏，臣於君則祭之。愚謂侑，勸也。侑食，謂侍食於尊者，主於勸尊者之飽，故不盡食，卽上文云「飯飧者，三飯也」，是也。「食於人」以下，明敵者爲客之禮也。不飽者，謙退不敢取足也。水漿非盛饌，故不祭。偞，厭也。若祭水漿，則過於厭降卑微，而失禮之節也。若臣於君則祭之，故公食大夫禮「宰夫執觶漿以進」，「賓受，坐祭，遂飲」。

君若賜之爵，則越席再拜稽首受，登席祭之。飲，卒爵而俟，君卒爵，然後授虚爵。君子之飲酒也，受一爵而色洒如也，二爵而言言斯，句。禮已三爵，而油油以退。句。退則坐取屨，隱辟而后屨，坐左納右，坐右納左。釋文：洒，先典反，又西禮反，王肅作「察」，云：「明貌也。」言言，魚斤反。油油，音由，本亦作「由」。王肅本亦作「二爵而言」，註云：「飲二爵，可以語也。」又云「言斯禮」，註云：「語必以禮也。」「三爵而油」，註云：「悦敬貌。」無「已」及下「油」字也。辟，匹亦反，徐房亦反。「而后屨」，一本作「而後屨」。

此言臣侍君私燕受爵之禮也。燕禮「受賜爵者」，「公卒爵而後飲」。此乃先君飲者，蓋燕禮爲賓客，於君則有以賓禮自處之嫌，故後君而飲，所以明退讓之義。此侍飲於君，則有勸飲之義，故先君而飲，所以盡忠孝之懷也。洒如，肅敬貌。言言，與誾誾同，和敬貌。斯，語助詞。已，止也。禮已三爵者，侍燕之禮止於三爵也。左傳曰：「臣侍君宴，過三爵，非禮也。」蓋私燕之禮如此。若正燕，則有無算爵，不止於三爵也。油油，自得之貌。蓋始則專於敬，繼而兼於和，至油油則和之至矣。燕飲之間，其情之漸洽者如此。然禮止於三爵，則和而不流，又有以不失其敬矣。屨解於堂下，退則跪而取之，敬也。隱辟，謂堂下序東也。隱辟而後屨者，不敢對君納屨，故就君所不見之處而納之也。坐左納右，坐右納左者，雖在隱辟，猶不敢不敬也。

凡尊必上玄酒。

此明設尊之法也。凡設尊，必以玄酒配酒而設，而以玄酒爲上，重古之義也。故鄉飲酒、特牲禮東西列尊，玄酒在西，以西爲上；燕禮、大射南北列尊，玄酒在南，以南爲上。

唯君面尊。

面猶鄉也。燕禮：「公席于阼階上，西鄉。」「司宮尊于東楹之西，兩方壺，左玄酒，南上。公尊瓦大兩，有豐，在尊南，南上。」蓋人君燕其臣子，得專恩惠，故設尊於君之前，而君鄉之，言此酒出自君也。○孔疏以面尊爲尊鼻鄉君，又謂「兩君相見，尊於兩楹間」，皆非是，說見少儀及郊特牲。

唯饗野人皆酒。

鄭氏曰：飲賤者不備禮。孔氏曰：饗野人，謂蜡祭也。野人賤，不得本古，又無德，則宜貪味，故唯酒而無水也。

大夫側尊，用棜；士側尊，用禁。釋文：棜，於據反。

鄭氏曰：棜，斯禁也，無足，有似於棜。　愚謂側尊，謂設尊於旁側，不專使主人鄉之，明與賓客共此酒也。　鄉飲酒義曰「尊于房户之間〔一〕，賓主共之也」，是也。　棜、禁，說見禮器。

始冠緇布冠，自諸侯下達。冠而敝之可也。　釋文：始冠，古亂反，「冠而」同。　敝音弊，本亦作「弊」。

鄭氏曰：本太古耳，非時王之法服也。　愚謂自諸侯下達者，天子冠不用緇布冠也。○孔氏曰：自此至「魯桓公始也」，廣論上下及吉凶冠之所用，唯「五十不散送」及「親没不髦」，記者雜録，厠在其間。

玄冠朱組纓，天子之冠也。　緇布冠繢緌，諸侯之冠也。　釋文：繢，户内反。緌，耳隹反。○鄭註：繢或作「繪」。　緌或作「蕤」。

鄭氏曰：皆始冠之冠也。　玄冠，委貌也。　諸侯緇布冠有緌，尊者飾也。　愚謂諸侯以下，始冠緇布冠，而天子玄冠朱組纓。　緇布冠無緌，而諸侯則繢緌，尊者文縟也。　緌，纓之垂者，繢緌則繢纓矣。於天子言「纓」不言「緌」，諸侯有緌，則天子可知也。　於諸侯言「緌」不言「纓」，言「緌」則纓見，言「纓」則緌不見也。　士冠禮：「緇布冠，青組纓。」繢之色華於青，朱之色盛於繢也。

玄冠丹組纓，諸侯之齊冠也。　玄冠綦組纓，士之齊冠也。　釋文：齊，側皆反。　綦音其，徐其既反。

鄭氏曰：言齊時所服也。　四命以上，齊、祭異冠。　愚謂此言齊冠之纓之别也。　丹，赤色。　綦，蒼艾色。　上舉諸侯，下舉士，則卿大夫助祭與自祭其宗廟，其齊無不以玄冠矣，特其纓有異耳。　以丹與綦之色差次之，卿大夫蓋繢組纓與？　此言玄冠爲諸侯之齊冠，而不及天子，則天子齊不以玄冠也。　大

〔一〕儀禮鄉飲酒義「户」作「中」。

戴禮哀公問曰「端衣玄裳，絻而乘輅者，志不在於食葷」，蓋謂天子之齊也。是天子齊服玄冕玄裳矣。諸侯齊雖玄冠，與大夫士同，其衣蓋以朝服而亦變其裳以玄與？○鄭氏謂「四命以上，齊、祭異冠」，此以自祭其宗廟言之，義自可通。若助祭於君，則雖士亦齊、祭異冠，豈待四命乎？孔疏乃欲曲通之於助祭，則其說愈支而愈窒矣。

縞冠玄武，子姓之冠也。

鄭氏曰：父喪未除，子爲之不純吉也。武，冠卷也。古者冠、卷殊。孔氏曰：卷用玄而冠用縞，冠、卷異色，故云「古者冠、卷殊」。如鄭此言，則漢時冠、卷共材。愚謂用縞爲冠，用玄爲武，縞爲凶，玄爲吉，冠在上，武在下，以象父猶有喪，而子已卽吉也。姓，生也。孫乃子之所生，冠此冠者，自父言之則爲子，自父所爲服者言之則爲孫，故曰「子姓之冠」。

縞冠素紕，既祥之冠也。釋文：紕音埤，又婢支反。

縞，白色生絹。素，今之白色綾也。紕，緣也。衣冠之制，其用爲緣者，必視其爲衣冠者而加精美焉。喪既大祥，除去喪冠，則以縞爲冠，以素爲紕，素精於縞也。此冠或以其冠名之，則謂之縞冠，小記「除成喪者朝服縞冠」是也。或以其紕名之，則謂之素冠，詩「庶見素冠兮」是也。或但謂之縞，檀弓「祥而縞」，雜記「既祥，雖不當縞者必縞」是也。或兼謂之素縞，間傳「大祥素縞麻衣」是也。其名雖異，其實則一冠也。○先儒謂「祥日縞冠，既祥，以哀情未忘，更服微凶之服，故縞冠素紕；禫日玄冠黃裳，既禫，亦以哀情未忘，更服纖冠朝服」。見於此篇及小記、雜記、間傳諸篇之註疏者不一，蓋本於戴德變除禮。愚竊以爲不然。縞薄而素厚，縞惡而素美，以天子諸侯素帶，弟子縞帶觀之，亦可見矣。謂縞凶於素則可，謂素凶於縞則非。變除之禮，以漸卽吉，未有既除而反服微凶之服者。果爾，則練祭練冠，練後何以不別製他冠乎？此云「縞冠素紕，既祥之冠」，雜記云「既祥，雖不當縞者必縞」，實一冠也。縞冠素紕，而或曰「縞冠」，或曰「素縞」，猶士練帶緇紕，而或謂「練帶」，或謂「緇帶」耳，未可因其名之不同而强生區別也。然則大祥之素縞，從祥日服之，以至於禫而除者也，禫之纖冠，從禫日服之，以至於吉祭而除者也，又何疑焉？

垂緌五寸，惰游之士也。玄冠縞武，不齒之服也。

鄭氏曰：惰游，罷民也。亦縞冠素紕，凶服之象也。不齒，所放不率教者。孔氏曰：以「惰游」與下「不齒」相連，故知是周禮坐嘉石之罷民。愚謂冠緌之長短未聞，以居冠屬武推之，則緌之長可自頷而上結於武，蓋吉冠尺有二寸，而祥冠一尺與？罷民凶冠，所以表其凶德以恥辱之，又減其緌，以別於既祥之服也。不齒者，圜土之罷民既出，而三年不齒者也。圜土之罷民，弗使冠飾而加明刑，其罪本重於坐嘉石者，及其既改而出圜土，則視坐嘉石者爲輕，故玄冠而縞武，亦視縞冠素紕爲稍優，然猶不得遽同於平人也，聖人激勸之權審矣。

居冠屬武，自天子下達，有事然後緌。 釋文：屬，章欲反。

居，燕居也。燕居無事於飾，故以冠纓之垂者分屬於武之兩旁，有事然後垂之以爲飾也。自天子以下皆然。

五十不散送。釋文：散，悉但反。

鄭氏曰：送喪不散麻，始衰不備禮。愚謂始死要絰散垂，三日成服乃絞之；啟殯之後亦散垂，至葬乃絞之。五十不散送，則始死猶當散麻與？

親没不髦。

鄭氏曰：去爲子之飾。

大帛不緌。帛，鄭氏讀爲白。今如字。

鄭氏曰：帛當爲「白」，聲之誤也。大白，白布冠也。不緌，凶服去飾。愚謂大帛，謂以白色繒爲冠，所謂素冠也。左傳「衞文公大帛之冠」，蓋人君遭凶札，喪師邑，及士大夫去國之所服也。雜記曰「委武玄縞而后緌」，是冠有武者乃有緌，大帛之制，如喪冠而厭伏，故不緌。然大帛精於縞，縞冠有緌而大帛無緌者，蓋縞冠由凶而轉趨於吉，故有緌，以明變除之漸；大帛在吉而自處以凶，故去緌，以示貶損之意也。

玄冠紫緌，自魯桓公始也。

鄭氏曰：緌當用繢。孔氏曰：上文云「緇布冠繢緌，諸侯之冠」，故知緌當用繢。愚謂紫，間色不正，不當用爲冠緌。時人尚紫，故魯桓公用之。鄭氏謂「僭宋王者之後服」，臆説無據。

朝玄端，夕深衣。釋文：朝，直遥反。○今按：朝如字。

此謂大夫士燕居之服也。玄端，玄冠端衣也。端，正也。玄端之衣，以十五升布緇而爲之，前後各二幅，其長二尺二寸，幅廣亦二尺二寸，長與幅廣正等故曰「端」。深衣以十五升白布，連衣裳爲之，以其被體深邃，故曰「深衣」。天子皮弁視朝，遂以食，卒食，服玄端；諸侯朝服視朝，退適路寢，釋服，服玄端，又朝服以食，卒食，服深衣；大夫士朝服以朝，退朝，服玄端以食，卒食，服深衣也。若大夫士視私朝，亦朝服也。○凡禮服，皆端也。樂記「端冕而聽古樂」，大戴禮「端衣玄裳，絻而乘輅」，此冕服謂之端也。左傳「晏子端委立於虎門之外」，又劉定公曰「吾與子弁冕端委，以治民臨諸侯」，又子韻曰「大伯端委以治周禮」，此朝服謂之端也。而玄端獨以端爲名，蓋深衣連衣裳爲之，玄端乃禮服之下，衣之端者自此始，故專以端名焉。玄端之衣，雖與朝服以上同制，而其袂則異。雜記：「凡弁絰，其衰侈袂。」弁絰之衰侈袂，則吉時皮弁、爵弁之服侈袂可知。少牢禮：「主人朝服，主婦錫衣侈袂。」主婦衣侈袂，則主人朝服侈袂可知。特牲禮「主人玄端」，不言「侈袂」，則袂不侈也。玄端之制，雖不可考，而喪服記言喪衰之制云：「袂屬幅，衣二尺有二寸，袪尺二寸。」士之喪衰，與玄端同制者也。是玄端之袂屬於衣爲二尺二寸，至袖口而圜殺爲尺二寸，與深衣同。若朝服以上，則其袂不殺，不殺故侈，殺之故不侈。此端衣與朝服以上之異制也。○自此以下至「弗敢充也」，明衣服之制。

深衣三袪，縫齊倍要，衽當旁，袂可以回肘。釋文：深衣三袪，起魚反，本或無「衣」字。縫音逢。齊音咨，本或作「齋」。要，一遥反。衽，而審反，又而鴆反。袂，面世反。肘，竹丑反。○鄭註：縫或爲「逢」，或爲「豐」。

此詳深衣之制也。袪，袂口也。三袪，謂其要中之度也。要，謂裳之上畔也。深衣三袪者，深衣袪尺二寸，圍之爲二尺四寸，而其要中七尺二寸，三倍於其袪之數也。縫，紩也。齊，裳之下畔也。縫齊倍要者，言裳之下畔縫紩之，而其度一丈四尺四寸，又倍於要中之數也。此二句，言裳之制也。衽，衣襟也。禮衣之衽在中，而深衣之衽掩於旁，與禮衣異也。袂可以回肘者，袂廣二尺二寸，肘長尺二寸，故可以回肘。此二句，言衣之制也。○凡衽者，皆所以掩衣裳之交際者也。然有禮衣之衽，有深衣之衽，有在衣之衽，有在裳之衽。鄭氏之註既未晰，而後之説者或混衣之衽於裳，或混禮衣之衽於深衣，或又卽指深衣之裳幅爲衽，是以其説愈繁而愈亂也。古之禮衣，皆直領而對襟，其衽在左襟之上。若舒其衽以掩於右襟之內，謂之襲；摺其衽於左襟之內，謂之裼。此禮衣在衣之衽也。禮衣之裳，前三幅，後四幅，前後不屬。而其衽二尺有五寸，屬於衣而垂於裳之兩旁，以掩其前後際，此禮衣在裳之衽也。深衣之衣，爲曲領相交，其衽亦在左襟之上，而恆以掩於右襟之外，此深衣在衣之衽也。其裳則前六幅，後六幅，皆交裂之，寬頭在下，狹頭在上，於前裳之左爲衽而縫合於後裳，於前裳之右爲衽而不縫合，至衣時則交於後裳，此深衣在裳之衽也。在裳之衽，禮衣與深衣皆在兩旁，唯在衣之衽，則禮衣之衽狹而又掩於襟內，其襲而見於外，則當心而直下；深衣之衽稍濶，又緣其旁而掩於襟外，以交於右腋之側。此言「衽當旁」，以見其異於禮衣，乃指在衣之衽，而非指在裳之衽也。至小要之取名於衽，則當獨指深衣在裳之衽，而其在衣之衽與禮服之衽皆無與焉。喪服記云「衽二尺有五寸」，鄭註云：「上正一尺，燕尾二尺有五寸，凡用布三尺五寸。」賈疏云：「取布三尺五寸，廣一幅，留上一尺爲正。一尺之下，旁入六寸，乃邪向下一畔一尺五寸，去下畔亦六寸，橫斷之，留下一尺爲正，則用布三尺五寸，得兩衽，衽各二尺五寸。」蓋禮衣在裳之衽，其制若此。深衣之衽，在裳之左右者亦然。濶頭在上，狹頭在下，其所交後裳之幅，則濶頭在下，狹頭在上。如此則上下相交，正如小要之形，故深衣記謂之「鈎邊」，而鄭氏喻之以「曲裾」也。

長、中，繼揜尺，袷二寸，袪尺二寸，緣廣寸半。釋文：袷音刼。緣，尹絹反。廣，徐公曠反，後放此。

鄭氏曰：其爲長衣、中衣，則繼袂揜一尺，若今褎矣。深衣則緣而已。袷，曲領也。袪，袂口也。緣，飾邊也。　愚謂長衣、中衣，皆衣於上服之内者也。吉服謂之中衣，喪服謂之長衣。蓋吉服之中衣恆服在内，凶服之中衣則如遭喪受聘之大夫，大夫筮葬之史，皆釋衰而即用爲外服，故不謂之中衣，而因其袂之長，謂之長衣也。繼揜尺者，更以一尺續於袂口，而揜覆於手也。長、中之制，悉與深衣同，其異於深衣者唯此也。蓋深衣用之燕居，故袂短，反屈之及肘而已。長、中在禮服之内，禮服袂長，故長、中之袂亦長，欲其與上服稱也。「袷二寸」以下，兼承深衣、長、中言之也。深衣用十五升白布爲之，長、中則各視其上服之所用焉。

以帛裏布，非禮也。

鄭氏曰：中外宜相稱也。冕服，絲衣也，中衣用素。皮弁服、朝服、玄端，麻衣也，中衣用布。　愚謂裏，謂中衣之裏也，長、中與深衣同制。然深衣禪而長中有裏，檀弓「練衣黃裏」是也。中衣之所用與上服同：皮弁服、爵弁服、冕服，中衣用帛，其裏亦同帛；玄端、朝服，中衣用布，其裏亦宜用布也。鄭氏以裏爲中衣，非是。　又中衣所用之色，亦並與上服同，祭服之中衣用玄，下言「玄綃衣」是也。鄭氏謂「冕服中衣用素」，亦非也。

士不衣織。無君者不貳采。釋文：衣，於既反。織音志。

鄭氏曰：織者，染絲織之。士衣染繒。大夫去位，宜服玄端玄裳。孔氏曰：織者，染絲織之，功多色重，士賤，不得衣也。大夫以上衣織。無君者不貳采，是有采色，但不貳耳。大夫士去國，服素衣素裳，三月之後，服玄端玄裳。愚謂染絲織之，若今之緞。染繒，織成而染之，若今之綾綢。

衣正色，裳間色。釋文：間，「閒厠」之間。

鄭氏曰：謂冕服，玄上纁下。孔氏曰：玄是天色，故爲正；纁是地色，赤黄之雜，故爲間色。皇氏云：「正，謂青、赤、黄、白、黑，五方正色也。不正，謂五方間色，緑、紅、碧、紫、騮黄是也。青是東方正，緑是東方間。東爲木，木青，克土，土黄，並以所克爲間，故緑色青黄也。赤是南方正，紅是南方間。南爲火，火赤，克金，金白，故紅色赤白也。白是西方正，碧是西方間。西爲金，金白，克木，木青，故碧色青白也。黑是北方正，紫是北方間，北方水，水黑，克火，火赤，故紫色赤黑也。黄是中央正，騮黄是中央間。中央土，土黄，克水，水黑，故騮黄之色黄黑也。」愚謂正色，五方之純色。衣在上爲陽，故用正色，所以法陽之奇也。間猶雜也，謂兼雜二色。裳在下爲陰，故用間色，所以法陰之耦也。祭服上玄象天，下纁象地。纁兼赤黄之色，黄爲土之正色，而赤色屬火，火者土之母，故兼二色以象地焉。

非列采不入公門，振絺、綌不入公門，表裘不入公門，襲裘不入公門。釋文：振，依註爲「袗」，之忍反。

鄭氏曰：列采，正服。振讀爲袗，禪也。表裘，外裘也。二者形且褻，皆當表之乃出。襲裘不入公門，衣裘必當裼也。　孔氏曰：袗絺、綌，其形露見。表裘在衣外，可鄙褻也。　愚謂非列采，若衛渾良夫紫衣是也。絺、綌，夏之褻衣，裘，冬之褻衣，其上必有中衣與禮衣焉。袗絺、綌，表裘，皆謂以裘葛爲外服也。但絺、綌輕涼，故據其不加餘服而曰「袗」，裘有文采，故據其在外露見而曰「表」，其實則一也。朝君以裼爲敬，故襲裘不入公門。

纊爲繭，縕爲袍，禪爲絅，帛爲褶。釋文：纊音曠。縕，紆粉反，又紆郡反。絅，苦迥反，徐又音迥。褶音牒。

鄭氏曰：繭、袍，衣有著之異名也。纊，今之新綿也。縕，今之纊及舊絮也。絅，有衣裳而無裏。褶，有表裏而無著。　愚謂纊與縕，皆漬繭擘之，新而美者爲纊，惡而舊者爲縕。衣以纊著之者謂之繭，雜記子羔襲有「繭衣裳」，左傳楚薳子馮「重繭衣裘」是也。衣以縕著之者謂之袍，論語「衣敝縕袍」是也。衣之無裏者謂之禪，詩言「衣錦絅衣，裳錦絅裳」，此絅之加於禮服之外者也。此言「禪爲絅」，與袍、繭爲類，此絅衣之服於中服之内者也。衣之有表裏而無著者謂之褶，喪大記「君褶衣、褶衾」，士喪禮曰「襚者以褶，則必有裳」是也。絅與潁同。雜記「如三年之喪，則既潁，其練、祥皆行」，鄭云：「潁，草名。無葛之鄉，去麻則服潁。」是絅者麻、葛之類。禪以絅爲之，故曰「禪爲絅」。褶則表裏皆用帛爲之，故曰「帛爲褶」。褶既用帛，則袍、繭表裏用帛可知。裘與絺、綌，冬夏之褻衣也。此四者，春秋之褻衣也。四者之外，則有中衣，中衣之外，則有上服。袍、繭、褶服於稍寒之時，故皆用帛，貴其煖也。禪衣服於温煦之候，故用絅，貴其輕涼也。

朝服之以縞也，自季康子始也。孔子曰：「朝服而朝，卒朔然後服之。」

凡在朝，君臣同服。天子朝服皮弁服，衣以素，諸侯朝服玄冠緇衣。縞，色與素同而惡於素，康子以此爲朝服，蓋僭天子大夫朝服之衣，而又不敢盡同也。卒朔，謂卒視朔之事也。孔子言諸侯視朔用皮弁服，卒視朔之事，然後服朝服以朝。記者引此，以明朝服以縞之非禮也。

曰：「國家未道，則不充其服焉。」

鄭氏曰：謂若衞文公者。未道，未合於道。愚謂國政治曰有道，國政亂曰無道。此曰「未道」者，言非國政之失而所值之時未平也。蓋或承喪亂之後，或值凶札之時，則君不充其服，自貶損以足用也。

此上蓋有脫文。

唯君有黼裘以誓省，大裘非古也。釋文：省，依註作「獮」，息典反。○今按：省當讀爲社。

鄭氏曰：大裘，僭天子也。天子祀上帝，則大裘而冕。黼裘，以羔與狐白雜爲黼文也。省當作「獮」，秋田也。國君有黼裘誓獮田之禮。愚謂夏小正季秋始裘，月令孟冬始裘，獮在仲秋，未可服裘也。郊特牲「君親誓社」，鄭註：「社或作省。」此「誓省」亦當作「誓社」。誓社，爲社田而誓衆也。誓衆尚嚴斷，故服黼裘。大裘，天子祭天之服。謂之大裘者，尊其稱，猶祭天之車謂之大路也。大裘之所用不可考，今裘以玄狐爲最尊，大裘蓋用玄狐爲之與？時魯僭郊禮，故服大裘以祭天。記者言諸侯唯得服黼裘以誓社，若服大裘，則非古禮也。○先儒謂大裘爲黑羔裘，蓋以祭服必玄，故據以推裘之所用耳。然羔裘自諸侯以下皆服之，而大裘則唯天子服以祀天，若大裘卽羔裘，何以言「大裘非古」乎？

君衣狐白裘，錦衣以裼之。釋文：衣，於既反，下「不衣」同。

鄭氏曰：君衣狐白毛之裘，則以素錦爲衣覆之，使可裼也。袒而有衣曰裼。必覆之者，裘褻也。然則錦衣復有上衣明矣。天子狐白之上衣，皮弁服與？凡裼衣，象裘色也。孔氏曰：天子視朝，服皮弁服，內有狐白錦衣，諸侯在天子朝亦然。凡在朝，君臣同服。天子卿大夫及諸侯卿大夫，在天子之朝，亦狐白裘，其裼不用錦衣，當用素衣。士不衣狐白，天子之士及諸侯之士在天子之朝，當麛裘素裼也。諸侯朝天子，受皮弁之賜，歸國則亦錦衣狐裘以告廟，秦詩云「君子至止，錦衣狐裘」是也。其在國視朔，則素衣麛裘，卿大夫亦然。愚謂錦衣及下「玄綃衣」之屬，皆中衣也。中衣之內，冬則有裘，夏則有絺、綌，春秋則有繭、袍、絅、褶，其外則有冕服、皮弁服、朝服之屬。舒上服之衽以掩中衣則爲襲，褶上服之衽而露其中衣則爲裼。中衣之所用與其色，皆隨禮服爲變易，若褻衣則絺、綌用葛，襌用絅，袍、繭、褶用帛，皆無異物者也。唯裘之取材不一，先王制禮，因別其貴賤輕重而服之，而又辨其色，使署與外服相稱，故此篇詳言之。鄭氏謂「袒而有衣曰裼」，又謂「錦衣上有上衣」，皆是也。然不能明錦衣之屬之卽爲中衣，且又誤立裼衣之名，故於經義未晰。曲禮曰：「天子視不上於袷。」又此篇云：「凡侍於君，視帶以及袷。」袷者，中衣之交領，則在外服之內，裼而露見者卽爲中衣明矣。裘褻，不露見，故服中衣於裘外，裼時則露見，此「衣裼」非衣名也。狐白裘，人君皮弁服之裘也。錦衣者，皮弁服以素爲中衣，而以朱錦爲之領緣也。以領緣名其衣，猶郊特牲之言「黼繡丹朱中衣」也。此不用黼繡丹朱中衣，而用錦衣者，以狐白裘華美，故異其領緣以表之。以人君中衣領用丹朱，故知此錦亦朱錦也。狐白裘、麛裘，皆皮弁服之裘。士不衣狐白，則大夫以上皮弁服兼用二裘。其所用之異不可考，孔氏之所區別，未知是否也。

君之右虎裘，厥左狼裘。

鄭氏曰：衞尊者宜武猛。愚謂右、左，虎賁氏、旅賁氏之屬也。虎賁氏「掌先後王而趨，以卒伍」，旅賁氏「掌執戈盾夾王車而趨，左八人，右八人」。虎裘、狼裘，象其威猛以衞君也。

士不衣狐白。

鄭氏曰：辟君也。狐之白者少，以少爲貴也。

君子狐青裘豹褎，玄綃衣以裼之；麛裘青豻褎，絞衣以裼之；羔裘豹飾，緇衣以裼之；狐裘，黃衣以裼之。釋文：綃音消。麛音迷。豻音岸，胡地野犬。絞，户交反。

鄭氏曰：君子，大夫士也。綃，綺屬也，染之以玄，與狐青裘相宜。狐青裘，蓋玄衣之裘。豻，胡犬也。絞，蒼黃之色也。孔子曰：「素衣麑裘，緇衣羔裘，黃衣狐裘。」孔氏曰：皇氏云：「玄衣，謂玄端也。畿内諸侯用緇衣，畿外用玄衣。此狐青，是畿外諸侯朝服之裘。凡六冕及爵弁無裘。」熊氏云：「六冕皆有裘。此云『玄』，謂六冕及爵弁也。天子諸侯皆然，而云『大夫士』者，君用純狐青，大夫士雜以豹褎。内外諸侯朝服皆緇衣，以羔爲裘，不用狐青也。」劉氏云：「凡六冕皆黑羔裘，故司服云『祭昊天大裘而冕』，以下冕皆不云『裘』，是皆用羔裘也。」劉氏以此玄衣爲玄端，與皇氏同。今按詩箋云：「羔裘豹袪，卿大夫之服。」檜風云：「羔裘逍遥。」論語云：「緇衣羔裘。」唐、檜、魯非畿内之國，何得云「畿内諸侯緇衣，畿外諸侯玄衣」？若此玄衣爲畿外諸侯，鄭註此何得云「君子，大夫士也」？又祭服無裘，文無所出，皇氏之說非也。六冕皆用大裘，是以小祭與昊天不異，劉氏之說非也。熊氏之說，踰於二家。聘禮「公裼降立」，註引玉藻云：「麛裘青犴褎，絞衣以裼之。」又引論語云「素衣麑裘」。皮弁時或素衣。如鄭此言，則裼衣或素或絞不定也。熊氏云：「君用素，臣用絞。」皇氏云：「素衣爲正，記者亂言絞耳。」愚謂君子狐青裘豹褎，此希冕、玄冕、爵弁服之裘也。麛，鹿子，其色白。麛裘青犴褎，皮弁服之裘也。羔裘豹飾，朝服、玄端服之裘也。豹飾，猶詩言「豹褎」也。狐裘玄端服，用於燕居之裘也。黃中衣不與上服同色者，以其用於燕居而畧其制也。論語曰「褻裘長，短右袂」，「狐貉之厚以居」。褻裘，深衣之裘也。大夫士朝玄端則服狐裘，夕深衣則服貉裘。○旄邱之詩曰：「狐裘蒙茸，匪車不東。」都人士之詩曰：「狐裘黃黃。」晉士蔿言「狐裘尨茸，一國三公」，以指獻公與二公子。魯人言「臧之狐裘」，以譏武仲。是狐裘者，自人君以下至於大夫士之所常服也。鄭氏云「黃衣，大蜡時臘祭先祖之服」，誤矣。郊特牲「黃衣黃冠以祭」，乃謂蜡祭時野夫之服，與此言「黃衣」不同。若如鄭氏之說，則黎人自賦其流離之狀，魯人作歌於敗北之餘，而乃獨舉臘祭之服以爲言，果何義乎？且周本無臘祭，說已見月令。

錦衣狐裘，諸侯之服也。

鄭氏曰：非諸侯則不用錦衣爲裼也。　愚謂錦衣狐裘，謂狐白裘以錦衣裼之也。士不衣狐白，大夫雖得衣狐白，但用素衣裼之，不得用錦衣也。

犬羊之裘不裼，不文飾也不裼。

鄭氏曰：犬羊之裘質畧，亦庶人無文飾。　愚謂此下三節，雜明裼、襲之義。犬羊之裘，庶人之所服也。不裼者，賤而畧之也。不文飾也不裼者，大夫士服裘雖裼，若非行禮之地，無事乎文飾者，亦不裼也，不裼則襲也。

裘之裼也，見美也。弔則襲，不盡飾也。君在則裼，盡飾也。釋文：見，賢遍反。

鄭氏曰：君子於事，以見美爲敬。弔則襲，喪非所以見美。　孔氏曰：弔襲，謂主人既小斂之後。若未斂之前，則裼裘弔，檀弓「子游裼裘而弔」是也。凡敬有二體：子於父以質爲敬，故父母之所不敢袒裼；臣於君以文爲敬，故於君所則裼。若平敵以下亦襲，以其質畧故也。　愚謂凡中衣之領緣，皆華於外，服裼則露其中衣之領緣，故謂之見美。見美，所以致飾也。弔主哀，故去飾。君在主敬，故盡飾。

服之襲也，充美也。是故尸襲，執玉、龜襲。無事則裼，弗敢充也。

鄭氏曰：充，覆也。尸襲，尸尊也。執玉、龜襲，重寶瑞也。無事則裼，謂已致龜、玉也。　孔氏曰：凡執玉得襲，故聘禮執圭璋致聘則襲，若執璧琮行享則裼。此「執玉」或容非聘、享，尋常執玉則亦襲也。龜是享禮庭實之物，執之亦裼，若尋常所執及卜則襲，敬其神靈也。無事則裼，謂行禮已致龜、玉之後則裼，不敢充覆其美，亦謂在君前故裼也。若不在君所，無事則襲。　愚謂上文言「裘之裼」，此變言「服之襲」者，以明裼、襲四時皆有，不專屬於裘也。充者，足乎內而無待於外之意。裼以見以美，凡以致敬而已，而襲則義非一端。犬羊之裘不裼，以其人之賤而不足見美也。不文飾也不裼，以其事之輕而不必見美也。弔則襲，以其主於哀戚而不當見美也。尸襲，執玉、龜襲，一則以其象鬼神之尊嚴而德充於內，一則以其執國家之重器而敬存於中，而無待於見美也。襲卽不裼，而記或言「不裼」，或言「襲」者，據其禮之輕則見不裼之義，據其禮之重則見當襲之義也。凡行禮以裼爲常，其襲者皆有爲爲之也。

禮記卷三十

玉藻第十三之二

笏，天子以球玉，諸侯以象，大夫以魚須文竹，士竹。本，象可也。釋文：球音求。魚須文竹，崔云：「用文竹及魚班也。」隱義云：「以魚須飾文竹之邊。」須音班。○按「須」字，孔疏讀如字。

鄭氏曰：球，美玉也。文猶飾也。大夫士飾竹以爲笏，不敢與君並用純物也。孔氏曰：按釋地云「西北之美者，有崑崙墟之璆、琳、琅玕焉」，李巡、孫炎、郭璞等並云：「璆、琳，美玉。」球與璆同。大夫以魚須文竹者，庾氏云：「以鮫魚須飾竹以成文。」愚謂象，象牙也。大夫士並以竹爲笏，大夫以魚須飾其側，士則不飾，而其本則大夫士並可用象也。故前云「史進象笏」，通謂大夫士之禮也。○自此以下至「其殺六分而去一」，明笏之制。

見於天子與射，無說笏。入大廟說笏，非古也。小功不說笏，當事免則說之。既搢必盥，雖有執於朝，弗有盥矣。釋文：見，賢徧反。說，本亦作「稅」，同他活反。免音問。

鄭氏曰：言凡吉事無所說笏也。大廟之中，唯君當事說笏也。免，悲哀哭踊之時，不在於記事也。小功輕，不當事，可以搢笏也。搢笏必盥，爲必執事。愚謂說笏，謂去於身也。笏或執於手，或搢於帶，不執不搢，是謂説笏。天子尊極，射禮文縟，大廟之中嚴敬，舉三事不説，以見笏之無時而離也。當廟中有事，則搢之而已，蓋雖主祭者亦然。典瑞「王搢大圭，執鎮圭」，「以朝日」，是天子主祭亦搢笏。鄭氏謂「大廟之中，君當事則説笏」，非也。喪事則説笏，哀不在於記事，且爲辟踊之有失墜也，小功輕喪，故不説笏。當殯斂之事而免，則説之，亦爲其妨於辟踊故也。既搢必盥者，言臣將朝君，搢笏而往，則必盥也。雖有執於朝，弗有盥矣者，搢笏既盥，自後雖在朝執笏，可以不復盥也。

凡有指畫於君前，用笏；造受命於君前，則書於笏。笏，畢用也，因飾焉。釋文：造，皇七報反，舊七刀反。

造，進也。謂人臣在朝，進而受命於君前也。畢，盡也，謂指畫記事盡用笏也。笏，忽也，其字從竹。蓋本以竹爲之，如簡札之用，執之以便記事，備忽忘而已。後王漸文，乃飾以他物，以美其觀，而天子諸侯又別用象玉爲之，復殊其稱，以爲尊卑之別焉。

笏度二尺有六寸，其中博三寸，其殺六分而去一。釋文：殺，色戒反，下同。去，起呂反。

鄭氏曰：殺猶杼也。天子杼上終葵首，諸侯不終葵首，大夫士又杼其下首，廣二寸半。孔氏曰：天子諸侯上首廣二寸半，其天子椎頭不殺也。大夫士下首又廣二寸半，唯中央同博三寸。周氏諝曰：考工記曰：「大圭長三尺，杼上終葵首，天子服之。」相玉書曰：「珽玉六寸，明自照。」此言「笏度二尺有六寸」，蓋考工記兼其杼上終葵首言之，故有三尺；相玉書指其終葵首言之，此去其杼上而言之。天子無所屈，則杼上四寸而終葵首；諸侯前屈，則杼上四寸而圜其首；大夫前屈後屈，則不特杼其上，圜其首，而又杼其下，圜其末。三等之笏雖殊，而其中皆博三寸，其殺皆六分去一，而止於二寸有五分。

韠，君朱，大夫素，士爵韋。釋文：韠音必。

鄭氏曰：此玄端服之韠。韠之言蔽也。凡韠，以韋爲之，必象裳色，則天子諸侯玄端朱裳，大夫素裳。唯士玄裳、黄裳、雜裳也。皮弁服皆素韠。孔氏曰：祭服玄衣纁裳。知此朱韠非祭服者，若祭服則君與大夫士無別，何得云「大夫素，士爵韋」？且祭服名韍，不名韠也。愚謂韠，蔽膝也。上古衣皮，先知蔽前，後知蔽後。後世聖人易之以布帛，而猶存其蔽前，以示不忘古之意，而因備其飾，以爲尊卑之別焉。凡衣服之色，衣從冠，韠、屨從裳，各因其上下之類也。玄端服上下通以燕居，諸侯以下又用以齊，士又用以祭。齊服必玄，上下通用爵韠。此君朱，大夫素，燕居之韠也。大夫玄端、素裳、素韠，則與朝服同，但朝服侈袂，自別於玄端耳。特牲記：「玄端爵韠。」是士齊、祭服爵韠。此燕居玄端亦爵韠者，士賤，禮略也。○自此以下至「三命赤韍葱衡」，明韠韍之制。

圜、殺、直：天子直，公侯前後方，大夫前方後挫角，士前後正。釋文：圜音圓。挫，作卧反。

鄭氏曰：圜、殺、直，目韠制。天子四角直，無圜、殺。公侯殺四角，使之方，變於天子也。所殺者去上下各五寸。大夫圜其上角，變於君也。韠以下爲前，以上爲後。士前後正，士賤，與君同，不嫌也。正，直、方之間語也。天子之士則直，諸侯之士則方。吴氏澄曰：韠之制長三尺，上廣一尺，下廣二尺。天子之韠，自上之左右角，斜裁至下之左右角，直而無所屈，故曰「直」。諸侯上下左右角各正裁五寸，自上之左右角五寸，下斜裁至下之左右角不盡五寸止，上下各有五寸不斜裁，故方。大夫下之左右角亦正裁五寸，其上端不方，剡其兩角，故圜。士下端亦裁方，上端不剡圜，前方而後直，故曰「前後正」。愚謂士前後正，吳氏之說爲是。鄭氏以直、方爲天子諸侯之士之別，無所據也。○孔氏曰：經云「前後方」，是殺四角也。上下各去五寸，所去之處，以物補飾之使方，變於天子也。按雜記云「韠會去上五寸」，是上去五寸。又云「紕以爵韋六寸，不至下五寸」，是去下五寸。鄭註雜記：「會，謂上領縫也。」又云：「純、紕之所不至五寸。」然則上去五寸，是領也；下去五寸，是純也。若然，唯去上畔下畔，而云「殺四角」者，蓋四角之處別異之，使殊於餘邊也。愚謂韠之會去上五寸，其紕不至下五寸，則其上下所殺，當以此爲度。故鄭氏云「所殺者去上下各五寸」，謂所殺之度離上畔下畔各五寸而止也。孔疏乃云「上下各去五寸，以物補之」，則以註中「去」字爲上聲讀之，與經、註之義皆不合。且鄭註此文，本以解「公侯前後方」之義，若韠之上有會，下紕以爵韋，純以素，則爲韠之通制，非獨公侯矣。疏乃謂「上去五寸是領，下去五寸是純」，其說尤混，不可曉也。

韠下廣二尺，上廣一尺，長三尺，其頸五寸，肩，革帶，博二寸。釋文：頸，吉井反，又吉成反。

鄭氏曰：頸五寸，亦謂廣也。頸中央，肩兩角，皆上接革帶以繫之，肩與革帶廣同。凡佩，繫於革帶。孔氏曰：韠、佩並繫於革帶者，以大帶用組約，其物細小，不堪繫韠、佩故也。

一命縕韍幽衡，再命赤韍幽衡，三命赤韍葱衡。釋文：縕音溫。韍音弗。幽讀爲黝，出註，幼糾反。

鄭氏曰：此玄冕爵弁服之韠，尊祭服，異其名耳。韍之言亦蔽也。縕，赤黃之間色，所謂韎也。衡，佩玉之衡也。幽讀爲黝。黑謂之黝，青謂之葱。孔氏曰：他服稱韠，祭服稱韍。詩毛傳云：「天子純朱，諸侯黃朱。」黃朱色淺，卿大夫赤韍，色又淺耳。愚謂緼韍，卽韎韐也。衡，佩上之珩也。珩在上而横，故曰「衡」。此據公侯伯之國，卿三命，大夫再命，士一命者言之。若子男之國，則卿再命而赤韍葱衡，大夫一命而赤韍幽衡，士不命而緼韍幽衡也。孔疏謂「子男大夫服緼韍」，非也。司服於諸侯卿大夫之服，其差降但以爵而不以命數，則其於韍必不以命數爲差也。

天子素帶，朱裏，終辟。而素帶，終辟，大夫素帶，辟垂，士練帶，率，下辟，居士錦帶，弟子縞帶。釋文：帶音戴。辟，依註爲「裨」，婢支反，徐又音卑，下「緇辟」同。率音律。○「而素帶」以下，及下節「并紐約用組」五字，舊在「韠，君朱」之前。鄭氏云：「宜承『朱裏終辟』，亂脱在是。」東滙陳氏云：「『而』下脱『諸侯』字。」

鄭氏曰：素帶，朱裏，終辟，謂大帶也。而素帶，終辟，謂諸侯也。諸侯不朱裏，合素爲之，如今衣帶爲之，下天子也。大夫亦如之。率，繂也。士以下皆禪，不合而繂積，如今作幧頭爲之也。辟讀如「裨冕」之裨。裨，謂以繒采飾其側。人君充之，大夫裨其紐及末，士裨其末而已。居士，道藝處士也。愚謂練，白色熟絹也。率，義如左傳「藻率、鞞、鞛」之率，以采色飾物也。雜記曰：「率帶，諸侯大夫五采，士二采。」辟在帶側，則率在帶中也。率下，謂率之所不至者。士以練帛爲帶，而但裨其率下也。大夫辟垂，士辟率下，則帶之率及其重屈者而止也。士帶裨以緇，大夫以上無文。居士錦帶，尚文也。弟子縞帶，尚質也。二帶不言其裨者，裨之度與士同也。○自此至「走則擁之」，明帶之制，舊本簡策倒錯，不相承接。孔氏已依鄭註次其先後，但據鄭註則自「而素帶終辟」以下，皆當移就「朱裏終辟」之下，而居「韠」之後。而孔疏則自「凡帶有率，無箴功」之上，並置於「韠，君朱，大夫素」之前。又自「肆束及帶」至「走則擁之」，鄭氏云：宜承「無箴功」，而孔疏尚依舊次。今並依鄭氏說移正。

并紐約用組，三寸，長齊于帶。紳長制：士三尺，有司二尺有五寸。子游曰：「參分帶下，紳居二焉。」紳、韠、結三齊。釋文：并，必政反。紐，女九反。組音祖。紳音申，本亦作「申」。○鄭註云：結或爲「衿」。○自「三寸」以下，舊在「夫人揄狄」之下，鄭氏云：「宜承『紐約用組』。」

鄭氏曰：三寸，謂約帶紐組之廣也。長齊于帶，與紳齊也。紳，帶之垂者也，言其屈而重也。有司，府史之屬也。三分帶下而三尺，則帶高於中也。結，約餘也。孔氏曰：「并，並也。紐者，謂帶交結之處，以屬其紐。約者，謂以物穿紐約結其帶。謂天子以下，至弟子之等，其紐約之物，並用組爲之，組濶三寸也。長齊于帶者，言約紐組餘長三尺，與帶垂者齊也。紳，重也，謂重屈而舒申。人長八尺，大帶之下四尺五寸，分爲三分，紳居二分，紳長三尺也。紳謂紳帶，韠謂蔽膝，結謂約紐餘組，三者俱長三尺，故云『三齊』。」陳氏祥道曰：紳、韠、結三齊，則有司之韠、結蓋亦二尺五寸與？

大夫大帶四寸。雜帶，君朱綠，大夫玄華，士緇辟二寸，再繚四寸。凡帶有率，無箴功。釋文：繚音了。箴音針。○此節舊在「肩革帶博二寸」之下，鄭氏云：「宜承『紳、韠、結三齊』。」

鄭氏曰：華，黃色也。愚謂大夫大帶四寸，則天子諸侯可知皆四寸也。上文但言「帶」，此特言「大帶」者，以下文又言「雜帶」，故言「大帶」以別之也。雜帶，雜服之帶，燕居之服之所用也。君大夫大帶之外，別有雜帶，其飾則君以朱綠，大夫以玄華也。雜記公襲「朱綠帶，申加大帶於上」，則人君大帶之外別有朱綠帶明矣。君大夫大帶五采，而雜帶唯二采，雜帶降於大帶也。緇辟，謂士之練帶以緇帛辟其側，故士冠禮、士喪禮謂之「緇帶」，以其辟名帶也。士無雜帶，唯有緇辟大帶，其博二寸也。凡帶，繚，繞也。大夫以上，大帶四寸，其繞於身也重之；士帶二寸，而再繞不重，則其廣亦四寸矣。凡天子以下之帶也。凡帶有率，則其箴功可以麤沾，以別有采飾在上故也，則其無率者宜精緻矣。

肆束及帶，勤者有事則收之，走則擁之。釋文：肆音肄，以四反。○此節舊在「皆朱錦也」之下，鄭氏云：「宜承『無箴功』。」

鄭氏曰：肆讀爲肄。肄，餘也。餘束，約紐之餘組也。勤，謂執勞辱之事也。孔氏曰：謂約帶之餘組及帶之垂者，若身充勤勞之事，則斂持在手；若身須趨走，則擁抱於懷也。愚謂此見雖有事，但當收之擁之，而不可扱之也。

王后褘衣，夫人揄狄，君命屈狄。釋文：褘音翬，許韋反。揄音搖，羊消反。屈音闕。

鄭氏曰：褘讀爲翬，揄讀爲搖，翬、搖皆翟名也。刻繒而畫之，著於衣以爲飾，因以爲名也，後世作字異耳。夫人，三夫人，亦侯伯之夫人也。王者之後，夫人亦褘衣。君，女君也。屈，周禮作「闕」，謂刻繒爲翟，不畫也。此子男之夫人也。禮，天子諸侯命其臣，后夫人亦命其妻以衣服，所謂「夫尊於朝，妻榮於室」也。孔氏曰：翬，謂畫翬於衣，六服之最尊也。夫人，謂三夫人及侯伯夫人也。狄讀如翟，搖翟，謂畫搖翟於衣。王者之後，祭其先王，夫人亦褘衣，禮記每云「君袞冕，夫人副褘」，若祭先君則降焉。魯祭文王周公，其夫人亦褘衣，故明堂位云「夫人副褘立于房中」。君，謂女君，子男之妻也。被后所命，故曰「君命」，或可女君謂后也。屈，闕也。直刻翟形，闕其采畫，故云「闕翟」。按鄭註內司服，引爾雅釋鳥：「伊、雒而南，素質五色皆備成章曰翬。江、淮而南，青質五色皆備成章曰摇。」王后之服，刻繒爲之形，而采畫之，綴於衣，以爲文章。褘衣，畫翬者；揄翟，畫摇者；闕翟，刻而不畫。此三者，皆祭服。鞠衣，色如鞠塵，服之以桑。展衣，以禮見王及賓客之服。褖衣，御於王之服。闕翟赤，摇翟青，褘衣玄，鞠衣黃，展衣白，褖衣黑。其六服皆以素紗爲裏，故內司服陳六服之下云「素沙」，鄭註云：「六服皆袍制，以白縳爲裏。」愚謂夫人，謂侯伯之夫人也。內司服：「辨外內命婦之服，鞠衣、展衣、褖衣。」是王之外內命婦無服三狄者矣。原其意，蓋於內命婦深防其並后之端，故於其服章使遠降於后，而外命婦則又欲其與內命婦相準，故孤、卿服冕，而其妻不服三狄，以此與？鄭此註於「夫人」兼言「三夫人」，周禮註又謂「三夫人闕狄」，恐皆未然也。君命，當作「五命」，字之誤也。婦人從其夫之爵位，故夫尊於朝，則妻榮於室，無別受爵命之法。內宰職所言贊王后之禮事者詳矣，而無贊王后爵命之事，是王后亦無爵命人之事。註疏謂君命爲受王后之命，非也。且如其言，則夫人及再命、一命之妻，孰非受命者，何獨於子男之妻言之？○自此以下至「其他則皆從男子」，明王后、夫人及命婦之服。

再命褘衣，一命襢衣，士褖衣。釋文：褘，依註音鞠，居六反，又曲六反。襢，張戰反。褖，吐亂反。○鄭註：褖或作「稅」。

鄭氏曰：褘當爲「鞠」。子男之卿再命，而妻鞠衣，則鞠衣、襢衣、褖衣者，諸侯之臣皆分爲三等，其妻以次受此服也。公之臣，孤爲上，卿大夫次之，士次之。侯伯子男之臣，卿爲上，大夫次之，士次之。孔氏曰：再命，謂子男之卿也。褘當爲「鞠」，謂子男卿妻服鞠衣也。禮，展也，子男大夫一命，其妻服展衣也。士褖衣者，子男之士不命，其妻服褖衣也。鄭註士喪禮：「褖之言緣，黑衣裳以赤緣之。」愚謂諸侯之臣之服爲三等：孤希冕，卿大夫皆玄冕，士皆爵弁也。其妻之服亦爲三等：孤、卿皆鞠衣，大夫皆展衣，士皆褖衣也。如鄭氏之說，則有孤之國，孤鞠衣，卿大夫皆展衣；無孤之國，則卿鞠衣，大夫展衣。孔氏又通其例於男子，謂有孤之國，孤希冕，卿大夫玄冕；無孤之國，卿希冕，大夫玄冕。然司服「卿大夫之服，自玄冕以下」，非專爲有孤之國言也。雜記復，「內子以鞠衣」，「下大夫以展衣」，非專爲無孤之國言也。

唯世婦命於奠繭，其他則皆從男子。自「君命屈狄」以下至此，舊在「紳、韠、結三齊」之下，鄭氏云：「宜承『夫人揄狄』。」

世婦，謂諸侯之內世婦也。奠繭，猶獻繭也。諸侯有公桑蠶室，卜於三宮夫人、世婦之吉者使蠶，既成則從夫人而獻之於君也。世婦之尊視大夫，服展衣。凡夫尊於朝，妻榮於室，故卿大夫之妻皆得隨夫而服其服，唯世婦乃諸侯之妾，必因奠繭命之，乃得服其服，明君不以私寵加賜也。天子之內命婦蓋亦如此。

凡侍於君，紳垂，足如履齊，頤霤，垂拱，視下而聽上，視帶以及袷，聽鄉任左。釋文：齊音咨，本又作「齋」。鄉，許亮反。

鄭氏曰：紳垂，則磬折也。齊，裳下緝也。袷，交領也。孔氏曰：紳，大帶也。身直則帶倚，磬折則帶垂。身折則裳前下緝委地，足如履之也。霤，屋簷。身俯，故頭臨前，垂頤如屋霤。視下而聽上者，視高則敖，故下矚也。聽上，謂聽尊者語宜諦聽，故仰頭而嚮上以聽之也。視帶以及袷者，視君之法，下不過帶，高不過袷。庾云：「聽上及聽嚮任左，皆備君教使也。」愚謂此侍立於君之禮也。君佩倚，臣佩垂，君恆高於臣。視下而聽上者，視以形，聽以神，視雖在下，而神則恆屬乎君也。國君綏視，此云「視帶以及袷」者，坐則節於面，立則節於領，立則容俯故也。聽鄉者，聽之所鄉也。人右耳目不如左耳目明，任左，欲其聽之審也。○孔氏解「聽嚮任左」云：「鄭註少儀云『立者尊右』，則坐者尊左。侍君之時，君坐，是以聽嚮皆以左爲節。」此謬說也。坐者尊左，義無所出。且經云「紳垂，足如履齊，頤霤，垂拱」，則侍君者固未嘗坐。又云「視帶以及袷」，「視下而聽上」，則亦非君坐而臣立侍之，則安以「坐者尊左」爲說乎？

凡君召以三節，二節以走，一節以趨，在官不俟屨，在外不俟車。

此言人臣被召之法。鄭氏曰：節，所以明信輔君命也。使使召臣，急則持二，緩則持一。周禮曰「鎮圭以徵守」，其餘未聞也。今漢使者擁節。不俟屨，不俟車，趨君命也。必有執隨授之者。官，謂朝廷治事處也。孔氏曰：節，以玉爲之。君召臣，有二節時，有一節時，故合云「三」也。急則二節，臣故走；緩則一節，臣故趨。官，謂朝廷治事處也。外，謂其室及官府也。在官近，不須車，故言「屨」；在外遠，故言「車」。

士於大夫，不敢拜迎，而拜送。士於尊者，先拜，進面，答之拜則走。

士於大夫，謂於大夫之見己也。迎，謂迎於門外也。曲禮曰：「大夫士相見，雖貴賤不敵，主人敬客則先拜客，客敬主人則先拜主人。」然則士於大夫非不拜也，特不敢迎而拜耳。蓋拜迎者，敵者之禮也。士於尊者，謂士見於大夫也。先拜，進面者，大夫於士不迎，待之於門內，士於門外先拜之，乃進入門而見大夫也。答之拜則走者，若大夫於門內答拜，則走辟，不敢當大夫之拜也。此皆謂尋常相見之法。若始相見，則士相見禮云：「若先生異爵者，請見之，則辭，辭不得命，則曰：『某無以見，辭不得命，請走見。』先見之」。則迎於門外矣。又曰「士見於大夫，終辭其贄，於其入也，一拜其辱也」，則大夫先拜辱矣。

士於君所言，大夫沒矣則稱謚若字，名士。與大夫言，名士，字大夫。「言」字並句絶。孔疏讀云「士於君所言大夫」，非是。

鄭氏曰：君所，大夫存亦名。愚謂稱謚若字者，有謚則稱謚，無謚則稱字也。大夫五十而受爵命，死乃有謚。名士，字大夫，謂其生者也。若沒則所稱與君所同。

於大夫所，有公諱，無私諱。凡祭不諱，廟中不諱，教學臨文不諱。

鄭氏曰：公諱，若言語所辟先君之名。凡祭不諱，廟中不諱，謂祝嘏之辭中有先君之名者也。凡祭，祭羣神。廟中上不諱下。教學臨文不諱，爲惑未知者。孔氏曰：有公諱，無私諱，但諱公君，不得私諱父母也。廟中上不諱下，若有事於祖，則不諱父也。有事於父則諱祖。教學，謂師長也。教人若諱，疑誤後生也。臨文，謂簡牒及讀法律之事，若諱則失於事正也。

古之君子必佩玉，右徵、角，左宮、羽，趨以采齊，行以肆夏，周還中規，折還中矩，進則揖之，退則揚之，然後玉鏘鳴也。故君子在車則聞鸞、和之聲，行則鳴佩玉，是以非辟之心無自入也。釋文：徵，張里反。趨，七須反，本又作「趣」。齊，依註作「薺」，疾私反。還音旋，本或作「旋」。辟，本亦作「僻」，匹亦反，又婢亦反，徐芳益反。

鄭氏曰：君子，士以上。徵、角、宮、羽，玉聲所中也。徵、角在右，事也，民也，可以勞；宮、羽在左，君也，物也，宜逸。趨以采齊，路門外之樂節也。門外謂之趨。齊，當爲「楚薺」之薺。行以肆夏，登堂之樂節。周還，反行也，宜圜。折還，曲行也，宜方。揖之，謂小俯見於前也。揚之，謂小仰見於後也。鏘，聲貌。鸞在衡，和在式。孔氏曰：路寢門外至應門，謂之趨，趨時歌采齊爲節。路寢門內至堂，謂之行，行時歌肆夏爲節。按爾雅釋宮云：「室中謂之時，堂上謂之行，堂下謂之步，門外謂之趨，中庭謂之走，大路謂之奔。」此對文耳。若總而言之，門內謂之行，門外謂之趨。鄭註樂師云：「行，謂於大寢之中。趨，謂於朝廷。然則王出，既服，至堂而肆夏作，出路門而采薺作；其反，入至於應門、路門亦如之。此謂步迎賓客。王如有車出之事，登車於大寢西階之前，反降於阼階之前。尚書傳曰：『天子將出，撞黃鍾之鐘，右五鐘皆應；入則撞蕤賓之鐘，左五鐘皆應。』」是也。反行，謂到反而行，假令從北嚮南，或從南嚮北。曲行，謂屈曲而行，假令從北嚮南行，曲折而東嚮、西嚮也。吳氏澄曰：徵，謂聲中林鍾，角則中姑洗也。宮，謂聲中黃鐘，羽則中南呂也。徵，陰音之首，故居右，角間二律，與徵近，故以角配徵。宮，陽音之始，故居左，羽間二律，與宮近，故以羽配宮。愚謂徵、角、宮、羽，謂左右兩璜之聲所中也。凡以律均鍾者，倍而又半。磬氏疏：「樂云：『磬前長二律，後長二律』。」蓋謂黃鐘之磬。此以律均磬之法也。佩玉四聲，亦必其大小、長短、厚薄之不同，但其詳不可考耳。周禮大司樂「函鍾爲宮」之屬，皆不用商，說者謂商有殺伐之意，故不用。此佩玉有徵、角、宮、羽而無商，蓋佩玉所以養德，故亦無取乎殺伐之義也。中矩，言其方。中規，言其圜。其身周折俯仰，故佩玉之璜觸衝牙而鳴鏘然也。君子之養其心，非徒恃乎鸞、和、佩玉，而所以消其匪僻，而導其和平者，此亦有助焉爾。此節所言，蓋主謂天子諸侯之禮，故佩玉則備四聲，行步則有樂節，在車則有和、鸞。若大夫士，雖有佩玉，而其儀物則當有降殺矣。○周禮之九夏，儀禮之笙詩，劉原父謂皆有聲而無辭，朱子以爲笙詩蓋如投壺「魯鼓」「薛鼓」之節。蓋以九夏、笙詩曰「奏」曰「笙」曰「樂」而不曰「歌」，以此決其無辭也。然大射、燕禮「管新宮」，文王世子云「下管象」，象，周頌維清之詩也。左傳宋公「賦新宮」，則新宮亦詩也。此二詩用以管，與南陔等六詩用以笙者一也。新宮、象爲詩，則南陔六篇之曰「笙」曰「樂」者，何害其爲詩乎？南陔、白華等名，必取詩辭而名之者也。若但如曲譜，則其曰南陔、曰白華、曰華黍者，何所取以名之？肆夏與采薺同用，觀采薺之名，亦必詩篇也。則肆夏亦詩，而王夏以下皆當爲詩矣。但先儒謂肆夏即周頌之時邁，則未有以見其必然耳。

君在不佩玉，左結佩，右設佩；居則設佩，朝則結佩。

此謂大夫士之禮也。君在，謂君出視朝時也。結佩，謂結其兩璜於綬而使不得鳴也。君在不佩玉，非全不佩也，結其左而設其右焉耳。君子於玉比德，結其左者，示其德之不敢擬於君也。居則佩玉，左右皆設之也。朝則結佩，結其左也。○鄭氏以此爲世子之禮，又以左結佩、右設佩爲事佩。然上文並未言「世子」，此何忽而及之？君在不佩玉，正與「君在則裼」同，鄭於彼註云「臣在君所」，此不當爲異義。又上下文俱言「佩玉」，亦不應結佩、設佩忽爲事佩也。

齊則綪結佩而爵韠。釋文：齊，側皆反。綪，側耕反。

鄭氏曰：綪，屈也，結又屈之。爵韠者，齊服玄端。孔氏曰：綪結佩，謂結其綬而又屈上之也。諸侯以下，皆以玄端齊，而以爵韋爲韠，同士禮。以其齊，故不用朱韠、素韠也。愚謂士喪禮「陳襲事於房中」，「不綪」，鄭云：「江、沔之間，謂縈收繩索爲綪。」是綪者，屈而又屈之義也。君在不佩玉，爲時暫，以兩璜上結之而已。齊有十日，則以璜及衝牙屈上當瑀與琚而結之，又屈而上當珩而結之也。蓋佩玉有聲，齊者欲靜以致思，故綪結其佩，卽齊者不樂之義也。不去而但綪結之者，君子無故玉不去身也。

凡帶必有佩玉，唯喪否。佩玉有衝牙，君子無故玉不去身，君子於玉比德焉。

鄭氏曰：喪主於哀，去飾也。凡，謂天子以至士。佩玉有衝牙，居中央以前後觸也。故，謂喪與災眚。朱子曰：佩玉上橫曰珩，下繫三組，貫以蠙珠。中組之半，貫一大珠，曰瑀，末縣一玉，兩端皆銳，曰衝牙，兩旁組半，各縣一玉，長博而方，曰琚，其末各縣一玉，如半璧而內向，曰璜。又以兩組貫珠，上繫珩兩端，交貫於瑀，而下繫於兩璜，行則衝牙觸璜而有聲也。

天子佩白玉而玄組綬，公侯佩山玄玉而朱組綬，大夫佩水蒼玉而純組綬，世子佩瑜玉而綦

組綬，士佩瓀玟而緼組綬。釋文：綬音受。純讀爲緇，側其反。瑜，羊朱反。綦音其。瓀，而兗反，徐又作「瑌」，同。玟，武巾反，字又作「砇」，同。緼音温。

鄭氏曰：玉有山玄、水蒼者，視其文色所似也。綬者，所以貫佩玉，相承受者也。純當爲「緇」，古文「緇」字或作絲旁才。綦，文雜色也。緼，赤黄。孔氏曰：山玄、水蒼，玉色似山之玄而雜有文，似水之蒼而雜有文。尊者玉色純，公侯以下，玉色漸雜，而世子及士唯論玉質，不明玉色，則色不定也。瑜是玉之美者，故世子佩之。然諸侯世子雖佩瑜玉，亦應降殺天子世子也。瓀玟，石次玉者，賤，故士佩之。愚謂佩白玉、玄玉之屬，皆謂兩瑀、兩璜及衝牙之玉也。其在上之珩，則前云「一命、再命幽衡，三命葱衡」是也。

孔子佩象環五寸而綦組綬。

象環，以象牙爲環也。爾雅曰：「肉好若一謂之環。」陳氏澔曰：象環五寸，燕居佩之，非禮服之正佩也。○鄭氏曰：孔子佩象環，謙不比德，亦不事也。象，有文理者也。環，取可循環而無窮。孔氏曰：象環五寸，法五行也。愚謂環玦之屬，古人所常佩。故晉獻公賜太子申生以金玦，叔孫穆叔之子孟丙見於公，公與之環而佩之。經解云：「行步則有環佩之聲。」孔子佩象環，蓋以象之貴次於玉，故用以爲燕居之佩。其取節於五寸者，亦大小之度宜然爾，註疏之説鑿矣。○自「古之君子必佩玉」以下至此，明佩玉之法。

童子之節也，緇布衣，錦緣，錦紳并紐，錦束髮，皆朱錦也。釋文：并，必正反。

鄭氏曰：童子，未冠之稱也。冠禮曰「將冠者采衣紒」也。愚謂童子之衣有緣，曲禮云「兩手摳衣，去齊尺」，是又有齊，則童子之衣，深衣之制也。深衣用白布，緣以繢及青。今童子用緇爲深衣，用錦爲緣，皆異於成人也。錦紳，以錦辟其帶紳也。弟子縞帶，則童子之帶以縞爲之，而辟其紳以錦，與士之率下辟同也。紐，帶之紐也。童子錦紳而錦紐，則凡帶紐之所用與辟同也。束髮，謂總也。士喪禮：「鬠用組」。又士冠禮：「緇纚長六尺」。總之色宜與纚同。是成人束髮用緇組，今童子用錦爲束髮。凡此童子所用之錦，皆朱錦也，取其華美也。

童子不裘不帛，不屨絇，無緦服，聽事不麻。無事則立主人之北，南面。見先生，從人而入。

釋文：絇，其俱反。見，賢徧反。

鄭氏曰：皆爲幼少，不備禮也。裘、帛溫，傷壯氣也。絇，屨頭飾也。愚謂童子冬不衣裘，其袍繭及褶，又皆以布爲之，不用帛，亦爲防其奢汰也。不屨絇，不備飾也。凡服必稱其情，童子無緦服，以未能惇行孝弟，情不能至緦也。當室則緦，既與族人相接，則使遂其服，責之以必當盡之情，而使之企而及也。聽事，往給喪家役使也。不麻，不加麻絰也。有服者至小斂而加麻，聽事不麻，亦謂所爲服緦者也。主人之位，在阼階下西面，立於其北者，爲教使便也。南面者，別於主人也。見先生，從人而入，不敢輕動長者也。○問喪：「童子不緦，唯當室緦。緦者其免也。」然則不緦者固不免矣。鄭於此註云「雖不服緦猶免」，顯與問喪違。崔氏、熊氏謂「不當室而免者，謂未成服而來」，不知成服以後，雖成人亦不免矣，豈獨童子哉？

侍食於先生，異爵者後祭先飯。釋文：飯，扶晚反。

鄭氏曰：先生，致仕者也。異爵者，謂卿大夫也。士相見禮註。 愚謂凡爲客之禮，皆後主人而祭，嫌此或異，故明之。先飯，示爲長者嘗食也。

客祭，主人辭曰：「不足祭也。」客飧，主人辭以「疏」。

鄭氏曰：祭者，盛主人之饌也。飧者，美主人之食也。疏之言麤也。 孔氏曰：飧者，食竟作三飯飧也。飧是已飽猶食，美故也。

主人自置其醬，則客自徹之。

客自徹之，徹主人所自置者，禮欲其相當也，主人辭焉則止。曲禮「客自前跪，徹飯齊，以授相者，主人興辭於客，然後客坐」，是也。

一室之人，非賓客，一人徹。壹食之人，一人徹。凡燕食，婦人不徹。

鄭氏曰：一室之人，同事合居者也。賓客則各徹其饌也。壹猶聚也，爲赴事聚食也。婦人質，不備禮。 孔氏曰：賓客則各徹其饌，今同事合居，既無的賓主，故必少者一人徹饌也。壹食之人，謂暫爲赴事，壹聚共食，則亦推一人徹也。 愚謂一室之人，謂同事合食，而各設饌具者也。壹食，謂相聚共饌具而食也。 燕食，朝夕常食也。

食棗、桃、李，弗致于核。瓜祭上環，食中，棄所操。釋文：操，七刀反。

鄭氏曰：弗致于核，恭也。上環，頭忖也。 孔氏曰：弗致于核，謂懷其核，不置於地也。 環者，橫斷，形如環也。上環是扆間，下環是脫華處，用上環祭先而食中，棄手所持者，此庶人法也。　愚謂祭上環者，以上爲尊。棄所操者，爲手持有垢澤也。

凡食果實者後君子，火孰者先君子。釋文：後，胡豆反。先，悉薦反。

鄭氏曰：果實，陰陽所成，非人事也。火孰者先君子，備火齊不得也。　孔氏曰：果實是陰陽所成，非關人事，故不得先嘗。火熟調和是人之所爲，恐和齊不備，故先君子而嘗之。

有慶，非君賜不賀。

鄭氏曰：唯君賜爲榮也。　愚謂有慶，謂或有喜慶之事。君賜，如孔子生伯魚，而君賜以鯉是也。雖有喜慶之事，而非有君賜，則不足爲榮，故不賀。周禮大宗伯：「以賀慶之禮親異姓之國」。凡賀者必有物以將之，蓋若乘壺酒、束脩、一犬之類與？

有憂者。

鄭氏曰：此下絶亡，非其句也。

勤者有事則收之，走則擁之。

鄭氏曰：此補脫，重。

孔子食於季氏，不辭，不食肉而飧。

鄭氏曰：以其待己及饌非禮也。　愚謂孔子於季氏，降等之客也，禮宜執食與辭，今孔子不辭。凡食，先食殽胾，既飽乃飧。今孔子不食肉而飧，蓋以季氏失禮，故以此示其意也。

君賜車馬，乘以拜賜；句。衣服，服以拜賜。句。君未有命，弗敢卽乘、服也。按孔疏本「拜」字絕句，陸氏佃曰：「『拜賜』句。」今從陸氏讀。

受君車馬衣服之賜，既拜受之矣，至明日，更乘、服所賜，往至君所而拜也。既拜之後，君再命之乘、服，乃敢乘、服之，若未有命，則不敢乘、服也。左傳魯叔孫豹受大路之賜於王，及卒，杜洩將以路葬。南遺謂季孫曰：「叔孫未乘路，將焉用之？」蓋叔孫豹受賜歸，魯王無再使乘路之命，故終身不敢乘。此雖受賜於天子之事，受賜於其君者亦然也。

君賜，稽首，據掌，致諸地。酒肉之賜弗再拜。

鄭氏曰：稽首，致首於地。據掌，以左手覆按右手也。酒肉之賜，輕也。受重賜者，拜受，又拜於其室。 愚謂君賜，稽首，謂拜君賜者，當爲稽首之拜也。據掌，致諸地，謂爲稽首之拜之法也。據掌，以左手據右手之掌也。致諸地，謂首及手俱至地也。再拜者，賜時拜受，明日又往拜也。酒肉之賜輕，雖君賜不再拜。

凡賜，君子與小人不同日。

鄭氏曰：愼於尊卑。

凡獻於君，大夫使宰，士親，皆再拜稽首送之。

宰，家臣之長也。皆再拜稽首送之者，大夫使人，則於阼階下南面拜送；士親，則於君之門外拜送也。

膳於君，有葷、桃、茢，於大夫去茢，於士去葷，皆造於膳宰。釋文：葷，許云反。茢音列，又音例。去，起呂反。造，七到反。○鄭註：葷或作「焄」。

鄭氏曰：膳，美食也。葷、桃、茢，辟凶邪也。大夫用葷、桃，士桃而已。葷，薑及辛菜也。茢，菼帚也。造於膳宰，既致命而授之。　陳氏祥道曰：膳，致福之膳也。非是，則無事於桃、茢。鄭氏以膳爲凡美食，誤也。　愚謂少儀曰：「爲己祭而致膳於君子，曰膳。」用葷、桃、茢者，以其爲鬼神之餘，恐有不祥之干也。葷，辛物，能去穢惡。桃、茢，能解不祥。於君備三者，大夫去其一，士去其二，尊卑之差也。造猶內也。膳宰，膳夫也。周禮膳夫：「受致福者而膳之。」祭僕：「凡祭祀致福者，展而受之。」造於膳宰者，蓋祭僕受而內之也。

大夫不親拜，爲君之答己也。　釋文：爲，于僞反。

鄭氏曰：不敢變動至尊。　孔氏曰：解大夫所以不自獻之義也。　自獻則屈動君答拜己，故不親也。

大夫拜賜而退。士待諸而退，又拜弗答拜。

鄭氏曰：小臣受大夫之拜，復以入告，大夫拜，便辟也。　孔氏曰：大夫拜賜而退者，大夫往拜，至於門外，告君之小臣，小臣受其辭，入以白君，大夫乃拜，拜竟則退，不待白報，恐君召進答己故也。士待諸而退者，君不拜士，士故於外拜，拜竟，又待小臣傳君之報諸而退也。又拜者，小臣傳君諸出，士又拜君之諸報也。弗答拜者，謂君不答士拜也。　愚謂鄭氏知小臣入告君者，以周禮小臣「掌王之小命」，「掌三公、孤、卿之復逆」，故知諸侯亦小臣掌羣臣之復逆也。

大夫親賜士，士拜受，又拜於其室。衣服弗服以拜。敵者不在，拜於其室。　釋文：敵，本又作

「適」，音狄。

鄭氏曰：弗服以拜，異於君惠也。拜受，又就拜於其家，是所謂再拜也。敵者不在，謂來賜時不見也，見則不復往也。愚謂士於大夫之賜亦再拜，大夫尊也。衣服弗服以拜，則車馬亦然。敵者來饋，已不在家拜受，則明日當往拜，若孔子於陽貨蒸豚之饋是也。若在家拜受，則不再拜也。

凡於尊者有獻，而弗敢以聞。

鄭氏曰：此謂獻辭也。少儀曰：「君將適他，臣若致金玉貨貝於君，則曰：『致馬資於有司。』」是其類也。孔氏曰：謂有物獻尊者，其辭不敢云「獻」，聞於尊者，但當云「致馬資於有司」及「贈從者」之屬也。

士於大夫不承賀。下大夫於上大夫承賀。

鄭氏曰：承，受也。士有慶事，不聽大夫親來賀已，不敢變動尊也。愚謂承，進也。賀乃禮之輕者，士於大夫不承賀，尊卑遠，不敢以輕禮褻之也。下大夫於上大夫承賀，尊卑近也。

親在，行禮於人稱父。人或賜之，則稱父拜之。

鄭氏曰：事統於尊。○自「君賜車馬」至此，明受賜及獻人之法。

禮不盛，服不充，故大裘不裼，乘路車不式。鄭註：或曰「乘兵車不式」。

鄭氏曰：禮盛者服充，大事不崇曲敬。孔氏曰：服襲是充美於內，唯盛禮乃然，故大裘不裼，證禮盛服充也。路車，郊天車。乘路車不式，亦是禮盛不爲曲敬之例。愚謂禮盛則服充者，專其敬於內，則不敢致其飾於外也。大裘不裼者，外襲衰服也。

父命呼，唯而不諾，手執業則投之，食在口則吐之，走而不趨。釋文：唯，于癸反，徐以水反。

皆爲急趨父命也。

親老，出不易方，復不過時。親瘠，色容不盛，此孝子之疏節也。釋文：瘠，才細反。

鄭氏曰：言非至孝也。瘠，病也。王季有疾，文王色憂，行不能正履。方氏慤曰：出不易方，有定所也。復不過時，無愆期也。孝子事親，豈必老而後如此，以親老者尤不可不知也。愚謂易方，則恐召己而莫知所在；過時，則恐失期而貽親之憂。色容不盛，所謂「色憂不滿容」也。疏節，謂疏畧之節，而未足爲至孝也。於疏畧之節苟不能盡，固不可以爲子，然而孝子之於親，更有進於是者，則亦在夫人之自勉而已。

父没而不能讀父之書，手澤存焉爾。母没而杯、圈不能飲焉，口澤之氣存焉爾。釋文：圈，起權反。

鄭氏曰：孝子見親之器物，哀惻不忍用也。圈，屈木所爲，謂卮、匜之屬。孔氏曰：手澤，平生所持手之潤澤。口澤，平生口飲潤澤之氣。書是男子所有，故父言「書」。杯、圈，婦人所用，故母言「杯、圈」。○自「父命呼」至此，明事親之禮。

君入門，介拂闑，大夫中棖與闑之間，士介拂棖。釋文：闑，魚列反。棖，直衡反。

鄭氏曰：此謂兩君相見也。棖，門楔也。君入必中門，上介夾闑，大夫介、士介雁行於後，示不相沿也。君若迎聘客，擯者亦然。孔氏曰：闑，門中所竪短木。棖，門之兩旁長木。上介近君，故拂闑。大夫介微遠於闑，故當棖與闑之間。士介卑，去闑遠，故拂棖。崔氏、皇氏云：「君入當棖、闑之中，主君在闑東，賓在闑西。主君上擯在君之後，稍近西而拂闑；賓之上介在賓之後，稍近東而拂闑；大夫擯、介各當君後，在棖、闑之中。」愚謂門中設闑者，所以界別左右，以表賓主之所行也。下文云「賓入不中門」，此大夫得中棖與闑之間者，下文謂「大夫出聘，不敢僭君禮」，此謂介隨君後而行，故不嫌也。又聘禮賈疏云：「主君於東闑之內，賓於西闑之內，並行而入。上介於西闑之外，上擯於東闑之外，皆拂闑。次介、次擯，皆大夫，中棖與闑之間；末介、末擯皆士，各自拂棖。」如賈氏之説，則門中有二闑，而君以下入門之法，皆與崔氏、皇氏之説不同。然儀禮於凡宫室之制有東西者，皆著言之，若「東楹」「西楹」，「東塾」「西塾」，「東堂」「西堂」之類，無不然。而士冠禮筮曰，「布席于門中闑西閾外」，士喪禮「卜日」，「席於闑西閾外」，特牲禮「筮日」，「席于門中闑西閾外」，皆但曰「闑」，無「東」「西」之文，則門唯一闑明矣。賈氏説非是。

賓入不中門，不履閾，公事自闑西，私事自闑東。釋文：閾音域，又況域反。

鄭氏曰：此謂聘客也。不中門，不履閾，辟尊者所行也。閾，門限。公事，聘、享也。私事，覿面也。

孔氏曰：不中門，謂不當闑西棖、闑之中，而稍東近闑也。聘、享奉君命，故謂之公事。自闑西，用賓禮也。私事，謂私覿也。非行君命，故謂之私事。自闑東，從臣禮也。愚謂聘禮「賓覿」，「入門右，北面奠幣，再拜稽首，擯者辭，賓出」，「奉幣入門左」，是私事亦自闑西，但初從闑東，辭之乃就闑西耳。

君與尸行接武，大夫繼武，士中武。

鄭氏曰：尊者尚徐。接武，蹈半迹。繼武，迹相及。中武，迹間容迹。孔氏曰：君，謂天子諸侯也。武，迹也。接武者，二足相躡而蹈其半也。繼武者，兩足迹相繼也。中猶間也。中武，每徙，足間容一足地也。　愚謂此謂在君宗廟之中，尊卑行步之法也。君與尸尊，故其行接武，大夫稍卑，故繼武，士又卑，故中武，尊者行徐，卑者行疾也。

徐趨皆用是，疾趨則欲發，而手足毋移。

鄭氏曰：疾趨，謂直行也，疏數自若。發，謂起屨也。移之言靡迤也。毋移，欲其直且正。○鄭註：欲或爲「數」。孔氏曰：移，謂靡迤動摇也。　愚謂徐趨，徐行也。上言「行」，此言「徐趨」，一也。皆用是者，言不獨宗廟之中，尊卑行步如上文之所言，凡君臣相與行禮，其徐趨之法，皆用是接武、繼武、中武之差，所謂「君行一，臣行二」也。聘禮：「公當楣再拜，賓三退，負序，而公受玉於中堂與東楹之間。」君接武，大夫繼武之節，於此可見矣。疾趨，疾行也。發，起也，謂起踵也。徐趨，舉前曳踵。疾趨，則欲起踵而離地也，行疾則手足易動，故欲其無移。○凡行步疾徐之節有三：徐曰行，疾曰趨，甚疾曰走。此云「徐趨」，即行也，下文所謂「圈豚行」也。疾趨，即趨與走也。趨則下文所謂「端行」，走則下文所謂「弁行」也。若別而言之，唯端行正名爲趨，故曰「行以肆夏，趨以采齊。」又曰「二節以走，一節以趨。」又曰「父命呼，走而不趨。」曲禮曰「堂上不趨，執玉不趨。」此皆正指端行爲趨也。若通而言之，則行亦名爲趨。

此云「徐趨」，聘禮云「將授志趨」是也。走亦名爲趨，此云「疾趨」，包下「端行」「弁行」是也。

圈豚行，不舉足，齊如流。席上亦然。釋文：圈，舉遠反，又去阮反。腞，本又作「豚」，同大本反，徐徒困反。齊音咨，本又作「齋」，同。

鄭氏曰：圈，轉也。豚之言若有所循。不舉足，曳踵則衣之齊如水之流矣。孔子執圭則然。此徐趨也。孔氏曰：圈豚，言曳轉足循地而行也。不舉足，謂足不離地也。齊，裳下緝也。足既不舉，身又俯折，則裳下委地，曳足如水流狀也。席上亦然者，言在席上未坐，其行之時，亦如是圈豚行，齊如流也。

端行，頤霤如矢。弁行，剡剡起屨。釋文：弁，皮彥反。剡，以漸反，字林因冉反。○鄭註：頤或爲「䨴」。

鄭氏曰：此疾趨也。端，直也。愚謂端行，謂趨也。趨則張拱端好，故曰「端行」。頤霤，身俯而頭前臨，其頤如屋霤之垂也。如矢，謂行直而不邪曲也。弁行，走也。弁，急也。行莫急於走，故曰「弁行」。剡剡，起屨貌。行疾，故見其起屨剡剡然也。士相見禮曰：「庶人見於君，不爲容，進退走。」蓋趨爲容而走不爲容，故但狀其起屨之急疾而已。

執龜、玉，舉前曳踵，蹜蹜如也。釋文：宿宿，色六反，本或作「蹜」，同。

鄭氏曰：著徐趨之事。孔氏曰：蹜蹜，舉足促狹也。

凡行，容愓愓，廟中齊齊，朝廷濟濟翔翔。釋文：愓音傷，又音陽。齊，才兮反，賀在啟反。濟，徐子禮反。翔，本又作「洋」，音詳。

鄭氏曰：凡行，謂道路也。惕惕，直疾貌。齊齊，恭慤貌。濟濟翔翔，莊敬貌也。○自「君與尸行」至此，明行步之法。

君子之容舒遲，見所尊者齊遬。釋文：齊遬，音咨，又側皆反，下音速，○按齊當音側皆反，皇氏讀咨，非是。

鄭氏曰：齊遬，謙慤貌。遬，猶蹙蹙也。孔氏曰：舒遲，閑雅也。尋常，舒遲，若見所尊之人，則齊遬，謂自斂持迫促，不敢自寬奢也。愚謂君子之容舒遲，申申夭夭是也。齊則莊嚴而不敢舒散，遬則急速而不敢遲緩。

足容重，手容恭，目容端，口容止，聲容靜，頭容直，氣容肅，立容德，色容莊，坐如尸。釋文：德如字，徐音置。○按德當如字。

鄭氏曰：足容重，舉欲遲也。手容恭，高且正也。目容端，不睇視也。口容止，不妄動也。聲容靜，不噦欬也。頭容直，不傾顧也。氣容肅，似不息也。立容德，如有予也。色容莊，勃如戰色。坐如尸，尸居神位，敬慎也。孔氏曰：德，得也。立則磬折，如人授物予己，己受得之形也。應氏鏞曰：立容德，蓋中立不倚，儼然有德之氣象也。愚謂立容德，不動移也，所謂「山立」是也。德者得也。凡人有所得於己，則無所奪於外也。色容莊，不惰慢也。坐如尸，不箕踞也。凡此皆君子容貌之常也。○問：禮記九容，與論語「九思」同。本原之地，固欲存養，於容貌之間，又欲隨事省察。朱子曰：即此便是涵養本原。這處不是存養，更於甚處存養？

燕居告温温。

鄭氏曰：告，教使也。教人使人之時，唯須温温，不欲嚴慄。

凡祭，容貌顔色如見所祭者。孔氏曰：燕居色尚和善。

孔氏曰：祭如在也。愚謂下文「喪容」「戎容」分別言之，此言「祭」獨否者，蓋祭祀無言，而容貌卽一身之容，顔色卽視容、色容，而皆不外於本愛慤之誠，以著爲如在之敬，不容以別言也。

喪容纍纍，色容顛顛，視容瞿瞿梅梅，言容繭繭。釋文：纍，良追反。顛，字又作「瘨」，音田，又丁年反。視容，又作「目容」。瞿，紀具反，又紀力反。

鄭氏曰：纍纍，羸憊貌。顛顛，憂思貌。瞿瞿梅梅，不審貌。繭繭，聲氣微也。孔氏曰：纍纍，謂容貌毁瘠。顛顛，顔色憂思，不舒暢也。瞿瞿，驚遽貌。梅梅，謂微昧也。孝子在喪，所視不審，故瞿瞿梅梅然。繭繭，猶綿綿，聲氣微細。陸氏佃曰：張則瞿瞿，收則梅梅。愚謂「喪容」對下三者，謂身容也。下「戎容」亦然。

戎容暨暨，言容詻詻，色容厲肅，視容清明。釋文：暨，其記反。詻，五格反。視，如字，徐市志反。

鄭氏曰：暨暨，果毅貌。詻詻，教令嚴也。厲肅，義形貌。清明，察於事也。吴氏澄曰：喪容之哀，先觀顔色，故色容在先。戎容之嚴，先在號令，故言容在先。

立容辨，卑毋讇，頭頸必中。釋文：辨讀爲貶，彼檢反，字林貶音方犯反。讇音諂，舊又音鹽。○按鄭氏讀辨爲貶，以「立容貶卑」爲句。黄氏辨如字，以「立容辨」爲句，「卑毋讇」爲句，今從之。

黄氏曰：立容辨，謂明辨尊卑上下之分，無僭上也。又慮其卑退失分，則近於讇媚，故云「卑毋讇」。

愚謂立容辨者，立容有佩倚、佩垂、佩委之不同，宜辨別其宜也。卑毋讇者，立固以卑俯爲恭，又不可以過卑而失之讇也。頭頸必中者，立或頤霤向前，而頭頸不可傾側也。

山立，時行，盛氣顛實揚休，玉色。釋文：顛，依註讀爲闐，音田。

鄭氏曰：山立，不摇動也。時行，時而後行也。顛讀爲闐，揚讀爲陽，聲之誤也。盛身中之氣，使之闐滿，其息若陽氣之休物也。玉色，色不變也。愚謂揚讀如字，盛氣顛實揚休，謂盛其氣以闐實於内，而發揚其休美於外，若聘禮記所謂「發氣盈容」也。玉色，謂温潤也。上節通戒儀容，此節似專屬一事而言，「山立」之上疑有脱文。○吴氏澄曰：舊註以「立容辨」止「玉色」，合上「戎容」四句共爲一節。今按「立容」以下五句，於戎容無所當，宜别爲一節。愚謂自「立容辨」以下，鄭氏本不專指戎容，至孔疏乃上合於「戎容」解之，其義非是。

凡自稱，天子曰「予一人」，伯曰「天子之力臣」。諸侯之於天子，曰「某土之守臣某」；其在邊邑，曰「某屏之臣某」；其於敵以下，曰「寡人」。小國之君曰「孤」，擯者亦曰「孤」。釋文：守，手又反。

伯，謂九州之長也。力臣，謂天子宣力之臣。此擯於諸侯之辭也。若擯於天子，則曲禮云「九州之長，入天子之國曰牧」是也。諸侯之於天子，謂擯於天子之辭也。某土者，稱其方，若東土、西土也。左傳：「魏、駘、芮、岐、畢，吾西土也。」「蒲姑、商奄，吾東土也。巴、濮、楚、鄧，吾南土也。肅慎、燕、亳，吾北土也。」守臣，言天子守土之臣。左傳欒盈曰「得罪於王之守臣」是也。某者，稱其名，約曲禮當曰「某士之守臣某侯某」也。其在邊邑，曰「某屏之臣某」，謂四夷之長，入天子之國，擯者所稱也。某屏者，亦稱其方也。屏者，言在邊境爲天子之屏蔽也，約曲禮當曰「某屏之臣某子某」也。其於敵以下曰「寡人」，謂諸侯自稱於諸侯及其臣民也。其擯於諸侯，則曰「寡君」。小國之君，謂庶方小侯也。曰「孤」，亦自稱於敵以下之辭也。擯，傳辭也。賓主行禮，有介以傳客之辭，有擯以傳主人之辭，皆謂之擯也。擯者亦曰「孤」，謂擯於諸侯之辭也。其擯於天子，則曰「某人某」。○鄭氏曰：「伯，上公九命，分陝者。」按曲禮，二伯擯於諸侯，曰「天子之老」，不曰「天子之力臣」也。○自此至末，明尊卑稱謂之事。

上大夫曰「下臣」，擯者曰「寡君之老」。下大夫自名，擯者曰「寡大夫」。

孔氏曰：上大夫，卿也。自於己君之前稱曰「下臣」。君前臣名，稱「下臣某」也。若出使他國，擯者稱上大夫爲「寡君之老」。下大夫對己君稱名，不敢稱「下臣」，卑遠於卿也。若出使，擯者稱爲「寡大夫」，不敢云「寡君之老」。

世子自名，擯者曰「寡君之適」。公子曰「臣孽」。釋文：適，丁歷反。孽音枿，五葛反，徐五列反。

鄭氏曰：孽當爲「枿」，聲之誤。孔氏曰：世子自名，公子曰「臣孽」，皆謂對己君也。愚謂公子，謂諸侯庶子也。木之旁萌者曰孽，故以爲庶子之稱。父前子名，亦當稱云「臣孽某」也。

士曰「傳遽之臣」，於大夫曰「外私」。釋文：傳，陟戀反。遽，其庶反。

鄭氏曰：傳遽，以車馬給使者也。士臣於大夫者曰「私人」。孔氏曰：遽是促遽，士位卑，給車馬役使，故稱「傳遽」，亦謂對己君也。皇氏以爲對他國君，其義亦通。　愚謂此稱於他國君、他國大夫之辭也。周禮行夫「掌邦國傳遽之事」，鄭云：「傳遽，若今時乘傳騎驛而使者也。」釋文云：「以車曰傳，以馬曰遽。」蓋傳遽乃事之至賤者，以此自稱，甚謙之辭也。私，私臣也。　士於同國大夫曰「賤私」，士相見禮曰「某也夫子之賤私」，是也。於他國大夫曰「外私」，雜記士訃於他國大夫曰「吾子之外私某死」，是也。

大夫私事使，私人擯則稱名，公士擯則曰「寡大夫」、「寡君之老」。 釋文：使，色吏反。

私事使，謂以私事自使人於諸侯也。私人，家臣也。　私人擯，謂私行出疆，而使家臣傳辭於諸侯也。家臣將命，則不得稱其主爲「寡大夫」、「寡君之老」，故稱名，謂稱曰「君之外臣某」也。　公士擯，謂奉君命出使聘，而公士爲之傳辭也。　大聘使卿，曰「寡君之老」；小聘使大夫，曰「寡大夫」。　然卿出大聘，其爲上介者乃大夫，此但曰「公士擯」者，蓋卿聘則介有大夫、士，若大夫聘，唯士介，故此曰「公士擯」，兼上下大夫言之也。○鄭氏曰：私事使，謂以君命私行，非聘也。　若魯成公時，晉侯使韓穿來言汶陽之田。　劉氏敞曰：趙襄子使人弔夫差曰：「寡君之老無卹，使陪臣隆敢展布之。」此則名者也。

愚謂既以君命行，則非私事矣，註說非是。　陪臣不得稱諸侯爲寡君，楚隆於趙襄子雖稱名，然其曰「寡君之老」則失辭矣。　此乃春秋之僭禮，不可引以證經。

大夫有所往，必與公士爲賓也。 釋文：賓，必刃反。

鄭氏曰：謂聘也。　大聘使上大夫，小聘使下大夫。　公士爲賓，謂作介也。

禮記卷三十一

明堂位第十四　別錄屬明堂陰陽

此篇記周公相成王朝諸侯於明堂以致太平，而成王賜魯以天子之禮樂也。○魯用天子禮樂，蓋東遷以後之僭禮，惠公始請之，而僖公以後始行之者也。孔子曰：「魯之郊、禘，非禮也。周公其衰矣！」使果成王所賜，孔子何以發此嘆乎？記者不知其非，而反盛誇之以爲美。且四代之尊，魯用犧、象、山罍而已，三代之爵，魯用玉琖仍雕而已，三代之灌尊，魯用黄目而已，其餘未嘗用也，而記於魯之所未嘗用者亦備陳之。烝、嘗、社、蜡，諸侯之常祀也，而以爲天子之祭；振木鐸，諸侯之常政也，而以爲天子之政；分器，同姓諸侯之所同得也，而以爲天子之器。其鋪張失實如此。唯四代之制，畧有見於此者，君子亦有考焉爾。

昔者周公朝諸侯于明堂之位，天子負斧依，南鄉而立。釋文：朝，直遥反，下皆同。依，本又作「扆」，同於豈反。鄉，許亮反。

鄭氏曰：周公攝王位，以明堂之禮儀朝諸侯也。天子，周公也。負之言背也。斧依，爲斧文屏風於户牖之間，周公於前立焉。孔氏曰：皇氏云：「斧依，在明堂中央大室户牖間。」陳氏祥道曰：成王宅憂，周公位冢宰，百官總己以聽。及既成洛邑，輔成王以朝諸侯，乃率以祀文王。若曰「代之而受朝」，則誤矣。「代之」之說，始於荀卿，盛於漢儒，於是以「復子明辟」爲還政之事，以「誕保文武受命，惟七年」爲攝政之年，是皆不知書者也。愚謂周公營洛邑爲東都，侯、甸、男、邦、采、衛咸在，王在新邑。烝祭歲，王賓，殺、禋咸格，朝諸侯於明堂必在是時。四時常朝受於廟，大朝覲則爲壇明堂，以祀天布政，本非朝諸侯之所，此蓋以洛邑初成，故大朝覲之事特於明堂行之，蓋異其事以新天下之耳目，乃一時創行之典也。成王免喪卽政，求助羣臣，見於閔予小子諸詩，必無至六年尚不能朝諸侯之理。且成王既至東都，率諸侯以祀文武，而周公乃代之受朝，是二天子也。尚書、左傳之言周公，不過曰「位冢宰，正百工」而已，曰「相王室以尹天下」而已，未有言其踐天子位者，而荀卿始言之。禮記出於漢儒，遂有「周公踐阼，朝諸侯於明堂」之說，皆欲侈周公之事而失其實者也。

三公，中階之前，北面，東上。諸侯之位，阼階之東，西面，北上。諸伯之國，西階之西，東面，北上。諸子之國，門東，北面，東上。諸男之國，門西，北面，東上。九夷之國，東門之外，西面，北上。八蠻之國，南門之外，北面，東上。六戎之國，西門之外，東面，南上。五狄之國，北門之外，南面，東上。九采之國，應門之外，北面，東上。四塞，世告至。此周公明堂之位也。釋文：采，七在反。塞，先代反。此周公明堂之位也，本或無「周公」「之」字。

三公，謂二伯。統領諸侯者也。明堂九階：東西北各二階，而南面三階。中階、阼階、賓階，南面之三階也。三公中階之前，以對王爲尊也。門東門西，應門之左右也。明堂四面有門，而南門之內又有應門也。諸侯言「位」，諸伯以下言「國」，互見之也。諸侯、諸伯、諸子、諸男，此侯、甸、男、采、衛五服之諸侯在中國者也。九夷、八蠻、六戎、五狄在九服之外，所謂「四海」者也。九采之國，謂蠻服諸侯也。王制：「千里之外，曰采曰流。」自蠻服以內，皆謂之采，其地在九州之內，采取美物以貢天子，大行人侯服「貢祀物」，至要服「貢貨物」是也。采之地盡於蠻服，故謂蠻服爲九采。四塞，四方邊塞之國，夷、鎮、蕃三服之諸侯在九州之外者也。世告至者，謂無朝貢常期，每父死子立，及嗣王卽位，乃一來至，大行人「九州之外，謂之蕃國，世壹見」，是也。四塞之國，蓋在四門之內，與夷、蠻、戎、狄相近，象蕃國之守侯邊塞而外與四海接也。侯、甸、男、采、衛在應門內，要服在應門外，蕃國在四門內，四海在四門外。以應門之內象中國，以四門之內象九服，近者在內，遠者在外。此諸侯朝位之差也。孔氏曰：九夷之國，在東門外之南，故北上。八蠻在南門外之西，故東上。六戎在西門外之北，故南上。五狄在北門外之西，故東上。陳氏祥道曰：周禮外朝之位，左孤、卿，右公、侯、伯、子、男，射人「孤東面，卿大夫西面」，皆尚右，東西面者皆尚北，路門之左右者皆尚中。而明堂位諸侯西面，諸伯東面，則不尚右，在門東、門西者東上，則不尚中，在西門之外者東面南上，則不尚北，何也？儀禮諸侯覲於天子，壇壝宮於國外，上介皆奉其君之旂置於宮，尚左，公、侯、伯、子、男皆就其旂而立，位皆東上。是朝於國外與國內之禮異也。明堂位與壇壝宮相類，蓋亦國外之禮然也。

明堂也者，明諸侯之尊卑也。

鄭氏曰：朝於此，所以正儀辨等也。愚謂明堂蓋以其在國之陽而洞然通明，故以爲名，朝諸侯特一時之事耳。以爲明諸侯之尊卑，乃附會之説也。

昔殷紂亂天下，脯鬼侯以饗諸侯，是以周公相武王以伐紂。武王崩，成王幼弱，周公踐天子之位，以治天下。六年，朝諸侯於明堂，制禮作樂，頒度量，而天下大服。七年，致政於成王。釋文：相，息亮反。頒音班。量，徐音亮。

鄭氏曰：以人肉爲薦羞，惡之甚也。踐猶履也。頒讀爲班。度，謂丈尺、高卑、廣狹也。量，謂豆、區、斗、斛、筐、筥所容受。致政，以王事歸授之。孔氏曰：鬼侯，史記作「九侯」。方氏慤曰：紂之惡不止於脯鬼侯，蓋舉其甚者，以明武王之所以伐也。愚謂制禮以定民志，作樂以和民心，頒度量以一民俗，故天下之服由此也。

成王以周公爲有勳勞於天下，是以封周公於曲阜，地方七百里，革車千乘，命魯公世世祀周公以天子之禮樂。釋文：乘，繩證反。

鄭氏曰：王功曰勳，事功曰勞。曲阜，魯地。上公之封，地方五百里，加魯以四等之附庸，方百里者二十四，并五五二十五，積四十九，開方之得七百里。革車，兵車也。兵車千乘，成國之賦也。詩魯頌曰：「王謂叔父：建爾元子，俾侯于魯，大啟爾宇，爲周室輔。乃命魯公，俾侯于東，錫之山川，土田附庸。」又曰：「公車千乘，朱英緑縢。」祀周公以天子之禮樂，同之於周，尊之也。魯公，伯禽。孔氏曰：臣瓚註漢書云：「魯城内有曲阜，逶迆長八九里。」魯受上公五百里之封，又加四等附庸。四等，謂侯、伯、子、男也。按大司徒註云：「公無附庸，侯附庸九同，伯附庸七同，子附庸五同，男附庸三同。」

總爲二十四同。同，謂百里也。既受五百里之封，五五二十五，爲二十五同，又加二十四同，故云「四十九同，開方計之得七百里」。愚謂鄭氏「四等附庸」之説，本無所出。周禮「諸公之地，方五百里，」國之大者，無踰於此。若地方七百里，半天子之地，則雖漢時封三庶孽幾半天下者，其廣大亦不至此。此記者之夸辭耳。以魯之封域考之，北抵汶上，東盡於海，西鄰宋、衞，南至泗水得淮，其不得爲方七百里明矣。公羊傳曰「周公白牡，魯公騂犅，羣公不毛」，「周公盛，魯公燾，羣公廩」，則魯之祀周公，其禮固有異矣，然未有以見其用天子之禮樂也。魯僭郊、禘，見於禮運。孔子之嘆，及呂氏春秋之書；武宮之立，見於春秋；乘大路，設兩觀，朱干玉戚以舞大武，八佾以舞大夏，皆僭天子之禮，見於公羊傳子家駒之言。則其所用四代之器服以爲出於成王之所賜者，亦未可盡信也。

是以魯君孟春乘大路，載弧韣，旂十有二旒，日月之章，祀帝于郊，配以后稷，天子之禮也。

釋文：載音戴，又如字。弧音胡。韣音獨。旂，其衣反，本又作「旗」，音其。旒，本又作「斿」，力求反。○按載如字亦通。

孟春，夏正之孟春也。左傳「啟蟄而郊」，孟獻子曰：「郊祀后稷，以祈農事也。故啟蟄而郊，郊而卜耕。」此魯郊在建寅之月明矣。凡經典所言祭祀之月，皆舉夏正。周禮大宗伯「以祠春享先王，以禴夏享先王，以嘗秋享先王，以烝冬享先王」，大司樂「冬日至，圜丘」，「夏日至，方丘」之類，無不皆然，唯春秋所書郊、禘、嘗、烝之月則爲周正耳。天子祭天，歲有九，而魯僭其二焉，郊及大雩是也，皆祈祭也。其冬至大報天之祭，則魯未嘗行也。大路，天子祭天之車也。弧，以竹爲之，其形象弓，以張旌旗之幅，考工記「弧旌、枉矢，以象弧」，是也。韣，所以韜弧之衣也。日月之章，大常之旗也。

季夏六月，以禘禮祀周公於大廟，牲用白牡，尊用犧、象、山罍，鬱尊用黄目，灌用玉瓚大圭，薦用玉豆、雕篹，爵用玉琖仍雕，加以璧散、璧角，俎用梡嶡。釋文：大廟，音泰，後「大廟」皆同，犧，素何反，下同。罍音雷。瓚，才旦反。彫，本亦作「雕」。篹，息緩反，又祖管反。琖，側眼反。散，先旦反。梡，苦管反。嶡，居衞反，又作「橛」，音同。○按犧又如字。

鄭氏曰：禘，大祭也。周公曰大廟，魯公曰世室，羣公稱宮。白牡，殷牲也。尊，酒器。犧尊，以沙羽爲畫飾。象骨飾之。鬱鬯之尊也，黄彝也。按此文誤脱，當云：「象尊，象骨飾之，黄目，黄彝也，鬱鬯之尊也。」灌，酌鬱尊以獻也。瓚形如槃，容五升，以大圭爲柄，是謂圭瓚。篹，籩屬也，以竹爲之。彫，刻飾其直者也。爵，君所進於尸也。仍，因也，因爵之形爲之飾也。加，加爵也。散、角，皆以璧飾其口也。梡，始有四足也，嶡爲之距。　愚謂此言魯禘所用之禮也。季夏六月，夏正之六月也。禘者，天子之大祭，祭始祖所自出之祖於大廟，而以始祖配之也。魯之禘，蓋祀周公，而以魯公配之，故曰「以禘禮祀周公於大廟」。以記之所言考之，魯之禘祭，其禮皆視天子而有降焉，則其不及文王可知矣。其謂之禘者，蓋以不及羣廟之主，而所用者乃禘之禮樂也。白牡者，周公之牲也。祭周公以先代之牲，蓋出於成王之命，以示其不敢臣周公之意也。尊用犧、象、山罍，薦用玉豆、雕篹，爵用玉琖仍雕，俎用梡嶡，皆兼用前代之器也。天子宗廟之祭，於前代之器備用之，諸侯唯用當代之器，魯兼用前代之器而不備焉，降於天子而隆於諸侯也。籩、豆皆飾以玉而雕鏤之，豆言「玉」，篹言「雕」，互見之也。玉琖，夏后氏之爵也。玉琖仍雕者，蓋夏后氏以玉爲琖，不加雕鏤，今因其舊制而加以雕鏤也。加，謂九獻之後，諸臣爲加爵也。四升曰散，五升曰角。犧、象，說見禮器，黃目見郊特牲，玉瓚見王制，梡嶡見後。

升歌清廟，下管象；朱干玉戚，冕而舞大武；皮弁素積，裼而舞大夏。昧，東夷之樂也。任，南蠻之樂也。納夷蠻之樂於大廟，言廣魯於天下也。釋文：昧音妹。任，而林反，或而鴆反。

鄭氏曰：清廟，周頌也。朱干，赤大盾也。戚，斧也。大武，周舞也。大夏，夏舞也。周禮：「昧師掌教昧樂」。愚謂此言魯禘所用之樂也。升歌清廟，下管象，說見文王世子。朱干，赤盾也。玉戚，以玉飾斧也。朱干玉戚，冕而舞大武者，武王伐紂，初執朱干以待諸侯，樂記「總干而山立」是也；後執黃鉞以臨六師，牧誓「王左仗黃鉞」是也。天子宗廟之中，舞大武之舞，則王親在舞位，執朱干玉戚以象武王。服冕者，因祭時之服也。諸侯雖得舞大武，然其所象者，但自周公、召公以下，而不得象武王。朱干玉戚以舞大武，魯之僭禮也。皮弁素積，裼而舞大夏者，皮弁，天子之朝服也。大夏文舞，所以象治功之成，故舞者朝服。不云「冕」者，君不親舞也。然則大武自王以外，蓋韋弁服與？武王末受命，作大武之舞，以象伐紂之功，而未及作文舞，宗廟之祭，則因夏之大夏修而用之，以配大武，備文武之舞，而以大武爲重，祭統曰「舞莫重於武宿夜」是也。昧，周禮作「韎」，言服韎韋以舞也。任之義未詳。廣魯於天下，言廣大周公之德於天下也。天子有四夷之樂，魯唯用其二，降於天子也。魯在東南，與淮夷、徐戎近，大廟用夷蠻之樂，蓋欲示以周公之德以感服之與？○陳氏祥道曰：王者舞先代之樂，示有法也。舞當代之樂，示有制也。舞四夷之樂，示有懷也。

君卷冕立于阼，夫人副褘立于房中。君肉袒迎牲于門，夫人薦豆、籩，卿大夫贊君，命婦贊夫人，各揚其職。百官廢職服大刑，而天下大服。釋文：褘音輝。

鄭氏曰：副，首飾也，今之步搖是也。詩云：「副笄六珈。」周禮追師：「掌王后之首服，爲副。」褘，王后之上服，唯魯及王者之後夫人服之，諸侯夫人則自揄狄以下。贊，佐也。命婦，於内則世婦也，於外則大夫之妻也。祭祀，世婦以下佐夫人。揚，舉也。大刑，重罪也。天下大服，知周公之德宜饗此也。　愚謂房中，東房之中也。肉袒迎牲者，爲牲入當親殺也。郊特牲曰：「肉袒親割，敬之至也。」職，謂廟中之職事。百官廢職服大刑，蓋祭前誓戒之辭也。

是故夏礿、秋嘗、冬烝，春社、秋省而遂大蜡，天子之祭也。釋文：礿音藥。省讀爲獮，仙淺反。○按省當作「社」。

礿當作「禘」。古「禘」「禴」字相亂，或以「禴」爲「禘」，或以「禘」爲「礿」。四時皆祭，但言夏秋冬者，記者見春秋不書魯春祭，遂以爲魯但有三時之祭也。省當作「社」，説見玉藻。春社，祈也。秋社，報也。天子大蜡八，諸侯之蜡蓋有所降與？　方氏慤曰：凡此亦諸侯之所同。

大廟，天子明堂。庫門，天子皋門。雉門，天子應門。

天子於明堂聽朔，魯於大廟聽朔，故曰「大廟，天子明堂」。鄭氏因此遂謂魯大廟爲明堂制，又謂天子大廟爲明堂制，皆誤也。天子三門，諸侯亦三門，但其名異而其制亦殺焉。庫門，天子皋門者，皋門，天子之外門，庫門，諸侯之外門，魯之庫門，制如天子之皋門也。雉門，天子應門者，應門，天子之朝門，雉門，諸侯之朝門，魯之雉門，制如天子之應門也。子家駒曰：「設兩觀，天子之禮也。」兩觀在雉門之兩旁，是魯之雉門，用天子之制明矣。○劉氏敞曰：此經有五門之名，而無五門之實。以詩、書、禮、春秋考之，天子有皋、應、畢，無庫、雉、路；諸侯有庫、雉、路，無皋、應、畢。天子三門，諸侯三門，門同而名不同。何以言之？詩曰：「乃立皋門。」「乃立應門。」書曰：「二人雀弁執惠，立于畢門之內。」又曰：「王出在應門之內。」此皆言天子也。畢門或謂之虎門，蓋王在國，則虎賁氏守王之宮，蓋居此門，故曰虎門。又或謂之路門，蓋建路鼓於此門之外，故曰路門。無道庫、雉者，非天子門故也。明堂位所言，蓋魯用王禮，故門制同王門，而名不同也。諸侯有路寢，路寢之門，是謂路門。此諸侯三門也。春秋曰「雉門及兩觀災」，譏兩觀不譏雉門也。無道皋、應、畢者，非諸侯門故也。戴氏震曰：天子諸侯皆三朝，則天子諸侯皆三門。禮說曰「天子五門，皋、庫、雉、應、路，諸侯三門，皋、應、路」，失其傳也。天子之宮，有皋門，有應門，有路門。路門一曰虎門，一曰畢門，不聞天子庫門、雉門也。諸侯之宮，有庫門，有雉門，有路門，不聞諸侯皋門、應門也。郊特牲云「獻命庫門之內」，此亦據魯之事。記者以魯用天子禮樂，故推魯事合於天子，所稱多傅會失實。

振木鐸於朝，天子之政也。

木鐸，以金爲口，以木爲舌，將有新令，則奮之以令於衆，使明聽也。檀弓曰：「既卒哭，宰夫執木鐸徇於宮。」是諸侯之朝亦振木鐸矣。

山節，藻棁，復廟，重檐，刮楹，達鄉，反坫，出尊，崇坫，康圭，疏屏，天子之廟飾也。釋文：藻，本又作「繅」，音早。棁，專悅反。復音福。重，直龍反。檐，以占反。刮，古八反。鄉，許亮反。坫，丁念反。康音抗，苦浪反。

鄭氏曰：山節，刻欂櫨爲山也。藻棁，畫侏儒柱爲藻文也。復廟，重屋也。重檐，重承壁材也。刮，刮摩也。鄉，牖屬，謂夾户窻也。每室八窻爲四達。反坫，反爵之坫也。出尊，當尊南也。唯兩君爲好，既獻，反爵於其上。崇，高也。康讀爲「亢龍」之亢。又爲高坫，抗所受圭，奠於上焉。屏謂之樹，今桴思也。刻之爲雲氣蟲獸，如今闕上爲之矣。孔氏曰：節名欂櫨，今之斗栱。釋宮云「宲廇謂之梁，其上楹謂之棁」，李巡云：「欂上短柱也。」重檐，謂就外檐下壁復安板檐，以避風雨之灑壁。刮，摩也。楹，柱也。以密石摩柱。漢時謂屏爲桴思，解者以爲天子外屏，人臣至屏，俯伏思念其事。按匠人註云：「城隅，謂角桴思也。」漢時東闕桴思災，則桴思，小樓也，故城隅闕上皆有之。然則屏上亦爲屋以覆屏牆，故稱屏曰「桴思」。愚謂此言魯大廟之飾同於天子也。復廟，鄭氏以爲重屋。考工記註云：「重屋，復笮。」笮在瓦之下，椽之上，以竹或木爲之。復笮，謂椽上有笮，椽下復爲笮也。椽端橫木謂之檐，漢人謂之承壁材，蓋以其在壁外而承受於壁也。重檐，謂於檐下復安板檐，以避風雨之灑壁也。刮楹，刮摩其柱也。穀梁傳曰「天子之桷，斲之磨之，加密石焉」，則其柱刮之可知。鄉，牖也。達，謂疏達之，使顯明也。覲禮：「天子設斧依于户牖之間。」是天子之廟室亦東户西牖明矣。鄭氏以八窻四達解「達鄉」，蓋以魯大廟爲明堂制，其說非是。反坫，說見郊特牲。設反坫者，爲諸侯之大饗於此；設崇坫者，爲諸侯之朝聘於此也。兩君相見，授玉於兩楹之間，則崇坫設於兩楹間也。

鸞車，有虞氏之路也。鉤車，夏后氏之路也。大路，殷路也。乘路，周路也。釋文：駒，古侯反。

乘，徐食證反。○鄭註：鸞或爲「欒」。

鄭氏曰：鸞，有鸞、和也。鉤，有曲輿者也。大路，木路也。乘路，玉路也。漢祭天乘殷之路，今謂之桑根車也。 孔氏曰：鉤，曲也。曲輿，謂曲前闌也。虞質，未有鉤矣。 愚謂古時車制質略，虞始爲之和、鸞，夏始爲之曲闌，至殷而制略備，周有金、玉等五路，而用殷之大路以祀天。魯之乘路爲金路，而祀天亦乘大路焉。

有虞氏之旂，夏后氏之綏，殷之大白，周之大赤。釋文：綏，依註爲「緌」，耳佳反。

鄭氏曰：綏當作「緌」，讀如「冠蕤」之蕤。 愚謂有虞氏始爲交龍之旂；夏后氏於旂之外又爲綏，殷人又增爲大白，周人又增爲大赤也。 綏及大白、大赤，皆染旄注於竿首而無旒。 緣綏之色黑，夏所尚也。 謂之綏者，言其垂旄緌緌然也。 周禮謂之「大麾」，言其可指麾也。 書牧誓曰：「王右秉白旄以麾。」白旄，卽大白也。 此三旗皆在九旗之外，而可以秉之麾之，則其杠蓋視九旗而稍小也。 周禮王之玉路建大常，以祀；金路建大旂，以賓；象路建大赤，以朝；革路建大白，以卽戎；木路建大麾，以田。諸侯則同姓封以金路，異姓以象路，四衞以革路，蕃國以木路，皆建龍旂，而大麾、大白、大赤亦各因其事而用之焉。○鄭氏註周禮，謂「大赤卽司常之『通帛』，曰旜」，非也。 旜乃孤、卿所建，而大赤，王用以朝，可合而爲一乎？

夏后氏駱馬黑鬣，殷人白馬黑首，周人黃馬蕃鬣。釋文：駱音洛。 鬣，力輒反。 蕃，字又作「番」，音煩。

鄭氏曰：順正色也。 白馬黑鬣曰駱。 殷黑首，爲純白凶也。 孔氏曰：駱，白黑相間也。 此馬白身黑鬣，故曰駱。夏尚黑，故用黑鬣。殷尚白，頭黑而鬣白也。蕃，赤也。似三代但以鬣爲所尚也。愚謂檀弓「夏后氏戎事乘驪」，「殷人乘翰」，「周人乘騵」，皆用純色。與此不同者，檀弓專謂戎事所用，此皆祭祀所乘，及用以爲幣者也。康王之誥曰：「皆布乘黃朱。」雜記曰：「陳乘黃大路於庭中。」是周人以馬爲幣者，皆尚黃也。左傳「宋公子地有白馬四」，「公取而朱其尾鬣」，則馬鬣之色蓋有以人爲之者矣。

夏后氏牲尚黑，殷白牡，周騂剛。釋文：騂，息營反，又呼營反。

各用其所尚之色也。剛猶牡也，公羊傳作「犅」。

泰，有虞氏之尊也。山罍，夏后氏之尊也。著，殷尊也。犧、象，周尊也。釋文：大音泰，本亦作「泰」。著，直畧反。

鄭氏曰：泰用瓦著，著地無足。孔氏曰：罍，猶雲雷也，畫爲山雲之形也。殷尊著地無足，故謂之著，則泰、罍、犧並有足也。方氏慤曰：山罍，即山尊也。禮器亦謂之「罍尊」，非謂諸臣所酢之罍也。以山罍爲尊，因謂之罍尊，亦猶以壺爲尊，因謂之壺尊也。愚謂泰，泰古之瓦尊無飾者，燕禮曰「公尊瓦大兩」是也。瓦尊起於大古，而有虞氏用焉。此以「泰」與「山罍」連言，司尊彝以「大尊」「山尊」連言，則山罍即山尊可知。司尊彝既言「山尊」，又言「皆有罍，諸臣之所酢」，則山尊非諸臣所酢之罍可知。天子春夏用犧尊、象尊，秋冬用著尊、壺尊，追享、朝享用大尊、山尊，諸侯唯用當代之尊。魯禘兼用山罍，而大尊、著尊未嘗用也。

爵，夏后氏以琖，殷以斝，周以爵。

鄭氏曰：斝，畫禾稼也。 陳氏祥道曰：斝有耳。 愚謂天子朝獻以斝，饋獻以琖，酳尸以爵，說詳禮運。 諸侯唯得用當代之爵，魯禘兼用玉琖仍雕，而斝則未嘗用也。

灌尊，夏后氏以雞夷，殷以斝，周以黃目。 其勺，夏后氏以龍勺，殷以疏勺，周以蒲勺。 釋文：勺，市灼反。

鄭氏曰：夷讀爲彝。 周禮：「春祠夏禴，祼用雞彝鳥彝。」「秋嘗冬烝，祼用斝彝、黃彝」。 龍，龍頭也。 疏，通刻其頭。 蒲，合蒲如鳧頭也。 又曰：雞彝，刻而畫之爲雞形。 斝讀爲稼。 稼彝，畫禾稼也。 司尊彝註。 孔氏曰：刻爲鳧頭，其口微開，如蒲草本合而末微開也。 愚謂灌尊，盛鬱鬯以灌者也。 三代之彝，天子備用之，魯用黃目而已。 勺，所以酌鬱鬯而注於瓚者也。

土鼓、蕢桴、葦籥，伊耆氏之樂也。 釋文：蕢讀爲凷，苦對反。 桴音浮。

土鼓、凷桴，說見禮運。 葦籥，截葦爲籥也。 此上古之樂，而蜡祭用焉。 伊耆氏掌爲蜡，因謂其樂爲伊耆氏之樂焉。

拊搏、玉磬、揩擊，大琴、大瑟，中琴、小瑟，四代之樂器也。 釋文：拊，芳甫反。 搏音博。 揩，居八反。 大琴，徐本作「瑟」。

鄭氏曰：拊搏，以韋爲之，充之以糠，形如小鼓。 揩擊，謂柷、敔，皆所以節樂者也。 四代，虞、夏、殷、周也。 愚謂周禮大師：「帥瞽登歌，令奏擊拊。」周禮謂之「拊」，虞書謂之「搏拊」，此謂之「拊搏」，一也。拊搏所以令登歌，而大師擊之，樂器之重者也。玉磬，特懸之磬也。周禮但有編磬，無玉磬，然郊特牲謂擊玉磬爲諸侯之僭禮，則天子之樂，編磬之外，別有玉磬明矣。揩，擽也。揩擊，書作「戛擊」，鄭氏及書孔傳皆以爲卽柷、敔。蓋敔以木擽其齟齬刻，故謂之揩；柷中有椎柄，連底撞之，令左右擊，故謂之擊。升歌與下管之樂，皆擊柷以起之，擽敔以止之，故虞書此「戛擊」「以詠」，以配堂上之樂；又言「合止柷、敔，笙鏞以間」，以配堂下之樂也。釋樂「大琴謂之離」，郭氏云：「或曰：琴大者二十七絃。」釋樂又云「大瑟謂之灑」，郭氏云：「長八尺一寸，二十七絃。」邢疏云：「禮舊圖：『雅瑟長八尺一寸，二十三絃，其常用者十九絃。頌瑟長七尺二寸，二十五絃盡用之』。」有中琴則有中瑟，有小瑟則有小琴，蓋天子備之，而魯有不盡得焉。虞書曰：「戛擊鳴球，搏拊琴瑟以詠。」凡此樂器，皆升歌之所用。琴瑟在堂上，拊搏、玉磬、揩擊在堂下，琴瑟以升歌，而拊搏以令之，玉磬以節之，擊以起之，揩以止之也。

魯公之廟，文世室也。武公之廟，武世室也。

鄭氏曰：此二廟，象周有文王武王之廟也。世室者，不毀之名也。魯公，伯禽也。武公，伯禽之玄孫也，名敖。孔氏曰：按成六年「立武宮」，公羊、左傳並譏之，不宜立者也。又武公之廟，立在武公卒後，其廟不毀，在成公之時。此記所云，美成王褒崇魯國而已，因武公廟不毀，遂連文而美之，非實辭也。愚謂文王之廟謂之文世室，武王之廟謂之武世室，以其百世不毀故也。魯以伯禽有文德，其廟不毀，擬於周之文世室，武公有武功，其廟亦不毀，擬於周之武世室也。春秋文公十三年「世室屋壞」，〔一〕公羊傳曰：「世室者何？魯公之廟也。周公稱太廟，魯公稱世室。」是文公時唯有魯公世室而已。成公六年「立武宮」，公羊傳曰：「武宮者何？武公之宮也。」蓋武公之廟，親盡已毀，而至是復立也。禮，諸侯五廟，魯以周公爲太祖，而魯公乃始封之君，其廟不可毀，故別立爲世室，已非諸侯五廟之常。至武公，又非魯公之比，而其廟已毀，乃再立於成公之時，而與魯公之廟並稱爲世室，以擬文武，則其非禮甚矣，而以爲出成王之所賜，可乎？

米廩，有虞氏之庠也。序，夏后氏之序也。瞽宗，殷學也。頖宮，周學也。釋文：頖音判。

鄭氏曰：庠、序，亦學也。庠之言詳也，於以考禮詳事也。魯謂之米廩。虞帝上孝，今藏粢盛之委焉。瞽宗，樂師瞽矇之所宗也，古者有道德者使教焉，死則以爲樂祖，於此祭之。孔氏曰：明魯立四代之學也。

崇鼎、貫鼎、大璜、封父龜，天子之器也。釋文：貫，古喚反。璜音黃。父音甫。

鄭氏曰：崇、貫、封父，皆國名。文王伐崇。古者伐國，遷其重器，以分同姓。大璜，夏后氏之璜也。春秋傳曰：「分魯公以夏后氏之璜。」孔氏曰：書傳有崇侯虎。貫與崇連文，故知崇、貫皆國名。定四年左氏傳：「夏后氏之璜，封父之繁弱。」封父與夏后氏相對，故知封父亦國名。輔氏廣曰：諸侯之國，皆有分器，不獨魯有之，而曰「天子之器」，亦夸辭也。愚謂封父，疑古諸侯之字。

越棘、大弓，天子之戎器也。

〔一〕「三」原本作「五」，據春秋經改。

鄭氏曰：越，國名也。棘，戟也。春秋傳曰：「子都拔棘。」

夏后氏之鼓足，殷楹鼓，周縣鼓。釋文：縣音玄。

鄭氏曰：足，謂四足也。楹謂之柱，貫中上出也。縣，縣之簨虡也。殷頌曰：「植我鞉鼓。」周頌曰：「應棘縣鼓。」孔氏曰：殷頌，那之篇。鄭註云：「置讀爲植。」引之者，證殷楹鼓。引周頌者，證周縣鼓。陳氏祥道曰：足不若楹之高，楹不若縣之垂，亦後世之彌文耳。

垂之和鍾，叔之離磬，女媧之笙簧。釋文：鍾，章凶反，説文作「鐘」，以此「鍾」爲酒器，字林之用反。媧，徐古蛙反，又古華反。

鄭氏曰：垂，堯之共工也。女媧，三皇承宓犧者。叔，未聞也。和、離，謂次序其聲縣也。笙簧，笙中之簧也。世本作曰：「垂作鍾，無句作磬，女媧作笙簧。」孔氏曰：和鍾，調和之鍾。離磬，編離之磬也，言其縣時希疏相離也。世本，書名，有作篇，記諸作事，云「無句作磬」。皇氏云：「無句，叔之別名。」義或然也。愚謂上言四代之樂器，升歌之所用也。此節所言，下管、間歌之所用也

夏后氏之龍簨虡，殷之崇牙，周之璧翣。釋文：簨，本又作「筍」，恤尹反。虡音巨。翣，所甲反，又作「萲」。

鄭氏曰：簨虡，所以縣鍾、磬也。横曰簨，飾之以鱗屬。植曰虡，飾之以臝屬、羽屬。簨以大板爲之，謂之業，殷又於龍上刻畫之爲重牙，以挂縣紘也。周又畫繒爲翣，載以璧，垂五采羽於其下，樹於簨之角上，飾彌多也。孔氏曰：按考工記筍飾以鱗屬，鍾虡飾以臝屬，磬虡飾以羽屬，則是筍飾以龍。此并云「虡」者，蓋夏時簨虡皆飾以龍，至周乃別，或因簨連言「虡」也。崇，重也。簨上更加大版，

刻畫重疊爲牙，謂之業，詩大雅云「虡業維樅」是也。翣，扇也。周畫繒爲扇，戴小璧於扇之上。云「垂五采羽於其下，樹於簨之兩角」者，按漢禮器制度而知也。

有虞氏之兩敦，夏后氏之四璉，殷之六瑚，周之八簋。釋文：敦音對，又都雷反。連，本又作「璉」，同力展反。瑚音胡。

鄭氏曰：皆黍稷器，制之異同未聞。愚謂特牲禮先云「主婦設兩敦」，而後云「分簋鉶」，則周之簋亦謂之敦矣。是敦、璉、瑚、簋，四代之名雖異，而其實爲一物也。有虞氏始爲兩敦，三代遞加焉，亦後王之彌文也。特牲禮二敦，少牢禮四敦，以此差之，諸侯當用六簋，天子當用八簋。魯之禘祭，蓋亦八簋與？

俎，有虞氏以梡，夏后氏以嶡，殷以椇，周以房俎。釋文：椇，俱甫反。

鄭氏曰：梡，斷木爲四足而已。嶡之言蹷也，謂中足爲横距之象，周禮謂之「距」。椇之言枳椇也，謂曲橈之也。房，謂足下跗也，上下兩間，有似於堂房。魯頌曰：「籩、豆大房。」孔氏曰：嶡，謂足似横蹷，故鄭讀爲蹷，謂足横辟不正也。俎，足間有横，似有横蹷之象也。周禮謂之「距」者，言周代禮儀謂此俎之横者爲距，故少牢禮「腸三胃三，長皆及俎距」。椇枳之樹，其枝多曲撓，殷俎似之。房俎，俎頭各有兩足，足下各别爲跗，足間横者似堂之壁，横下二跗似堂東西頭各有房也。

夏后氏以楬豆，殷玉豆，周獻豆。釋文：楬，徐苦瞎反，又苦八反。獻，素何反。

鄭氏曰：楬，無異物之飾也。獻，疏刻之。齊人謂無髮爲禿楬。孔氏曰：獻音娑。娑是希疏之名，故爲疏刻之。　愚謂楬豆，斲木爲之，而無他飾也。士喪禮大斂「毼豆兩」，鄭云：「毼，白也。」毼豆卽楬豆。殷、周豆既有飾，故以夏后氏之楬豆用之喪奠也。周禮外宗「佐王后薦玉豆」，是周亦名玉豆矣。蓋殷之豆飾以玉而不雕，周飾以玉而又雕刻其柄，故別名獻豆。

有虞氏服韍，夏后氏山，殷火，周龍章。鄭註：韍或作「黻」。

鄭氏曰：韍，冕服之韠也。舜始作之，以尊祭服，禹、湯至周，增以畫文，後王彌飾也。山，取其仁可仰也。火，取其明也。龍，取其變化也。天子備之，諸侯火而下，卿大夫山，士韎韋而已。

有虞氏祭首，夏后氏祭心，殷祭肝，周祭肺。

方氏慤曰：有虞氏祭首，尚用氣也。氣以陽爲主，首者氣之陽也。至於三代，則各祭其所勝者焉：夏尚黑，爲勝赤，心赤也。殷尚白，爲勝青，肝青也。周尚赤，爲勝白，肺白也。

夏后氏尚明水，殷尚醴，周尚酒。

鄭氏曰：此皆言其時之用耳，言「尚」非。　孔氏曰：夏后氏尚質，故用水。殷人稍文，故用醴。周人轉文，故用酒。　案儀禮設尊尚玄酒，是周亦尚明水也。禮運云「澄酒在下」，則周不尚酒，故知言「尚」非也。

有虞氏官五十，夏后氏官百，殷二百，周三百。

書言「唐、虞稽古，建官惟百」，「夏、殷官倍」，與此不同。此記特以時代差次畧計之耳。周官三百六十，而言「三百」，舉成數也。　輔氏廣曰：魯侯國，必不能盡備四代之官，此皆夸辭。

有虞氏之綏，夏后氏之綢練，殷之崇牙，周之璧翣。釋文：綏，耳佳反。綢，吐刀反，徐音籌。

鄭氏曰：綏亦旌旗之緌。夏韜其杠，以練爲之旒。殷又刻繒爲重牙，以飾其側，亦飾彌多也。此旌旗及翣，皆喪葬之飾。周禮大喪葬，巾車「執蓋從車持旌」，御僕「持翣」，旌從遣車，翣夾柩路左右前後。天子八翣，皆戴璧垂羽。諸侯六翣，皆戴圭。大夫四翣，士二翣，皆戴緌。孔子之喪，公西赤爲志，亦用此焉。爾雅說旌旗曰：「素錦綢杠，纁帛縿，素升龍於縿，練旒九。」愚謂此其喪葬旌旗之飾也。綏，謂以旄及羽注於旗竿之首也。綢練，綢其杠而以練帛爲之旒也。士喪禮有二旌：一爲銘旌，一爲乘車所建之旜。此綢練之旌，謂乘車之所建，諸侯則爲交龍之旂，爾雅所言「纁帛縿，素升龍於縿」者是也。天子則爲大常，鄭氏引巾車大喪執旌，此旌是銘旌，故可執，非車上之大常。又銘旌當在柩路前，亦不從遣車也。樂虡有崇牙以懸鐘、磬之紘，此崇牙蓋刻於旌竿之首，以懸緌者也。天子翣戴璧，諸侯翣戴圭。此云「周之璧翣」，則是魯之喪制用天子之璧翣與？

凡四代之服、器、官，魯兼用之。是故魯，王禮也，天下傳之久矣，君臣未嘗相弑也，禮樂、刑法、政俗未嘗相變也。天下以爲有道之國，是故天下資禮樂焉。釋文：弑，本又作「殺」，音試。

○鄭註：資或爲「飲」。

孔氏曰：既陳四代服、器、官於前，此經結之。然言伊耆氏之樂，又有女媧之笙簧，非唯四代而已。此據其多者言之，其間亦有止舉三代者。此四代服器，魯每物中得有用之，不謂事事用也。作記之時，是周代之末，唯魯獨存周禮，故以爲有道之國。左傳云：「諸侯宋、魯，於是觀禮。」是天下資禮樂也。

○鄭氏曰：春秋時，魯三君弒，又士之有誄，由莊公始，婦人髽而弔，始於臺駘，云「君臣未嘗相弒」，「政俗未嘗相變」，亦近誣矣。　朱子曰：夏父躋僖公，禮之變也。季氏舞八佾，歌雍詩，樂之變也。僖公欲焚巫尪，刑之變也。宣公初稅畝，法之變也。政逮於大夫，政之變也。婦人髽而弔，俗之變也。　陳氏澔曰：此篇主於夸大魯國，故歷舉其禮樂之盛如此。不知魯之郊、禘，非禮也，則此記所陳，適足以彰其僭而已。

禮記卷三十二

喪服小記第十五之一 別録屬喪服。

朱子曰：儀禮喪服，子夏作傳，此篇是解傳中之曲折。吴氏澄曰：喪服經後有記，蓋以補經之所未備。此篇記喪服各章，又以補喪服經後記之所未備，又廣記喪禮雜事，其事瑣碎，故名小記，所以別於經後之記也。

斬衰：括髮以麻。爲母，括髮以麻，免而以布。釋文：衰，七雷反，下並同。爲，于僞反。免音汶，篇内同。

斬衰者，主人爲父之服也。括髮以麻者，以麻自項中前交於額，又却繞於後，以約束其髮，爲父小斂以後未成服以前之所服也。蓋親始死笄纚，既小斂後，則去笄纚，而其髮下垂，恐其散亂，故以麻約之，而因以爲飾也。爲母括髮以麻者，母喪，至小斂後亦括髮以麻，與父禮同也。免者，亦去笄纚，而其髮不垂，以布約之，如括髮之爲也。免而以布，此言其與父異者也。爲父自小斂後，括髮以至成服，爲母則自奉尸侇於堂之後，主人降自西階東，即阼階下之位而踊，襲絰於序東，於此時改括髮而免焉。蓋齊、斬之服不同，故未成服之前，其服亦異。然父母之喪，其哀痛迫切之情初無降殺，唯以家無二尊，而母之服殺而爲齊衰，故其始亦爲之括髮，至序東襲絰而後改而免焉。所以明其服之本同於父，而其降特有所爲焉爾。

箭笄終喪三年。齊衰：惡笄、帶以終喪。釋文：齊音咨，又作「齋」。○「箭笄終喪三年」句，舊在「除喪則已」之下，今詳文義，宜在此。「惡笄」下，各本俱無「帶」字，據鄭氏註兼解笄、帶，當有「帶」字明矣。

鄭氏曰：笄所以卷髮，帶所以持身也。婦人質，於所以自卷持者，有除無變。孔氏曰：箭笄終喪三年，是女子在室爲父也。惡笄以終喪，是女子爲母也。愚謂喪服傳註：「箭笄者，篠笄也。」箭笄終喪三年，此女子子在室爲父，妻爲夫，妾爲君之服也。喪服傳云：「惡笄者，櫛笄也。」檀弓「南宮縚之妻之姑之喪，」「榛以爲笄」。豈櫛以榛木爲之，以其木言之則曰「榛」，以其用言之則曰「櫛」與？喪服記曰：「女子子適人者爲其父母，婦爲舅姑，惡笄有首以髽。卒哭，子折笄首以笄」。又曰：「妾爲女君、君之長子，惡笄有首。」然則惡笄終喪者，女子子在室，父在爲母也，婦爲舅姑也，妾爲女君、君之長子也。若女子子適人爲其父母，卒哭折吉笄之首以笄，則不以惡笄終喪矣。惡笄終喪之服，止於喪服記所言者，則此外齊衰皆不以惡笄終喪矣。婦人之帶，有除無變，斬衰至練而除之，自齊衰以下皆終喪而除也。

男子冠而婦人笄，男子免而婦人髽。其義：爲男子則免，爲婦人則髽。釋文：冠，古亂反。髽，側巴反。

鄭氏曰：別男女也。孔氏曰：吉時，男子首有吉冠，則女首有吉笄，是男女首飾之異。若親始死，男去冠，女則去笄。若成服，爲父，男則六升布爲冠，女則箭篠爲笄；爲母，男則七升布爲冠，女則榛木爲笄。故云「男子冠而婦人笄」也。吉時首飾既異，遭齊衰之喪，首飾亦別：當襲、斂之節，男子著免，婦人著髽，故云「男子免而婦人髽」。愚謂男子冠而婦人笄者，吉時男子有冠，喪自成服之後亦有冠，婦人吉時有笄，喪自成服之後亦有笄，婦人之笄與男子之冠相當也。男子免而婦人髽者，初喪，男子有免，則婦人有髽，婦人之髽與男子之免相當也。髽，露紒也。始死將斬衰，婦人去笄而纚，齊衰以下，骨笄而纚。小斂後，男子既免則斬衰，婦人去纚而髽，而以麻繞額，齊衰以下，去笄纚而髽，而以布繞額，皆如男子括髮與免之爲也。去纚則髮露，髽髽然，故謂之髽。婦人之麻髽，所以當男子之括髮；婦人之布髽，所以當男子之免。於男子但言「免」，而不言「括髮」者，避文繁也。又括髮散垂其髮，而以麻約之，免則髮不散垂，婦人之髽，雖有麻布之異，而其髮皆不散垂，與男子之免同，故曰「男子免而婦人髽」也。其義，爲男子則免，爲婦人則髽者，言免與髽之義無他，特以爲男女之別而已也。○孔氏曰：髽者形有多種，有麻、有布、有露紒。麻髽之形，與括髮如一，其著之以對括髮時也。前云「斬衰，括髮以麻」，則婦人於時髽亦用麻也。又知有布髽者，此云「男子免」，對「婦人髽」，男子免既用布，則婦人髽不用麻，是男子爲母免則婦人布髽也。知又有露紒髽者，喪服云「布總、箭笄、髽、衰，三年」，三年之內，男不恆免，則婦人不用布髽，故知恆露紒也。又齊衰輕期髽無麻、布。案檀弓：「南宮縚之妻之姑之喪，夫子誨之髽，曰：『爾無總總爾！爾無扈扈爾！』」是但戒其高大，不云有麻布別物，是知露紒悉名髽也。又案奔喪云「婦人奔喪」，「東髽」，鄭謂「姑、姊、妹、女子子也」；「去纚大紒曰髽」。若如鄭旨，既謂「姑、姊、妹、女子子」，還爲本親父母等，唯云「去纚大紒」，不云「麻」「布」，當知期以下無麻、布也。然露紒恆居之髽則有笄，以對冠，男在喪恆冠，婦則恆笄也。此三髽之殊，是皇氏之說。今考校以爲止有二髽：一是斬衰麻髽，一是齊衰布髽，皆名露紒。必知然者，以喪服

「女子子在室爲父，箭笄、髽、衰」，是斬衰之髽用麻，鄭註以爲露紒，明齊衰布髽亦謂之露紒髽也。愚謂皇氏謂「婦人之髽有麻髽、布髽、露紒髽」，爲三，孔氏則謂「止有麻、布二髽」，皇氏之説爲是。蓋未成服之前，斬衰婦人有麻髽，以對男子之括髮，齊衰以下，婦人有布髽，以對男子之免，此爲二髽。然齊斬婦人又有成服後之髽。喪服「妻爲夫」，「妾爲君」，「女子子在室爲父」，皆布總、箭笄、髽、衰，三年」，此以髽終喪者也。喪服記「女子子適人者爲其父母，婦爲舅姑，惡笄有首以髽，卒哭，子折笄首以笄」，此婦則以髽終喪，子則以髽卒哭者也。髽由露髻得名，未成服之髽有麻、布而無笄、總，既成服之髽有笄、總而無麻、布，而皆無韜髮之纚，無纚則紒露，故皆名爲髽。鄭氏註喪服「髽、衰三年」云：「髽猶男子之括髮。斬衰括髮以麻，則髽亦以麻矣。」此以釋髽則可，以釋三年之髽則不可。男子括髮之麻，免之布，成服則除矣。男子不以括髮終喪，婦人豈以麻髽終喪哉。然露紒髽唯施於成服以後，而皇氏謂期以下無麻布爲露紒髽，則又非是。未成服之前，男子自齊衰以下悉免，則婦人自齊衰以下悉髽，免皆用布，則髽亦皆用布。故婦人之布髽，正期以下未成服時之服也，若期以下髽無麻、布，則布髽何所施乎？

苴杖，竹也。削杖，桐也。釋文：苴，七余反。

杜氏預曰：削杖，圓削之象竹。〔一〕愚謂此明齊、斬之杖之所用也。苴，麻之有蕡者，其色黧黑，斬衰之喪用爲衰裳及絰。苴杖，斬衰之杖也。斬衰用竹爲杖，以配苴衰，而其色亦相似，故謂爲苴杖。削杖，

〔一〕「圓削」，萬有文庫本作「圓割」。

齊衰之杖也，用桐而削治之，故謂之削杖。杖大如絰，絰圓則杖亦圓。竹小而體本圓，故斬而用之；桐木大，又不必皆圓，故必削治之也。苴杖黧黑，削杖稍澤而晳，故以爲齊、斬輕重之別。

祖父卒，而后爲祖母後者三年。

鄭氏曰：祖父在，則其服如父在爲母也。孔氏曰：此論適孫承重之服，若父在則不然。

爲父、母、長子稽顙。釋文：爲，于僞反，下「爲夫」同。長，丁丈反。

鄭氏曰：喪尊者及正體，不敢不盡禮。愚謂此言爲喪主拜賓之法。喪拜以稽顙爲重，自期以下，則吉拜而已。

大夫弔之，雖緦必稽顙。

鄭氏曰：尊大夫，不敢以輕禮待之。

婦人爲夫與長子稽顙，其餘則否。

鄭氏曰：恩殺於父母。愚謂婦人於父母之喪，無爲主之法，則其不稽顙不待言矣。其餘則否，謂爲期喪以下爲主也。蓋稽顙唯施於三年，婦人所爲主而三年者，唯夫與長子耳，其餘期以下則手拜而已。

男主必使同姓，婦主必使異姓。

鄭氏曰：謂爲無主後者爲主也。異姓，同宗之婦也。婦人外成。庾氏蔚曰：喪有男主以接男賓，女主以接女賓。若父母之喪，則適子爲男主，適婦爲女主。今或無子婦，遣他人攝主，若攝男主，必使喪家同姓之男；婦主，必使喪家異姓之女。愚謂婦主必使異姓，士虞記：「女，女尸，必使異姓。」古人之慎辨於族類如此。

爲父後者，爲出母無服。釋文：爲，出，于僞反。

鄭氏曰：不敢以己私廢父所傳重之祭祀。朱子曰：此尊祖敬宗，尊無二上之意。愚謂喪者不祭，而母出與廟絶，故不敢以其喪廢宗廟之祭也。

親親以三爲五，以五爲九，上殺、下殺、旁殺而親畢矣。釋文：殺，所戒反，徐所例反。

此言先王制服之義也。先王之制服，至親以期斷，加隆焉則三年，而其漸殺也，極於三月，由親有遠近，故服有隆殺也。親親以三爲五者，己上親父，下親子，並己爲三。又以父而親父之父，則及祖，以子而親子之子，則及孫，是以三爲五也。以五爲九者，己上親祖，下親孫，爲五。又以祖而親祖之父、祖，則及曾祖、高祖，又以孫而親孫之子、孫，則及曾孫、玄孫，是以五爲九也。上殺者，謂服之由父而上而漸殺者也。至親以期斷，服父加隆，故三年。祖由期殺，應大功，加隆故期。曾祖由期殺，應小功，高祖應緦麻，而曾祖、高祖乃正尊，不敢以大功、小功旁尊之服服之，故曾祖則減其日月，重其衰麻，而服齊衰三月，高祖從齊衰三月，無可殺，故與曾祖同也。下殺者，謂服之由子而下而漸殺者也。子服父加隆至三年，父尊，自適子外，但以本服報之，故期。孫爲祖加隆至期，祖尊，亦以本服報之，故九月。曾孫服曾祖齊衰三月，曾祖報服亦三月，而曾孫卑，正服緦麻。玄孫自緦麻三月無可降，故與曾孫同也。旁殺者，謂由己而殺己之昆弟，由父、祖而殺父、祖之昆弟，由子、孫而殺子、孫之昆弟也。昆弟至親，故期。從父昆弟大功，從祖昆弟小功，族昆弟緦麻，此皆己之昆弟，由己而旁殺者也。

世叔父從期殺，宜九月，而服父三年，世叔父與父一體，故加至期。從祖父既疎，加所不及，從大功而殺，故五月。族父又疎，故緦麻，此外無服也。此皆父之昆弟由父而旁殺者也。祖加隆，故至期。而從祖疎，加亦不及，據大功而殺，故五月。族祖又疎，故緦麻。曾祖據期殺，本應五月，曾祖之昆弟據五月而殺，故三月。此外無服。此祖及曾祖之昆弟由祖及曾祖而殺者也。父爲子期。昆弟之子宜九月，而昆弟之子爲世叔父加期，世叔父旁尊，不足以加尊，故報服期。從父昆弟之子服從祖父母無加，故正報五月，族兄弟之子正報緦麻。此子之昆弟由子而漸殺者也。祖爲孫大功。兄弟之孫服從祖小功，報亦小功。從父兄弟之孫服族祖緦麻，報亦緦麻。族曾孫爲族曾祖緦麻，報亦緦麻。此外無服。此孫及曾孫之昆弟由孫及曾孫而殺者也。上殺極於高祖，下殺及於玄孫，旁殺又極於高祖之所出而止，故曰「親盡」。蓋其由隆而遞殺，極乎九族，而此外無可復推也。○沈氏括曰：喪服但有曾祖、曾孫，而無高祖、玄孫。或曰：經之所不言，則不服。是不然。曾，重也。自祖以上，皆曾祖也。自孫以下，皆曾孫也。雖百世可也。苟有相逮者，則必爲服喪三月。故成王於后稷，亦稱曾孫。祭禮祝辭，無遠近皆曰「曾孫」。愚謂沈氏之言是也。喪服不言高祖之服，然族曾祖父母、族祖父母、族父母、族昆弟謂之四緦麻，此皆出於高祖之親而有服，則高祖有服可知。是喪服「齊衰三月」章之「曾祖」，原非專謂祖之父，而沈氏所謂「自祖以上，苟相逮者，必爲服喪三月」，此雖聖人復起，不能易者也。然則旁殺之服，雖盡於九族，而上殺、下殺之服有不盡於九族者矣，而曰「親畢」何也？蓋據其本服之所殺者而言也。至親以期斷，則祖應九月，曾祖宜五月，高祖宜三月，服之殺極於三月，夫是以謂之「親畢」。

禮，不王不禘。王者禘其祖之所自出，以其祖配之。釋文：王，如字，又於況反。○「禮，不王不禘」句，舊在「則不爲女君之子服」之下，清江劉氏云：「當在『王者禘其祖之所自出』之上。」以大傳證之，良是。今從之。

王氏肅曰：禘，宗廟五年祭之名，祭其祖之所自出，而以其祖配之。若虞氏之祖出自黃帝，以祖顓頊配黃帝而祭。趙氏匡曰：不王不禘，明諸侯不得有也。禘者，帝王既立始祖之廟，猶謂未盡其追遠尊先之意，故又推始祖所自出之帝，追祀之於始祖之廟，而以始祖配祭。此祭不兼羣廟之主，爲其疏遠而不敢褻故也。朱子曰：禘之意最深長，如祖考與自家身心未相遼絕，祭祀之理亦自易理會。至如郊天祀地，猶有天地之顯然者，不敢不盡其心。至祭其始祖，已自大段闊遠，難盡其感格之道。今又推其始祖所自出而祀之，苟非察理之精微，誠意之極至，安能與於此哉！

而立四廟。

陳氏祥道曰：韋玄成曰：「王者禘其祖所自出，以其祖配之，而立四廟。言始受命而王，祭天以其祖配，不爲立廟，親盡也。」玄成以禘爲祭天，固不足信；以立四廟爲始受命而王者，於理或然。蓋始受命而王者，不必備事七世，故立四廟，止於高祖而已，其上親盡，不祭可也。劉氏敞曰：此句上有脫簡，當曰「諸侯及其大祖而立四廟」。愚謂商自湯始王，而咸有一德已言「七世之廟」。周自武王始王，而周禮「守祧八人」，自姜嫄之外，亦已爲七廟。是始受命而王者不唯立四廟明矣。此必言諸侯之禮，劉氏之說得之。諸侯五廟，自大祖外，又立親廟四也。

庶子王亦如之。

鄭氏曰：世子有廢疾不可立，而庶子立，其祭天立廟亦如世子之立也。陳氏祥道曰：庶子爲王，雖有正統七廟，其可輒廢祖、考之祭乎？於是自立四廟，所以著其不忘本也。陸氏佃曰：此言王者後世，中更衰亂，統序既絶，其子孫有起者，若漢光武復有天下，既立七廟，則其曾、祖、禰當別立廟祀之，故曰「庶子王亦如之」也。劉氏敞曰：此一句當承後文「慈母與妾母不世祭也」之下，脱誤在前耳。愚謂鄭註謂「世子不得立而庶子立，其立廟亦如世子」，果爾，則庶子王當言「立七廟」，不當承「立四廟」之文也。若如陳氏、陸氏之説，則國統中絶而庶子別起爲王，三代時固未嘗有此。且天子之支庶，非爲王朝卿大夫，則出封爲諸侯，自當有廟。若入繼正統者爲祖父之庶，則自有適子主其廟祭；若入繼者爲祖父之適，則自當別立昆弟爲卿、大夫、諸侯，以主其廟祭。是其四廟固無待庶子王然後立，而其廟祭亦非庶子王之所主也。劉氏不以此句承「立四廟」之文，獨爲得之，而謂當承「慈母與妾母不世祭也」之下，則恐亦未必然。疑此上當有言庶子爲君，爲其母之服，而此文承之。大約此篇簡策多爛脱，當闕所疑。

別子爲祖，繼別爲宗。

鄭氏曰：別子爲祖者，諸侯之庶子，別爲後世爲始祖也。謂之別子者，公子不得禰先君。繼別爲宗者，別子之世長子，爲其族人爲宗，所謂百世不遷之宗也。孔氏曰：別子者，謂諸侯適子之弟，別於正適，故稱別子。爲祖者，別子子孫爲卿大夫，立此別子爲始祖。繼別爲宗，謂別子之世世長子，恆繼別子，與族人爲百世不遷之大宗。　愚謂繼別之宗，謂之大宗，言其百世不遷，宗之者衆也。

繼禰者爲小宗。有五世而遷之宗，其繼高祖者也。

鄭氏曰：繼禰者爲小宗，謂別子庶子之長子，爲其昆弟爲宗也。謂之小宗者，以其將遷也。五世而遷，謂小宗也。小宗有四：或繼高祖，或繼曾祖，或繼祖，或繼禰，皆至五世則遷。孔氏曰：別子之後，族人衆多，或有繼高祖者，與三從兄弟爲宗；或有繼曾祖者，與再從兄弟爲宗；或有繼祖者，與同堂兄弟爲宗；或有繼禰者，與親兄弟爲宗。族人一身，凡事四宗，兼大宗爲五也。小宗雖四，初皆繼禰爲始，據初爲元，故特云「繼禰」也。五世，謂上從高祖，下至玄孫之子。此玄孫之子，則合遷徙，不得與族人爲宗。此五世合遷之宗，其實是繼高祖者之子，但記文要畧，唯云「繼高祖」也。愚謂繼禰者爲小宗，以其五世則遷，宗之者少也。禰，卽別子之庶子。繼禰者，卽別子庶子之子也。別子庶子之子，一世爲繼禰之宗，二世爲繼祖之宗，三世爲繼曾祖之宗，四世爲繼高祖之宗，至五世則爲繼高祖之父，而同出於高祖之父者不復宗之矣。宗至於繼高祖而止，又一世則遷，故曰「有五世而遷之宗，其繼高祖者也」。

是故祖遷於上，宗易於下。尊祖故敬宗，敬宗所以尊祖、禰也。

此言小宗之所以遷也。祖遷於上，謂高祖之父，親盡於上而不復祭也。宗易於下，謂小宗至五世爲繼高祖之父，則其同出於高祖之父者不復宗之也。蓋自高祖以下，皆祭之所及者也，故其宗子之主祭者，族人莫不宗事焉。蓋以支子不祭，而我之祖、禰由之而祭焉爾。高祖之父不祭，故繼高祖之父者亦不爲宗，此小宗之所以五世則遷也。○陳氏祥道曰：人生而莫不有孝弟之心，親睦之道。先王因其有是道而爲之節文，故立五宗以糾序族人，使之親疏有以相附，赴告有以相通，然後恩義不失，而人倫歸厚。

庶子不祭祖者，明其宗也。

庶子不祭祖，此謂祖之庶也。祖庶不祭祖，以自有繼祖之宗主祖之祭，故曰「明其宗也」。

庶子不爲長子斬，不繼祖與禰故也。釋文：爲，于僞反。

鄭氏曰：尊先祖之正體，不二其統也。言「不繼祖、禰」，則長子不必五世。譙氏周曰：不繼祖與禰，謂庶子身不繼禰，故其長子爲不繼祖，合而言之也。劉氏智曰：不繼祖與禰，兩舉之者，明父之重長子，以其當爲禰後也。其所繼者，於父則禰，於子則祖也。愚謂喪服父爲長子服斬衰三年。蓋以正體於上，又所將傳重者也。若身是庶子，則不得爲長子服斬。蓋庶子不祭，無傳重之義故也。然身爲繼禰之適，則將傳重矣。記乃言「不繼祖與禰」，喪服傳又云「不繼祖」者，鄭氏謂「容祖、禰共廟」者是也。譙氏、劉氏之說亦通，但玩記、傳並據庶子立文，則祖、禰皆指謂庶子之祖、禰，鄭氏之說於經意爲尤協也。馬季長註喪服，謂「五世之適，父乃爲之服斬」，孔氏又引庾氏，謂「已承二重爲長子斬」，皆非也。○孔氏曰：禮，爲後者有四條皆不爲斬：有體而不正，庶子爲後是也。有正而不體，適孫爲後是也。有傳重而非正體，庶孫爲後是也。有正體而不傳重，適子有廢疾不立是也。四者皆期，唯正體又傳重者乃極服耳。愚謂庶子不爲長子斬，此乃正體而無重可傳者，又在孔氏所言「四條」之外者也。○敖氏繼公曰：「殤小功」章云「大夫、公之昆弟」，「爲庶子之長殤」。公之昆弟爲其庶子，服與大夫同，則爲其適子服亦三年，與大夫同矣。公之昆弟，不繼祖、禰者也，而其服乃若是，則所謂「庶子不得爲長子三年」者，其誤矣乎？　愚謂以「殤小功」章推之，則公之昆弟爲其長子三年，誠當如敖氏之說，然欲以是推凡爲庶子者爲長子之服，則非也。蓋公之昆弟，雖上無所承，而身爲後世之大祖，則其子乃繼別之宗子，與尋常庶子之子不同，此所以爲之三年與？

庶子不祭殤與無後者，殤與無後者從祖祔食。

鄭氏曰：此二者，當從祖祔食而已，不祭祖，無所食之也。共其牲物，而宗子主其禮焉。　愚謂殤，謂未成人而死者也。無後，謂成人而無後者也。殤唯祔與除服二祭則止。曾子問「宗子爲殤而死，其吉祭特牲」，鄭云：「卒哭成事之後曰吉祭。」此殤之祔祭也。小記曰：「除殤之喪也，其服必玄。」此殤之除服之祭也。成人而無後者亦然。殤與無後者無四時吉祭之禮，而云「庶子不祭殤與無後者」，蓋殤與無後者既祔於祖，自後祭祖之時，則其神依祖而食，此卽殤之祭也。殤與無後者從祖祔食，而庶子不祭宗廟，則不得祭殤與無後者矣。曾子問曰：「凡殤與無後者，祭於宗子之家。」○鄭氏曰：不祭殤者，父之庶也。不祭無後者，祖之庶也。　愚謂己爲父庶，則己子之殤與無後者皆不得祭矣。己爲祖庶，則昆弟之殤與無後者皆不得祭之矣。鄭氏謂「庶殤不祭」，故以不祭殤專爲父庶，不祭無後者爲祖庶，其說非是，說詳曾子問。

庶子不祭禰者，明其宗也。

此謂父之庶子也。父庶不祭禰，以有繼禰之宗主禰之祭也。○朱子曰：庶子不祭，明其宗也，此大傳文。直謂非大宗則不得祭別子之爲祖者，非小宗則各不得祭其四小宗所主之祖、禰也。其小記則云：「庶子不祭禰，明其宗也。」又云：「庶子不祭祖，明其宗也。」文意重複，似是衍字。而鄭氏曲爲之說，於「不祭禰」則曰：「謂宗子、庶子俱爲下士，得立禰廟也。雖庶人亦然。」於「不祭祖」則曰：「明其尊宗以爲本也，禰則不祭矣。言不祭祖者，主謂宗子、庶子俱爲適士，得立祖、禰廟者也。凡正體在乎上者，謂下正，猶爲庶也。」疏云：「庶子、適子，俱是人子，並宜供養，而適子烝、嘗，庶子獨不祭者，正是推本崇適，明有所宗也。父庶即不得祭父，何假言祖？而言『不祭祖』，故知是宗子、庶子俱爲適士。適士得立祖、禰二廟。宗子得立祖廟祭之，而已是祖庶，雖俱爲適士，得自立禰廟，而不得立祖廟祭之也。正體，謂祖之適也。下正，謂禰之適也。雖正爲禰適，而於祖猶爲庶，故禰適謂之庶也。五宗悉然。」今姑存之，然恐不如大傳語雖簡而事反該悉也。　愚謂上言「不祭祖」，此言「不祭禰」，一據祖庶，一據父庶。若約而言之，則大傳云「庶子不祭」者，其義固已該矣。祭法：「適士二廟。」「官師一廟。」適士，謂大宗子爲士者。鄭氏以適士爲上士，故解上條「不祭祖」，謂「宗子、庶子俱爲適士，得立祖、禰廟者」，解此條「不祭禰」，謂「宗子、庶子俱爲下士，得立禰廟者」，用意雖深，而實則皆非也。

親親、尊尊、長長，男女之有別，人道之大者也。

鄭氏曰：言服之所以降殺。　吳氏澄曰：親親，謂親而非尊非長者，大傳謂之「下治子、孫」，此章所謂

「下殺之親」也。尊尊，謂親而又尊者，大傳謂之「上治祖、禰」，此章所謂「上殺之親」也。長長，謂親而又長者，言長則兼幼矣，大傳謂之「旁治昆弟」，此章所謂「旁殺之親」也。男女之有別，謂他姓之女來爲本姓婦，本姓之女往爲他姓婦者，是謂「內治夫婦之親」，大傳之「服術」所謂「名服」、「出入服」也。　愚謂此與大傳「服術有六」一節義同，不及君之服者，蓋此及大傳皆據治親，而但言其服之以恩制者也。然君之服謂之方喪，乃準乎父之服而起，則尊尊之服雖但主於一家而言，而君之服已該乎其中矣。

從服者，所從亡則已。屬從者，所從雖沒也服。

從服，謂徒從者也。徒，空也，謂非親屬而空服之者也。其服有二：一是子從母服母之君母，二是妾子從君母服君母之黨。屬從，謂有親屬而服之者也。其服有三：一是妻從夫服夫之黨，二是子從母服母之黨，三是夫從妻服妻之黨。徒從本非親屬，故所從亡則不服。屬從本有親屬，故所從雖沒猶服。○孔氏曰：徒從有四：一是妾服女君之黨，二是子從母服於母之君母，三是妾子爲君母之黨，四是臣從君而服君之黨。此四徒之中，唯女君雖沒，妾猶服女君之黨，其餘三徒，所從亡則已。　愚謂妾服女君之黨，與從服之義不同，說見於後。若臣從君而服君之黨，則喪服「齊衰」章云「爲君之父、母、妻、長子、祖父母」也。君没之後，其長子則新君也，其妻則固小君也，其父母、祖父母，君没之後，新君承重，皆爲之三年，則臣亦從新君而服也，皆不可謂「所從亡則已」也。大傳疏言「徒從」內有「妻爲夫之君」，則所從亡不服者。但此與大傳皆主言治親之服，則臣服君之黨，妻服夫之君，皆與此所言

「從服」無與。此所謂「徒從」，唯謂子服母之君母，妾子服君母之黨而已，皆所從亡則已者也。

妾從女君而出，則不爲女君之子服。釋文：爲，于僞反，下「爲妻」同。

鄭氏曰：妾爲女君之黨服，得與女君同，而今俱出，女君猶爲子期，妾於義絶，無施服。孔氏曰：從而出，謂姪、娣也。出母爲子猶期，姪、娣不復服出女君之子，已義絶故也。

世子不降妻之父母；其爲妻也，與大夫之適子同。釋文：適，丁歷反。

鄭氏曰：世子，天子諸侯之適子也。不降妻之父母，爲妻故，親之也。爲妻亦齊衰不杖者，君爲之主，子不得伸也。主言「與大夫之適子同」，據喪服之成文也。本所以正見父在爲妻不杖，於大夫適子者，明大夫以上雖尊，猶爲適婦爲主。愚謂君大夫皆不降適婦之服，故其子亦不降其妻，蓋尊厭之法，於正體皆不厭也。妻之父母，從服也。公子厭於君，爲其妻無服，故不從而服其父母。世子服其妻，與大夫之適子同，故於其妻之父母之服不降。喪服「緦麻」章云「妻之父母」，不顯大夫以上之服。以此記推之，則雖大夫無緦服，而妻之父母之服與士同矣。所以然者，夫婦一體，妻之父母乃妻之正尊，故其夫皆遂服，此與尊降之法不降其正尊者同義也。

父爲士，子爲天子諸侯，則祭以天子諸侯，其尸服以士服。

鄭氏曰：祭以天子諸侯，養以子道也。尸服士服，父本無爵，子不敢以己爵加之，嫌於卑之。愚謂此謂父賤而子貴者祭祀之法。言父爲士，子爲天子諸侯，舉極賤極貴者以槩其餘也。衣服隨爵命，爵命者，上之所施於下，故以己爵加其父，適所以卑其父也。

父爲天子諸侯，子爲士，祭以士，其尸服以士服。

此亦舉極尊極卑者以概之也。鄭氏曰：謂父以罪誅，尸服以士服，不成爲君也。天子之子，當封爲王者後，以祀其受命之祖。云「爲士」，則擇其宗之賢者若微子者，不必封其子爲王者後，及所立爲諸侯者，祀其先君以禮卒者，尸服天子諸侯之服。如遂無所封立，則尸也祭也，皆如士，不敢僭用尊者衣物。愚謂天子見滅，而其子不得封，別封其族之賢者以繼其先世，諸侯見廢，而其子不得立，別立其族之賢者以繼其先君，則廢滅之君之子，祭此廢滅之天子諸侯，尸以士服；而所封立之諸侯，祭其先君以禮卒者，其尸得用卒者之上服也。若遂無所封立，則其子孫之祭宗廟，雖先君以禮卒者，其尸亦服士服也。天子諸侯廢滅，其尸不得服天子諸侯之服宜矣，至於以禮卒者之君，而亦不得服其服者，則以其子之爲士，士之廟固不可以有天子諸侯之服也。○應氏鏞曰：此所言固當時所絶無而僅有，自周、秦以降，而後興替之不常，貴賤之懸殊，比比有之。先王制禮，以該括古今之變，而將來之人情事物不能違焉，所以百世以俟聖人而不惑也。

婦當喪而出，則除之。爲父母喪，未練而出則三年，既練而出則已；未練而反則期，既練而反則遂之。釋文：爲，于僞反，下「不爲」同。期音朞，下文皆同。

鄭氏曰：當喪，當舅姑之喪也。出除喪，絶族也。孔氏曰：此明婦人遭喪出入之節。當喪而出者，謂正當舅姑之喪，被夫遣出，恩情既離，故出卽除服也。爲父母喪，未練而出則三年者，女出嫁，爲父母期，若父母喪未小祥，而被出，值兄弟之小祥，則隨兄弟服三年之受，以既絶夫族，情更隆於父母也。既練而出則已者，已，止也，若父母喪已小祥，而女被出，期喪已除，則不復反服。所以然者，若反本服，須隨兄弟之節，兄弟小祥之後無變服節，故女遂止也。未練而反則期者，喪未小祥而夫命已反，則還夫家，至小祥而除，依期服也。既練而反則遂之者，已隨兄弟小祥，服三年之受，而夫命反之，則猶遂三年乃除，隨兄弟故也。愚謂既練而出則已者，喪事即遠，已除之喪，無復服之理也。既練而反則遂之者，練後祥前，無除服之節故也。

再期之喪，三年也。期之喪，二年也。九月、七月之喪，三時也。五月之喪，二時也。三月之喪，一時也。

七月之喪，大功殤服也。成人期喪，其長、中殤皆爲之大功，長殤九月，中殤七月。鄭氏曰：言喪之節應歲時之氣。

故期而祭，禮也。期而除喪，道也。祭不爲除喪也。

鄭氏曰：此謂練祭也。禮，正月存親，親亡至今而期，期則宜祭。期，天道一變，哀惻之情益衰，衰則宜除，不相爲也。愚謂期而祭者，謂期而行小祥之祭，再期而行大祥之祭也。期而除喪者，謂練而男子除首絰，婦人除要帶，祥而總除衰杖也。禮，謂舉祭禮以存親。道，謂順天道以變除也。由夫禮，則有不忍忘其親之心；順乎道，則有不敢過於哀之意。二者之義，各有所主，而不相爲也。然親固不可忘，而哀亦不可過。不忍忘，故有終身之憂，不敢過，故送死有已，復生有節，又並行而不相悖者也。

三年而后葬者必再祭，其祭之間不同時，句。而除喪。

鄭氏曰：再祭，練、祥也。間不同時，當異月也。既祔，明月練而祭，又明月祥而祭。必異月者，以葬與練、祥本異歲，宜異時也。而除喪者，祥則除，不禫。愚謂上言「祭不爲除喪」，此又言除喪不可以無祭也。三年而后葬，謂以事故久不得葬者也。練、祥爲吉祭，未葬則不得以虞易奠，雖閱再期，而練、祥之祭不得行，故既葬而必再爲練、祥也。其祭之間不同時者，謂宜於祔之明月而練，於練之明月而祥，其祭之中間間隔一月，而不可同時，以練、祥之祭本異歲，雖喪已三年，而其祭亦必異月也。而除喪者，久而不葬者，其喪不除，至是而於練除首絰，於祥總除衰杖也。三年而后葬者，服已將除，固無存親之義，而必爲練、祥，則以服必因祭而除也。既練、祥，則亦當有禫，蓋卽於祥後爲之，而不必中月與？所以僅言「再祭」，而不及禫者，蓋三年而葬，或尚在禫月之前，則其當禫無疑，故不必言也。鄭氏謂「不禫」，非也。服之變除有漸，豈有甫畢祥祭而遽服吉服者哉？

大功者主人之喪，有三年者則必爲之再祭，朋友虞、祔而已。釋文：爲，于僞反，下同。

鄭氏曰：謂死者之從父昆弟來爲喪主。有三年者，謂妻若子幼少，大功爲之再祭，則小功、緦麻爲之練可也。孔氏曰：親重者爲之遠祭，親輕者爲之近祭。故大功爲之祥及練，小功、緦麻爲之練，朋友但爲之虞、祔也。若死者有期親，則大功主者爲之至練。（期喪無練，此「練」字當作「期」。）若死者但有大功，則大功主者至期，（既惟大功，則不當至期，當云「至大功」。或期讀如字，謂大功九月之期。）小功、緦麻至祔。若又無大功，則各依服月數而止。故雜記云：「凡主兄弟之喪，雖疏亦虞之。」謂無三年及期者也。○田氏瓊曰：劉德議問：「朋友虞、祔，謂主幼而爲虞、祔也。若都無主族，神不歆非類，當虞、祔否？」曰：「虞，安神也。祔，以死者祔於祖也。朋友恩舊親愛，固當安之祔之，然後義備，但後日不當祭之耳。」應氏鏞曰：爲死者無主後，而慮生者不能久其事，故以親疏爲之節。若盡送往撫孤之義，則雖過於厚而無傷也。

士妾有子而爲之緦，無子則已。

謂妾之賤者也。喪服「緦麻」章云「士爲庶母」，「貴臣、貴妾」，則士妾之貴者不必有子而爲之緦矣。○鄭氏註喪服，謂「士妾賤，不足殊」，而以貴臣、貴妾爲大夫之服，非也。士爲妾之有子者緦，故其子得伸期；大夫不服其妾，故其子厭降而爲大功。若大夫爲貴妾有服，則妾子爲其母不當厭降矣。妾以姪、娣爲貴，士昏禮云：「雖無娣，媵先。」姪、娣爲貴妾，士皆爲之緦，則有子而爲之緦者，其爲非姪、娣者可知也。

生不及祖父母、諸父、昆弟而父稅喪，己則否。

鄭氏曰：謂子生於外者也。父以他故居異邦而生己，己不及此親存時歸見之，今其死，於喪服年月已過乃聞之，父爲之服。己則否者，不責非時之恩於人所不能也。當其時則服。稅，讀如「無禮則稅」之稅。稅喪者，喪與服不相當之言。釋文：稅，皇他活反，徐他外反，下同。愚謂祖父母也，諸父也，昆弟也，此皆期服而不稅者。蓋先王之制服，必使情足以稱其文，而非徒以其服而已。今此諸親，恩既不接，喪又已遠，勉而服之，情必有所不能及者矣。夫唯不以不能及之情制服，而後服其服者必不敢不致其情矣。

降而在緦、小功者則稅之。舊在「君已除喪而后聞喪，則不稅」下，鄭氏云：「宜承『父稅喪，己則否』。」

降而在緦、小功者，謂本齊衰、大功之親，而或以出降，或以殤降者也。稅之者，以其本服本在宜稅之限者也。凡喪，大功以上爲親，小功以下爲疏，親者稅，疏者否。下節明期喪有不稅，此節明緦、小功有稅，相對爲義，所以明稅喪之變也。

爲君之父、母、妻、長子，君已除喪而后聞喪，則不稅。釋文：爲，于僞反。

鄭氏曰：臣之恩輕也。謂卿大夫出聘問，以他故久留。愚謂君之父母，此謂適子有廢疾不立，而適孫受重，故臣爲君之父母服期也。爲君之父、母、妻、長子皆期，然君之父、母、長子，從服也。君之妻，小君之服也。君爲父、母、長子三年，君服除則臣不稅者，恩輕而日月已遠也。君爲妻期，若君除喪而臣不稅，則爲小君全無稅法矣，殆非也。然則「妻」蓋衍字與？

近臣，君服斯服矣。其餘從而服，不從而稅。

鄭氏曰：謂君出，朝覲不時，反而不知喪者。近臣，閽、寺之屬也。其餘，羣介、行人、宰、史也。孔氏曰：君服而近臣從君服之，非稅義也。愚謂近臣在君側，故不計聞喪早晚，君服則服。其餘則從而服，謂君限內聞喪，君服則從而服也。不從而稅，謂君限外聞喪，君稅則不從而稅也。

君雖未知喪，臣服已。

鄭氏曰：臣服者，所從雖在外，自若服也。孔氏曰：此謂君出而國內有親喪，君雖未知，在國之臣自如尋常依限著服也。凡從服者悉然。

禮記卷三十三

喪服小記第十五之二

虞，杖不入於室；祔，杖不升於堂。鄭氏曰：哀益衰，敬彌多也。虞於寢，祔於祖廟。

爲君母後者，君母卒，則不爲君母之黨服。釋文：不爲，于僞反，下「爲君」同。鄭氏曰：徒從也，所從亡則已。孔氏曰：爲君母後，謂無適立庶子爲後也。妾子於君母之黨悉徒從，嫌爲後者同於適，故特明之。愚謂喪服傳曰「爲人後者」，「爲其妻之父、母、昆弟，昆弟之子如子」。子於母黨，不以母没不服，則爲人後者，於母黨必不以母没不服矣。庶子爲君母後，宜與爲人後之禮不殊。蓋既爲君母後，則其於君母之黨，乃屬從而非徒從矣。服問曰「母出則爲繼母之黨服，母死則爲其母之黨服。爲其母之黨服，則不爲繼母之黨服」。鄭云：「外親亦不二統。」喪服記曰：「庶子爲父後者，爲其外祖父母、從母舅無服。」夫外親不二統，而亦不可以無統也。庶子爲後，不爲其母之黨服，則當爲君母之黨服，不可以君母没而不服矣。然則此「不」字其衍文與？

絰殺，五分而去一。杖大如絰。釋文：殺，去聲。去，起吕反，下「去杖」同。

絰，五服之首絰也。五服之絰，重者大，輕者小。斬衰苴絰，大搹圍九寸，五分去一，以爲齊衰之絰。齊衰絰大七寸五分寸之一，五分去一，以爲大功之絰。大功絰大五寸二十五分寸之十九，五分去一，以爲小功之絰。小功絰大四寸百二十五分寸之七十六，五分去一，以爲緦麻之絰。緦麻絰大三寸六百二十五分寸之三百有六。杖，斬衰、齊衰之杖也。杖大如絰，謂斬衰之苴杖，齊衰之削杖，各如其首絰之大也。

妾爲君之長子，與女君同。

鄭氏曰：不敢以恩輕輕服君之正統。孔氏曰：女君爲長子三年，妾亦爲女君長子三年。愚謂妾之服自爲其私親外，其餘悉與女君同。唯爲君之長子之服，嫌正統傳重之義係於女君而不係於妾，故特明之。

除喪者先重者，易服者易輕者。

除喪，謂練時也。重，謂男子首絰，婦人要絰也。凡絰，男子重首，婦人重要。既卒哭，男子變麻服葛，婦人則變首絰，不變要絰。至練而男子除葛絰，婦人除麻帶，各除其所重也。易服，謂以輕喪之新服，易重喪之舊服也。輕，謂男子要絰，婦人首絰也。易服者易輕者，謂若先遭斬衰，卒哭已變麻服葛。又遭齊衰之喪，男子則以齊衰之要絰變斬衰之葛帶，而首絰不變；婦人則以齊衰之首絰變斬衰之葛絰，而要絰不變也。蓋二喪兼服，而變其輕者，所以明新喪之爲輕；留其重者，所以表舊喪之爲重也。若齊衰既虞，而遭大功之喪者亦然。間傳曰：「斬衰之喪，既虞、卒哭，遭齊衰之喪，輕者包，重者特。」「齊衰之喪，既虞、卒哭，遭大功之喪，麻葛兼服之。」是也。 小功以下無變。

無事不辟廟門，哭皆於其次。 釋文：辟，婢亦反，徐扶亦反。

鄭氏曰：無事不辟廟門，鬼神尚幽暗也。 廟，殯宮。 哭皆於其次，無時哭也。 有事則入卽位。 孔氏曰：辟，開也。 廟門，殯宮門也。 鬼神尚幽暗，若朝夕哭及受弔，入門卽位，則暫開之，若無事，則不開也。 次，謂倚廬。 朝夕哭入門，若晝夜無時之哭，則皆於倚廬之中也。凡葬前哭，晝夜無時。

復與書銘，自天子達於士，其辭一也。 男子稱名，婦人書姓與伯仲，如不知姓，則書氏。 釋文：一本無「知姓」二字。

復，招魂也。 書銘，謂爲銘旌而書死者於其上也。 其辭一者，謂復之辭與銘之辭同也。 男子稱名，謂復也。 士喪禮復曰「某復」，是稱名也。 銘亦書名。 士喪禮：「爲銘，各以其物，亡則以緇，長半幅，䞓末，長終幅，廣三寸，書名於末，曰：『某氏某之柩。』」是也。 婦人書姓與伯仲，謂書銘也。 如曰「伯姬之柩」、「叔姬之柩」也。 其復則亦曰「伯姬復」、「叔姬復」。 如不知姓，則書氏，曰「某氏之柩」，復亦曰「某氏復」也。 此皆謂大夫士之禮。 若天子則曰「天子復」，書銘曰「天子之柩」，諸侯曰「某甫復」，書銘曰「某甫之柩」，王后則曰「王后」。 若夫人，亦以字配姓與？

斬衰之葛與齊衰之麻同，齊衰之葛與大功之麻同，麻同皆兼服之。

鄭氏曰：斬衰之葛，齊衰之麻，其絰之大，俱七寸五分寸之一，帶五寸二十五分寸之十九。 齊衰之葛，大功之麻，其絰之大，俱五寸二十五分寸之十九，帶四寸百二十五分寸之七十六。 皆者，皆上二事也。兼服之，謂服麻又服葛也。男子則絰上服之葛，帶下服之麻；婦人則絰下服之麻，固自帶其故帶也，所謂易服易輕者也。「兼服」之文，主於男子。　愚謂葛，謂既虞、卒哭受服之葛絰帶也。麻，謂始喪之麻絰帶也。麻同皆兼服之者。凡要帶必視其首絰五分而去一，今此麻、葛之絰、帶同，故兼服之，而首絰與要帶仍得爲五分去一之差也。

報葬者報虞，三月而后卒哭。釋文：報，依註音赴，芳付反。

鄭氏曰：報讀爲「赴疾」之赴。謂不待期而葬也。既葬卽虞。虞，安神也。卒哭之祭，待哀殺也。孔氏曰：安神宜急，而奪哀不忍急也。　愚謂既虞而未卒哭，則每日朝夕哭，猶在殯宮，但不奠耳。

父母之喪偕，先葬者不虞、祔，待後事。其葬，服斬衰。

鄭氏曰：偕，俱也。謂同月若同日死也。先葬者，母也。曾子問曰：「葬先輕而後重。」又曰：「反葬奠，而後辭於殯，遂修葬事。其虞也，先重而後輕。」待後事，謂如此也。其葬，服斬衰者，喪之隆哀宜從重，不葬不敢變服也。言「其葬，服斬衰」，則虞、祔各以其服矣。及練、祥皆然。卒事反服重。　愚謂先葬者不虞、祔者，父喪未葬，則不敢爲母行安神適祖之祭也。後事，謂葬父之事也。待後事者，待父喪既葬，而虞、祔，卒哭畢，乃爲母行虞、祔、卒哭之祭也。其葬，服斬衰者，言葬母葬父皆服斬衰也。○鄭氏曰：假令父死在前月，而同月葬，猶服斬衰。　孔氏曰：前月，謂母死前之月也。或一月，或二月三月，但是未葬之間，皆是前月。　愚謂葬有定月，父母之喪偕，以同月死，則當以同月葬，故先輕而後重。若父死在母之前月，則固當先葬父而後葬母矣。鄭云「父死在前月，而同月葬，猶服斬衰」，此謂父死在前月之末，母死在後月之初，雖云隔月，而相去祇數日，則仍當先葬母，而後葬父。此於情事固當有之，而孔疏乃申其說，以至於二月三月，則是有五月而尚未葬者矣，有是禮乎？

大夫降其庶子，其孫不降其父。

大夫厭其庶子，降爲大功，其衆子隨父而降其昆弟，孫則不隨祖而降其父，父之尊近，而祖之尊遠也。諸侯庶子之子亦然。○鄭氏以此爲祖不厭孫，非也。大夫爲衆子大功，此以尊厭降其衆子也。爲庶孫小功，此以尊厭降其庶孫也。何謂祖不厭孫乎？喪服言「厭」者，皆謂厭死者，非厭生者也。大夫降其庶子，其子不從祖而降，非所謂「不厭孫」也。

大夫不主士之喪。

鄭氏曰：士之喪雖無主，不敢攝大夫以爲主。孔氏曰：士死無主後，其親屬有爲大夫者，尊，不得主之也。

爲慈母之父母無服。釋文：爲，于僞反，下「其妻爲」、「爲母之」、「爲妻禫」、「爲庶母」、「爲祖庶母」，皆同。

鄭氏曰：恩不能及。孔氏曰：父雖命爲母子，本非骨肉，故不爲慈母之父母服。愚謂母之父母，從服也。爲因母之父母服，以親屬之而從焉者也。爲君母之父母服，以尊統之而從焉者也。慈母，親則非因母，尊則非君母，故不服其父母。

夫爲人後者，其妻爲舅姑大功。

鄭氏曰：以不貳隆。一作「降」，非。孔氏曰：賀云：「此謂子出時已昏，故此婦還服本舅姑大功。若子出時未昏，至所爲後家方昏者，不服本舅姑，以婦本是路人，來又恩義不相接，猶臣從君而服，不從君而税，人生不及祖之徒而皆不責非時之恩也。」今案夫爲本生父母期，故其妻降一等服大功。是從夫而服，不論識舅姑與否。假令夫之伯叔在他國而死，其婦雖不識，豈不從夫服也？熊氏云：「然賀義未善。」愚謂夫爲人後，謂所後者爲父母，則其妻當謂夫所後者爲舅姑，而於夫之本生父母乃亦稱舅姑者，據其本親言之，亦猶喪服「齊衰不杖」章「爲人後者爲其父母」之義也。爲人後者爲其父母期，嫌其妻或據所後者之親疏以服其舅姑，故特明之。

士祔於大夫則易牲。

鄭氏曰：不敢以卑牲祭尊者也。大夫少牢。孔氏曰：賤不祔貴，而云「士祔於大夫」者，謂無士可祔，猶如妾無妾祖姑，易牲而祔於女君也。愚謂此主謂祖適爲士，而祔於祖之爲大夫者也。而孔氏所言「無士可祔」者亦該焉。雜記曰：「士不祔於大夫。」此謂祖庶爲士者耳。適孫乃祖之正體，祖遞遷於上，則祖之廟，士將於是祭焉，不祔於是而安祔乎？適孫爲祖服斬，祖爲之服期，不聞大夫之爲士而有異也。豈有於其死而卑遠之，使不得祔者？禮本人情，雖經記未明言，而可以義決也。若庶孫既卑，固不可以士之卑祔於大夫之尊，然而無士可祔，則亦唯有祔於大夫而已。蓋大夫雖尊，與天子諸侯之絶宗者固不同也。

繼父不同居也者，必嘗同居。皆無主後，同財而祭其祖、禰，爲同居；有主後者爲異居。

鄭氏曰：録恩服深淺也。見同財則期；同居異財，故同居，今異居，及繼父有子，亦爲異居，則三月；未嘗同居，則不服。　愚謂繼父者，子隨母嫁，而謂母所嫁之夫也。　喪服同居繼父齊衰期，不同居繼父齊衰三月，而此釋其同居不同居之異也。　繼父不同居也者，必嘗同居，此釋不同居之義也，言必嘗同居，而後異居，乃謂之不同居。　繼父若本未嘗同居，則不得謂之繼父，不爲之服也。　皆無主後，同財而祭其祖、禰，爲同居，此釋同居之義也。　無主，謂無大功以上之親可以主其喪者也。　無後，謂無子也。　皆者，皆此二事也。　同財，與此子共貨財也。　祭其祖、禰，築宮廟而使此子自祭其祖、禰也。　備此三者，然後爲同居也。　有主後者爲異居，此又釋不同居之義也。　繼父初無大功之親，與此子同財而祭其祖、禰，則是同居矣。　而其後繼父或自有子，或雖無子而有大功以上之親自他國而至，則不得終其同居，而謂之不同居也。　蓋繼父本非骨肉，必其恩之甚厚，又無主後之甚可憫，乃爲之齊衰期；若其恩雖厚，而其喪不至於無主，則爲之齊衰三月而已也。

哭朋友者於門外之右，南面。

鄭氏曰：變於有服之親也。　門外，寢門外。　愚謂門外之右，寢門外之西也。　哭於門外而在西，避內喪朝夕哭門外之位也。　凡於非骨肉之喪而哭之者，於門內則在中庭，於門外則在西，所以爲親疏內外之別也。　南面者，哭而不爲位之禮也。　凡哭而不爲位者，主人南面，弔者北面。

祔葬者不筮宅。

祔葬，謂葬於祖之旁也。　宅，墓兆也。　族葬之法，始祖居中，以昭穆爲左右，孫從其祖，若祔廟然。　不筮者，以其昭穆有一定之次。

士大夫不得祔於諸侯，祔於諸祖父之爲士大夫者。其妻祔於諸祖姑，妾祔於妾祖姑，亡則中一以上而祔，祔必以其昭穆。釋文：亡如字，又音無。

鄭氏曰：士大夫，謂公子、公孫之爲士大夫者。不得祔於諸侯，卑別也。既卒哭，各就其先君爲祖者兄弟之廟而祔之。中猶間也。孔氏曰：禮，孫死祔祖。今祖爲諸侯，孫爲士大夫而死，則不得祔之，謂祖貴，宜自卑遠之也。諸祖父爲士大夫者，謂祖之兄弟也。既不得祔祖，當祔祖之兄弟亦爲大夫士者也。諸祖姑，是夫之諸祖父兄弟爲士大夫者之妻也。夫既不得祔祖，故妻亦不得祔於祖姑，而祔於諸祖姑也。若祖無兄弟可祔，亦祔宗族之屬不爲諸侯者也。然上云「士易牲而祔於大夫」，而大夫不得易牲祔於諸侯者，諸侯之貴絕宗，故大夫士不得祔也。妾祔於妾祖姑，言妾死亦祔夫祖之妾也。亡則中一以上而祔者，亡，無也，中，間也，若夫祖無妾，則又間曾祖而祔高祖之妾也。祔必以其昭穆者，解所以祖無妾，不祔曾祖而祔高祖之義也。下文云「妾母不世祭」，則妾無廟，今乃云祔及高祖者，當爲壇祔之。愚謂妾無廟而得祔者，祭於寢而祔之也。凡無廟者，祭皆於寢。○人之始死，其神無所依則不安，故爲之祔焉，使其託於祖以安。故祔者，所以畢送死之事也。唯天子諸侯及宗子，自祖適以上，則其所祔之廟卽祭之之所，此外祔廟，其所祔皆非其所祭也。且有但祔而已，而不復特祭者，如妾之無子者，殤與無後者，女女子未嫁而死者，出而歸者，未廟見而歸葬者，皆是也。然可以不祭，而不可以不祔，祭可以別所，而祔必於其祖，此先王制禮之精意，非通幽明之故而知死生之說者，其孰能與於斯？

諸侯不得祔於天子。天子諸侯大夫可以祔於士。

鄭氏曰：天子諸侯大夫可以祔於士，人莫敢卑其祖也。　愚謂諸侯不得祔於天子，此謂始封君及封君之子也。不得祔於天子，如周公薨於周，則不可祔於王季之廟也。天子諸侯大夫可以祔於士，此謂士庶特起居尊位者也。可以祔於士，孫之尊無自別於祖之理也。如天子之子若孫爲諸侯，不得祔於祖，其祖之昆弟有爲諸侯大夫者皆可祔也。諸侯之子若孫爲大夫，不得祔於祖，其祖之昆弟爲大夫士者皆可祔也。

爲母之君母，母卒則不服。

鄭氏曰：母之君母，外祖適母，徒從也，所從亡則已。　愚謂爲母之君母，母卒則不服。爲母之妾母，母卒猶服也。母之君母，徒從也。母之妾母，屬從也。

宗子母在爲妻禫。

鄭氏曰：宗子之妻，尊也。　孔氏曰：賀瑒云：「父在，適子爲妻不杖，不杖則不禫。若父没母存，則爲妻得杖又得禫。凡適子皆然。嫌宗子尊厭其妻，故特云然。」賀循云：「宗子母在爲妻禫，則非宗子，其餘適、庶母在，爲妻並不得禫也。婦人尊微，不奪正服，並厭其餘哀。」　愚謂此條二賀氏之説不同，而後説爲是。妻之喪，雖天子諸侯不降，亦何嫌於宗子之厭其妻而特明其不禫乎？蓋爲妻之服，與父在爲母悉同，故母在則不禫，微殺其服，以示其不敢盡同於母之意，而非厭降之謂也。宗子母在爲妻禫者，舅没則姑老，宗子之妻，與宗子上承宗廟，下統族人，故其夫爲之申禫，五宗悉然。賀循又有「杖有不禫，禫有不杖」之說：杖有不禫，若出妻之子爲母，庶子在父之室爲其母，皆是也。禫有不杖，謂適子父在母没爲妻也。適子父在爲妻不杖，而母没得申禫也。

爲慈母後者，爲庶母可也，爲祖庶母可也。按「爲」字舊並于僞反，今當如字。

此因喪服「慈母如母」一條而欲廣其義也。喪服傳曰：「慈母者何也？妾之無子者，妾子之無母者，父命妾曰：『女以爲子。』命子曰：『女以爲母。』若是，則生養之，終其身，死則喪之三年。」此所謂「爲慈母後」者也。爲慈母後者，猶云「爲慈母之子」云爾，非立後之義也。庶母，父妾之有子者也。祖庶母，祖妾之有子者也。記者欲廣慈母之義，故言爲慈母後者，非但可與父妾之無子者爲子；即與父妾之有子者爲子亦可也。非但可與父妾之有子者爲子，即與祖妾之有子者爲子亦可也。蓋子之幼少而無母者，不能不資乎撫育，而已或但有有子之妾，或無妾而但有父妾，皆可命爲母子以撫育之，所以通禮之窮，而盡事之變也。

爲父、母、妻、長子禫。釋文：爲，于僞反，下文「則爲其母」、「子爲妻」皆同。

鄭氏曰：目所爲禫者也。

慈母與妾母，不世祭也。

鄭氏曰：以其非正。春秋傳曰：「於子祭，於孫止。」孔氏曰：穀梁隱五年傳云：「庶子爲君，爲其母築宫，使公子主其祭。於子祭，於孫止。」鄭引此明不得世祭也。愚謂大夫士之妾母蓋祭於寢。

丈夫冠而不爲殤，婦人笄而不爲殤。釋文：冠，古亂反。

鄭氏曰：不爲殤，言成人也。婦人許嫁而笄，未許嫁，與丈夫同。

爲殤後者，以其服服之。

鄭氏曰：言「爲後」者，據承之也。殤無爲人父之道，以本親之服服之。　孔氏曰：爲殤後者，謂大宗子爲殤而死，而族人爲後大宗，以殤之父爲父，而不得後此殤者爲子，以其殤無父義故也。曰「爲後」者，據已承其處爲言也。既爲殤者父作子，則應服殤以兄弟之服，而云「以本親之服服之」者，蓋在未後之先，不復追服，不責人以非時之恩。推此時本親兄弟亡在未後之前者，亦宜終其本服之日月。唯所後如有母亡，而猶在三年之内，則宜接其餘服，不可以吉居凶。若出三年，則不復追服矣。　愚謂爲後者以殤之父爲父，乃不服殤以兄弟之服，而以其服服之者，蓋爲後者於殤之父，其父子之義定於來後之日，而殤之亡在先也。所後如有母亡未練而來後，則三年；已練而來後，則不服。

久而不葬者，唯主喪者不除，其餘以麻終月數者，除喪則已。

鄭氏曰：其餘，謂旁親也。以麻終月數，不葬者喪不變也。　孔氏曰：久而不葬，謂有事故，不得依月葬者，則三年服皆不得祥除也。云「唯主喪者」，欲廣説子爲父、妻爲夫、臣爲君、孫爲祖得爲喪主，四者悉不除也。其餘，謂期以下至緦也。以麻終月數者，主人既未葬，故諸親不得變葛，仍猶服麻，各至服限竟而除也。除喪則已者，謂月數足而除喪，不待主人葬除也。然此皆藏之，至葬則反服之，故下云「及其葬也，反服其服」，雖緦亦然，以其未經葬故也。　盧云：「子孫皆不除，以主喪爲正耳，餘親以麻終月數除矣。」庾云：「君所主夫人妻、大子、適婦。以尊主卑，不得同以卑主尊，無緣以卑之未葬而使尊者長服衰絰也。是知「主喪不除，無爲下流」之義，唯於承重之身爲其祖、曾。若子之爲父，臣之爲君，妻之爲夫，此之不除也。」盧氏云「子孫皆不除」，蕭望之又云「獨謂子」，皆未善也。愚謂主喪者不除，此主謂子爲父母，適孫受重爲祖父母也。然爲長子服斬，亦宜在主喪不除之內，未可以卑者之服槩之。若臣爲君，衆子爲父母，則雖非主喪而不除者也。祖爲正尊，以「縞冠玄武，子姓之冠」推之，或亦俟葬而後除與？經言「主喪者不除」，據其尤重者言之耳。

齊衰三月，與大功同者繩屨。

鄭氏曰：雖尊卑異，於恩有可同也。愚謂繩屨，繩麻屨也。齊衰之服爲四等，而其屨有三：三年與杖期者疏屨，不杖期者麻屨，三月者繩屨。大功亦繩屨，蓋齊衰三月輕於齊期，大功亦輕於齊期，其差次畧相似，故其屨同。

練，筮日、筮尸、視濯，皆要絰、杖、繩屨，有司告具而后去杖。筮日、筮尸，有司告事畢，而后杖拜送賓。

鄭氏曰：臨事去杖，敬也。濯，謂漑祭器也。孔氏曰：喪至小祥，男子除首絰，唯有要絰，而病尚深，故猶有杖屨，是末服變爲繩麻。將小祥前，筮祭日，筮祭尸，視濯具，則豫服小祥之服，以臨此三事也。不言「衰」與「冠」者，亦同小祥矣。有司，執事者也。愚謂筮而去杖，敬著筮也。喪大記曰：「聽卜有事於尸，則去杖。」視濯去杖，敬祭事也。視濯，主人即位於堂下，練祭，杖不入於門，故於視濯先去之。筮日、筮尸、視濯皆有賓，事畢皆拜送於門外，此云「筮日、筮尸，告事畢，而後杖拜送賓」，不言「視濯」者，蓋自此至祭畢然後杖，其視濯畢送賓時不杖也。孔疏謂「視濯輕，無賓，故不言」，非也。特牲禮前祭之夕，「兄弟、賓及衆賓從主人卽位於堂下，主人升自西階，視壺濯及豆、籩」，「事畢，賓出，主人拜送」。此吉祭視濯有賓，則練、祥視濯有賓必矣。

大祥吉服而筮尸。

鄭氏曰：凡變除者，必服其吉服以卽祭事，不以凶臨吉也。孔氏曰：吉服，朝服也。大祥縞冠朝服，今將欲祥，亦於前日豫服大祥之服，以臨筮日、筮尸、視濯。唯云「筮尸」者，從小祥可知也。大祥則并去絰、杖、繩屨，故不云「杖、絰、屨」。

庶子在父之室，則爲其母不禫。

鄭氏曰：妾子父在厭也。孔氏曰：此謂不命之士父子同宮者也。若異宮，則禫，如下言「則猶杖」也。禫爲服外微奪之耳。愚謂士爲妾之有子者緦，是未嘗厭其妾也。不禫者，爲近父屈也。○喪服有厭有屈：所爲服者見厭謂之厭，服之者自抑謂之屈。喪服「大功」章「公之庶昆弟」「爲母、妻、昆弟」，傳曰：「何以大功也？先君餘尊之所厭不得過大功也。」此厭之說也。「齊衰杖期」章「父在爲母」，傳曰：「何以期也？屈也。」此屈之說也。蓋子與父同有服，而父於所爲服者以尊故，或降之，或絶之者，則其子亦降之絶之，謂死者爲尊者所厭而不得伸也。屈則異於是。有父之所服，未嘗以尊厭之，而子自屈於父者，若父在爲母期是也。有父於死者無服，非父尊之所厭，而子自屈於父者，若公子不服妻之父母是也。其餘以此推之可見矣。

庶子不以杖即位。

鄭氏曰：下適子也。位，朝夕哭位。　孔氏曰：適子得執杖至阼階哭位，庶子至中門外而去之，以下於適子也。　愚謂喪不二主，適子爲喪主者杖，則庶子不以杖即位，避正主也。

父不主庶子之喪，則孫以杖即位可也。

父主適子之喪而杖，則其子不以杖即位，亦喪不二主也。父不主庶子之喪，則其子爲喪主，故得以杖即位。○鄭註此條云「祖不厭孫，孫得伸也」，又註「姑在爲夫杖」云「姑不厭婦」，皆非也。喪之杖、不杖，以杖即位、不以杖即位，皆不由於厭不厭也。若謂庶子之子得以杖即位爲祖不厭孫，則於適子之子又何以反厭之？

父在，庶子爲妻，以杖即位可也。

父主適婦之喪，適子爲妻不杖，爲其疑於喪主也。父不主庶婦之喪，則其子自主之，故得以杖即位。

諸侯弔於異國之臣，則其君爲主。

鄭氏曰：君爲主，弔臣，恩爲己也，子不敢當主，中庭北面哭，不拜。　孔氏曰：諸侯無親弔異國臣之禮，若來在此國，遇主國之臣喪，爲彼君之故而弔，故主國君代其臣之子爲主。

諸侯弔，必皮弁錫衰。所弔雖已葬，主人必免。主人未喪服，則君亦不錫衰。

鄭氏曰：必免者，尊人君，爲之變也。未喪服，未成服也。既殯成服。　愚謂皮弁錫衰，諸侯弔其卿大夫及大夫自相弔之服也。皮弁，即弁絰也。周禮弁師：「王之皮弁，會五采玉璂，象邸。王之弁絰，弁而加環絰。」上言「皮弁」而下但言「弁」，蒙上之辭也，則其爲一物可知，但弔弁無飾耳。不言「君弔」而曰「諸侯弔」者，蒙上「弔異國之臣」，見與弔其臣之服同也。凡喪，小斂而免，至成服則不免；將葬，既啟而免，既葬變葛則不免。所弔雖已葬，主人必免者，尊人君，特爲之變也。已葬必免，則葬前可知。主人未成服時括髮，此但免而不括髮，又所以異於未成服之前也。下文云「親者皆免」，則自大功以上皆免，此但言「主人」者，舉其重者言之也。未喪服，謂未成服也。君不錫衰，則皮弁襲裘也。若未小斂，則吉服。陸氏佃曰：凡諸侯弔，皆皮弁錫衰，言「必」者，著諸侯弔無内外皆如此。○孔氏曰：凡五服，大功以上爲重，重服爲免之節，自始死以至卒哭，卒哭乃不免。小功以下爲輕，輕服爲免之節，自始死至殯，殯後不復免，至葬啟殯之後而免，以至卒哭，如始死。愚謂免者，未成服之飾也。成服以後，啟殯以前，悉無免法，親疏皆然。孔氏謂「重服爲免之節，自始死至卒哭」，非是。

養有疾者不喪服，遂以主其喪。釋文：養，羊尚反。

鄭氏曰：不喪服，求生主吉，惡其凶也。遂以主其喪，謂養者有親也，死則當爲之主。其爲主之服，如素無喪服。孔氏曰：如素無喪服者，養時既去其服，今疾者身死，已爲之主，還與素無服同也。愚謂養疾者必玄端，喪無服玄端之法，蓋稅衰而以長衣養與？遂以主其喪，此蓋功、緦之喪，或重喪之末而疾者，乃大功以上之親，故有喪服而爲之養疾，及死而遂爲之主喪也。

非養者入主人之喪，則不易己之喪服。

鄭氏曰：入，來也。謂養者無親於死者，不得爲主，其有親來爲主者，素有喪服與素無喪服者異。素無服、素有服，爲死者當服，則皆三日成也。　孔氏曰：若本有服重，而新死者輕，則一成服而反前服；若新死重，則仍服死者新服。　愚謂此謂疾者無子，或子幼而養者無服，及死而已來主其喪也。不易喪服者，己死則不以凶爲嫌也。　及三日，則爲之成服。

養尊者必易服，養卑者否。

鄭氏曰：尊謂父兄，卑謂子弟之屬。

妾無妾祖姑者，易牲而祔於女君可也。

鄭氏曰：女君，適祖姑也。　易牲而祔，則凡妾下女君一等。　孔氏曰：妾祔於妾祖姑，無妾祖姑當祔於高祖之妾，高祖又無妾，則用女君之牲祔於女君可也。下一等者，若女君少牢，妾則特牲；女君特牲，妾則特豚。　愚謂不言「適祖姑」而言「女君」者，姑者對婦之稱，妾不得謂夫之祖妣爲祖姑，而女君之稱則通乎其上也。

婦之喪，虞、卒哭，其夫若子主之；祔則舅主之。

鄭氏曰：婦，謂凡適婦、庶婦也。　虞、卒哭祭婦，非舅事也。　祔於祖廟，尊者宜主焉。　愚謂雜記云：「主妾之喪，則自祔至於練、祥，皆使其子主之。」此主適婦之喪，虞、卒哭，其夫若子主之，則練、祥可知。　然則舅主適婦之喪，唯主其拜賓之事，而不主其祭也。

士不攝大夫，士攝大夫唯宗子。

鄭氏曰：士之喪雖無主，不敢攝大夫以爲主。　宗子尊，可以攝之。　吴氏澄曰：大夫死無後，其親屬爲士者不得攝大夫，唯宗子尊，可以士而攝大夫之喪也。愚謂宗子，大宗子也。鄭氏、吴氏之説皆通。蓋大夫士貴賤殊，故士死無主，不敢攝大夫爲之主；大夫死無主，士亦不得攝爲之主。唯大宗子尊，故爲士而死，可攝大夫以主其喪，亦得攝主大夫之喪也。然前既云「大夫不主士之喪」，而又記此，則此條之義當如吴氏之説也。攝，謂爲主者不在，而代爲之拜賓也。雜記曰：「士之子爲大夫，其父母弗能主也，使其子主之。無子則爲之置後。」大夫之無子者必置後，則無事乎攝人以主其喪矣。宗子亦然。

主人未除喪，有兄弟自他國至，則主人不免而爲主。

鄭氏曰：親質，不崇敬也。孔氏曰：葬後唯君來弔，雖非時亦爲之免。崇敬，欲新其事故也。若五屬之親非時而奔喪，則主人不須爲之免也。愚謂兄弟之奔喪者必免，嫌爲主者亦當免，故明之。唯言未除喪者奔喪，禮已除喪而后奔喪，主人之待之也無變於服，則其不免不待言也。

陳器之道，多陳之而省納之可也，省陳之而盡納之可也。釋文：省，所領反。

鄭氏曰：多陳之，謂賓客之就器也，以多爲榮。省陳之，謂主人之明器也，以節爲禮。孔氏曰：朋友賓客贈遺明器，多陳之以爲榮，而不可盡納壙中，以納有常數故也。主人所作明器，依禮有限，陳之既少，盡納於壙可也。

奔兄弟之喪，先之墓而后之家，爲位而哭。所知之喪，則哭於宫而后之墓。

鄭氏曰：兄弟先之墓，骨肉之親不由主人也。宫，故殯宫也。孔氏曰：兄弟骨肉，自然相親，不由主人，故先往之墓。所知之喪，由主人乃致哀戚，故先哭於宮而後至墓。

父不爲衆子次於外。釋文：爲，于僞反，下「爲出母」、「爲夫杖」同。

鄭氏曰：於庶子畧，自若居寢。　孔氏曰：長子則次於外。

與諸侯爲兄弟者服斬。

鄭氏曰：謂卿大夫以下也。與尊者爲親，不敢以輕服服之。言「諸侯」者，明雖在異國，猶來爲三年也。　愚謂兄弟，謂族親也。喪服傳曰：「小功以下爲兄弟。」喪服經、傳凡所言「兄弟」者皆然。此篇言「奔兄弟之喪」，「與諸侯爲兄弟者服斬」，皆言「兄弟」，而不言「昆弟」者，以疏該親也。卿大夫爲君服斬不疑，此言「與諸侯爲兄弟者服斬」，蓋謂出在他國者也。諸侯之兄弟在他國，若仕爲他國大夫士，則自當爲其君服斬三年，而得爲諸侯服斬者，蓋各以其本服之月數服之，而其始服則皆以斬衰，猶如爲宗子皆服齊衰之義也。蓋與尊者爲親，不敢以輕服服之，而非臣爲君斬衰三年之服也。然則斬衰之服，亦有不至三年者與？曰：曾子問「娶女有吉日而女死」，「壻齊衰而弔，既葬而除之，夫死亦如之」，鄭氏謂「女服斬衰」。斬衰可以既葬而除，則亦何不可以期與九月、五月而除乎？

下殤小功，帶澡麻不絶本，詘而反以報之。釋文：澡，本又作「藻」，音早。一本無「麻」字。不絶，本，或作「不絶本」，非也。詘，邱勿反。

鄭氏曰：報猶合也。下殤小功，本齊衰之親，其絰、帶，澡率治麻爲之。帶不絶其本，屈而上至要，中合而糾之，明親重也。　愚謂此言下殤小功之帶之重也。下殤小功，本齊衰之親也。帶澡麻者，其帶澡治牡麻爲之也。喪服於齊衰、大功、小功皆言「牡麻帶、絰」，而「殤小功」章特言「澡麻」，蓋大功以上麻絰不澡，小功以下澡之。獨於殤小功言「澡」，以見上下也。本者，麻之根也。麻以有本爲重，大功以上麻不斷本，小功以下斷之。下殤小功雖首絰無本，而其帶猶不絕本也。報，合也。謂成服之時，屈所垂散麻上至於要，然後合而糾之也。帶以散爲重，以絞爲輕。成人大功以上之喪，未成服之前散帶，成服而絞之。大功殤，雖成服不絞帶；下殤小功，則散其屈者，絞其垂者。至本服大功之爲殤而降者，則其帶皆不散矣。蓋下殤小功雖輕於大功之殤，而重於餘殤，故其帶既有本，而又不盡絞之，皆所以明其重也。

婦祔於祖姑。祖姑有三人，則祔於親者。

鄭氏曰：謂舅之母死，而又有繼母二人也。親者，謂舅所生。愚謂大夫士繼娶並祔之禮，於此可以見之。

其妻，爲大夫而卒，而后其夫不爲大夫而祔於其妻，則不易牲。妻卒而后夫爲大夫，而祔於其妻，則以大夫牲。

鄭氏曰：此謂始來仕無廟者，無廟者不祔。不易牲，以士牲也。愚謂婦隨夫爲尊卑者也。言「不易牲」，以見與士祔於大夫者不同也。無廟者不祔，始封君亦然。

爲父後者，爲出母無服。無服也者，喪者不祭故也。

鄭氏曰：適子正體於上，當祭祀也。

婦人不爲主而杖者，姑在爲夫杖。

父主適婦之喪，子不杖。母主適子之喪，婦猶杖者，斬衰無不杖也。然母既爲主，則爲夫雖杖，其禮當有所降矣。其房中則杖，卽位於阼階之上則輯杖與？

母爲長子削杖。爲，于僞反，下文「爲父母」同。

鄭氏曰：嫌服男子當竹杖也。母爲長子服，不可以重於子爲己也。　愚謂苴杖，斬衰之杖也。削杖，齊衰之杖也。父爲長子斬衰則苴杖，母爲長子齊衰則削杖，各如其爲己之服以服之也。

女子子在室爲父母，其主喪者不杖，則子一人杖。

鄭氏曰：女子子在室，亦童子也。無男昆弟，使同姓爲攝主，不杖，則子一人杖，謂長女也。許嫁及二十而笄，爲成人，成人正杖也。孔氏曰：若主喪者杖，則此童子不杖。○此三節明婦人應杖之節。

緦、小功，虞、卒哭則免。

鄭氏曰：棺柩已藏，嫌恩輕可以不免也。孔氏曰：葬時棺柩已啟，著免可知。嫌虞與卒哭棺柩已掩，不復著免，故特明之。　愚謂虞、卒哭則免，已卒哭變葛，乃不免也。

既葬而不報虞，則雖主人皆冠，及虞則皆免。釋文：報音赴。冠如字，又古亂反，下同。

鄭氏曰：有故不得疾虞，雖主人皆冠，不可久無飾也。皆免，自主人至緦麻。　愚謂喪自既啟以後，卒哭以前，其服與未成服之前同。然未成服時，主人括髮，齊衰以下免，啟後則雖主人亦免。士喪禮啟殯，「丈夫髽」。蓋雖丈夫亦不垂其髮而結爲紒如婦人矣。是葬時之免，卽婦人之布髽也。既不垂其髮，又以布而不以麻，以葬時行於道路，宜稍飾也。曾子問：「如小斂，則子免而從柩。」是行於道路，雖初喪，主人亦免也。

爲兄弟，既除喪已，及其葬也，反服其服，報虞，卒哭則免，如不報虞則除之。釋文：爲，于僞反，下「爲之小功」同。

爲兄弟，既除喪已，謂久而不葬，而以麻終月數者也。及其葬也，反服其服，報虞，卒哭則免，言皆與常禮同，不以已除喪而有異也。不報虞則除之，喪本已除故也。如報虞，則於卒哭而除之。

遠葬者，比反哭者皆冠，及郊而后免，反哭。釋文：比，必利反。

鄭氏曰：遠葬，墓在四郊之外。孔氏曰：郊野之外，不可無飾，故葬訖，臨欲反哭之時，乃皆著冠。至郊而后去冠著免，反哭於廟。

君弔，雖不當免時也，主人必免，不散麻。雖異國之君，免也，親者皆免。鄭註：異國之君免，或爲「弔」。

鄭氏曰：不散麻者，自若絞垂，爲人君變，貶於大斂之前，既啟之後也。親者，大功以上也。孔氏曰：凡大斂之前著免，大功以上散麻。大斂以後著冠，不散麻，糾其垂也。至將葬，啟殯之後，已葬之前，亦免，大功以上亦散麻。若君弔，雖不當免時，必爲之著免，不散麻者，貶於大斂之前，及既啟之後。雖他國君來，與己國君同，主人爲之著免，大功以上親者皆從主人之免，敬異國君也。異國之君尚然，己君來弔，親者皆免可知也。愚謂不當免時，謂成服以至啟前，既葬卒哭以後也。○自「緦、小功」至此，記著免之節。

除殤之喪者，其祭也必玄。

鄭氏曰：殤無變，文不縟。玄冠、玄端、黃裳而祭，不朝服，未純吉也。於成人爲釋禫之服。孔氏曰：以經云「必玄」，故知玄端、玄冠也。知黃裳者，若其素裳，則與朝服純吉同，故知黃裳也。知不玄裳者，以玄、黃相對之色，故知釋禫之服若玄裳，卽與上士吉服玄端同也，非釋禫服也。陸氏佃曰：言「必玄」，則裳亦玄。鄭氏謂「玄端、黃裳」，非是。據齊之以玄也，以陰幽思也。齊玄而養。愚謂陸氏之説是也。凡言「玄」者，皆謂冠及衣、裳俱玄者也。玄冠、玄衣、玄裳，此士吉祭之服也。殤文不縟，無變除之漸，故服吉服以除其喪。又鄭氏以玄冠、玄端、黃裳爲釋禫之服，乃據變除禮而言，然變除禮多，不足據，説見玉藻及間傳。

除成喪者，其祭也朝服縞冠。釋文：朝，直遥反。

成喪，成人之喪。縞冠，縞冠素紕也。

奔父之喪，括髮於堂上，袒，降，踊，襲絰于東方。奔母之喪，不括髮，袒於堂上，降、踊，襲免于東方。經卽位，成踊，出門，哭止，三日而五哭三袒。

鄭氏曰：凡奔喪，謂道遠，已殯乃來也。爲母不括髮，以至成服，一而已，貶於父也。「卽位」以下，於父母同也。三日五哭者，始至，訖夕反位哭，乃出就次，一哭也。與明日又明日之朝、夕而五哭。三袒者，始至袒，與明日又明日之朝而三也。孔氏曰：此論奔喪之法。括髮於堂上者，於殯宮堂上。

不笄纚者，奔喪異於初死也。袒，降、踊，襲絰于東方者，袒，謂堂上去衣，降堂阼階東而踊，襲，謂掩所袒之衣，東方，謂東序東，既踊畢，襲帶絰于東序東。奔母之喪，不括髮者，初時括髮，至又哭以後至於成服，不括髮。袒於堂上，降、踊，與父同。父則括髮而加絰，母則不括髮而著免。加絰即位於阼階之東而更踊，父母同也。於此之時，賓來弔者則拜之，奔喪禮所謂「反位拜賓成踊」是也。出門，哭止者，出殯宮之門就於廬，故哭者止。五哭者，初來一哭，與明日又明日朝、夕之哭爲五哭。三袒者，初至袒，明日朝袒，又明日朝袒爲三袒。在家之時，始死哭踊無節，今聞喪已久，奔喪禮殺，故三日五哭，異於在家也。若未殯前來，與在家同。愚謂降、踊，降自西階，即位於阼階下而踊也。東方，堂下之東序東也。即位，自東序東反即阼階下之位也。孔疏「襲帶絰于東序東」，上有「升堂」二字，蓋傳寫之誤也。

適婦不爲舅後者，則姑爲之小功。

鄭氏曰：謂夫有廢疾他故，若死而無子，不受重者。小功，庶婦之服也。凡父母於子，舅姑於婦，將不傳重於適，及所傳重者非適，服之皆如庶子、庶婦也。

禮記卷三十四

大傳第十六 別録屬通論。

鄭氏曰：名曰大傳者，以其記祖宗人親之大義。　吴氏澄曰：儀禮十七篇，唯喪服經有傳，此篇通引喪服傳之文而推廣之。　喪服傳逐章釋經，如易之彖、象傳；此篇不釋經而統論，如易之繫辭傳，故名爲大傳。　愚謂此篇之義，言先王治天下必自人道始。　篇中言祭法，言服制，言宗法，皆所以發明人道之重，而篇末尤歸重於親親。　蓋人道雖有四者，而莫不由親親推之，所謂「孝弟爲爲仁之本」也。

禮，不王不禘。　王者禘其祖之所自出，以其祖配之。　諸侯及其大祖。　大夫士有大事，省於其君，干祫及其高祖。　釋文：王如字，又于況反。　大祖音泰，下文「大王」同。　省，舊仙善反，善也。　按爾雅省卽訓善，息靖反，無煩改字。　○今按：省讀如字，爲省録之義。

趙氏匡曰：不王不禘，明諸侯不得有也。　所自出，謂所系之帝。　禘者，帝王既立始祖之廟，猶謂未盡其追遠尊先之意，故又推尋始祖所自出之帝而追祀之，以其祖配之者，謂於始祖廟祭之，以始祖配祭也。　此祭不兼羣廟之主，爲其疏遠而不敢褻狎故也。　其年數，或每年，或數年，未可知也。　諸侯五廟，唯大廟百世不遷。　言「及」者，遠祀之所及也。　不言「禘」者，不王不禘，無所疑也，不言「祫」者，四時皆祭，故不言「祫」也。省，謂有功見省記也。干者，逆上之意，言逆上及高祖也。據此體勢相連，皆說宗廟之事，不得謂之祭天。鄭玄注祭法云「禘，謂配祭昊天上帝於圜丘」，蓋見祭法說「禘」，文在「郊」上，謂爲郊之最大者，故爲此說耳。祭法所論禘、郊祖宗，謂六廟之外，永世不絶者有四種耳。禘之所及最遠，故先言之，豈關圜丘哉？鄭氏又云：「祖之所自出，謂感生帝靈威仰也。」此文出自讖緯，哀、平間僞書也，而鄭氏通之於經，其爲誣蠹甚矣。愚謂祖，始祖也。天子大禘之祭，追祭始祖所自出於始祖之廟，始祖所自出之帝居西南隅東向之位，而始祖居東北隅南向之位而配食也。得姓之祖，謂之始祖；始封之君，謂之大祖。諸侯不禘，唯得祭其大祖，而於大祖以上則不得祭矣。有大事，省於其君者，謂有大功，而爲其君所省録也。干者，自下而進取乎上之意。祫本諸侯以上之禮，而大夫士用之，故曰「干祫」。大夫三廟，士一廟，雖並得祭高祖以下，然每時但犆祭一祖，而不得合祭。唯有大功而爲其君之所省録，命之大祫，然後得合祭高祖以下也。左傳曰「祭以特牲，殷以少牢」，殷祭卽祫也。蓋大夫士之祫，亦如諸侯之大祫，間歲行之，而不常舉者也。大夫士之爲宗子者，皆有大祖之廟，其祫祭當於大祖之廟，而合食高祖以下。此乃言「及高祖」而不言「大祖」者，若言及其大祖，嫌大祖以下並得合食，與諸侯大祫之禮同，故言「及其高祖」，以見大祖而外，其得與於合食者，唯高祖以下爾，蓋其禮僅如諸侯之時祫而已，然則雖曰「干祫」，而不嫌於亡等矣。此節言天子以下祭祀所及之不同。蓋德厚流光，德薄流卑，故其差降如此。然因其分之所及，以盡其報本追遠之意，則上下一也。○喪服「齊衰不杖」章「爲人後者爲其父母」傳曰：「爲人後者孰後？後大宗也。曷為後大宗？大宗者，尊之統也。禽獸知母而不知父。野人曰：『父母何算焉？』都邑之士則知尊禰矣，大夫及學士則知尊祖矣。諸侯及其大祖，天子及其始祖之所自出。尊者尊統上，卑者尊統下。大宗者，尊之統也。大宗者，收族者也。」此篇首言祭法，末言宗法，皆本此傳之義而推廣之者也。

牧之野，武王之大事也。既事而退，柴於上帝，祈於社，設奠於牧室，遂率天下諸侯執豆、籩，逡奔走，追王大王亶父、王季歷、文王昌，不以卑臨尊也。釋文：逡，息俊反。追王，于況反。亶，丁但反。父音甫。

鄭氏曰：柴、祈、奠，告天地及先祖也。牧室，牧野之室也。古者郊關皆有館焉。先祖者，行主也。逡，疾也。疾奔走，言勸事也。不以卑臨尊，不用諸侯之號臨天子也。愚謂戎事為大事，而牧野之事，武王所以伐暴救民，尤戎事之大者也。既事而退，謂既克紂而退也。柴、祈、奠，謂於牧野祭天地先祖，而以克紂之事告之也。柴，燔柴也。社，社主也。此告社而曰「祈」者，因告而有祈也。設奠於牧室，謂於牧野之室而奠遷主也。逡，書作「駿」，疾也。奔走，謂有事於廟中也。此謂武王克紂之後，歸至於豐，而率諸侯以祭宗廟也。武成曰「丁未，祀于周廟」，「越三日庚戌，柴望。」蓋臣子無爵君父之義，故武王歸於豐，既祀宗廟，復行祭天之禮，而以三王之功德告於天而追王之，亦稱天而誄之義也。武成稱文王為文考，〔一〕至庚戌柴望之後，大告武成，而文王與大王、王季皆稱王，則三王之追王在庚戌之柴無疑也。中庸曰：「周公成文武之德，追王大王、王季。」蓋以周之禮制皆出於周公，故

〔一〕「武成」，原本作「牧誓」，據尚書周書改。

繫而言之，其實追王在武王時也。此篇言聖人之治天下自人道始，而首以祭祀之法與追王之禮言之者，以上治之事於人道爲尤重也。○呂氏祖謙曰：謂「不以卑臨尊」，此出於漢儒之説，而非追王之本意也。三王乃武王之祖、父，其尊孰大於是，曷爲待追王而後尊哉？武成曰：「大王肇基王迹，王季其勤王家，我文考文王克成厥勳，誕膺天命。」蓋三王皆肇基之主，所以追王之也。愚謂追王之禮，夏、商之所未有，而始於周。蓋周之王業，實由三王積累而成，與前代不同，所謂「禮以義起」者也。若謂「不以卑臨尊」，則后稷爲始祖，猶諸侯爾，祖孫、父子之間，其尊卑豈以爵位哉？

上治祖、禰，尊尊也。下治子、孫，親親也。旁治昆弟，合族以食，序以昭繆，別之以禮義，人道竭矣。釋文：禰，本或作「祢」，年禮反。繆音木。別，彼列反，下至「其庶姓別」並同。

鄭氏曰：治猶正也。繆讀爲穆，聲之誤也。竭，盡也。愚謂治，謂立爲法制以別其親疏厚薄之宜也。尊尊自上而殺，所以上治也。親親由下而殺，所以下治也。合族以食，謂聚合族人而與之飲食，大宗伯「以飲食之禮親宗族兄弟」是也。合族以食，以聯其情之同，別以昭穆，以辨其等之異，皆旁治之事也。別之以禮義，謂以禮義治男女而使之有別也。旁治昆弟，卽下文所謂「長長」；別之以禮義，卽下文所謂「男女有別」也。竭，盡也。言人道之大，竭盡於是四者而無遺也。上文言祭祀之法，追王之禮，皆上治祖、禰之事也。此又備言聖人之治人道，有此四者，篇中所言，皆所以發明此義也。

聖人南面而聽天下，所且先者五，民不與焉：一曰治親，二曰報功，三曰舉賢，四曰使能，五曰存愛。五者一得於天下，民無不足，無不贍者；五者一物紕繆，民莫得其死。聖人南面而治天下，必自人道始矣。釋文：聽，體寧反。與音預。贍，本又作「儋」，食艷反。紕，匹彌反，徐孚夷反。繆音謬，本或作「謬」。

且先者，言未暇及其他，而且以此爲先也。民不與者五者，雖皆所以爲民，而猶未及乎民事也。治親，卽治人道之事也。蓋人道別而言之，則有親親、尊尊、長長、男女之不同；合而言之，祖禰、子孫、昆弟、男女皆親也，尊之親之長之別之，皆所以治親也。功，功臣也。報功，若賚之詩言「大封功臣」也。賢，謂有德者。能，謂有才者。存愛，以愛人之事存於心而不忘也。一得，猶言盡得也。無不足，力皆足以自給。無不贍，財皆足以自養。紕繆，乖錯而失其道也。蓋五者雖未及乎民事，而實爲民事之所從出，故其得失之係乎民如此。然治天下以五者爲先，而五者又以治親爲先。蓋取人以身，脩身以道，親親而仁民，仁民而愛物，苟於人道有所未盡，則所謂報功、舉賢、使能、存愛者皆無其本矣。此二句乃一篇之大旨。

立權、度、量，考文章，改正、朔，易服色，殊徽號，異器械，別衣服，此其所得與民變革者也。

釋文：量音亮。正音征。徽，諱韋反。別，彼列反。○鄭注：徽或作「禕」。

鄭氏曰：權，稱也。度，丈尺也。量，斗斛也。文章，禮法也。服色，車馬也。徽號，旌旗之名也。器械，禮樂之器及兵甲也。衣服，吉凶之制也。孔氏曰：立者，言始有天下必造此物也。考，校也。文章，國之禮法也。正，謂年始。朔，謂月初。周子、殷丑，夏寅，是改正也。周夜半，殷鷄鳴，夏平旦，是改朔也。服色，車馬也。易之謂各隨所尚赤白黑也。殊，別也。徽號，旌旗也。周大赤，殷大白，夏大麾，各有別也。器，謂楬豆、房俎，禮樂之器。械，謂戎路、革路、兵甲之屬也。陳氏祥道曰：左傳曰：「揚徽者，公徒也。」蓋用兵之法，以旌旗待晝事，以名號待夜事，則徽號者，徽幟之號也。愚謂言「立權、度、量」，則此三者三代之法不同也。文章，謂禮樂制度。檀弓疏引春秋緯元命包、樂緯稽燿嘉云：「夏以十三月爲正，息卦受泰」，註云：「物之始，其色尚黑，以平旦爲朔。」「殷以十二月爲正，息卦受臨。」註云：「物之牙，其色尚白，以鷄鳴爲朔。」「周以十一月爲正，息卦受復」，註云〔一〕：「其色尚赤，以夜半爲朔。」是三代改正、朔，易服色之事也。服如「服牛乘馬」之服，謂戎事所乘，若夏乘驪，殷乘翰，周乘騵是也。色，謂祭祀所用之牲色，若夏玄牡，殷白牡，周騂犅是也。徽，謂旌旗，若周禮九旗。號，謂號名，周禮大司馬「仲夏，教茇舍」，「辨號名之用」，是也。別衣服，若冠則夏毋追，殷章甫，周委貌；弁則周弁，夏收，殷冔；養老之衣，則虞深衣，夏燕衣，殷縞衣，周玄衣之類是也。此節言數度文爲之末，隨時變革，所以明下文不可變革者之重也。○輔氏廣曰：聖人之治，有所更易，無非所以奉天命而順人心，固非私意所能與也。

其不可得變革者則有矣。親親也，尊尊也，長長也，男女有別，此其不可得與民變革者也。

釋文：長長，並丁丈反。別，彼列反。

四者乃人道之大故，不可得而變革。孔子言「殷因於夏禮，周因於殷禮」，董子言「王者有改制之名，無變道之實」，是也。上文言人道之當先，此又言人道之不變，唯其不可變，所以必當先也。

〔一〕「註云」二字原本脫，萬有文庫及檀弓注疏亦同，據文例補。

同姓從宗，合族屬。異姓主名，治際會，名著而男女有別。

鄭氏曰：合，合之宗子之家，序昭穆也。異姓，謂來嫁者也。主於母與婦之名耳。際會，昏禮交接之會也。著，明也。母、婦之名不明，則人倫亂也。孔氏曰：同姓，父族也。從宗，謂從大、小宗也。合族屬，謂合聚族人，同時而食也。異姓，謂他姓之女來爲己姓之妻者。繫夫之親，主爲母、婦之名，夫若爲父行，則主母名；夫若子行，則主婦名。治，正也。主此母、婦之名，以正昏姻、交接、會合之事。母、婦之名著，則男女尊卑異等，不相淫亂。愚謂同姓從宗，合族屬者，若宗子祭則族人皆侍是也。異姓主名，治際會者，異姓之女，於己本無親屬，故繫其夫而定母、婦之名，以治際會之事也。際會，謂於吉凶之事相交際而會合也。若特牲禮宗婦在房中，士喪禮婦人俠牀東面，衆婦人戶外北面是也。鄭氏專以昏禮言，非是。蓋同姓族屬漸衆，懼其離，有宗以統之，則不至於離。異姓男女相聚，懼其亂，有名以別之，則不至於亂。

其夫屬乎父道者，妻皆母道也；其夫屬乎子道者，妻皆婦道也。謂弟之妻「婦」者，是嫂亦可謂之「母」乎？名者，人治之大者也，可無慎乎！釋文：屬音燭。嫂，本又作「㛮」，悉早反。治，直吏反。

鄭氏曰：言母、婦無昭穆於此，統於夫耳。母焉則尊之，婦焉則卑之，尊之卑之，明非己倫以厚別也。

愚謂此一節本儀禮喪服傳之文，言婦人爲夫之昆弟無服之義。此篇引之，則以明昆弟之妻所以不爲母、婦之名也。道，謂昭穆之行列也。異姓婦人來嫁己族，唯繫其夫以爲尊卑。故其夫爲父道，則其妻有母道，而其名謂之母；其夫爲子道，則其妻有婦道，而其名謂之婦。昆弟昭穆同，兄長於我，而非有父道，則其妻不可謂之母；弟幼於我，而非有子道，則其妻不可謂之婦也。爾雅曰：「兄之妻曰嫂，弟之妻曰婦。」是後世稱於兄妻猶但稱爲嫂，不稱爲母，而於弟妻則稱爲婦，故記者緣類以曉之，言若稱弟之妻爲婦，則是嫂亦可謂之母矣，而可乎？言其不可也。人治，言治人道也。蓋尊屬卑屬之妻，其際會主名以治之，昆弟之妻，其際會又以不爲之名者治之，以其無尊卑之分，而尤嚴其別也。蓋人道有四：篇首二節，言上治祖、禰之事；此上二節，申言男女有別之事；此下二節，申言旁治昆弟之事。不言下治子、孫者，子、孫與祖、禰相對，能事祖、禰，則子、孫之治在其中矣。

四世而緦，服之窮也。五世袒免，殺同姓也。六世，親屬竭矣。釋文：免音問。殺，色界反，徐所例反。

鄭氏曰：四世共高祖，五世高祖昆弟，六世以外，親盡無屬名。孔氏曰：四世，謂上至高祖，下至己兄弟，同承高祖之後者爲族兄弟，相報服緦也。爲親兄弟期，一從兄弟大功，再從兄弟小功，三從兄弟同承高祖，服緦麻，是服盡於此也。五世，謂共承高祖之父者也，服袒免而無正服，減殺同姓也。六世，共承高祖之祖者也，不服袒免，同姓而已，故云「親屬竭矣」。愚謂四世而緦者，由高祖之子至己爲四世，凡旁親承高祖之後者爲之服緦麻，喪服「族曾祖、族祖父母、族父母、族昆弟」爲四緦麻，是也。窮猶終也。五服之殺，至緦麻而終也。同高祖之親謂之族，以在九族之內也。五世在九族之外，不得爲同族，但同姓而已。同姓既疏，故殺其恩誼，但爲之袒免而無服也。竭，盡也。五世而別族，則親屬固竭矣，然相爲袒免，則猶有未盡竭者焉。至六世，并不爲袒免，則相弔而已，蓋其異於途人之泛然者幾希矣，故曰「親屬竭矣」。

其庶姓別於上而戚單於下，昏姻可以通乎？釋文：單音丹。

鄭氏曰：昏姻可以通乎，問之也。玄孫之子姓別於高祖，解「庶姓別於上」。五世而無服。解「戚單於下」。姓，世所由生。又明姓之所以別。孔氏曰：作記之人，見殷人五世以後可以通昏，故將殷法以問於周，言周家五世以後，庶姓別異於上，與高祖不同，各爲氏族也。戚，親也。單，盡也。戚單於下，謂四從兄弟恩親盡於下，各自爲宗，不相尊敬也。庶，衆也。高祖以外，人轉廣遠，分姓衆多，故曰「庶姓」。姓別親盡，雖是周家，昏姻可以通乎？問其可通與否。愚謂庶姓，謂共高祖之親，皆係於高祖以爲姓，所謂族也。正姓唯一，高祖之姓衆多，故曰「庶姓」。庶姓別於上，謂高祖之父，親盡於上，其出於高祖之父者，別有所繫以爲族，而不復繫高祖之父以爲族也。戚單於下，謂同出於高祖之父者，親盡而不相爲服也。姓別戚單，疑可通昏，故據而問之。

繫之以姓而弗別，綴之以食而弗殊，雖百世而昏姻不通者，周道然也。釋文：繫音計，又户計反。別，皇如字，舊彼列反。綴，丁衞反。食音嗣。

鄭氏曰：周之禮，所建者長也。姓，正姓也。始祖爲正姓，高祖爲庶姓。繫之弗別，若今宗室屬籍也。周禮小史：「掌定繫、世，辨昭穆。」孔氏曰：此記者據周法答問也。周法雖庶姓別異於上，而有世、繫，連繫之以本姓而不分別，連綴族人以飲食之禮而不殊異，雖相去百世，而昏姻不通。周道然者，言周道異於殷也。愚謂百世而昏姻不通者，周道然也，則自殷以上，男女別姓之禮固不如周之嚴矣。然孔氏謂「殷不繫姓，無繼別之宗，五世而昏姻可通」，王制及小記疏。則恐不然。盤庚告其臣曰：「茲予大享于先王，爾祖其從與享之。」可知殷之臣其有功而祭於大烝者，爲其後世之太祖矣。周初分封列國，所謂「殷民六族」，「殷民七族」，「懷姓九宗，職官五正」，此皆殷之世家大族，與國家相爲終始者，何謂無繼別之宗乎？姓本之始祖，其所從來遠；宗繫之別子，其所從來近。殷之昏姻，雖辨姓之禮未嚴，未必遂不辨宗也。○孔氏曰：天子賜姓賜氏，諸侯但賜氏，不得賜姓，降於天子也。故左傳：「天子建德，因生以賜姓，胙之土而命之氏，諸侯以字爲謚，因以爲族。官有世功，則有官族，邑亦如之。」天子因諸侯先祖所生，賜之曰姓，杜預云：「若舜生嬀汭，賜姓曰嬀。封舜之後於陳，以所封之土命爲氏，舜後姓嬀而氏曰陳。」故鄭駁異義云：「炎帝姓姜，大皞之所賜也。黃帝姓姬，炎帝之所賜也。堯賜伯夷姓曰姜，賜禹姓曰姒，賜契姓曰子，賜稷姓曰姬。」是天子賜姓也。諸侯賜卿大夫以氏，若同姓公之子曰公子，公子之子曰公孫。公孫之子，其親已遠，不得上連於公，故以王父字爲氏。若適夫人之子，則以五十伯仲爲氏，若魯之仲孫、季孫是也。若庶子妾子，則以二十字爲氏，若展氏、臧氏是也。若異姓，則以父祖官及食邑爲氏。又曰：始祖爲正姓，若炎帝姓姜，黃帝姓姬。周姓姬，本於黃帝；齊姓姜，本於炎帝；宋姓子，本於契是也。高祖爲庶姓，若魯之三桓，慶父、叔牙、季友之後，及鄭之七穆子游、子國之後爲游氏、國氏之等。愚謂姓氏之別有三：一曰姓，始祖所受，若殷之子，周之姬，百世不別者也，此篇所謂「繫之以姓而弗別」是也。二曰氏，別子之孫所受，若魯之三桓，鄭之七穆，亦百世不別者也，此篇所謂「別子爲祖，繼別爲宗」是也。三曰族，出於高祖者，繫於高祖以爲稱，若魯季氏之別出爲公甫氏，孟氏之別出爲子服氏，五世則別者也，此篇所謂「庶姓別於上」是也。姓者，諸侯所受於天子，氏者，大夫所受於諸侯，而族則凡大夫士皆可係其高祖以爲稱，而不必有所受也。然通而言之，則姓亦曰氏，春秋書「姜氏」「子氏」是也。氏亦曰族，左傳「無駭卒，羽父請謚與族」是也。族亦曰姓，此言「庶姓」是也。

服術有六：一曰親親，二曰尊尊，三曰名，四曰出入，五曰長幼，六曰從服。

術猶道也。親親，謂正卑之服。尊尊，謂正尊之服。名，謂異姓之女，來嫁於己族，主母、婦之名而爲之服也。喪服傳曰：「世母、叔母何以亦期也？以名服也。」又曰：「從母」，「何以小功也？以名加也。」是也。出入，謂己族之女有出有入，而服因之而有隆殺也。未適人及反而在室者曰入，適人曰出。長，謂旁親屬尊者之服。幼，謂旁親屬卑者之服也。從服，謂非己之正服，從於人而服者也。蓋親親者所以下治子、孫，尊尊者所以上治祖、禰，名者所以爲男女之別，長幼者所以旁治昆弟也。若出入，則女子子爲親親之服，姑、姊妹爲長幼之服，而特其在家與適人之不同而已。從服則夫之從妻，但服其正尊，子之從母，妻之從夫，兼服其旁尊，亦皆不出乎尊尊長幼之義。是服雖有六，莫不由乎人道之四者而起也。

從服有六：有屬從，有徒從，有從有服而無服，有從無服而有服，有從重而輕，有從輕而重。

屬從、徒從，說見小記。　鄭氏曰：從有服而無服，公子爲其妻之父母。從無服而有服，公子之妻爲公子之外兄弟。從重而輕，夫爲妻之父母。從輕而重，公子之妻爲其皇姑。鄭氏說皆服問文，說見本篇。

愚謂從服有六，實不外乎屬從、徒從而已，其下四者，皆屬從之別者也。此上二節，言服制不外乎人道也。

自仁率親，等而上之至于祖，名曰輕；自義率祖，順而下之至于禰，名曰重。一輕一重，其義然也。釋文：上，時掌反。

此又以服之上殺，明上治祖、禰之義也。自猶從也。率，循也。親，謂父也。輕重，謂服之隆殺也。仁主於恩厚，義主於斷制。從乎仁，則服隆於三年，而其事循乎親，等而上之，而爲祖期，爲曾祖三月，而其服漸殺，故曰輕。輕者，義之制也。從乎義，則服殺於三月，而其事循乎祖，順而下之，而爲祖期，爲父母三年，而其服轉隆，故曰重。重者，仁之厚也。一輕一重，無非天理所當然，非以私意爲隆殺也。蓋祖、禰皆尊尊之服，然父則尊、親並極，祖則尊雖極而恩稍遠矣。此服之輕重所以不同也。

君有合族之道，族人不得以其戚戚君，句。位也。鄭氏讀「族人」以下十一字爲句，石梁王氏讀「君」字爲句，「位也」爲句，今從之。

鄭氏曰：君恩可以下施，而族人皆臣也，不得以父兄子弟之親，自戚於君。位，謂齒列也，所以尊君別嫌也。孔氏曰：合族，謂設族食燕飲，有合會族人之道。輔氏廣曰：君有合族之道，親親仁也。族人不敢以其戚戚君，位尊尊義也。愚謂此言君雖有綴姓合食之道，以篤親族之恩，而族人則不敢以其戚戚君，以尊卑之位不同也。以明人君絕宗，而宗法之所以立，爲下文發其端也。

庶子不祭，明其宗也。庶子不得爲長子三年，不繼祖也。釋文：爲，于僞反。下「爲其士」同。

鄭氏曰：族人上不戚君，下又辟宗，乃後能相序。 朱子曰：庶子不祭，謂非大宗則不得祭適子之爲祖者，非小宗則各不得祭其四小宗所立之祖、禰也。 愚謂庶子不得祭祖、禰，而祖、禰由適子而祭，此宗法之所以重也。

別子爲祖，繼別爲宗，繼禰者爲小宗。

鄭氏曰：別子，謂公子，若始來在此國者，後世以爲祖也。 繼別爲宗，別子之世適也，族人尊之，謂之大宗，是宗子也。 繼禰者，父之適也，兄弟尊之，謂之小宗。 孔氏曰：別子，謂諸侯之庶子。 諸侯之適子、適孫繼世爲君，而第二子以下悉不得禰先君，別於正適，故稱別子也。 爲祖者，言爲後世之太祖也。 始來在此國，此謂非君之親，或是異姓，始來亦謂之別子，以其別於在本國不來者也。 繼別爲宗，謂別子之適子世繼別子爲大宗也。 族人與之絶族者，皆爲之服齊衰三月，母、妻亦然。 繼禰者爲小宗，謂父之適子上繼於禰，諸兄弟皆宗之，謂之小宗，以本親之服服之。 愚謂上言「族人不得戚君」，下言「公子有宗道」，則別子本主謂諸侯之庶子，鄭氏欲廣言立大宗之法，故并始來在此國者言之。 蓋公子之重視大夫，若始來此國而爲大夫，固當爲其後世之大祖，與公子同也。 其不爲大夫者，仍宗其宗子之在故國者，而不得自立宗，曲禮所謂「反告於宗後」是也。

有百世不遷之宗，有五世則遷之宗。 百世不遷者，別子之後也。 宗其繼別子之所自出者，百世不遷者也。 宗其繼高祖者，五世則遷者也。 尊祖故敬宗，敬宗，尊祖之義也。

朱子曰：「之所自出」四字疑衍，註中亦無此文，至作疏時方誤耳。

鄭氏曰：繼別子者，別子之世適也。繼高祖者，亦小宗也。先言「繼禰者」，據別子子弟之子也。以高祖與禰皆有繼者，則曾祖亦有也。則小宗四，與大宗凡五。孔氏曰：百世不遷之宗，謂大宗也。五世則遷之宗，謂小宗也。經言繼高祖爲小宗，何以前文先言「繼禰者爲小宗」？鄭解此意，先言「繼禰者」，承上「繼別爲大宗」之下，則從別子言之。別子子者，別子之適子也；弟之子者，別子適子之弟所生子也。弟則是禰，其長子則是小宗，故云「繼禰者爲小宗」，因別子而言也。小宗四，謂一是繼禰，與親兄弟爲宗；二是繼祖，與同堂兄弟爲宗；三是繼曾祖，與再從兄弟爲宗；四是繼高祖，與三從兄弟爲宗；并大宗凡五也。大宗是遠祖之正體，小宗是高祖之正體。尊崇其祖，故敬宗子。所以敬宗子者，尊崇先祖之義也。

有小宗而無大宗者，有大宗而無小宗者，有無宗亦莫之宗者，公子是也。

鄭氏曰：公子有此三事也。公子，謂先君之子，今君昆弟。孔氏曰：諸侯之子，身是公子，上不得宗君，下未爲後世之宗，不可無人主領。君無適昆弟，遣庶昆弟一人爲宗，領公子，禮如小宗，是有小宗而無大宗。君有適昆弟，使之爲宗，以領公子，更不立庶昆弟爲宗，是有大宗而無小宗。公子唯一，無他公子可爲宗，是無宗；亦無他公子來宗己，是莫之宗也。公子有此三事，他人無也。愚謂上言立宗之義已盡，此下二節，又言公子立宗之法，乃立宗之權也。

公子有宗道。公子之公，爲其士大夫之庶者宗其士大夫之適者，公子之宗道也。

鄭氏曰：公子不得宗君，君命適昆弟爲之宗，使之宗之，是公子之宗道也。（此解本文之義。）所宗者適，則如大宗死爲之齊衰九月，其母則小君也，爲其妻齊衰三月。此解上文「有大宗而無小宗」。無適子而宗庶，則如小宗死爲之大功九月，其母、妻則無服。此解上文「有小宗而無大宗」。公子唯己而已，則無宗亦莫之宗也。此解上文「無宗亦莫之宗」。愚謂公子，卽別子也。繼別爲宗，則當公子之身未有宗道，而有宗道者，則以有公命爲宗之法也。上言公子有三事，而此獨以宗適言之者，蓋宗適者其正也，無適乃宗庶耳。然宗子本以主祖、禰之祭，故爲族人之所宗，若公子之爲宗，則但有收族之責，而無尊祖之義。蓋君既絶宗，兄弟不可以無統，故權時立之如此。至公子之適子，則各自主其父之祭，以爲後世之大宗，而不復相宗矣。自「君有合族之道」至此，言立宗之法；又承上文「同姓從宗，合族屬」而申言之，以明旁治昆弟之義也。

絶族無移服，親者屬也。釋文：移，或本或作「施」，同以豉反。

鄭氏曰：絶族無移服，族昆弟之子不相爲服。親者屬，有親者，服各以其屬親疏。孔氏曰：在旁而及曰移。絶族無移服者，族兄弟緦麻，族兄弟之子及四從兄弟爲族屬〔一〕，既絶，服不延移及之。親者屬者，謂有親者各以屬而爲之服也。愚謂此二句本喪服傳所引「傳曰」之文，所以釋「出妻之子爲外祖父母無服」之義，此篇引之，則主於本宗之服，以明人道親親之義也。

自仁率親，等而上之至于祖，自義率祖，順而下之至于禰，是故人道親親也。

上節引喪服傳，以旁治明親親之義；此覆舉前文，又以上治明親親之義也。蓋人道雖有四者，而不外

〔一〕「爲」字原本脫，據禮記注疏補。

於親親，而親親之義，則又以屬於禰者爲最隆，故於此歸本而言之，以明人道之所尤重也。

親親故尊祖，尊祖故敬宗，敬宗故收族，收族故宗廟嚴，宗廟嚴故重社稷，重社稷故愛百姓，愛百姓故刑罰中，刑罰中故庶民安，庶民安故財用足，財用足故百志成，百志成故禮俗刑，禮俗刑然後樂。詩云：「不顯不承，無斁於人斯。」此之謂也。釋文：中，丁仲反。斁音亦。

祖者，親之所尊也。能親親，則必以親之心爲心，而遞推之以至於無窮而尊祖矣。親親尊祖，則必敬其主祖、禰之祭者而敬宗矣。收，聚也。敬宗，則族人皆祗事宗子而收族矣。收族則宗子祭而族人皆侍，而宗廟嚴矣。卿大夫之宗廟，與君之社稷相爲休戚者也，故宗廟嚴則必重社稷，而效忠於上者篤矣。百姓，百官也。臣能重社稷而效忠於君，則君亦愛百姓而體恤其臣矣。君臣交相忠愛，則無事乎操切督責之政而刑罰中矣。刑罰中而和氣洽，庶民之所以安也。庶民安而樂事勸功，財用之所以足也。財用足，則富可以備禮，和可以廣樂，百志之所以成也。刑亦成也。制之於上之謂禮，行之於下之謂俗。百志成則化行俗美，禮俗之所以刑也。禮俗刑，然後上下和樂而不厭矣。詩，大雅清廟之篇。承，尊奉也。不顯，豈不顯也。不承，豈不承也。斁，厭也。引詩以明禮俗成而樂，則無厭斁於人也。不有以親其親。蓋治天下必始於人道，而人道不外於親親。先王治天下，必以治親爲先，使天下之人莫不有以親其親。而其效至於如此，則其始雖若無與於民，而其終至於無不足、無不贍者，用此道也。

〇顧氏炎武曰：人君之於天下，不能以獨治也，獨治之而刑繁矣，衆治之而刑措矣。古之王者，不忍以刑窮天下之民也，是故一家之中，父兄治之，一族之間，宗子治之，其有不善之萌，莫不自化於閨門之內，而猶有不帥教者，然後歸之士師。然則人君之所治者約矣。然後原父子之親，立君臣之義以權之；意論輕重之序，慎測淺深之量以別之；悉其聰明，致其忠愛以盡之。夫然，刑罰焉得而不中乎？是故宗法立而刑清。天下之宗子，各治其族，以輔人君之治，罔攸兼于庶獄，而民自不犯於有司，風俗之醇，科條之簡，有自來矣。詩曰：「君之宗之。」吾是以知宗子之次於君道也。又曰：民之所以不安，以其有貧有富。貧者至於有不能自存，而富者常恐人之有求而多爲吝嗇之計，於是乎有争心矣。夫子有言：「不患貧而患不均。」夫惟收族之法行，而歲時有合食之恩，吉凶有通財之義。本俗六安萬民，三曰「聯兄弟」，而鄉三物之所興者，六行之條，曰「睦」曰「恤」，不待王政之施，而矜、寡、孤、獨、廢、疾者皆有所養矣。此所謂「均無貧」者，而財用有不足乎？至於葛藟之刺興，角弓之賦作，九族乃離，一方相怨，而缾罍交恥，泉池並竭，然後知先王宗法之立，其所以養人之欲而給人之求爲周且豫矣。

禮記卷三十五

少儀第十七

別録屬制度。○釋文：少，詩照反。

孔氏曰：此篇雜明細小威儀。　陸氏佃曰：内則曰「十歲學幼儀」，此篇其類也。　朱子曰：此篇言少者事長之節，疏以爲細小威儀，非也。　愚謂此篇固多爲少者事長之事，而亦有不專爲少時者，但其禮皆於少時學之，所謂「見小節，踐小義」也。　名篇之義，朱子之説爲確，而鄭、孔所謂「細小威儀」者，其義亦未嘗不兼之焉。

聞始見君子者，辭曰：「某固願聞名於將命者。」不得階主。　釋文：見，賢遍反，下文並同。　聞如字，徐音問。

鄭氏曰：君子，卿大夫若有異德者。固，如故也。將猶奉也。卽君子之門，而云「願以名聞於將命者」，謙遠之也。重則云「固」。奉命，傳辭出入。階，上進者。言賓之辭不得指斥主人。　孔氏曰：聞始見君子者，作記之人謙退，不敢自專制其儀，而云「傳聞舊説」也。辭，客之辭也。某，客名也。再辭曰「固」。不云「初辭」而云「固」者，欲明主人不卽見己，己乃再辭，故云「固」。若初辭，則不云「固」也，當唯云「某願聞名於將命者」耳。聞名，謂名得通達也。將命，謂傳辭出入者。階，進也。階是階級，人升階必上進也。主，謂主人。客實願見主人，而云「願以己名聞於傳命者」，客宜卑退，故其辭不得進斥主人也。　愚謂始見，謂執贄相見者也。始見君子，降等之客也。不得階主，降於敵者之禮也。

敵者，曰「某固願見」。

鄭氏曰：敵，當也。願見，願見於將命者，謙也。　孔氏曰：亦應云「願見於將命者」，因上已有，故此略之。　愚謂敵者始見，其辭曰「某固願見」，不云「聞名於將命者」，以其體敵，故其辭得階主也。士相見之禮曰：「某也願見，無由達，某子以命命某見。」註疏說非是。

罕見曰「聞名」，亟見曰「朝夕」。釋文：亟，去冀反，下同。

此又承前「見君子」而言。罕見情疏，故曰「聞名」，蓋雖不執贄，而其辭則與始見同也。亟，數也。亟見情親，故其辭曰「某願朝夕於將命者」。

瞽曰「聞名」。

鄭氏曰：瞽，無目也。以無目，辭不稱「見」。　孔氏曰：不問見貴賤，並云「願聞名於將命者」，其目無所見，故不云「願見」。　愚謂此亦始見與罕見之辭也。

適有喪者曰「比」，童子曰「聽事」。

鄭氏曰：適，之也。曰「某願比於將命者」。比，猶比方，俱給事。童子曰「某願聽事於將命者」。　孔氏曰：前明吉禮相見，此明凶禮相見也。喪不主相見，凡往皆是助事，故云「比」，謂比方其年力以給其事也。若五十從反哭，四十待盈坎，皆是比方其事。童子未成人，往適他喪，不敢與成人比方，但來聽主人以事見使，故云「願聽事於將命者」。愚謂比於將命，謂來與將命者同執事爾。孔氏「比方年力」之説，非是。玉藻：「童子無緦服，聽事不麻。」

適公卿之喪，則曰「聽役於司徒」。

鄭氏曰：喪憂戚，無賓主之禮，皆爲執事來也。孔氏曰：前明往敵者喪家，此適貴者喪，不敢云「比」，但聽主人見役也。司徒主國之事，公卿之喪，皆率其屬掌之。故司徒職云：「大喪，率六鄉之衆庶，屬其六引而治其政令。」又檀弓云「孟獻子之喪，司徒旅歸四布」，隱義云「公卿亦有司徒官以掌喪事」也。愚謂公，謂大國之孤也。少牢禮大夫有宰，有司馬，有司士。宰卽司徒也。天子有宰，有司徒。諸侯大夫皆兼官，諸侯之司徒，聘禮謂之宰，以其兼宰之事也，故大夫之宰亦謂之司徒也。司徒主公卿之家事，故適公卿之喪曰「聽役於司徒」。司徒職「大喪，屬其六引」，此謂王之喪，非卿大夫之喪也。周禮「三公六卿之喪」，宰夫「與職喪率官有司而治之」，司徒不掌其事，疏説非是。

君將適他，臣如致金玉貨貝於君，則曰「致馬資於有司」。敵者曰「贈從者」。釋文：它音他，本亦作「他」。從，才用反。

鄭氏曰：適他，行朝會也。資猶用也。贈，送也。孔氏曰：前明吉凶相見之禮，此下明吉凶送遺之禮，此明送吉也。君朝會出往他國，臣若奉獻財物，以充君路費，君體尊備物，不敢言以物贈君，故云「此物充君馬資」。有司，謂主典君物者。物送敵者，亦不敢言贈送敵者，當言「贈於左右從行者」也。愚謂貨，布也。致馬資於有司，言己物非薄，不堪充用，但致於有司，以給馬之芻秣而已。敵者曰

「贈從者」，言己物非薄，不足以給敵者之用，但以送從行之人而已。

臣致襚於君，則曰「致廢衣於賈人」。敵者曰「襚」。釋文：襚音遂。賈音價，徐音估。

鄭氏曰：言廢衣，不必其以斂也。賈人，知物善惡者。周禮玉府「掌凡王之獻：金玉、兵器、文織、良貨賄之物，受而藏之，」有賈八人。孔氏曰：前明送吉，此明送凶。襚者，以衣送死人之稱，言遂彼生時之意也。若臣以衣襚君，不得言「襚」，但云「致廢衣」，言不敢必充君斂，但充廢置不用之例也。賈人識物貴賤，主君衣物，不敢云與君，故云「致賈人」也。敵者無謙，故云「襚」。愚謂司服掌王之吉凶衣服，其下無賈；玉府掌王之燕衣服，有賈八人。今致襚者言「致廢衣於賈人」，蓋以己之襚不足爲禮衣，但致於玉府之賈人，以充燕衣服之數而已。

親者兄弟不以襚進。

鄭氏曰：不執將命也，以即陳而已。孔氏曰：此明親者相襚之法。進，謂執之將命也。若非親者相襚，則擯者傳辭將進；若親者，直將進陳之，不須執以將命也。案士喪禮，大功以上同體之親，襚不將命，小功以下及同姓等皆將命。愚謂凡族親皆謂之兄弟。親者兄弟，言兄弟之親者，謂大功以上也。

臣爲君喪，納貨貝於君，則曰「納甸於有司」。

鄭氏曰：甸，謂田野之物。孔氏曰：納，入也。甸，田也。臣受君地，此物田野所出，合獻入於君之有司也。衣是送君，故與賈人；貨貝供喪用，故付有司。愚謂致貨貝於君，謂致賻也。

賵馬入廟門。賻馬與其幣，大白兵車，不入廟門。

鄭氏曰：賵馬入廟門，以其主於死者。賻馬與其幣不入廟門，以其主於生人也。兵車，革路也。雖為死者來，陳之於外，戰伐田獵之服，非盛者也。周禮：「革路建大白以即戎。」孔氏曰：此論賵、賻之異。以馬送死曰賵。賵，副也，言副亡者之意，欲供駕魂車也。以馬助生者營喪曰賻馬。諸侯之喪，鄰國有以大白兵車而賵者，或國家自有也。　愚謂諸侯致賵有圭，若大夫士亦有幣。賵馬不言其幣者，馬既入，則圭與幣可知。賻用貨貝，或亦用馬，用馬則并有幣以將之。賻馬特言「與其幣」者，嫌馬雖不入，幣猶當入也。士喪禮下篇：「賓賵者將命，擯者出請，入告，出告『須』，馬入設，賓奉幣。擯者先入，賓從。」是賵馬與其幣入廟門也。又曰：「若賻，入告，主人出門左，西面，賓東面將命。主人拜，賓坐委之。」此所委蓋貨貝之屬，是賻物不入廟門也。其用馬為賻者亦然。大白兵車，言兵車之上建大白也。大白兵車，賵也，而亦不入廟門者，諸侯賵物多，若皆入，則庭之廣不足以容，而革路既卑，故不入廟門。

賻者既致命，坐委之，擯者舉之，主人無親受也。

鄭氏曰：喪者非尸柩之事則不親也。舉之，舉以東。孔氏曰：此明賻者授受之儀。吉時饋物，主人皆自拜受；喪主哀戚，賻物悉不得拜受，故使擯者舉之而已。舉之，謂幣之屬也。知舉以東者，雜記「含者委于殯東南」，「宰夫朝服即喪屨，升自西階，西面坐取璧，降自西階以東。」後繸者賵者竝然，若賻則擯者不升堂也。　愚謂雜記諸侯致賵，上介升堂致命，此謂在殯或既葬以後。若葬時致賵，則雖君命不升堂，蓋爲其時柩在堂下，不可居堂上以臨死者。故士喪禮「公賵玄纁束，馬兩」，「賓奉幣，由馬西，當前輅，北面致命」。是葬時君賵亦不升堂。孔疏云「若賻則擯者不升堂」，其義猶未爲晰也。擯者，主人之宰也。周禮小宰：「喪荒，受其含襚幣玉之事。」士喪禮下篇曰：「賓賻，東面將命，坐委之，宰由主人之北，東面舉之。」賻者用貨貝，則執貨貝以將命，用馬、幣，則執幣以將命，既將命，則坐委之，而主人之擯者舉之。此禮賵、賻皆然，獨言「賻」者，蒙上文「賻馬與其幣」之文也。

受立授立，不坐，性之直者，則有之矣。

朱子曰：性之直，猶所謂「直情而徑行」者與？　愚謂受立不坐，爲煩人之坐而授也。授立不坐，爲煩人之坐而受也。性之直者則有之，則固不可以爲禮而安之也。

始入而辭，曰「辭矣」。卽席，曰「可矣」。

鄭氏曰：可猶止也。謂擯者爲賓主之節也。始入則告之辭，至就席則止其辭。孔氏曰：始入而辭者，謂始入門，主人辭謝賓之節。曰「辭矣」者，擯者告主人辭，讓賓令先入也。至階時，亦應告主人讓登，此不言者，「始入」之文包入門、登階也。卽席，謂賓主升堂，各就席而立也。曰「可矣」者，擯者告之，言既卽席，不須辭也。　愚謂此謂以禮相見，而席於堂者也。可矣者，賓主既皆就席，告之以可坐也。

排闔說屨於户内者，一人而已矣。有尊長在，則否。釋文：闔，初臘反，又音合。說，吐活反，本又作「脱」。長，丁丈反。

鄭氏曰：雖衆敵，猶有所尊也。有尊長者在內，後來之衆皆說屨於户外。愚謂此謂燕見而席於室者也。闔，户扇也。凡席於堂，則屨說於堂下；席於室，則屨說於户外，唯尊者一人說屨於席側。若尊卑相敵之人，相與排闔入室，雖無尊者，亦唯推年長一人說屨於户內也。有尊長在則否者，謂若先有尊長在內，則後入者皆說屨户外也。

問品味，曰：「子亟食於某乎？」問道藝，曰：「子習於某乎？子善於某乎？」

鄭氏曰：不斥人，謙也。道，三德三行也。藝，謂六藝。孔氏曰：雖先知其所食、所習、所善，及其問之，猶疑而稱「乎」，乎者，謙退之辭，是不正指斥人所能也。道難，故稱「習」；藝易，故稱「善」。愚謂道藝，謂六藝也。周禮鄉大夫：「考其德行道藝，而興賢者能者。」德謂六德，行謂六行，道藝謂六藝，此鄉大夫之三物。道藝人容有能否，故須問；若德行，則不當問矣。或稱「習」，或稱「善」，博異言也。

不疑在躬，不度民械，不願於大家，不訾重器。釋文：度，大洛反。訾，子斯反。○今按：訾當讀爲「不苟訾」之訾，音紫。

鄭氏曰：躬，身也。不服行所不知，使身疑也。械，兵器也。大，謂富之廣也。訾，思。重猶寶也。

孔氏曰：大家，謂富貴廣大之家，謂卿大夫之家也。見彼富大，不可願效之，非分而願，必有亂心也。重器，珍寶之物。見之不可思玩，若思玩之，則憎疾己貧賤，生淫亂濫惡也。朱子曰：不計度民家之器物，爲不欲校人之强弱，且嫌不審也。訾，猶計度也。下「無訾金玉成器」，字義同此。國語云

「訾相其質」，漢書云「爲無訾省」，又云「不訾之身」，皆此義。此言「不訾重器」者，謂不欲量物之貴賤，亦避不審也。愚謂在躬，謂冠服之屬也。左傳：「衣服附在吾身。」不疑在躬者，衣服各有所宜，若疑於其義而服之，則亂於禮也。兵械，非常之器，不度之者，恐人以非心疑己也。不願於大家者，君子素位而行，不願乎外，不可以妄慕富貴也。訾，毀也。重器，人所寶貴，若指其瑕纇而訾毀之，非人之所樂也。願大家，近於求；訾重器，近乎忮。○此節通戒爲人之法。孔疏蒙上「卽席」，專以賓主之禮言，非是。

氾埽曰埽，埽席前曰拚。拚席不以鬣，執箕膺擖。釋文：氾，芳劍反。拚，弗運反，又作「𢷌」。鬣，力輒反。擖，以涉反，徐音葉。

鄭氏曰：鬣，謂帚也。帚恆埽地，不潔清也。膺，親也。擖，舌也。持箕將去糞者，以舌自鄉。孔氏曰：拚是除穢，埽是滌蕩。內外俱埽謂之埽，止埽席前謂之拚。鬣，謂埽地帚也。埽席上，不得用埽地帚也。膺，人之胸前。擖，箕之舌也。箕是去穢物之具，賤者執之，不可持鄉尊者，當持其舌自嚮胸前。愚謂孔疏以此節亦蒙前「卽席」，以賓客來言之，非是。洒埽室堂及庭，每日之常，非必爲有賓客也。弟子職云「執箕膺揲，厥中有帚」，此謂初往糞時也。又云「以葉適己，實帚于箕」，此謂糞畢將去時也。是初往及糞畢時執箕皆膺擖也。

不貳問。

貳，猶貳心之義。問宜專向一人，若貳問，則令人難爲答也。○註疏以問爲問卜、筮，非是。下句方言「問卜、筮」，則此「問」不謂卜、筮。

問卜、筮，曰：「義與，志與？」義則可問，志則否。釋文：與音餘。

鄭氏曰：義，正事也。志，私意也。輔氏廣曰：問卜、筮，必義而後可，不可行險以儌幸。左傳「南蒯將叛」，「筮而遇坤之比」，子服惠伯曰：「忠信之事則可，不然則否。」又曰：「易不可以占險。」愚謂義與、志與者，將問而先審度於己也。義則當質於神，以審其從違；若志則當以義自斷，而其吉凶不必問矣。

尊長於己踰等，不敢問其年。

鄭氏曰：踰等，父兄黨也。問年，則己恭孫之心不全。愚謂踰等，謂輩行尊於己者，同姓則世叔父之屬，異姓則父之執，母之昆弟之屬。君之路馬不齒，有貳車者之乘馬服車不齒，而況尊長可問其年乎？

燕見不將命。釋文：見，賢徧反，下「請見」同。

鄭氏曰：自不用賓主之正來，則若子弟然。孔氏曰：私燕而見，不使擯者將命，無賓主之禮。

遇於道，見則面，不請所之。

鄭氏曰：可以隱則隱，不敢煩動也。不請所之，長者所之或卑褻。愚謂不請所之，亦爲煩長者之答己。

喪俟事，不犆弔。釋文：特，本亦作「犆」，音特。

鄭氏曰：亦不敢故煩動也。事，朝夕哭時。

侍坐，弗使不執琴瑟，不畫地，手無容，不翣也。釋文：翣，本又作「萐」，所甲反。

鄭氏曰：端愨所以爲敬也。尊長若使彈琴瑟，則爲之可。孔氏曰：此卑侍尊者之法也。不畫地，不無故畫地也。手無容，不弄手也。翣，扇也。雖暑亦不敢搖翣也。此皆端愨所以爲敬。愚謂此四者皆侍坐之法。

寢，則坐而將命。

鄭氏曰：將命，有所傳辭也。坐者，不敢臨之。孔氏曰：長者寢臥，立則恐臨尊者。愚謂燕見不將命，謂己不敢使人將命也。寢，則坐而將命，謂己爲尊長將命也。

侍射則約矢，侍投則擁矢。釋文：射，食夜反。

鄭氏曰：約矢，不敢與之拾取也。擁矢，不敢釋於地也。投，投壺也。投壺坐。孔氏曰：矢，箭也。凡射必計耦，先設楅於中庭，倚箭於楅上，上耦前取一矢，下耦又進取一矢，如是更進，各得四箭。若卑者侍射，則不敢更拾、進取，但一時並取四箭，故云「約矢」。投，投壺也。擁，抱也。矢，投壺箭也。投壺禮亦賓主各四矢，從委於前，一一取之以投。若卑者侍投，則不敢釋置於地，但手並抱之也。愚謂此謂侍尊者射及投壺，而與尊者爲耦也。

勝則洗而以請。客亦如之。不角，不擢馬。釋文：勝，詩證反。擢，直角反。

鄭氏曰：洗而以請，洗爵請行觴，不敢直飲之。客射，若投壺不勝，主人亦洗而請之。角，謂觥，罰爵也。於尊長與客，如獻酬之爵。擢，去也，謂徹也。孔氏曰：勝則洗而以請者，若敵射及投壺竟勝者，弟子酌酒置豐上，豐在西階上西楹之西，而下堂揖不勝者升堂，北面取豐上爵飲之。若卑者得勝，則不敢直酌，當先洗爵而請行酒，然後乃行也。客亦如之者，客若不勝，則主人亦洗而請，如卑侍尊之法，所以優賓也。不角者，罰爵用角，詩云「酌彼兕觥」是也。飲尊者及客，則不敢用角，但用如常獻酬之爵也。不擢馬者，擢，去也，徹也。投壺立籌爲馬，馬有威武，射者所尚也。凡投壺，每一勝輒立一馬，至三馬而成勝。但頻勝三馬難得，若一朋得二馬，一朋得一馬，二馬之朋，徹取一馬爲三馬，以足成已勝。若卑者之朋，雖得二馬，不敢徹尊者馬足成已勝也。愚謂勝則洗而以請者，謂洗爵酌酒，就其席前而請之，不敢奠爵於豐上，而揖尊者使飲。鄉射禮若「賓主人大夫不勝」，「執爵者取觶降洗升，實之以授于席前」，是也。註疏說未晰。毛詩傳：「兕觥，罰爵也。」疏云：「觥是觚、觶、角、散之外別有此器，不用於正禮。」蓋觥以兕角爲之，故亦名爲角，而非「四升曰角」之角也。然鄉射、大射罰爵皆用觶，此用角者，豈燕射與投壺之禮然與？投壺禮請賓云「一馬從二馬」，「請主人亦如之」，則與客投壺者得擢馬矣。此云「客亦如之」，唯謂「勝則洗而以請」一事，若不角、不擢馬，則唯施於尊者，而不施於客也。孔疏於下二事亦兼尊者與客言之，非是。

執君之乘車則坐。釋文：乘，繩證反。

鄭氏曰：執，執轡，謂守之也，君不在中。坐，示不行也。孔氏曰：凡御則立，今守空車則坐，示君不在車，車不行也。愚謂此謂初乘車驅之五步而立之時也。坐，跪也。爲君子御者，始乘則式，爲君御者，始乘則坐，皆所以爲敬也。

僕者右帶劍，負良綏，申之面，拖諸幦，以散綏升，執轡然後步。釋文：拖，徒可反，又他佐反。幦，徐音覓。

鄭氏曰：面，前也。幦，覆笭也。良綏，君綏也。負之，由左肩上入右腋下，申之於前覆笭上也。步，行也。　孔氏曰：僕，御者也。右帶劍者，帶之於腰右邊也。帶劍之法在左，右手抽之便也。今御者右帶劍者，御在中，君在左，若左帶劍，則妨君，故右帶也。良，善也。善綏，君綏也。負良綏，申之面者，君由後升，僕者在車，背君，面向前，按自「君由後升」以下十三字當删。取君綏，由左腋下加左肩上，繞背入右腋下，申綏之末於面前。拖諸幦者，拖猶擲也，亦引也。幦，車覆闌。綏申於面前，而擲末於車前幦上也。散綏，副綏也。僕登車不得執君綏，故執副綏而升也。執轡然後步者，步，行也，既升車，執策分轡，而後行車也。行車五步而立待君，君出，則授良綏而升君也。　朱子曰：僕在車下，帶劍負綏，而擲綏末於幦上，君固未就車也。及僕以散綏升之後，君方出而就車。此疏乃言「君由後升，僕者在車，背君」，「取綏而拖諸幦」，誤矣。　又按綏制，當是以索爲環，兩頭相屬，故負者得以如環處自左腋下過前後各上至背，則合而出於右腋之中，以申於前，而自車下擲於幦上，君升則還身向後，復以覆幦如環處授君，使君得以兩手執之而升也。　又曰：此條非專爲君御之事。蓋劍妨左人，自當右帶，綏欲授人，自當負之以升，又當升時無人授己，故但取散綏以升，乃僕之通法。註疏皆誤。

愚謂綏蓋繫於車之左右闌，君由左升，良綏在左；僕右，由右升，其綏在右。僕必負綏者，君升授綏，必繞之於背以挽君，乃有力，故於未升時預擬君升授綏之法，而負之以升也。此節固爲僕之通法，註疏承上文，專以御君言之，於義亦無害。至疏謂負綏在車上，則非是。又君升則僕當向君，而以綏授君，疏乃謂「背君向前」，而「申綏於面」，尤不可曉。疑是疏文有誤脱，若刪去「君由後升」至「向前」十三字，則其文義亦自通曉也。

請見不請退。朝廷曰退，燕遊曰歸，師役曰罷。釋文：見，賢遍反。朝，直遥反，後「朝廷」皆同。罷音皮。○按朱子罷如字，今從之。

鄭氏曰：請見不請退者，去止不敢自由。朝廷曰退，近君爲進也。燕遊曰歸，禮褻，主於家也。罷之言罷勞也。孔氏曰：卑者於尊者，有請見之理，既見，退必由於尊者，故不敢請退。朝廷之中，若欲散還，則稱曰退，以近君爲進。還私遠君，故曰退。論語「子退朝」，「冉子退朝」，俱是對進爲言也。在燕及遊退還，稱曰歸，以燕遊禮褻，主於歸家。於師役之中，欲退散之時，稱曰罷勞。朱子曰：按易曰：「或鼓或罷。」與史記「將軍罷休就舍」之罷亦同。愚謂師，兵衆也。役，徒役也。罷，休也。凡用師役，曰作曰興，散師役曰罷。

侍坐於君子，君子欠伸，運笏，澤劍首，還屨，問日之蚤莫，雖請退可也。釋文：還音旋。莫音暮。

鄭氏曰：以此皆解倦之狀。伸，頻伸也。運、澤，謂玩弄也。金器弄之，易生汗澤。孔氏曰：志倦則欠，體疲則伸。運，動也。謂君子摇動於笏。澤，謂光澤。玩弄劍首，則生光澤。還，轉也。尊者脱屨户内，是屨恆在側，故得自還轉之也。「欠伸」以下諸事，皆是君子體倦欲起，或欲卧息之意，故侍者請退可也。　愚謂此承上文而言。請見雖不請退，若君子有此諸事，則雖請退可也，所以體尊者之意也。

事君者量而后入，不入而后量。凡乞假於人、爲人從事者亦然。然，故上無怨而下遠罪也。

釋文：量音亮。乞如字，又音氣。爲，于僞反。遠，于萬反。

鄭氏曰：量，量其事意合成否。　孔氏曰：凡臣之事君，欲請爲其事，先商量事意堪合與否，而後入而請之，不先入請，然後始商量成否。非但事君如此，凡乞貸假借，求請事人，亦須先商量事意成否，故曰「亦然」。然，猶如此。事君如此，則下不忤上，故上無怨；上不責下，故下遠罪。然唯結上下，不結「乞假」「從事」者，畧可知也。

不窺密，不旁狎，不道舊故，不戲色。

鄭氏曰：密，隱曲處。不窺密，嫌伺人之私也。不旁狎，妄相服習，終或爭訟。道舊故，言知識之過失，損友也。　朱子曰：旁，泛及也。泛與人狎習，不恭敬也。舊事既非今日所急，或揚人宿過，以取憎惡，如陳勝賓客言勝故情，爲勝所殺之類也。戲色，謂嬉笑侮慢之容。　愚謂此四者皆非恭敬長厚之道，故戒之。

爲人臣下者，有諫而無訕，有亡而無疾，頌而無諂，諫而無驕，怠則張而相之，廢則埽而更之，謂之社稷之役。

釋文：訕，所諫反，徐所姦反。諂，敕檢反。相，息亮反。更音庚。

鄭氏曰：亡，去也。疾，惡也。頌，謂將順其美也。驕，謂言行謀從，恃知而慢也。怠，惰也。相，助也。廢，政教壞亂，不可因也。　孔氏曰：訕，謂道君之過惡及謗毀也。　君有過，臣當諫之，而不得向人謗毀。　諫若不聽，當出竟亡去，不得强留而憎惡君也。　頌，美盛德之形容也。　讇，謂以惡爲美，横求見容也。　君有盛德，臣當美而頌之，而不得虚妄以惡爲美也。　君若從己諫，則不得因言行謀用，恃知而生驕慢也。　君政怠惰，則臣當張起而助成之；君政若已廢壞，無可張助，則當埽蕩而更創立新政也。　事君如上所言，則可爲社稷之臣也。

毋拔來，毋報往，毋瀆神，毋循枉，毋測未至。　釋文：拔，蒲末反，王本作「校」，古孝反。　報音赴。

鄭氏曰：報，讀爲「赴疾」之赴。　拔、赴，皆疾也。　人來往所之，當有宿漸，不可卒也。　瀆，謂數而不敬。　毋循枉，謂前日之不正，不可復遵行以自伸。　測，意度也。　朱子曰：來、往，只是向背之意。　二句文勢，猶云其就義若熱，則其去義若渴。　言人見有箇好事，火急歡喜要做，這樣人不耐久，少間心懶意闌，則速去之矣，所謂「其進鋭者其退速」也。　愚謂測未至，孔子所謂「逆詐億不信」也。　拔來、報往則輕躁，瀆神則不敬，循枉則耻過作非，測未至則不誠。

士依於德，游於藝。　工依於法，游於説。　釋文：説如字，又始鋭反。　○鄭註：説或爲「伸」。

鄭氏曰：德，三德也：一曰至德，二曰敏德，三曰孝德。　藝，六藝也：一曰五禮，二曰六樂，三曰五射，四曰五御，五曰六書，六曰九數。　法，謂規矩尺寸之數也。　説，謂鴻殺之意所宜也。　考工記曰：「薄厚之所震動，清濁之所由出，侈弇之所由興，有説。」　愚謂依於德以立其本，游於藝以該其末，依於法以循其所當然，游於説以知其所以然。

毋訾衣服成器，毋身質言語。釋文：訾，子斯反。○今按：訾字亦當音紫。

鄭氏曰：質，成也。聞疑則傳疑，若成之，或有所誤也。朱子曰：毋訾衣服成器，與不訾重器之意同。毋身質言語，即疑事毋質之意。愚謂毋訾衣服成器者，爲其非人之所樂也。毋訾重器，毋訾衣服成器，皆所謂「不苟訾」也。

言語之美，穆穆皇皇。朝廷之美，濟濟翔翔。祭祀之美，齊齊皇皇。車馬之美，匪匪翼翼。鸞和之美，肅肅雍雍。釋文：美音儀，出註。濟，子禮反。齊齊皇皇，齊如字，皇音往，徐于況反。匪讀爲騑，芳非反。○今按：「美」字「皇」字皆當如字。

鄭氏曰：匪讀爲「四牡騑騑」。齊齊皇皇，讀如「歸往」之往。美皆當爲「儀」，字之誤也。周禮教國子六儀：「一曰祭祀之容，二曰賓客之容，三曰朝廷之容，四曰喪紀之容，五曰軍旅之容，六曰車馬之容。」孔氏曰：知美皆當爲「儀」者，以保氏云「教國子六儀」，「一曰祭祀之容」，容卽儀也。故知美皆當爲「儀」。鄭彼註「祭祀之容」、「朝廷之容」、「車馬之容」，皆引此文，其「賓客之容」，則此「言語穆穆皇皇」是也。彼註「喪紀之容，纍纍顛顛，軍旅之容，暨暨詻詻」，是玉藻文也。穆穆皇皇，皆美大之貌。濟濟翔翔，威儀厚重寬舒之貌。皇讀爲「歸往」之往，謂孝子祭祀，心有所繫往，故齊齊皇皇。騑騑翼翼，皆是馬之嚴正之狀。肅肅，敬貌。雍雍，和貌。愚謂鄭氏引此文以解保氏，義固無害，然此所言，與「六儀」不悉相當，則不當破「美」爲「儀」，以從保氏也。穆穆，和静不吴敖也。皇皇，顯明不蹇躓也。濟濟，齊一也。翔翔，猶蹌蹌，軒舉也。齊齊，謹慤。皇皇，猶「皇皇然如有求而弗得」之意，言祭時求神而如弗得也。匪匪，舒散貌。翼翼，嚴正貌。「車馬」以上四者，言其容之美。鸞和肅肅雍雍，言其聲之美。

問國君之子長幼，長，則曰「能從社稷之事矣」；幼，則曰「能御」、「未能御」。問大夫之子長幼，長，則曰「能從樂人之事矣」；幼，則曰「能正於樂人」、「未能正於樂人」。問士之子長幼，長，則曰「能耕矣」；幼，則曰「能負薪」、「未能負薪」。釋文：長，丁丈反。樂音岳。

長謂已冠，幼謂未冠。曲禮曰：「人生十年曰幼，二十曰弱。」御，御車也。成童學射御，能御，成童以上；未能御，成童以下也。能從樂人之事，二十而舞大夏，學大舞也。能正於樂人，十三舞勺，成童舞象，學小舞也。保氏教國子以六藝，御與樂皆六藝之事，故君大夫之子以此爲言。士祿薄，其子或別受田，漢書食貨志「士工商受田，五口乃當農夫。一人」是也，故以耕與負薪爲言。古者民年二十而受田，能負薪未能負薪，亦謂成童上下與？○孔氏曰：曲禮問其父身，此問其子者，記人之意異耳。

應氏鏞曰：曲禮之問，乃他人旁自相問，故對之者其辭文；此則人問其子於父，故對之者其辭卑。

執玉、執龜筴不趨，堂上不趨，城上不趨。釋文：筴音策。

鄭氏曰：於重器，於近尊，於迫狹，無容也。行張足曰趨。

武車不式，介者不拜。

說並見曲禮。○鄭氏謂「軍中肅拜」，非也。凡拜必跪，介者不拜，以其不能跪也。左傳郤至「三肅使者」，肅非拜也。立而引手曰肅，跪而引手曰肅拜。

婦人，吉事雖有君賜，肅拜；爲尸坐，則不手拜，肅拜；爲喪主，則不手拜。鄭註：雖或爲「唯」。

鄭氏曰：肅拜，拜低頭也。手拜，手至地也。婦人以肅拜爲正，凶事乃手拜耳。爲尸，爲祖姑之尸也。士虞禮曰：「男，男尸；女，女尸。」爲喪主不手拜者，爲夫與長子當稽顙也，其餘亦手拜而已。愚謂肅拜，跪引手而下之也。婦人以肅拜爲正，故雖受君賜亦然。士昏禮婦廟見，「拜，扱地」，鄭云：「扱地，手至地也。」婦人之扱地，猶男子之稽首，則婦人拜君賜亦當扱地，蓋扱地乃肅拜之重者，其異於手拜者，首不至手也。爲尸坐，謂爲尸而坐也。手拜，手至地而以首至手，卽九拜之空首也。婦人以手拜爲喪拜。婦人爲尸，則祖姑之尸也。婦人爲祖姑大功，其虞、祔、卒哭之祭，服尚未除，乃不手拜而肅拜者，尸以象神，故不用己之喪拜也。婦人吉拜皆肅拜，重則扱地；喪拜用手拜，重則稽顙。

葛經而麻帶。

鄭氏曰：謂既虞、卒哭也。帶，所以自結束。婦人質，少變，於喪之帶，有除而無變。

取俎、進俎不坐。

鄭氏曰：以其有足，亦柄尺之類。孔氏曰：俎有足，立而進取便，故不坐。管子書弟子職云「進柄尺」，按弟子職云：「柄尺不跪。」此係傳寫脫誤。謂爵、豆之屬也。

執虛如執盈，入虛如有人。

鄭氏曰：重慎。輔氏廣曰：敬謹有常心，不以在外者變也。愚謂此二句形容主敬全體之功，與論語「出門如見大賓，使民如承大祭」之義同。人之所以操存其心者，苟能如此，則可以無患乎惰慢邪辟之干矣。

凡祭，於室中、堂上無跣，燕則有之。釋文：跣，悉典反。

鄭氏曰：祭不跣者，主敬也。燕則有跣，爲歡也。天子諸侯祭，有坐尸於堂之禮。祭所尊在室，燕所尊在堂。將燕，降説屨，乃升堂。孔氏曰：凡祭，謂天子至士悉然也。跣，脱屨也。士祭在室，大夫祭在室，儐尸在堂，天子諸侯則有室有堂。祭禮主敬，非唯室中不脱屨，堂上亦不脱屨，故云「凡祭，於室中、堂上無跣」。燕則有之者，謂堂上有跣也。燕禮主歡，故脱屨而升堂安坐，相親之心也。愚謂坐而飲酒乃脱屨，祭主嚴敬，始終皆不坐，故無跣。燕主歡樂，徹俎之後，坐而飲酒，故有跣。

未嘗不食新。

鄭氏曰：嘗，謂薦新物於寢廟。愚謂嘗，秋祭也。食新，食新穀也。左傳：「不食新矣。」秋時黍稷始熟，嘗祭用以饋熟，未嘗則未薦宗廟，故人子不忍先食新。此謂大夫士之禮，人君時祭之外，別有薦新之禮，既薦新，則可以食之矣。

僕於君子，君子升、下則授綏，始乘則式，君子下行，然後還立。釋文：還音旋。

僕於君子，謂爲尊者御也。升、下則授綏者，升時則授綏以升，下時則授綏以下也。凡僕人之禮，必授人綏，但非降等之僕則不受耳。始乘則式，謂君子未出時，御者式以待之，所以爲敬也。爲君御，始乘則跪，爲君子御，始乘則式，敬有隆殺也。然則非降等之僕，有不必式者與？還，謂轉車就旁側也。立，駐車也。君子既下而行，然後還車而立，以俟君子。公食禮曰：「賓之乘車，在大門外西方，北面立。」

乘貳車則式，佐車則否。

鄭氏曰：貳車、佐車，皆副車也。朝祀之副曰貳，戎獵之副曰佐。　孔氏曰：朝祀尚敬，乘副車者必式。戎獵尚武，乘副車者不式也。　愚謂乘貳車則式，所謂「乘君之乘車，不敢曠左，左必式」也。　佐車則否，所謂「武車不式」也。

貳車者，諸侯七乘，上大夫五乘，下大夫三乘。　釋文：乘，繩證反，下文除「乘車」同。

鄭氏曰：此蓋殷制也。　周禮貳車，公九乘，侯伯七乘，子男五乘，卿大夫各如其命之數。　愚謂貳車，諸侯七乘，據侯伯之禮也。　周禮大行人上公「貳車九乘」，侯伯「貳車七乘」，子男「貳車五乘」。　又大行人云：「凡諸侯之卿，其禮各下其君二等以下，及其大夫士亦如之。」此上大夫五乘，侯伯之卿也。下大夫三乘，侯伯之大夫也。　士昏禮曰：「乘墨車，從車二乘。」昏禮攝盛，貳車二乘，則常禮宜一乘也。以此差之，則公之孤、卿貳車七乘，其大夫五乘；子男之卿貳車三乘，其大夫一乘；士卑，五等之國畧爲一節，貳車皆一乘與？　鄭氏以此爲殷禮，蓋以典命言「車服各如其命數」，而此言「上大夫五乘，下大夫三乘」，皆與命數不合，故疑其非周禮也。　然唯五等諸侯，車服各如其命數，至其卿大夫，則但視其命數之尊卑爲差等，非能盡如其命之數也。　公、侯、伯之卿三命，子、男之卿二命，而服同三章，公、侯、伯之大夫再命，子、男之大夫一命，而服同一章，則車服不可盡以命數準矣。　舊説謂「士無貳車」。士昏禮「從車二乘」，疏以爲攝盛，然士喪禮「貳車白狗攝服」，則非攝盛始有貳車矣。　國語大夫有貳車，士有陪乘。陪乘即貳車也，殊其名耳。謂「士無貳車」，非也。

有貳車者之乘馬、服車不齒，觀君子之衣服、服劍、乘馬弗賈。釋文：賈音嫁。

鄭氏曰：不齒，尊有爵者之物，廣敬也。服車，所乘車也。車有新舊。弗賈，平尊者之物，非敬也。

孔氏曰：齒，論其年數多少。賈，評其賈數貴賤。

其以乘壺酒、束脩、一犬賜人，若獻人，則陳酒、執脩以將命，亦曰「乘壺酒、束脩、一犬」。

鄭氏曰：陳重者，執輕者，便也。乘壺，四壺也。酒，謂清也，糟也。不言「陳犬」，或無脩者，牽犬以致命也。於卑者曰賜，於尊者曰獻。孔氏曰：四馬曰乘，故四壺酒亦曰乘壺。束脩，十脡脯也。泲酒曰清，不泲曰糟。陳，列也。酒重脯輕，故陳列重者於門外，而執輕者進以奉命也。亦曰「乘壺酒、束脩、一犬」者，謂將命之辭也。愚謂犬與酒、脯並獻者，食犬也。下云「守犬、田犬則授擯者」，則食犬不授擯者矣，食犬賤也。

其以鼎肉，則執以將命。

鄭氏曰：鼎肉，謂牲體已解，可升於鼎。孔氏曰：此謂無脯、犬而有酒肉者，陳酒而執肉以將命也。

其禽加於一雙，則執一雙以將命，委其餘。

孔氏曰：二隻曰雙。委其餘，陳於門外。愚謂聘禮記曰「凡獻禽，執一雙，委其餘於面」，非陳於門外也。然則陳酒、執脩以將命，其所陳亦不在門外矣。

犬則執緤，守犬、田犬則授擯者，既受乃問犬名。牛則執紖，馬則執靮，皆右之，臣則左之。

釋文：緤，息列反。守，手又反，又如字。紖音引。靮，丁歷反。

鄭氏曰：緤、紖、靮，皆所以繫制之者。守犬、田犬問名，畜養者當呼之。名，謂若韓盧、宋鵲之屬。右之者，執之宜由便也。臣，謂囚俘。左之，異於衆物。孔氏曰：犬有三種：一曰守犬，守禦宅舍；二曰田犬，田獵所用；三曰食犬，以充庖廚。田犬、守犬有名，食犬無名。皆右之者，謂以右手牽之。此謂田犬、守犬，畜養馴善，無可防禦，若充食之犬，則左手牽之，右手防禦，故曲禮云「效犬者左牽之」是也。臣，征伐所獲民虜也。左之者，臣虜或起惡慮，故以左手操其右袂，右手當制之也。愚謂授擯者，謂主人既拜受，又自以授擯者也。守犬、田犬授擯者，則食犬不授擯者，蓋以授庖人之屬與？

車則説綏，執以將命。甲，若有以前之，則執以將命；無以前之，則袒櫜奉胄。 釋文：税，本又作「脱」，又作「説」，同吐活反。袒音但。櫜音羔。奉，芳勇反。

鄭氏曰：甲，鎧也。有以前之，謂他摯幣也。櫜，弢鎧衣也。胄，兜鍪也。袒其衣，出兜鍪以致命。孔氏曰：獻車馬者執策、綏，故陳車馬而説綏，執以將命。甲若有他物以前之，則陳甲而執他物輕者以將命。袒，開也。櫜，弢鎧衣也。若無他物，則開甲櫜出胄，奉以將命，曲禮曰「獻甲者執胄」是也。

器則執蓋。

鄭氏曰：謂有表裏。孔氏曰：凡器則陳底執蓋以將命，蓋輕便也。

弓則以左手屈韣執拊。 釋文：韣音獨。拊，芳武反。

鄭氏曰：韣，弓衣也。左手屈衣，并於拊執之，而右手執簫。

劍則啟櫝，蓋襲之，加夫襓與劍焉。釋文：櫝音讀。夫音扶。襓，如遥反。○鄭註：夫或爲「煩」。

鄭氏曰：櫝，謂劍函也。襲，郤合之。夫襓，劍衣也，加劍於衣上。夫，發語聲。孔氏曰：蓋，劍函之蓋也。開函而以蓋郤合於函底之下，加衣於函中，而以劍置衣上也。「襓」字從衣，當繒帛爲之，熊氏用廣雅「以木爲之」，其義未善也。

笏、書、脩、苞苴、弓、茵、席、枕、几、穎、杖、琴、瑟、戈有刃者櫝、筴、籥，其執之皆尚左手。釋文：茵音因。穎，京領反，又坰迥反。

鄭氏曰：苞苴，謂編束萑葦以裹魚肉也〔一〕。茵，著蓐也。穎，警枕也。筴，蓍也。籥如笛，三孔。皆，十六物也。左手執上，上陽也。右手執下，下陰也。孔氏曰：案既夕禮云：「葦苞長三尺。」內則云「炮，取豚」，「編萑以苴之」。是苞苴是編萑葦以裹魚及肉也。亦兼容他物，故禹貢云「厥包橘柚」，孔叢子云「我於木瓜之惠，見苞苴之禮行」，是也。蓐有著者謂之茵，既夕云：「茵著用茶。」茶謂茅秀也。「枕」外別言「穎」，穎是警發之義，故爲警枕。云「籥如笛，三孔」者，案漢禮器知之，詩箋或云「籥六孔」。兩不同者，蓋籥有大小。　愚謂戈有刃者櫝，謂戈有刃而用函盛之者也。笏也，書也，脩也，苞苴也，弓也，茵也，席也，枕也，几也，穎也，杖也，琴也，瑟也，戈有刃者櫝也，筴也，籥也，此十六物，其執之皆尚左手也。尚左手，以左手爲尊也。蓋物之有上下者，則以左手執其上端，以右手執其下端；其無上下者，則亦但以左手之所執爲尊。　蓋授受之法，主人在左，必如是，乃得以尊處授主人也。　孔

〔一〕「萑」，原本作「萑」，據禮記注疏改。

氏謂「尚左手，以左手在上而執之，以右手在下而承之」，似謂用兩手在一處，而上下捧持之，其義非是。曲禮言「遺人弓者，右手執簫，左手承柎」，則執物尚左手之法見矣。戈刃在上，其授人宜辟刃，此乃尚左手，而以刃授人者，以其有櫝故也。

刀，卻刃授穎，削授拊。凡有刺刃者，以授人則辟刃。釋文：穎，役頂反。削音笑。刺，七賜反，又七亦反。辟，匹亦反。○今按：辟當音避。

鄭氏曰：穎，鐶也。拊，謂把。辟刃，不以正鄉人也。孔氏曰：授人以刀，卻仰其刃，以刀鐶授之。削，謂曲刀。以削授人，則以把授之。穎是警發之義。刀之在手，禾之秀穗，枕之警動，皆謂之爲穎，其事雖異，大意同也。愚謂此言執有刃而無櫝者之法也。辟刃，不以其鋒向人也。辟猶卻也，鄭氏解爲「偏僻」之僻，非是。以刀授人，卻其刃向下，又卻辟其鋒末，而以鐶授之也。以削授人，亦卻辟其鋒末，而以其把授之。不言「卻刃」，從上可知也。授穎、授拊，卽是辟刃。然非獨刀、削如此，凡有刺刃者以授人，其法皆然。刀、削之屬，以手之所執者爲首。辟刃而授穎、授把，則是以末授人，與他執物尚左手之法異也。○自「其以乘壺酒」至此，明獻遺執物之法。

乘兵車，出先刃，入後刃。

鄭氏曰：不以刃向國也。

軍尚左，卒尚右。

鄭氏曰：左，陽也，陽主生。將軍有廟勝之策，左將軍爲上，貴不敗績。右，陰也，陰主殺。卒之行伍，以右爲上，示有死志。

賓客主恭，祭祀主敬，喪事主哀，會同主詡。軍旅思險，隱情以虞。釋文：詡，況矩反。

鄭氏曰：恭在貌，敬在心。詡，謂敏而有勇，若齊國佐。險阻，出奇覆諼之處也。隱，意也，思也。虞，度也。當思念己情之所能，以度彼之將然否。輔氏廣曰：交際以禮相示，故以容貌之恭爲主。祭祀以誠感格，故以内心之敬爲主。思險，謂臨事而懼，慮敗不慮勝也。隱情以虞，謂好謀而成，且兵事露則不神也。愚謂詡，發皇之意。禮器曰：「德發揚，詡萬物。」會同主詡，子產所謂「國不競亦陵」也。隱情者，隱己之情，使敵不能測。虞者，度彼之情，使敵不能欺。

燕侍食於君子，則先飯而後已，毋放飯，毋流歠，小飯而亟之，數噍，毋爲口容。釋文：飯，煩晚反。歠，昌悅反。亟，紀力反。數，色角反。噍，字又作「嚼」，子笑反，又在笑反。

鄭氏曰：先飯後已，所以勸也。亟，疾也。小飯而亟之，備噦噎若見問也。口容，弄口。孔氏曰：先飯，若嘗食然。後已，若勸飽然。小飯，謂小口而飯，備噦噎也。亟，速也。速咽之，備見問也。數噍，謂數數嚼之。無爲口容，無得弄口以爲容也。

客自徹，辭焉則止。

曲禮曰：「卒食，客自前跪，執飯齊以授相者。主人興，辭於客，然後客坐。」此通言燕食之法，不與上「侍食於君子」相蒙。

客爵居左，其飲居右。介爵、酢爵、僎爵皆居右。釋文：僎音遵。○鄭註：酢或爲「作」。僎或爲「馴」。

鄭氏曰：客爵，謂主人所酬賓之爵也，以優賓耳。賓不舉，奠于薦東。介爵、酢爵、僎爵，皆飲爵也。介，賓之輔也。酢，所以酢主人也。古文禮僎作「遵」。遵，謂鄉人爲卿大夫來觀禮者。孔氏曰：鄉飲酒禮介爵及主人受酢之爵及僎爵，皆不明奠置之所，故記者明之。愚謂此明鄉飲酒禮奠爵之法也。主人酬賓之爵曰客爵者，鄉飲酒禮自介以下無酬爵，唯賓有之，故謂酬爵爲客爵也。居左者，鄉飲酒禮主人酬賓，「奠于薦西」，賓取，「奠于薦東」是也。賓席于牖間，南向，以西爲右，東爲左。其飲，謂主人獻賓之爵，及一人舉觶之爵也。酬爵，賓奠于薦東而不舉，此二爵則賓飲之，故曰「其飲」。居右者，鄉飲酒禮主人獻賓，「賓受爵」，「奠于薦西」，又「一人升，舉觶于賓」，「奠觶于薦西」，是也。介爵，主人獻介之爵。酢爵，賓酢主人之爵。僎爵，主人獻僎之爵也。主人席于阼階上西面，以北爲右，介席于西階上東面，以南爲右，僎席于賓東，亦以西爲右。三爵皆飲，故居右。鄉飲記曰：「凡奠者于左，將舉于右。」○其飲居右，孔疏專指爲一人舉觶于賓之爵，然介爵、僎爵皆指獻爵，不應賓爵乃專言旅酬而遺正爵也。又註以酬爵爲優賓，蓋以介無酬，唯賓有之，此乃主人所以優賓，故賓奠之而不舉。然主人酬賓，本奠薦西，賓轉奠于薦東耳。孔疏以奠于薦東爲優賓，既失鄭氏之意，且謂「薦東卽爲主人所奠」，與鄉飲酒禮相違，其失甚矣。

羞濡魚者進尾，冬右腴，夏右鰭，祭膴。釋文：濡音儒。腴，以朱反。鰭音祁。膴，舊火吳反，依註音冔，況甫反，徐況紆反。

鄭氏曰：濡魚進尾，擗之由後，鯁肉易離也。乾魚進首，擗之由前，理易析也。腴，腹下也。冬右腴，氣在下。鰭，脊也。夏右鰭，氣在上。膴，大臠，謂刳魚腹也。孔氏曰：濡，溼也。冬時陽氣下在魚腹，夏時陽氣上在魚脊，凡陽氣所在之處肥美，故進魚使嚮右，以右手取之便也。祭膴者，謂刳魚腹下爲大臠，此處肥美，故刳取以祭先也。此謂尋常燕食所進魚體，非祭祀及饗食正禮也。若祭祀，魚在俎皆縮載，俎既橫設，魚則隨俎而從於人爲橫，無進尾進首之理。故少牢：「魚用鮒十五，而俎縮載。」公食大夫禮：「魚七，縮俎。」愚謂魚之縮載者，正法也，少牢及公食禮是也。若與牲同俎，則從載牲之法而橫載，少牢禮祝俎及少牢賓尸之魚皆橫載，是也。此所言是私燕，禮簡，魚亦與牲同俎而並橫載者，魚縮載則生人進鬐，鬼神進腴；橫載則乾魚進首，濡魚進尾。魚用於飲酒，則有膴祭，少牢賓尸，司士載魚，皆加膴祭於其上，是也。若用於食，則但振祭而無膴祭，特牲、少牢禮尸舉魚皆振祭是也。振祭，食乃祭之，公食禮「魚不祭」，賓不食魚故也。

凡齊，執之以右，居之於左。釋文：齊，才細反，下「以齊」同。

鄭氏曰：齊，謂食羹醬飲有齊和者也。居於左手之上，右手執而正之，由便也。孔氏曰：凡齊，謂以鹽梅齊和之法：執鹽梅於右手，居處羹食於左手，以右手鹽梅調和正之，於事便也。

贊幣自左，詔辭自右。

鄭氏曰：自，由也。謂爲君授幣，爲君出命也。立者尊右。孔氏曰：贊，助也。謂爲君授幣之時，由君左。詔辭，謂爲君傳辭也。君辭貴重，若傳與人時，則由君之右也。

酌尸之僕，如君之僕。其在車，則左執轡，右受爵，祭左右軓、范，乃飲。釋文：軓，媿美反。范音犯。

鄭氏曰：當其爲尸則尊。周禮大馭：「祭兩軹，祭軌，（當作「軓」。）乃飲。」軌與軹於車同，謂轊頭也。軌亦當作「軓」。與范聲同，謂軾前也。孔氏曰：尸之僕爲尸御車，將欲祭軷，酌酒與尸之僕，令爲軷祭，如酌酒與君僕之禮，以尸之尊似君也。尸位在左，僕立於右，故左執轡，右受爵祭酒也。軌，謂轂末。范，謂式前。僕受爵，則祭酒於車左右軌及前范，爲其神助己不傾危也。祭畢，乃自飲。愚謂軌爲車轍，軹爲轂末，二者不同。而註謂「軌與軹於車同爲轊頭」者，蓋兩轊之下卽爲車轍，祭酒兩軹，則下及於軌矣。大馭言「祭兩軹」，此言「祭左右軌」，所據雖異，而其實一也。然此言在車祭酒之禮，而曰「其」曰「則」，則酌僕與僕之祭不獨在車上矣。大馭云：「及犯軷，王自左馭，馭下，祝，登，受轡，犯軷，遂驅之。及祭，酌僕，僕左執轡，右祭兩軹，祭軓，乃飲。」以大馭與此文參觀之，蓋下祝時已酌僕，而僕祭之，至登車，又酌僕而僕祭之如此與？「軌」字從車旁九，音媿美反，車轍也。此之「祭兩軌」及中庸「車同軌」是也。「軓」字從車旁凡，字亦作「軋」，又作「范」，並音犯，車式前也。大馭「祭軓」，及考工記「軓前十尺，而策半之」，是也。「軹」字從車旁只，音旨。此字有二義：一是輢之植者、衡者，考工記「參分較圍，去一以爲軹圍」，是也。一是轂末，大馭「祭兩軹」，及考工記「五分其轂之長，去一以爲賢，去三以爲軹」，又「弓長六尺，謂之庇軹」，是也。但「軌」「軓」二字，形體相似，經典或相亂，而先儒亦有誤解者。周禮大馭「祭軓」之軓，當從「軓」，而經書爲「軌」，故杜子春云：「軌當爲軋。」此經典傳寫之誤也。詩「濟盈不濡軌」，「軌」字與「牡」字爲韻，當從九，而毛傳云：「由輈以上爲軌。」釋文云

「軌，舊龜美反，謂車轊頭」，依傳意直音犯。此先儒傳註之誤也。又案大馭「祭兩軹」，故書軹爲「軒」，杜子春云：「軒當作軹。或讀軒爲『簪笄』之笄。」東原戴氏云：「轂末名軒。轂末出輪外，似笄出髮外也。杜子春改軒爲軹，遂與輢之直者衡者同名。一車之中，二名混淆。」其說甚爲有理。但周禮中言「軹」者非一，如「立當車軹」，「五分其轂之長」，「去三以爲軹」，「弓長六尺，謂之庇軹」，未必皆故書爲「軒」者，似未可竟以軒易軹也。今姑述其說以俟考焉。

凡羞有俎者，則於俎內祭。

鄭氏曰：俎於人爲橫，不得祭於間也。孔氏曰：羞在豆則於豆間祭，在俎則於俎內而祭。俎橫於人前，故不得祭於俎外及兩俎間也。

君子不食圂腴。釋文：圂與豢同，音患。

鄭氏曰：圂，犬豕之屬。腴，有似人穢。孔氏曰：圂腴，豬犬腸也。豬犬食穀米，其腹與人相似，故君子避其腴，謂腸胃也。故俎闕一也。愚謂羊牛之腸胃用爲俎實，而豕則不用，故記者釋之。

小子走而不趨，舉爵則坐祭立飲。

鄭氏曰：小子，弟子也，卑，不得與賓、介俱備禮容也。孔氏曰：弟子不得與賓主參預禮，但給役使，故宜驅走，不得趨翔爲容。若得酒，舉爵時則坐祭，祭竟而立飲之也。愚謂成人有趨翔之容，小子走而不趨，是容不備。成人舉爵坐祭，遂飲之，小子坐祭立飲，是禮不備。

凡洗必盥。

鄭氏曰：先盥乃洗爵，先自潔也。

牛羊之肺，離而不提心。釋文：提，丁禮反。

鄭氏曰：提猶絕也。刲離之，不絕中央少者，使易絕以祭耳。　愚謂割離其四旁，不絕其中央少許，食時則絕之以祭也。○肺有二：一爲祭肺，亦曰刌肺，特牲記「刌肺三」是也。亦曰切肺，少牢下篇「侑俎切肺一」是也。一爲舉肺，亦曰離肺，特牲記「離肺一」是也。亦曰嚌肺，少牢下篇「羊肉湆嚌肺一」是也。祭肺爲祭而設，舉肺爲食而設，祭祀兼有二肺，生人唯有舉肺。有祭肺則舉肺但振祭而已，無祭肺則於舉肺絕末以祭，鄉飲酒禮「弗繚，右絕末以祭」，是也。賓尸禮有祭肺，而舉肺亦絕祭者，賓尸乃飲酒禮，其有舉肺者正也，其有祭肺，乃以其爲尸而盛之。故雖有二肺，而祭、舉肺之禮不殺也。

凡羞有湆者，不以齊。釋文：湆，起及反。

湆，大羹也。齊，謂鹽梅之齊和也。大羹不和。

爲君子擇蔥薤，則絕其本末。釋文：爲，于僞反。薤，户戒反。

鄭氏曰：爲有萎乾。孔氏曰：蔥薤根不淨，末萎乾，故擇者必絕其二處。

羞首者，進喙，祭耳。釋文：喙，許穢反。

鄭氏曰：耳出見也。孔氏曰：羞，亦膳羞也。喙，口也。若膳羞有牲頭者，則進喙以向尊者。尊者若祭，先取牲耳祭之也。　愚謂羞，進也。此篇言「羞」者五，而義不同。「凡羞有俎者，則於俎內祭」，

「凡羞有湆者，不以齊」，此二「羞」字皆總指殽饌而言也。「未步爵，不嘗羞」，此專謂庶羞也。「羞濡魚」，「羞首」，此二「羞」字皆當爲「進」字之義。此疏以羞爲膳羞，非是。祭耳，謂羞之者先割耳以供尊者之祭，與魚之祭膴同。

尊者以酌者之左爲上尊。

鄭氏曰：尊者，設尊者也。酌者鄉尊，其左則右尊也。　愚謂上尊，玄酒之尊也。　凡尊必上玄酒，尊於房户之間。玄酒在西，酌酒者向北，以西爲左，上尊在酌者之左也。○朱子曰：設尊之法，鄉飲酒云「玄酒在西」，鄉射云「左玄酒」，而鄭註云「設尊者北面，西曰左」，卽此所謂「尊者以酌者之左爲上尊」者。蓋言設尊之人，方其設時，卽預度酌酒人之左尊而實以玄酒也。　若燕禮，則設尊者西面，而左玄酒，南上，公乃卽位於阼階上，則酌者不得背公，自當東面以酌，而上尊乃在其右矣。故此經所云，以爲爲鄉飲、鄉射言則可，以爲爲燕禮言則正與之反。鄭註既不明，而庾、孔皆引燕禮，而反謂酌者西面，其辟戾甚矣。　愚謂此所言，不獨爲鄉飲、鄉射，凡賓主體敵，而尊于房户間者，其設尊皆如此。又特牲禮「尊于户東，玄酒在西」，少牢「司宫尊兩甒于房户之間」，則祭祀設尊亦以酌者之左爲上尊也。唯君燕其臣則面尊，而與此相反耳。經泛言「尊」者，所該者廣，非專爲一禮也。

尊壺者面其鼻。

鄭氏曰：鼻在面中，言鄉人也。　愚謂尊壺，亦謂設壺也。上泛言「尊者」，此特言「尊壺」，則尊之有鼻者唯壺與？面其鼻，謂設尊或傍於壁，或傍於楹，而其鼻皆在外而向人也。孔疏云：「尊鼻宜向尊者，故面其鼻。」此誤解玉藻「唯君面尊」之語，而專以此爲燕禮之尊耳。唯君面尊，謂君之面向尊也。尊壺者面其鼻，謂尊鼻之向外也。若謂尊之鼻向君，則非是。燕禮「公在阼階上」，而「尊于東楹之西」，則尊傍於楹，而鼻乃西向，非向公也。蓋尊面必與酌者相對，燕禮酌者不得背公，則尊不得向公矣。

飲酒者、禨者、醮者，有折俎不坐。釋文：禨，其記反。醮，子笑反。折，之設反。

鄭氏曰：折俎尊，徹之乃坐也。已沐飲曰禨。　愚謂飲酒，即燕禮也。左傳：「齊侯欲享，公子家曰：『朝夕立於其廷，又何享焉？其飲酒也。』乃飲酒。」鄉飲酒、燕禮牲皆用狗，是其禮同明矣。左傳「季氏飲大夫酒」，國語「公父文伯飲南宮敬叔酒」，是飲酒之類多矣。醮，謂冠禮饗賓也。冠禮醴賓以一獻之禮，此云「醮」者，蓋冠禮於冠者有醴有醮，用醴則曰醴，用酒則曰醮，其於賓亦然。折俎，折牲體爲俎也。三事禮末皆坐，其初有折俎時則不坐，折俎尊也。故鄉飲酒、鄉射皆云：「『請坐於賓。』賓辭以俎。主人請徹俎。」燕禮司正「請徹俎，公許，告于賓。賓北面坐取俎以降，膳宰徹公俎」，乃皆坐。是有折俎時不坐也。○鄭氏謂「醮爲酌始冠者」，非也。冠禮每加皆醮，至三醮乃有折俎，而於初醮、再醮時亦不坐。蓋酌始冠者之禮，皆無酬酢，無論其爲醴、爲醮與折俎之有無，皆無坐而飲酒之事也。醴賓用壹獻之禮，贊冠者爲介，贊者皆與，則是名雖曰醮，而實爲燕禮之輕者，故曾子問謂之「饗」。壹獻之後，有旅酬、無筭爵，而贊者皆與於飲焉。故至其末，則徹俎而坐而飲酒，若未徹俎，則不得坐也，故曰「有折俎者不坐」。○孔疏謂「飲酒者即下『禨者、醮者』，總以飲酒目之」，非也。此平列三事，不得以飲酒包禨、醮也。疏又云「折俎尊，禨醮小事卑，故不得坐」，亦非也。鄉飲酒、燕禮亦徹俎乃坐，非因禨、醮禮卑不得坐也。疏又云「庶子冠于房户之前，冠者受醮，不敢坐」，亦非也。庶子冠於房户之間，因醮焉。而冠義云「醮於客位」，則適子亦有醮禮，是冠禮初不以醴與醮分適、庶也。冠者受酌，本無坐法，雖醴亦然，非所謂「不敢坐」也。疏又云「鄉飲酒、燕禮有折俎者皆不坐，獨言『禨、醮不坐』者，以禨、醮無折俎之時則得坐，嫌畏有折俎亦坐，故特明之」，亦非也。鄉飲酒、燕禮無折俎之時亦坐，豈獨禨、醮乎？

未步爵，不嘗羞。

鄭氏曰：步，行也。孔氏曰：羞本爲酒設，若爵未行而先嘗羞，是貪食矣。此謂無筭爵之時。羞，庶羞，行爵之後始嘗之。若正羞脯醢折俎，未飲酒之前則嘗之。故鄉飲酒、鄉射、燕禮、大射獻後薦賓，皆先祭脯醢，嚌肺，乃飲，卒爵。愚謂旅酬無筭爵之爵謂之行。燕禮「公坐，取賓所媵觶，興，唯公所賜」，「乃就席，坐行之」，又曰「執散爵者乃酌行之」，是也。鄉飲酒禮「乃羞，無算爵」，是設羞在無算爵之先。然設羞本爲案酒，未步爵之時雖已設羞，而不得輒嘗也。

牛與羊魚之腥，聶而切之爲膾。麇鹿爲菹，野豕爲軒，皆聶而不切。麕爲辟雞，兔爲宛脾，皆聶而切之，切葱若薤，實之醯以柔之。釋文：聶，之涉反。軒音獻。麕，俱倫反。辟音璧，又補麥反，徐扶益反。宛，於阮反。脾，毗支反。菹，莊居反。「切葱若薤實之」絶句。○今按：此當以「切葱若薤」爲句，「實之醯以柔之」爲句。

鄭氏曰：聶之言牒也。先藿葉切之，復報切之，則成膾。軒、辟雞、宛脾，皆菹類也。其作之法，以醯與葷菜淹之，殺肉及腥氣也。孔氏曰：聶而切之者，謂先牒爲大臠，而後細切之爲膾也。「麋鹿爲菹」以下，已於內則具釋之。

其有折俎者，取祭肺〔一〕，反之，不坐，燔亦如之。尸則坐。釋文：燔音煩。

鄭氏曰：亦爲柄尺之類也。燔，炙也。鄉射曰：「賓奠爵于薦西，興，取肺，坐，絶祭，左手，嚌之，興，加于俎，坐帨手。」尸則坐，尸尊也。少牢饋食禮曰：「尸左執爵，右兼取肝，擩于俎鹽，振祭，嚌之，加于菹豆。」孔氏曰：折俎，謂折骨於俎。俎既有足柄尺之類，故就俎取所祭肺，祭畢，反此所祭於俎，皆立而爲之，唯祭時坐耳。燔，謂燔肉。雖非折骨，其肉在俎，故取祭、反之亦皆不坐。此謂賓客耳，若尸尊，雖折俎，取祭、反之皆坐也。愚謂燔，所以從獻者也。特牲禮主人獻尸，「賓長以肝從」；主婦獻尸，「兄弟長以燔從」，肝，炙肝。燔，謂燔肉也。鄭以燔爲炙者，蓋燔是火燒之名，炙者遠火之稱，以難熟者近火，易熟者遠之，故肝炙而肉燔也。詩楚茨疏。燔、炙實亦通名。周禮量人「制其從獻之燔脯」，此云「燔亦如之」，所謂「燔」，實兼燔、炙而言，故鄭以炙解燔，欲明燔中兼有燔、炙也。尸取祭肺亦坐，鄭氏獨引少牢禮「取肝」者，蓋祭肺，佐食取以授尸，而燔則尸所自取也。然則取祭、反之不坐，其義有二：一則折俎高，坐而取、反不便，與柄尺不坐同義。一則折俎尊，故取祭、反之不坐，與飲酒有折俎者不坐同義，唯尸尊則坐也。○自「凡羞有俎者」至此，雜明燕飲及膳羞之事。

〔一〕「肺」字原本脱，據禮記注疏補。

衣服在躬，而不知其名爲罔。釋文：罔，本亦作「冈」，又作「誷」，亡兩反。

鄭氏曰：罔，猶罔罔，無知貌。孔氏曰：衣服文章，所以表人之德，亦勸人慕德，若著之而不知其名義，則是無知之人也。愚謂名者，義之所寓也。衣服之名，人莫不知，然不知其所以名之義，猶之不知也。以附在我身者而昧之，此非昏罔無知而何？

其未有燭，而後至者，則以在者告。道瞽亦然。釋文：道音導。○石經「而」下有「有」字。

鄭氏曰：爲其不見，意欲知之也。師冕見，及階，子曰：「階也。」及席，子曰：「席也。」皆坐，子告之曰：「某在斯，某在斯。」

凡飲酒，爲獻主者執燭抱燋，客作而辭，然後以授人。釋文：燋，側角反，又子約反，或音在遥反。

鄭氏曰：爲宵言也。主人親執燭，敬賓，示不倦也。言「獻主者」，容君使宰夫也。未爇曰燋。應氏鏞曰：執已然之燭，又抱未爇之燋，其愛客有加而無已也。

執燭，不讓、不辭、不歌。

鄭氏曰：以燭繼晝，禮殺。孔氏曰：禮，賓主有讓，及更相辭謝，又各歌詩相顯。今既夜暮，所以殺於三事。

洗、盥、執食飲者勿氣，有問焉，則辟咡而對。釋文：辟，匹亦反，徐孚益反。咡，而志反。

鄭氏曰：示不敢歆臭也。口旁曰咡。孔氏曰：洗，謂爲尊長洗足。盥，謂爲尊長盥手。爲尊長洗、盥及執尊長食飲，則不得鼻嗅尊長食飲。若洗、盥、執食飲之時，尊長有問，則辟口而對，不使口氣及尊者。　愚謂鄭氏總以「不敢歆臭」解此，則以洗、盥爲盥手、洗爵而酌酒，孔氏則以洗、盥爲洗足盥手。以下文觀之，疏義似長。但如孔氏說，則勿氣當爲不敢以氣觸長者之手足及食飲，辟咡而對亦當爲恐氣及尊長及其食飲，其義乃備耳。

爲人祭曰致福，爲己祭而致膳於君子曰膳，祔、練曰告。

鄭氏曰：此皆致祭祀之餘於君子。攝主言「致福」，申其辭也。自祭言「膳」，謙也。祔、練言「告」，不敢以爲福、膳也。　孔氏曰：致福，言致祭祀之福於君子也。膳，善也。自祭不敢云「福」，言「致善味」也。告，以祭胙告君子，使知已祔、練而已，顔淵之喪，饋孔子祥肉是也。　愚謂此謂臣致胙於君之禮，觀下言「再拜稽首」可見。

凡膳告於君子，主人展之，以授使者于阼階之南，南面，再拜稽首送；反命，主人又再拜稽首。其禮，大牢則以牛左肩、臂、臑折九箇，少牢則以羊左肩七箇，犆豕則以豕左肩五箇。

釋文：臂，本又作「辟」，以豉反。臑，奴報反，又奴到反。說文讀若儒，字林人於反。箇，古賀反。犆，大得反。

鄭氏曰：折，斷分之也。皆用左者，右以祭也。羊豕不言臂、臑，因牛序之可知。　孔氏曰：展，省視也。敬君子，故主人自省視多少備具，而阼階南稽首拜送使者；使從君子處還反，主人亦再拜稽首，亦當在阼階南，南面也。曲禮云「使者反，必下堂而受命」，是也。　大牢者唯牛，少牢者唯羊，並用上牲，不必備饌也。　周人牲體尚右，右以祭，所以獻左也。　周貴肩，故用左肩也。　九箇者，取肩自上斷折之，至蹄爲九段也。　臂、臑，謂肩脚也。　愚謂此臣致膳於君，有大牢者，蓋大夫殷祭及上大夫練、祥得用大牢也。肩、臂、臑，前脛三體之名。九箇者，折每體爲三段也。少牢特豕，唯言「肩」，唯有肩也。少牢不賓尸禮，主人俎用臂，主婦俎用臑，唯肩不見所用，是留肩以致膳，而致膳無臂、臑也。特牲禮阼俎用臂，而肩、臑不見所用，然少牢致膳無臑，則特牲可知也。少牢賓尸之禮，羊左肩以爲侑俎，臂以爲阼俎，臑以爲主婦俎，然則少牢賓尸禮不致膳與？

國家靡敝，則車不雕幾，甲不組縢，食器不刻鏤，君子不履絲屨，馬不常秣。釋文：靡，亡皮反。幾，其衣反。組音祖。縢，大登反。常如字，本亦作「嘗」。秣音末。○今按：「靡」字當讀爲糜。

鄭氏曰：靡敝，賦稅亟也。雕，畫也。幾，附纏爲沂鄂也。組縢，以組飾之及紟帶也。詩云：「公徒三萬，貝胄朱綅。」亦鎧飾也。孔氏曰：靡，謂侈靡。敝，謂彫敝。由造作侈靡，賦稅煩急，財物彫敝，則改往脩來。或可「靡」爲「糜」，謂財物靡散彫敝，古字通用。幾，謂沂鄂。車不雕幾，不雕畫漆飾以爲沂鄂也。縢，謂紟帶其甲。甲不組縢，不用組以爲飾及紟帶也。不履絲屨，謂絇、繶、純之屬不以絲爲之。愚謂靡讀爲糜，是也。國家遭值災變，而財物靡散耗敝，則當貶損以足用也。組縢，謂以組綴甲，左傳楚子重「組甲三百」是也。食器，常食之器也。祭祀賓客之器不可貶，所貶者常食之器而已。秣，以粟食馬也。馬有時當秣，特不常秣耳。

禮記卷三十六

學記第十八 別録屬通論。

鄭氏曰：名學記者，以其記人教學之義。朱子曰：此篇言古者學校教人傳道授受之次序，與其得失興廢之所由，蓋兼大、小學言之。○程子曰：禮記除中庸、大學，唯學記、樂記最近道。

發慮憲，求善良，足以謏聞，不足以動衆。就賢體遠，足以動衆，未足以化民。君子如欲化民成俗，其必由學乎！釋文：謏，思了反，徐所穆反。聞音問。

鄭氏曰：憲，法也。言發計慮當擬度於法式也。求，謂招來也。謏之言小也。就，謂躬下之。體猶親也。所學者，聖人之道在方策。孔氏曰：聞，聲聞也。言人起發謀慮，必擬度於法式，又能招求善良之士以自輔，此是人身小善，故小有聲聞，恩未被物，故不足以動衆也。就賢體遠，恩被於外，故足以動衆，識見猶淺，仁義未備，故未足以化民也。朱子曰：動衆，謂聳動衆聽。守常法，用中才，其效不足以致大譽。遠，謂疎遠之士。下賢親遠，足以聳動衆聽，使知貴德而尊士，然未有開導誘掖之方也，故未足以化民。唯教學可以化民，使成美俗。愚謂人君而能就賢體遠，亦可謂有志於治矣。然苟未知學，則所以化民者無其本也。唯由學，則明德以新民，而可以化民成俗矣。

玉不琢不成器，人不學不知道。是故古之王者建國君民，教學爲先。兑命曰：「念終始典于學。」其此之謂乎！釋文：兑，依註作「説」，音悦，下「兑命」放此。

鄭氏曰：教學，謂內則設師、保以教，使國子學焉；外則有大學、庠、序之官。兑當爲「説」，字之誤也。高宗夢傅説，求而得之，作説命三篇。典，經也。言學之不舍業也。愚謂玉之質美矣，然不琢則不成器。人而不學，雖有美質，不可恃也。教學，以大學之道教人而使學之也。古之王者，既盡乎脩己治人之道，又以爲化民成俗非一人之所能獨爲，故立爲學校以教人；而使人莫不由乎學。故其進而爲公、卿、大夫者，莫非聖賢之徒，而民莫不蒙其澤矣。典，常也。言人君當始終思念常於學而不舍也。

雖有嘉肴，弗食不知其旨也。雖有至道，弗學不知其善也。是故學然後知不足，教然後知困。知不足，然後能自反也。知困，然後能自强也。故曰：教學相長也。兑命曰：「學學半。」其此之謂乎！釋文：强，其丈反，又其良反。長，丁兩反。學學，上胡孝反，下如字。

鄭氏曰：旨，美也。學則覩己行之所短，教則見己道之所未達。自反，求諸己也。自强，脩業不敢倦。學學半，言學人乃益己之學半。張子曰：困者，益之基也。學者之病，正在不知困爾。自以爲知，而問之不能答，用之不能行者多矣。呂氏大臨曰：人皆病學者自以爲是，但恐其未嘗學耳。使其果用力於學，則必將自進之不足，而何敢自是哉！

古之教者，家有塾，黨有庠，術有序，國有學。釋文：塾音孰，一音育。術音遂，出註。

鄭氏曰：術當爲「遂」，聲之誤也。古者仕焉而已者，歸教於閭里，朝夕坐於門，門側之堂，謂之塾。周禮五百家爲黨，萬二千五百家爲遂。黨屬於鄉，遂在遠郊之外。孔氏曰：此明立學之所在。家有塾者，周禮百里之內，二十五家爲閭，同共一巷，巷首有門，門邊有塾。民在家之時，朝夕出入，恆就教於塾，故云「家有塾」。白虎通云：「古之教民，百里皆有師。里中之老有道德者爲里右師，其次爲左師，教里中之子弟以道藝、孝悌、仁義也。」黨有庠者，黨，謂周禮五百家也。庠，學名也。於黨中立學，教閭中所升者也。術有序者，術，遂也。周禮萬二千五百家爲遂。序，亦學名。於遂中立學，教黨中所升者也。國有學者，國，謂天子所都及諸侯國中也。天子立四代學，諸侯但立時王之學也。鄭註州長職云「序，州、黨之學」，則黨學曰序。鄉飲酒云「主人拜迎賓于庠門之外」，註云「庠，鄉學也」，則鄉學曰庠。此云「黨有庠」者，是鄉之所居，黨爲鄉學之庠，不別立序。凡六鄉以內，州學以下，皆爲庠；六遂之內，縣學以下，皆爲序也。皇氏云「遂學曰庠」，與此文違，其義非也。庾氏云：「黨有庠，謂夏、殷禮，非周法。」義或然也。陳氏祥道曰：州曰序，記言「遂有序」何也？周禮遂官各降鄉官一等，則遂之學亦降鄉一等矣。降鄉一等，而謂之州長，其爵與遂大夫同，則遂之學其名與州序同可也。顧氏炎武曰：術有序，水經注引此作「遂有序」。月令「審端經術」，注：「術，周禮作遂。」春秋文公十二年「秦伯使術來聘」，公羊傳、漢書五行志並作「遂」。管子度地篇「百家爲里，里十爲術，術十爲州」，術音遂。此古「遂」「術」二字通用之證。陳可大改術爲「州」，非也。愚謂遂有序者，言六遂之中，縣鄙之屬有序也。六鄉之中，閭側有塾，州、黨有序，鄉有庠，則六遂之中，里側有塾，縣鄙有序，遂有庠。此於鄉但言「黨」，於遂但言「術」，畧舉而互見之也。

比年入學，中年考校：一年視離經辨志，三年視敬業樂羣，五年視博習親師，七年視論學取友，謂之小成。九年知類通達，强立而不反，謂之大成。夫然後足以化民易俗，近者說服而遠者懷之。此大學之道也。記曰：「蛾子時術之。」其此之謂乎！釋文：比，毗志反。中，徐丁仲反。樂，五孝反，又音嶽，下「不能樂學」同。說音悅。蛾，魚綺反，本或作「蟻」。

鄭氏曰：比年入學，學者每歲來入學也。中猶間也。間歲則考學者之德行道藝。離經，斷句絕也。辨志，謂別其志意所趣向也〔一〕。知類，知事義之比也。强立，臨事不惑也。不反，不違失師道。懷，來也，安也。蛾，蚍蜉也。蚍蜉之子，微蟲耳，時術蚍蜉之所爲，其功乃復成大垤。孔氏曰：蚍蜉所爲，謂銜土也。張子曰：離經，離析經之章句也。事師而至於親敬，則學之篤而信其道也。論學取友，能講論其學，而取友必端也。知類通達，比物醜類是也。九年者，言其大畧，人性有遲敏，氣有昏明，豈有齊也？强立而不反，可與立也。學至於立，則自能不息以至於聖人，而教者可以無恨矣。朱子曰：鄭註、張說，皆是也。辨志者，自能分別其心所趣向，如爲善、爲利，爲君子、爲小人也。敬業者，專心致志，以事其業也。樂羣者，樂於取益，以輔其仁也。博習者，積累精專，次第該徧也。親師者，道同德合，愛敬兼盡也。論學者，知言而能論學之是非。取友者，知人而能識人之賢否也。知類通達，聞一知十，而觸類貫通也。强立不反，知止有定，而物不能移也。蓋考校之法，逐節之中，先觀

〔一〕「志意」，禮記注疏作「心意」。

其學業之淺深，徐察其志行之虛實，讀者宜深味之，乃見進學之驗。陳氏澔曰：前言「成俗」，成其美俗也。此言「易俗」，易其污俗也。愚謂敬業、博習，所以專其業於己也。至能論學，則深造以道，而所得於己者深矣。樂羣、親師，所以集其益於人也。至能取友，則中有定識，而所見於人者明矣。離經者，窮理之始，至於知類通達，則物格知至，而精粗無不貫，知之成也。辨志者，力行之端，至於强立不反，則意誠心正，而物欲不能奪，行之成也。此皆明明德之事也。己德既明，然後推以及民，以之化民易俗，而近遠莫不歸之，則其德化之所及者深，而所被者廣，非謏聞動衆者之所得而侔矣。術，學也。蚍蜉之子，其爲力微矣，然時時學術蚍蜉之所爲，則能成大垤。爲學之功，由始學以至於大成，雖若非一蹴之所能幾，然爲之以漸，而亦無不可至也。○鄭氏曰：周禮三歲大比乃考焉。孔氏曰：鄭引周禮「三年大比考校」，則此中年考校非周禮也。愚謂周禮「三年大比」者，興賢能之期也。此中年考校者，學校中考察之期也。二者各爲一事，初不相悖。

大學始教，皮弁祭菜，示敬道也。宵雅肄三，官其始也。入學鼓篋，孫其業也。夏、楚二物，收其威也。未卜禘不視學，游其志也。時觀而弗語，存其心也。幼者聽而弗問，學不躐等也。此七者，教之大倫也。記曰：「凡學，官先事，士先志。」其此之謂乎！釋文：宵音消。肄，本又作「肄」，同以二反。篋，古協反。孫音遜，下皆同。夏，古雅反。語，魚庶反。學不躐等，學，胡孝反。○今按：觀爲觀示之義，當音古亂反。

鄭氏曰：皮弁，天子之朝朝服也。祭菜，禮先聖先師也。菜，謂芹藻之屬。宵之言小也。肄，習也。習小雅之三，謂鹿鳴、四牡、皇皇者華也。此皆君臣宴樂相勞苦之詩，爲始學者習之，所以勸之以官，且取上下相和厚。鼓篋，擊鼓警衆，乃發篋出所治經業也。孫，猶恭順也。夏，槄也。楚，荆也。二者所以撲撻犯禮者。收，謂收斂整齊之。威，威儀也。禘，大祭也。天子諸侯既祭，乃視學考校，以游暇學者之志意。時觀而弗語，使之憤憤悱悱，然後啟發也。學不躐等，學，教也，教之長稺。倫，理也。自「大學始教」至此，其義七也。官，居官者也。士，學士也。孔氏曰熊氏云：「始教，謂始立學教人，天子使有司服皮弁，祭先聖先師以蘋藻之菜也。」示敬道者，服皮弁，祭菜蔬，並是質素，示學者以謙敬之道。入學鼓篋，謂學士入學之時，大胥之官先擊鼓以召之，學者既至，發其筐篋以出其書也。故大胥云：「用樂者，以鼓徵學士。」視學，謂考試學者經義，或君親往，或命有司爲之。未卜禘祭不視學，欲優游縱閒學者之志，不急切之也。時觀而弗語，謂教者時時觀之，而不丁寧告語，欲學者存其心，心憤憤，口悱悱，然後啟之也。學不躐等者，學，教也，躐，踰越也，幼者但聽長者解說，不得輒問，教此學者令其謙退〔一〕，不得踰越等差也。朱子曰：觀，示也。謂示之以所學之端緒。語，告也。　愚謂始立學，必釋菜於先聖先師，文王世子「始立學者，既興器用幣，然後釋菜」是也。先聖先師，乃先世有道德者。皮弁祭菜，所以示學者尊敬道德，使知所以仰慕而興起也。詩者，學者之所弦誦，始入學者先習小雅鹿鳴之三篇。蓋以此三篇皆君之所以燕樂其臣，而臣之所以服事於君者，故以入官之道示之於入學之始，所以擴充其志意，使知學之當爲用於國家也。入學發篋，必擊鼓以警

〔一〕「教此學者」，萬有文庫作「此教學者」。

告之，所以提撕警覺，使之遜心於學業之中，而不至於外馳也。夏、楚二物，卽虞書所謂「扑作教刑」，所以收攝學者威儀，而不至於惰慢。小胥云「巡舞列而撻其怠慢者」，是也。禘者，夏祭之名。言「卜禘」者，禘必先卜也。視學，謂考學者之業，卽一年視離經辨志，以至於九年視知類通達也。入學在春，而考視則在夏祭之後，所以寬其期，以優游其志意，而使之不至於迫蹙也。凡人之於學，得之也易，則其守之不固，故時時觀示，而不輒語以發之，所以使學者存其心，以求之於內，待其自有所得，而後告之也。年有長幼，則學有淺深，故其進而受教於師，使長者諮問，而幼者從旁聽之，所以教之使循序而進，而不可踰越等級也。此七者，雖未及乎講貫服習之事，然振興鼓舞之方，整齊嚴肅之意，從容涵養之益，皆在是焉。是設教之大倫也。大倫，猶言大義也。官，已仕者。士，未仕者。官與士之所學，理雖同而分則異，故一以盡其事爲先，一以尚其志爲先。引此者，以證上文七者皆士先志之事也。

大學之教也，時教必有正業，退息必有居學。不學操縵，不能安弦；不學博依，不能安詩；不學雜服，不能安禮；不興其藝，不能樂學。故君子之於學也，藏焉，脩焉，息焉，游焉。夫然，故安其學而親其師，樂其友而信其道，是以雖離師輔而不反也。兌命曰：「敬孫務時敏，厥脩乃來。」其此之謂乎！釋文：操，七刀反。縵，末但反。依，於豈反。興，虛應反。樂其，音嶽，又音洛，又五教反。離，力智反。○鄭註：依或爲「衣」。雜或爲「雅」。○舊讀「時」字「居」字句絕，「學」字自爲一句，陸氏、朱子讀「時教必有正業」爲句，「退息必有居學」爲句，今從之。「依」字當從張子讀爲「聲依永」之依，如字。

鄭氏曰：操縵，雜弄也。博依，廣譬喻也。雜服，冕服皮弁之屬。興之言喜也，歆也。藝，謂禮、樂、射、御、書、數。藏，謂懷抱之。脩，習也。息，謂作勞休止之爲息。游，謂閒暇無事之爲游。敬孫，敬道孫業也。敏，疾也。厥，其也。學者務及時而疾，其所脩之業乃來。孔氏曰：弦，琴瑟之屬。若不先學操調雜弄，則手指不便，故不能安弦也。張子曰：依，聲之依永者也。服，事也。雜服，灑埽、應對、投壺、沃盥細碎之事。藝，禮、樂之文，如琴瑟笙磬，古人皆能之，以中制節；射、御亦必合於禮樂之文，如不失其馳，舍矢如破，騶虞、和、鸞，動必相應也。書、數，其用雖小，但施於簡策，然莫不出於學。故人有倦時，又用此以游其志，所以使樂學也。孫其志於仁則得仁，孫其志於義則得義，唯其敏而已。陸氏佃曰：正業，時教之所教也，若春誦夏弦，春秋教以禮樂，冬夏教以詩書是也。居學，退息之所學也，若操縵、博依是也。朱子曰：時教，如春夏禮樂，秋冬詩書之類。居學，謂居其所學，如易之言「居業」，蓋常時所習，如下文操縵、博依、興藝、藏、脩、息、游之類，所以學者能安其學而信其道。愚謂居學，謂私居之所學也。依，當如張子讀爲「聲依永」之依。博依，謂雜曲可歌詠者也。雜服，謂私燕之所服，若深衣之屬也。操縵，非樂之正也，然不學乎此，則於手指不便習，而不能以安於琴瑟之弦矣。博依，非詩之正也，然不學乎此，則於節奏不嫺熟，而不能以安於詩矣。雜服，非禮之重也，然不學乎此，則於儀文不素習，而不能以安於禮矣。樂學，謂樂正學也。弦也，詩也，禮也，皆正學而時教之所學也。操縵也，博依也，雜服也，所謂藝也，皆退息之所學也。正業於人至切，而居學若在可緩，然二者之爲，理相通而事相資，有不可以偏廢者，故不游之於雜藝以發其歡欣之趣，則不能安於正業而生其翫樂之心也。藏，謂入學受業也。脩，脩正業也。息，退而私居也。游，謂游心於居學也。藏焉必有所脩，息焉必有所游，無在而非義理之養。其求之也博，其入之也深；理浹於心，而有左右逢原之樂；身習於事，而無艱難煩苦之迹。是故内則信乎己之所得，外則樂乎師友之相成，至於學之大成而强立不返也。敬孫，書作「孫志」。孫則其心虚而有近裏切己之功，時敏則其業勤而有日新不已之益，故其所脩之道來而不已也。

今之教者，呻其佔畢，多其訊，言及于數，進而不顧其安，使人不由其誠，教人不盡其材，其施之也悖，其求之也佛。夫然，故隱其學而疾其師，苦其難而不知其益也。雖終其業，其去之必速。教之不刑，其此之由乎！釋文：呻音申，一音親。佔，敕沾反。訊，字又作「誶」，音信。佛，本又作「拂」，扶弗反。去如字，又起呂反。○鄭注：呻或爲「慕」。訊或爲「訾」。

鄭氏曰：呻，吟也。佔，視也。簡謂之畢。訊猶問也。言今之師自不曉經之義，但吟誦其所視簡之文，多其難問也。言及於數，其發言出說，不首其義，動云「有所法象」而已。進而不顧其安，務其所誦多，不惟其未曉。由，用也。使學者誦之而爲之説，不用其誠。材，道也。教人不盡其材，謂師有所隱也。施之也悖，求之也佛，教者言非，則學者失問也。隱，不稱揚也。速，疾也。學不心解，則忘之易。刑猶成也。張子曰：人未安之又進之，未喻之又告之，徒使人生此節目，不盡其材，不顧安，不由誠，皆是施之妄也。教人至難，必盡人之材，乃不誤人，觀可及處，然後告之。聖人之明，直若庖丁之解牛，皆知其隙，刃投餘地，無全牛矣。人之材足以有爲，但以其不由於誠，則不盡其材，若勉率而爲之，則豈有由其誠者哉？　朱子曰：數，謂形名度數，欲以是窮學者之未知，非求其本也。註疏「法象」之説恐非。　隱其學，謂以學爲幽隱而難知，如曰「二三子以我爲隱」之意。　愚謂進，謂進學也。　進而不顧其安，謂不量其材之所能受也。使人、教人，皆謂師之施教也。誠，教者之誠。材，學者之材也。　多其訊問，而務窮之以其所不知，進而不顧其安，而欲强之以其所未至，則其使人也，不出於愛人之誠矣。　呻其所視之簡畢，而徒務乎口耳之贏繁，稱乎度數，而不究乎義理之本，則其教人也，不足以盡人之材，而使之有所成就矣。　悖、佛，皆謂不順其道也。　不由其誠，不盡其材，則教者之施之也悖，而學者之求之也亦佛，是以其學幽隱不明，而至於疾其師，徒苦其難而不知其益也。　雖勉强卒業，而無自得之實，故其去之必速，則其與强立不反者相去遠矣。　此教之所以不成也。

大學之法：禁於未發之謂豫，當其可之謂時，不陵節而施之謂孫，相觀而善之謂摩。　此四者，教之所由興也。　釋文：摩，本又作「磨」，莫波反，徐忘髮反。

鄭氏曰：未發，謂情欲未生。　朱子曰：禁於未發，謂豫爲之防。　當其可，　謂適當其可告之時也。　相觀而善謂之摩，謂觀人之能而於己有益，　如以兩物相摩而各得其助也。　愚謂少成若天性，習貫若自然，豫之謂也。　八歲入小學，十五入大學，時之謂也。　中人以上，可以語上，中人以下，不可以語上，孫之謂也。　夫子以回方賜，而子貢自知其弗如，摩之謂也。

發然後禁，則扞格而不勝；時過然後學，則勤苦而難成；雜施而不孫，則壞亂而不脩；獨學而無友，則孤陋而寡聞；燕朋逆其師；燕辟廢其學。　此六者，教之所由廢也。　釋文：扞，胡半反。

格，胡客反，又户隔反。勝音升，又升證反。過，姑卧反。壞音怪，徐胡拜反。燕音鷰。辟音譬，下「罕辟」同。

鄭氏曰：格讀如「凍洛」之洛。扞，堅不可入之貌。扞格不勝，謂教不能勝其情欲。時過然後學，則思放也。雜施而不孫，則小者不達，大者難識，學者所惑也。孔氏曰：扞，謂拒扞也。格，謂堅强，譬如地凍，則堅强難入。情欲既發，而後乃禁教，則扞拒堅强，教之不復入也。學時已過，則心情放蕩，雖勤苦四體，終難成也。施教雜亂越節，則大才輕其小業，小才苦其大業，並是壞亂不可脩治也。獨學而無朋友，則有疑無可諮問，而學識孤偏鄙陋，寡有所聞也。朱子曰：燕朋，是私褻之友，如損者三友之類。燕辟，謂私褻之談，無益於學，而反有所害也。愚謂燕辟，如所謂「羣居終日，言不及義」也。上言教之所由興有四，此言教之所由廢有六者，蓋發然後禁，四者固爲教之失其方而學之無其助，然其天資之高而向學之勤者，或猶能奮發以有所成就。若又加以私褻之朋，私褻之談，則固無望其能勤於學，而雖有美質，亦將漸移於邪僻而不自覺矣，教有不廢者哉？

君子既知教之所由興，又知教之所由廢，然後可以爲人師也。故君子之教喻也，道而弗牽，强而弗抑，開而弗達。道而弗牽則和，强而弗抑則易，開而弗達則思。和、易以思，可謂善喻矣。釋文：道音導。强，沈其良反，徐其兩反。易，以豉反。

鄭氏曰：道，示之以道塗也。開，爲發頭角。思而得之則深。孔氏曰：喻猶曉也。牽，謂牽偪。方氏慤曰：道之使有所向，而弗牽之使從，則人有樂學之心。强之使有所勉，而弗抑之使退，則人無難能之病。開之使有所入，而弗達之使知，則人有自得之益。愚謂教唯其豫也，故道之而無牽引之煩而和矣。和者，扞格之反也。教唯其時也，故強之而無屈抑之患而易矣。易者，勤苦之反也。教唯其孫也，故迎其機以道之，開其端，不遽達其意，而人將思而得之矣。思者，壞亂之反也。蓋君子唯知學之所由廢興，故其教喻之善如此。若相觀而善，則存乎朋友之益焉。

學者有四失，教者必知之。人之學也，或失則多，或失則寡，或失則易，或失則止。此四者，心之莫同也。知其心，然後能救其失也。教也者，長善而救其失者也。釋文：長，丁丈反，下同。

鄭氏曰：失於多，謂才少者。失於寡，謂才多者。失於易，謂好問不識者。失於止，謂好思不問者。

張子曰：爲人則多，好高則寡，不察則易，畏難則止。　愚謂失則多，謂多學而識而未能貫通，若子貢。失則寡，謂志意高遠而畧於事爲，若曾晳。失則易，謂無所取裁，若子路。失則止，謂畏難自畫，若冉有。多者欲其至於會通，寡者欲其進於篤實，易者欲其精於所知，止者欲其勉於所行。

善歌者使人繼其聲，善教者使人繼其志。其言也約而達，微而臧，罕譬而喻，可謂繼志矣。

釋文：教如字，一本作「學」，胡孝反。

朱子曰：繼聲、繼志，皆謂微發其端而不究其說，使人有所玩索而自得之也。約而達，微而臧，罕譬而喻，皆不務多言而使人自得之意。　吳氏澄曰：教者之言，雖至約不煩，而能使人通之；雖至微不顯，而能使人善之；雖少有所譬，而能使人曉之。約、微、罕譬，皆教者之不盡言也。達、臧、喻，學者之能自得也。如此，可謂能使人繼其志者矣。

君子知至學之難易而知其美惡，然後能博喻，能博喻然後能爲師，能爲師然後能爲長，能爲長然後能爲君。故師也者，所以學爲君也，是故擇師不可不愼也。記曰：「三王、四代唯其師。」此之謂乎！釋文：惡，烏路反，又如字。○孔疏，「此」上有「其」字。

張子曰：知學者至於學之難易，又知其資質材性之美惡也。朱子曰：能爲師以教人，則能爲君以治人。能爲師者，其人難得，故不可不擇也。顧氏炎武曰：三代之時，凡民之俊秀，皆入大學，而教之以治國平天下之事。孔子之於弟子也，四代之禮樂以教顏淵，五至三無以告子夏，而又曰「雍也可使南面」，然則內而聖，外而王，無異道矣。其繫易也，以九二「見龍在田，利見大人」爲君德，故曰「師也者，所以學爲君也」。愚謂至學之難易，謂學者入道之深淺次第。美惡，謂人之材質不同：無失者爲美，有失者爲惡也。博喻，謂因學者之材質而告之，而廣博譬喻，不拘一途也。長，謂鄉大夫、州長、黨正之屬，周禮所謂「使民興賢，出使長之」是也。長與君，皆有教民之責，故能爲師然後能爲長，能爲君也。能爲師者難其人，故擇之不可不愼也。夏、商、周爲三王，并虞爲四代。唯其師者，唯以擇師爲重也。

凡學之道，嚴師爲難。師嚴然後道尊，道尊然後民知敬學。是故君之所不臣於其臣者二：當其爲尸，則弗臣也；當其爲師，則弗臣也。大學之禮，雖詔於天子，無北面，所以尊師也。

鄭氏曰：嚴，尊敬也。詔於天子，無北面，尊師重道，不使處臣位也。武王踐阼，召師尚父而問焉，曰：「昔黃帝、顓頊之道存乎？意亦忽不可得見與？」師尚父曰：「在丹書。王欲聞之，則齊矣。」王齊三曰，端冕，師尚父亦端冕，孔疏云：「『師尚父亦端冕』，大戴禮無此文，鄭所加也。」奉書而入，負屏而立。王下堂，南面而立。師尚父曰：「先王之道不北面。」王行西折而南，疏云：「南字亦鄭所加。」今按：今大戴禮與鄭氏所引悉同，蓋後人因鄭註增之，非孔所見也。東面而立。師尚父西面道書之言。皇氏侃曰：王在賓位，師尚父在主位，此王庭之位。若尋常師徒之教，則師東面，弟子西面也。輔氏廣曰：嚴師爲難，言盡嚴師之道爲難，非心悅誠服，致敬盡禮，如七十子之於孔子不可也。師所以傳道，師嚴然後道尊，道未嘗不尊也，因其尊而尊之，則在乎人之嚴師也。師嚴道尊，然後民皆興起於學。

善學者師逸而功倍，又從而庸之；不善學者師勤而功半，又從而怨之。善問者如攻堅木，先其易者，後其節目，及其久也，相說以解；不善問者反此。善待問者如撞鐘，叩之以小者則小鳴，叩之以大者則大鳴，待其從容，然後盡其聲；不善答問者反此。此皆進學之道也。

釋文：說音悅。撞，丈江反。從，依註讀爲舂，式容反。○鄭註：從或爲「松」。○今按：說，當從輔氏讀爲脫。從容，當讀如中庸「從容中道」，從，七容反。

鄭氏曰：從，隨也。庸，功也。功之，愛其道有功於己〔一〕。善問者先易後難，以漸入。從，讀如「富父舂戈」之舂。舂容，謂重撞擊也。始者一聲而已，學者既開其端意，進而復問，乃極說之，如撞鐘之成聲矣。朱子曰：註說非是。從容，正謂聲之餘韻從容而將盡者也。言必盡答所問然後止也。輔氏廣曰：治木者，柔者既去，然後堅者可脫而解矣，故曰「相說以解」。音悅恐非，悅則以學者言矣。以

〔一〕「愛」，禮記注疏作「受」。

後譬觀之，不然。撞鐘，以莛擊之，則其聲小，以楹擊之，則其聲大。聲之大小雖不同，然必待叩者之從容，然後盡其聲，若亟撞之，未有能盡其聲者也。愚謂功之，謂歸功於師也。節目，木之堅而難攻處。易說卦曰：「其於木也，爲堅多節。」說，當讀爲脫。相說以解，謂彼此相離脫而解也。從容，義如「從容中道」、「從容以和」。鐘雖叩之而無不鳴，然必撞之者不急迫，從容閒歇，而後其餘聲乃盡，若急迫叩之，則鐘聲有不能盡者矣。善待問者，於學者之問無不答，若鐘之小叩小鳴，大叩大鳴，然必問者不急迫，從容閒暇，然後盡發其旨意，若急迫問之，則教者有不盡告者矣。非其於學者有所靳也，蓋非從容則無沈潛詳審之意，而不足以爲領受之地故也。

記問之學，不足以爲人師，必也其聽語乎！力不能問，然後語之。語之而不知，雖舍之可也。釋文：語，魚據反。舍音捨，又如字。

鄭氏曰：記問，謂豫誦雜難、雜說，至講時爲學者論之。此或時師不心解，或學者所未能問。聽語，必待其問，乃說之。舍之，須後。朱子曰：記問之學，無得於心，而所知有限，故不足以爲人師。愚謂聽語，謂聽學者之問，而因而語之，所謂「小叩小鳴，大叩大鳴」是也。此唯學有心得，而義理充足者，然後能之，然教者之語，雖因乎學者之問，而亦有不待其問而語之者。蓋其心有憤悱，而力不能問，然後語以發之。語之而不知，則又當舍之，以俟其後也。論語「不憤不啟，不悱不發，舉一隅，不以三隅反，則不復也」，即此義也。

良冶之子，必學爲裘；良弓之子，必學爲箕；始駕馬者反之，車在馬前。君子察於此三者，可以有志於學矣。〔釋文〕：治音也。始駕者，一本作「始駕馬者」。

鄭氏曰：良冶之子，必學爲裘者，仍見其家錮補穿鑿之器也。補器者，其金柔乃合，有似於爲裘。良弓之子，必學爲箕者，仍見其家撓角幹也。撓角幹者，其材宜調，調乃三體相稱，有似於爲柳木之箕。始駕馬者反之，車在馬前，以言仍見則貫，即事易也。君子仍讀先王之道，則爲來事不惑。孔氏曰：良，善也。冶，謂鑄冶也。積世善冶之家，其子弟見父兄錮鑄金鐵，使之柔合，以補治破器，使之完好，故子弟仍能學爲裘袍補續獸皮，片片相合，以至完全也。善爲弓之家，使角幹撓屈調和以成弓，故其子弟亦觀其父兄世業，仍學取柳和軟，撓之成箕也。始駕，謂馬子始學駕車之時。反之者，駕馬之法，大馬本駕在車前，今將馬子繫隨車後，故曰「反之，車在馬前」。所以然者，此駒未曾駕車，若忽駕之，必當驚奔，今以大馬牽車於前，而繫駒於後，使此駒日日見車之行，慣習而後駕之，不復驚也。三事皆須積習，非一日所成。君子察此三事之由，則可以有志於學矣。愚謂良冶之子之能爲裘也，良弓之子之能爲箕也，馬之能駕車也，此三者，非皆生而能之，由於見聞習熟而馴而致之也。然則君子之於道，苟時習而不已，豈有不能至之理哉？故察於此而可以有志於學矣。

古之學者，比物醜類。鼓無當於五聲，五聲弗得不和；水無當於五色，五色弗得不章；學無當於五官，五官弗得不治；師無當於五服，五服弗得不親。〔釋文〕：當，丁浪反。治，直吏反。○鄭註，醜或爲「計」。

鄭氏曰：比物醜類，以事相況而爲之。醜猶比也。當猶主也。五服，斬衰至緦麻之親。孔氏曰：古之學者，比方其事以醜類，謂以同類之事相比方，則學易成。朱子曰：比物醜類，此句詳文義，當屬上章，仍有闕文。　愚謂比物醜類一句，與下文義不相屬，朱子以爲有闕文，是也。自「鼓無當於五聲」以下，則言學當尊師之意，以上三事引起下一事也。夫五服之親，骨肉也。然非有師以講明其理，則或有不知其當親者，或有知其當親而所以親之非其道者。人倫賴師而後明，此師之所以無當於五服，而實爲在三之一者也。

君子曰：「大德不官，大道不器，大信不約，大時不齊。察於此四者，可以有志於本矣。」釋文：約，徐於妙反，沈於畧反。齊如字。

鄭氏曰：大德不官，謂君也。大道不器，聖人之道，不如器施於一物。大信不約，謂若「胥命于蒲」，無盟約。大時不齊，或時以生，或時以殺。孔氏曰：春夏花卉自生而薺麥自死，秋冬草木自死而薺麥自生，故云「不齊」。不官爲諸官之本，不器爲諸器之本，不約爲諸約之本，不齊爲諸齊之本。朱子曰：大德不官，言大德者不但能專一官之事，如荀子所謂「精於道者兼物物」也。大信不約，謂如天地四時，不言而信者也。　愚謂德以人之所得而言，道則指其自然之本體也。大德不官，言聖人之德盛大，不但偏治一官之事也。大道不器，言大道之體，不偏主一器，易所謂「形而上者謂之道，形而下者謂之器」也。大信不約，謂至誠感物，不待有所要約，而人無不信之，若所謂「誓告不及五帝，盟會不及三王」也。大時不齊，謂天之四時，寒暑錯行，未嘗齊一，而卒未嘗有所違也。此引君子之言，本主於大德不官，以明學必務本之意，而兼及於其下三者，猶上章言「師無當於五服，五服弗得不親」，而兼及於五色、五聲之屬也。蓋大德者，務乎學之本者也；才效一官者，專乎學之末者也。德成而上，藝成而下；行成而先，事成而後。得其本者，可以該末；而逐於末者，不足以達本。故君子必有志於學，而學必有志於本。大學之道，使人明德以新民，而家以之齊，國以之治，天下以之平。此學之所以可貴也。不然，而役役於一長一技之末，雖終其身從事於學，亦豈足以化民而成俗哉！

三王之祭川也，皆先河而後海，或源也，或委也。此之謂務本。釋文：原，本又作「源」。委，於僞反。

鄭氏曰：源，泉所出也。委，流所聚也。孔氏曰：源則河也，委則海也。朱子曰：所以先河後海者，以其或是源，故先之；或是委，故後之。疏有二說，此說是也。愚謂疏引皇氏之說云：「河海之外，源之與委。」此一說也。又引或解云：「源則河，委則海。」此又一說也。詳經文之意，源、委即指河海，非謂河海外别有源、委也。水之源可以至委，而委不可以達源，猶學之本可以兼末，而末不可以達本。故三王之祭川，必先河而後海，而君子之爲學，亦必先本而後末也。

禮記卷三十七

樂記第十九之一 別録屬樂記。

鄭氏曰：名樂記者，以其記樂之義。蓋十一篇合爲一篇，有樂本，有樂論，有樂施，有樂言，有樂禮，有樂情，有樂化，有樂象，有賓牟賈，有師乙，有魏文侯。此鄭氏目録次第，與經不同。今雖合此，畧有分焉。孔氏曰：周衰禮廢，其樂先微，以音律爲節，又爲鄭、衛所亂，故無遺法。漢興，制氏以雅樂聲律，世爲樂官，頗能記其鏗鏘鼓舞，而不能言其義。武帝時，河間獻王好古，與諸生采周官及諸子言樂事者爲樂記，其内史丞王度傳之，以授常山王禹，成帝時爲謁者，數言其義，獻二十四卷。劉向校書，得二十三篇，與禹不同，著於別録。今樂記斷取十一篇，餘有十二篇，其名猶在，二十四卷，記無所録也。其十二篇之名，按劉向別録云「奏樂第十二，樂器第十三，樂作第十四，意始第十五，樂穆第十六，説律第十七，季札第十八，樂道第十九，樂義第二十，昭本第二十一，昭頌第二十二，竇公第二十三」，是也。按別録，禮記四十九篇，樂記第十九，則樂記十一篇入禮記在劉向前矣。至向爲別録，更載所入樂記十一篇，又載餘十二篇，總爲二十三篇也。愚謂此篇鄭、孔皆不言作者之人，惟史記正義以爲公孫尼子所作，未知何據。樂以義理爲本，以器數爲用。古者樂爲六藝之一，小學、大學莫不以此爲教，其器數，人人之所習也，獨其義理之精有未易知者，故此篇專言義理而不及器數。自古樂散亡，器數失傳，而其言義理者，雖賴有是篇之存，而不可見之施用，遂爲簡上之空言矣。然而樂之理終未嘗亡，苟能本其和樂莊敬者以治一身，而推其同和、同節者以治一世，則孟子所謂「今樂猶古樂」者，而其用或亦可以漸復也。

凡音之起，由人心生也。人心之動，物使之然也，感於物而動，故形於聲。聲相應，故生變，變成方，謂之音。比音而樂之，及干戚、羽旄，謂之樂。釋文：應，「應對」之應，篇内同。比，毗志反。

鄭氏曰：宮、商、角、徵、羽雜比曰音，單出曰聲。形猶見也。樂之器，彈其宮則衆宮應，然不足樂，是以變之使雜也。易曰：「同聲相應，同氣相求。」春秋傳曰：「若以水濟水，誰能食之？若琴瑟之專一，誰能聽之？」方，猶文章也。干，盾也，戚，斧也，武舞所執。羽，翟羽，旄，旄牛尾也，文舞所執。孔氏曰：音，即今之歌曲也。愚謂此言樂之所由起也。人心不能無感，感不能無形於聲。聲，謂凡宣於口者皆是也。聲之別有五，其始形也，止一聲而已。然既形則有不能自已之勢，而其同者以類相應。有同必有異，故又有他聲之雜焉，而變生矣。變之極而抑揚高下，五聲備具，猶五色之交錯而成文章，則成爲歌曲而謂之音矣。然猶未足以爲樂也，比次歌曲，而以樂器奏之，又以干戚、羽旄象其舞蹈以爲舞，則聲容畢具而謂之樂也。

樂者，音之所由生也，其本在人心之感於物也。是故其哀心感者，其聲噍以殺；其樂心感者，其聲嘽以緩；其喜心感者，其聲發以散；其怒心感者，其聲粗以厲；其敬心感者，其聲直以廉；其愛心感者，其聲和以柔。六者非性也，感於物而后動。釋文：噍，子遥反，徐在堯反，沈子堯反。殺，色界反，徐所列反。其樂，音洛。嘽，昌善反。粗，采都反，又才古反。

鄭氏曰：言人聲在所見，非有常也。噍，踧也。嘽，寬綽貌。發猶揚也。孔氏曰：此聲皆據人心感於物而口爲聲，是人聲也。皇氏云「樂聲」，失之矣。方氏慤曰：凡人之情，得所欲則樂，喪所欲則哀；順其心則喜，逆其心則怒；於所畏則敬，於所悦則愛。噍則竭而無澤，殺則減而不隆，蓋心喪其所欲，故形於聲者如此。嘽則寬綽而有餘，緩則舒徐而不迫，蓋心得其所欲，故形於聲者如此。發則宣出而無留遺，散則四暢而無鬱積，蓋順其心，故形於聲者如此。粗則壯猛以奮發，厲則高急而淩物，蓋逆其心，故形於聲者如此。直則無委曲，廉則有圭角，蓋心有所畏，故形於聲者如此。和則不乖，柔則致順，蓋心有所悦，故形於聲者如此。方氏原文多有未安，今畧爲改定如此。陳氏澔曰：六者之動，乃情也，非性也。性則喜怒哀樂之未發者是也。愚謂首節言人心之感而爲聲，由聲而爲音，由音而爲樂。其自微而至著，有是三者之次。自此以下六節，皆承首節而遞申之。此二節言人之感而發爲聲者由於政，所以申首節言「聲」之義。所謂聲，皆指人聲而言也。

是故先王慎所以感之者。故禮以道其志，樂以和其聲，政以一其行，刑以防其姦。禮、樂、刑、政，其極一也，所以同民心而出治道也。釋文：道音導。行，下孟反。治，直吏反。

禮以示其所履，而所志因有定向，故曰「禮以道其志」。樂以養其心，而發於聲者乃和，故曰「樂以和其聲」。聲，即上所言六者之聲也。感人心固以樂爲主，然萬物得其理而後和，故道以禮而後可和以樂也。政者，所以布禮樂之具，而刑又所以爲政之輔者也。極猶歸也。民心，即喜、怒、哀、樂、愛、敬之心也。同，謂同歸於和也。六者之心，人之所不能無，惟感之得其道，則所發中其節，而皆不害其爲和矣。故禮、樂、刑、政，其事雖異，然其歸皆所以同民之心而出治平之道也。

凡音者，生人心者也。情動於中，故形於聲，聲成文，謂之音。是故治世之音安以樂，其政和；亂世之音怨以怒，其政乖；亡國之音哀以思，其民困。聲音之道，與政通矣。釋文：「治世之音」，絕句。安以樂，音洛，絕句。雷讀上至「安」絕句，樂音岳，「以樂」二字爲句。崔讀上句依雷，下「以樂其政和」爲一句，下「亂世」「亡國」各放此。思，息吏反，又音笥。○今按：樂當音洛，「治世之音安以樂」爲一句，「其政和」爲一句。下四句放此。

鄭氏曰：言八音和否隨政也。孔氏曰：治平之世，其音安靜而和樂，由其政和平而人心安樂也。禍亂之世，其音怨懟而恚怒，由其政乖僻而人心怨怒也。亡國，謂將亡之國也。亡國之時，其音悲哀而愁思，由其民困苦而人心哀思也。亡國不言「世」者，以國將亡，無復繼世也。不云「政」者，言國將滅，無復有政也。愚謂此節言人心之感而成爲音者由於政，所以申首節言「音」之義。所謂音，皆謂民俗歌謠之類，而猶未及乎樂也。

宮爲君，商爲臣，角爲民，徵爲事，羽爲物。五者不亂，則無怗懘之音矣。釋文：徵，張里反，後放此。怗，徐昌廉反。懘，昌制反，又昌紙反。

此乃言音之比而爲樂者也。

鄭氏曰：五者，君、臣、民、事、物也。凡聲濁者尊，清者卑。怗懘，敝敗不和貌。

孔氏曰：宫爲君者，鄭註月令云：「宫屬土，土居中央，總四方，君之象也。」又：「五音以絲多聲重者爲尊，宫絃最大，用八十一絲，故宫爲君。」商爲臣者，鄭註月令云：「商屬金，以其濁次宫，臣之象也。」解者云：「商七十二絲，次宫，如臣之次君。」角爲民者，鄭註月令云：「角屬木，以其清濁中，民之象也。」解者云：「宫濁而羽清，角六十四絲，居宫、羽之中，半清半濁。民比君、臣爲劣，比事、物爲優，故角清濁中，爲民之象也。」徵爲事者，鄭註月令云：「徵屬火，以其微清，事之象也。」解者云：「徵五十四絲，是微清。事由民造爲，先事乃後有物。事勝於物而劣於民，所以徵爲事之象也。」羽爲物者，鄭註月令云：「羽屬水，以其最清，物之象也。」解者云：「羽最清，用四十八絲而爲物，物劣於事，故處最末。」敝敗，謂不和之貌。若君、臣、民、事、物五者各得其所，不相壞亂，則五聲之響無敝敗矣。

劉氏曰：五聲之本，本生於黄鐘之律，其長九寸，每寸九分，九九八十一，是爲宫聲之數。三分損一以下生徵，徵數五十四；徵三分益一以上生商，商數七十二；商三分損一以下生羽，羽數四十八；羽三分益一以上生角，角數六十四；角之數三分之不盡一算，其數不行，故聲止於五。此其相生之次也。宫屬土，弦八十一絲爲最多，而聲至濁，於五聲獨尊，故爲君象。商屬金，弦用七十二絲，聲次濁，故次於君而爲臣。角屬木，弦用六十四絲，聲半清半濁，居五聲之中，故次於臣而爲民。徵屬火，弦用五十四絲，其聲清，有民而後有事，故爲事。羽屬水，弦用四十八絲爲最少，而聲至清，有事而後用物，故爲物。此其大小之次也。五聲固本於黄鐘爲宫，然還相爲宫，則其餘皆可爲宫。宫必爲君，而不可下於臣；商必爲臣，而不可上於君；角民、徵事、羽物，各以次降殺。其有臣過君、民過臣、事過民、物過事者，則不用正律，而以半聲應之。此八音所以克諧而無相奪倫也。然聲音之道，與政相通，必君、臣、民、事、物五者各得其理而不亂，則聲音和諧，而無怗懘敝敗也。愚謂此下三節，承首節「比音而樂」之義而申之，而言樂之通於政；此節則以政之得而感爲樂者言之也。

宮亂則荒，其君驕；商亂則陂，其官壞；角亂則憂，其民怨；徵亂則哀，其事勤；羽亂則危，其財匱。五者皆亂，迭相陵，謂之慢。如此，則國之滅亡無日矣。釋文：陂，彼義反。○陳氏官作「臣」。

鄭氏曰：君、臣、民、事、物，其道亂，則其音應而亂。荒，散也。陂，傾也。孔氏曰：五音敝敗，各有所由。宮音亂，則其聲放散，由其君驕溢故也。商音亂，則其聲欹斜而不正，由其臣不治於官故也。角音亂，則其聲憂愁，由政虐，其民怨故也。徵音亂，則其聲哀苦，由徭役不休，其事勤勞故也。羽音亂，則其聲傾危，由其君賦重，其民貧乏故也。樂緯動聲儀云：「宮爲君，君者當寬大容衆，故聲宏以舒，其和情以柔，動脾也。商爲臣，臣者當發明君之號令，其聲散以明，其和溫以斷，動肺也。角爲民，民者當約儉，不奢僭差，故其聲防以約，其和清以靜，動肝也。徵爲事，事者君子之功，既當急就之，其事當久流亡，故其聲貶以疾，其和平以功，動心也。羽爲物，物者不有委聚，故其聲散以虛，其和斷以散，動腎也。」動聲儀又云：「若宮唱而商和，是爲善，太平之樂。角從宮，是謂哀，衰國之樂。羽從宮，往而不返，是謂悲，亡國之樂也。」又云「音相生者和」，註云：「彈羽角應，彈宮徵應，是其和樂。」

以此言之，相生、應卽爲和，不以相生、應卽爲亂也。　愚謂此二節，又以政之失而應於樂音者言之也。五者偏有所亂者，亂世之音也。五者皆亂，至於迭相陵侮而爲慢者，亡國之音也。　周禮大司樂：「凡建國，禁其淫聲、過聲、凶聲、慢聲。」四者由輕而重，則聲之失莫甚於慢矣。

鄭、衞之音，亂世之音也，比於慢矣。桑間、濮上之音，亡國之音也，其政散，其民流，誣上行私而不可止也。　釋文：比，毗志反。濮音卜。

鄭氏曰：濮水之上，地有桑間者，亡國之音於此之水出也。昔殷紂使師延作靡靡之樂，已而自沈於濮水。後師涓過焉，夜聞而寫之，爲晉平公鼓之。事見史記樂書。桑間，在濮陽南。誣，罔也。　孔氏曰：比猶同也。鄭音好濫淫志，衞音促速煩志，並是亂世之音。雖亂而未滅亡，故云「比於慢」。濮水之上，桑林之間，所得之樂，是亡國之音。其政散者，謂君之政教荒散也。其民流者，流謂流亡，君既荒散，民自流亡也。誣上行私而不可止者，君既失政，在下則誣罔於上，行其私意，不可禁止也。　愚謂比，近也。近於慢，猶未遽至於慢也。慢者，亡國之音，若桑間、濮上是也。○孔氏曰：異義云：「論語說，鄭國之爲俗，有溱、洧之水，男女聚會，謳歌相感，故云『鄭聲淫』。左傳說，煩手淫聲謂之鄭聲，言煩手躑躅之聲使淫過矣。」許君謹按：「鄭詩二十一篇，說婦人者十九，故鄭聲淫。」今按鄭詩說婦人者九篇，異義云「十九」，誤也。　張子曰：鄭、衞地濱大河，沙地土薄，故其人氣輕浮；其地平下，故其質氣弱；其地肥饒，不費耕耨，故其人心怠惰。　其人性情如此，其聲音亦然，故聞其樂使人解慢。　愚謂孔氏謂「鄭詩說婦人者九」，據毛詩而言，許愼言「鄭詩說婦人者十九」，疑齊、魯、韓三家詩說有如此者。今朱子集傳於鄭詩多以爲淫詩，與毛傳不同，豈非即由慎說發其端與？然鄭詩不可以爲鄭聲，說見後魏文侯篇。

凡音者，生於人心者也。樂者，通倫理者也。是故知聲而不知音者，禽獸是也。知音而不知樂者，衆庶是也。唯君子爲能知樂。是故審聲以知音，審音以知樂，審樂以知政，而治道備矣。是故不知聲者不可與言音，不知音者不可與言樂，知樂則幾於禮矣。禮樂皆得，謂之有德。德者，得也。

鄭氏曰：倫，類也。理，分也。禽獸知此爲聲耳，不知其宫商之變也。八音並作克諧曰樂。幾，近也。聽樂而知政之得失，則能正君、臣、民、事、物之禮也。方氏慤曰：凡耳有所聞者，皆能知聲；心有所識者，則能知音；通於道者，則能知樂。若瓠巴鼓瑟，游魚出聽，伯牙鼓琴，六馬仰秣，此禽獸之知聲者也。魏文侯好鄭、衛之音，齊宣王好世俗之樂，此衆庶之知音者也。孔子在齊之所聞，季札聘魯之所觀，則君子之知樂者也。愚謂樂通倫理，謂其通於君、臣、民、事、物五者之理也。禮樂之爲用雖異，而理則相通，故知樂則幾於禮矣。禮樂皆得，則惟實體其理於身者能之，又非僅知之而已，故謂之有德。自第二節以下，承首節「聲」「音」「樂」三者之義而遞申之，至此則合而結之，而歸重於知樂，以起下章之義也。○右第一章，本樂之所由生也。

是故樂之隆，非極音也。食饗之禮，非致味也。清廟之瑟，朱弦而疏越，壹倡而三歎，有遺音者矣。大饗之禮，尚玄酒而俎腥魚，大羹不和，有遺味者矣。是故先王之制禮樂也，非以極口腹耳目之欲也，將以教民平好惡而反人道之正也。釋文：食音嗣，下「食饗」同。和，胡卧反。好，呼報反。惡，烏路反，又並如字。後「好惡」二字相連者皆放此。

鄭氏曰：隆，盛也。極，窮也。清廟，謂作樂歌清廟也。朱弦，練朱弦，練則聲濁。越，瑟底孔也，畫疏之，使聲遲也。倡，發歌句也。三歎，三人從歎之耳。大饗，祫祭先王。以腥魚爲俎實，不臑熟之。大羹，肉湆，不調以鹽菜。遺猶餘也。平好惡，教之使知好惡也。孔氏曰：清廟之瑟，謂歌清廟之詩所彈之瑟。朱弦，謂練朱絲爲弦，練則聲濁也。疏越，疏通底孔，使聲遲。聲濁又遲，是質素之聲，非要妙之響。初發首一倡之時，唯有三人歎之，是人不愛樂，雖然，有遺餘之音，以其貴在於德，念之不忘也。尚玄酒，在五齊之上也。腥，生也。俎腥魚，俎有三牲，而兼載腥魚也。大羹，肉湆，不以鹽菜和之。此皆質素之食，人所不欲也，雖然，有遺餘之味，以其有德質素，其味可重也。玄酒、腥魚、大羹，是非極口腹也。朱弦疏越，是非極耳目也。先王制禮樂，不爲口腹耳目，將以教民均平好惡，而反歸人道之正也。朱子曰：一倡三歎，謂一人倡而三人和也。愚謂鄉飲酒禮「工四人，二瑟」，燕禮、大射「工六人，四瑟」，皆歌工二人。若諸侯大饗之禮，歌工當有四人，以一人發歌句而三人應和之也。虞書言「搏拊琴瑟以詠」，則升歌并有琴。此言「瑟」而不言「琴」，然則升歌用琴，惟天子宗廟之祭乃有之與？致猶極也。俎腥魚，謂朝踐薦血腥之時，魚亦腥而載之於俎也。樂以升歌爲始，合舞爲終，故樂未嘗不極音，而其隆者，則在於升歌清廟，以發明先王之德，而不在於極音也。食饗之禮，設尊則以玄酒在西，醴酒在東；薦牲則以薦腥在先，饋熟在後。故食饗未嘗不致味，而其隆者，則在於玄酒、腥魚，以反先代質素之本，而不在於致味也。樂在於示德，故不極音而有餘於音；禮在於反古，故不極味而有餘於味也。人道本無不正，惟其徇於好惡而失之；人之好惡之出於本然者，亦無不平，惟其徇於耳目口腹之欲而失之。今使人皆知貴德反古之意，則不至徇於耳目口腹之欲，而好惡自此平，人道之正可以反矣。

人生而靜，天之性也。感於物而動，性之欲也。物至知知，然後好惡形焉。好惡無節於內，知誘於外，不能反躬，天理滅矣。夫物之感人無窮，而人之好惡無節，則是物至而人化物也。人化物也者，滅天理而窮人欲者也。於是有悖逆詐僞之心，有淫泆作亂之事。是故强者脅弱，衆者暴寡，知者詐愚，勇者苦怯，疾病不養，老幼孤獨不得其所。此大亂之道也。

釋文：泆音逸。知者，音智。

朱子曰：人生而靜，天之性也，感於物而動，性之欲也，何也？曰：此言性情之妙，人之所生而有者也。蓋人受天地之中以生，其未感也，純粹至善，萬理具焉，所謂性也。然人有是性卽有是形，有是形卽有是心，而不能無感於物，感於物而動，則性之欲者出焉，而善惡於是乎分矣。性之欲，卽所謂情也。物至知知，然後好惡形焉，何也？曰：上言性、情之别，此指情之動處爲言，而性在其中也。物至而知知之者，心之感。好之惡之者，情也。形焉者，其動也。所以好惡而有自然之節者，性也。好惡無節於內，知誘於外，不能反躬，天理滅矣，何也？曰：此言情之所以流，而性之所以失也。好惡本有自然之節，唯其不自覺知，無所涵養，而大本不立，是以天則不明於內，外物又從而誘之，此所以流濫放逸而不自知也。苟能於此覺其所以然者，而反躬以求之，則其流也庶乎其可制矣。不能如是，而唯情是徇，則人欲熾盛而天理滅息，尚何難之有哉！此一節，明天理人欲之機，間不容息處，唯其反躬自審，念念不忘，則天理益明，存養自固，而外誘不能奪矣。夫物之感人無窮，而人之好惡無節，則是物至而人化物也。人化物也者，滅天理而窮人欲者也，何也？曰：上言情之所以流，此則以其流之甚而不反者言之也。好惡之節，天之所以與我也，而至於無節；宰制萬物，人之所以爲貴也，而反化於物。天理唯恐其存之不至也，而反滅之；人欲唯恐其制之不力也，而反窮之。則人之所以爲人者，至是盡矣。然天理秉彝，終非可殄滅者，雖化物窮欲，至於此極，苟能反躬以求，則天理之本然者初未嘗滅也。但習染之深，難覺而易昧，難反而易流，非厲知恥之勇，而致百倍之功，則不足以復其初爾。又曰：人生而靜以上不容説。人生而靜以上，卽是人物未生時，只可謂之理，説性不得，此程子所謂「在天曰命」也。纔説性時，便已不是性，纔謂之性，便是人生以後，此理已墮在形氣中，不全是性之本體矣，此程子所謂「在人曰性」也。然性之本體，原未嘗離，亦未嘗雜，要人就上面見得其本體耳。性不可形容，善言性者，不過卽其發見之端言之，而性之理固可默識矣，如孟子言「性善」與「四端」是也。又曰：物至知知，上「知」字是體，下「知」字是用。又曰：物之誘人固無窮，然亦是自家好惡無節，所以被物誘去。若是自有主宰，如何被誘去？愚謂上文言先王之制禮樂，所以教人平好惡而反人道之正，此節又以人之好惡本於性而流於情者言之。蓋人之好惡之失，乃大亂之所由起，此禮樂之所以不可不作也。

是故先王之制禮樂，人爲之節。衰麻哭泣，所以節喪紀也。鐘鼓干戚，所以和安樂也。昏姻冠笄，所以別男女也。射鄉食饗，所以正交接也。禮節民心，樂和民聲，政以行之，刑以防之。禮、樂、刑、政，四達而不悖，則王道備矣。釋文：衰，七雷反。安樂，音洛。冠，古亂反。別，彼列反，下文皆同。

鄭氏曰：言爲作法度，以遏其欲。男二十而冠，女許嫁而笄，成人之禮。射、鄉，大射、鄉飲酒也。愚謂射、鄉，鄉射、鄉飲酒也。人之好惡無節，先王之制禮樂，於天下之人皆爲之節。安樂者，所謂「治世之音安以樂」也。和安樂者，言導之於和，而使之發於聲者皆安樂也。和安樂者，樂之所以和民聲也。節喪紀，別男女，正交接者，禮之所以節民心也。又爲之政以一其行，爲之刑以防其姦。此四者，聖人脩道之教，人道之所以正，而大亂之所以息也。○右第二章，本樂之所由作也。

右樂本篇第一。○十一篇之次，禮記與劉向別録、史記樂書皆不同。蓋別録乃二十三篇之舊次，而禮記則取以入禮者之所更定，樂書本取諸禮記，而褚少孫又自以其意升降之也。鄭氏註禮記，一依經文，而目録之次又不同。觀其於賓牟賈、師乙、魏文侯三篇，皆以年代次之，則其意似以禮記之舊次爲未善，又以經文次第，不欲輒更，而於目録見其意也。又鄭謂「十一篇畧有分」，則自魏文侯、賓牟賈、師乙三篇確然可見者之外，其餘分篇，鄭氏原無明說，孔疏亦言「仔細不可的知」。疏中及史記正義分篇之説，皆本於皇氏，雖未有以知其必然，然別無可考證，今姑從之。

樂者爲同，禮者爲異。同則相親，異則相敬。樂勝則流，禮勝則離。合情飾貌者，禮樂之事也。禮義立，則貴賤等矣。樂文同，則上下和矣。好惡著，則賢不肖別矣。刑禁暴，爵舉賢，則政均矣。仁以愛之，義以正之。如此，則民治行矣。釋文：勝，始證反。飭音敕，本亦作「飾」，音式。著，張慮反。

鄭氏曰：同，謂協好惡。異，謂別貴賤。禮樂，欲其並行彬彬然。陳氏澔曰：和以統同，序以辨異。樂勝則流，過於同也。禮勝則離，過於異也。合情者，樂之和於內，所以救其離之失。飾貌者，禮之檢於外，所以救其流之失。愚謂禮言「義」，見其有以相辨，而貴賤之所以等也。樂言「文」，見其有以相接，而上下之所以和也。好惡者，刑爵之本；刑爵者，好惡之用。仁以愛之，而有惻怛之實，義以正之，而得裁制之宜，又所以爲禮、樂、刑、爵之本者也。民治行者，言以此治民而民無不治也。○右第一章，言禮樂之爲用異，而實以相濟也。蓋禮之與樂，若陰之與陽，仁之與義，其理同出於一原，其用相須而不離。樂所以和禮，而禮之從容不迫者卽樂也。禮所以節樂，而樂之節制不過者卽禮也。且萬物得其理而後和，其序尤有不可紊者，故樂記一篇，每以禮相配而言之。

樂由中出，禮自外作。樂由中出，故靜；禮自外作，故文。大樂必易，大禮必簡。樂至則無怨，禮至則不爭。揖讓而治天下者，禮樂之謂也。暴民不作，諸侯賓服，兵革不試，五刑不用，百姓無患，天子不怒，如此則樂達矣。合父子之親，明長幼之序，以敬四海之內，天子如此，則禮行矣。釋文：易，以豉反。爭，「爭鬭」之爭。長，丁丈反。

鄭氏曰：樂由中出，和在心。禮自外作，敬在貌。文猶動也。易、簡，若於清廟、大饗然。至猶達也，行也。賓，協也。試，用也。　愚謂禮樂之本，皆在於心。然樂以統同，舉其心之和順者達之而已，故曰「由中出」。禮以辨異，其親疏貴賤之品級，必因其在外者而制之，故曰「自外作」。樂由中出，故無事乎品節之煩，而其意靜；禮由外作，故必極乎度數之詳，而其事文。樂之大者必易，一倡三嘆而有遺音，而不在乎幼眇之音也。禮之大者必簡，玄酒、腥魚而有遺味，而不在乎儀物之繁也。然則由中出者，固非求之於外，而由外作者，正當反而求之於中矣。樂至則無怨者，神人治而上下和也。禮至則不爭者，上下辨而民志定也。必易必簡者，禮樂之所以立乎其本；無怨不爭者，禮樂之所以達乎其用。如此，則第相與揖讓以行禮樂，而天下自治矣。天子不怒者，言無可怒之事也。合父子之親，使民父子有親；明長幼之序，使民長幼有序。以敬四海之內者，使四海之內皆粲然有文以相接，相敬而無相褻也。「暴民不作」，至「天子不怒」，樂至則無怨之事也。「合父子之親」以下，禮至則不爭之事也。○右第二章，言禮樂之作不同，而其治天下之功一也。

大樂與天地同和，大禮與天地同節。和，故百物不失；節，故祀天祭地。明則有禮樂，幽則有鬼神。如此，則四海之內合敬同愛矣

鄭氏曰：同和同節，言順天地之氣與其數。百物不失，不失其性。祀天祭地，成物有功，報焉。禮樂，教人者。鬼神，助天地成物者也。　愚謂天地有自然之和，而大樂與天地同其和；天地有自然之節，而大禮與天地同其節。百物不失者，百物得和以生，各保其性也。祀天祭地者，萬物得節以成，本其功於天地而報之也。鬼神者，天地之功用，自然之和節也。禮樂者，聖人之功用，同和同節者也。鬼

神體物而不遺，禮樂體事而無不在，二者一明一幽，同運並行，故能使四海之内無不得其節而合於敬，無不得其和而同於愛也。

禮者，殊事合敬者也。樂者，異文合愛者也。禮樂之情同，故明王以相沿也。故事與時並，名與功偕。鄭註：沿或作「緣」。

鄭氏曰：沿，猶因述也。孔子曰：「殷因於夏禮，所損益可知也。周因於殷禮，所損益可知也。」事與時並，爲事在其時也〔一〕。禮器曰：「堯授舜，舜授禹，湯放桀，武王伐紂，時也。」名與功偕，爲名在其功也。偕猶俱也。堯作大章，舜作大韶，禹作大夏，湯作大濩，武王作大武，各因其得天下之功。愚謂禮之事異，而敬之情則同；樂之文殊，而愛之情則同。禮樂之文與事者其末，而愛敬之情者其本，末可變而本不可變，故明王以相沿也。事與時並者，禮有質文損益，視乎時以起事。名與功偕者，樂有韶、夏、濩、武，隨乎功以立名也。明王之於禮樂，因其情之不可變者以爲本，故因時以制禮，象功以作樂，而皆有以成一代之治也。

故鐘、鼓、管、磬，羽、籥、干、戚，樂之器也。屈伸俯仰，綴、兆、舒、疾，樂之文也。簠、簋、俎、豆，制度、文章，禮之器也。升降上下，周還、裼、襲，禮之文也。故知禮樂之情者能作，識禮樂之文者能述。作者之謂聖，述者之謂明。明聖者，述作之謂也。釋文：綴，丁劣反，徐丁衛反，下「綴遠」、「綴短」皆同。上，時掌反。還音旋。

〔一〕「爲」，禮記注疏作「舉」。

鄭氏曰：綴，謂酇，舞者之位也。兆，其外營域也。述，謂訓其義也。愚謂禮樂之文，所謂「殊事異文」者也，器則文之所寓也。其文易識，其情難知。知其情，則得其本以達其末，而化裁變通，其文由之而出，故能作。識其文，則於其本猶有所未逮也，而於其已然之迹，亦可以守之而不失，故能述。作者之謂聖，禹、湯、文、武、周公是也。述者之謂明，游、夏、季札是也。○右第三章，言禮樂之本在乎愛敬之情也。

樂者，天地之和也。禮者，天地之序也。和，故百物皆化；序，故羣物皆別。樂由天作，禮以地制，過制則亂，過作則暴。明於天地，然後能興禮樂也。

劉氏曰：前言「大樂與天地同和，大禮與天地同節」，以成功之所合而言也。此言「樂者天地之和，禮者天地之序」，以效法之所本而言也。天地之和，陽之動而生物者也，氣行而不乖，故百物皆化。天地之序，陰之靜而成物者也，質具而有秩，故羣物皆別。樂者，法乎氣之行於天者而作，故動而屬陽。聲音，氣之爲也。禮者，法乎質之具於地者而制，故靜而屬陰。儀則，質之爲也。過制則失其序，如陰過而肅，則物之成者復壞，故亂。過作則失其和，如陽過而亢，則物之生者反傷，故暴。明乎天地之和與序，然後能興禮樂以贊化育也。愚謂禮以節行，非所以爲亂也，然過制則不足以爲節，而反至於亂矣。樂以道和，非所以爲暴也，然過作則不足以爲和，而反至於暴矣。上言「樂者天地之和，禮者天地之序」，下又以樂專屬天，以禮專屬地者，蓋天地各有自然之和、序，而樂之動而屬乎陽，禮之靜而屬乎陰，於天地又各有所專屬焉。猶之立天之道曰陰與陽，立地之道曰柔與剛，而分而言之，則陽與剛屬乎天，陰與柔屬乎地，雖若各爲一理，而實則相通也。

論倫無患，樂之情也；欣喜歡愛，樂之官也。中正無邪，禮之質也；莊敬恭順，禮之制也。若夫禮樂之施於金石，越於聲音，用於宗廟社稷，事乎山川鬼神，則此所與民同也。釋文：邪，字又作「耶」，同似嗟反。

鄭氏曰：倫猶類也。患，害也。官猶事也。質猶本也。　愚謂論倫無患者，言其心之和順足以論說樂之倫理，而不相悖害也。樂之情，禮之質，以其根於心者言，聖人制禮樂之本也。樂之官，禮之制，以其著於事者言，聖人用禮樂之實也。至於禮樂既達，而施而用之，又欲以情、官、質、制徧化天下之人，而與民同之也。○右第四章，言禮樂之作，本於天地而達於民也。

右樂論篇第二

王者功成作樂，治定制禮，其功大者其樂備，其治辯者其禮具。干戚之舞，非備樂也；孰亨而祀，非達禮也。五帝殊時，不相沿樂；三王異世，不相襲禮。樂極則憂，禮粗則偏矣。及夫敦樂而無憂，禮備而不偏者，其唯大聖乎！釋文：王如字，徐于況反。治，直吏反。辯，本又作「辨」，音遍。亨，沈普衡反，徐許兩反。夫音扶，下皆放此。

鄭氏曰：功主於王業，治主於教民。辯，徧也。達，具也。郊特牲曰：「郊血，大饗腥，三獻爓，一獻孰，至敬不饗味而貴氣臭也。」不相沿樂，不相襲禮，言其有損益也。　愚謂聲容者，樂之末也，故干、戚之舞非備樂，而朱弦、疏越有遺音者矣。儀物者，禮之末也，故孰亨而祀非達禮，而玄酒、腥魚有遺味者矣。樂之文，五帝未嘗相沿，禮之事，三王不必相襲，以其非禮樂之本故也。帝王皆有禮樂，於五帝言「樂」，於三王言「禮」，互文也。樂失其本，而致飾於聲容之盛，則反害於和樂之正而至於憂矣。禮失其本，而徒務乎儀物之粗，則不根於忠信之實而失之偏矣。敦厚其樂而不至於憂，禮節詳備而不至於偏，則惟其情足以稱之，而能與天地同其和節故也，非大聖其孰能之？○右第一章，言惟聖人能作禮樂也。

天高地下，萬物散殊，而禮制行矣。流而不息，合同而化，而樂興焉。春作夏長，仁也。秋斂冬藏，義也。仁近於樂，義近於禮。樂者敦和，率神而從天；禮者別宜，居鬼而從地。故聖人作樂以應天，制禮以配地。禮樂明備，天地官矣。釋文：長，丁丈反。近，「附近」之近，又其靳反。惇音純，本又作「敦」。

天地定位，萬物錯陳，此天地自然之禮也。流而不息，而闔闢不窮，合同而化，而渾淪無間，此天地自然之樂也。春作夏長者，天地生物之仁也。仁者陽之施，故近於樂。秋斂冬藏者，天地成物之義也。義者陰之肅，故近於禮。敦和者，厚其氣之同；別宜者，辨其體之異。率神者，氣之流行而不息，循乎神之伸也。居鬼者，體之一定而不易，主乎鬼之屈也。率神則屬乎陽而從天，居鬼則屬乎陰而從地。聖人作樂以應天，法乎陽以爲生物之仁；制禮以配地，法乎陰以爲成物之義也。天地官，言天地各得其職，猶中庸之言「天地位」也。蓋聖人法天地以作禮樂，而禮樂又能爲功於天地，此聖人所以贊化育而上下同流者也。○朱子曰：「『天高地下』一段，意思極好，非孟子以下所能作。其文似中庸，必子思之辭。左傳云「爲六畜、五牲、三犧以奉五味」云云，都是做這箇去合那天，却無自然之理。如云「天高地下，萬物散殊，而禮制行矣；流而不息，合同而化，而樂興焉」，皆是自然合當如此。

天尊地卑，君臣定矣。卑高已陳，貴賤位矣。動靜有常，小大殊矣。方以類聚，物以羣分，則性命不同矣。在天成象，在地成形，如此，則禮者，天地之別也。釋文：卑如字，又音婢。

鄭氏曰：卑高，謂山澤也。愚謂此申言天高地下，萬物散殊，而禮制行之義也。禮有君臣，而天尊地卑，即自然之君臣也。卑謂澤，高謂山。禮有貴賤，而山澤之卑高，即自然之貴賤也。易之義以陽爲大，陰爲小。禮有小大，而陽動陰靜各有其常，即自然之小大也。方以道言，物以形言。方以類聚，而剛柔燥濕之相從，物以羣分，而飛潛動植之各異，由其所稟之性命不同也。在天而日月星辰之成象，在地而山川人物之成形，凡此皆禮之見於天地者，乃天地自然之別也。

地氣上齊，天氣下降，陰陽相摩，天地相蕩，鼓之以雷霆，奮之以風雨，動之以四時，煖之以日月，而百化興焉。如此，則樂者，天地之和也。釋文：上，時掌反。齊，註讀爲躋，又作「隮」，子兮反。摩，本又作「磨」，末何反。蕩，本又作「盪」，同大儻反。霆音廷，又音挺。煖，徐許爰反，沈況遠反。

鄭氏曰：齊讀爲躋。躋，升也。摩猶迫也。蕩猶動也。奮，迅也。百化，百物化生也。愚謂此申言流而不息，合同而化，而樂興焉之義也。言其體，謂之天地；言其氣，謂之陰陽。陰之氣上升，陽之氣下降，則陰陽相摩矣。天下交於地，地上交於天，則天地相蕩矣。煖，易作「烜」。鼓之、奮之、動之、煖之，皆指萬物而言。凡此皆樂之見於天地者，乃天地自然之和也。

化不時則不生，男女無辨則亂升，天地之情也。

鄭氏曰：辨，別也。升，成也。樂失則害物，禮失則害人。愚謂此又言在人者不可以無禮樂也。蓋天地雖有自然之禮樂，而禮樂之在人者乃所以贊天地之化育也。故無樂則氣化不時，而至於乖沴，故萬物不生；無禮則男女無別，而至於相瀆，故亂亂興作。蓋禮樂與天地相感通，故禮樂之不興，雖人事之所爲，而其足以害物而致亂者，乃天地之情也。

及夫禮樂之極乎天而蟠乎地，行乎陰陽而通乎鬼神，窮高極遠而測深厚。釋文：蟠，步丹反，或蒲河反。

鄭氏曰：蟠猶委也。高遠，三辰也。深厚，山川也。言禮樂之道，上至於天，下委於地，則其間無所不之。孔氏曰：禮樂取象於天地，功德又能遍滿乎天地之間。天降膏露，是極乎天；地出醴泉，是蟠乎地。日月歲時無易，百穀用成，是行乎陰陽；用之祭祀，百神俱至，是通乎鬼神。天之三光，皆應禮樂而明，是禮樂窮極高遠也。地之山川，皆應禮樂而出瑞應，是測深厚也。朱子曰：此以理言，有是理卽有是氣。一氣之和，無所不通。愚謂此言聖人作禮樂之功效，所謂「禮樂明備而天地官」者也。

樂著大始，而禮居成物。著不息者天也，著不動者地也，一動一靜者，天地之間也。故聖人曰「禮樂」云。釋文：樂著，直畧反。大音泰。

鄭氏曰：著之言處也。大始，百物之始生。著不息，著不動，著猶明白也，息猶休止也。愚謂樂者陽之動，故氣之方出而爲物之大始者，樂之所著也。禮者陰之靜，故質之有定而爲物之已成者，禮之所居也。著不息者，天之動也。著不動者，地之靜也。一動一靜，充周乎天地之間，以始物而成物者，自然之禮樂也。惟天地之禮樂如此，故聖人之治天下，亦必曰「禮樂」云。云者，語辭也。○右第二章，言天地有自然之禮樂，聖人法而制之，又能爲功於天地也。

右樂禮篇第二史記正義作「禮樂」。○今按十一篇之名，別録及史記正義與孔疏間有不同。今其名篇之義已不可盡考知，亦無以質其得失也。

昔者舜作五弦之琴以歌南風，夔始制樂以賞諸侯。

王氏肅曰：尸子及家語云：「舜彈五弦之琴，其辭曰：『南風之薰兮，可以解吾民之慍兮！南風之時兮，可以阜吾民之財兮！』」孔氏曰：案世本「神農作琴」，今云「舜作」者，特用琴歌南風始自舜，或五弦始舜也。陳氏祥道曰：賞諸侯以樂，前此無有也，而夔始制之。

故天子之爲樂也，以賞諸侯之有德者也。德盛而教尊，五穀時孰，然後賞之以樂。故其治民勞者，其舞行綴遠；其治民逸者，其舞行綴短。故觀其舞，知其德；聞其謚，知其行也。

釋文：舞行，戶剛反。其行，下孟反。

鄭氏曰：民勞則德薄，酇相去遠，舞人少也。民逸則德盛，酇相去近，舞人多也。○右第一章。

大章，章之也。咸池，備矣。韶，繼也。夏，大也。殷、周之樂盡矣。

鄭氏曰：大章，堯樂名也。言堯德章明也。周禮闕之，或作「大卷」。咸池，黃帝所作樂名也，堯增脩而用之。咸，皆也。池之言施也。言德之無不施也。周禮曰大咸。韶，舜樂名也。韶之言紹也。言舜能紹堯之德。周禮曰大磬。夏，禹樂名也。言禹能大堯、舜之德。周禮曰大夏。殷、周之樂，周禮曰大濩、大武。盡，言盡人事也。孔氏曰：按樂緯及禮樂志云「黄帝曰咸池」。咸池雖黄帝之樂，至堯更增改脩治而用之，則世本名「咸池」是也。周禮謂之大咸。黄帝之樂，堯不增脩者，則别立其名，則此大章是也。至周，謂之大卷，更加以雲門之號。周禮「雲門、大卷」在「大咸」之上，此「大章」在「咸池」之上，故知大卷當大章。愚謂此與周禮大司樂皆言歷代樂名，此言「大章」，與周禮「雲門、大卷」相當，則大章卽雲門、大卷無疑也。鄭氏周禮註云：「黄帝曰雲門、大卷。黄帝能正名百物，以明民共財，其德如雲之出，民得以有族類。大咸，咸池，堯樂也。堯能殫均刑法以儀民，言其德無所不施。」是雲門、大卷爲黄帝樂，咸池爲堯樂也。樂緯及禮樂志云「黄帝曰咸池」，「堯曰大章」，而莊子亦言「黄帝張咸池於洞庭之野」，故鄭於此註又以大章爲堯樂，咸池爲黄帝樂，又以其於先後之序不合，則謂「黄帝之樂，堯增脩而用之。」夫五帝不相沿樂，舜、禹、湯、武皆自作一代之樂，何以堯不作樂而但脩黄帝之樂而用之乎？周用六代之樂，於先代之樂未嘗别爲立名，何以堯用黄帝之樂乃别爲之名乎？秦人事不師古，始改周舞曰五行舞，至漢高帝又改舜招舞曰文始舞，三代時未聞有是也。大章爲黄帝樂，咸池爲堯樂，以周禮六樂之序斷之，無可疑者。緯書繆妄，莊生寓言，而漢志之言卽本之緯書，均未可據也。○右第二章。

天地之道，寒暑不時則疾，風雨不節則饑。教者，民之寒暑也，教不時則傷世；事者，民之風雨也，事不節則無功。 愚謂教不時則傷世，故必有樂以教民；事不節則無功，故必有禮以節事。

鄭氏曰：教，謂樂也。

然則先王之爲樂也，以法治也，善則行象德矣。 釋文：行，下孟反。

鄭氏曰：以法治，以樂爲治之法。 行象德，民之行順君之德也。 愚謂此承上「教不時則傷世」，而言先王以樂教民之事也。

夫豢豕爲酒，非以爲禍也，而獄訟益繁，則酒之流生禍也。是故先王因爲酒禮。壹獻之禮，賓主百拜，終日飲酒而不得醉焉，此先王之所以備酒禍也。故酒食者，所以合歡也。

鄭氏曰：以穀食犬豕曰豢。 爲，作也。 言豢豕作酒，本以饗祀養賢，而小人飲之，善酗以致獄訟。 壹獻，士飲酒之禮。 百拜，以喻多。 孔氏曰：凡獻數，按大行人云上公「九獻」，侯伯「七獻」，子男「五獻」，並依命數。其臣介則孤同子男，卿大夫畧爲一節，但三獻，則天子諸侯之士同壹獻。故昭六年：「季孫宿如晉，晉侯享之，有加籩。武子退，使行人告曰：『得貺不過三獻。』」但春秋亂世，或有大夫五獻者，故昭元年鄭伯享趙孟，「具五獻之籩、豆於幕下。」 愚謂此承上「事不節則無功」，而言先王以禮節民之事也。 無禮則酒食至於興訟，有禮則酒食可以合歡，事之不可以無節如此。 然禮之節民非一事，獨以備酒禍言之者，畧舉以見其餘也。

樂者，所以象德也。 禮者，所以綴淫也。 釋文：綴，知劣反。

鄭氏曰：綴猶止也。 愚謂樂所以使民象君之德，禮所以綴止民之淫亂。 此承上二節，以起下文也。

是故先王有大事，必有禮以哀之；有大福，必有禮以樂之。哀樂之分，皆以禮終。釋文：樂音洛，下「所樂」「哀樂」「康樂」皆同。分，扶問反。

鄭氏曰：大事，謂死喪。大福，祭祀吉慶也。張氏守節曰：民有喪，則先王制衰麻哭泣之禮以節之，使各遂其哀情，是有禮以哀之也。民慶必歌舞飲食，禮使之不過，而各遂歡樂，是有禮以樂之也。哀樂皆用禮節，各終其分，故云「皆以禮終」。愚謂此結言先王以禮節民之事。

樂也者，聖人之所樂也，而可以善民心。其感人深，其移風易俗，故先王著其教焉。釋文：著，知慮反。○漢書禮樂志「易俗」下有「易」字。

鄭氏曰：著，立也。謂立司樂以下，使教國子。愚謂此結言先王以樂教人之事也。○右第三章。

右樂施篇第四。

夫民有血氣心知之性，而無哀樂喜怒之常，應感起物而動，然後心術形焉。是故志微、噍殺之音作，而民思憂；嘽諧、慢易、繁文、簡節之音作，而民康樂；粗厲、猛起、奮末、廣賁之音作，而民剛毅；廉直、勁正、莊誠之音作，而民肅敬；寬裕、肉好、順成、和動之音作，而民慈愛；流辟、邪散、狄成、滌濫之音作，而民淫亂。釋文：知音智。應，於甑反，篇內同。殺，色界反，又色例反。思，息吏反，又音斯。慢，本又作「嫚」，莫諫反。易，以豉反。賁，依註讀爲憤，扶粉反。肉，而救反。好，呼報反。辟，匹亦反。狄，他歷反。○鄭註：肉或爲「潤」。○今按「志微」，漢書作「纖微」，當從之。

鄭氏曰：言在所以感之也。術，所由也。形猶見也。志微，意細也。吳公子札聽鄭風，而曰：「其細已甚，民弗堪也。」簡節，少易也。奮末，動使四支也。賁讀爲憤。憤，怒氣充實也。春秋傳曰：「血氣狡憤」。肉，肥也。狄滌，往來疾貌也。濫，僭差也。此皆民心無常之傚也〔一〕。孔氏曰：此言人心不同，隨感而變。樂聲善惡，本由民心而生，合成爲樂，又下感於人，猶如雨出於山而還雨山，火出於木而還燔木，故此篇之首，論人能興樂，此章之意，論樂能感人也。身爲本，手足爲末，故云「奮末，動使四支。」詩云「踧踧周道」，字雖異，與此「狄」同。詩又云「滌滌山川」，皆物之形狀，故云「往來疾貌」。狄成、滌濫，言樂之曲折，疾速而成，速疾而止。陳氏祥道曰：肉倍好者璧，好倍肉者瑗，肉好如一，旋而不可窮者環。肉好之音，豈其音旋而不可窮邪？陳氏澔曰：狄與逖同，遠也。成者，樂之一終。狄成，言其一終甚長，淫泆之意也。滌，洗也。濫，侵僭也。言其音之泛濫侵僭，如以水洗物，而浸漬侵濫，無分際也。愚謂志微，漢書樂志作「纖微」，是也。纖微，謂樂音纖細而微眇也。諧，和也。慢，疏也。易，平也。繁文，文章繁。簡節，節奏簡也。猛起，謂樂之始剛猛。奮末，謂樂之終奮迅。廣賁，謂樂音廣大而憤怒也。肉好，以璧之肉好喻音之圓轉而潤澤也。順成者，以順而成。和動者，以和而動也。流辟者，流宕而偏辟。邪散者，淫邪而散亂。狄成，言樂之一成，節奏逖遠，所謂「流湎以忘本」也。滌濫，如水之滌蕩放濫，往而不返也。纖微、噍殺之音，出於哀者也，以此感民，則民之心亦應之而哀矣。嘽諧、慢易、繁文、簡節之音，出乎樂者也，以此感民，則民之心亦應之而樂矣。粗厲、猛起、奮末、廣賁之音，出於怒者也，以此感民，則民之心亦應之而怒矣。廉直、勁正、莊誠

〔一〕「傚」，原本作「徵」，據禮記注疏改。

之音，出於敬者也，以此感民，則民之心亦應之而敬矣。寬裕、肉好、順成、和動之音，出於愛者也，以此感民，則民之心亦應之而愛矣。流辟、邪散、逖成、滌濫之音，出於喜者也，以此感民，則民之心亦應之而喜矣。此所言六者之音，與第一篇同，但彼言人心之感而爲聲，此則言樂音之感人而人心應之也。○孔氏以志微爲君之志意，噍殺爲樂音；嘽諧、嫚易爲君德，繁文、簡節爲樂音；粗厲爲人君氣性，猛起、奮末、廣賁爲樂音；廉直、勁正爲君德，莊誠爲樂音；寬裕爲君德，肉好、順成、和動爲樂音；流辟爲君志，邪散、狄成、滌濫爲樂音。皆上論君德，下論樂音。蓋因首句「志微」二字，推類以言其餘。然如其言，則上下衡決，不成文理。且首篇云「其聲嘽以緩」，「其聲粗以厲」，「其聲直以廉」，則此云「嘽緩」「粗厲」「廉直」[一]，皆指聲言亦明矣。鄭氏引左傳「其細已甚」，以解志微，則於「志微」二字原不指君德，然以「志」言，音義又不合，當從漢志作「纖微」爲是。

是故先王本之情性，稽之度數，制之禮義，合生氣之和，道五常之行，使之陽而不散，陰而不密，剛氣不怒，柔氣不懾，四暢交於中而發作於外，皆安其位而不相奪也。然後立之學等，廣其節奏，省其文采，以繩德厚，律小大之稱，比終始之序，以象事行，使親疏、貴賤、長幼、男女之理皆形見於樂，故曰：「樂觀其深矣」。釋文：道音導。行，下孟反。稱，尺證反。比，毗志反。長，丁丈反。見，賢偏反。

情性，先王一己之情性也。先王之性，天理渾然，其發而爲情者無不中節，此中和之極，而作樂之本

[一]「嘽緩」，據經文當作「嘽諧」。

也。鄭氏曰：生氣，陰陽氣也。五常，五行也。密之言閉也。等，差也，各用其才之差學之。廣，謂增習之。省猶審也。文采，謂節奏合也。繩，度也。周禮大司樂：「以樂語教國子：興、道、諷、誦、言、語。以樂舞教國子：舞雲門、大卷、大咸、大磬、大夏、大濩、大武。」小大，謂高聲、正聲之類也。終始，謂始於宮，終於羽。以象事行，謂宮爲君，商爲臣。陳氏澔曰：度數，十二律上生下生，損益之數也。禮義，貴賤、隆殺、清濁、高下各有其義也。生氣之和，造化絪緼之妙也。五常之行，仁、義、禮、智、信之德也。合生氣之和，使其陽之動而不至於散，陰之靜而不至於密；道人心五常之行，使剛氣不至於怒，柔氣不至於懾。天地之陰陽，人心之剛柔，四者各得其中而和暢焉，則交於中而發見於外矣。於是宮君、商臣、角民、徵事、羽物，皆安其位而不相奪倫，然後推樂之教以化民成俗也。立之學，若樂師掌國學之政，大胥掌學士之版是也。立之等，若十三舞勺，成童舞象之類是也。廣其節奏者，增益學者之所習也。省其文采，省察其音曲，使五聲相和相應，若五色之相雜以成文采也。厚，如書「惟民生厚」之厚。以繩德厚，謂檢約其固有之善，而使之成德也。律，以法度整齊之也。比，以次序聯合之也。宮音至大，羽音至小，律之使各得其稱，始於黃鐘，終於仲呂，比之使各得其序，以此法象，而寓其事之所行也。人倫之理，皆可於樂而見之，故曰：「樂之所觀，其義深奧矣。」蓋古有是言，而記者引以爲證。

土敝則草木不長，水煩則魚鼈不大，氣衰則生物不遂，世亂則禮慝而樂淫。是故其聲哀而不莊，樂而不安；慢易以犯節，流湎以忘本；廣則容姦，狹則思欲；感條暢之氣，而滅平和之德。是以君子賤之也。釋文：易，以豉反。湎，綿鮮反。和，胡卧反。○今按：和當讀平聲。石經「滅」上無「而」字。

鄭氏曰：遂猶成也。慝，穢也。廣，謂聲緩也。狹，謂聲急也。感，動也。動人條暢之善氣，使失其所。

孔氏曰：土衰敝，故草木不長；水煩擾，故魚鼈不大；陰陽之氣衰，故生物不得遂成；世道衰亂，上下無序，男女無別，故禮慝而樂淫。此以上三事喻下一事也。感，感動也。條，遠也。暢，舒也。感條暢之氣，謂感動人心長遠舒暢之善氣也。

愚謂萬物得其理而後和，禮既慝，則樂亦淫矣。哀之過，故其聲纖微、噍殺，太急而不莊；樂之過，故其聲嘽諧、慢易，太緩而不安。不莊，故慢易以犯節；不安，故流湎以忘本。忘本，故其節奏廣，廣則寬博而容姦邪；犯節，故其節奏狹，狹則迫切而思嗜欲。感條暢之氣，則無以合生氣之和；滅平和之德，則無以道五常之行。此皆淫樂之害也。

右樂言篇第五。史記正義作「言樂」。

禮記卷三十八

樂記第十九之二

凡姦聲感人而逆氣應之，逆氣成象而淫樂興焉。正聲感人而順氣應之，順氣成象而和樂興焉。倡和有應，回邪曲直各歸其分，而萬物之理各以類相動也。釋文：分，扶問反。

孔氏曰：姦聲感動於人，而逆氣來應，二者相合而成象，淫樂遂興，紂作靡靡之樂是也。正聲感動於人，而順氣來應，二者相合而成象，和樂遂興，若周室太平，頌聲作也。聲感人，是倡也。氣應之，是和也。善倡則善和，惡倡則惡和，是倡和有應。回，謂乖違。邪，謂邪僻。乖違邪僻，及曲之與直，各歸其善惡之分限，善歸善分，惡歸惡分，是萬物之情理各以類自相感動也。愚謂姦聲、正聲，皆謂人聲也。

是故君子反情以和其志，比類以成其行，姦聲、亂色不留聰明，淫樂、慝禮不接心術，惰慢、邪辟之氣不設於身體，使耳、目、鼻、口、心知、百體皆由順正以行其義。釋文：其行，下孟反。辟，匹亦反。知音智。○石經淫樂作「淫聲」。

情懼其流也，反之，則所發者不過其節而其志和矣。行懼其失也，比擬善惡之類，去其惡而從其善，則其行成矣。此二者，正心脩身之事也。姦聲、亂色不留聰明，防其接於外者也。淫樂、慝禮不接心術，謹其存於中者也。惰慢之氣自內出，邪辟之氣自外入，而皆不設於身體，則內外皆得其養矣。君子之反情、比類如此，故能使小大之體莫不順而不逆，正而不邪，而所行皆合於義也。此言聖人作樂之本也。

然後發以聲音，而文以琴瑟，動以干戚，飾以羽旄，從以簫管，奮至德之光，動四氣之和，以著萬物之理。釋文：著，張慮反。

發以聲音，謂升歌也。仲尼燕居云「升歌清廟，發德也」，是也。文以琴瑟，謂以琴瑟合於歌詠而文飾之，堂上之樂也。干戚武舞，故言「動」；羽旄文舞，故言「飾」。從，隨也。簫管輕，故言「從」。此皆堂下之樂也。聖人之至德著於外而有光輝，樂以象之，而至德之光奮矣。四氣之和，四時之和氣也，樂以合之，而四氣之和動矣。親疏、貴賤、男女、長幼之理，皆形見於樂，而萬物之理著矣。

是故清明象天，廣大象地，終始象四時，周還象風雨，五色成文而不亂，八風從律而不姦，百度得數而有常，小大相成，終始相生，倡和清濁，迭相爲經。釋文：還音旋。

清明，言其聲之無所淆雜，猶論語之言「皦如」也。廣大，言其體之無不包載，猶季札言地之「無不載」也。終始，言其先後之有序。周還，言其循環而不窮。樂以五聲相生而成音節，猶五色相次而成文章。不亂者，君、臣、民、事、物之各安其位也。八風者，八方之風：東方曰明庶風，東南曰清明風，南方曰景風，西南曰涼風，西方曰閶闔風，西北曰不周風，北方曰廣莫風，東北方曰條風。樂之八音，應乎八風：竹音生於震而屬東，木音生於巽而屬東南，絲音生於離而屬南，土音生於坤而屬西南，金音生於兑而屬西，石音生於乾而屬西北，革音生於坎而屬北，匏音生於艮而屬東北。從律而不姦，謂八音應八風之氣，克諧而無奪倫也。百度，言其多也。百度得數而有常者，若宮之八十一絲，以至於羽之四十八絲，黃鐘之九寸，以至於應鐘之四寸二十七分寸之二十，莫不得其常數也。宮聲最大，羽聲最小。國語曰：「琴瑟尚宮，鐘尚羽，石尚角，匏竹利制。」是聲雖有大有小，然相成而不相戾也。終始相生者，十二律始於黃鐘，終於中呂，五音始於宮，終於角，雖有終有始，然相生而不相廢也。先發者爲倡，後應者爲和。短者爲濁，長者爲清。經，常也。十二律或倡或和，或濁或清，更迭用之，以爲常法，所謂「旋相爲宮」也。

故樂行而倫清，耳目聰明，血氣和平，移風易俗，天下皆寧。

倫，類也。樂行倫清，言樂達於天下，而倫類清美也。耳目聰明，血氣和平，就一身而言之也。移風易俗，天下皆寧，合一世而言之也。

故曰：「樂者，樂也。」君子樂得其道，小人樂得其欲。以道制欲，則樂而不亂；以欲忘道，則惑而不樂。

鄭氏曰：道，謂仁義也。欲，謂邪淫也。愚謂樂者，人之所歡樂也。然君子小人所樂不同：君子樂得其道，而能自制其欲，故得其所樂而不至於亂。小人樂得其欲，而至於忘道，則適足以爲惑而不足以爲樂矣。言此以明先王之作樂，正以道制欲之事，故能使人各得其所樂，以起下文之所言也。

是故君子反情以和其志，廣樂以成其教。樂行而民鄉方，可以觀德矣。釋文：鄉，許亮反。

反情以和其志，結首節之義。不言「比類以成其行」者，省文，可知也。廣樂以成其教，結次節之義。方，道也。民知鄉方，結第三節「樂行倫清」之義。此一節，總結上文。○右第一章，言聖人之作樂，皆本於己之德以教人也。

德者，性之端也。樂者，德之華也。金石絲竹，樂之器也。詩，言其志也。歌，詠其聲也。舞，動其容也。三者本於心，然後樂器從之。是故情深而文明，氣盛而化神，和順積中，而英華發外，唯樂不可以爲僞。釋文：詩，言其志，一本無「言」字。

端，猶孟子言「四端」之端。性在於中，而發而爲德，德者，性之端緒也。德不可見，而象之爲樂，樂者，德之光華也。非器無以成樂，金石絲竹，樂之器也。詩也，歌也，舞也，三者合而爲樂，而其本則在乎心之德也。德具於心，發而爲三者，而後樂器從而播之。情深者，謂喜怒哀樂之中節。氣盛者，謂陰陽剛柔之交暢。文明者，文采著明，五色成文而不亂，八風從律而不姦也。化神者，行乎陰陽，通乎鬼神，窮高遠，測深厚，而無所不至也。情深而氣盛者，德也，和順之積中者也。文明而化神者，樂也，英華之發外者也。有是德，然後有是樂，故樂不可以爲僞。○右第二章，承上章「可以觀德」，而言德爲作樂之本也。

樂者，心之動也。聲者，樂之象也。文采節奏，聲之飾也。君子動其本，樂其象，然後治其飾。是故先鼓以警戒，三步以見方，再始以著往，復亂以飭歸，奮疾而不拔，極幽而不隱，獨樂其志，不厭其道，備舉其道，不私其欲。是故情見而義立，樂終而德尊，君子以好善，小人以聽過。故曰：「生民之道，樂爲大焉。」釋文：見，賢遍反。著，張慮反。復音伏。拔，步葛反，又皮八反。獨樂，皇音洛，庾音岳。好，呼報反。以聽過，本或作「以聖過」，如字。

鄭氏曰：文采，樂之威儀也。先鼓，謂將作樂，先擊鼓，以警戒衆也。三步，謂將舞，必先三舉足，以見其舞之漸也。孔氏曰：樂者，心之動也者，心動而見聲，聲成而爲樂，樂由心動而成也。聲者，樂之象也者，樂本無體，由聲而見，是聲爲樂之形象也。文采節奏，聲之飾也者，聲無曲折，則太質素，故以文采節奏而飾之使美也。動其本，則心之動也。樂其象，則樂之象也。治其飾，則亦聲之飾也。此結上三事。自此以下，記者引周之大武之樂，以明此三者之義。愚謂先鼓以警戒者，大武將舞之先，擊鼓以警戒其衆，所謂「備戒之已久」也。三步以見方者，舞之初作，先三舉足，以示其所往之方，所謂「始而北出」也。再始以著往者，舞者於二成之初，又再始舉足，以著其所往，所謂「再成而滅商」也。亂，終也。復亂以飭歸者，舞者之終，從末表復於第一表，以整飭其歸，所謂「六成復綴以崇天子」也。拔，急疾也。奮疾而不拔者，武舞發揚蹈厲，欲及時事，有奮發迅速之象，而不至於大疾而失其節也。極幽而不隱者，言武王之病不得衆，恐不逮事，臨事而懼，情意幽深，大武之樂，唱歎淫液，以發明其幽深之情，而著見而不隱也。獨樂其志，不厭其道者，樂其德之備於己也。欲，謂可願欲之事。備舉其道，不私其欲者，廣其化之被於民也。此則周、召之治，以文止武而周道四達也。情見而義立者，武王愛民之情見而弔伐之義立也。樂終而德尊者，六成復綴以崇天子，而見武王之德之尊也。君子樂得其道，故聽之而生其好善之心；小人樂得其欲，故聽之而知其情欲之過。「故曰」以下，又引古語以結之。註疏自「先鼓以警戒」以下，皆以大武言之，其説是也。惟其解「再始著往」，謂「武王除喪，觀兵孟津，二年乃復伐紂」，則出於張霸僞泰誓之説而不可信；而以「極幽」爲歟者，其義亦爲未安耳。●

○右第三章，又言樂所以爲德之象也。

樂也者，施也。禮也者，報也。樂，樂其所自生，而禮反其所自始。樂章德，禮報情、反始也。釋文：施，始豉反。○石經無「而」字。

鄭氏曰：言樂出而不反，而禮有往來也。孔氏曰：言作樂之時，衆庶皆聽之，而無反報之意，但有恩施而已。禮尚往來，受人禮事，必當報之也。樂，樂其所自生者，又廣明上「樂者，施也」，言王者作樂，歡樂其己之所由生。若武王，民樂其由武功而生王業，即以武爲樂名，以受施處立名，無報反之義也。禮反其所自始者，王者制禮，追反其所自始。若周由后稷爲始祖，即追祭后稷，報其王業之由，是禮有報也。樂章德者，樂是章明其德，不求其報。禮報情反始者，言行禮者，他人有恩於己，己則報其情；先祖既爲始於子孫，子孫則反報其初始。以人意言之，則謂之報情，以子孫言之，則謂之反始，其實一也。朱子曰：樂，樂其所自生，禮反其所自始，亦如樂由中出，禮自外作。樂是和氣中間直出，無所待於外；禮却是初始有這意思，外面却做一箇節文抵當他，却是人做底。雖説是人做，原不曾杜撰，因他本有這意思。故下文云「樂章德，禮報情反始也」。和順積諸中，英華發諸外，便是章著其内之意。横渠説：「樂則得其所樂，即是樂也，更何所待？是樂其所自成。」説得亦好。只是「樂其所自成」，與「樂其所自生」，用字不同耳。

所謂大輅者，天子之車也。龍旂九旒，天子之旌也。青黑緣者，天子之寶龜也。從之以牛羊之羣，則所以贈諸侯也。釋文：流，本又作「旒」，音流。緣，悅絹反。

鄭氏曰：贈諸侯，謂來朝將去，報之以禮。　孔氏曰：前明樂者爲施，禮者爲報；此明禮報之事。諸侯奉其土地所有來朝天子，天子以此等之物報之。不覆明樂施，以樂施之恩，其事易知，記者畧之也。大輅，謂上公及同姓侯伯則金輅，異姓象路，四衛革輅，蕃國木輅，受於天子，總謂之大輅也。龍旂九旒，據上公言之，若侯伯則七旒，子男則五旒。青黑緣者，寶龜之甲，並以青黑爲之緣也。從之以牛羊之羣者，天子既與大輅之屬，又隨從以牛羊，非一也。　愚謂公羊傳曰「龜青純」，何休云：「純，緣也。謂緣甲頓也。千歲之龜青髯。」則龜之緣乃其本質自然，非爲之也。牛羊之羣，饔餼所陳之牲牢也。孔氏以此合於上章，今考其文義，與上文似不相蒙，疑係他篇錯簡，否則或有闕文耳。○右第四章。

右樂象篇第六。史記樂書移「樂也者，施也」以下於樂施章之末。

樂也者，情之不可變者也。禮也者，理之不可易者也。樂統同，禮辨異。禮樂之說，管乎人情矣。

鄭氏曰：統同，同和合也。辨異，異尊卑也。管猶包也。　愚謂樂由中出，而本乎中節之情，故曰「情之不可變」，若其可變，則非情之和而不足以爲樂矣。禮由外作，而合乎萬事之理，故曰「理之不可易」，若其可易，則非理之當而不足以爲禮矣。情欲其無所乖戾，故統同；理貴乎有所分別，故辨異。

人情萬變不窮，然有禮樂以統同辨異，則懽然有恩以相愛，粲然有文以相別，天下之人情皆管攝於是而不能外也。○右第一章，言禮樂可以治人情也。

窮本知變，樂之情也。著誠去僞，禮之經也。禮樂偩天地之情，達神明之德，降興上下之神，而凝是精粗之體，領父子君臣之節。釋文：去，起吕反。偩音負。

鄭氏曰：偩，猶依象也。降，下也。興猶出也。凝，成也。精粗，謂萬物大小也。領，猶理治也。愚謂窮，極也。本，謂樂本心而起也。變，卽後篇所謂「聲音動靜，性術之變」也。極其和順之本於心，而知其發爲聲音動靜之變，則情之發皆中節而無不和，故爲樂之情。禮以忠信爲本，著誠去僞則本立，而其文由之而出，故爲禮之經。天地之情，以其發見者言。偩天地之情者，言依象天地之情，同和同節，而與天地同其用也。神明之德，以其存主者言。達神明之德，言通於神明之德，必易必簡，而與天地同其體也。降興上下之神，言禮樂用之祭祀，可以感格鬼神，若周禮言「天神皆降，地祇皆出」是也。凝，如中庸「至道不凝」之凝。精者，形而上之道；粗者，形而下之器。禮樂者，道與器合，而精粗之體皆凝聚於是也。領，猶統會也，言君臣父子之節皆統會於禮樂之中也。○朱子曰：禮之誠，便是樂之本；樂之本，便是禮之誠。若細分之，則樂只是一箇周流底物，禮則兩箇相對，著誠與去僞也。禮則相刑相尅，以此尅彼；樂則相生相長，其變無窮。樂如晝夜之循環，陰陽之闔闢，周流貫通，而禮則有向背明暗，所以樂記內外、同異只管相對説。

是故大人舉禮樂，則天地將爲昭焉。天地訢合，陰陽相得，煦嫗覆育萬物，然後草木茂，區萌達，羽翼奮，角觡生，蟄蟲昭蘇，羽者嫗伏，毛者孕鬻，胎生者不殰，而卵生者不殈，則樂之道歸焉耳。釋文：訢，依註音熹，許其反，一讀依字，音欣。煦，許具反，徐況甫反。嫗，於具反，徐於甫反。區，依註音句，古侯反，徐邱于反，一音烏侯反。觡，古伯反。伏扶又反。鬻音育，徐又扶袁反。殰音獨。殈，呼闃反，范音溢，徐況逼反，一音況狄反。

鄭氏曰：訢讀爲熹，熹猶蒸也。氣曰煦，體曰嫗。屈生曰區，無鰓曰觡。昭，曉也。蟄蟲以發出爲曉，更息曰蘇。孕，任也。鬻，生也。内敗曰殰。殈，裂也，今齊人語有殈者。孔氏曰：天地訢合，言二氣蒸動，天氣下降，地氣上升也。言體謂之天地，言氣謂之陰陽。天地動作，則是陰陽相得也。天以氣煦之，地以形嫗之，天煦覆而地嫗育也。草木據其成體，故云「茂」。區萌據其新生，故云「達」。羽翼奮者，謂飛鳥之屬皆得奮動也。角觡生者，謂走獸之屬悉皆生養也。蟄蟲昭蘇者，言蟄伏之蟲皆得昭曉蘇息也。羽者嫗伏，謂飛鳥之屬皆得體伏而生子也。毛者孕鬻，謂走獸之屬以氣孕鬻而繁息也。胎生者不殰，謂不殰敗也。卵生者不殈，言不殈裂也。所以致此諸物各順其性，由樂道使然，故云「樂之道歸焉耳」。樂由人心而生，人心調和，故樂音純善，協律呂之體，調陰陽之氣，二氣既調，故萬物得所也。愚謂二氣絪緼而發育萬物者，固造化自然之功用，然非聖人作樂以感召其和氣，則天地之氣且不免於乖沴，而萬物有不得遂其生矣，故以此爲樂之道歸焉。此聖人致中和而位天育物之效也。○右第二章，言禮樂之功，非徒可以治人情，而可以徧及乎天地之間也。

樂者，非謂黄鐘、大吕、弦、歌、干、揚也，樂之末節也，故童者舞之。鋪筵、席，陳尊、俎，列籩、豆，以升降爲禮者，禮之末節也，故有司掌之。樂師辨乎聲詩，故北面而弦；宗、祝辨乎宗廟之禮，故後尸；商祝辨乎喪禮，故後主人。是故德成而上，藝成而下，行成而先，事成而後。是故先王有上有下，有先有後，然後可以有制於天下也。釋文：鋪，普胡反，又音敷。上如字，或時掌反。行，下孟反。

鄭氏曰：言禮樂之本，由人君也。樂本窮本知變，禮本著誠去僞。辨猶別也，正也。弦謂鼓琴瑟也。後尸，居後贊禮儀。此言知本者尊，知末者卑。德，三德也。行，三行也。藝，才技也。先，謂位在上也。後，謂位在下也。尊卑備，乃可制作以爲治法。孔氏曰：樂師辨曉聲詩，但知樂之末節，故北面而鼓弦。宗，謂宗人。祝，謂大祝。宗、祝但辨曉於宗廟詔相之禮，故在尸後。商祝，謂習商禮而爲祝者，但辨曉死喪擯相之禮，故後主人。皆言其位處卑也。德在內而行在外，行成則德成矣。在身謂之藝，所爲謂之事，事成則藝成矣。輔氏廣曰：德成，非遺藝也，藝成則局於藝者爾。行成，非廢事也，事成則役於事者爾。本末具舉，精粗一貫，然後可以制禮作樂。愚謂揚，戚也。干、揚，皆舞者之所執。童者，謂國子也。樂師，大師、小師也。周禮大師：「大祭祀，帥瞽登歌。」小師：「大祭祀登歌。」北面而弦，謂在堂上北面而鼓弦也。士喪禮有商祝、夏祝。凡襲、斂，皆使商祝；設奠，皆使夏祝。蓋二祝皆周禮之喪祝，習商禮者爲商祝，習夏禮者爲夏祝。此獨言「商祝」者，以其主襲、斂之事，與主人相隨也。德，六德也。行，六行也。藝，六藝也。○右第三章，言禮樂貴得其本也。

右樂情篇第七。史記樂書第五。

魏文侯問於子夏曰：「吾端冕而聽古樂，則唯恐臥；聽鄭、衛之音，則不知倦。敢問古樂之如彼何也？新樂之如此何也？」

鄭氏曰：魏文侯，晉大夫畢萬之後，僭諸侯者也。端，玄衣也。古樂，先王之正樂也。愚謂端冕，端衣而服冕也。凡冕服皆用正幅，故曰「端」。古樂用於祭祀，祭時端冕，故端冕而聽古樂。厭之，故唯恐臥；悅之，故不知倦。

子夏對曰：「今夫古樂，進旅退旅，和正以廣，弦、匏、笙、簧，會守拊、鼓，始奏以文，復亂以武，治亂以相，訊疾以雅。君子於是語，於是道古，修身及家，平均天下，此古樂之發也。釋文：夫音扶，下同。廣如字，舊古曠反。拊音撫。復音伏。相，息亮反，徐思章反。訊音信。

鄭氏曰：旅猶俱也。俱進俱退，言其齊一也。和正以廣，無姦聲也。會，合也，皆也。言衆皆待擊鼓乃作。周禮大師職曰：「大祭祀，帥瞽登歌，令奏擊拊；下管播樂器，令奏鼓朄。」文，謂鼓也。武，謂金也。相，即拊也，亦以節樂。拊者，以韋爲表，裝之以糠，糠一名相，因以名焉。今齊人或謂糠爲相。雅，亦樂器，狀如漆筩，中有椎。孔氏曰：文，謂鼓也。始奏樂之時，先擊鼓也。武，金鐃也。舞畢，擊金鐃而退。周禮笙師「掌舂牘、應、雅」，鄭司農云：「雅狀如漆筩而弇口，大二圍，長五尺六寸，以羊韋鞔之，有兩紐疏畫。」並以漢時制度而知。方氏慤曰：語，即大司樂所謂「樂語」也。道古，道古之事。鄭氏釋大司樂曰「道者，言古以剴今」，蓋謂是矣。愚謂旅進旅退者，舞也。和正以廣者，聲也。弦，謂琴瑟，堂上之樂也。笙，堂下之樂也。笙，以匏爲體，而植管於其中。簧，管中金葉，所以鼓動而出聲者也。守猶待也。大師登歌，先擊拊以令之，是堂上之樂必待拊而後作也。下管，先鼓鞭以令之，是堂下之樂必待鼓而後作也。始奏以文，謂樂始作之時，升歌清廟，以明文德也。亂，樂之終也。復亂以武，謂樂終合舞，舞大武以象武功也。論語曰：「關雎之亂。」彼謂合樂爲亂，此謂合舞爲亂，蓋合樂合舞皆在樂之終也。治亂以相，謂正治合舞之時，擊拊以令之也。登歌擊拊，則凡令歌，皆先擊拊；合舞之時，堂上亦歌詩以合之，故擊拊以令之也。訊猶聽也。訊疾以雅，謂舞者迅疾之時，春雅以節之，所謂「奮疾而不拔」也。「始奏以文」以上三句，承「和正以廣」，而以聲言；「復亂以武」以下，承「進旅退旅」，而以舞言也。語，謂樂終合語也。道古者，合語之時，論說父子、君臣、長幼之道，并道古昔之事也。文王世子曰：「既歌而語，以成之也。」蓋合語之事，與樂相成，故并言之。

今夫新樂，進俯退俯，姦聲以濫，溺而不止，及優、侏儒，獶雜子女，不知父子。樂終，不可以語，不可以道古。此新樂之發也。釋文俯，本又作「府」。侏音朱。儒音儒。獶，乃刀反，字亦作「猱」。○

鄭註：獶或爲「優」。

鄭氏曰：俯猶曲也，言不齊一也。濫，濫竊也。溺而不止，聲淫亂，無以治之。獶，獮猴也。言舞者如獮猴戲，亂男女之尊卑。孔氏曰：新樂者，謂今世所作淫聲也。進俯退俯，謂俯僂曲折，行伍雜亂，不能進退齊一也。姦邪之聲，濫竊不止，〔一〕不能和正以廣也。聲既淫妙，人所貪溺，不可禁止，不能始奏以文，復亂以武也。及優、侏儒，獶雜子女者，言作樂之時，及有俳優雜戲，侏儒短小之人，舞戲

〔一〕「止」，禮記注疏作「正」。

之時，狀如獼猴，間雜男子婦人，言似獼猴男女無別也。不知父子，言樂之雜亂，不知有父子尊卑之禮也。樂終不可以道古者，言作樂既終，盡皆邪僻，不可以追道於古也。愚謂進俯退俯，則與進退齊一者異矣。而又有俳優、侏儒之戲，雜男女，亂尊卑，蓋其舞之失如此。姦聲以濫，則與和正以廣者異矣。而又沈溺而不止，蓋其聲之失如此。

今君之所問者樂也，所好者音也。夫樂者，與音相近而不同。釋文：好，呼報反。近，「附近」之近，徐如字。

鄭氏曰：言文侯好音而不知樂也。鏗鏘之類皆爲音，應律乃爲樂。孔氏曰：古樂有音聲律呂，今樂亦有音聲律呂，是樂與音相近也。樂則德正聲和，音則心邪聲亂，是不同也。

文侯曰：「敢問何如？」子夏對曰：「夫古者天地順而四時當，民有德而五穀昌，疾疢不作而無妖祥，此之謂大當。然後聖人作爲父子君臣以爲紀綱，紀綱既正，天下大定，天下大定，然後正六律，和五聲，弦歌詩、頌。此之謂德音，德音之謂樂。詩云：『莫其德音，其德克明。克明克類，克長克君。王此大邦，克順克俾。俾于文王，其德靡悔。既受帝祉，施于孫子。』此之謂也。釋文：當，丁浪反。疢，敕覲反。莫，亡伯反。長，竹丈反。王此，于放反。俾，依註音比，必履反，徐扶志反。施，以豉反。○今按二「俾」字皆當作「比」，上音必履反，下音毗志反。

鄭氏曰：此有德之音，所謂樂也。德正應和曰「莫」，照臨四方曰「明」，勤施無私曰「類」，教誨不倦曰「長」，慶賞刑威曰「君」，慈和徧服曰「順」。俾當爲「比」，聲之誤也。擇善從之曰「比」。施，延也。

孔氏曰：禮緯含文嘉云：「三綱，謂君爲臣綱，父爲子綱，夫爲妻綱。六紀，謂諸父有善，諸舅有義，族人有叙，昆弟有親，師長有尊，朋友有舊也。」陳氏澔曰：祥亦妖也。書序言「亳有祥」。愚謂時和年豐，故民無疾疢；物各得其所，故無妖祥。大當，言天地之間無不得其當也。此以上言聖人養民之事也。既養，然後教之。作爲父子君臣以爲紀綱，制禮以教民也。紀以治其條理之詳，綱以總其禮節之大。紀綱既正，天下大定，則禮達於天下矣。禮達然後制樂，周子所謂「禮先而樂後」也。詩，謂風、雅也。德音，謂道德之聲音也。詩自「克順克比」以上，皆言王季之德也。比于，至于也。至于文王，而其德尤無所悔，故能受上帝之福，而延及孫子也。引詩以證德音之說，斷章之義也。

今君之所好者，其溺音乎！」文侯曰：「敢問溺音何從出也？」子夏對曰：「鄭音好濫淫志，宋音燕女溺志，衛音趨數煩志，齊音敖辟喬志。此四者，皆淫於色而害於德，是以祭祀弗用也。釋文：燕，於見反。趨音促。數音速。敖，字又作「傲」，同吾告反。辟，匹亦反。喬音驕，本或作「驕」。

鄭氏曰：言四國皆出此溺音。濫，濫竊姦聲也。燕，安也。趨數，讀爲促速，聲之誤也。煩，勞也。祭祀者不用淫樂。孔氏曰：濫，竊也，謂男女相偷竊。言鄭國樂音好濫相偷竊，是淫邪之志也。溺，没也，即前「溺而不止」是也。言宋音所安唯女子，使人意志没溺也。衛音既促又速，使人意志煩勞也。齊音敖狠辟越，使人意志驕逸也。鄭音好濫，宋音燕女，其事是一，而爲別音者，濫竊，非己儔匹，別相淫竊，燕女，燕安己之妻妾而已。所以別也。又此四者，皆淫於色，而經唯云「衛音趨數煩志，齊音敖辟驕志」者，衛音淫泆之外更有促速，齊音亦女色之外加以敖辟也。愚謂淫志者，樂音好濫，則有淫邪之志，聽之亦能生人淫邪之志也。下三者放此。先儒皆以鄭詩爲鄭聲，然此言「溺音」，有鄭、宋、齊、衛四者，而宋初未嘗有詩，則鄭、衛之聲固不係於其詩矣。列國之樂，雖不用於祭祀賓客之正樂，然至無算樂皆用之，周禮所謂「燕樂」「縵樂」是也。周樂十五國之風與南、雅、三頌，並肆於樂官。大司樂：「凡建國，禁其淫聲、過聲、凶聲、慢聲。」若十五國之鄭風、衛風即鄭、衛之淫聲，周樂豈當有之？蓋國風、雅、頌皆雅樂之所歌也，若鄭、衛之聲，則別爲當時之俗樂，雖亦必有歌曲，然其所歌，必非十五國風之詩也。朱子疑桑中、溱洧等篇用之何等之鬼神，何等之賓客，是固然矣，然如淇澳、緇衣等篇，未嘗不可用之雅樂也。三百篇之詩，固有用於樂者，有不用於樂者，如大、小雅則正者用而變者不用，二南則如野有死麕、行露等篇，豳風則自東山以下，亦未必皆用於樂，而不妨與其用者並列也，何獨鄭、衛哉？故以淫聲概鄭、衛之風，反無以處淇澳、緇衣等篇，若離詩與聲而二之，則鄭、衛之聲自爲當時之俗樂，而其詩則美者同用於雅樂，而其淫者則雖並列於三百篇之中，而初未嘗用也，亦豈相妨哉？

詩云：『肅雍和鳴，先祖是聽。』夫肅肅，敬也。雍雍，和也。夫敬以和，何事不行？

鄭氏曰：言古樂敬且和，故無事而不用，溺音無所施。顧氏炎武曰：詩本「肅」「雍」二字，而引之二字者，長言之也。詩云「有洸有潰」，毛公傳曰「洸洸，武也，潰潰，怒也」，即其例也。愚謂何事不行者，言無事而不成，以起下文「誘民孔易」之意也。

爲人君者，謹其所好惡而已矣。君好之，則臣爲之；上行之，則民從之。詩云：『誘民孔易。』

此之謂也。釋文：易，以豉反。○按誘，詩作「牖」。

鄭氏曰：誘，進也。孔，甚也。言民從君所好惡，進之於善無難。愚謂人君化民甚易，故聖人有和敬之德，以之化民而民無不從，然後作樂以道其和也。詩，大雅板之篇。

然後聖人作爲鞉、鼓、椌、楬、壎、篪，此六者，德音之音也。然後鐘、磬、竽、瑟以和之，干、戚、旄、狄以舞之。此所以祭先王之廟也，所以獻、酬、酳、酢也，所以官序貴賤各得其宜也，所以示後世有尊卑長幼之序也。釋文：鞉音桃。椌，苦江反。楬，苦瞎反。壎，許袁反。篪，直支反。和如字，徐胡卧反。長，丁丈反。○鄭註：壎篪，或爲「簨虡」。

鄭氏曰：六者爲本，以其聲質也。椌、楬，謂柷、敔也。孔氏曰：鞉、鼓、椌、楬、壎、篪，其聲質素，是道德之音也。鼓，革也。椌、楬，木也。周語云「革、木一聲」，註云：「一聲，無宫商清濁。」是質素也。既用質素爲本，然後用鐘、磬、竽、瑟華美之音以贊和之，使文質相雜。干，楯也。戚，斧也。狄，羽也。聲既文質備足，又用干、戚、旄、狄以舞動之，鄭、宋、齊、衛四者祭祀所不用。此六者爲道德之音，及四器之和，文武之舞，並可於宗廟之中奏之也。愚謂獻，謂祭祀獻尸也。酬，旅酬也。酳，尸食畢而酳之也。酢，尸酢主人主婦也。官序貴賤，謂廟中助祭之卿、大夫、士也。樂在宗廟之中，君臣上下同聽之，莫不和敬，故官序貴賤各得其宜，若詩言「奉璋峩峩，髦士攸宜」也。尊卑長幼之理，皆形見於樂，故可以示後世尊卑長幼之序也。

鐘聲鏗，鏗以立號，號以立橫，橫以立武。君子聽鐘聲，則思武臣。釋文：號，胡到反。橫，古曠反。

鄭氏曰：號，號令，所以警衆也。橫，充也，謂氣作充滿也。孔氏曰：鐘聲鏗鏗然堅剛，故可以興立號令，號令威嚴則軍士勇敢而壯氣充滿，壯氣充滿則武事可立也。君子，謂識樂之情者。聞聲達事，鐘既含號令立武，故聽之而思武臣也。愚謂鏗以立號，鏗屬聲言，立號屬人言。言鐘聲堅剛，故可法之以立號令。下放此。

石聲磬，磬以立辨，辨以致死。君子聽磬聲，則思死封疆之臣。釋文：石聲磬，依註音罄，口挺反，一音口定反。

鄭氏曰：石聲磬，磬當爲「罄」，字之誤也。辨，謂分明於節義。孔氏曰石磬輕清，叩之其聲罄罄然，分明辨別也。能分辨於節義，則不愛其死。死封疆之臣者，言守分不移，即固封疆之義。磬含守分，故聞其聲而思其事也。

絲聲哀，哀以立廉，廉以立志。君子聽琴瑟之聲，則思志義之臣。

鄭氏曰：廉，廉隅也。孔氏曰：哀，謂哀怨。絲聲婉妙，故哀怨；哀怨，故能立廉隅，不越其分也；不越分，故能自立其志。思志義之臣者，絲聲含志不可犯，故聞之而思其事。愚謂樂則其意舒而同於人，哀則其心斂而貞於己。絲聲哀怨，有介然不苟之意，故聞之使人立廉隅，廉隅立則志節成矣。

竹聲濫，濫以立會，會以聚衆。君子聽竽、笙、簫、管之聲，則思畜聚之臣。釋文：濫，力敢反。會，户外反，又古外反。畜，敕六反。○鄭註：聚或爲「冣」。○按「濫」字，方氏讀如字，今從之。

鄭氏曰：濫之意猶擥聚也。孔氏曰：竹聲擥然有積聚之意，故能立會。思畜聚之臣者，亦聞其聲而思其事也。笙，在竹聲之中者。笙以匏爲體，插竹於匏，匏、竹兼有也。方氏慤曰：濫，汎濫之意。

愚謂笙、竽之聲繁會，有汎濫旁行之義，故聞之使人立會，謂會聚其人民也。會聚其民人，則其民無不聚矣。畜亦聚也。易曰：「君子以容民畜衆。」

鼓鼙之聲讙，讙以立動，動以進衆。君子聽鼓鼙之聲，則思將帥之臣。釋文：鼙，步西反。讙，呼端反，又音喧。將，子亮反。帥，本又作「率」，同所類反。○鄭註：讙或爲「歡」。動或爲「勳」。

鄭氏曰：聞讙囂，則人意動作。孔氏曰：鼓鼙之聲讙囂，故使人意動作，以動作，故能進發其衆也。思將帥之臣者，鼓能進衆，故聞其聲而思其事也。

君子之聽音，非聽其鏗鏘而已也，彼亦有所合之也。」釋文：鏘，七羊反，又叱衡反，徐敕庚反。

鄭氏曰：以聲合成己之志。愚謂君子所欲得者賢才也，而樂聲有以合之，故聞其聲則思其人。如此，則將欣悦之不暇，何至於聽之而欲倦乎？蓋子夏以此規文侯之失，而其言婉而不迫。如此，亦可謂善告君矣。○孔氏曰：崔氏云：「八卦屬四方，四維之音，所感皆應，與四方同。水生木，匏同竹音；木生火，木音同絲；火生土，土不當於方；土生金，土處金火之間，土音屬金；金生水，石不可屬於水，故不同於革。以乾爲君父，君父之音不可屬於人，故磬別有所感。乾爲天，坤爲地，坤不別出者，坤卑故也。」今按崔氏所說浮虛，體例不等，上下混雜，記人之意，不應如此。八音唯論五者，以五器有此五事，匏與土、木無此象，故記不言。

右魏文侯篇第八。史記樂書第九。

賓牟賈侍坐於孔子，孔子與之言，及樂，曰：「夫武之備戒之已久，何也？」對曰：「病不得其衆也。」釋文：牟，亡侯反。坐，才卧反，又如字。

鄭氏曰：武，謂周舞也。備戒，擊鼓警衆。病猶憂也。以不得衆心爲憂，憂其難也。孔氏曰：賓牟姓，賈名。　愚謂已，太也。備戒之已久，謂武之將作，先擊鼓以戒警其衆，擊鼓甚久，而後舞乃作也。病不得其衆者，憂未能得士衆之心也。

「咏歎之，淫液之，何也？」對曰：「恐不逮事也。」。釋文：液音亦。

鄭氏曰：咏歎、淫液，歌遲之也。逮，及也。事，戎事也。　愚謂凡舞必歌詩以奏之，周頌桓、賚諸篇，左傳皆謂之武，蓋奏大武之所歌也。咏歎，謂長言而唱歎。淫液，謂流連而羨慕也。舞者在下，歌者在上，而其節奏相應，此謂先鼓備戒之時，歌者之聲如此也。武舞六成，而左傳言武有七篇，則其首篇乃未舞之先所歌也，其戒備之久亦可見矣。　恐不逮事者，謂武王恐諸侯後至，不及用師之事，故致其長吟歎慕之意也。〇武王以至仁伐不仁，而曰「病不得其衆」，「恐不逮事」，若惴惴然惟恐其不勝者，何也？曰：此聖人臨事而懼之意也。聖人應天順人，固非若後世用兵，徒僥倖於一戰者，然其心則未嘗不致其戒懼焉。觀於書之泰誓、牧誓，所以誓戒其衆者，諄諄焉不憚其煩，而詩於牧野之事，亦曰「上帝臨女，無貳爾心」，則聖人之情可見矣。

「發揚蹈厲之已蚤，何也？」對曰：「及時事也。」

孔氏曰：發揚蹈厲，初舞之時，手足發揚蹈地而猛厲也。初舞則然，故云「已蚤」。　愚謂用兵之時，其發揚蹈厲宜也，今大武於初作之時已如此，故言「已蚤」。及時事者，言欲及時而行討伐，故初舞卽致其勇決之意也。

「武坐，致右憲左，何也？」對曰：「非武坐也。」釋文：憲，依註音軒。

鄭氏曰：致，謂膝至地也。憲讀爲軒，聲之誤也。孔氏曰：軒，起也。愚謂武坐致右軒左，謂武舞五成之時，舞者之坐致右膝於地，而軒起其左足也。非武坐者，武亂皆坐，坐則當兩足皆致於地，今乃致其右而軒其左，則非武坐也。

「聲淫及商，何也？」對曰：「非武音也。」子曰：「若非武音，則何音也？」對曰：「有司失其傳也。若非有司失其傳，則武王之志荒矣。」子曰：「唯。丘之聞諸萇弘，亦若吾子之言是也。」

釋文：萇，直良反。

鄭氏曰：有司，典樂者也。言典樂者失其傳，而時人妄說也。愚謂淫，過也。商，商聲也。商聲主殺伐，此承「武坐，致右憲左」而問，則亦謂武亂有此聲也。用兵之時，宜有殺伐之聲，至武舞之亂，則戎商已克，偃武脩文之時，而乃過有殺伐之聲，則與勝殷遏劉之意異矣。有司失其傳者，言有司傳授之誤而失其本也。不然，則武王之志荒亂，而有意於黷武矣。唯者，應辭也。吾子之言，謂賈所答五者之說也。萇宏，周大夫。既曰「唯」，復曰「是也」者，所以深然賈之言也。○孔疏謂賈言有三是兩非。以下言「發揚蹈厲，太公之志」，而謂賈言「及時事」之非；以下言「武亂皆坐，周、召之治」，而謂賈言「非武坐」之非。此皆誤也。此孔子五問，賈五答，而孔子曰「某聞諸萇宏，亦若吾子之言是也」，是賈所答皆是矣。若有二非，孔子應卽正之，不應俟賈再問而後告之也。發揚蹈厲，固爲欲及時事，而所以欲及時事者，則太公之志也。武亂皆坐，固非致右憲左，而所以皆坐，則所以象周、召之治也。此皆因賈言而發其未盡之義，非非之也。

賓牟賈起，免席而請曰：「夫武之備戒之已久，則既聞命矣，敢問遲之遲而又久，何也？」釋文：遲，直詩反，徐直尼反。

免席，避席也。聞命，謂聞孔子是賈之言也。賈所言凡五事，孔子皆是之，而但言「備戒之已久」者，舉其始問者以該其餘也。遲之遲而又久者，武舞六成，每成皆遲久而後終，故重言以見其意也。賈既聞孔子是己所言，又自以其所疑者問之也。○鄭氏以遲之遲專指久立於綴，非也。觀下文歷言「武舞」，而以「武之遲久」結之，則遲之遲而又久，乃通言一舞之始終，而非惟專指一事矣。

子曰：「居！吾語女。夫樂者，象成者也。總干而山立，武王之事也。發揚蹈厲，大公之志也。武亂皆坐，周、召之治也。釋文：語，魚據反。女音汝，下「且女」同。大音泰。召音邵。治，直吏反。

鄭氏曰：居，猶安坐也。成，謂已成之事也。總干，持盾也。山立，猶正立也。象武王持盾正立待諸侯也。愚謂象成，謂象所成之功。「夫樂，象成者也」，此一句總包下文之所言，與篇末「武之遲久，不亦宜乎」二句相爲首尾。「總干而山立」以下，歷言象成之事也。總，持也。干，盾也。武舞初起，武王持盾正立，不震不動，天子威重之容也。大公總率士卒，發揚蹈厲，以奮其武，將帥勇決之氣也。武亂者，武舞之終也。皆坐，舞者皆坐也。武舞至五成，而分周公左，召公右，於此時，舞者皆坐，象周公、召公以文止武也。此一節，因賈之所答，而發其未盡之義也。

且夫武，始而北出，再成而滅商，三成而南，四成而南國是疆，五成而分周公左，召公右，六成復綴，以崇天子。釋文：夫音扶。綴，丁劣反，又丁衞反，下同。○按註疏讀「以崇」句絶，「天子」屬下「夾振之」爲句，非是。今從王肅讀，「天子」上屬。

成者，舞之一終也。武舞爲六表，而東西列之。其在西者，自南而北；其在東者，自北而南。始而北出者，自西之第一表至西之第二表，象武王始出伐紂，至孟津而大會諸侯也。紂都朝歌，在周之東北，故曰「北出」。再成而滅商者，自西之第二表至西之第三表，象武王渡河，至牧野而克商也。三成而南者，自西之第三表至東之第一表，象武王既克商，而旋師南向也。南國，謂青、兖二州之諸侯，在紂都之南，未服於周者也。四成而南國是疆者，自東之第一表至東之第二表，象旋師而因定南國之未服者也。五成而分周公左，召公右者，自東之第二表至東之第三表，象天下既定，而周公、召公分陝而治也。六成復綴，以崇天子者，自東之第三表復歸於西之第一表，象周公、召公既成治功，而歸其功於天子，以尊崇之，若王制言「考禮、正刑、一德，以尊於天子」也。孔疏用熊氏之説，謂武舞立四表，自南而北，又自北而南，以爲六成。皇氏則謂六成乃舞者更迭出入，而無立表往反之法。今以六成復綴推之，則熊氏爲是，但其言唯立四表者，尚未善耳。自此以下，又爲賈詳言武舞象成之事。

此一節，統論一舞之始終也。

夾振之而駟伐，盛威於中國也。分夾而進，事蚤濟也。久立於綴，以待諸侯之至也。釋文：

分，扶問反。

鄭氏曰：駟當爲「四」。武舞，戰象也。每奏四伐，一擊一刺爲一伐。牧誓曰：「今日之事，不過四伐五伐。」 愚謂此申言再成滅商之事也。振，謂振鐸也。周禮大司馬職曰：「兩司馬振鐸。」又曰：「司馬振鐸，車徒皆作。」夾振之而四伐，謂舞者象牧野之戰，兩司馬夾士卒之兩旁，振鐸以作之，而士卒以戈矛四度擊刺也。盛威於中國者，牧野之戰，盛大威武於中國，書言「我武惟揚」是也。分，部分也。分夾而進，謂舞者象將帥部分士卒，又振鐸夾之而使之進也。濟，濟河也。事蚤濟者，言所以分夾而進，欲其急濟河而伐紂也。久立於綴，以待諸侯之至者，言再成將發時，久立於綴而未即舞，象武王將濟河時，待諸侯之至而俱發，書言「戊午，王次于河朔，羣后以師畢會」是也。再成時，始立於綴，次乃渡河，次乃四伐，此乃逆言之，蓋滅商之功，成於四伐，故先言之，而逆溯以及其前也。

且女獨未聞牧野之語乎？武王克殷反商，未及下車而封黃帝之後於薊，封帝堯之後於祝，封帝舜之後於陳；下車而封夏后氏之後於杞，投殷之後於宋，封王子比干之墓，釋箕子之囚，使之行商容而復其位。庶民弛政，庶士倍祿。 釋文：反，依註音及。薊音計，今涿郡薊縣是也，即燕國之都也。孔安國、司馬遷及鄭皆云：「邵公與周同姓。」按黃帝姓姬，君奭蓋其後也。或黃帝之後封薊者滅絕，而更封燕乎？疑不能明也。而皇甫謐以邵公爲文王庶子，記傳更無所出，又左傳富辰之言亦無燕也。祝，之六反。行，下孟反。商容如字，孔安國云：「殷之賢人也。」鄭云：「商禮樂之官也。」復音伏。○鄭注：薊或爲「續」。祝或爲「鑄」。○今按：反如字。使之，當從家語作「使人」。政當音征。

鄭氏曰：封，謂故無土地者也。投，舉徙之辭也。時武王封紂子武庚於殷墟，所徙者微子也，後周公更封而大之。積土爲封。封比干墓，崇賢也。行猶視也。使箕子視商禮樂之官，賢者所處皆令反其居也。弛政，去其紂時苛政也。倍禄，復其紂時薄者也。孔氏曰：容爲禮樂。漢書儒林傳云：「孝文時，徐生善爲容。」是善禮樂者謂之容也。武成篇云「式商容閭」，則商容人名。鄭不見古文，故云「商善禮容之官」也。張子曰：古樂於旅也語，説此樂之義。牧野之語，語武也。愚謂反商，謂反紂之虐政，書所謂「反商政，政由舊」。下文所言，皆其事也。薊，漢之薊縣，屬廣陽。祝，漢之祝阿縣，屬平原。祝或爲「鑄」，左傳「初，臧宣叔娶於鑄」，杜預云：「今濟北蛇邱縣，鑄所治也。」投殷之後於宋，謂封紂子武庚於殷墟也。其後武庚被誅，封微子於宋以繼之，故因謂殷爲宋耳。武庚未叛之先，微子行遯未出，武王未得而封之也。投猶棄也。商本天子，今以諸侯封其後，故不曰「封」而曰「投」也。封黄帝、堯、舜之後，所謂三恪也。封夏、殷之後，所謂二代也。三恪之世遠，求之宜急，故未下車而封之。封二代之禮重，故封之不可卒行，故既下車乃封之也。封比干之墓者，葬之邱封，貴賤有等，比干以誅死，葬不如禮，故使人加封於其墓，以致尊崇之意也。使人，謂使畢公也。行，謂行視也。商容，商賢臣。史記云：「使畢公釋箕子之囚，復商容之位。」政讀爲征，如周禮均人「掌均地政」之政。弛政，弛其征役以休息之。倍禄，厚其禄糈以優養之也。

濟河而西，馬散之華山之陽而弗復乘，牛散之桃林之野而弗復服，車甲衅而藏之府庫而弗復用，倒載干戈，包之以虎皮，將帥之士使爲諸侯，名之曰『建櫜』。然後天下知武王之不復用兵也。釋文：華如字，又户化反。復，扶又反。衅，字又作「釁」，同許靳反。建，依註讀爲鍵，其展反，徐其偃反。櫜音羔。

鄭氏曰：散，放也。桃林，在華山旁。甲，鎧也。衅，「釁」字也。包干戈以虎皮，明能以武服兵也。建讀爲鍵，字之誤也。兵甲之衣曰「櫜」。鍵櫜，言閉藏兵甲也。詩曰：「載櫜弓矢。」春秋傳曰：「垂櫜而入。」周禮曰：「櫜之欲其約也。」孔氏曰：倒載干戈者，倒載而還鎬京也。熊氏云：「凡載兵之法，皆刃向外，今倒載者，刃向國，不與常同也。」虎皮，武猛之物也。虎皮包裹兵器，示武王威猛，能包制天下兵戈也。或以虎皮有文，欲見以文止武也。將帥之士使爲諸侯，以報賞其功也。鍵，籥牡也。櫜，兵甲之櫜也。言鎧及兵戈悉櫜韜之，置於武庫而鍵閉之，故云「名之曰鍵櫜」也。天下見武王放牛藏器，故知不復用兵也。愚謂牛所以駕重車，馬所以駕兵車也。衅與釁同，磔攘之祭名也。包之以虎皮者，凡兵甲之衣，皆用虎皮爲之，取其威猛之意，詩言「虎韔鏤膺」是也。此節言武王之偃武，下二節言武王之脩文，又所以深明聲淫及商之非也。

散軍而郊射，左射貍首，右射騶虞，而貫革之射息也。裨冕搢笏，而虎賁之士説劍也。祀乎明堂，而民知孝。朝覲，然後諸侯知所以臣。耕藉，然後諸侯知所以敬。五者，天下之大教也。釋文：射，食亦反，沈食夜反。騶，側由反。搢音進。賁音奔。説，吐活反。朝，直遥反。

鄭氏曰：郊射，爲射宫於郊也。左，東學也。右，西學也。貍首、騶虞，所以歌爲節也。貫革，射穿甲革也。裨冕，衣裨衣而冠冕也。裨衣，衮之屬也。搢猶插也。賁，憤怒也。耕藉，藉田也。孔氏曰：此論克商之後脩文教也。郊射，射於射宮，在郊學之中也。左，東學也，在東郊。諸侯射於東學，歌貍首詩也。右是西學，在西郊。天子於西學中習射，歌騶虞詩也。貫，穿也。革，甲鎧也。貫革之射，所謂「軍射」也。軍中不習於儀容，又無別物，但取甲鎧張之而射，唯穿多重爲善，謂爲「貫革」，春秋養由基射七札是也。此既習禮射於學，故貫革之射止息也。裨冕，入廟之服也。搢笏，插笏也。虎賁，言奔走有力，如虎之在軍。說劍者，既並習文，故皆說劍也。六服更朝，故諸侯知爲臣之道。王自耕藉田，以供粢盛，故諸侯見而知其敬，亦還國而耕也。五者，天下之大教者，郊射一，裨冕二，祀乎明堂三，朝覲四，耕藉五。此五者，大益於天下，故使諸侯還其本國而爲教。愚謂祀乎明堂，而民知孝，謂祀上帝於明堂，而以文王配之也。祀文王以配上帝，始於武王，而孝經以爲周公者，以周之禮樂皆周公之所贊成也。如追王大王、王季，亦在武王時，而中庸亦以爲周公之事也。事先主於孝，事神主於敬，明堂主於嚴父，故言「孝」，耕藉兼有外神，故言「敬」，其實亦互文爾。

食三老、五更於大學，天子袒而割牲，執醬而饋，執爵而酳，冕而總干，所以教諸侯之弟也。

釋文：食音嗣。更，古衡反。大音泰。弟，大計反。

鄭氏曰：冕而總干，親在舞位也。周名大學曰東膠。孔氏曰：天子養三老、五更，親袒衣而割牲，親執醬而饋之，親執爵而酳口，親自著冕，手執干戚而舞也。此冕當爲鷩冕，養老、饗、射之類。愚謂食三老、五更於大學，謂以食禮養老於大學也。執醬而饋者，醬爲食之主，凡食禮，主人必親置其醬，故公食大夫禮「宰夫自東房授醯醬，公設之」，今天子養老亦然也。執爵而酳者，天子親執酒漿之爵，以供老、更食畢酳口也。公食禮：「飲酒，實于觶，加于豐。宰夫右執觶，左執豐，進設于豆東。」又云：「宰夫執觶漿飲，與其豐以進，賓挩手興受。宰夫設其豐于稻西。」是公食禮酒漿不親執。今養老，天子親執爵而酳者，敬老、更之至，與尋常食禮異也。冕而總干，謂服冕而執干以舞，所謂「朱干玉戚，以舞大武」也。祭祀之禮，人君袒而割牲，及親在舞位，冕而總干，今養老亦然，尊敬老、更，與祭祀之禮同也。此疑當在上節「五者，天下之大教」之上。韓詩外傳云：「廢軍而郊射，左射貍首，右射騶虞，然後天下知武王之不復用兵也。祀乎明堂，而民知孝。朝覲，然後諸侯知所以敬。坐三老於大學，天子執醬而饋，執爵而酳，所以教諸侯之悌也。此四者，天下之大教也。」以此觀之，則「散軍郊射」，「裨、冕、搢笏」，當屬於上節，與「不復用兵」同爲一事，所以教天下之禮讓也，與教孝、教臣，教敬、教悌而爲五。韓詩外傳止言四教者，以不及耕藉也。

若此，則周道四達，禮樂交通，則夫武之遲久，不亦宜乎！」釋文：夫音扶。

孔氏曰：凡功小者易就，其時速也。功大者難成，其時久也。周之禮樂功大，故作此大武之時，遲停而久，不亦宜乎！　愚謂樂以象成。武王戡亂之勤已如彼，致治之備又如此，其功非一朝夕之所成，則所以象其成者，安得而不遲久乎？

右賓牟賈篇第九史記樂書第十。

君子曰：禮樂不可斯須去身。致樂以治心，則易、直、子、諒之心油然生矣。易、直、子、諒之心生則樂，樂則安，安則久，久則天，天則神。天則不言而信，神則不怒而威，致樂以治心者也。致禮以治躬，則莊敬，莊敬則嚴威。釋文：易，以豉反。子、諒，子如字，徐將吏反。○朱子云：「子、諒，當從韓詩外傳作『慈、良』。」今從之。

鄭氏曰：善心生則寡於利欲，寡於利欲則樂矣。志明行成，不言而見信如天也，不怒而見威如神也。愚謂人之身心，其和樂者爲樂，其莊敬者爲禮。禮樂之器，有時而離，而禮樂之理，則無時而可去也。致者，極至之謂。致樂以治心者，無斯須之失其和樂；致禮以治身者，無斯須之失其莊敬也。易、直、慈、良之心，人之善心也。樂者，樂於此而不厭也；安者，安於此而不遷也；久者，久於此而不息也。久則體性自然，而無作爲之勞，故曰「天」。天則神妙不測，而無擬議之迹，故曰「神」。自然，故不言而人自信；不測，故不怒而人自畏。莊敬，言其敬德之具於身；嚴威，言其儀象之接於物。○真氏德秀曰：禮之治躬，止於嚴威，不若樂之至於天且神者，何也？樂之於人，能變化其氣質，消融其渣滓，故禮以順之於外，而樂以和之於中。此表裏交養之功，而養於中者實爲之主，故聖門之教，立之以禮，而成之以樂也。

心中斯須不和不樂，而鄙詐之心入之矣。外貌斯須不莊不敬，而易慢之心入之矣。

斯須，暫時也。此言禮樂之所以不可斯須去也。

故樂也者，動於内者也。禮也者，動於外者也。樂極和，禮極順，内和而外順，則民瞻其顏色而弗與争也，望其容貌而民不生易慢焉。故德煇動於内，而民莫不承聽；理發諸外，而民莫不承順。故曰：「致禮樂之道，舉而錯之天下無難矣。」釋文：争，「争鬭」之争。煇音輝。錯，本亦作「措」，同七路反。

樂曰「極和」，而禮不曰「極敬」者，蓋禮之用，和爲貴，禮之順，卽敬之根於心而行之以從容不迫者也。德煇見於外，而本乎內之和樂，故曰「動於內」。理具於內，而著爲外之節文，故曰「發於外」。禮樂交錯，內外互養，而根心生色，睟面盎背，故見之者自然敬信而莫不順聽也。○右第一章，言人以禮樂治身心，則可以化民也。

樂也者，動於內者也。禮也者，動於外者也。故禮主其減，樂主其盈。禮減而進，以進爲文；樂盈而反，以反爲文。禮減而不進則銷，樂盈而不反則放，故禮有報而樂有反。禮得其報則樂，樂得其反則安。禮之報，樂之反，其義一也。釋文：減，胡斬反，又古斬反。報，依註讀曰褒，保毛反。則樂樂，上音洛，下音岳。○今按：報如字。

鄭氏曰：禮主其減，人所倦也。樂主其盈，人所歡也。進，謂自勉强也。反，謂自抑止也。文猶美也，善也。放，淫於聲，樂不能止也。報讀曰褒，猶進也。得，謂曉其義，知其吉凶之歸。愚謂禮動於外而接於人者，以撙節退讓爲敬，故主其減。樂動於內而發於己者，以欣喜歡愛爲和，故主其盈。減則恐其煩苦而易倦，故以進爲美，嚴而用之以和也。盈則恐其流宕而不止，故以反爲美，和而濟之以節也。禮減而不進，則有見於嚴，無見於和，必至於倦畧，故銷。樂盈而不反，則有見於和，無見於節，必至於流宕，故放。於禮上言「進」而下變言「報」者，蓋進者由己而進，報者因物而報，言「進」，猶有勉强易倦之意，言「報」，則見我之行禮皆因情之不容已於物者而起，而有不得不勉者矣。禮得其報，則有以達我之情，故樂。樂得其反，則有以止乎其節，故安。樂則不至於銷，安則不至於放，故曰「其義一也」。○右第二章，承上章而言禮樂之用，又當有以救其偏也。

夫樂者，樂也，人情之所不能免也。樂必發於聲音，形於動靜，人之道也。聲音動靜，性術之變盡於此矣。

鄭氏曰：免，猶自止也。人道，人之所爲也。性術，言此出於性。盡於此，不可過。孔氏曰：樂者，樂也，言樂之爲體，是人情所歡樂也。人情之所不能免者，免猶止退也，歡樂動心，是人情之所不能自抑退也。樂必發於聲音，則嗟歎之，詠歌之是也。形於動靜，則不知手之舞之，足之蹈之是也。內心歡樂，發見聲音動靜，是人道自然之常。術，謂道路。變，謂變動。口爲聲音，貌爲動靜，人性道路之變動，竭盡於此而不可過也。

故人不耐無樂，樂不耐無形。形而不爲道，不耐無亂。先王恥其亂，故制雅、頌之聲以道之，使其聲足樂而不流，使其文足論而不息，使其曲直、繁瘠、廉肉、節奏足以感動人之善心而已矣，不使放心邪氣得接焉。是先王立樂之方也。釋文：耐，古「能」字。以道，音導。肉，如又反。

鄭氏曰：流，謂淫放也。文，篇辭也。曲直，歌之曲折也。繁瘠、廉肉，聲之鴻殺也。節奏，闋作進止所應也。方，道也。孔氏曰：雅、頌之聲，作之有節，使人愛樂，不至流蕩也。文，謂樂之篇章，足以談論義理而不止息也。曲，謂聲音迴曲。直，謂聲音放直。繁，謂繁多。瘠，謂省約。廉，謂廉稜。肉，謂肥滿。節奏，謂作止，作則奏之，止則節之。言聲音之或曲或直，或繁或瘠，或廉或肉，或節或奏，隨分而作，以會其宜，足以感動人之善心，如此而已。既節之以雅、頌，又調之以律呂，貌得其敬，心得其和，故放心邪氣不得接於性情矣。愚謂論，謂樂終合語。論説其義也。雅、頌之義理深遠，故足以論説而不息也。肉，與「寬裕、肉好」之肉同，謂聲之圓轉，廉之反對也。

是故樂在宗廟之中，君臣上下同聽之則莫不和敬；在族長鄉里之中，長幼同聽之則莫不和順；在閨門之內，父子兄弟同聽之則莫不和親。故樂者，審一以定和，比物以飾節，節奏合以成文，所以合和父子君臣，附親萬民也。是先王立樂之方也。釋文：長，丁丈反。比，毗志反。

鄭氏曰：審一，審其人聲也。比物，謂雜金、革、土、匏之屬也。以成文，五聲八音，克諧相應和。愚謂一者，謂中聲之所止也。左傳云：「先王之樂，所以節百事也。故有五節，遲速本末以相及，中聲以降，五降之後，不容彈矣。於是有煩手淫聲，慆堙心耳，乃忘平和。」蓋五聲下不踰宮，高不過羽，若下踰於宮，高過於羽，皆非所謂和也。故審中聲者，所以定其和也。然五聲皆爲中聲，而宮聲乃中聲之始，其四聲者皆由此而生，而爲宮聲之用焉，則審中聲以定和者，亦審乎宮聲而已，此所以謂之一也。比，合也。審一以定和，而以之上下相生，以爲五聲，而又比合於樂器，以飾其節奏也。○朱子聲律辨曰：宮最大而沈濁，羽最細而輕清，商之大次宮，徵之細次羽，而角居四者之中焉。然世之論中聲者，不以角而以宮，何也？曰：凡聲，陽也，自下而上，未及其半，則屬於陰而未暢，故不可用。上而及半，然後屬於陽而始和，故即其始而用之以爲宮，因其每變而益上，則爲商，爲角，爲變徵，爲徵，爲羽，爲變宮，而皆以爲宮之用焉。蓋以其正當衆聲，和與未和，用與未用，陰陽際會之中，所以爲盛。若角，則雖當五音之中，而非衆聲之會，且以七均論之，又有變徵以居焉，亦非五聲之所取正也。然自其聲之始和者推而上之，亦至於變宮而止耳。自是以上，則又過乎輕清而不可以爲宮，於是就其兩間而細分之，則其別又十有二，以其最大而沈濁者爲黃鐘，其極細而輕清者爲應鐘。及其旋相爲宮，而上下相生，以極乎五聲二變之用，則宮聲常不越乎十二之中，而四聲者或時出乎其外，以取諸律半聲之管，然後七均備而一調成也。黃鐘之與餘律，其所以爲貴賤者亦然。若諸半聲以上，則又過乎輕清之甚，而不可以爲樂矣。蓋黃鐘之宮，始之始，中之中也。十律之宮，始之次而中少過也。應鐘之宮，始之終而中已盡也。諸律半聲過乎輕清，始之外而中之上也。半聲之外過乎輕清之甚，則又外之外，上之上，而不可以爲樂者也。由是言之，則審音之難，不在於聲而在於律，不在於宮而在於黃鐘。蓋不以十二律節之，則無以著夫五聲之實，不得黃鐘之正，則十一律者又無所受以爲本律之宮也。　愚謂朱子此辨，所以發明中聲之義者最爲詳盡，而西山蔡氏亦曰：「律者，致中和之用，寫其所謂黃鐘一聲而已。雖有十二律、六十調，然實一黃鐘也。」觀於此，則所謂「審一以定和」者可識矣。

故聽其雅、頌之聲，志意得廣焉。執其干戚，習其俯仰詘伸，容貌得莊焉。行其綴兆，要其節奏，行列得正焉，進退得齊焉。故樂者，天地之命，中和之紀，人情之所不能免也。釋文：詘，邱勿反。要，一遥反。行列，户剛反。

鄭氏曰：綴，表也，所以表行列也。兆，域也，舞者進退所至也。要猶會也。紀，總要之名也。愚謂雅、頌之聲，發於聲音者也。「干戚」至「節奏」，形於動靜者也。天地之命，以其本於性者而言。中和之紀，以其發爲情者而言。紀，言其各有條理也。○右第三章，言先王之立樂，因人情所不能自已者而導之於和也。

夫樂者，先王之所以飾喜也。軍、旅、鈇、鉞者，先王之所以飾怒也。故先王之喜怒皆得其儕焉。喜則天下和之，怒則暴亂者畏之。先王之道，禮樂可謂盛矣。釋文：鈇，方夫反，又音甫。

鄭氏曰：儕猶輩類。天子之於天下，喜怒節之以禮樂，則兆民和從而畏敬之。方氏慤曰：軍、旅、鈇、鉞，軍禮也。五禮特言「軍」者，對喜而言怒故也。喜合於樂，則非作好；怒合於禮，則非作惡。愚謂軍旅所以征討，鈇鉞所以刑殺。儕猶類也。左傳曰：「喜怒以類者鮮。」先王之喜怒，惟義理之所在，而己不與焉。故喜則飾之以羽、旄、干、戚，而天下莫不和；怒則飾之以軍、旅、鈇、鉞，而天下莫不畏。先王之喜怒，非禮樂不足以達之，禮樂達而天下莫不和且畏焉，其道豈不盛乎！○右第四章，言禮樂之化之盛也。

右樂化篇第十。史記樂書第八。

子贛見師乙而問焉，曰：「賜聞聲歌各有宜也。如賜者宜何歌也？」師乙曰：「乙，賤工也，何足以問所宜！請誦其所聞，而吾子自執焉。釋文：贛音貢。請，七潁反，徐音情。

鄭氏曰：子贛，孔子弟子。師，樂官也。乙，名。聲歌各有宜，氣順性也。孔氏曰：子贛欲令師乙觀己氣性宜聽何歌。

寬而靜，柔而正者，宜歌頌。廣大而靜，疏達而信者，宜歌大雅。恭儉而好禮者，宜歌小雅。正直而靜，廉而謙者，宜歌風。肆直而慈愛者，宜歌商。温良而能斷者，宜歌齊。夫歌者，直己而陳德也，動己而天地應焉，四時和焉，星辰理焉，萬物育焉。釋文：好，呼報反。斷，丁亂反。○鄭註：愛或爲「哀」。○自「寬而靜」至「慈愛」四十九字，舊在「五帝之遺聲也」之下。鄭氏云：「此文換簡失其次，『寬而靜』宜在上，『愛者宜歌商』宜承此下行，讀云『肆直而慈愛者宜歌商』。」今考史記樂書，「寬而靜」至「慈愛」，在「者宜歌商」之上，正如鄭氏之説，今移正。又樂書云「肆直而慈愛者」，此疊衍「愛」字。

孔氏曰：寬，謂德量寬大。靜，謂安靜。柔，謂和柔。正，謂正直。頌成功德澤宏厚，若性寬靜柔正者，乃能歌之。志意廣大而安靜，疏朗通達而誠信，宜歌大雅。但廣大而不寬，疏達而不柔，包容未盡，故不能歌頌。恭，謂以禮自持。儉，謂以約自處。好禮而動，不越法也。性既恭儉好禮而守分，不能廣大疏達，故宜歌小雅。正直而不能包容，靜退卽不知機變，廉約自守，謙恭卑退，不能好禮自處，其德狹劣，故宜歌諸侯之風，未能聽天子之雅。愚謂寬宏而安靜，和柔而中正者，頌之德也，故德如此者宜歌頌。廣大而安靜，疏朗通達而誠信者，大雅之德也，故德如此者宜歌大雅。恭儉而好禮者，小雅之德也，故德如此者宜歌小雅。正直而安靜，廉潔而謙讓者，國風之德也，故德如此者宜歌風。明乎商之音者，臨事而屢斷，肆直而慈愛，則能斷事，故宜歌商。明乎齊之音者，見利而讓，温良而能斷，則能讓利，故宜歌齊。皆因其德性之所近而歌以合之也。國風、雅、頌，此以詩而論其德性之所近者也。商聲、齊聲，此以聲而論其德性之所近者也。然商聲、齊聲，亦必有所歌之詩。淮南子云「寧戚商歌車下」，而其辭則非今三百篇之詩。是商與齊別有所歌之詩矣。或三百篇之詩亦可以商聲歌之而謂之商，以齊聲歌之而謂之齊與？直己而陳德，謂直己之所行，而用歌以陳列之也。天地萬物皆我一體，故歌者動己之志氣，而天地、四時、星辰、萬物皆與之相應，蓋莫非德之所感也。

故商者，五帝之遺聲也，商之遺聲也，商人識之，故謂之商。齊者，三代之遺聲也，齊人識之，故謂之齊。明乎商之音者，臨事而屢斷；明乎齊之音者，見利而讓。臨事而屢斷，勇也。見利而讓，義也。有勇有義，非歌孰能保此？鄭註云：「商之遺聲也」，衍字。

鄭氏曰：屢，數也。數斷事，以其肆直也。見利而讓，以其溫良能斷也。斷猶決也。保猶安也，知也。

愚謂上節歷言國風、雅、頌與商聲、齊聲，此獨以商聲、齊聲申言之者，豈非國風、雅、頌學者之所常弦誦，而二者之聲，或有不能盡識者與？保，謂保其德性之美也。

故歌者，上如抗，下如隊，曲如折，止如槀木，倨中矩，句中鉤，纍纍乎端如貫珠。釋文：上，時掌反。隊，直媿反。槀，古老反。倨音据。中，丁仲反。句，紀具反。鉤，古侯反。纍，本又作「累」，力追反。

鄭氏曰：言歌聲之著，動人心之審。孔氏曰：此論歌聲感動人心。上如抗者，言歌聲上響，感動人意，如似抗舉。下如隊者，言音聲下響，感動人意，如似隊落。曲如折者，言音聲迴曲，感動人意，如似方折。止如槀木者，言音聲止静，感動人意，如似枯槀之木，止而不動。倨中矩，言音聲雅曲，感動人意，如中當於矩。句中鉤，言歌聲大曲，感動人心，如中當於鉤。纍纍乎端如貫珠者，言歌聲纍纍然，感動人心端正，其狀如貫於珠。方氏慤曰：抗，言聲之發揚。隊，言聲之重濁。曲，言其回旋而齊也。止，言其闋後而定也。倨則不動，不動者方之體，故中矩。句則不直，不直者曲之體，故中鉤。纍纍乎，言其聲相繫屬。端如貫珠，言其兩端相貫而各有成也。郝氏敬曰：此七者，歌之法也。上者聲高，下者聲卑，曲者聲回，止者聲絶。愚謂上下七句，方氏、郝氏皆以歌聲言，是也。回轉謂之曲，小折謂之倨，大折謂之句。纍纍者，相連繫而不絶也。此節形容歌聲之妙如此，此所以直己陳德，而可以感動天地萬物者也。

故歌之爲言也，長言之也。説之，故言之；言之不足，故長言之；長言之不足，故嗟歎之；嗟歎之不足，故不知手之舞之，足之蹈之也。釋文：説音悦。

鄭氏曰：長言之，引其聲也。嗟歎，和續之也。不知手之舞之，足之蹈之，歡之至也。孔氏曰：詩序先云「嗟歎」，後云「咏歌」；此先云「長言」，後云「嗟歎」。不同者，詩序是屬文之體，畧言之；此委曲説歌之狀，其言備具，故言之。言之不足，故長言之；長言之不足，始云「嗟歎之」矣。愚謂歌之引聲者，謂之長言，虞書言「歌永言」是也。歌之歎和流連者，謂之嗟歎，賓牟賈篇所謂「詠歎之，淫液之」是也。此言歌之所由生，出於長言、嗟歎之不能自已，此所以抑揚高下而有上文所言七者之聲也。至於嗟歎之不足，而至於手之舞之，足之蹈之，則又由歌而爲舞，而性術之變盡矣。

子貢問樂。

此篇題之名。古書篇題皆在篇末，此十一篇蓋皆有之。先儒合十一篇爲一篇，而删去其每篇末篇題之名，獨此失於删去，故尚存耳。

右師乙篇第十一。

禮記卷三十九

雜記上第二十之一

別錄屬喪服。

喪服小記者，以其所記之瑣碎而名之也。喪大記者，以其所記之繁重而名之也。此篇所記，有與小記相似者，有與大記相似者，又有非喪事而亦記之者，以其所記者雜，故曰雜記。

諸侯行而死於館，則其復如於其國；如於道，則升其乘車之左轂，以其綏復。釋文：乘，繩證反，下同。綏，依註音緌，耳佳反，下同。

鄭氏曰：館，主國所致舍。復，招魂復魄也。如於其國，主國館賓，予使有之，得升屋招用褒衣也。如於道，道上廬宿也。升車左轂，象升屋東榮。綏當爲「緌」，旌旗之旄也。去其旒而用之，異於生也。

孔氏曰：乘車，其所自乘之車也。此車以南面爲正，則左在東也。升車左轂，象在家升屋東榮也。

愚謂聘禮及郊「斂旜」，蓋旗之旒縿，至郊皆斂不於廬宿之舍復者，廬宿供待衆賓，非死者所專有。此死於道，則升車而以綏復，以生時在道惟建之，而但載其綏，故周禮夏采「以乘車建綏復于四郊」。在道升乘車而復，乘車象宮室南鄉，復者北鄉綏故也。鄭氏謂「去其旒而用之，異於生」，失其義矣。而復，則車之左轂在東也。

其輤有裧，緇布裳帷，素錦以爲屋而行。釋文：輤，千見反。裧，昌占反。緇裳帷，本或作「緇布帷裳」。

此謂新死在塗，載尸之車飾也。輤者，載尸車飾之總名。若分而言之，則蓋於上者爲輤，屬於輤而四垂者爲裧，周於四旁者爲裳帷，在輤之內而周於尸者爲屋。言「緇布」於「裧」與「裳帷」之間，明二者皆緇布爲之也。屋，幄也。四合象宮室，故曰屋。此承上言「復」之文，又下云「不毁牆」，又於大夫云「舉自阼階」，則此經主謂未大斂而歸者明矣。若既大斂，載柩而歸，其車飾蓋亦如此，而其禮則有異也。○輤之義未詳。鄭氏曰：輤取名於櫬與蒨。櫬，棺也。蒨，染赤色者也。裳帷用緇，則輤用赤。愚謂遣車之障亦曰輤，則非有取於櫬也。大夫用布亦曰輤，則非有取於蒨也。且古人器服之飾，其法象皆不苟。凡飾用玄纁者，必玄上而纁下，以象天地之定位；否則玄表而纁裏，以象陰陽之内外。若輤用赤，裳帷用緇，則纁上而玄下，其於法象逆矣，必無是理也。

至於廟門，不毁牆，遂入，適所殯，唯輤爲説於廟門外。釋文：説，吐奪反，本亦作「脱」，下同。

廟門，殯宮之門也。毁牆，毁殯宮門之西牆也。不毁牆，以未大斂也。凡以柩歸者入自闕，則毁牆；以尸歸者入自門，則不毁牆。所殯，謂堂上也。死於家者，小斂於户内畢，乃奉尸俠於堂；尸自外來，則升堂而遂俠尸焉。言「遂入，適所殯」，明不入於室而後出也。輤者，裧與裳帷之總名。唯輤爲説於廟門外，明車不易也。鄭氏曰：去輤乃入廟門，以其入自有宮室也。

大夫士死於道，則升其乘車之左轂，以其綏復。如於館死，則其復如於家。

鄭氏曰：綏亦緌也。大夫復於家，以玄冕，士以爵弁服。愚謂如於家，謂升屋而以上服復也。

大夫以布爲輤而行，至於家而說輤，載以輲車，入自門，至於阼階下而說車，舉自阼階，升適所殯。釋文：輲，依註作「輇」，市專反，又市轉反。○鄭注：輲讀爲輇，或作「槫」。○按「輲」字，戴氏如字，今從之。

鄭氏曰：布，白布不染也。不言「裳帷」，俱用白布，無所別也。至門，亦說輤乃入。輲讀爲輇，或作「槫」。許氏說文解字曰：「有輻曰輪，無輻曰輇。」周禮又有蜃車，天子以載柩。蜃、輇聲相近，其制同乎輇。崇蓋半乘車之輪。戴氏震曰：蜃車卽輲車，「蜃」乃假借字，「輲」其本字也。輲車，四輪迫地而行，其輪無輻。然鄭以爲卽輇，亦非也。輲者車之名，輇者輪之名。愚謂以布爲輤，謂上之輤，及裧旁之裳帷，中之屋，皆以白布爲之也。至於家而說輤，亦至廟門外而說之也。言「載以輲車」，明不易以輁軸也。於諸侯言「不毁牆」，於大夫言「入自門」，互相明也。舉，謂說車而以人舉之，象在家者男女奉尸侇於堂之禮也。諸侯及士亦然，獨於大夫言之，舉中以見上下也。入自門，舉自阼階，尸入之禮然也。若柩則入自闕，至西階下而說輲車，諸侯則載以輴車，大夫士則載以輁軸，而皆升自西階也。○孔氏曰：凡在路載柩，天子以下至士皆用蜃車。鄭註旣夕禮云：「蜃車之轝，其狀如牀，中央有轅，前後出，設前後輅。轝上有四周，下則前後有軸，以輇爲輪。」鄭又註周禮遂師云：「四輪迫地而行，有似於蜃，因取名焉。」輴車制與蜃車同，但不用輇爲輪。天子諸侯殯皆用之。大夫士殯不用輴，其朝廟，大夫以上用輴，士用輁軸。輴有四周，輁軸則無。鄭註旣夕禮云：「軸狀如轉轔，刻兩頭爲軹。輁狀如長牀，穿桯前後，著金而關軸焉。」愚謂在道載柩載尸，皆以輲車，以其上有四周，下有四輪，又輪用全木，承載隱，行地安，而無傾敗之患也。

士輤，葦席以爲屋，蒲席以爲裳帷。

士之輤，其內之屋，外之裳帷，皆以席爲之。屋以葦席，裳帷以蒲席，葦席精於蒲席也。士葬無褚，此乃有屋者，亦以未有柩故也。不言「裧」者，諸侯裧與裳帷同以緇布，大夫裧與裳帷同以布，則士之裧與裳帷同以蒲席可知也。

凡訃於其君，曰：「君之臣某死。」父、母、妻、長子，曰：「君之臣某之某死。」釋文：長，丁丈反。○鄭註：訃，或皆作「赴」。

鄭氏曰：訃，至也。臣死，其子使人至君所告之。父、母、妻、長子，此臣於其家喪所主者。孔氏曰：君之臣某之某死，上「某」是生者臣名，下「某」是臣之親屬死者。愚謂君之臣某之某死者，若父死則曰「君之臣某之父某死」，長子則曰「君之臣某之長子某死」。若母、妻，則以氏配字稱之，若曰「伯姬」「叔姬」也。長子亦赴於君者，以其爲三年之喪而自主之者也。然則君亦當使人弔之矣。

君訃於他國之君，曰「寡君不祿，敢告於執事」。夫人，曰「寡小君不祿」。大子之喪，曰「寡君之適子某死」。釋文：太音泰，後「大子」同。適，丁歷反。

鄭氏曰：君夫人不稱薨，告他國君謙也。孔氏曰：不敢指斥鄰國君身，故云「敢告於執事」。夫人、大子皆當云「告於執事」，不言者，畧也。愚謂諸侯之喪，訃告之辭曰「不祿」，國中書之曰「薨」，鄰國書之曰「卒」。一以爲謙己，一以爲尊君，一以別外內之辭，義各有所當也。

大夫訃於同國，適者，曰「某不祿」。訃於士，亦曰「某不祿」。訃於他國之君，曰「君之外臣寡大夫某死」。訃於適者，曰「吾子之外私寡大夫某不祿，使某實」。訃於士，亦曰「吾子之外私寡大夫某不祿，使某實」。釋文：適，依註音敵，大歷反。實，依註音至。○今按：實當讀爲告。

鄭氏曰：適，讀爲「匹敵」之敵，謂爵同者也。實當爲「至」，此讀周、秦之人聲之誤也。孔氏曰：尊敬他君，不敢申辭，故云「某死」。赴大夫，其辭得申，故云「某不祿」。愚謂實當爲「告」，上文云「敢告於執事」是也。

士訃於同國，大夫，曰「某死」。訃於士，亦曰「某死」。訃於他國之君，曰「君之外臣某死」。訃於大夫，曰「吾子之外私某死」。訃於士，亦曰「吾子之外私某死」。

孔氏曰：士賤，赴大夫及士皆曰「某死」，但於他君稱「外臣」，於大夫士言「外私」耳。愚謂士喪禮朝夕哭有他國異爵者之位，而此記亦有大夫士死，赴於他國君、大夫、士之辭，則大夫以吉凶慶弔之事接於境外者，固禮之所未嘗禁，而所謂「人臣無私交」者，初非絶不往來之謂也。

大夫次於公館以終喪，士練而歸，士次於公館。大夫居廬，士居堊室。

公館，謂喪次在公所者也。士練而歸於其家，亦爲喪次於寢門外以居，故謂次之在公所者爲公館，別於在家之次也。大夫次於公館以終喪，士練而歸。此以恩之淺深爲居次久暫之差也。士次於公館，大夫居廬，士居堊室，言未練之前，士亦次於公館，但大夫居廬，士居堊室，又以恩之深淺爲居次重輕之差也。喪大記曰：「公之喪，大夫俟練，士卒哭而歸。」此謂異姓之大夫士，與君無服者也。大夫次於公館以終喪，士練而歸，謂同姓之大夫士，與君有服者也。周禮宮正「大喪，別其親疎貴賤之居」，可見臣爲君居喪之次，不惟貴賤有不同，其親疏亦不同矣。○鄭氏以練而歸之士爲邑宰，非也。人君以國爲家，若君喪而悉聚一國之大夫士於君所，則内無以治其民人，外無以固其邊圉，有必不可者。且爲人既衆，則廬、堊室亦不足以容也。大夫士之宰邑者，其於君之喪，蓋如諸侯之於天子，各於其邑爲喪次以居喪爾。

大夫爲其父、母、兄弟之未爲大夫者之喪服如士服，士爲其父、母、兄弟之爲大夫者之喪服如士服。釋文：爲其，于僞反。

鄭氏曰：大夫雖尊，不以其服服父、母、兄弟，嫌若踰之也。士，謂大夫庶子爲士者也。己卑，又不敢服尊者之服。孔氏曰：大夫適子雖未爲士，猶服大夫之服，故知此士爲父、母、兄弟服士服，是庶子也。愚謂大夫之喪服異於士者，不可盡考，然其見於禮者，畧可推而得也。喪大記曰「君將大斂，子弁絰即位于序端」，曾子問曰「共殯服，則子麻、弁絰、疏衰、菲屨」，此人君之禮也。雜記曰「大夫與殯弁絰，大夫與他人殯弁絰」，則其於父母之殯弁絰必矣。人君將殯，弁絰而疏衰，則大夫弁絰亦疏衰與？士始死，笄、纚、深衣，至小斂，加素冠，斂後括髮以至成服，大夫則至大斂而弁絰、疏衰，此未成服以前之服異於士者也。周官司服：「凡弔事，弁絰服。」「凡喪事，服弁服」。大夫弔既弁絰，則喪亦服弁矣。服弁，蓋用喪冠之升數，而如弁之制爲之。雜記曰「凡弁絰，其衰侈袂」，則服弁亦必侈袂矣。士喪之首服以冠，其衰衣二尺二寸，袂圜殺爲尺二寸，大夫則首服以弁，袂侈之而不圜殺，此成服以後之服異於士者也。至其升數之多寡，鍛治之功沽，則所謂「端、衰無等」者，未嘗有大夫士之異也。大夫爲不爲大夫者之服，皆如士服，嫌爲父、母、兄弟或異，故特明之。蓋服所以施於死者，故不可以踰於死者之服，亦猶司服「享先王則衮冕，享先公則鷩冕」之義也。○鄭氏曰：大夫喪服禮逸，與士異者，未得而備聞也。春秋傳曰：「齊晏桓子卒，晏嬰麤衰斬，苴絰、帶，杖，菅屨，食粥，居倚廬，寢苫，枕草。其老曰：『非大夫之禮也。』曰：『惟卿爲大夫。』」此平仲之謙也。言己非大夫，故爲父服士服耳。麤衰斬者，其縷在齊、斬之間，謂縷如三升半而三升，不緝也。斬衰以三升爲正，微細焉則屬於麤也。然則士與大夫爲父服異者，有麤衰斬、枕草矣。其爲母五升縷而四升，爲兄弟六升縷而五升乎？惟大夫以上，乃能備儀盡飾，士以下則以臣服君之斬衰爲其父，以臣從君而服之齊衰爲其母與兄弟，亦以勉人爲高行也。愚謂晏嬰爲其父之服，乃喪父之達禮也。當時大夫行禮者少，惟晏嬰服之，故其老怪而問之。晏子不欲顯言他人之失禮，故遜辭以答之，曰「惟卿爲大夫」，言時人所行大夫之禮，惟卿乃得行之，己未爲卿，不得行此禮也。鄭乃以晏嬰之麤衰、枕草爲士爲父之異於大夫者，又謂「麤衰在齊、斬之間」，而并以推士爲母及兄弟之服，臆説甚矣。寢苫、枕塊，士喪記之明文，可謂枕塊爲大夫禮，而枕草爲士禮乎？喪服一經，雖兼有大夫以上之禮，然實主士禮言之。其言五服之精麤，曰「斬衰三升、三升有半」，「齊衰四升」，安有如鄭所云「縷如三升半而三升」，「縷如五升而四升」，「縷如六升而五升」者乎？孟子之告滕文公曰：「齊、疏之服。」新書六術篇曰：「服有麤衰、齊衰、大紅、細紅、緦麻。」蓋對大功以下而言，則齊衰爲麤；對齊衰而言，則斬衰爲尤麤。晏嬰所服之麤衰，卽斬衰，初非齊、斬之間別有所謂麤衰也。

大夫之適子，服大夫之服。

服，謂爲其父母之服也。服以施於死者，而適子主喪，故一視乎死者之爵，而不以其子之尊卑。此卽大夫爲其父母之不爲大夫者服士服之義也。

大夫之庶子爲大夫，則爲其父母服大夫服，其位與未爲大夫者齒。釋文：則爲，于僞反，下「則爲之」同。

鄭氏曰：雖庶子，得服其服，尚德也。使齒於士，不可不宗適。愚謂其位與未爲大夫者齒，則不但下於適子，雖他庶子有長於大夫者，大夫猶不敢先之，貴貴長長之義並行而不悖如此。

士之子爲大夫，則其父母弗能主也，使其子主之，無子則爲之置後。

主，謂爲主而拜賓也。士之子爲大夫，則其父弗能主者，非以大夫之尊卑其父，乃不敢以士之賤褻弔賓也。大夫之子雖爲士，而可以主其父之喪者，父貴，有及子之義故也。置後，謂立族人爲大夫之子，而以子之禮主其喪也。然則大夫之無子者，雖非大宗而得立後矣。

大夫卜宅與葬日，有司麻衣、布衰、布帶，因喪屨，緇布冠不蕤，占者皮弁。

鄭氏曰：此服非純吉，亦非純凶也。皮弁，則純吉之尤者也。愚謂宅，葬地也。麻衣，大祥所服，以十五升白布爲之而縓緣者也。布，謂十五升吉布也。緇布冠本無蕤，特言之者，嫌因事變服，或與始冠之禮異也。用大祥之衣，又用吉布爲衰及帶，又用太古之齊冠，則於喪服皆變之矣。大夫之貴臣爲其君菅屨，衆臣繩屨，凡喪中因事而變服者，唯其屨無變也。此有司，乃大夫之臣，本爲其君服斬者，爲不敢以凶服臨鬼神，故其服如此。皮弁，吉服也。占者，乃公有司，故吉服。卜之事，有涖卜、陳龜、貞龜、眡高、命龜、作龜。士喪禮「族長涖卜」，宗人命龜、眡高，卜人陳龜、貞龜、作龜。鏘鳴按：士喪禮云「卜人先奠龜于西塾上南首」，是陳龜也。又云「卜人抱龜燋，先奠龜，西首」，是貞龜也。貞龜，謂正龜於卜位也，見周禮太卜註。下文云「大夫之喪」，「小宗人命龜，卜人作龜」，則眡高者亦小宗人，陳龜、貞龜者亦卜人。此「有司」乃涖卜者也。命龜、作龜，於接鬼神尤親，宜使無服者，故以公有司涖卜；贊主人出命，宜使親者，故以私臣。士喪禮「族長涖卜」「吉服」，此不純用吉服者，族長蓋士期功以下之親，故變服純吉；大夫之臣爲大夫斬衰，故變服猶不純吉也。

如筮，則史練冠、長衣以筮，占者朝服。釋文：朝，直遥反。

鄭氏曰：練冠、長衣，純凶服也。朝服，純吉服也。愚謂曰「如筮」者，宅與日或卜或筮，隨人所用也。或俱用卜，或俱用筮，或一卜一筮。士喪禮筮宅而卜日，蓋於卜、筮各舉其一，以見其禮，非謂士之禮，宅必用筮，日必用卜也。史，家臣主筮事者也。練冠，小祥之冠也。長衣，喪服之中衣也。中衣上有喪衰，今以不敢純凶，故脱喪衰，而即以中衣爲外服也。此「史」與上涖卜之「有司」，皆本服斬，而因事變服者也。涖卜之有司吉服而不純，此則凶服而稍變，蓋卜重而筮輕，故服之不同如此。占者，亦公有司也。朝服降於皮弁，亦以筮輕於卜故也。

大夫之喪，既薦馬，薦馬者哭踊，出，乃包奠，而讀書。釋文：藨音薦，本又作「薦」。

鄭氏曰：嫌與士異，記之也。既夕禮曰：「包牲取下體。」又曰：「主人之史請讀賵。」孔氏曰：案士喪禮下篇薦馬有三時：柩初出至祖廟，設遷祖之奠訖，乃薦馬，一也。至日側祖奠之時又薦馬，二也。明日將行，設遣奠之時又薦馬，三也。此謂第三薦馬之時。包奠者，取遣奠牲下體包裹之以送死者也。書，謂凡送死賵物之書也。讀，謂省録也。既夕禮「薦馬，馬出」之後，包奠「讀賵」，記者嫌大夫之尊與士異，故特記之，明與士同也。愚謂薦馬者，謂圉人與御者也。士喪禮下篇云「薦馬」，「圉人夾牽之，御者執策立於馬後，哭，成踊，右還出」。喪無人不致其哀，故薦馬者雖賤亦哭，成踊乃出也。薦馬者哭踊，出，乃包奠，而讀書，謂包奠讀書，以薦馬者之出爲節也。

大夫之喪，大宗人相，小宗人命龜，卜人作龜。 釋文：相，悉亮反。

鄭氏曰：謂卜葬及日也。相，相主人禮也。命龜，告以所問事也。作龜，謂揚火灼之以出兆。皇氏侃曰：大小二宗，並是其君之職，來爲喪事，如司徒旅歸四布是也。故肆師云：「凡卿大夫之喪相其禮。」愚謂凡相禮事者皆曰宗人，雖私臣亦以名之。此大小二宗並公臣，乃宗伯上、中、下士之屬，自以尊卑分爲大小，非大宗伯、小宗伯之官也。命龜，述命以告卜人也。其出命，以命宗人，則涖卜者爲之。〇賈氏公彦曰：士命龜有二，命筮有一。士喪禮命筮者「命曰『哀子某，爲其父某甫筮宅，度茲幽宅兆基，無有後艱』」，筮人許諾，不述命」，註云：「既命而申之曰述。不述者，士禮畧。」及卜葬日云涖卜「命曰『哀子某，來日某卜葬其父某甫，考降，無有近悔』」。許諾，不述命，還卽席，西面坐命龜」。卜云「不述命」，猶有西面命龜。是士命龜辭有二，命筮辭有一。大夫以上命筮辭有二，命龜辭有三。少牢云「史執筮」，「受命於主人。主人曰：『孝孫某，來日丁亥，用薦歲事於皇祖伯某，以某妃配，某氏，尚饗！』史曰『諾』」。又述命曰「假爾大筮有常，孝孫某」，以下與前同，述前辭以命筮。大夫筮既述命，即卜亦述命，是命龜有三，命筮有二也。應氏鏞曰：大小宗及卜人皆春官，而以贊大夫之喪。大夫之喪，力有不能盡具，皆仰之於公，又俾有司贊其事，所謂「體羣臣」者，此類是也。

復，諸侯以褒衣、冕服、爵弁服。

鄭氏曰：冕服者，上公五，侯伯四，子男三。褒衣，亦始命爲諸侯及朝覲見加賜之衣也。褒猶進也。

愚謂褒衣者，謂天子所褒賜之衣，或用其本服，或加賜於本服之外。韓奕之詩曰：「王錫韓侯，玄衮、赤舃。」韓以侯而賜衮衣，則褒衣之法可見矣。冕服者，五等諸侯之上服：公則衮冕，侯伯則鷩冕，子男則毳冕也。諸侯復之衣三：褒衣一，冕服二，爵弁三也。爵弁服，祭服之下，而乃用以復者，重其爲始見天子之服也。士喪禮復用爵弁服。此言諸侯之復，自褒衣至爵弁服而止，皮弁服以下，復皆不用也。

夫人稅衣、揄狄，狄、稅素沙。釋文：稅，他喚反，下文放此。揄音遥。

孔氏曰：復用稅衣上至揄狄，謂侯伯夫人也。狄、稅素沙，言從揄狄下至稅衣，皆以素沙白縠爲裏。

愚謂諸侯復之衣三，則夫人亦然。此但言「揄狄」「稅衣」者，蓋二衣之間，又科用一衣也。以其掌上可知，故畧言之。

内子以鞠衣、褒衣，素沙。下大夫以襢衣。其餘如士。釋文：鞠，九六反，又曲六反。襢，張戰反。〇此節舊在「復，諸侯以褒衣」之上，鄭云：「當在『夫人狄、稅素沙』下，脫爛失處。」今移正。

鄭氏曰：內子，卿之適妻也。春秋傳曰「晉趙姬請逆叔隗於狄，趙衰以爲內子，而己下之」，是也。下大夫，謂下大夫之妻。襢，周禮作「展」。王后之服六，唯上公夫人亦有褘衣，侯伯夫人自揄狄而下，子男夫人自闕狄而下，卿妻自鞠衣而下，大夫妻自展衣而下，士妻稅衣而已。素沙，若今紗縠之帛也。六服皆袍制，不禪，以素紗裏之，如今袿、袍、襈重繒矣。褒衣者，始爲命婦見，加賜之衣也。其餘如士之妻，則亦用稅衣。愚謂內子有褒衣者，夫榮於朝，妻貴於室，其夫受加賜之服，則其妻亦視夫之所加者服之，而謂之褒衣也。夫人、內子之服特言「素沙」者，明與男子之衣異也。男子禮衣皆禪，婦人禮衣皆有裏，陽奇陰偶之義也。士妻復用褖衣。其餘如士，謂內子與大夫之妻皆得兼用褖衣也。內子與下大夫之妻，復之衣皆二：內子以鞠衣與褒衣，如無褒衣，則以鞠衣與稅衣也。大夫之妻用襢衣與稅衣，如有褒衣，則亦用褒衣與襢衣也。然則卿與下大夫，復之衣亦二：卿以希冕服與爵弁服，下大夫以玄冕服與爵弁服，其有褒衣者，則皆去爵弁服也。士復之衣一，卿大夫復之衣二，諸侯復之衣三。以此差而上之，則天子自十二章以下，王后自褘衣以下，而復之衣皆四也。

復西上。

鄭氏曰：北面而西上，陽長左也。愚謂凡位以西爲尊，西上，謂衣之尊者在西也。士喪禮復「以爵弁」，而「復者一人」，則復之禮蓋一衣而一人，卿大夫二人，諸侯三人，天子四人也。孔疏謂「復之人如命數然」，非是。案周禮天子之禮，夏采「以冕服復于大廟，以乘車建綏復于四郊」，祭僕「復于小廟」，隸僕「復于小寢、大寢」，而夏采惟下士四人，隸僕下士二人，而得每處復有四人者，蓋當使他官攝職以佐之也。

大夫不揄絞屬於池下。釋文：絞，户交反。屬音燭，下「條屬」同。

鄭氏曰：揄，揄翟也。采青黄之間曰絞。屬猶繫也。人君之柳，其池繫絞繒於下，而畫翟雉焉，名曰振容，又有銅魚在其間。大夫去振容，士去魚。此無「人君」及「士」，亦爛脱。愚謂揄絞有在池上者，有在池下者。在池上者，士以上皆用之，喪大記於士言「揄絞」是也。在池下者名振容，惟人君得用之，喪大記於大夫言「不振容」是也。

大夫附於士。士不附於大夫，附於大夫之昆弟，無昆弟則從其昭穆。雖王父母在亦然。

釋文：附，依註作「祔」，音同，下並同。

鄭氏曰：附讀皆爲祔。大夫祔於士，不敢以己尊自殊於其祖也。士不祔於大夫，自卑，别於尊者也。大夫之昆弟，謂爲士者也。孔氏曰：從其昭穆，謂祔於高祖爲士者，若高祖爲大夫，則祔於高祖昆弟爲士者。愚謂凡祖適無不附於祖者，大夫祔於士，士不祔於大夫，皆爲祖庶言之耳。説已見喪服小記。雖王父母在亦然者，王父母尚在無可祔，若王父有昆弟前死，則祔於王父之昆弟，無昆弟可祔則祔於高祖也。

婦附於其夫之所附之妃，無妃則亦從其昭穆之妃。妾附於妾祖姑，無妾祖姑則亦從其昭穆之妾。

婦祔於祖姑，言「祔於夫所祔之妃」者，容祖姑爲大夫而祔於從祖姑也。無妃，謂夫所祔之妃尚在也。

從其昭穆之妃中一而祔於高祖姑也。

男子附於王父則配，女子附於王母則不配。

鄭氏曰：配，謂并祭王母；不配，則不祭王父也。有事於尊者可以及卑，有事於卑者不敢援尊。配與不配，祭饌如一，祝辭異，不言「以某妃配某氏」耳。女子，謂未嫁者也。嫁未廟見而死，猶歸葬於女氏之黨。愚謂婦祔於祖姑亦不配，獨言「女子」者，祖舅尊嚴，孫婦之祔自然不敢祭之，王父親女孫之祔嫌當祭及王父，故特明之。

公子附於公子。

大夫士不敢祔於諸侯也。

君薨，太子號稱「子」，待猶君也。鄭註：待或爲「侍」。

鄭氏曰：謂未踰年也。雖稱「子」，與諸侯朝會如君矣。春秋僖公九年夏，葵丘之會，宋襄公稱「子」而與諸侯序。愚謂緣始終之義，一年不二君，故君薨，世子立踰年然後行即位之禮，即位然後稱「公」，若未即位、未葬，則稱「子某」，春秋書「子野」「子般」是也。蓋尸柩尚在，猶用父前子名之義，故稱名也。已葬則稱「子」，春秋文公十八年，「六月癸酉，葬我君文公」，「冬十月，子卒」，是也。蓋未即位則未成爲君，故不稱「公」而稱「子」，子者，男子之美稱也。待猶君者，謂人民所以事之者，鄰國弔、襚之使及以他事相接者，皆以君禮待之。下文弔者之辭曰：「寡君聞君之喪，寡君使某，如何不淑！」又上客臨，曰：「寡君命，使臣某毋敢視賓客。」是皆以人君之禮待之也。

有三年之練冠，則以大功之麻易之，唯杖、屨不易。

鄭氏曰：謂既練而遭大功之喪者也。練除首絰，要絰葛，又不如大功之麻重也。言練冠易麻，互言之也。唯杖、屨不易，言其餘皆易也。屨不易者，練與大功俱用繩耳。孔氏曰：杖、屨不易，其餘冠也，衰也，要帶也，悉易也。然練之首絰除矣，無可易也。大功無杖，亦無可易，而云「易」與「不易」，因其餘有易者，連言之。愚謂父喪既練，衰七升；母喪既練，衰八升。大功初喪降服七升，正服八升，義服九升，則是大功之服有輕於既練之服者矣。而悉得易三年之練衰者，蓋練爲三年之末，而大功新喪爲重，故得變前服，不計其升數之多寡也。服問曰「小功不變喪之練冠」，則大功固變練冠矣。三年之練冠，或八升，或九升，而大功十升、十一升之冠得以變之，則大功八升、九升之衰得變七升、八升之練衰宜矣。大功既葬，則反服三年之功衰，因其故葛帶，絰期之葛絰。

有父母之喪尚功衰，而附兄弟之殤，則練冠，附於殤，稱「陽童某甫」，不名神也。釋文：衰，七雷反。

鄭氏曰：斬衰、齊衰之喪練，皆受以大功之衰，此之謂功衰。兄弟之殤，謂大功親以下之殤也。大功親以下之殤輕，祔之不易服。兄爲殤，謂同年者也。兄十九而死，己明年因喪而冠。孔氏曰：大功正服變三年之練，此著練冠，故知大功親以下之殤。若成人合服大功，其長殤小功；成人小功，其長殤緦麻。小功兄弟長殤，則是祖之兄弟之後，所以得祔者，己是曾祖適孫，其小功兄弟身及父是庶人，不合立祖廟，則曾祖適孫爲之祔於從祖也。皇氏云：「小功兄弟爲士，從祖爲大夫，士不可祔於大夫，當祔於大功親以下從祖爲士者，故祔小功兄弟長殤於己祖廟。」義亦得通。案服問大功親，長、中殤變三年之葛，得易首絰、要帶，不得易服，故此祔祭著練冠也。愚謂小功之親，乃待從祖兄弟爲之附者，所謂「士不祔於大夫，祔於諸祖父之爲士者」，皇氏之說是也。若無廟者，自祔於寢，不必祔於從祖之廟也。男子爲殤曰「陽童」，女子爲殤曰「陰童」。某甫者，因其伯、仲、季以爲之字也。不名神也者，以鬼神之道待之，故不稱其名，所謂「周人以諱事神」也。

凡異居，始聞兄弟之喪，唯以哭對可也。其始麻，散帶絰。

鄭氏曰：唯以哭對，惻怛之痛，不以言辭爲禮也。其始麻，散帶絰，與居家同也。凡喪，小斂而麻。

孔氏曰：其始麻，散帶絰，謂大功以上兄弟，其初聞喪始服麻之時，散垂要帶。若小功以下服麻，則糾垂不散也。愚謂其始麻，散帶絰者，謂始服麻之時，其要絰散之而不糾，而加首以絰也。奔喪禮：凡聞喪卽奔喪者，至家而襲、絰、絞帶，三日而成服；聞喪不得奔喪者，聞喪卽襲、絰、絞帶，亦三日而成服。此聞喪卽服麻，乃不得奔喪而成服於外者，其始帶散麻，至三日成服，乃絞其帶也。○孔氏云：「案奔喪禮聞喪卽襲、絰，絞帶不散者，彼謂有事未得奔喪，故不散麻，此卽奔喪，故散麻。」其說非也。凡聞喪卽奔者，其服皆深衣，此聞喪卽加麻，散帶，其爲不得卽奔喪者明矣。又孔氏云「奔喪禮聞喪則襲、絰，至卽絞帶，不散帶者，彼謂奔喪來遲，不見尸柩，此奔喪來至猶散帶者，以見尸柩故也」，則其說尤不可曉。奔喪禮襲、絰、絞帶皆於一時爲之，初無聞喪襲、絰，至而絞帶之事。此「麻，散帶絰」，特謂在外初聞喪之服，疏乃謂「至家猶散麻」，不知於何見之？

未服麻而奔喪，及主人之未成絰也，疏者與主人皆成之，親者終其麻帶絰之日數。

此謂聞喪即奔者也。聞喪即奔，故在外不服麻。成絰，謂成服而絞要絰也。及主人之未成絰，謂至在主人小斂加麻之後，成服之前也。疏者，小功以下。親者，大功以上也。疏者與主人皆成之，謂與主人同日成服也。親者終其麻帶絰之日數，謂以至家之日加麻散帶，至三日而後成服，不用主人三日成服之期也。○疏謂「未成絰，爲未小斂之前」，非也。喪至小斂而加麻，若至在主人未小斂之前，則與主人同時加麻，即與主人同時成服矣，何得云「終其麻帶絰之日數」乎？

主妾之喪，則自祔，至於練、祥，皆使其子主之，其殯、祭不於正室。

孔氏曰：妾賤，得自主之者，崔氏云：「謂女君死，攝女君也。雖攝女君，猶下正適，故殯與祭不在正室。」　愚謂妾祔於妾祖姑，其祭不於廟而於寢，然必自祔之者，蓋妾祖姑非父之所生，即世叔父之所生，故其祔不可以不親之，至於練、祥，則祭妾而已。小記曰：「婦之喪，虞、卒哭，其夫若子主之，祔則舅主之。」此主妾之喪，其練、祥既使子主之，則虞與卒哭亦當使子主之也。祭，虞、祔、練、祥之祭也。正室，夫之正寢也。適妻死於正室，則殯、祭皆於正室；妾雖攝女君，其死猶在側室，則殯、祭皆於側室也。此謂士禮，妾子爲其母，十一月而練，十三月而祥；若大夫，妾子爲母大功，無練、祥之祭也。

君不撫僕、妾。

鄭氏曰：略於賤也。　愚謂撫，撫其尸也。僕，謂宮中臣僕內小臣、閽、寺之屬也。妾，賤妾。曲禮「諸侯有夫人，有世婦，有妻，有妾」，是也。喪大記曰「君撫大夫，撫內命婦」，鄭氏云：「內命婦，世婦也。」喪大記又曰：「君於大夫、世婦，大斂焉，爲之賜，則小斂焉。」「於士，既殯而往，爲之賜，大斂焉。」君於世婦與大夫同，則於諸妻與士同。君於大夫、世婦，或大斂或小斂而往，則皆撫之，於士及諸妻，爲之賜，大斂而往，則亦撫之，惟僕、妾賤，君不撫其尸也。

女君死，則妾爲女君之黨服，攝女君則不爲先女君之黨服。釋文：爲，于僞反。

鄭氏曰：妾於女君之黨，若其親然。愚謂妾服女君之黨，舊說以爲從服，然從服之服，必視其所從者而有降焉，妾爲女君之黨，其服乃與女君同，則非從服也。蓋妾有爲女君之娣者，不待從女君，而其服固與女君同矣。有爲女君之姪者，女君之所服，妾亦服之，而輕重有不同者；有非女君之姪、娣者，女君之所服，妾則皆無服者也。今乃壹使與女君同服者，於女君則欲其於妾皆聯以同生之誼，而不致生其妬忌；而於妾則又示以統於女君，而不敢以自外。女君雖没，猶使妾爲其黨服，所以深嚴適庶之分，以明女君之尊不替於身後，則女君而在，必無敢以賤妨貴，少陵長者矣。攝女君，所以統内政也，故不爲女君之黨服，又所以明攝女君之尊有以殊於衆妾，而後内政出於一也。

聞兄弟之喪，大功以上，見喪者之鄉而哭。

孔氏曰：奔喪禮云「齊衰，望鄉而哭；大功，望門而哭」。此云「大功以上，見喪者之鄉而哭」者，盧云：「謂降服大功也。」愚謂云「見喪者之鄉而哭」，以明其不待及門而哭爾，未必專爲降服大功也。

適兄弟之送葬者弗及，遇主人於道，則遂之於墓。

鄭氏曰：言骨肉之恩，不待主人也。

凡主兄弟之喪，雖疏亦虞之。

鄭氏曰：喪事虞、祔乃畢。　孔氏曰：小記云「大功者，主人之喪，有三年者，則必爲之再祭」，鄭註云：「小功、緦麻，爲之練祭可也。」今此疏者亦虞，謂無服者，朋友相爲，亦虞、祔也。

凡喪服未畢，有弔者，則爲位而哭，拜踊。

鄭氏曰：客始來，主人不可以殺禮待之。　愚謂喪服未畢，謂禫以前也。禫而内無哭者，雖有弔者不哭。　檀弓：「將軍文子之喪，既除喪，而后越人來弔，主人深衣、練冠，待於廟，垂涕洟。」是不哭也。

大夫之哭大夫，弁絰。大夫與殯，亦弁絰。　釋文：與音預。

鄭氏曰：弁絰者，大夫錫衰相弔之服也。　孔氏曰：大夫之哭大夫弁絰者，此謂成服以後，大夫往哭大夫，身著錫衰，首加弁絰。　大夫與殯亦弁絰者，此謂未成服之前，與殯之時，首加弁絰，身著當時之服。　愚謂弁，皮弁也。　諸侯大夫以皮弁、錫衰爲弔服，不言「弔」而言「哭」者，大夫相爲，有僚友之恩，非徒弔之而已也。　大夫之哭大夫弁絰，皮弁而加麻絰也。　大夫與殯亦弁絰，皮弁而加葛絰也。　服問曰：「公爲卿大夫，錫衰以居，出亦如之，當事則弁絰。　大夫相爲亦然。」是大夫相爲與朋友同矣。　喪服記云：「朋友麻。」弔服葛絰，而朋友麻，則大夫相爲亦麻絰矣。　朋友弔於未成服之前亦葛絰，蓋弔於未成服者皆吉服，麻不加於采也，則大夫與殯亦葛絰矣。　大夫之哭大夫弁絰，則其非相哭雖錫衰以居，而不弁絰矣。　大夫與殯亦弁絰，則大夫之爲士若士爲大夫，皆不弁絰矣，不弁絰則素冠加絰也。

大夫有私喪之葛，則於其兄弟之輕喪則弁絰。

鄭氏曰：私喪，妻子之喪也。輕喪，緦麻也。大夫降焉，弔服而往，不以私喪之末臨兄弟。愚謂葛，謂既葬變麻服葛也。大夫爲父母兄弟之不爲大夫者之服如士服，此爲其兄弟弁絰，謂尊同者也。大夫無緦服，故雖尊同不服，但於往哭而爲之服弁絰也。凡喪服未除，於兄弟之喪雖輕，必服其服以哭之。此大夫哭兄弟之輕喪，蓋亦爲服其本服之麻與？

爲長子杖，則其子不以杖即位。

喪不貳主也。

爲妻，父母在，不杖，不稽顙。釋文：稽，徐音啟。

下文別言「母在，不稽顙」，則此「母」衍字也。爲妻，父在不杖，不稽顙，謂適子爲妻也。父主適婦之喪，故其子避之而不杖，又不得拜賓而稽顙也。

母在，不稽顙。稽顙者，其贈也拜。

父没母在，則己主妻喪而得杖，而亦不得稽顙也。然此「不稽顙」與上節不同：父在不稽顙，謂父既拜賓，則己不敢拜賓而稽顙也。父没母在，則妻之喪己當爲主而拜賓，但不敢爲稽顙之拜也。蓋妻之服與父在爲母悉同，故母在則微殺其禮，以示其不敢盡同於母之意，與母在爲妻不禫同意。上節專屬適子之禮，此禮則適、庶之所同也。贈，謂賻、襚之屬也。稽顙者，其贈也拜者，言母在而爲妻或有稽顙者，惟於人之以物贈己則爲稽顙之拜。蓋於人之厚恩不敢以輕禮待之，則此外弔者皆不稽顙也。

違諸侯，之大夫，不反服。違大夫，之諸侯，不反服。

鄭氏曰：其君尊卑異也。　愚謂二者之不服，皆爲尊諸侯也。一則尊其舊君而不敢自援，一則尊其新君而不敢自貶。

喪冠條屬，以別吉凶。三年之練冠，亦條屬，右縫。小功以下左，緦冠繰纓。釋文：別，徐彼列反。縫音逢，又扶用反。繰，依註音縿，所銜反。○按繰，鄭氏讀爲「澡麻帶、絰」之澡，音當爲早，而釋文乃云「依註讀作縿，音所銜反」，未詳其說。豈陸氏本不同耶？然以義言之，作「澡」爲是。

鄭氏曰：別吉凶者，吉冠不條屬也。繰讀爲「澡麻帶、絰」之澡，聲之誤也。謂有事其布以爲纓。

敖氏繼公曰：條屬者，以一條繩爲纓，而又屬於武也。右縫者，以纓之上端縫屬於武之右邊也。其屬之以下端向上，而結於武之左邊以固冠也。　愚謂吉冠有武，其纓左右各一而交結於頤下。下文云「委武玄縞而後蕤」，則喪冠自大祥以前無武，蓋別以布一條，約冠而固之，若緇布冠之缺項。然其纓惟一條屬於固冠之布，亦若緇布冠之青組纓屬於缺也。緇布冠之纓，屬於左而上結於右，喪冠之纓，則縫屬於右而上結於左，所以反吉也。小功以下服輕，其纓雖條屬而左縫之，稍用吉冠之制也。繰當作「澡」。喪冠之纓，惟斬衰用麻繩；自齊衰以下，皆用其冠之布爲之。緦冠之纓，其布亦與冠同，而又澡治之。緦冠既有事其縷，其纓又有事其布，布、縷兼治，則其布精矣，以緦喪輕故也。然則喪冠自小功以上，纓皆不澡也。

大功以上散帶。

孔氏曰：小斂之後，主人襲、絰於序東，小功以下，帶皆絞之；大功以上，散帶垂，至成服乃絞。

朝服十五升，去其半而緦，加灰錫也。釋文：朝，直遥反，後「朝服」放此。去，起吕反。

鄭氏曰：緦精麤與朝服同。去其半，則六百縷而疏也。又無事其布，不灰焉。孔氏曰：緦麻於朝服十五升之内抽去其半，以七升半爲之。取緦以爲布，又加灰治之，則曰「錫」，言錫然滑易也。緦衰不加灰，不治布也。愚謂周禮司服「王爲三公六卿錫衰，爲諸侯緦衰，爲大夫士疑衰」，是錫衰重於緦衰也。加灰，謂用灰鍛治之也。喪服記曰：「有事其縷，無事其布，曰緦。」「有事其布，無事其縷，曰錫。」喪服記言「有事」，此云「加灰」，一也。蓋朝服用吉布十五升，布、縷皆有事者也。緦衰用朝服縷數之半，而成布之後，不復加灰鍛治，故曰「無事其布」。錫衰則成布之後，加灰鍛治，而其縷則不鍛治，故曰「無事其縷」。無事其縷者，哀在内也。無事其布者，哀在外也。此緦衰、錫衰輕重之别也。

禮記卷四十

雜記上第二十之二

諸侯相襚，以後路與冕服，先路與褒衣不以襚。釋文：襚音遂。

鄭氏曰：不以己之正者施於人，以彼不以爲正也。孔氏曰：後路，謂上路之後次路也。冕服，謂上冕之後次冕也。愚謂諸侯各以路之上者爲先路，同姓則金路，異姓則象路也。其次於先路者，皆爲後路。鄭氏以爲貳車，非是。褒衣，亦冕服也。以其爲天子之所褒賜，故曰「褒衣」。冕服，謂其次於褒者也。先路與褒衣，皆所受於天子者，故不以襚人。

遣車視牢具，疏布輤，四面有章，置於四隅。釋文：遣，弃戰反，下「遣車」「遣奠」皆放此。章，本或作「鄣」，音同。

鄭氏曰：言車多少各如所包遣奠牲體之數也。遣奠，天子大牢，包九个；諸侯亦大牢，包七个；大夫亦大牢，包五个；士少牢，包三个。大夫以上，乃有遣車。輤，其蓋也。四面皆有章蔽，以隱翳牢肉。四隅，椁中之四隅。愚謂每牲體一段，謂之一个。周禮大司馬「喪祭，奉詔馬牲」，鄭云：「王喪之以馬祭者，蓋遣奠也。」是天子遣奠大牢之外兼有馬牲也。士喪禮「苞牲，取下體」，鄭云：「前脛折取臂、臑，後脛折取骼。」天子四牲，每牲取全體三折，分八十一个，分爲九包，每包九个，而遣車九乘。諸侯遣奠大牢，每牲各取全體三折，分四十九个，分爲七包，每包七个，而遣車七乘。大夫遣奠亦大牢，每牲取全體三折，分二十五个，分爲五包，每包五个，而遣車五乘。是遣車之多寡，各比視其牢具之多寡也。以疏布爲車蓋，又四面設障蔽，所以避塵土之污也。

載粻，有子曰：「非禮也。喪奠脯、醢而已。」釋文：粻，陟良反。

鄭氏曰：粻，米糧也。　愚謂當時有遣奠兼設黍、稷而并載於遣車者，有子非之，以爲喪奠牲牢而外，惟有脯、醢而無黍、稷，不當載粻也。案士喪禮喪奠皆無黍、稷，而黍、稷之奠自設於下室，月朔薦新，有黍、稷，則下室之奠不設也。既啟以後，遷祖之奠及祖奠、遣奠，亦皆無黍、稷，蓋亦以有下室之奠故耳。然遣奠雖無黍、稷，而黍、稷、麥別盛於筲，則固有粻矣，不當又載於遣車也。鄭氏以爲死者不食糧，故喪奠無黍、稷。果爾，則牲、牢、脯、醢，死者豈嘗食之耶？

祭稱「孝子」「孝孫」，喪稱「哀子」「哀孫」。

鄭氏曰：各以其義稱也。　孔氏曰：祭，吉祭也，自卒哭以後之祭也。吉則申孝子之心，故祝辭云「孝」。喪，凶祭，自虞以前之祭也。喪則哀慕未申，故稱「哀」。　愚謂士虞禮卒哭猶稱「哀子」，至祔乃稱「孝子」。蓋卒哭雖以吉祭易喪祭，猶未忍遽稱「孝」，至祔祭於廟，始同之於吉祭也。兼言「孫」者，容父先没，而適孫主祖父母之喪者也。

端衰、喪車，皆無等。

鄭氏曰：喪車，惡車也。喪者衣衰，及所乘之車，貴賤同，孝子於親一也。衣衰言「端」者，玄端吉時常服，喪之衣衰當如之。　孔氏曰：端衰，謂喪服上衣。端，正也。吉時玄端服，身與袂同以二尺二寸爲正，喪衣亦如之，而綴六寸之衰於心前，故曰「端衰」也。喪車，孝子所乘之惡車也。等，等差也。喪之衣衰及惡車，天子至士制度同，無貴賤等差之別，以孝子於其親，情如一也。　愚謂禮服自玄端以上，衣之長與幅廣相等，故謂之端。喪衰之制亦然，故謂之端衰。然吉時禮服皆端，而玄端之袂圜殺，與朝服以上侈袂者不同。喪衰與玄端同制者，惟士之喪衰爲然，若大夫以上，其喪衰與朝服等同制，其袂亦侈，不與玄端同也。端衰無等，謂其布之升數及齊、斬之制也。爲父皆斬衰三升，爲母皆齊衰四升，是端衰無等也。天子喪車五乘，而士喪禮「主人乘惡車，白狗幦，蒲蔽」，與天子始喪之車同，是喪車無等也。

大白冠、緇布之冠，皆不蕤。委武玄、縞而后蕤。釋文：縞，古老反，又古報反。

鄭氏曰：大白冠，大古之布冠也。不蕤，質無飾。委武，冠卷也。秦人曰委，齊人曰武。玄，玄冠也。縞，縞冠也。　愚謂蕤者，冠纓之結於頤下而垂餘以爲飾者也。大白冠、緇布冠皆無武，而別爲缺項以固冠，其纓惟一條，屬於武而上結之，故皆無蕤。水之下曰委，足之下曰武。卷在冠下，故以名焉。玄冠，吉冠。縞冠，大祥之冠也。喪冠無武，與古制同，故其纓亦無蕤。玄冠、縞冠皆有武，與古冠異，故其纓亦與古異，而有垂餘之緌也。

大夫冕而祭於公，弁而祭於己。士弁而祭於公，冠而祭於己。士弁而親迎，然則士弁而祭於己可也。釋文：迎，魚敬反。

鄭氏曰：弁，爵弁也。冠，玄冠也。祭於公，助君祭也。大夫爵弁而祭於己，唯孤爾。可也者，緣類，欲許之也。親迎雖亦己之事，攝盛服爾，非常也。孔氏曰：儀禮少牢大夫自祭用玄冠，此云「弁而祭於己」，與少牢異，故知是孤。親迎一時之極，故許其攝盛；祭祀常所供養，故須依班序。愚謂特牲禮玄端，少牢禮朝服，皆特祭也。大夫弁而祭於己，其干祫之禮與？大夫干祫服爵弁，殷祭禮盛也。然則士之干祫蓋朝服與？服之差等，爵弁之下爲皮弁，皮弁之下爲朝服。皮弁純白，不用於祭祀。士以玄端特祭，以朝服祫祭；大夫以朝服特祭，以爵弁祫祭。進朝服而上，卽爲爵弁，故記者欲許士以爵弁也。若如鄭氏之說，則大夫尚不得服爵弁，而遽以許士，恐不然矣。

暢，臼以椈，杵以梧，枇以桑，長三尺，或曰五尺。畢用桑，長三尺，刊其柄與末。釋文：鬯，本亦作「暢」。椈，弓六反。枇音匕，本亦作「朼」。長，直亮反。刊，苦干反。

鄭氏曰：臼、杵，所以擣鬱也。椈，柏也。枇，所以載牲體者。此謂喪祭也。吉祭枇用棘。畢，所以助主人載者。刊猶削也。孔氏曰：梧，桐也。擣鬱鬯用柏臼桐杵，爲柏香，桐潔白，於神爲宜。從鑊以枇升入於鼎，從鼎以枇載之於俎。用桑，喪祭也。吉祭枇用棘，特牲禮枇用棘心是也。畢以助主人舉肉。用桑者，亦喪祭故也，吉時亦用棘。畢末頭亦刊削之，枇亦宜然。愚謂此言「暢」「臼」及「杵」，亦謂喪事之所用者。周禮肆師：「大渳以鬯，則築鬻。」鬯人「大喪之大渳」，「共其釁鬯」。

率帶，諸侯大夫皆五采，士二采。釋文：率帶，上音律，下音帶，本亦作「帶」。

此謂大帶之飾也。率，讀如左傳「藻率、鞞、琫」之率，以采飾物之名也。凡飾三采者，以朱、白、蒼，此二采，其朱、白與？生時大帶，死則用以襲尸，故於此言之。鄭氏謂「此襲尸之大帶，異於生」，非。士襲變玄端爲稅衣，以其在內也。若其在外之服，皆與生時無異，何獨於帶而異之？

醴者，稻醴也。甕、甒、筲、衡，實見間，而后折入。釋文：甕，於貢反。甒音武。筲，所交。反。衡，依註作「桁」，户剛反，徐户庚反。見音「間厠」之間，棺衣也。間如字，徐古莧反。一解云：「鄭合『見間』二字共爲『覵』字，音古辨反。」折，之設反。○按「見」字當音賢徧反。

鄭氏曰：此謂葬時藏物也。衡當爲「桁」，所以庪甕、甒之屬，聲之誤也。實見間，藏於見外、椁內也。

孔氏曰：醴者，稻醴也者，言此醴是稻米所爲也。甕盛醯、醢，甒盛醴、酒，筲盛黍、稷。衡者，以大木爲桁，所以庪舉甕、甒之屬也。見，謂棺外之飾。既夕禮註云：「折猶庪也。方鑿連木爲之，蓋如牀而縮者三，横者五，無簀。」實此甕、甒、筲、衡於見外、椁內二者之間，而後以折加於椁上，以承抗席。案既夕禮「藏器於旁，加見，」註云：「器，用器、役器也。」既夕禮又云「藏苞、筲於旁」，註云：「於旁，在見外。」則見內是用器、役器，見外是明器也。此是士禮畧，實明器耳。大夫以上，兼有人器、鬼器。人器實，鬼器虛。愚謂此言葬時藏器之法。醴，卽所盛於甕者。醴有黍醴、稻醴、粱醴，故言此醴是稻醴也。甕實一觳，甒實五斗。筲，畚屬，以竹或菅草爲之。見，謂棺飾帷荒之屬。棺在帷荒之內，而帷荒在外露見，故因謂之見也。藏器既畢，乃可加折，故曰「而後折入」。

重，既虞而埋之。釋文：重，直龍反。

鄭氏曰：就所倚處埋之。孔氏曰：既夕禮初啟朝禰廟，重止于門外之西，不入。明日，自禰廟隨至祖廟庭，厥明將出之時，「重出自道，道左倚之」。此註「就所倚處埋之」，謂於祖廟門外之東也。愚謂鄭知就所倚處埋之者，士喪禮「重出自道」之後，無再「入廟」之文，故知埋重在祖廟門外也。

凡婦人，從其夫之爵位。

鄭氏曰：婦人無專制，生禮死事，以夫爲尊卑。愚謂觀此則謂婦人有受命之法者非矣。

小斂、大斂、啟，皆辯拜。釋文：辯音徧。

鄭氏曰：嫌當事來者終不拜，故明之。孔氏曰：凡當大斂、小斂及啟殯之時，唯君來則止事而出拜之。若他賓客至，則不止事，事竟乃卽堂下之位悉徧拜。

朝夕哭不帷，無柩者不帷。

鄭氏曰：朝夕哭不帷，緣孝子之心欲見殯、肂也。既事則施其㡘，鬼神尚幽闇也。無柩者不帷，謂既葬也。棺柩已去，鬼神在室，堂無事焉，遂去帷。

君若載而后弔之，則主人東面而拜，門右北面而踊，出待，反而后奠。

鄭氏曰：主人拜踊於賓位，不敢迫君也。君卽位車東，出待，不必君留也。君反之使奠。孔氏曰：謂君來弔臣之葬，臣喪朝廟，柩已下堂，載在柩車，而君弔之，故云「君若載而后弔之」。則主人東面而拜者，君既弔位於車東，故主人在車西，東面而拜也。門右北面而踊者，門，謂祖廟門也。右，西邊也。若門外來，則右在東；若門內出，右在西。此據車出家，故右在西，孝子拜君竟，立近門內西邊，北面而哭踊爲禮也。出待者，孝子踊畢，先出門待君，君來則出門拜迎，君去則出門拜送也。君弔事畢，便應去，不敢必君之久留，故孝子先出待君。反，謂君使人命孝子反還喪所也。而后奠者，凡君來必設奠，告柩知之也。或云：此在廟載柩車時，奠謂設祖奠也。愚謂此謂士之喪未啟之前，君有故不得弔，而至是始弔也。曰「若」者，明其爲非弔禮之常也。檀弓：「君於大夫之喪，將葬，弔於宮，將出，命引之，三步則止。如是者三，乃退。」彼謂大夫之喪，君始死已來弔，至葬又特弔，故有引車之禮。此乃君始來弔，弔非因葬，故不云「引車」也。知非弔大夫之喪者，喪大記云「大夫士既殯而君往」，「大夫則奠可也，士則出俟于門外，命之反奠，乃反奠。」此亦云「出待，反而後奠」，故知爲士禮。柩既在堂下，則君卽位於阼階下西面，故主人在柩西中庭東面而拜也。門右，門東也。凡君弔，主人受禮於阼階南中庭，卽位於門右北面。此以君在堂下柩東，迫狹，故變位受禮柩西之中庭，其卽位於門右北面自如常法耳。此非有事於柩，左右不據柩言也。奠，或說以爲祖奠，是也。檀弓君弔於葬，「命引之」，乃退，不云「命奠」。此必命之奠，亦始弔之禮然也。

子羔之襲也，繭衣裳與稅衣、纁袡爲一，素端一，皮弁一，爵弁一，玄冕一。曾子曰：「不襲婦服。」釋文：稅，他喚反。袡，字又作「衻」，而占反。○鄭註：玄冕，或爲「玄冠」，或爲「玄端」。

鄭氏曰：繭衣裳者，若今大襴也。纊爲繭，緼爲袍，表之以稅衣，乃爲一稱。稅衣，若玄端而連衣裳者也。大夫而以纁爲之緣，非也。唯婦人纁袡。禮以冠名服，此襲其服，非襲其冠。曾子譏襲婦服而已。玄冕又大夫服，未聞子羔曷爲襲之。愚謂此襲衣凡五稱：繭衣裳者，衣裳相連，而著以綿纊者也。繭衣裳乃褻衣，必以禮服表之，乃成一稱，故喪大記曰「袍必有表」。稅衣、纁衻，所以表繭衣也。稅衣色黑，即玄端也。謂之稅衣者，以其衣裳相連，若婦人之稅衣也。所以連衣裳者，生時禮服內有中衣，褻時內有袍、繭，外有皮弁服之屬，而玄端服在其間，故如中衣之制，爲之衣裳相連，以一服而兼二，蓋士之褻禮然也。纁，絳色也。衻猶緣也。素端，制若玄端，而用素爲之，蓋凶札祈禱致齊之服也。周禮司服曰：「其齊服有玄端、素端。」此爲第二稱也。皮弁爲第三稱，爵弁爲第四稱，玄冕爲第五稱。案士喪禮襲衣三稱：爵弁服、皮弁服、褖衣。此襲衣五稱，而又有玄冕，則大夫之禮也。子羔未嘗爲大夫，玄冕其褒衣與？襲衣不用偶數，有褒衣則復加一衣以合奇數，蓋禮然也。不襲婦服者，纁衻，婦人嫁時之服也。蓋大夫士中衣用纁緣，子羔之襲，其玄端服連衣裳爲之，如中衣之制，遂并用中衣之緣，與婦人嫁時之服相似，故曾子譏之。以此推之，則用衣以表袍者，雖連衣裳爲之，而不當用緣也。

爲君使而死，公館復，私館不復。公館者，公宮與公所爲也。私館者，自卿大夫以下之家也。釋文：爲，于僞反，又如字。使，色吏反。館，本亦作「觀」，音同。

說見曾子問。

公七踊，大夫五踊，婦人居間；士三踊，婦人皆居間。

鄭氏曰：公，君也。始死及小斂、大斂而踊，君、大夫、士一也。君五日而殯，大夫三日而殯，士二日而殯。士小斂之朝不踊，君大夫大斂之朝乃不踊。婦人居間者，踊必拾，主人踊，婦人踊，賓乃踊。

孔氏曰：居間，謂婦人與丈夫更踊，居賓主之間也。皆者，皆於貴賤婦人也。親始死，及動尸、舉柩，哭踊無數。今云「七」「五」「三」者，謂爲禮有節之踊。每踊三者，三爲九而謂爲一也。愚謂諸侯五日而殯，五日爲五踊，加以小斂、大斂時又踊爲七。大夫三日而殯，三日爲三踊，加以小斂、大斂時又踊爲五。士亦三日而殯，始死踊，小斂、大斂之朝不踊，至斂時皆踊爲三也。以此差而上之，則天子七日而殯，當九踊也。觀此踊數，則君大夫殯日皆數死日明矣。

公襲：卷衣一，玄端一，朝服一，素積一，纁裳一，爵弁二，玄冕一，褒衣一，朱緑帶，申加大帶於上。釋文：卷音袞。

鄭氏曰：士襲三稱，子羔襲五稱，今公襲九稱，則尊卑襲數不同矣。諸侯七稱，天子十二稱與？孔氏曰：公襲以上服最在內者，公身貴，故以上服親身也。玄端一者，燕居之服，玄端、朱裳也。朝服一者，緇衣、素裳，公日視朝之服也。素積一者，皮弁之服，公視朔之服也。纁裳一者，冕服之裳也，鷩、毳中間任取一服也。爵弁二者，此始命之服，示之重本，故二通也。褒衣一者，所加賜之衣，最在上，華君賜也。愚謂公，君也。上文「公七踊」，下文「公、大夫、士一也」，「公升」，皆通謂五等之君，此不當獨爲異義。卷衣一，據上公言之，若侯伯則鷩冕，子男則毳冕也。此襲有褒衣而九稱，則公襲本七稱，有褒衣，故加二稱而爲九也。然則襲之衣數，士三稱，大夫五，諸侯七，有褒衣者皆加焉，天子蓋十二稱與？喪大記大斂之衣，君同以百稱，則襲、斂所用之衣數，五等之君亦同也。朱緑帶者，玉藻所謂「雜帶」，燕居之所用也。兼用燕居之帶者，以襲有玄端服也。申，重也。申加大帶於上，言重加大帶於雜帶之上，順其衣之在内外也。〇凡生人之衣，最内爲明衣，其外則冬有裘，夏有葛，春秋有袍、褶之屬，又其外有中衣，又其外乃有禮衣，若玄端、皮弁、冕服之屬也。襲衣衣之於身，所用與生時悉同，但四時皆用袍、褶，而不用裘、葛耳。士喪禮襲衣内有明衣裳，外有褖衣、皮弁、爵弁三稱，而褖衣連衣裳爲中衣之制，則不復用中衣。上文言「子羔之襲，繭衣裳與褖衣、纁袡爲一」，即此制也。公襲衮最在内，不爲連衣裳之制，則袍、褶之外，衮衣之内，又當有中衣矣。蓋大夫以上之襲皆如此與？〇鄭氏曰：朱綠帶者，襲衣之帶，飾之雜以朱綠，異於生也。此帶亦以素爲之。申，重也，重於革帶也。革帶以繫韍，必言「重加大帶」者，明雖有變，必備此二帶也。孔氏曰：朱綠帶者，襲衣之帶，既非革帶，又非大帶，衹是衣之小帶。愚謂士惟有大帶，君大夫有大帶，又有雜帶。玉藻「天子素帶，朱裏，終辟」，而諸侯「素帶，終辟，大夫素帶，辟垂」，及此篇所言「率帶，君大夫五采，士二采」者，大帶也。玉藻「雜帶，君朱綠，大夫玄華」，及此所言「朱綠帶」者，雜帶也。鄭氏解玉藻，謂「君之大帶以朱綠爲飾」，至此篇言「率帶，君大夫五采，士二采」，則「君大帶飾以朱綠」之説已不可通，則云「襲尸之大帶異於生」，至此節又言「朱綠帶」，則謂「襲衣別用此小帶異於生」，其説支離無據。蓋率帶之帶，卽生時之大帶，朱綠帶卽生時之雜帶，而襲尸皆用之，初未嘗異於生也。士喪禮襲有韎韐，韎韐必繫於革帶，則襲固當有革帶矣。然此「朱綠帶」，言「申加大帶於上」，則所加者實朱綠帶，而非革帶也。且生時大帶、雜帶不一時並施，而其所繫則同處，故襲時加大帶於雜帶之上。若革帶則生時與大帶並用，而繫於大帶之下，故韠繫於革帶，而其下與紳相齊，則襲時亦不得加大帶於革帶之上矣。

小斂環絰，公、大夫、士一也。

環絰，謂以絰環加於首也。小斂環絰者，小斂奉尸侇于堂畢，乃降而東襲、絰焉。士喪禮「苴絰，大搹」，「要絰小焉」，「饌于東方」，「卒斂」，「主人卽位拜賓」，「襲、絰于序東」，是也。公、大夫、士一者，蓋他服如衰、杖、屨之屬，君、大夫、士變服之節有不盡同者，而環絰則皆以小斂畢時也。○鄭氏謂「環絰爲一股之纏絰」，非也。一股之絰，舊說所謂「弔服之環絰」也。（環絰說見檀弓。）經、記初無言小斂時主人加弔服之環絰者。小斂環絰，謂環加苴絰，豈可以弔服之環絰混之？

公視大斂，公升，商祝鋪席，乃斂。

鄭氏曰：喪大記曰：「大夫之喪，將大斂，既鋪絞、紟、衾，君至。」此君升乃鋪席，則君至爲之改始，新之也。　孔氏曰：公升，謂公來升堂。商祝，主斂事者也。臣喪，大斂雖已鋪席，布絞、紟、衾，聞君將至，則徹去之，比君升而商祝更鋪席，榮君來，爲新之也。亦示若事由君也。　愚謂席最在下，云「商祝鋪席」，則知絞、紟、衾、衣皆再布之矣，爲君欲視其衣、衾之美惡也。

魯人之贈也，三玄二纁，廣尺，長終幅。　釋文：廣，古曠反。長，直亮反。

鄭氏曰：言失之也。　士喪禮下篇曰：「贈用制幣，玄纁束。」　孔氏曰：記魯失也。贈，謂以物送亡人於椁中也。　贈用制幣，玄纁束，今魯人雖三玄二纁，而用廣尺，長終幅，不復丈八尺，則失禮也。　愚謂內宰職註引天子巡守禮、聘禮註引朝貢禮，皆云：「制幣丈八尺，純四咫。」賈疏引趙商問「純四咫」之義，鄭氏謂「咫八寸，四咫三尺二寸，太廣，四當爲『三』，三八二尺四寸。」幅，廣也。是制幣長丈八尺，廣二尺四寸也。今魯贈幣廣止一尺，長僅終幅二尺四寸，是長、廣皆不如禮也。

弔者即位于門西，東面。其介在其東南，北面，西上，西於門。主孤西面。相者受命曰：「孤某使某請事。」客曰：「寡君使某，如何不淑！」相者入告，出曰：「孤某須矣。」弔者入，主人升堂，西面。弔者升自西階，東面，致命曰：「寡君聞君之喪，寡君使某，如何不淑！」子拜稽顙，弔者降，反位。釋文：相，息亮反。

鄭氏曰：賓立門外，不當門。主孤西面，立於阼階下。受命，受主人命以出也。不言「擯」者，喪無接賓也。淑，善也。如何不淑，言君痛之甚，使某弔。稱其君名者，君薨稱「子某」，使人知適嗣也。須矣，不出迎也。降反位者，出反門外位。無「出」字，脱。孔氏曰：自此以下，終於篇末，明諸侯相弔、舍、禭、賵之禮，此明弔禮也。門西，謂主國大門之西。其介在其東南，北面西上，以其凶事異於吉也。相者，謂主人傳命者也。喪無接賓，故不言「擯」而言「相」。此對文耳，若通而言之，吉事亦云「相」，故司儀云「每門止一相」。又大宗伯：「朝、覲、會、同，則爲上相。」凶事亦稱「擯」，故喪大記云「君弔，擯者進」。又案士喪禮「賓有禭，擯者入告，出請」，是也。孤，謂嗣子也。某爲嗣子之名。必稱嗣子名者，欲使使者知適嗣之名。云「須矣」者，異於吉禮，不出迎也。主人升堂西面者，從阼階升也。知者，以弔者升由西階故也。又下文「孤降自阼階，拜之」，明升亦阼階也。子拜稽顙，不云「孤某」而稱「子」者，今有事於殯，故稱「子」，對殯之辭也。若對賓，則稱「孤某」也。愚謂弔者，謂上客也。凡門外之位，以客禮者東面，以臣禮者北面。以燕禮賓東面、大射賓北面觀之，可見弔者卽位于門西，東面者，客禮也。介在其東南，北面者，下賓也。西上者，統於賓也。西於門，不敢當門也。蓋凡諸侯聘、弔之使，在主國門外之位皆如此。鄭氏聘禮註謂「聘賓北鄉，介西面」，故孔疏以此爲異於吉，然鄭説實無所據也。主孤西面，在阼階下西面，主人之位也。如何不淑，弔辭也。孤某者，諸侯在喪未葬自稱之辭也。下文云「既葬蒲席」，知此本據未葬之禮也。若已葬，但稱「孤」也。孤某須矣，肅賓之辭也。升堂而弔者，諸侯之禮然也。兩君相弔，則賓主皆升堂；君弔其臣，則弔者升堂，主人受禮於中庭；若大夫士相弔，則賓主行禮於堂下也。弔者降，不言「子降」者，子不降，待後事也。下含者、襚者、賵者皆言「出」，則此脱「出」字明矣。

含者執璧將命，曰：「寡君使某含。」相者入告，出曰：「孤某須矣。」含者入，升堂致命，子拜稽顙。含者坐委于殯東南，有葦席，既葬蒲席。降，出反位。宰夫朝服，卽喪屨，升自西階，西面坐取璧，降自西階，以東。釋文：含，本又作「唅」，説文作「琀」，同胡闇反。

鄭氏曰：含玉爲璧制，其分寸大小未聞。春秋有既葬，「歸含、賵、襚」，無譏焉。卽，就也。以東，藏於内也。孔氏曰：此明含禮。宰夫朝服者，宰謂上卿也。言「夫」，衍字。朝服者，吉服也。執玉不麻，故著朝服，以仍在喪，不可純吉，故卽喪屨。此弔者既是上客，又賵者是上介，則此含者、襚者當是副介、末介。愚謂聘義「上公七介，侯伯五介，子男三介」，弔使亦然。此上客弔，上介賵，又以次介二人爲含者、襚者，據上公、侯、伯之禮也。若子男三介，則賵、含皆以上介與？諸侯五日而殯，鄰國弔、含之使，鮮有以殯前至者，其含與襚蓋亦但致其禮而已。含玉皆碎之，此致璧擬爲含用耳，非謂即用此璧以含也。此璧蓋亦五寸以下，致命之辭亦曰「寡君使某含」。凡奠于殯東南者，在殯東而稍南，凡含、襚之物南上，以柩南首也。有葦席者，含、襚之物不可委於地，故設席以受之。既葬蒲席者，凡諸侯相於喪禮，皆始死遣使來弔，葬時又遣使會葬，或國中有事故，始死未得即遣使，故既葬而弔使乃至也。既葬稍吉，故用蒲席，蒲席精於葦席也。喪大記大斂，「大夫蒲席，士葦席」。但言「既葬蒲席」，而不別言他禮之異，則葬後含、襚、賵，其委襚衣、圭璧，仍於殯之東南，以柩本在此故也。宰，小宰也。周禮小宰：「喪荒，受其含、襚、幣、玉之事。」朝服，玄冠、緇衣、素裳也。案聘禮，遭喪則使大夫練冠、長衣受于廟。此宰取璧乃朝服者，彼代主國君受禮，故練冠、長衣，此主孤自服衰絰受弔，故宰取璧朝服也。宰取璧朝服，則含者亦朝服與？屨爲服末，凡喪中因事而變服者，惟其屨無變也。

○孔氏云：「此遭喪已久，故嗣子親受禮。若新遭喪，則主人不親受，故聘禮『遭喪，入境則遂也』，『將命于大夫，主人練冠、長衣以受』。」此謬説也。聘賓非爲喪事而來，其所聘者乃薨君，故使大夫受於殯宮。若弔、含之賓，本爲喪事而來，未有爲喪主而不接弔賓者，雖初喪，豈有使大夫受之之禮乎？

襚者曰：「寡君使某襚。」相者入告，出曰：「孤某須矣。」襚者執冕服，左執領，右執要，入，升堂致命曰：「寡君使某襚。」子拜稽顙，委衣于殯東。襚者降，受爵弁服於門内霤，將命，子拜稽顙如初。受皮弁服於中庭，自西階受朝服，自堂受玄端，將命，子拜稽顙，皆如初。襚者降，出，反位。宰夫五人舉以東，降自西階，其舉亦西面。釋文：要，一遥反。

鄭氏曰：委衣于殯東，亦於席上所委璧之北，順其上下。授襚者以服者賈人。舉者亦西面者，亦襚者委衣時。　孔氏曰：此明襚禮也。　上文含者稱「執璧」，下文賵者稱「執圭」，則此襚者當稱「執衣」，不云者，文不備也。　以下文云「襚者執冕服」，故於此畧之。　經文先「含」而後「襚」，則含重而襚輕。　所委殯東，西面，南頭爲上，故曰「順其上下」，謂上者在前，下者在後。　聘禮有賈人，故知授襚者以服者是賈人也。　襚者西面，舉者亦西面也。　其服重者，使執以入，爵弁受於內霤，皮弁受於中庭，朝服受於西階，玄端受於堂。既受處不同，則陳於璧北亦重者在南。凡諸侯相襚，衣數無文，據此，其服有五。又「大路、褒衣不以襚」，此外無文。　愚謂含、襚、賵之辭同，獨於襚言之，以見上下也。　襚衣東西委之，南領西上，孔氏謂「重者在南」，非也。　受服以次而近者，欲於事敏也。　宰夫，宰之屬也。　周禮：「宰夫，下大夫四人，上士八人，中士十有六人。」不言其服者，不變服也。

上介賵，執圭將命，曰：「寡君使某賵。」相者入告，反命曰：「孤某須矣。」陳乘黃、大路於中庭，北輈，執圭將命。　客使自下由路西，子拜稽顙，坐委於殯東南隅，宰舉以東。　釋文：賵，芳鳳反。孤須矣，從此盡篇末，皆無「某」字，有者非。　乘，繩證反。　輈，竹由反。　〇今按：孤某當有「某」字，陸本非是。　〇鄭註：使或爲「史」。

鄭氏曰：自，率也。　下，謂馬也，馬在路之下。　覲禮曰：「路下四亞之。」客給使者入，設乘黃於大路之西，客入則致命矣。　孔氏曰：此明賵禮。　乘黃，謂馬也。　大路，謂車也。　陳四黃之馬於大路之西，在殯宮中庭。　喪禮，車馬以屬主人，故路在東，統於主人也。　若尋常吉禮，車馬爲賓而設，則路在馬西，故覲禮「路下四亞之」註云：「亞之，次車而東。」是車在西，統於賓也。既夕禮車以西爲上者，彼爲死者而設於鬼神之位。北輈者，謂大路輈轅北鄉也。愚謂賵以上介賵者，賵禮重於含、襚也。賵在含、襚之後者，賵物以助葬，先含、次襚、次賵，以喪事之先後爲次也。執圭將命者，小行人「合六幣，圭以馬」，犬馬不上於堂，故執圭以將命也。乘黃，四馬黃色也。周人黃馬蕃鬣，故馬之爲庭實者皆以黃，康王之誥曰「皆布乘黃、朱」，是也。大路，賵車也。先路不以襚，此曰「大路」者，尊其名也。士喪禮：「公賵玄纁束，馬兩。」又：「賓賵者將命，擯者出請，入告。出告須，馬入設，賓奉幣。」是士禮賓賵亦玄纁、兩馬也。此諸侯禮，有乘黃、大路，執圭將命，然則大夫之禮蓋玄纁束、四馬與？北輈者，向內也。凡喪自未祖以前，陳車皆北向，故此車亦然。馬在路西者，此時柩在堂上，主孤在堂下，堂上之物則統於柩而西上，堂下之物則統於主人而東上也。既夕禮車以東爲上者，爾時柩在堂下，車直東榮，統於柩也。言「執圭將命」，於車馬之間者，客使先設車竟，乃率馬設於路西。言「上介執圭將命」，與客使設馬之節相當也。坐委於殯東南隅者，圭尊於璧，委於席上，而在璧之南也。宰不言其服者，因前「朝服」可知也。○孔氏曰：隱元年公羊傳云「車馬曰賵，貨財曰賻，衣被曰襚」。穀梁云「乘馬曰賵，衣衾曰襚，貝玉曰含，錢財曰賻」。散而言之，車馬亦曰襚，故前文云「諸侯相襚以後路」是也。此無賻，賻是加厚，非常故也。故宰夫註云：「其間加恩厚則有賻。」雖有貨，亦有馬，故少儀云：「賻馬不入廟門。」既夕有「贈」。贈施於死，必及葬節，此未必一當葬時也。既夕有「奠」。此無奠者，以奠主於親者。故既夕禮云：「兄弟，賵奠。所知，則賵而不奠。」此諸侯相於既疏，故無奠。案釋廢疾云：「天子於諸侯，含之賵之。諸侯於卿大夫，如天子於諸侯。諸侯於士，如天子於諸侯臣，襚之賵之。天子於二王之後，含爲先，襚則次之，賵爲後。諸侯相於，如天子於二王後。」鄭知天子於二王後含、襚、賵者，爲約此雜記兩諸侯相敵，明天子於二王後亦相敵也。知諸侯亦然者，約雜記文。鄭知天子於諸侯含、賵者，約文五年「榮叔歸含且賵」，二傳但譏兼禮，不譏其數是也。鄭知天子於諸侯臣襚之賵之者，約士喪禮諸侯於士有襚有賵，明天子於諸侯臣亦然。鄭知諸侯於卿大夫如天子於諸侯者，更無所尊，明尊此卿大夫如諸侯也。凡此，於其妻亦如其夫。知者，約「宰咺來歸惠公仲子之賵」，又約魯夫人成風之喪，「王使榮叔歸含且賵」，以外推此可知。愚謂孔氏所言含、襚、賵、賻、奠禮數之差，皆是也。有喪相弔、含、襚、賵者，邦交之常禮也。其有甥舅昏姻之好者，則又有賻焉。至贈，則會葬時之禮，非行於弔時者也。蓋古者諸侯弔、聘之所及者，皆其同在方岳之下者也。故左傳曰「諸侯五月而葬，同盟至」。先王之世，非同方岳則無同盟之事也。以春秋考之，隱、桓、莊、閔之世，所書者皆東諸侯之事也。以晉之强大，而自僖公以前，其事無書於册者，蓋晉在并，魯在兖，赴告、聘、弔之使原不相及，蓋先王之舊制如此。自霸者既興，邦交日繁，於是赴告交馳於四國，而其禮或亦不能備，故有如秦於魯成風之喪僅有襚，徐於邾宣公僅有含者，蓋以舊制本不當相弔、襚，故其禮止於如此而已足也。至諸侯之於天子，必當備含、襚、賵、賻之禮，故春秋「武氏子來求賻」，蓋以禮之所有者責之也。若天子於諸侯，則如惠公仲子僅有賵，成風有含、賵，此或周衰不能備禮，大約同姓、異姓、庶姓其恩禮當有厚薄，但其詳不可考耳。諸侯於其臣，則士喪禮有襚有賵，卿大夫宜更有含，天子於其卿、大夫、士亦當如此。鄭釋廢疾所推，亦大畧得之，惟其言「天子於諸侯之臣，當如諸侯之於士」者，則非是。蓋陪臣疎賤，其喪固不敢上赴於天王，而天王於諸侯之臣亦必不能一一而弔、襚之也。

凡將命，鄉殯將命，子拜稽顙，西面而坐委之。宰舉璧與圭，宰夫舉襚，升自西階，西面坐取之，降自西階。釋文：鄉，許亮反。

鄭氏曰：凡者，說不見者也。鄉殯將命，則將命時立於殯之西南。此言「宰舉璧與圭」，則上「宰夫朝服」衍「夫」字。　愚謂子拜稽顙，西面而坐委之者，言於子拜稽顙之時，而西面委之，亦若避子之拜然也。宰，小宰也。周禮小宰：「喪荒，受其含、襚、幣、玉之事。」又宰夫：「凡禮事，贊小宰比官府之具。」襚衣輕，故宰夫主之。圭璧重，故宰舉之。凡臣之升降，宜統於君，此主孤自阼階，宰與宰夫乃自西階者，含、襚之物皆在西，由便也。

賵者出，反位于門外。

鄭氏曰：乃著言「門外」，明禮畢將更有事。　愚謂鄭氏云「禮畢」者，弔、含、襚、賵，奉君命而行者，其禮畢於此也。

上客臨，曰：「寡君有宗廟之事，不得承事，使一介老某相執綍。」相者反命，曰：「孤某須矣。」臨者入門右，介者皆從之，立于其左，東上。宗人納賓，升，受命于君。降曰：「孤敢辭吾子之辱。請吾子之復位。」客對曰：「寡君命，某毋敢視賓客，敢辭。」宗人反命曰：「孤敢固辭吾子之辱。請吾子之復位。」客對曰：「寡君命，某毋敢視賓客，敢固辭。」宗人反命曰：「孤敢固辭吾子之辱。請吾子之復位。」客對曰：「寡君命，使臣某毋敢視賓客，是以敢固辭。固辭不獲命，敢不敬從。」客立于門西，介立于其左，東上。孤降自阼階，拜之，升，哭，與客拾踊三。客出，送于門外，拜稽顙。釋文：臨如字，徐力鴆反。介音界，舊古賀反。相，息亮反。紼音弗。「寡君命」絶句，下放此。使，色吏反。○今按：「寡君命某毋敢視賓客」爲一句，陸氏「命」字絶句，非是。

鄭氏曰：上客，弔者也。臨，視也。言欲入視喪所不足而給助之，謙也，其實爲哭耳。入門右，不自同於賓客。賓三辭而稱「使臣」，爲恭也。爲恭者，將從其命。拜客，謝其厚意。不迎而送，喪無接賓之禮。孔氏曰：云「一介老某」者，則若曲禮云「七十使於四方，稱老夫」之類。前四禮皆奉君命而行，如聘禮之聘與享，故在門西。此臨是私禮，若聘禮之私覿，故在門東。愚謂臨，入哭也。弔所以慰主人，臨則使者自致其哀。上四事皆奉君命而行，臨則使者之私禮也。一介，猶一个也。老，所謂「寡君之老」，則此客乃諸侯之卿也。相執紼，謂助執其喪事也。門右，門東也。入門右者，入闑東而右。東上者，統於主人也。以非爲其君行禮，故不敢以賓客自居，所謂「私事自闑東」也。按聘禮：「賓覿，奉束錦，總乘馬，二人贊，入門右，北面奠幣，再拜稽首。擯者辭，賓出。擯者坐取幣，出，有司二人牽馬以從，出門，西面于東塾南。擯者請受，賓禮辭。聽命，牽馬右之，入設。賓奉幣入門左，介皆入門左，西上。」此弔者既從主人之辭，亦當如私覿之禮，出門而復從闑西以入，而立於門西。此但客立于門西，不言「出而復入」者，文畧也。聘禮介立于賓右而西上，此介立于賓左而東上者，變於吉也。於此言「孤降自阼階」，則自與客升之後，未嘗降矣。弔爲君行禮，故客升堂致命，主人亦升堂而拜之。臨爲臣禮，其位在門西，故主人必降階而拜之也。孤降自阼階，則升亦自阼階矣。居喪之禮，升降不由阼階，此以客由西階，故主人避之而由阼階，有爲爲之也。升堂哭踊者，亦諸侯之弔禮然也。若未葬，則哭踊之後，主人當降卽阼階下位，客當復門西之位而設朝奠，卽奠然後客出。此於「哭」「踊」下卽言「客出」者，文畧也。送于門外，送於大門之外也。凡喪禮不迎賓，於其去則送之。

○孔氏曰：案左傳昭三十年云：「君之喪，士弔，大夫會葬。」文、襄之霸，君喪，大夫弔，卿會葬。此上客者，若於古禮，士也；若於文、襄，則大夫也。愚謂此言「一介老」，則諸侯之卿也。然會葬之使，例尊於弔，若諸侯相弔使卿，則會葬亦必使卿。然諸侯三卿，若爲一國之喪而頻使二卿於外，則勢有所不能。然則此弔者蓋攝卿以行者與？然自稱「一介老」，則其非士決矣。而子大叔言「先王之制，士弔，卿會葬」者，凡左傳中所言「先王之制」，不必皆可據。且諸侯國有大小，則其相弔之禮，容有隆殺。或弔於大國使大夫攝卿，敵國使大夫，小國則使士也。但子大叔對晉人，特舉其殺者言之耳。

其國有君喪，不敢受弔。

鄭氏曰：辟其痛傷己之親如君。孔氏曰：國有君喪，而臣又有親喪，則不敢受他國賓來弔也。以義斷恩，哀痛主於君，不私於親也。愚謂國有君喪，其臣皆服斬，無弔人之法，故疏惟以「他國來弔」者言之。

外宗房中南面，小臣鋪席，商祝鋪絞、紟、衾，士盥于盤北，舉遷尸于斂上。卒斂，宰告，子馮之踊，夫人東面坐馮之，興踊。釋文：馮，皮冰反，本或作「憑」。

鄭氏曰：此喪大記脫字，重著於此。　愚謂此與喪大記小異，蓋上有脫文與？

士喪有與天子同者三：其終夜燎，及乘人，專道而行。釋文：燎，力召反，又力弔反。乘，繩證反。

鄭氏曰：乘人，謂使人引車也。專道，人避之。　孔氏曰：終夜燎，謂柩遷之夜須光明，故竟夜燎也。乘人，謂人引車，不用馬也。專道而行，喪在路不避人也。三事爲重，故與天子同。　愚謂終夜燎，孔疏專以啟後言之，然未殯之前，設燎亦終夜也。故士喪禮小斂之後，「宵爲燎于中庭，厥明滅燎」，是也。蓋始死，柩未藏，既啟，柩已露，須備非常，而治殯、斂，爲葬具，爲事嚴急，亦非窮日夜之力不可，故必終夜設燎也。柩車駕馬，或有傾覆奔軼之患，故必以人輓之也。專道而行者，道路，男子由右，婦人由左，車由中央，今此柩車專一道而行也。柩車執紼者，天子千人，諸侯五百人，大夫三百人。以差次言，士當用百人，人既衆多，非專道不可行也。此三者，皆無尊卑之異，故雖士得與天子同也。

禮記卷四十一

雜記下第二十一之一

有父之喪，如未沒喪而母死，其除父之喪也，服其除服，卒事，反喪服。

鄭氏曰：沒，竟也。除服，謂祥祭之服也。卒事，既祭。反喪服，反後死者之服。孔氏曰：未沒喪者，謂父喪小祥後，大祥前，未竟之時也。愚謂父喪小祥後遭母喪，則應服母之服，而爲父祥、禫則必服父除喪之服，以明遭母喪以後，服雖主於新死者，而於舊喪之哀亦未嘗不兼隆焉，故服其除服，以明哀之至此而除也。若母喪未沒而有父喪，亦如之。○孔氏曰：若母喪未葬，而值父二祥，則不得服其祥服也。所以爾者，二祥之祭爲吉，未葬爲凶，故不忍凶時行吉禮也。愚謂母喪未葬，則練、祥之祭不行，既葬而祭，而亦服其服也。

雖諸父昆弟之喪，如當父母之喪，其除諸父昆弟之喪也，皆服其除喪之服，卒事，反喪服。

鄭氏曰：雖有親之大喪，猶爲輕服者除，骨肉之恩也。唯君之喪不除私服。言「當」者，期、大功之喪，或終始皆在三年之中，小功、緦麻則不除，殤長、中乃除。孔氏曰：言此諸親，自始死至除喪，皆在父母服內，亦爲服除服也。然但舉此輕，足明前之重，而前文言「母喪得爲父變除」者，庾氏云：「蓋以變除事大故也。」愚謂此謂一時而並遭期與三年之喪者也。一時而並有此二喪，則當爲重喪服，而當輕喪之除，則必服其服，以明哀雖隆於重喪，而亦未嘗不兼有焉，故以除喪之服表之也。除，謂卒哭變麻服葛；及於主人之練而釋服也。若諸父昆弟無三年者，則至期已爲之祭而除服。若父母之喪既葬而有期喪，則變服期服，於期喪卒哭而反重服，於親喪既練而反期服，於期服除而反練服。若既練而有期喪，則爲期喪服，其除父母之喪也，服父母之服。此雖但言「諸父昆弟」，然喪服大功以上爲親，則從父昆弟之服亦當然。蓋三年之喪，齊衰變，既葬大功變，既練，既於三年之喪而並爲之服，則必於三年之喪而並爲之除矣。三年之喪，雖既練，不爲小功、緦變服，故不除，惟於哭之也，則服其服而往。

如三年之喪，則既穎，其練、祥皆行。釋文：穎，口迴反，徐孔潁反，沈苦頂反。

鄭氏曰：言今之喪既服穎，乃爲前三年者變除而練、祥祭也。此主謂先有父母之喪，今又喪長子者。其先有長子之服，今又喪父母，疏云：依禮，父在不爲長子三年，今云「先有長子之服，今又喪父母」者，誤也。當云「今又喪母」，不得并稱「父」也。其禮亦然。然則言「未没喪」者，已練、祥矣。穎，草名。無葛之鄉，去麻則服穎。

孔氏曰：既穎者，謂後喪既虞、卒哭，合變麻服葛，無葛之鄉則服穎也。後喪既穎之後，其前喪須練祭、祥祭，皆舉行之。庾氏云：「後喪既穎，前喪練、祥皆行；若後喪既殯，得爲前喪虞、祔。」若先有父喪，而後母死，練、祥亦然，以前文「父死爲母三年」也。故喪服「齊衰三年」章云「父卒則爲母」，是也。若先有母喪，而後父卒，母喪雖期，父喪既穎，母之練、祥亦皆行也。

王父死未練、祥，而孫又死，猶是附於王父也。釋文：附義作「祔」，出註。

鄭氏曰：未練、祥，嫌未祫祭序於昭穆爾。王父既祔，則孫可祔焉。猶當爲「由」。由，用也。附皆當作「祔」。孔氏曰：禮，孫死祔祖。今此明若祖喪雖未二祥，而孫死，則孫亦得用是禮祔於祖也。禮，祔在練前。若祔後未練則得祔，直云「未練」足矣，兼言「祥」者，案文二年穀梁傳云：「作主壞廟有時日，於練焉壞廟。壞廟之道，易檐可也，改塗可也。」則練時壞祖與高祖之廟，改塗易檐，以高祖入於太祖廟，其祖傳入高祖廟，新死者入祖廟。是練時遷廟，又三年喪畢，祫於太祖之廟，是祥後祫也，故云「未練、祥」，嫌未祫祭序於昭穆爾。兼言「祥」者，恐未祫故也。然王父未練，孫得祔於祖，其孫就王父所祔祖廟之中而祔祭王父焉。愚謂喪既卒哭而祔，祔畢還祭於寢，至練而後壞廟。天子諸侯則於練後祫祭之時以次遷其廟，大夫士雖無祫，亦於練後將大祥時遷毀其廟，至除喪乃奉新死者入廟而吉祭焉。今祖未練而孫死，則高祖之廟尚未遷，未祥而孫死，則高祖雖或已遷，而祖尚未入廟，皆疑於孫之無可祔，嫌當如王父在而祔於高祖之禮，故言「猶是祔於王父」，猶如字，言猶祔於王父而不祔於高祖也。祔於王父者，王父練、祥祭於寢，蓋於寢祭王父而祔其孫與？

有殯，聞外喪，哭之他室。入奠，卒奠出，改服卽位，如始卽位之禮。

鄭氏曰：哭之他室，明所哭者異也，哭之爲位。後日之哭，朝入奠於其殯，既乃更卽位就他室，如始哭之時。孔氏曰：外喪，謂兄弟喪在遠者也。他室，別室也。若哭於殯宮，嫌是哭殯，故於別室哭之，明所哭者爲新喪也。入奠者，謂明日之朝，著己重喪之服，入奠殯宮及下室。卒奠出者，卒終己奠而出。改服卽位者，改己重喪服，著新死未成服之服，而卽昨日他室之位。如始卽位之禮，謂今日卽哭位之時，如昨日始聞喪卽位之時。　愚謂外喪，謂兄弟不同國者之喪也。他室，側室也。哭同姓有服之喪，宜於阼階下西面，今乃哭於別室者，殯宮朝夕哭之位在阼階下，若哭外喪於此，則有哭殯之嫌也。「入奠，卒奠出」以下，謂聞喪之明日又哭之禮也。凡哭者，三日而畢。　檀弓曰：「有殯，聞遠兄弟之喪，哭於側室，無側室，哭於門內之右。同國則往哭之。」

大夫士將與祭於公，既視濯而父母死，則猶是與祭也。次於異宮，既祭，釋服，出公門外哭而歸。其它如奔喪之禮。如未視濯，則使人告，告者反而后哭。　釋文：與音預，下同。濯，大角反。它音他。

鄭氏曰：猶亦當作「由」。次於異宮，不可以吉與凶同處也。使者反而後哭，不敢專己於君命也。　愚謂既視濯，謂祭之前夕，既視滌濯祭器及甑、甗之屬也。猶亦當如字。祭事始於視濯，既視濯，則不可以中輟，故雖父母死而猶與祭也。然臣將與君祭而父母疾病將死，則固當以情告於君而使人攝之矣。今乃猶與於視濯者，蓋謂猝然遇疾，若魯叔弓涖事而卒者也。

如諸父、昆弟、姑、姊妹之喪，則既宿則與祭，卒事，出公門，釋服而后歸。其它如奔喪之禮。如同宮，則次于異宮。

鄭氏曰：宿則與祭，出門乃解祭服，皆爲差緩也。　孔氏曰：宿，謂祭前三日將致齊之時，既受宿戒也。

曾子問曰：「卿大夫將爲尸於公，受宿矣，而有齊衰内喪，則如之何？」孔子曰：「出舍乎公宮以待事，禮也。」孔子曰：「尸弁、冕而出，卿、大夫、士皆下之。尸必式，必有前驅。」

說見曾子問。

父母之喪，將祭而昆弟死，既殯而祭。如同宮，則雖臣妾，葬而后祭。祭，主人之升降散等，執事者亦散等。雖虞、附亦然。

鄭氏曰：將祭，謂練、祥也。言若同宮，則是昆弟異宮也。古者昆弟異居同財，有東宮，有西宮，有南宮，有北宮。有父母之喪，當在殯宮，而在異宮者，疾病或歸者。主人，適子。散等，栗階，爲新喪略威儀。

孔氏曰：若同宮，雖臣妾，葬而後祭者，吉凶不相干。故喪服傳云：「有死於宮中者，則爲之三月不舉祭。」庾氏云：「小祥之祭，已涉於吉，尸柩至凶，故不可以相干，其虞、祔則得爲之矣。若喪柩即去者，則亦祭，不待三月也。」祭，猶謂二祥祭。散，栗也。等，階也。吉祭則涉級聚足，喪祭則栗階。燕禮記云「栗階不過二等」，註云：「其始升猶聚足連步，越二等，左右足各一發而升堂。」散等、栗階，是一也。愚謂同宮，謂新死者在殯宮也。如同宮，則雖臣妾，葬而後祭，舉輕以明重也。臣妾且然，兄弟可知。凡命士以上，父子皆異宮，則不命之士，兄弟固有在父母之殯宮而死者矣。若本非同宮，雖在喪次而死，自當還殯於其寢，亦既殯而祭，非徒疾病而歸者爲異宮也。祭，主人之升降散等，謂兄弟既殯、既葬，而爲父母二祥，其禮皆然也。二祥吉祭，不當栗階，爲新有兄弟之喪故也。雖虞、祔亦然者，謂爲父母將虞、祔，而有兄弟死，亦如此既殯而祭，既葬而祭也。殯宮有死者，則輟虞、祔之祭，故小記有「既葬不赴虞」之事。庾氏謂「虞、祔得爲」，非也。若既葬而祭，則葬畢當先爲父母練、祥，然後爲兄弟虞、祔。孔氏云「雖虞、祔亦然者，謂主人至昆弟虞、祔而行父母二祥祭，執事亦散等」，亦非也。

自諸侯達諸士，小祥之祭，主人之酢也嚌之，衆賓、兄弟則皆啐之。大祥，主人啐之，衆賓、兄弟皆飲之可也。釋文：嚌，才細反。啐，七內反，徐蒼快反。

鄭氏曰：嚌、啐，皆嘗也。嚌至齒，啐至口。孔氏曰：主人之酢也嚌之者，謂主人獻賓長，賓長酢主人，主人受賓長酢則嚌之也。衆賓、兄弟祭，末受獻之時，則啐之，以其差輕故也。鄭註曾子問云「虞不致爵，小祥不旅酬，大祥無無算爵」，知小祥之祭，旅酬之前皆爲之也。士虞禮主人、主婦獻尸受酢，皆卒爵。神惠爲重，雖在喪亦卒爵。皇氏云「主人之酢爲受尸酢」，其義非也。

凡侍祭喪者，告賓祭薦而不食。

鄭氏曰：薦，脯、醢也。吉祭告賓祭薦，賓既祭而食之。喪祭賓不食。孔氏曰：侍，謂相於喪祭禮者。薦，謂脯、醢也。吉祭，相者告賓祭薦，賓祭竟而食之。喪禮不主飲食，主人獻賓之時，賓受獻，主人設薦，相者告賓，但祭其薦而不食。謂練、祥祭也，其虞、祔不獻賓也。

子貢問喪。子曰：「敬爲上，哀次之，瘠爲下。顏色稱其情，戚容稱其服。」釋文：稱，尺證反。

鄭氏曰：問喪，問居父母之喪也。愚謂敬者，哀、禮之兼盡，而附身、附棺一無所悔者也。哀則慼有餘，而禮或有未盡者也。哀者無不瘠，瘠則勉爲瘠，而情有所未至者也。極乎情之哀，而見於顏色者足以稱乎其情，備乎服之重，而見於戚容者足以稱乎其服，此能哀之實也。方氏慤曰：顏色在乎面目，顏色稱其情，以外稱內也。戚容兼乎四體，戚容稱其服，以本稱末也。外不稱其內，則色爲僞；本不稱其末，則服爲虛。

「請問兄弟之喪」。子曰：「兄弟之喪，則存乎書策矣。」

鄭氏曰：疏者如禮行之，末有加也。齊、斬之喪，哀容之體，經不能載矣。

君子不奪人之喪，亦不可奪喪也。

孔氏曰：不奪人喪，恕也。不奪己喪，孝也。　愚謂此上有闕文。

孔子曰：「少連、大連善居喪，三日不怠，三月不解，期悲哀，三年憂，東夷之子也。」釋文：少，詩照反。解，佳買反。期音基。

鄭氏曰：言其生於夷狄而知禮也。怠，惰也。解，倦也。孔氏曰：三日，親之初死。不怠，謂水漿不入口之屬。三月不解者，未葬之前，朝奠、夕奠，哀至則哭之屬。期悲哀者，謂練以前常悲哀，朝哭、夕哭之屬。三年憂者，以服未除，顦顇憂戚也。

三年之喪，言而不語，對而不問。廬、堊室之中，不與人坐焉。在堊室之中，非時見乎母也不入門。釋文：堊，烏各反，字亦作「惡」，同。見，賢遍反。

鄭氏曰：言，言己事也。爲人説爲語。在堊室之中，以時事見乎母，乃入門，則居廬時不入門。孔氏曰：言而不語，謂大夫士言而後行事者，故得自言己事，而不得爲人講説也。對而不問，謂有問者得對，而不得自問於人。此謂與有服之親行事之時，若與賓客疏遠者言，則間傳云「斬衰唯而不對，齊衰對而不言」，是也。愚謂三年之喪，立不羣，行不旅，坐不與人俱，皆爲其狎處忘哀也。

疏衰皆居堊室，不廬。廬，嚴者也。

鄭氏曰：言廬哀敬之處，非有其實則不居。

妻視叔父母，姑、姊妹視兄弟，長、中、下殤視成人。釋文：長，丁丈反。

鄭氏曰：視猶比也。所比者，哀容居處也。孔氏曰：此等之親，服雖有異，其哀戚輕重各視所正之親：妻居廬而杖，抑之視叔父母；姑、姊妹出適降服，進之視兄弟；長、中、下殤服輕，上從本服，視其成人也。

親喪外除，兄弟之喪內除。

兄弟之喪，自期以下之喪也。黃氏榦曰：內除、外除，皆謂日月已竟，服重者則外雖除而未內除，服輕者則不惟外除而內亦除也。

視君之母與妻，比之兄弟，發諸顏色者亦不飲食也。

鄭氏曰：小君服輕，亦內除也。發諸顏色，謂醲美酒食使人醉飽。

免喪之外，行於道路，見似目瞿，聞名心瞿，弔死而問疾，顏色戚容必有以異於人也。如此而后，可以服三年之喪，其餘則直道而行之是也。釋文：瞿，九遇反。

鄭氏曰：惻隱之心能如是，則其餘齊衰以下直道而行，盡自得也。似，謂容貌似親者。名，與親同。

孔氏曰：見似云「目瞿」，聞名應云「耳瞿」，而云「心瞿」者，但耳狀難明，因心至重，惻隱之慘本瞿於心，故直云「心瞿」。顏色戚容，必有以殊異於無喪之人，餘行皆應如是，獨云「弔死、問疾」者，以弔死、問疾是哀痛之處，身又除喪，戚容應甚也。　愚謂瞿者，瞿瞿然，驚貌。蓋親喪外除，故雖免喪而餘哀未忘若此，其餘期喪以下，則直道而行之，服既除而哀亦與之俱除可也。

祥，主人之除也，於夕爲期，朝服。祥因其故服。釋文：朝，直遥反，及下「武叔朝」皆同。

鄭氏曰：爲期，爲祭期也。朝服爲期，至明日而祥祭亦朝服。　愚謂凡祭皆前夕爲期，特牲禮「請期曰羹飪」，是也。吉時朝服玄冠、緇布衣、素裳，大祥朝服用朝服之衣、裳，其冠則縞冠也。　士祭服玄端，而祥、禫之祭乃服朝服者，玄端，純吉服也，朝服素裳，與喪服之色相似，故祥祭服之，既祭則服麻衣以居，其冠無變也。　間傳曰「大祥素縞、麻衣」，「禫而綅」。　祥祭縞冠、朝服，則禫祭綅冠、玄端與？大夫以上之祥祭，其服蓋與此同，其首服則用縞而如弁之制爲之與？○鄭氏曰：釋禫之禮云「玄衣、黃裳」，則是禫祭玄冠矣。　黃裳者，未大吉也。　既祭乃服禫服，朝服、綅冠，踰月吉祭，乃玄冠、朝服，既祭玄端而居，復平常也。　孔氏曰：從祥至吉，其服有六：祥祭朝服、縞冠，一也。　祥訖素縞、麻衣，二也。　禫祭玄、冠黃裳，三也。　禫訖朝服、綅冠，四也。　踰月吉祭，玄冠、朝服，五也。　既祭玄端而居，六也。　愚謂註疏所言大祥後變除之服，皆本於變除禮，而變除禮實未足據也。　大祥素縞、麻衣，此自祥祭服之，以至於禫而除者也。　禫而玄端、綅冠，此自禫祭服之，以至於吉祭而除者也。說詳玉藻。既禫則綅冠、深衣以居，以既祥縞冠、麻衣推之可知也。　深衣者，燕居之所常服也。　麻衣卽深衣，但其緣異耳。至吉祭玄冠、玄端。特牲禮主人祭玄端，除喪吉祭，當用平時吉祭之服也。既祭則朝玄端，夕深衣，復其常也。

子游曰：「既祥，雖不當縞者必縞，然後反服。」

陸氏佃曰：此言親喪既祥，有他喪未除，今以祥故縞，既祭然後反他喪之服。愚謂此謂親喪既練而有大功以上之喪者也。前言「有父之喪，未沒喪而母死，則其除父之喪也，服其除服」，義與此同。但前專言父喪將沒而遭母喪，此廣言親喪將沒而遭他喪耳。蓋三年之葛，大功以上之麻，皆得變之，至大祥之祭，則必還服重喪之縞，所謂「服其除服」也。

當袒，大夫至，雖當踊，絶踊而拜之，反，改成踊，乃襲。於士，既事成踊，襲而后拜之，不改成踊。

鄭氏曰：尊大夫，來至則拜之，不待事已也。更成踊者，新其事也。於士，士至也。事，謂大、小斂之屬。孔氏曰：當袒，謂斂竟時也。絶踊，止踊也。檀弓云「大夫弔，當事而至則辭焉」，此云「絶踊而拜之」，故知是斂已竟，袒、踊時也。乃襲者，謂踊竟襲初袒之衣也。此云「乃襲」，則知鄉者止踊拜大夫時未襲。愚謂此謂大夫士於主人於斂畢，既即位而後至者。大夫尊，不待成禮而拜之。反，反阼階下之位也。改成踊者，爲初尚未成乎踊也。踊以三者，三爲成。士卑，成禮而後拜之，不改成踊，爲已成乎踊也。若至在主人即位之先，則於降、即位時皆先拜之，乃即位而踊也。

上大夫之虞也少牢，卒哭成事、附皆大牢。下大夫之虞也犆牲，卒哭成事、附皆少牢。釋文：

犆音特，同。

鄭氏曰：卒哭成事、附言「皆」，則卒哭成事、附與虞異矣。下大夫虞以犆牲，與士虞禮同與？孔氏曰：上大夫平常吉祭少牢，虞依常禮用少牢也。卒哭謂之成事，言成吉事也。附，附廟也。此二祭皆大，並加一等，故皆大牢也。下大夫吉祭用少牢，今虞祭降一等，用犆牲也。卒哭成事、附皆少牢，依平時吉祭禮也。不云「遣奠加」者，畧可知也。士虞禮云「三虞、卒哭，他用剛日」，先儒以三虞、卒哭同是一事。鄭因此經云「上大夫虞用少牢，卒哭用大牢」，明虞與卒哭不同，微破先儒之義。愚謂卒哭之祝辭曰「哀薦成事」，故卒哭謂之成事。士虞用特牲，與平常吉祭同。士虞記不言卒哭、祔用牲之異，則與虞祭同特牲也。下大夫虞用犆牲，與士同，而卒哭與祔皆少牢，則隆於士也。上大夫虞用少牢，卒哭與祔用大牢，則隆於下大夫也。上大夫之虞，下大夫之卒哭與祔，其牲皆平時吉祭之牲也。上大夫之卒哭、祔加於吉祭一等而用大牢，下大夫之虞降於吉祭一等而用犆牲，或隆或殺，亦視其宜以爲之等而已。士遣奠進用少牢。檀弓曰「大夫五个，遣車五乘」，則上、下大夫遣奠皆大牢矣。練、祥之牲，蓋各與其卒哭與祔同與？

祝稱卜葬、虞，子孫曰「哀」，夫曰「乃」，兄弟曰「某」，卜葬其兄弟曰「伯子某」。釋文：祝，之六反，徐之又反。稱，昌升反，徐尺證反。

鄭氏曰：祝稱卜葬、虞者，卜葬、卜虞，祝稱主人之辭也。孫，謂爲祖後者，稱曰「哀孫某卜葬其祖某甫」。夫曰「乃某卜葬其妻某氏」。兄弟相爲卜，稱名而已。孔氏曰：此謂卜葬擇日，而卜人祝龜所稱主人之辭也。云「葬、虞」者，虞用葬日，故并言「葬、虞」也。　愚謂此謂卜葬日命龜之辭。告神謂之祝，非謂大祝、小祝之屬也。士喪禮卜葬，祝無事焉。「子孫曰哀」三句，謂所稱主喪者之辭也。子孫曰「哀子某」「哀孫某」，夫曰「乃某」，兄弟相爲，直稱名而已。卜葬其兄弟曰「伯子某」，謂所稱死者之辭也。伯子，謂其居長者也。其辭曰「弟某來日某卜葬其伯子某甫」。若仲、叔，亦各因而稱之，卜葬其弟則曰「季子某」。上言「兄弟」，下但言「伯子某」，舉一端以發其凡也。

古者貴賤皆杖。叔孫武叔朝，見輪人以其杖關轂而輠輪者，於是有爵而后杖也。釋文：轂，工本反。輠，胡罪反，又胡瓦反，又胡管反。

鄭氏曰：記庶人失禮所由始也。叔孫武叔，魯大夫叔孫州仇也。輪人，作車輪之官。　孔氏曰：關，穿也。輠，迴也。謂作輪之人以杖關穿車轂中而迴轉其輪。　愚謂喪服傳曰：「杖者何？爵也。無爵而杖者何？擔主也。」蓋哀深故病，病故資杖以扶之。此惟脩飾之君子能之，而非可概諸愚不肖之人也。故杖本爲有爵者設，而其後乃推而用之庶人，蓋亦予之服以責其情，而使之企而及也。齊衰不以邊坐，大功不以服勤，杖所以服至尊，乃以之關轂而輠輪，則其鄙褻甚矣。故自是有爵者始杖，而庶人不復杖也。

鑿巾以飯，公羊賈爲之也。釋文：飯，扶晚反。

飯，以米、貝實死者口中也。　士喪禮：「布巾環幅不鑿。」言「不鑿」，則當有鑿者，蓋大夫以上之禮也。士飯不鑿巾者，士覆面之巾短，不逮於口，不必鑿而可以飯也。大夫以上巾長，逮於口下，故必鑿之乃可飯。公羊賈鬈巾以飯，以士而僭大夫之禮也。○鄭氏謂「士親飯，必發其巾，大夫以上，賓爲飯，則有鬈巾」，非也。大宰職「大喪，贊含玉」，贊謂助王也。王親含而大宰助之，猶士親含而宰洗柶建于米以從也。然則王猶親含矣。飯含之事，豈有主人不親而直使他人執其事者乎？

冒者何也？所以揜形也。自襲以至小斂，不設冒則形，是以襲而后設冒也。

鄭氏曰：言設冒者，爲其形，人將惡之也。襲而設冒，言「后」，衍字耳。孔氏曰：冒所以揜，蓋尸形未襲之前，事須沐浴，自既襲以後，以至小斂，雖已著衣，若不設冒，則尸象形見，爲人所惡，是以襲而設冒也。至小斂之時，則以衣總覆於冒上。皇氏云「大斂脱冒」，未之聞也。愚謂未襲以前，沐浴衣尸，雖形而未可設冒，故言「襲而后設冒」，「后」非衍字也。

或問於曾子曰：「夫既遣而包其餘，猶既食而裹其餘與？君子既食則裹其餘乎？」曾子曰，「吾子不見大饗乎？夫大饗，既饗，卷三牲之俎，歸于賓館，父母而賓客之，所以爲哀也。子不見大饗乎？」釋文：遣，弃戰反。裹音果。與音餘。夫音扶。卷，紀轉反，又厥挽反。歸如字，徐音匱。

鄭氏曰：言遣既奠而又包之，是與食於人，已而裹其餘將去何異與？君子寧爲是乎？言傷廉也。既饗歸賓俎，所以厚之也。言父母，家之主，今賓客之，是孝子哀親之去也。孔氏曰：或人言喪禮既設遣奠，事畢，包裹遣奠之餘以去，猶如生人食於他家，食畢而裹其餘相似。君子食於他家，不應裹其餘食以去，既設遣奠，亦不應包餘而去。愚謂或人謂既食而裹其餘，則傷於廉，非君子之道。今既遣而包其餘，是不以君子之道處其親也。大饗，諸侯相饗也。大饗卷三牲之俎，歸於賓館，乃主人之所以待賓，而非賓之所自取，則初無傷於廉也。父母，家之主，今長往不返，其奠餘之物，乃俟主人而送之，正與待賓客同，是乃人子之所以致其哀也。再言「子不見大饗乎」，所以深曉或人也。

非爲人喪，問與？賜與？ 釋文：爲，于僞反。與音餘。

鄭氏曰：此上滅脱，未聞其首云何。言非是爲人喪而問之與？人喪而賜之與？問，遺也。久無事曰問。孔氏曰：此語接上之辭，故鄭云「滅脱」。與，語助也。豈非爲人之有喪而問遺之與？人之有喪而賜與之與？平敵則問，卑下則賜。

三年之喪，以其喪拜；非三年之喪，以吉拜。

鄭氏曰：謂受問、受賜者也。孔氏曰：此論身有喪，拜謝之禮。三年之喪，謂父母、長子也。其實杖期以上皆爲喪拜。愚謂喪拜有二法：稽顙而後拜，拜而後稽顙也。吉拜，頓首之拜也，其異者尚右手耳。說詳檀弓上。

三年之喪，如或遺之酒肉，則受之，必三辭。主人衰絰而受之。如君命，則不敢辭，受而薦之。 釋文：遺，於季反，下文同。必三，如字，又息暫反。

鄭氏曰：受之必正服，明不苟於滋味。薦於廟，貴君之禮。孔氏曰：衰絰而受之，雖受之而不得食也。尊者食之，乃得食肉，猶不得飲酒。故喪大記云：「既葬，若君食之，則食之。大夫、父之友食之，則食之矣。不辟粱肉，若有酒醴則辭。」愚謂喪不食肉飲酒，故遺之酒肉，必三辭，至其不可辭而後受之也。於受之，特言「主人」者，明雖在喪，不使人代受也。在喪，衰絰不離身，特言「衰絰以受之」，又明不爲受賜變喪服也。薦，謂薦於死者。受而薦之，榮君賜也。

喪者不遺人。人遺之，雖酒肉，受也。從父昆弟以下，既卒哭，遺人可也。

鄭氏曰：言齊、斬之喪重，志不在施惠於人。愚謂從父兄弟，大功之服也。言此，則期喪以上，既卒哭不遺人可知矣。然「可」也者，畧許之辭，則不若不遺人之爲尤得也。○自「非爲人喪」至此，明在喪受問遺之法。

縣子曰：「三年之喪如斬，期之喪如剡。」釋文：縣音玄。期音基，下同。剡，徐以漸反。

鄭氏曰：言其痛之惻怛有淺深也。愚謂剡，削也。斬之痛深，剡之痛淺。

三年之喪，雖功衰，不弔，自諸侯達諸士。如有服而將往哭之，則服其服而往。

鄭氏曰：功衰，既練之服也。孔氏曰：重喪，小祥後衰，與大功同，故曰「功衰」。衰雖外輕，而痛猶內重，故不得弔人也。自諸侯達諸士，貴賤同然也。如有服，謂有五服之親喪。功衰雖不弔人，若自有五服之親喪而往哭之，則不著己功衰，而依彼親之服以服之，申骨肉之情也。賀瑒云：「新死者服輕，不爲制服，往哭之則暫服其服，事畢反服故服也。」庾氏云：「此謂小功以下之親，始聞喪，不爲制服，至於往弔哭，乃服其服。」皇氏云：「此文雖在『功衰』之下，而實通初喪。假令初喪而有五屬之親死，則亦暫服五服之服而往彼哭也。」愚謂三年，爲父既練，衰七升，與降服大功同，爲母既練，衰八升，與正服大功同，故曰「功衰」。曾子問曰：「『三年之喪弔乎？』孔子曰：『三年之喪，練不羣立，不旅行。君子禮以飾情，三年之喪而弔哭，不亦虛乎！』」功衰雖不弔人，若有五服之親喪，則服新死者之服而往哭之。此雖承「功衰」而言，其實未練亦然。檀弓曰：「有殯，聞遠兄弟之喪，雖緦必往。」皇氏謂「實通初喪」，是也。大功之麻，變三年既練之葛。此僅服其服而哭之，賀氏、庾氏謂「惟據小功以下輕喪，」亦是也。服問曰：「小功不易喪之練冠，如免，則絰其緦、小功之絰，因其初葛帶。」○鄭氏曰：諸侯服新死者之服而往哭，謂所不臣也。孔氏曰：所不臣者，謂始封君不臣諸父、昆弟。愚謂諸侯絕旁期，惟尊同乃服，非尊同，雖所不臣不服也。若遙哭諸侯，則不得云「往哭」，此「自諸侯達諸士」，惟據功衰不弔而言，「如有服」以下，特謂大夫士之禮耳。

期之喪，十一月而練，十三月而祥，十五月而禫。練則弔。釋文：禫，大感反。○自「十五月而禫」以上十八字，舊在「三年之喪，雖功衰不弔」上，鄭云：「當在『練則弔』上。」

鄭氏曰：此謂父在爲母也。父在爲母功衰，可以弔人者，以父在，故輕於出也。然則凡齊衰十一月皆可以出矣。愚謂此謂父在爲母及爲妻之服也。爲母本三年，以父在而降。周景王有后與大子之喪，而叔向謂其有三年之喪。是妻之喪雖非三年，亦本有三年之義，以不敢同於母而降。凡期之喪至十三月，於主人之練而除。若無三年者，則亦於十三月而除，惟父在爲母及爲妻，則有練有祥有禫，與三年之喪同，以其本由三年而降也。既有練有祥有禫，則其變除之服亦悉與齊衰三年同矣。十一月而練者，以期喪皆十三月而除，此練後尚有祥、禫，故視三年練祭減其二月也。十三月而祥者，凡期喪以十三月而除，此亦於大祥而除衰、杖也。十五月而禫者，三年之喪，祥、禫中間一月，故此亦祥後二月而禫，仿三年之禫而制之也。三年之喪，練不弔，此練則弔者，爲其去除喪之期近也。

既葬，大功弔，哭而退，不聽事焉。石經無「而」字。

鄭氏曰：聽猶待也。事，謂襲、斂、執綍之屬。　愚謂既葬，大功弔者，謂大功既葬可以弔人也。哭而退，不聽事者，言大功既葬弔人，哭畢即退，不待主人襲、斂之事，爲其忘己哀也。　孔氏曰：期喪練弔亦然。

期之喪未葬，弔於鄉人，哭而退，不聽事焉。　功衰弔，待事，不執事。　釋文：功衰弔，本又作「大功衰弔」，庾云：「有大字非。」

鄭氏曰：謂爲姑、姊妹無主，殯不在己族者。　孔氏曰：期喪既葬，受以大功衰。　執事，擯相也。　愚謂大功既葬乃弔，此期喪未葬即弔者，蓋以殯不在己族故也。　然則凡姑、姊妹之大功皆如此，而大功既葬而弔，專爲本族之服矣。

小功、緦，執事，不與於禮。　釋文：與音預。

鄭氏曰：禮，饋奠也。　孔氏曰：緦、小功服輕，故未葬便可弔人，不論鄉人之同異也。　亦爲彼擯相，但不得助彼饋奠耳。　曾子問云：「說衰與奠，非禮也，以擯相可也。」是擯相輕而饋奠重也。

相趨也，出宮而退。　相揖也，哀次而退。　相問也，既封而退。　相見也，反哭而退。　朋友，虞、附而退。　釋文：封，彼驗反，又如字。

鄭氏曰：此弔者恩薄厚、去遲速之節也。　相趨，謂相聞姓名，來會喪事也。　相揖，嘗會於他也。　相問，嘗相惠遺也。　相見，嘗執摯相見也。　附，皆當爲「祔」。　孔氏曰：相趨，謂與孝子本不相識，但相聞姓名而來會、趨喪也。情既輕，故柩出廟之宮門而退。相揖，謂經會他處相揖者也。恩微深，故柩出至大門外哀次而退。相問，恩轉深，故至窆竟而退。相見，恩轉厚，故至葬竟，孝子反哭至家而退。朋友情重，生死同殷，故至主人虞、祔而退也。然與死者相識，其禮亦當有弔。禮，知生者弔，知死者傷，今註云「弔」，則知是弔生人也。愚謂知生者弔，知死者傷，若通而言之，皆謂之弔也。此所言「相趨」之等，蓋皆與死者恩誼淺深之異也。相趨，謂嘗相聚會而趨就，若檀弓「趨而就子服伯子於門右」是也。相揖，謂嘗相聚會而相與爲禮，若陳司敗揖巫馬期是也。

弔非從主人也，四十者執紼。鄉人五十者從反哭，四十者待盈坎。釋文：坎，口敢反。○鄭註：坎或爲「壙」。

鄭氏曰：言弔者必助主人之事。從猶隨也。成人二十以上至四十，丁壯時。非鄉人則少長皆反，優遠也。孔氏曰：鄉人，同鄉之人也。盈坎者，謂窆竟以土盈滿其坎。五十始衰，故窆竟，孝子反哭，老者亦從孝子反也；四十強壯，故待土滿坎而反也。若非鄉人，則無問少長，皆從主人反，優饒遠者。○從「三年之喪」至此，明弔喪之節。

喪食雖惡，必充飢。飢而廢事，非禮也；飽而忘哀，亦非禮也。視不明，聽不聽，行不正，不知哀，君子病之。故有疾飲酒食肉，五十不致毁，六十不毁，七十飲酒食肉，皆爲疑死。釋文：視如字，徐市志反。爲，于僞反。

鄭氏曰：疑猶恐也。愚謂目昏則視不明，耳聵則聽不聽，肢體憊則行不正，心志瞀則不知哀，四者，皆哀毀之過也。病，謂病其不知禮也。

有服，人召之食，不往。大功以下，既葬適人，人食之，其黨也食之，非其黨弗食也。釋文：人食之，音嗣。

鄭氏曰：往而見食，則可食也，爲食而往則不可。黨猶親也。非親而食，則是食於人無數也。孔氏曰：親族不多，若非親而輒食，則無復限數，必至忘哀。愚謂期、三年之喪，既葬適人，雖其黨不食也。喪大記曰「既葬，若君食之則食之，大夫、父之友食之則食之」，則外此皆不食矣。

功衰，食菜果，飲水漿，無鹽、酪。不能食食，鹽、酪可也。釋文：酪音洛。食食，上如字，下音嗣。

鄭氏曰：功衰，齊、斬之末也。酪，酢截。呂氏大臨曰：不能食食，鹽、酪可也，喪大記曰：「不能食粥，羹之以菜可也。」蓋人有所不能，亦不可强也。

孔子曰：「身有瘍則浴，首有創則沐，病則飲酒食肉。毀瘠爲病，君子弗爲也。毀而死，君子謂之無子。」釋文：瘍音羊。創，初良反。

鄭氏曰：毀而死，是不重親。○自「喪食雖惡，必充飢」至此，明居喪毀瘠節制之事。

非從柩與反哭，無免於堩。釋文：免音問。堩，古鄧反。

鄭氏曰：言喪服出入，非此二事皆冠也。免，所以代冠，人於道路，不可以無飾。堩，道路。孔氏曰：從柩，謂送葬從柩去時也。反哭，葬竟還時也。道路不可無飾，故孝子送柩、反哭於道得免，非此則不得免於道路也。此謂葬近而反哭者，若葬遠反哭，在路則著冠，及郊而後反著免。

凡喪，小功以上，非虞、附、練、祥無沐浴。

鄭氏曰：言不有飾事則不沐浴。 孔氏曰：言小功以上，各在其服限如此。練、祥，不主大功、小功也。士虞禮「沐浴，不櫛」，鄭註云：「唯三年之喪不櫛，期以下櫛可也。」又士虞禮云「明日，以其班祔，沐浴，櫛」，註云：「彌自飾。」此雖士禮，大夫以上亦然。 愚謂虞、祔、練、祥必沐浴，接神宜自潔也。非是則否，哀不在於飾也。緦麻恩輕，雖沐浴可也。

疏衰之喪，既葬，人請見之則見，不請見人。小功，請見人可也。大功不以執摯。唯父母之喪，不辟涕泣而見人。 釋文：辟音避。

鄭氏曰：言重喪不行求見人爾，人來求見己，亦可以見之也。不辟涕泣，至哀無飾也。 孔氏曰：小功請見人可也，則大功不可也。此「小功」文承「疏衰」「既葬」之下，則小功亦謂既葬也。凡言「見」者，謂與人尋常相見，不論執摯之事；而皇氏謂「見人爲執贄相見」。若然，父母之喪，豈謂執贄相見乎？ 愚謂凡相見之禮，賓主以摯相授，此「執摯」，謂受賓摯而執之也。 大功之喪，若尋常人來見己，則可見，若人執贄見己，則己不可見之而執摯也。大功如此，則疏衰可知。

三年之喪，祥而從政。期之喪，卒哭而從政。九月之喪，既葬而從政。小功、緦之喪，既殯而從政。 釋文：期音基。

從政，謂出而從國家之政也。 禮運曰：「三年之喪，期不使。」蓋三年之喪，祥而從政者正也，期而從政者權也。

曾申問於曾子曰：「哭父母有常聲乎？」曰：「中路嬰兒失其母焉，何常聲之有？」

鄭氏曰：嬰，猶鷖彌也。言其若小兒亡母啼號，安得常聲乎？所謂「哭不偯」，

卒哭而諱。王父母、兄弟、世父、叔父、姑、姊妹，子與父同諱。

鄭氏曰：卒哭而諱，自此而鬼神事之，尊而諱其名。父爲其親諱，則子不敢不從諱也。爲王父母以下之親諱，謂士也。天子諸侯諱羣祖。孔氏曰：父之王父母，於己爲曾祖父母，正服小功，不合諱，以父爲之諱，故子亦同於父而諱之。父之兄弟，於己爲叔伯，正服期，父亦爲之期，是父與子同有諱也。父之世父、叔父，於己是從祖，正服小功，父之姑，於己爲從祖姑，在家正服小功，出嫁緦麻，皆不合諱，以父爲之諱，故己從父而諱。父之姊妹，於己爲姑，在家正服期，出嫁大功，是己與父同爲之諱也。愚謂曲禮：「逮事父母，則諱王父母；不逮事父母，則不諱王父母。」此又諱及曾祖者，蓋父逮事其父，故爲其祖諱；己又逮事其父，故又爲父之祖諱也。不言父之父母者，王父母與父同諱，則父母可知。父之王父母、世父、叔父及姑，若不逮事父者，皆不諱也。

母之諱，宮中諱。妻之諱，不舉諸其側。與從祖昆弟同名，則諱。

鄭氏曰：母爲其親諱，子孫於宮中不言；妻爲其親諱，夫於其側亦不言也。孝子聞名心瞿，凡不言人諱者，亦爲其相感動也。子與父同諱，則子可盡曾祖之親也。從祖昆弟在其中，於父輕，不爲諱；與母、妻之親同名，重則諱之。孔氏曰：從祖昆弟，父服小功，不爲之諱，己又不得從父而諱。若母、妻諱與從祖昆弟名相重累，則諱之。不但宮中、旁側，其餘處皆爲之諱也。愚謂母之諱，於己小功

親也，妻之諱，於己緦親也，皆不在應諱之限。故母之諱，在宮則諱之，妻之諱，在其側則諱之，出宮則不諱矣。上文「子與父同諱」，雖盡曾祖之親，然皆父之尊長與其兄弟也。從父昆弟，父報服期，然卑屬也，父不爲之諱，於己爲大功，亦不諱。若從祖昆弟，視從父昆弟又疎，乃反諱之，何耶？且親之有諱不諱，爲恩之有淺深也。從祖昆弟乃小功之親，雖與母、妻之諱同，其恩非因而加隆也，何以遂當爲之諱耶？疑此文有誤脫耳。註疏之說，蓋未必然。

以喪冠者，雖三年之喪可也。既冠於次，入哭踊三者三，乃出。釋文：冠，古亂反，下同。三，息暫反。○鄭註：雖或爲「唯」。

鄭氏曰：言「雖」者，明齊衰以下皆可以喪冠也。始遭喪以其冠月，則喪服因冠矣。非其冠月，待變除、卒哭而冠。次，廬也。孔氏曰：冠於次者，謂加冠於廬次之中。若齊衰以下，加冠於次舍之處。

愚謂以喪冠者，謂既及冠年而遭喪，則於成服之日，就喪次而冠之。雖三年之喪可也者，冠爲嘉禮，而三年之服尤重，疑非用嘉禮之時，故曰「雖三年之喪可也」。然則齊衰、大功得因喪而冠可知矣。入者，入於殯宮也。入哭踊三者三，乃出，蓋若見之然。此三年之喪以喪冠者之禮也。若冠年在遭喪之明年，則因變除而冠，其禮亦如之。其非三年之喪，則冠畢，至明日朝夕哭乃入即位也。○孔氏曰：夏小正二月「綏多士女」，是冠用二月。假令正月遭喪，則二月不得因喪而冠，必待變除受服乃可冠矣。愚謂因喪而冠者，固當以成服之日或變除之節，然士冠記云「屨，夏用葛，冬皮屨」，則冬夏皆可冠，初無限以二月之法。因變除而冠，喪在隔年，至明年受服乃及冠年者則然。然亦惟齊、斬之服有此，若大功、小功，則喪末可用吉禮而冠矣。

大功之末，可以冠子，可以嫁子。父小功之末，可以冠子，可以嫁子，可以取婦。己雖小功，既卒哭，可以冠、取妻，下殤之小功則不可。釋文：取，七住反，又如字。

鄭氏曰：此皆謂可用吉禮之時。父大功卒哭，而可以冠子、嫁子；小功卒哭，而可以取婦。己大功卒哭，而可以冠子；小功卒哭，而可以取妻。下殤小功，齊衰之親，除喪而後可爲昏禮。孔氏曰：大功之末，云身不云「父」，小功之末，云「父」不云身，互而相通。是於身大功之末，可以冠子、嫁子，小功之末，非但得冠子、嫁子，復可取婦也。下殤之小功不可冠、取，若長、中殤之大功，理不得冠、取矣。

愚謂大功九月，小功五月，皆以卒哭後爲末。蓋喪以卒哭、練、祥爲變除之大節，期、功之喪，自卒哭以至除喪，其間別無變除，故止爲一節，而皆謂之末也。昏禮攝盛，視冠爲重，而嫁子則禮成於壻家，取婦則禮成於己家，故大功之末，可以冠子、嫁子，而未可取婦也。下殤小功之末，非但不可取妻，且不可冠，以其本齊衰之親也，則齊衰之末，不可冠、取明矣。然上言「以喪冠者，雖三年之喪可也」，則齊衰以下得因喪冠明矣。此又言大功、小功之喪，至喪末乃用吉禮冠者，蓋因喪冠爲不欲以未成人之服服其親也。然喪有輕重，而應冠之人亦有當室不當室之異，故或因喪服而冠，或待喪末用吉禮而冠也。說詳曾子問。

禮記卷四十二

雜記下第二十一之二

凡弁絰，其衰侈袂。

弁絰，大夫以上之弔服也。侈，大也。士之弔衰，袂二尺二寸，圜殺之至祛而爲一尺二寸，與玄端服同。大夫以上之弔衰，其袂不圜殺，故曰「侈袂」。○鄭氏曰：侈猶大也。袂之小者二尺二寸，大者半而益之，則袂侈三尺三寸。孔氏曰：士則其衰不侈。故周禮司服「有玄端、素端」，註云「變『素服』言『素端』者，明異制」，「大夫以上侈之」。明士不侈，故稱端。愚謂註疏之説非也。少牢禮「主人朝服」，「主婦緣衣侈袂」。鏘鳴按：儀禮作「錫衣」，此從敖氏繼公説，讀錫爲緣。主人之朝服，與緣衣相當，緣衣侈袂，則朝服可知；朝服侈袂，則弁、冕之服亦侈袂可知。左傳「晏子端委立於虎門」，則朝服亦名端。魏文侯端冕而聽古樂，大戴禮武王端冕而受丹書，大戴禮哀公問「端衣、玄裳，冕而乘輅」，韓非曰「築社者攐撅而置之，端冕而祀之」，是冕服亦名端。朝服與冕服皆侈袂，而其制皆端，則謂「侈袂爲益其袂爲三尺三寸」者，必不然矣。喪衰名爲端衰。喪服記言喪衰之制曰：「衣帶下尺，衽二尺有五寸，袂屬幅。衣二尺有二寸，祛尺二寸。」此士之喪衰也。士以玄端爲祭服，其喪衰與玄端同制，是玄端服衣與袂皆二尺二寸，而其袂則圜殺之爲一尺二寸。蓋玄端服自天子以下皆用以燕居，故殺其袂者，所以便事也。自朝服以上，皆用於朝祭，故其袂二尺二寸而不圜殺，不殺則袂侈矣。雖士之朝服、爵弁服亦然。士之喪衰及弔衰皆用玄端服之制，大夫則喪衰、弔服其首服皆以弁，故其衣皆侈袂，與士異也。

父有服，宮中子不與於樂。母有服，聲聞焉，不舉樂。妻有服，不舉樂於其側。大功將至，辟琴瑟。小功至，不絶樂。釋文：與音預。聞音問，又如字。辟音避，一音婢亦反。

鄭氏曰：宮中子，與父同宮者也。禮，由命士以上，父子異宮。不與於樂，謂出行見之，不得觀也。大功將至，辟琴瑟，亦所以助哀也。崔氏靈恩曰：父有服，齊衰以下之服也。若重服，則期後猶有子姓之冠，自當不得與於樂。愚謂大功將至，謂他人有大功之喪者也。己於其將至而爲之辟琴瑟，君子不奪人之喪，忠恕之道也。大功且然，則重者可知。小功至，不絶樂者，服輕也。

姑、姊妹，其夫死，而夫黨無兄弟，使夫之族人主喪。妻之黨，雖親弗主。夫若無族矣，則前後家，東西家；無有，則里尹主之。或曰：主之，而附於夫之黨。鄭註：里或爲「士」。

鄭氏曰：此謂姑、姊妹無子，寡而死也。夫黨無兄弟，無緦之親也。其主喪不使妻之黨，而使夫之族人，婦人外成，主必宜得夫之姓類。里尹主之，喪無無主也。里尹，閭胥、里宰之屬。王度記曰：「百户爲里，里一尹，其禄如庶人在官者。」諸侯弔於異國之臣，則其君爲主。里尹主之，亦斯義也。或曰「主之者，謂妻之黨自主之」，非也。夫之黨，其祖姑也。孔氏曰：周禮六鄉之內，二十五家爲閭，閭置一胥，中士也。六遂之内，二十五家爲里，里置一宰，下士也。愚謂四民羣萃州處，而乃有死而無前後家、東西家者，謂其所與居者皆妻之黨，而無可以主其喪者也。里尹於民爲親，故無主則爲之主，蓋哀其顛連無告，而爲之治其殯、葬、虞、祔之事。古者吏之於民，其所以用恩者如此其至也。或曰主之者，記者又引或人之説，以爲夫若無族，而又無前後家、東西家，則妻之黨可以主之，而還祔於夫之黨，蓋不得已而通禮之窮也。

麻者不紳，執玉不麻，麻不加於采。

鄭氏曰：吉凶不相干也。麻，謂絰也。紳，大帶也。喪以要絰代大帶也。麻不加於采者，采者不麻，謂弁絰者必服弔服是也。采，玄纁之衣。孔氏曰：麻者不紳，言著要絰者不得著大帶也。執玉不麻者，謂平常手執玉行禮，不得服衰麻也。案聘禮己國君薨，至於主國，「衰而出」，註云：「於是可以凶服將事。」似行聘、享之事，執玉得服衰絰者，彼謂受主君小禮，得以凶服，若行聘、享大事，則吉服。故鄭云：「其聘、享之時，自若吉也。」麻不加於采者，謂弁絰之屬不得加於玄衣、纁裳之上也。愚謂麻者不紳，此麻謂首絰也。謂首著麻絰，則身著麻帶，不得以大帶配之也。執玉不麻，麻不加於采，此「麻」兼謂絰、帶也。執玉不麻，謂喪中執玉則不得服首絰、麻帶也。故聘禮「遭喪」，「大夫練冠、長衣以受」。上篇致含，「宰朝服」「取璧」，皆不服絰、帶也。麻不加於采，謂首服玄冠，則不加麻絰；身服玄纁，則不加麻帶也。麻不加於采而弔者，小斂加武、帶、絰，其時主人未成服，弔者猶玄冠、緇衣也。以是知弔絰皆葛絰也，惟朋友則至成服而易以麻。

國禁哭則止，朝夕之奠卽位，自因也。

鄭氏曰：禁哭，謂大祭祀。時雖不哭，猶朝夕奠。自因，自用故事。

童子哭不偯，不踊不杖，不菲不廬。釋文：偯，於豈反，說文作「悠」。菲，本又作「菲」，扶味反。

鄭氏曰：未成人者不能備禮也。當室則杖。孔氏曰：案問喪云童子「當室，則免而杖矣」。戴德云：「童子當室。」謂十五以上。若世子生則杖，故曾子問云「子衰、杖」，成子禮是也。皇氏云：「童子當室，則備此經中五事，特云『杖』者，舉重言也。」愚謂偯，哭之餘聲也。閒傳曰「大功之哭，三折而偯」，則父母之喪，雖成人哭亦不偯矣。而此云「童子哭不偯」者，彼謂始死之時，雖成人哭父母亦不偯，所謂「嬰兒中路失其母」是也。若既葬以後，則成人哭有曲折餘聲，惟童子不偯也。童子當室則杖，以其爲喪主也。喪服傳曰「杖者」，所以「擔主也」。喪大記曰「喪有無後，無無主」，主幼則使人抱之。既使人抱之，則必當爲之執杖，是爲喪主始生卽杖，不獨世子也。至於踊與居廬，則非孩提所能，雖世子亦必待稍長矣。皇氏謂「杖則備此五事」者，亦未必然。大約十五以上，則五者備有，而天性淳至者，或亦非年之所能限也。

孔子曰：「伯母、叔母疏衰，踊不絕地。姑、姊妹之大功，踊絕於地。如知此者，由文矣哉！由文矣哉！」

鄭氏曰：伯母、叔母，義也。姑、姊妹，骨肉也。陸氏佃曰：疏衰、大功，文也。踊絕不絕，情也。伯、叔母之喪，文至而情不至；姑、姊妹之大功，文不至而情至。知此者，則凡於禮知由於內矣，故曰「由文矣哉」。若夫徒文具而無至誠惻怛之實，失是矣。

泄柳之母死，相者由左；泄柳死，其徒由右相。由右相，泄柳之徒爲之也。釋文：相，息亮反。

鄭氏曰：亦記失禮所由始也。泄柳，魯穆公時賢人也。相，相主人之禮。愚謂詔辭自右，以代尊者出命也。相禮與詔辭別，當由左，由右非也。案檀弓：「有若之喪，悼公弔焉，子游擯由左。」是子游之先，擯者失禮由右，而子游正之也。泄柳之母死，擯者尚知由左，至泄柳死，其徒又復失禮也。

天子飯九貝，諸侯七，大夫五，士三。釋文：飯，扶晚反。

鄭氏曰：此謂夏時禮也。周禮天子飯、含用玉。孔氏曰：典瑞云「大喪，共飯玉、含玉」，是周禮天子飯、含用玉。案禮戴說，天子飯以珠，含以玉；諸侯飯以珠，含以璧；大夫士飯以珠，含以貝。此等皆非周禮，並夏、殷之法。左傳成十七年子叔聲伯夢食瓊瑰，哀十一年「齊陳子行，命其徒具含玉」，此等皆是大夫而以珠玉爲含者。以珠玉是所含之物，故言之，非謂當時實含用珠玉也。愚謂飯，含也。對文則米曰飯，貝玉曰含；通而言之，含亦謂之飯也。周禮玉府「共含玉」，典瑞「大喪，共飯玉、含玉」，上篇諸侯致含以璧，左傳「陳子行，命其徒具含玉」，士喪禮「實貝三」，不用玉，則大夫以上含用貝、玉，士惟用貝也。此但言「貝」者，據上下之所通用者言其差爾。鄭氏以爲夏禮，無所據也。

士三月而葬，是月也卒哭。大夫三月而葬，五月而卒哭。諸侯五月而葬，七月而卒哭。士三虞，大夫五，諸侯七。

鄭氏曰：尊卑恩之差也。天子至士，葬卽反虞。孔氏曰：大夫以上，葬與卒哭異月者，以其位尊，念親情深，於時長遠；士職卑位下，禮數未申，故三月而葬，葬罷卽卒哭。天子至士，葬卽反虞者，以其不忍一日末有所歸，尊卑皆然。

諸侯使人弔，其次含、襚、賵、臨，皆同日而畢事者也。其次如此也。釋文：臨如字，徐力鴆反。

諸侯於鄰國之喪，先行弔禮，其次致璧以飯、含，其次致襚以襲、斂，其次致賵物以助葬，皆以喪事之所用爲先後，末則弔使自臨，故曰「其次如此也」。案士喪禮始死有致襚，葬時有致賵，此含、襚、賵同日畢事者，蓋同國之禮，襚、賵異時各致，異國之禮則襚、賵一時並施。故春秋文五年成風之喪，「天王使榮叔歸含且賵」，而「子高之喪，孔氏之使者未至，冉子攝束帛、乘馬以將之」，亦始死卽致賵，皆異國之禮也。雖賵、襚並施，至葬時別遣人會葬，故文五年「王使召伯來會葬」，會葬則當致贈也。

卿大夫疾，君問之無算；士壹問之。君於卿大夫，比葬不食肉，比卒哭不舉樂；爲士，比殯不舉樂。釋文：比，必利反。爲，于僞反。

孔氏曰：喪大記「君於大夫疾，三問之」，此云「無算」，謂有師、保恩舊之親，故問之無算。或可喪大記云「三問」者，君自行；此云「無算」者，遣使也。愚謂問之者，或親往，或使人也。「無算」，謂無一定之數也。喪大記「君於大夫疾，三問之」，此云「無算」者，疾有久暫劇易之不同，不可爲一定之數，故曰「無算」，要其多者，不過三問也。於士，但一問之而已。大司樂「諸侯薨，令去樂」，「大臣死，令弛縣」。此君爲大夫比卒哭不舉樂，當弛縣；爲士，比殯不舉樂，則但去樂也。

升正柩，諸侯執紼五百人，四紼皆銜枚，司馬執鐸，左八人，右八人，匠人執羽葆御柩。大夫之喪，其升正柩也，執引者三百人，執鐸者左右各四人，御柩以茅。釋文：葆音保，引，以慎反。

鄭氏曰：升正柩者，謂將葬朝於祖，正棺於廟也。廟中曰「紼」，在塗曰「引」，互言之。御柩者，居前道正之。大夫士皆二紼。　孔氏曰：升正柩者，謂將葬朝於祖廟，柩升廟之西階，正於兩楹之間。其時柩北首，故既夕禮云「遷于祖，用軸」，「升自西階，正柩于兩楹間」，是也。皆銜枚者，謂執紼之人，口皆銜枚，止諠囂也。司馬，夏官，主武，故執金鐸率衆，左右各八人，夾柩以號令於衆也。匠人，工人。羽葆者，以鳥羽注於柄頭如蓋，謂之羽葆。葆，謂蓋也。執蓋物御柩，謂執羽葆居柩前，御行於道，示指揮於路，爲進止之節也。　愚謂周禮鄉師：「大喪用役，則帥其民而至，遂治之。」遂人「大喪，帥六遂之役而致之」，「及葬，帥而屬六紼」。天子執紼之人，出於六鄉、六遂，則諸侯執紼之人出於三鄉、三遂也。諸侯三鄉、三遂，而執紼五百人，則天子六鄉、六遂，而執紼者千人矣。執紼者，天子千人，諸侯五百人，大夫三百人，則士百人與？周禮大司馬註云：「枚如箸，銜之，有繣結項中，軍法止語，爲相疑惑也。」「司馬，謂兩司馬也。」周禮大司馬「教大閱」，「兩司馬振鐸」。兩司馬，卽鄉、遂之閭胥、里宰，平時則屬於地官，而掌閭、里之政教，有事則屬於司馬，而主徒役之政令也。匠人，匠師，蓋冬官之考也。執羽葆於柩前以指揮，爲柩行抑揚左右之節也。　周禮喪祝「及朝御匶」，「及葬御匶，出宮乃代」。又鄉師「大喪」，「執纛，以與匠師御匶而治役」。是王喪朝廟，以喪祝御匶，及出宮而代以鄉師與匠師也。士喪記云：「遂、匠納車于階間。」是柩車者，匠師之所職，而鄉師統領六鄉徒役，是其所主，故以此二人御匶。諸侯之禮，蓋亦然。此不言「喪祝」及「鄉師」者，文畧也。朝廟屬於輴軸謂之紼，在塗屬於柩車謂之引。於諸侯言「執紼」，於大夫言「執引」，互相備，以見所用之人數，及執鐸御柩之法，朝廟與在塗時並同也。大夫二紼，不言者，從上差之可知也。不言「銜枚」者，大夫執引之人或出於朋友、鄉黨之助，不可以徒役之法治之也。茅，編緝白茅爲之，亦所以指麾也。左傳楚軍前茅，蓋此類也。士御柩以功布。

孔子曰：「管仲鏤簋而朱紘，旅樹而反坫，山節而藻棁，賢大夫也，而難爲上也。晏平仲祀其先人，豚肩不揜豆，賢大夫也，而難爲下也。君子上不僭上，下不偪下。」釋文：弇，於檢反，本亦作「揜」。偪音逼，本又作「損」。

說見禮器及郊特牲。鄭氏曰：難爲上，言其僭天子諸侯。難爲下，言其偪士庶人。

婦人非三年之喪，不踰封而弔；如三年之喪，則君夫人歸。鄭註：踰封，或爲「越疆」。

婦人無境外之事，故非三年之喪，不踰封而弔，則雖兄弟之喪不奔也。如三年之喪，則君夫人尚歸，又以明父母之喪無不奔者也。孔氏曰：女子出適，爲父母期，而云「三年」者，據本親言之也。

夫人，其歸也以諸侯之弔禮，其待之也若待諸侯然。夫人至，入自闈門，升自側階，君在阼。其他如奔喪禮然。釋文：闈音韋，劉昌宗音暉。○鄭註：闈門，或爲「帷門」。

鄭氏曰：以諸侯之弔禮，謂其行道車服。待之若諸侯然，謂主國所致禮。入自闈門，升自側階，女子不自同於女賓也。宮中之門曰闈門，爲相通者也。側階，旁階也。他，謂哭、踊、髽、麻。愚謂闈門，宮旁小門也。左傳齊「子我屬徒攻闈與大門」。考工記曰：「闈門，容小扃參个。」側階，北階也。

側，特也。堂南，東西有階，其北惟東方有之，故曰「側階」。升自側階，自東房而出於堂也。入自闈門，則不入大門，升自側階，則不升路寢前之兩階，皆變於吉時也。君在阼，謂在阼階下之位，明不爲變位，以其非賓客也。

嫂不撫叔，叔不撫嫂。

鄭氏曰：遠別也。

君子有三患：未之聞，患弗得聞也。既聞之，患弗得學也。既學之，患弗能行也。君子有五恥：居其位，無其言，君子恥之。有其言，無其行，君子恥之。既得之而又失之，君子恥之。地有餘而民不足，君子恥之。衆寡均而倍焉，君子恥之。釋文：其行，下孟反。

孔氏曰：地邑民居，必參相得，今不能撫養，使民逃散，故土地有餘而民不足。役用民衆，彼此均等，而他人功績倍多於己，由己不能勸課督率也。　愚謂三患皆爲學之事：弗得聞則無以知其理，弗得學則無以習其事，弗能行則無以體其實也。五恥皆從政之事：居其位，無其言，則謀謨不足以稱其位；有其言，無其行，則猷爲不足以副其言；既得之，而又失之，則才德不足以保其禄；地有餘而民不足，則恩惠不足以懷其民；衆寡均而倍焉，則才力不足以立其事也。○方氏慤曰：孔子嘗謂「鄙夫事君，其未得之，患不得之；既得之，患失之。」此乃言「既得之，又失之」。蓋鄙夫之心在乎固其位，君子之心在乎稱其位。勢不足以固其位而失之者，鄙夫所患也。德不足以稱其位而失之者，君子所恥也。此所以爲異。　愚謂君子之所恥者，謂己之職業不脩而見褫奪也。若不當失而失之，君子固未嘗以爲恥，而當失而不失，君子尤不能以一日安也。

孔子曰：「凶年則乘駑馬，祀以下牲。」

鄭氏曰：自貶損，亦取易供也。駑馬，六種最下者。下牲，少牢，若特豕、特豚也。孔氏曰：校人馬，六種：種馬、戎馬、齊馬、道馬、田馬，此五路所乘；駑馬，負重致遠所乘。凶年，人君自貶損，乘駑馬也。天子、諸侯及天子大夫，常祭用大牢，凶年降用少牢；諸侯大夫常祭少牢，降用特豕；士常祭特豕，降用特豚。如此之類，皆爲下牲也。

恤由之喪，哀公使孺悲之孔子學士喪禮，士喪禮於是乎書。

鄭氏曰：時人轉而僭上，士之喪禮已廢矣，孔子以教孺悲，國人乃復書而存之。

子貢觀於蜡，孔子曰：「賜也樂乎？」對曰：「一國之人皆若狂，賜未知其樂也。」子曰：「百日之蜡，一日之澤，非爾所知也。張而不弛，文武弗能也。弛而不張，文武弗爲也。一張一弛，文武之道也。」釋文：樂音洛。

鄭氏曰：蜡也者，索也，歲十二月，合聚萬物而索饗之也。國索鬼神而祭祀，則黨正以禮屬民，而飲酒于序，以正齒位。於是時，民無不醉者，如狂矣。曰「未知其樂」，怪之。蜡之祭，主先嗇而祭司嗇，勞農以休息之，言民皆勤稼穡，有百日之勞，喻久也。今一日使之飲酒燕樂，是君之恩澤。非女所知，言其義大。孔氏曰：蜡祭飲初，正齒位，及飲末醉，無不如狂者也。子貢以禮儀有序，乃是可樂，今酣飲號呶，人皆若狂，則非歡樂，故曰「未知其樂」也。孔子言蜡而飲，是報民一年之勞苦，故云「百日之蜡」也。言「百日」者，舉其全數，喻久，其實是一年之勞苦也。今日歡休，恣其醉如狂，是由於君之恩澤，故云「一日之澤」也。其義深遠，故曰「非爾所知」也。張，謂張弦。弛，謂落弦。孔子以弓喻民：弓張而不落弦，則絶其弓力，喻民久勞而不息，則亦損民之力，縱令文武之治，亦不能使人之得所也。弓久落弦而不張設，則失其往來之體，喻民久休息而不勞苦，則民有驕逸之志，民若如此，文武不能爲治也。弓一張一弛，喻民勞逸相參，調之以道，化之以理，則文武治民之道也。○愚謂鄉飲酒之禮，安燕而不亂，而蜡祭飲酒，至於一國之人皆若狂，何也？蓋賓賢能之禮專於士，故節之以禮而不過；蜡祭飲酒逮乎民，故恩惠浹洽，而醉飽有所不禁也。

孟獻子曰：「正月日至，可以有事於上帝；七月日至，可以有事於祖。」七月而禘，獻子爲之也。

孔氏曰：左傳襄公七年：「夏四月，三卜郊，不從。孟獻子曰：『郊祀后稷，以祈農事也。是故啟蟄而郊，郊而後耕〔一〕。今既耕而卜郊，宜其不從也。』」據獻子此言，郊天用周之三月。而禮記云：「『正月日至，可以有事於上帝；七月日至，可以有事於祖。』七月而禘，獻子爲之也。」此與禮記俱稱獻子，二文不同，必有一謬。禮記後人所録，左傳當得其真。若七月而禘，獻子爲之，則當獻子之時，應有七月禘者。烝、嘗過則書「禘」，過亦宜書，何以獻子之時不書「七月禘」也？左傳襄七年疏。愚謂魯無夏至禘，亦無冬至郊，魯郊皆以孟春正月。此記所言，其誤無疑。

〔一〕「後」，原本作「卜」，據左襄七年傳改。

夫人之不命於天子，自魯昭公始也。

郝氏敬曰：魯昭公之世，王命不行於天下久矣。諸侯繼世自立且不由天子，況其夫人乎？諸侯之不娶同姓者，未必皆有王命也，因昭公娶吴女附會之耳。　愚謂郝氏之說似矣，而未盡也。婦人從其夫之爵位，夫榮於朝，則妻貴於室矣。　故玉藻曰「唯世婦命於奠繭，其他則皆從男子」，未有既命其夫，又命其妻者也。　春秋於魯適夫人之喪，皆書「夫人某氏薨」，獨昭公夫人書「孟子卒」，定公夫人書「姒氏卒」。蓋當時不以夫人之禮治其喪，故春秋不稱「夫人」，不書「薨」，以見當時臣子怠慢之罪。讀者不察，遂以爲二夫人不命於天子，故其書之如此。　又以昭在定先，而所娶者乃吴女，遂以爲昭公取同姓，故不請命於天子，而夫人之不命自此始，而不知夫人本無受命之法也。

外宗爲君、夫人，猶内宗也。　釋文：爲，于僞反，下「爲夫」「爲之服」同。

外宗，宗婦也。　以其自他族來嫁於宗内，故曰「外宗」。　周禮外宗「宗廟之祭，佐王后薦玉豆，眡豆、籩」，「王后以樂羞齍則贊。　凡王后之獻亦如之」。祭統云「宗婦執盎從」，特牲禮「宗婦執兩籩，户外坐」，主婦「致爵于主人」，「宗婦贊豆」，皆與周禮外宗之所職者相合，則外宗即宗婦明矣。　内宗，宗女也。　服問曰諸侯爲天子服斬，「夫人猶外宗之爲君也」。　此言「外宗爲君」，猶内宗臣爲君服斬，其妻從服齊衰。　是諸侯夫人之於天子，與内、外宗之於君，皆服齊衰期也。　然諸侯夫人之爲天子，乃從服也，從服不累從，故但爲天子服而不服王后；内、外宗於君、夫人，本有服者也，故不但爲君服，而并爲夫人服。　其爲君皆齊衰期，其爲夫人，則各依本服之月數而服，則皆以齊衰也。　○鄭氏曰：外宗、内宗，皆謂嫁於國中者也。爲君服斬，夫人齊衰，不敢以其親服服至尊也。外宗，謂姑、姊妹之女，舅之女，及從母，皆是也。內宗，五屬之女也。其無服而嫁於諸臣者，從爲夫之君；嫁於庶人，從爲國君。孔氏曰：古者大夫不外娶，故君之姑、姊妹嫁於國內大夫爲妻，是其正也。舅之女及從母在國中者，非正也，以諸侯不內娶。諸侯雖曰外取，舅之女及從母原在他國，不得來嫁與己國卿大夫爲妻，以大夫不外娶。● 愚謂鄭氏以內宗爲五屬之女，及言內宗無服而嫁者之服，皆是也。至其以外宗爲姑、姊妹之女之屬，及謂「內、外宗皆爲君服斬」，則非是。婦人不貳斬，故女子子適人者爲其父母，降服齊衰不杖期，雖諸侯之女子子適人者亦然也，豈有內、外宗乃爲君服斬乎？與諸侯爲兄弟者服斬，特主男子言之耳。至大夫不外娶，雖公羊之說，然士昏禮有饗他邦送者之禮，則卿大夫亦非不可外娶矣。

廄焚，孔子拜鄉人爲火來者。拜之，士壹，大夫再，亦相弔之道也。

鄭氏曰：言「拜之」者，爲其來弔己。宗伯職曰：「以弔禮哀禍災。」

孔子曰：「管仲遇盜，取二人焉，上以爲公臣，曰：『其所與遊，辟也。可人也。』管仲死，桓公使爲之服。宦於大夫者之爲之服也，自管仲始也，有君命焉爾也。」釋文：上，時掌反。辟，匹亦反。

鄭氏曰：管仲言此人可也，但居惡人之中，使之犯法。自管仲始，亦記失禮所由也，善桓公不忘賢者之擧。宦猶仕也。此仕於大夫，更升於公，與違大夫之諸侯同，禮不反服。　愚謂上以爲公臣者，蓋初以爲己臣，而其後薦之於公也。辟，邪辟也。言二人才本可用，特所與遊者非其人，故至於爲盜耳。使爲之服者，使爲服舊君齊衰三月之服也。

過而舉君之諱則起。與君之諱同則稱字。

鄭氏曰：舉，言也。起立者，失言而變自新。與君之諱同，謂諸臣之名也。

内亂不與焉，外患弗辟也。釋文：與音預。辟音避。

鄭氏曰：謂卿大夫也。同僚將爲亂，己力不能討，不與而已。至於鄰國爲寇，則當死之也。春秋魯「公子友如陳葬原仲」，傳曰：「君子辟内難而不辟外難。」孔氏曰：内亂不與，謂力不能討也。若力能討則討之。愚謂内亂，謂國内篡弑。不與，言不可從於爲亂。蓋雖威劫利誘，而毅然不回，若晏子之於崔、慶，蘧伯玉之於孫、寧是也。外患，謂國見圍滅。弗避，謂見危授命。

贊大行曰：「圭，公九寸，侯伯七寸，子男五寸，博三寸，厚半寸，剡上，左右各寸半，玉也。藻，三采六等。」釋文：厚，户豆反。剡，以冉反。

鄭氏曰：贊大行者，書説大行人之禮者名也。藻，薦玉者也。三采六等，以朱、白、蒼畫之再行也。子男執璧，作此贊者失之矣。孔氏曰：贊，明也。周禮有大行人篇。作此記之前，别有書論説大行人之禮，其篇名謂之贊大行，剡，殺也，殺上左右角各寸半也。五等諸侯，圭、璧俱以玉爲之，故曰「玉也」。藻，謂以韋衣木，以藉玉者。三采，朱、白蒼、也。六等，六行也。畫上三色，每色爲二行，是三采六等。案聘禮記云「朝天子，圭與繅皆九寸」，「繅三采六等：朱、白、蒼，朱、白、蒼」。按今聘禮記無重「朱、白、蒼」字，蓋轉寫失去。既重云「朱、白、蒼」，是一采爲二等，相間而爲六等也。五等諸侯皆一采爲一就。典瑞云公、侯、伯「皆三采三就」，謂一采爲一就，故「三采三就」，其實采別二就，三采則六等也。典瑞又云子、男「二采再就」，二采，謂朱、緑也。二采故二就，其實采別二就，二采則四等也。典瑞又云：「瑑圭、璋、璧、琮，繅皆二采一就，以覜、聘。」此謂卿大夫每采唯一等，是二采共一就也，與諸侯不同。其天子，則典瑞云「繅五采五就」，亦一采爲一就。五采，故五就，其實采別二就，五采則十等也。敖氏繼公曰：繅以帛爲之，表玄裏纁，所以藉玉而又揜其上者也。圭與繅皆九寸，其長同。若其廣，則玉三寸，而繅蓋一尺許也。愚謂公、侯、伯執圭，子、男執璧，此乃俱當「圭」言之者，文不具也。「博三寸」以下，明圭之制也。剡上，左右各寸半者，距圭上端之一寸半，斜嚮上削之，各至上端之中央而止。其殺之度，從上端之中央至兩畔，從上端至下，皆一寸半也。聘禮記云「繅皆玄纁」，則以帛爲之明矣。舊說謂「以韋衣木」者非。典瑞言公、侯、伯「繅皆三采三就」，而此云「三采六等」，則凡藻皆以二等爲一就也。此三采者以朱、白、蒼，用五行相克之次，則五采者以朱、白、蒼、黃、玄，而二采者以朱、白也。

哀公問子羔曰：「子之食奚當？」對曰：「文公之下執事也。」釋文：當如字，舊丁浪反。

鄭氏曰：子之食奚當者，問其先人始仕食禄，以何君時。愚謂下執事，謂士也。記此者，以其對辭得禮。

成廟則釁之，其禮：祝、宗人、宰夫、雍人皆爵弁、純衣。雍人拭羊，宗人祝之，宰夫北面于碑南，東上。雍人舉羊升屋，自中，中屋南面刲羊，血流于前，乃降。釋文：純，側其反。拭音式。

刲，苦圭反。

鄭氏曰：廟新成必釁之，尊而神之也。宗人先請於君曰：「請命以釁某廟。」君諾之，乃行。居上者，宰夫也。宰夫，攝主也。拭，靜也。自，由也。　孔氏曰：爵弁，士服，純衣，謂絲衣，則玄衣、纁裳也。大戴禮釁廟篇云：「成廟，則釁以羊。君玄服立於寢門內，南鄉。祝、宗人、宰夫、雍人皆玄服。宗人曰：『請命以釁某廟。』君曰：『諾。』遂入。雍人拭羊。乃行，入廟門。」既云「拭羊，乃行，入廟門」，是拭羊在廟門之外。玄服，謂朝服緇衣、素裳，其祝、宗人等入廟之時，則爵弁、緇衣。雍人舉羊升屋，自中者，熊氏云：「謂抗舉其羊升於屋，由屋東西之中，兩階之間而升也。」中屋南面者，謂當屋棟之上，東西之中，而南面刲割其羊，使血流于前，雍人乃降。皇氏云：「舉羊，謂縣羊。升屋，謂掛羊於屋。自中，謂在屋之中。中屋，謂羊在屋棟之下，縣之上下空處〔一〕。」今謂屋者，謂室之在上之覆也。前云「升屋」，下云「乃降」，與喪大記「復者升屋」，其文正同，何得以升爲縣？又中屋爲屋棟，去地上下爲中？此正得云「屋中」，不得云「中屋」。若室裏縣羊，血則當羊而下，何得云「血流于前」？又下文「其衈皆於屋下」，明知其釁則在屋上。檢勘上下，皇氏之説非也。　愚謂此章皆大戴禮諸侯釁廟禮文。成廟則釁之者，謂祖廟新遷，改塗易檐，既成則釁之也。故大戴禮宗人請於君曰「請命以釁某廟」，謂高祖廟遷則釁高祖廟，祖廟遷則釁祖廟也。釁，磔攘之祭名。毛牲謂之幾，羽牲謂之衈，釁其大名也。周禮幾又作「刉」，又作「祈」，衈或作「珥」。祈者祈福祥，珥者弭禍災，釁者欲其消釁咎也。下文

〔一〕「空處」，禮記注疏作「處中」。

「門、夾室用雞」曰「衈」，此不曰「幾」而曰「釁」者，下文用羽牲曰「衈」，明此用毛牲是「幾」，此用毛牲曰「釁」，明下用雞亦是「釁」，互相備也。祝，小祝也。小祝掌侯禳禱祠之祝號。宗人掌禮，宗伯之屬也。宰夫於諸侯，司徒之屬也。雍人，內饔也。周禮內饔：「凡宗廟之祭祀，掌割亨之事。」大戴禮云：「君玄服立於寢門內南向。祝、宗人、宰夫、雍人皆玄服。」玄服，卽純衣也。爵弁、純衣，士之祭服，則此四官皆諸侯之士也。君亦玄衣者，敬其事也。不服冕者，釁廟禮輕也。據大戴禮，請命時已玄服，則亦已爵弁。孔氏謂「廟門外朝服緇衣，入廟乃爵弁、純衣」，非也。凡言「玄衣」「玄服」，皆祭服，朝服色緇，不可謂之玄衣。且此言「爵弁、純衣」於「刲羊」之上，可謂「入廟乃爵弁」乎？祝之，以辭告神也。碑，以石爲之，在庭之中，所以識陰陽，引日景也。北面於碑南，蓋參分庭一在南也。東上者，宰夫攝主最在東，宗人掌禮事次之，祝掌告神又次之，雍人掌割牲又次之也。自中，自兩階間東西之中。中屋，當屋極上東西之中也。

門、夾室皆用雞，先門而後夾室。其衈皆于屋下。割雞：門當門，夾室中室。有司皆鄉室而立，門則有司當門，北面。既事，宗人告事畢，乃皆退。釋文：衈，如志反。鄉，許亮反。

孔氏曰：門，廟門也。夾室，東西箱也。減於廟室，故釁不用羊也。門與夾室各一雞，凡用三雞，故曰「皆」也。先門而後夾室，夾室又卑於門也。愚謂東西箱夾堂之兩旁，故曰「夾室」。門當門，謂在門內南面而當門之中也。夾室中室，謂在夾室之中，亦南面也。衈不於屋上者，衈之禮畧也。有司，宰夫、宗人與祝也。有司鄉室、當門，皆北面東上。告事畢，告於宰夫也。○鄭氏曰：衈，謂將刲割牲以釁，先滅耳旁毛薦之。孔氏曰：其衈皆於屋下者，謂未封割羊與雞之時，先滅耳旁毛以薦神，廟則在廟之屋下，門與夾室則在門、夾室之屋下，衈訖然後升屋而釁。門當門，夾室中室者，謂衈訖爲釁之時，門則當門屋之上中，夾室則當夾室上之中，割雞使血流。愚謂據記文，刲廟用羊，升屋而刲之，而謂之釁。門、夾室用雞，於屋下割之，門當門，夾室中室，而謂之衈。疏乃謂羊亦有屋下之衈，雞亦有屋上之釁，似欲以補記之所未及，然此記所言，實出於大戴禮釁廟篇。彼云「門以雞，有司當門北面，雍人割雞屋下，當門，郟室割雞於室中」，可見門、夾室卽在屋下割雞，別無屋上之釁，而廟亦未必有屋下之衈矣。蓋釁、衈自爲二禮，釁之禮重，故在屋上；衈之禮輕，故於屋下。周禮司約云：「若有訟者，則珥而辟藏。」此亦於屋下爲之，未必升屋也。鄭氏云「衈，謂將封割牲以釁，先滅耳旁毛薦之」，則似先衈後釁，故疏家申其說如此。然「衈，滅耳旁毛」之說，本無所據，而先衈後釁，記中實無此義也。盧辨大戴禮註云：「小戴禮『割雞屋上』。」然小戴記實無此語，蓋南北朝講師相傳之說耳。

反命于君曰：「釁某廟事畢。」反命于寢，君南鄉于門內，朝服。既反命，乃退。釋文：朝，直遥反。

鄭氏曰：君朝服者，不至廟也。愚謂門內，路寢門內也。反命時，君南鄉於門內，則請命時亦然。始請命，君亦玄衣，此反命，君朝服者，事畢禮殺也。鄭氏謂「君朝服者，不至廟」，故疏謂「大戴禮之玄衣爲朝服」，非也。

路寢成，則考之而不釁。釁屋者，交神明之道也。凡宗廟之器，其名者成，則釁之以豭，豚。釋文：豭音加。

鄭氏曰：路寢，生人所居。不釁者，不神之也。考之者，設盛食以落之爾。檀弓曰「晉獻文子成室，諸大夫發焉」，是也。宗廟名器，謂尊、彝之屬。孔氏曰：落，謂與賓客燕會，以酒食澆落之，卽歡樂之義也。器之名者，成則釁之，殺豭、豚血塗之也。不及廟，故不用羊。若細者成，則不釁也。愚謂宗廟之器，名者成，則釁之以豭、豚，而齊宣王以牛釁鐘者，戰國人君奢侈耳。

諸侯出夫人，夫人比至于其國，以夫人之禮行。至，以夫人入，使者將命曰：「寡君不敏，不能從而事社稷、宗廟，使使臣某敢告於執事。」主人對曰：「寡君固前辭『不教』矣，寡君敢不敬須以俟命。」有司官陳器皿，主人有司亦官受之。釋文：比，必利反。使者，色吏反，下「使臣」「使者」同。皿，武景反，字林又音猛。

鄭氏曰：行道以夫人之禮者，棄妻致命其家乃義絶，不用此爲始。前辭「不教」，謂納采時也。此辭賓在門外，擯者傳焉。賓入，致命如初，主人卒辭曰：「敢不聽命。」器皿，其本所齎物也。律，棄妻畀所齎。孔氏曰：云「官」者，明付受悉如法也。愚謂前辭「不教」者，士昏禮納采，主人曰「某之子惷愚，又弗能教」，是也。敬須以俟命者，謂不敢嫁，以俟後命，冀其反之也。左傳齊桓公歸蔡姬，「未絶之也，蔡人嫁之」，齊侯伐蔡。寡君固前辭「不教」矣，敢不敬須以俟命，此卽主人之卒辭。鄭氏謂「別有『敢不聽命』之語」，非也。官陳器皿者，夫人之器物，各有典主之官，今其官各以所典者陳之，主人亦使有司各以其官受之也。

妻出，夫使人致之，曰：「某不敏，不能從而共粢盛，使某也敢告於侍者。」主人對曰：「某之子不肖，不敢辟誅，敢不敬須以俟命。」使者退，主人拜送之。如舅在則稱舅，舅沒則稱兄，無兄則稱夫。主人之辭曰：「某之子不肖。」如姑、姊妹亦皆稱之。釋文：共音恭。辟音避。

鄭氏曰：肖，似也。言不如人。誅猶罰也。棄妻者，父兄在則稱之，命當由尊者出也。唯國君不稱兄。姑、姊妹見棄，亦曰「某之姑、某之姊若妹不肖」。愚謂舅之辭則曰「某之子不敏」，兄則曰「某之弟不敏」，餘與夫之辭同。

孔子曰：「吾食於少施氏而飽，少施氏食我以禮。吾祭，作而辭曰：『疏食不足祭也。』吾飧，作而辭曰：『疏食也，不敢以傷吾子。』」釋文：少，詩召反。食我，音嗣。飧音孫。

鄭氏曰：貴其以禮待己而爲之飽也。時人倨慢，若季氏則不以禮矣。少施氏，魯惠公子施父之後。愚謂玉藻曰：「客祭，主人辭，曰：『不足祭也。』客飧，主人辭以『疏』。」則少施氏之所以待孔子者，乃禮之所當然，而非有所過也。但時人知禮者少，故孔子於少施氏而善之。

納幣一束，束五兩，兩五尋。

鄭氏曰：納幣，謂昏禮納徵也。十箇爲束，貴成數。兩兩合其卷，是謂五兩。八尺曰尋，一兩五尋，則每卷二丈也，合之四十尺，今謂之匹，猶匹偶之云與？ 愚謂納幣用帛，以五兩并而束之，故曰「納幣一束」。束五兩，五兩卽五匹也。謂之兩者，指其卷數言之也。帛長四十尺，從兩頭各卷至中央，每卷二丈，則每匹爲兩卷矣。凡用帛爲禮者，皆以束。納幣，庶人用緇，士以上用玄纁，而其爲一束則同也。

婦見舅姑，兄弟、姑、姊妹皆立于堂下，西面，北上。是見已。見諸父各就其寢。釋文：見，賢偏反。

鄭氏曰：婦來爲供養也。其見主於尊者，兄弟以下在位，是爲已見，不復特見。諸父，旁尊也，亦爲見時不來。　孔氏曰：兄弟、姑、姊妹皆立于堂下，皆立於舅姑之堂下，東邊西鄉，以北爲上，近堂爲尊也。舅姑在堂上，婦自南門入，從兄弟、姑、姊妹前度，卽爲相見，不復更就其室見之。諸父，夫之叔伯也。既是旁尊，故婦明日各往其寢而見之。　愚謂姑亦旁尊也，其尊與舅姑敵，不當立於舅姑之堂下，此不當有「姑」字，蓋經中多連言「姑、姊妹」者，遂誤衍耳。兄弟、姊妹立於舅姑之堂下，蓋兄弟爲一行，姊妹爲一行，而兄弟在姊妹之前也。其見諸父，蓋在明日舅姑醴婦之後與？

女雖未許嫁，年二十而笄，禮之婦人執其禮。燕則鬈首。釋文：鬈音權，又居阮反。

鄭氏曰：雖未許嫁，年二十亦爲成人矣。禮之，酌以成之。言「婦人執其禮」，明非許嫁之笄。既笄之後去之，鬈首，猶若女有髻、紒也。　孔氏曰：十五許嫁而笄，則主婦及女賓爲笄禮，主婦爲之著笄，女賓以醴禮之。未許嫁而笄，則婦人執其禮，無主婦、女賓，不備儀也。既笄之後，尋常在家燕居，則去其笄而鬈首，謂分髮爲髻、紒也。此既未許嫁，雖已笄，猶爲少者處之。　愚謂女子十五而許嫁，許嫁則笄矣。未許嫁則二十而笄，以二十乃成人之年，故雖未許嫁亦笄也。禮之，謂既笄而以醴禮之也。婦人，謂在家之婦人，若兄弟之妻及世叔母之屬也。男子之冠，使賓爲之加冠，又爲之酌醴以禮之；女子許嫁而笄，其加笄及醴之之禮，亦使女賓執之。若未許嫁之笄，則使家之婦人執其禮，而不以女賓。蓋婦人以得所從爲榮，女行著聞，然後采擇加焉，故未許嫁者於其笄貶其禮，亦所以媿勵之也。髮首，謂分髮爲髻，紒，未笄者之法也。許嫁者笄後恆笄，未許嫁者雖行笄禮，而在家燕居，則去其笄而髮首，仍爲少者處之，亦所以貶於許嫁者也。

韠長三尺，下廣二尺，上廣一尺，會去上五寸。紕以爵韋六寸，不至下五寸。純以素，紃以五采。釋文：韠音必。長，直諒反。廣，古曠反。會，古外反。紕，婢支反，又方移反。純，之閏反，又支允反。紃音巡，徐辭均反。

鄭氏曰：會，謂領上縫也。領之所用，蓋與紕同。在旁曰紕，在下曰純。素，生帛也。紕六寸者，中執之，表裏各三寸也。純、紕所不至者五寸，與會去上同。紃施諸縫中，若今時絛也。孔氏曰：韠長三尺，與紳齊也。下廣上狹，象天地數也。會去上五寸者，會，謂韠之領縫也。此縫去韠上畔廣五寸，謂會上下廣五寸也。紕以爵韋六寸者，謂會縫之下，韠之兩邊，紕以爵韋倒襵之，兩廂各三寸也。不至下五寸者，謂紕、韠之兩邊，不至韠之下畔闊五寸也。純以素者，謂紕所不至之處，橫純之以生帛，此帛上下各闊五寸也。紃以五采者，紃，絛也，謂以五采之絛，置於諸縫之中也。愚謂帛，今之白色綾也。紃以五采，謂上之會，兩畔之紕，下之純，其縫中皆以紃飾之，其紃皆用五采絲織之也。此爲韠之制，蓋君、大夫、士同也。其異者，天子前直，公侯前後方，大夫前方後挫角，士前後正。

禮記卷四十三

喪大記第二十二之一 別録屬喪服。

孔氏曰：按鄭目録云：「名曰喪大記者，以其記人君以下始死、小斂、大斂、殯、葬之事。」劉元云：「記謂之大者，言其委曲、詳備、繁多。」 愚謂士喪禮有記，專記士喪禮之所未備者也。此所記兼有君、大夫、士之禮，所記廣大，故曰喪大記。

疾病，外内皆埽。

鄭氏曰：疾困曰病。 應氏鏞曰：埽庭及堂，正家之常道，今於此又皆埽者，肅外内以謹變，致潔敬以慎終也。 敖氏繼公曰：埽者，爲將有事也。

君、大夫徹縣，士去琴瑟。釋文：縣音玄。去，起吕反。

鄭氏曰：凡樂縣〔一〕，天子宫縣，諸侯軒縣，大夫判縣，士特縣。去琴瑟者，不命之士。 愚謂爲將死不用，且妨於喪事也。大夫士賜樂者乃有縣，士賜樂者少，而琴瑟其所常御，故言「去琴瑟」。

寢東首於北牖下。釋文：首，手又反。○鄭注：北牖下，或爲「北墉下」。○今按：室北無牖，作「墉」爲是。士喪禮

〔一〕「縣」，禮記注疏作「器」。

正作「墉」。

鄭氏曰：謂君來視之時也。病者恆居北牖下。　孔氏曰：論語：「疾，君視之，東首，加朝服。」東方生長，故東首，鄉生氣。疾者恆在北牖下，若君來視之，則暫移南牖下，東首，令君得南面視之。　愚謂疾者居正寢北墉下也。玉藻「君子寢必東首」，所以受生氣也。又室南近牖戶而光明，北則深静，於寢處爲宜。是東首於北墉下者，平時寢處之常也。嫌疾病時或異平時，故特明之。至君視之，則其東首雖同，而當遷於南牖下矣。鄭氏以此爲君來視之時，則是臣處北墉下，君乃當北面視之，其說非是，故孔疏駁正之。

廢牀，徹褻衣，加新衣，體一人。

鄭氏曰：廢，去也。人始生在地，去牀，庶其生氣反。徹褻衣，則所加者新朝服矣，互言之也。加朝服者，明其終於正也。體，手足也。四人持之，爲其不能自屈伸也。　敖氏繼公曰：褻衣，死衣也。必易之者，爲其不可服故衣以死也。衣云「褻」，見其非上衣。然則新者亦非上衣矣。上衣者，朝服玄端之類。不加上衣者，爲其後有襲、斂等事，皆用上衣，故於此畧之。　愚謂人之魂魄聚則生，散則死。魂陽而魄陰，人死則魂升於天，而魄降於地。始死體僵者，魄之散也，故廢牀而以尸就地，冀魄之依之而還也。既而氣絶者，魂之散也，故使人持衣而復，欲魂之識之而返也。廢牀與復，同一義也。褻衣，裘、葛、袍、繭、絅、褶之屬也。上言「褻」，下言「新」，互見之也。然則非朝服明矣。　自此以至於沐浴之前，皆用人持手足，至綴足用燕几，則御者一人坐持其足，而持手者猶二人也。

男女改服。

鄭氏曰：爲賓客來問病，亦朝服也。庶人深衣。又士喪記註曰：「主人深衣。」　愚謂男女改服者，男子笄、纚深衣，婦人斬衰者去笄而深衣，齊衰者骨笄而深衣也。檀弓曰：「始死，羔裘、玄冠者，易之而已。」問喪曰：「親死，笄、纚，徒跣，扱上衽，交手哭。」此卽下文「始卒，主人啼，兄弟哭」之節也。衽，深衣之衽也。始死云「扱上衽」，則前此已服深衣，而至此第扱其衽，則深衣爲改服所服無疑也。蓋疾時養者玄端，非養或朝服或玄端，婦人則纚、笄、總、玄綃衣。此皆吉服，非可施於始死，而由吉趨凶，必有其漸，深衣在吉凶之間，故總服之，其所以改服者，固非爲賓客來問疾，而其服亦非朝服也。士喪記註以爲深衣者雖得之，而以爲但主人服此，則亦未爲得也。

屬纊以俟絶氣。釋文：屬音燭。纊音曠，一音古曠反。

鄭氏曰：纊，今之新綿，易動搖，置口鼻之上以爲候。　愚謂復以氣絶爲節，氣絶然後遷尸於牀而復。

男子不死於婦人之手，婦人不死於男子之手。

鄭氏曰：君子重終，爲其相褻。　愚謂死，謂氣絶也。男子不死於婦人之手者，謂所使持四體、屬纊之人，皆以男子，而不以婦人也。

君夫人卒於路寢，大夫世婦卒於適寢，内子未命則死於下室，遷尸于寢，士之妻皆死于寢。

釋文：適，丁歷反。

鄭氏曰：言死者必皆於正處也。寢、室通耳，其尊者所不燕焉。君謂之路寢，大夫謂之適寢，士或謂之適室。內子，卿之妻。下室，其燕處也。熊氏安生曰：諸侯夫人、大夫妻及士之妻卒，皆於夫之正寢。愚謂熊氏之説是也。凡妻之死，皆與夫同處。君夫人，謂君之夫人也。大夫世婦，謂大夫之世婦也。內子，卿之妻也。曰「路寢」，曰「適寢」，曰「寢」，皆其夫之正寢也。凡婦人從其夫之爵位，內子未命，謂其夫未受爵命於太廟也。君於卿大夫，年五十乃假祖廟而命之。下室，謂妻之寢也。士喪禮既卒，「設牀第，當牖」而「遷尸」，遷而後行復事。遷尸於寢，由下室而遷於夫正寢之牖下，既遷尸乃復也。內子未命者如此，則世婦可知。蓋喪事有卿大夫之位，君夫人則天子諸侯弔焉，大夫士之妻則君夫人、卿、大夫弔焉，皆不可於婦人之寢褻之，故其死必皆於夫寢也。內子未命者既死而遷尸，則凡卒於夫寢者皆於疾病而已遷矣。不言男子死處者，死於適室，士喪禮有明文，則大夫以上亦從可知。惟婦人之禮未顯，故特言之。○鄭氏曰：此變「命婦」言「世婦」者，明尊卑同。世婦以君下寢之上爲適寢。愚謂天子之次婦曰三夫人，諸侯之適妻亦曰夫人，諸侯之次婦曰世婦，大夫之適妻亦曰世婦，皆以其尊相當也。此篇所言「世婦」，有指大夫之適妻者：「大夫世婦卒於適寢。」復，「世婦以襢衣」，內子「爲世婦之命授人杖」，士「於大夫世婦之命如大夫」，是也。有指諸侯之次婦者：「君之喪」，「五日授世婦杖」，「夫人、世婦在其次則杖」，「夫人、世婦、諸妻皆疏食水飲」，「君於大夫、世婦，大斂焉」，「夫人於世婦，大斂焉」，是也。鄭氏似以此「世婦」爲兼言君之世婦，非也。「君夫人」、「大夫世婦」與下「士之妻」一例，不得兼言君之世婦也。且君之下室，固無適寢之稱，而世婦之喪，君所不主，其赴告不及於鄰國，其治喪蓋卽於其寢耳。

復，有林麓則虞人設階，無林麓則狄人設階。

鄭氏曰：復，招魂復魄也。階，所乘以升屋者。虞人，主林麓之官。狄人，樂吏之賤者。階，梯也。簨虡之類。愚謂此謂人君之禮也。有林麓，謂其地與林麓近也。使虞人設階者，以其常升山陵，於設階之事習也。無林麓，謂其地與林麓遠也。狄人，蓋冬官之屬。鄭氏以狄人爲樂吏，蓋據祭統而言。然此篇言「狄人設階」，又言「狄人出壺」，書顧命云「狄設黼扆、綴衣」，此其事皆與樂官無與，疑冬官別有狄人，非祭統所言也。大夫士之復，其設階蓋私臣隸子弟之屬爲之。

小臣復，復者朝服。君以卷，夫人以屈狄，大夫以玄赬，世婦以襢衣，士以爵弁，士妻以稅衣，皆升自東榮，中屋履危，北面三號，卷衣投于前，司服受之，降自西北榮。釋文：朝，直遥反。以卷，本又作「衮」，同古本反。屈音闕。赬，赤貞反。襢，知彥反。稅，他亂反。榮如字，劉昌宗音營。號，户高反。卷衣，居勉反，徐紀阮反。

鄭氏曰：小臣，君之近臣也。朝服而復，所以事君之衣也。用朝服而復之者，敬也。復用死者之祭服，以其求於神也。君以卷，謂上公也。夫人以屈狄，互言耳。上公以衮，則夫人用褘衣；而侯伯以鷩，其夫人用揄狄；子男以毳，其夫人乃用屈狄矣。赬，赤也。玄衣、赤裳，所謂「卿大夫自玄冕而下」之服也。其世婦亦以襢衣。榮，屋翼。升東榮者，謂卿、大夫、士也。天子諸侯言「東霤」。危，棟上也。號，若云「皋某復」也。司服以篋待衣於堂前。孔氏曰：小臣，君之親近。冀君魂來依之，則大夫士以下悉用近臣也。復之人服朝服，奉事君之魂神，故朝服。君以卷者，謂上公自卷冕而下。夫人以屈狄者，謂子男之夫人自屈狄以下。大夫以玄赬者，大夫用玄冕、玄衣、纁裳，故曰「玄赬」。世婦，大夫妻也。世婦上服惟襢衣，故用以復。君之世婦亦襢衣也。士以爵弁者，六冕以衣名冠，爵弁以冠名服，此用其衣，非用其冠。稅衣，六衣之下也，士妻得服之。榮，屋翼也。天子諸侯四注爲屋，大夫以下不得四注，但南北二注而爲直頭，以其體下於屋，在屋兩頭似翼，故名屋翼。升自東榮者，復者升東翼而上也。中屋者，當屋東西之中央。履危者，履屋棟上高危之處也。復者北面，求諸陰之義也。三號者，一號於上，冀神在天而來；一號於下，冀神在地而來；一號於中，冀神在天地之間而來也。每號輒云：「皋某復矣！」皋，長聲也。三招魂竟，卷斂所復之衣，從屋前投下，司服之官以篋待衣於堂前也。降自西北榮者，初復是求生，故升東榮而上，求既不得，不忍虛從所求不得之道還，故自幽陰而下也。不正西而西北者，因取西北厞爲便也。必取西北厞者，亦用幽陰之所也。故鄭註士喪禮曰：「不由前降，不以虛反也。降因取西北厞，若云此室凶，不可居也。」高氏閌曰：今淮南風俗，民有暴死，使數人升其居屋及於路旁偏呼之，有蘇活者，豈復之遺意與？　愚謂小臣復，謂諸侯之禮也。若大夫士復，當亦私臣之親近者爲之，而其服皆朝服也。於君言上公之「卷」，舉上以見其下；於夫人言子男之「屈狄」，舉下以見其上也。不言「卿」與「內子」者，文不具也。爾雅：「一染謂之縓，再染謂之赬，三染謂之纁。」此於大夫不言「玄纁」，而曰「玄赬」，豈冕服之纁裳，其色亦有淺深之差與？三號者，禮成於三也。降自西北榮，則升亦自東南榮，蓋東西榮之中皆偏高，不便於升降也。若人君四注之屋，則升降皆於東西霤也。升自東南，降自西北，禮以相變爲敬也。司服，春官之屬。

司服受之，亦諸侯之禮也。此始言「小臣復」，中言「升自東榮」，末言「司服受之」，錯舉之，皆所以互相備也。按周禮夏采「復於大祖」及四郊，祭僕「復於小廟」，隸僕「復於小寢、大寢」，此「小臣」蓋即祭僕、隸僕之屬。蓋以其聯職共事，故皆得謂之小臣也。周禮小臣四人，而燕禮小臣相工四人，又有辭賓下拜者，請媵爵者，皆小臣也。則知小臣之名，通於祭僕之屬矣。天子大廟以夏采復，諸侯兼官，或大廟亦小臣之屬復與？諸侯復於小寢、大寢、小祖、大祖、庫門、四郊，士惟復於寢，卿大夫當兼復於寢、廟。然自人君四郊之外，其復皆用此禮也。

其爲賓，則公館復，私館不復。其在野，則升其乘車之左轂而復。釋文：乘，繩證反。

說見曾子問及雜記。

復衣不以衣尸，不以斂。釋文：衣尸，於既反。

鄭氏曰：不以衣尸，謂不以襲也。復者，冀其生也，若以其衣襲、斂，是用生施死，於義相反。士喪禮云：「以衣衣尸，浴而去之。」

婦人復，不以袡。釋文：袡，而廉反。

鄭氏曰：袡，嫁時上服，而非事鬼神之衣。

凡復，男子稱名，婦人稱字。

鄭氏曰：婦人不以名行。愚謂此謂大夫士也。曲禮：「天子曰天子復，諸侯曰某甫復。」以此推之，王后宜曰「王后復」，而諸侯夫人亦稱字與？

唯哭先復，復而後行死事。

鄭氏曰：氣絶則哭，哭而復，復而不蘇，可以爲死事。

始卒，主人啼，兄弟哭，婦人哭踊。

鄭氏曰：悲哀有深淺也。嬰兒中路失母，能勿啼乎？ 孔氏曰：孝子哀痛，嗚咽不能哭，如嬰兒失母，故啼也。有聲曰哭。 愚謂始卒，謂復前氣絶時也。問喪曰「親始死，笄、纚，徒跣，扱上衽，交手哭」，謂此時也。 主人，適子及衆子也。 兄弟，期喪以下之親也。 婦人，亦謂期喪以下者。 若死者之妻亦啼踊者，主人、兄弟、婦人皆踊也。

既正尸，子坐于東方；卿、大夫、父、兄、子姓立于東方；有司、庶士哭于堂下，北面； 夫人坐于西方；內命婦、姑、姊妹、子姓立于西方；外命婦率外宗哭于堂上，北面。

鄭氏曰：正尸，謂遷尸牖下，南首也。子姓，謂衆子孫，姓之言生也。其男子立於主人後，女子立於夫人後。 世婦爲內命婦，卿大夫之妻爲外命婦。 孔氏曰：夫人坐於西方者，亦近尸，故士喪禮「婦人俠牀，東面」。但士禮畧，但言「俠牀」，人君則當以帷障之也。外命婦、外宗疏於內命婦，故在户外。 婦人無堂下之位，故皆堂上，北面。 愚謂此言人君初喪，主人以下之位也。遷尸牖下謂之正尸者，始廢牀時猶東首，至是始卒，始正其南首之法也。 子，世子也。 坐於東方，爲喪主也。 父、兄，大功以上尊長之親也。 子姓，謂衆子及諸孫也，而大功以上卑幼之親亦該焉。 立於東方者，立於主人之後也。有司，三等之士也。 庶士，謂未命之士，燕禮所謂「士旅食」者也。 哭於堂下，當兩階間而西上也。 北面，向尸也。夫人坐於西方，爲女主也。若無夫人，則適婦爲女主。內命婦，世婦以下也。子姓，謂女子子也，而諸子婦之屬亦該焉。立於西方者，立於夫人之後也。外命婦，卿大夫之妻爲君有服者也。外宗，同宗之婦也。既言「外命婦」，又言「外宗」者，以外宗不皆爲外命婦也。若卿大夫之妻爲君無服者，則不與於君喪也。哭於堂上，當户牖間而西上也。此以室之內外別親疏之位，而在室內者以尸西、尸東爲男女之別，在室外者以堂上、堂下爲男女之別也。於東方、西方者不言「哭」，不嫌不哭也。於堂下、堂上者不言「立」，不嫌不立也。○楊氏信曰：始死哭位，必辨室中、堂上、堂下之位，非特男女、內外、親疏、上下之分不可以不正，亦治喪馭繁、整雜之大法也。陸氏佃曰：卿、大夫序父、兄、子姓之上者，國事先君臣也。諸侯爲卿、大夫服，而不服父、兄、子姓，以此。愚謂下文言「君將大斂」，「卿大夫即位於堂廉，楹西」，而「父、兄在堂下北面」，則卿、大夫親於父、兄矣。然喪事以服之精粗爲序，子姓乃衆子，未可以卿、大夫先之。疑立於東方者卿、大夫，則序尊卑而北上；父、兄、子姓，則序服之精粗而南上與？○孔疏謂「人君位尊，不可不正定世子之位，卿、大夫等或當在户外東方，遥繼主人之後」，非也。世子主喪而坐，而衆子立於其後，則尊卑之位固不患其不定矣。堂上爲婦人之位，不可以父、兄、子姓參之也。疏又謂「父、兄、子姓雖小功以下，皆在堂上西面」，亦非也。君有服之親，其爲卿、大夫者，在卿、大夫之位；其不爲卿、大夫者，大功以上與父、兄、子姓齒，小功以下與有司、庶士齒。記所以不言小功以下者，有司、庶士內該之也。疏又謂「子姓中有女之女」，亦非也。女之女爲外祖父母本服小功，則當哭於堂上，不言者，外命婦內該之也。

大夫之喪，主人坐于東方，主婦坐于西方，其有命夫、命婦則坐，無則皆立。

鄭氏曰：命夫、命婦來哭者，同宗父、兄、子姓，姑、姊妹、子姓也。凡此哭者，尊者坐，卑者立。孔氏曰：大夫之喪，不顯父、兄、子姓及姑、姊妹哭位者，約上文君喪及下文士喪可知也。愚謂君尊於父、兄、子姓，故主人皆坐，而餘人則立。大夫有命夫、命婦則坐，其尊敵故也。

士之喪，主人、父、兄、子姓皆坐于東方，主婦、姑、姊妹、子姓皆坐于西方。

鄭氏曰：士賤，同宗尊卑皆坐。愚謂主人與衆主人尊卑不殊也。士喪記曰：「室中唯主人、主婦坐，兄弟有命夫、命婦在焉亦坐。」與此不同者，蓋室中唯主人、主婦得坐者，上下之達禮也，非但以其尊，亦所以定喪主之位也。但士賤，故餘人亦許其坐，而不以坐爲常。若命夫、命婦在焉，則得常坐，與主人、主婦同也。

凡哭尸于室者，主人二手承衾而哭。

鄭氏曰：承衾哭者，哀慕若欲攀援。

君之喪未小斂，爲寄公、國賓出；大夫之喪未小斂，爲君命出；士之喪於大夫，不當斂則出。

釋文：爲，于僞反，下皆同。

鄭氏曰：父母始死悲哀，非所尊不出也。出者，或至庭，或至門。國賓，聘大夫。不當斂，其來非斂時。孔氏曰：此謂未小斂之前，主人出迎賓之節。世子迎寄公及國賓，士出迎大夫，皆至庭，故下文云「降自西階」，又云「士於大夫親弔，則與之哭，不逆於門外」，是也。大夫於君命，迎於寢門外，以此言之，則世子於天子之命，士於君命，亦皆然也。君與大夫云「未小斂」，謂去小斂遠也。士於大夫云「不當斂」，謂去小斂近也。士於大夫，雖於小斂相偪，尚爲大夫出，若未小斂之前，爲大夫出可知也。未襲之前，唯爲君命出，其餘則不出，故士喪禮未襲之前，「君使人弔，主人迎於寢門外，見賓不哭，先入門右，北面」，是也。君使退，主人哭拜送於外門外。於時賓有大夫，則特拜之，因送君使而拜之，非謂特出迎賓也。雜記云「士喪當袒，大夫至，絶踊而拜之」，亦謂斂後，正斂時不出也。愚謂寄公，謂諸侯失地而寄寓於諸侯者也。國賓，謂諸侯來賓者也。周禮司几筵「筵國賓於牖前」，是也。聘禮遭主國君喪，不言有致弔之禮，蓋使者奉命出聘，未復命則不得私致弔於他國君也。左傳：「衛穆公卒，晉三子自役弔焉，哭於大門之外。衛人逆之，婦人哭於門內。」此已是春秋時失禮，然猶不敢至喪所，則此「國賓」非聘者明矣。君爲寄公、國賓出，士爲大夫出，出至庭而拜之也。大夫之喪，爲君命出，出至門而迎之也。蓋父母初死，哀痛方深，且喪事急遽，故非所尊敬則不出也。喪不迎賓，惟臣於君命則迎於寢門之外。

凡主人之出也，徒跣，扱衽，拊心，降自西階。君拜寄公、國賓于位。大夫於君命，迎于寢門外，使者升堂致命，主人拜于下。士於大夫親弔，則與之哭，不逆於門外。釋文：使，色吏反。

鄭氏曰：拜寄公、國賓於位者，於庭鄉其位而拜之。此時寄公位在門西，國賓位在門東，皆北面。小斂之後，寄公東面，國賓門西，北面。士於大夫親弔，謂大夫身來弔士也。與之哭，既拜之，即位西階東面哭。愚謂士喪禮朝夕哭弔賓之位，「卿大夫在主人之南，諸公門東，少進，他國之異爵者門西，少進」，士西方東面；而於始死以後至殯以前，皆不見弔賓之位。蓋其位與朝夕哭同，故不別見之。故士喪禮「有賓則拜之」，鄭氏云「其位如朝夕哭」是也。若諸侯，則羣臣之位，始死之時，親而尊者在室，疏而卑者在堂下，卽上經之所陳者是也。既小斂，則卿大夫皆在主人之南，西面，士西方東面。而士禮門東，北面，少進之位，於諸侯則當爲寄公之位；士禮門西，北面，少進之位，於諸侯則當爲國賓之位。自始死以至於朝夕哭皆然。若鄰國卿大夫來弔者，則當在門西，北面，但始死之時，鄰國弔使亦未能卽至耳。君拜寄公、國賓於位者，南向就其位而拜之也。主人拜於下，拜於中庭也。凡臣於君之弔，皆卽位於門右，北面，受弔於中庭。故士喪始死，君使人弔，主人迎於寢門外，見賓不哭，先入門右，北面。弔者入，升自西階，主人進中庭，弔者致命，主人哭拜稽顙成踊。賓出，主人拜送於外門外。大夫於君命亦然。士於大夫親弔，則與之哭者，大夫西面於阼階下之南，主人卽西階下位，與之俱東面而哭也。○鄭氏云：「大夫特來，則北面。」此據檀弓「曾子北面而弔」爲說，不知曾子北面乃弔於不爲位者之禮，非可以決弔位之正。

夫人爲寄公夫人出，命婦爲夫人之命出，士妻不當斂則爲命婦出。

鄭氏曰：出，拜之於堂上也。此時寄公夫人、命婦位在堂上，北面，小斂之後，尸西，東面。孔氏曰：婦人尊卑與夫同，故所爲出者亦同也。愚謂出，謂出於室也。寄公夫人、命婦位在堂上北面者，以婦人無堂下之位，而尸在室中，宜北面鄉之也。蓋寄公夫人在外命婦之西，命婦在衆婦人之西，而皆西上，其拜之皆於户外南鄉而拜之也。命婦爲夫人之命，拜稽顙於庭。○孔氏謂「出爲出房」，非也。

此時尸在室，主婦在尸西，東面，不得在房也。又謂「命婦爲夫人之命，不下堂」，亦非也。未斂之前，主人爲君命，亦拜於庭，則主婦亦然，約下夫人弔之禮可見也。

小斂，主人即位于户内，主婦東面，乃斂。卒斂，主人馮之踊，主婦亦如之。主人袒，說髦，括髮以麻，婦人髽，帶、麻于房中。釋文：馮，皮冰反，本或作「憑」，後皆同。說，本又作「稅」，同他活反，徐他外反。

鄭氏曰：士既殯說髦，此云「小斂」，蓋諸侯禮也。士之既殯，諸侯之小斂，於死者俱三日也。婦人之髽，帶、麻於房中，則西房也。天子諸侯有左右房。孔氏曰：初時尸在牖下，主人在尸東，今小斂在户内，故主人在户内稍東，西面鄉。小斂不袒，今方有事，故袒衣也。士喪禮馮尸已竟而髺髮、袒，此未括髮先袒，或人君禮也。髦，幼時翦髮爲之，至年長則垂著兩邊，明人子事親恆有孺子之義也。若父死說左髦，母死說右髦，二親並死則並說之，親没不髦，是也。今小斂竟，喪事已成，故說之也。按鄭註「士既殯說髦」，今小斂而說者，人君禮也。括髮以麻者，人君小斂說髦訖而括髮用麻也。士小斂後亦括髮，但未說髦耳。婦人髽者，婦人髽亦用麻，對男子括髮也。帶麻於房中者，帶麻，麻帶也，謂婦人要絰也。士喪禮云：「婦人之帶，牡麻，結本，在房。」此齊衰婦人，若斬衰婦人亦苴絰也。此經兼明諸侯之禮，有東西房，男子既括髮於東房，故婦人髽及帶麻於西房也。愚謂此篇凡言諸侯之禮，皆著言「君」「夫人」，此但言「主人」「主婦」，則謂上下之達禮也。斂，謂以衣、衾斂尸也。衣少謂之小斂，衣多謂之大斂。小斂之時，主人即位於户内西面，主婦即位於户内東面。於主人言「户内」，於主婦言「東面」，互見之也。袒者，袒左袖扱於右腋之下也。凡禮事皆左袒，主人有事於尸，乃袒小斂之袒，爲將奉尸侇於堂也。士喪禮「既殯說髦」，此小斂說髦，禮俗不同，記者各據所聞言之。曲禮居喪之禮，「皆如其國之故，謹脩其法而審行之」，謂此類是也。括髮以麻者，初死笄、纚而未有他服，至是主人乃散垂其髮，而以麻約之，謂之括髮。衆主人則用布而謂之免。蓋始變飾爲成服之漸也。括髮乃袒，自首及身，事之次也。或先言「括髮」，或先言「袒」，由文便爾。髽，去纚而露紒也。婦人之髽，猶男子之括髮與免也。帶、麻，加要帶與麻絰也。房中，註疏以爲西房，是也。知房爲西房者，士喪禮「衆主人免於房」，此爲東房，故知婦人之帶、麻宜在西房也。又士喪禮云「婦人髽於室」，此不言者，文畧也。此時男子尚未加絰，而婦人已帶、麻者，蓋男子之絰帶，饌於東方，故降階卽位後乃加之，婦人之髽在室，其帶在房，二事相連爲之，故先於男子也。

徹帷，男女奉尸夷于堂，降拜。 釋文：奉，芳勇反。夷，本或作「侇」，同音移，一本作「奉尸于堂」。

鄭氏曰：夷之言尸也。於遷尸，主人、主婦以下從而奉之，孝敬之心。降拜，拜賓也。孔氏曰：初死，恐人惡之，故有帷，至小斂，衣尸畢有飾，故除帷也。此士禮耳，諸侯及大夫賓出乃徹帷，事見下文。夷，陳也。小斂竟，相者舉尸將出户，陳於堂，而孝子、男女親屬並扶捧之，以極孝敬之心也。降，下也。既陳於堂，則孝子下堂拜賓也。愚謂此與上節相承，此爲士禮，則上節不專爲諸侯禮亦明矣。奉尸夷于堂，正尸於兩楹之間也。

君拜寄公、國賓，大夫士拜卿大夫於位，於士旁三拜。夫人亦拜寄公夫人於堂上，大夫內

子、士妻特拜命婦、汜拜衆賓於堂上。釋文：汜，芳劒反。

鄭氏曰：衆賓，謂士妻也。尊者皆特拜，拜士與其妻皆旅之。　愚謂此言小斂後拜賓之法也。　君拜寄公、國賓者，言君之所拜者惟寄公、國賓也。　大夫士拜賓，於卿大夫則各就其位而拜之，卿大夫尊，故特拜也。　於士則鄉其方而三拜之，士賤，故旅拜也。　大夫內子，謂大夫之內子也。　命婦，卿大夫之妻也。　衆賓，謂士妻也。　汜，廣也。　汜拜，謂人雖多，但一拜之也。大夫士之妻拜賓於堂上，於命婦亦特拜，於士妻亦旅拜。然大夫士於士旁三拜，此拜衆賓不言「旁三拜」者，婦人質弱，但有奇拜也。小斂之後，寄公夫人當在堂上戶東，西面，以士喪禮「諸公門東少進」之位準之也。　大夫士之喪，命婦之位當在阼階上主婦之北，可以士喪禮「卿大夫在主人南」者準之也。　衆賓之位，當在西房戶外之西，可以士喪禮「士西方東面」者準之也。　夫人拜寄公夫人北面，大夫內子、士妻拜命婦東面，拜衆賓西面，皆既拜乃東卽、阼階上之位也。○孔疏讀「君拜寄公、國賓、大夫、士」爲句，謂嗣君拜寄公、國賓，又拜大夫士，非是。　君喪無拜大夫士之禮，天子於諸侯亦不拜，惟先代之後則拜。左傳宋「於周爲客」，天子「有喪拜焉」，則其餘諸侯皆不拜也。

主人卽位，襲、帶、絰、踊。母之喪，卽位而免，乃奠。釋文：免音問。

鄭氏曰：卽位，阼階下位也。　襲、絰乃踊，尊卑相變也。　孔氏曰：士喪禮先踊乃襲、絰，此先襲、絰乃踊者，士禮卑，此據人君爲尊，故曰「尊卑相變」。　奠，謂小斂奠。　愚謂此亦上下之達禮，與士喪禮不同者，亦禮俗異耳。母之喪，初在堂上時亦括髮，至降卽阼階下位，則改而免，殺於爲父之禮也，說詳小記。惟於此著言爲「母」之異，則上文所言之禮皆父母同也。

弔者襲裘，加武，帶、絰，與主人拾踊。釋文：拾，其刧反。

鄭氏曰：始死，弔者朝服、裼裘，如吉時也，小斂則改襲而加武與帶、絰矣。武，吉冠之卷也。加武者，明不改冠，亦不免也。孔氏曰：加武者，賀氏云：「武，謂吉冠之卷。主人既素冠、素弁，故弔者加素弁於武。」帶，謂要帶。絰，謂首絰。總言絰、帶，以朋友之恩也。無朋友之恩，則無帶，惟絰而已。熊氏云：「加武，帶、絰，謂有朋友之恩，以絰加於武，連言帶耳。」拾，更也，謂主人先踊，婦人踊，弔者踊三者三，是與主人更踊。愚謂加武，熊氏謂「加絰於武」，是也。加武，帶、絰者，以弔絰加於冠之武，而要又著帶也。麻不加於采，小斂之後，弔者猶玄冠、朝服而加帶、絰，以此知弔絰乃葛絰也。加武，帶、絰，弔者之服皆然，非專爲有朋友之恩，說見檀弓。○熊氏安生曰：小斂之時，君於臣，大夫於士，士於朋友之恩，若兩大夫不假朋友之恩，皆朝服、襲裘加絰於玄冠之上，若大夫士無朋友之恩，皆玄冠、朝服、襲裘而已。若士大斂之時，有朋友之恩者，及兩大夫相爲，并君於大夫，皆皮弁服、襲裘加弁絰。故雜記云「大夫與殯亦弁絰」，殯則大斂也。君於士大夫，士自相於無朋友恩者，則亦皮弁服、襲裘，無弁絰也。故士喪禮云「君於士視大斂」，註云「皮弁服、襲裘無絰」也。故服問云「公爲卿大夫錫衰，若當事則弁絰」，不云「士」，則士雖當事不弁絰。君於士尚皮弁，則君於卿大夫亦皮弁。此皆未成服之前弔服也。愚謂熊氏之說皆未是。凡弔於小斂之後、未成服之前者，天子於諸侯以爵弁、紂衣，檀弓「天子之哭諸侯，爵弁絰、紂衣」，是也。諸侯於大夫以皮弁服，小記：「諸侯弔，必皮弁、錫衰。」「主人未喪服，則君不錫衰。」未喪服但不錫衰，則未喪服已皮弁可知也。又雜記云：「大夫之哭大夫弁絰，大夫與殯亦弁絰。」是大夫相弔皆以皮弁，與諸侯同也。若君大夫於士，及士自相弔，則皆玄冠、朝服也。若其服皆襲而不裼，其首及腰皆加帶、絰，則上下同也。凡未成服之前，弔者皆葛絰，若君爲大夫，及大夫相爲，及士爲朋友，則既成服之後皆爲之服麻，若非朋友，則既成服之後弔者亦葛絰而已。

君喪，虞人出木、角，狄人出壺，雍人出鼎，司馬縣之，乃官代哭。大夫官代哭，不縣壺。士代哭不以官。釋文：縣音玄。

鄭氏曰：代，更也。未殯，哭不絕聲，爲其罷倦，既小斂可以爲漏刻分時而更哭也。木，給爨竈。角，以爲䤾水斗。壺，漏水之器也。冬漏以火爨鼎，沸而後沃之。此挈壺氏所掌也，屬司馬，司馬涖縣其器。大夫不縣壺，下君也。士代哭不以官，自以親疏哭也。孔氏曰：虞人，主山澤之官，故出木與角。雍人主烹飪，故出鼎。冬月恐水凍，故取鼎煖水，用木爨之。縣漏分時，均其官屬，使更代而哭。夏官挈壺氏云：「凡喪，縣壺以代哭者。」

君堂上二燭，下二燭。大夫堂上一燭，下二燭。士堂上一燭，下一燭。

鄭氏曰：燭所以照饌也。滅燎而設燭。孔氏曰：有喪則於中庭終夜設燎，至曉滅燎，而日光未明，故須燭以照祭饌。

賓出，徹帷。鄭註：徹或爲「廞」。

鄭氏曰：君與大夫之禮也。士卒斂卽徹帷。　愚謂此上蓋有脫文。

哭尸于堂上，主人在東方，由外來者在西方，諸婦南鄉。釋文：鄉，許亮反。

鄭氏曰：由外來，謂奔喪者也。無奔喪者，婦人猶東面。　孔氏曰：小斂後尸出在堂時，主人位在尸東，婦人位在尸西。如室中若有新奔喪從外來者，則居尸西方，欲見異於在家者也。婦人位本在西方東鄉，今既有奔喪者，故移辟之而近北鄉南也。

婦人迎客、送客不下堂，下堂不哭。男子出寢門外見人〔一〕，不哭。

鄭氏曰：婦人所有事自堂及房，男子所有事自堂及門，非其事處而哭，猶野哭也。出門見人，謂迎賓也。　孔氏曰：婦人於敵者不下堂，若君夫人弔，則主婦下堂至庭，稽顙而不哭也。男子於敵者來弔不出門，若有君命，則出門，亦不哭也。

其無女主，則男主拜女賓于寢門內；其無男主，則女主拜男賓于阼階下。子幼，則以衰抱之，人爲之拜。爲後者不在，則有爵者辭，無爵者人爲之拜。在竟內則俟之，在竟外則殯、葬可也。喪有無後，無無主。釋文：衰，七雷反。人爲，于僞反。竟音境。

鄭氏曰：拜者，皆拜賓於位也。爲後者有爵，攝主爲之辭於賓，不敢當尊者禮也。愚謂喪禮男主拜男賓，女主拜女賓，無女主則男主拜女賓，無男主則女主拜男賓，不得已而通禮之窮也。女賓之位在堂上，則拜女賓於寢門內者，北面也。男賓之位在阼階下西面，則拜男賓於阼階下者，南面也。女

〔一〕禮記注疏無「外」字。

主拜賓於堂上，今乃於寢門內，男主拜賓於庭，今乃於阼階下，所以別於正主之禮，且欲相遠，以謹男女之別也。有爵者，謂死者及其爲後者爲大夫也。大夫至五十，則君假祖廟而命之，故曰「五十爵命爲大夫」。大夫有受爵命之法，則雖其爲大夫而未爵者，亦以是稱之矣。凡曰「有爵」者，曰「命夫、命婦」者，皆據大夫而言也。辭，告也。謂告賓以主人不在，未得拜賓也。有爵者辭，所謂「士不攝大夫」也。無爵者，謂士也。人爲之拜者，蓋或庶子，或期親以下，推一人親者攝主而拜賓也。在竟內則俟之，在竟外則殯、葬可者，殯、葬有常期，不可久稽也。喪有無後，無無主，人之嗣續有時而乏，而禮不可闕也。

君之喪，三日，子、夫人杖；五日既殯，授大夫、世婦杖。子、大夫寢門之外杖，寢門之內輯之；夫人、世婦在其次則杖，卽位則使人執之。子有王命則去杖，國君之命則輯杖，聽卜、有事於尸則去杖。大夫於君所則輯杖，於大夫所則杖。釋文：輯，側立反。去，起呂反，下「去杖」皆同。

鄭氏曰：三日者，死之後三日也。爲君杖不同日，人君禮大，可以見親疏也。輯，斂也。斂之，謂舉之，不以拄地也。夫人、世婦次於房中，卽位堂上，堂上近尸殯，使人執杖，不敢自持也。子於國君之命輯杖，下成君，不敢敵之也。卜，卜葬、卜日也。凡喪祭，虞而有尸。大夫於君所輯杖，謂與之俱卽寢門外位也，獨焉則杖。君，謂子也。於大夫所杖，俱爲君杖，不相下也。孔氏曰：大夫之喪既殯，主人、主婦、室老皆杖，今君喪，親疏杖不同日，是人君禮大也。寢門之內輯之者，謂大夫特來，不與子相隨也。若與子相隨，子杖則大夫輯，子輯則大夫去杖也。有王命則去杖，尊王命也。聽卜、有事於尸則去杖，敬卜及尸也。愚謂世婦，謂諸侯之次婦也。士及諸妻，爲君皆杖，不言者，諸侯五日而殯，殯而成服，則無不杖者矣。言「五日，大夫、世婦杖」，則其餘可知也。大夫寢門之外杖，謂自在其次也。大夫寢門之內輯杖，謂與君俱卽位時也。庶子不以杖卽位，所以正適、庶之分，大夫於君不嫌也。喪服傳大夫之喪，「衆臣杖，不以卽位」，則大夫之貴臣以杖卽位也。大夫之貴臣以杖卽位，則諸侯之卿大夫以杖卽位可知矣。故檀弓曰：「公之喪，諸達官之長杖。」大夫寢門之內輯杖，則士之杖不以入寢門也。諸妻之杖，蓋不以出於房與？

大夫之喪，三日之朝既殯，主人、主婦、室老皆杖。大夫有君命則去杖，大夫之命則輯杖。內子爲夫人之命去杖，爲世婦之命授人杖。釋文：爲，于僞反。

鄭氏曰：大夫有君命去杖，此指大夫之子，而云「大夫」者，通實大夫有父母之喪也。授人杖，與使人執之同也。孔氏曰：內子，卿妻也。有夫及長子喪，君夫人有命弔己，皆爲之去杖也。若有君之世婦命弔，則使人執杖以自隨也。經云「大夫之喪」，不舉「命婦」而舉「內子」卿妻者，舉「內子」則命婦可知，文相互也，欲見卿喪與大夫同。愚謂大夫之臣，爲大夫皆杖，而獨言「室老」者，以衆臣賤而略之，亦猶君之喪不言「授士杖」之義也。世婦，謂大夫之世婦。若於君之世婦之命，其禮亦然。

士之喪，二日而殯，三日之朝，主人杖，婦人皆杖。於君命、夫人之命如大夫，於大夫、世婦之命如大夫。

鄭氏曰：士二日而殯者，下大夫也。士之禮，死與往日，生與來日，此「二日」，於死者亦得三日也。婦人皆杖，謂主婦，容妾爲君，女子子在室者。孔氏曰：前大夫之喪，云「主人、主婦」，此士之喪，直云「婦人皆杖」，婦人是衆羣婦，故知容妾爲君及女子子在室者也。　愚謂上言「主人、主婦」，此言「婦人皆杖」，亦所以互見也。

子皆杖，不以即位。

鄭氏曰：子，凡庶子也。不以即位，與去杖同。孔氏曰：君、大夫、士之庶子，並不得以杖即位，宜在寢門之外去之。

大夫士哭殯則杖，哭柩則輯杖。

鄭氏曰：哭殯，謂既塗也。哭柩，謂啟後也。大夫士之子於父，父也，尊近，哭殯可以杖。天子諸侯之子於父，父也，君也，尊遠，杖不入寢門。孔氏曰：知非未殯之前哭柩者，大夫士之喪，未殯之前則未杖也。　愚謂大夫士哭殯則杖，人君輯之；大夫士哭柩輯杖，則人君去杖矣。

弃杖者，斷而弃之於隱者。

鄭氏曰：杖以喪至尊，爲人得而褻之也。釋文：棄，本亦作古「弃」字。斷，丁管反。

始死，遷尸于牀，幠用斂衾，去死衣，小臣楔齒用角柶，綴足用燕几，君、大夫、士一也。釋文：幠，荒胡反。去，起呂反。楔，息結反。柶音四。綴，竹劣反，又竹衛反。

鄭氏曰：牀，謂所設牀第當牖者也。士喪禮曰：「士死於適室。」幠用斂衾，去死衣，病時所加新衣及復衣也，去之以俟沐浴。孔氏曰：遷尸於牀，離初死處，近南當牖，即前所謂「正尸」也。幠，覆也。斂衾者，將擬大斂之衾被也。既用斂衾覆之，故除去死時所加新衣及復衣，爲尸將浴故也。楔，拄也。柶，以角爲之，長六寸，兩頭屈曲。爲將含，恐口閉急，故使小臣以柶拄張尸齒令開也。綴足用燕几者，爲尸將著履，恐足辟戾，亦使小臣用燕几拘綴之令直也。按既夕禮云「綴足用燕几，校在南，御者坐持之」，鄭註云：「尸南首，几脛在南以拘足。」如鄭此言，則側几於足，令几腳南出，以拘尸足兩邊，不令辟戾。所以死後必遷當牖南首者，以生平寢卧之處。故士昏禮同牢在奥。又云「御衽於奥，媵衽良席在東」，「北止」。又曲禮云：「爲人子者，居不主奥。」是尊者常居之處。若晝日常居則當户，故玉藻云：「君子之居恒當户。」若病時亦當户，在北牖下，取鄉明之義。故鄭前註「病者恒居北牖下」，明不病不恒居北牖下也。愚謂玉藻：「君子之居恒當户，寢必東首。」居不常在奥，則寢亦不常在奥也。惟人子朝夕供養父母，則席於奥，故昏禮婦盥饋舅姑皆席於奥。曲禮言「人子居不主奥」，以此也。奥非寢處之所，而昏禮「衽於奥」者，以奥爲尊處，重昏禮，故特布席於此，異於常法也。始死，設牀第當牖者，亦欲於尊處正尸，猶奉尸侇於堂，及朝廟正柩皆在兩楹間之義，非以兩楹間爲生平之所常處也。孔氏説非是。小斂一衾，大斂二衾，必用大斂衾覆尸者，以小斂時近，其衾當陳之，而大斂之衾尚未用也。先覆以衾而後去衣，重形也。燕几，燕私所用之几也。綴之者，横設於兩足之上，使人持之。特言「燕几」，則燕几與禮席所設之几蓋有異也。必用燕几綴足者，取其長僅容兩足，可以拘之也。

管人汲，不説繘，屈之，盡階不升堂，授御者。御者入浴，小臣四人抗衾。御者二人浴，浴

水用盆，沃水用枓，浴用絺巾，挋用浴衣，如它日。小臣爪足。浴餘水棄于坎。其母之喪，則内御者抗衾而浴。釋文：管人，如字，掌管籥之人。又古亂反，掌管舍之人也。説，吐活反。繘，均必反。抗，苦浪反。枓音主，又音斗。絺，勑其反。一本作「綌」，去逆反。挋音震。

鄭氏曰：抗衾者，蔽上，重形也。挋，拭也。爪足，斷足爪也。孔氏曰：此一節，明浴時也。管人，主館舍者。汲，謂汲水。不説繘，屈之者，繘，汲水瓶索也，遽促於事，故不説去此索，但縈屈執之於手中。盡階不升堂者，水從西階，而升盡不上堂。知西階者，以士喪禮「爲垼于西牆下」，故知從西階而升也。浴水用盆者，以盆盛浴水也。沃水用枓者，以枓酌盆水沃尸。熊氏云：「用盤於牀下承浴水。」浴用絺巾者，絺是細葛，除垢爲易，故用之也。士喪禮云：「浴巾二，皆用綌。」熊氏云：「此蓋人君與大夫禮，或可大夫上絺下綌，故玉藻云『浴用二巾，上絺下綌』，是也。」挋用浴衣者，挋，拭也，用生時浴衣拭尸肉令燥也。賀氏云：「以布作之。」士喪禮云「浴衣於篋」，註云「已浴所衣之衣，以布爲之，其制如今通裁」，是也。它日，謂平生尋常之日也。小臣爪足者，尸浴竟而小臣翦其足爪也。浴餘水棄于坎者，浴盆餘水棄之於坎中。坎者，是甸人所掘，於階間取土爲竈之坎。甸人，主郊野之官。其母之喪，則内御抗衾而浴者，内外宜別，故用内御擧衾也。内御，婦人，亦管人汲，事事如前，唯浴用人不同耳。愚謂此言浴尸之事也。主館舍之人謂之管人者，言其主舍中之管鑰也。舍必有井，是管人之所主，故使共沐浴之水焉。聘禮曰：「管人爲客三日具沐，五日具浴。」汲水不説繘而遂以授御者，則浴水汲而用之，不煮也。小臣，蓋大僕之屬也。御者，於諸侯則御僕也。抗，擧也。四人擧衾，四隅各一人也。舉衾，令可浴而不至於形也。二人浴者，左右各一人也。料，㪷水器，長柄，沃、盥用之。少牢禮曰：「司宮設罍水于洗東，有料。」如它日者，如生時之常法，謂「浴水用盆」以下四事也。弃沐浴餘水於坎，而甸人築之，士喪記曰「甸人築坅坎」是也。蓋以浴尸之餘，恐人見而憎惡之也。內御者抗衾而浴，言抗衾及浴者皆用內御者也。周禮女御：「大喪，掌沐浴。」母喪之異者惟此，則餘事皆與上同也。按士喪禮浴用水而已，此云「管人汲」，又曰「小臣抗衾而浴」，又云「浴用絺巾」，據諸侯而言，則諸侯以下浴皆用水也。周禮小宗伯：「王崩大肆，以秬鬯渳。」肆師：「大喪，大渳以鬯，則築鬻。」鬱人：「大喪之渳，共其肆器。」鬯人：「大喪之大渳，設斗，共其釁鬯。」大祝：「始崩，以肆鬯渳尸。」小祝：「大喪，贊渳。」是天子之喪，鬯人共秬鬯，肆師涖築鬻，鬱人共肆器，大祝主其渳，小祝贊之，而小宗伯涖之，與諸侯以下異矣。

管人汲，授御者，御者差沐于堂上。君沐粱，大夫沐稷，士沐粱。甸人爲垼于西牆下，陶人出重鬲。管人受沐，乃煑之，甸人取所徹廟之西北厞薪，用爨之。管人授御者沐，乃沐。沐用瓦盤，挋用巾，如它日。小臣爪手翦須。濡濯棄于坎。釋文：差，七何反。垼音役。重，直龍反。鬲音歷。厞，扶味反，隱也。舊作「扉」，門扉也。盤，本或作「槃」，步干反。濡，奴亂反。濯，直孝反。

鄭氏曰：差，淅也，淅飯米，取其瀋以爲沐也。浴沃用料，沐於盤中，文相變也。士喪禮沐稻，此云「士沐粱」，蓋天子之士也。以差率而上之，天子沐黍與？孔氏曰：此一節明沐也。君沐粱，大夫沐稷，士沐粱者，皆謂用其米取汁而沐也。甸人爲垼於西牆下者，謂將沐之時，甸人之官爲垼於西牆下，士坄塹竈，甸人具此坄竈以煑沐汁。陶人出重鬲者，陶人，作瓦器之官也。重鬲，謂縣重之罌也。是瓦瓶，受三升，以沐米爲粥，實於瓶，以疏布幂口，繫以篾縣之，覆以葦席。管人受沐，乃煑之者，淅於堂上，管人亦升，盡階不上堂，而就御者受淅汁，下往西牆，於坄竈鬲中煑之也。謂正寢爲廟，神之也。舊云「厞是屋簷」。熊氏謂「西北隅屋外厞隱處薪」。取此薪而用者，示主人已死，此堂無復用，故取之也。管人授御者沐者，煑汁竟，而管人又取以升階，授堂上御者使沐也。乃沐者，御者受沐，乃爲尸沐也。沐用瓦盤者，盤貯沐汁，就中而沐也。沐與浴俱有枓有盤，浴云「枓」，沐云「盤」，是文相變也。挋用巾者，用巾拭髮及面也。如它日，事事亦如平生也。小臣爪手翦須者，浴竟而翦手爪，又治須，象平生也。濡濯棄于坎者，皇氏云：「濡，謂煩潤其髮〔一〕。濯，謂不淨之汁也。言所濡濯汁，棄於坎中。」鄭註士喪禮云：「巾、櫛、浴衣，亦并棄之其坎。」按既夕禮云：「掘坎南順，廣尺，輪二尺，深三尺，南其壤。」沐汁、浴汁皆棄於坎也。　愚謂管人汲，汲水以備淅米也。不言「不說繘」及「盡階不升堂」者，從上可知也。差，淅也，謂差摩之也。淅米而取其潘，煑之以沐尸，其米則用以飯尸，又以其餘鬻鬻而縣於重也。士喪禮云：「祝淅米於堂，南面，用盆。」此云「御者差沐」者，蓋祝淅而御者佐之也。士喪禮沐稻，此「士沐粱」，禮俗所用不同也。甸人，有司主田野者。曰「重鬲」者，此鬲暫用煑潘，既則以盛鬻而縣於重也。廟，殯宮也。厞，蔽也。廟之西北厞，謂殯宮西北隅之檐也。甸人徹取此厞爲薪者，爲此室死者不復居，亦毀廟改塗、易檐之意也。用此爨坄者，一則爲其潔淨，一則取其

〔一〕「潤」，原本作「撋」，據禮記注疏改。

乾久而易於然也。甸人，賈氏公彥云：「當是甸師之屬。」周禮甸師掌「帥其徒以薪蒸役外內饔之事」，故此爲垼及取薪皆使供其事也。沐用瓦盤，用以承潘也。沐浴之潘水，皆以盆盛之，以料酌之，以盤承之。於浴言「盆」言「料」，於沐言「盤」，互相備也。沐巾亦用絺，不言者，蒙前可知也。如它日者，謂「沐用瓦盤」以下也。按士喪禮先沐後浴，蓋自首及身，事之次也。此先浴後沐，記者由便言之爾。○前「復者降自西北榮」，孔疏云：「不正西而西北者，因取西北厞爲便也。必取西北厞者，亦用陰殺之所也。故鄭註士喪禮云：『不由前降，不以虛反也。降因取西北厞，若云此室凶，不可居也。』」此節孔疏云：「甸人爲竈竟，又取復魄人所徹正寢西北厞薪，以然竈煑沐汁。」 愚謂前云「降自西北榮」，不云「取厞」，此云「甸人取所徹廟之西北厞薪」，不云「取復者所徹廟之西北厞薪」，則是復者降時未嘗取薪，而徹廟之西北厞者實即甸人也。疏特以前後「西北」二字偶合，遂以取薪即復者，臆說甚矣。且士惟復於寢，諸侯則廟、寢皆復，練始壞廟，豈有復時即徹取其西北厞乎？

君設大盤，造冰焉。大夫設夷盤，造冰焉。士併瓦盤，無冰。設牀，襢笫，有枕。釋文：造，七到反。併，步頂反。襢，之善反。○此連下節，舊在「始死，遷尸于牀」之上，鄭氏云：「宜承『濡濯弃于坎』下。」今從之。

鄭氏曰：造猶內也。襢笫，袒簀也，謂無席。禮自仲春之後，尸既襲，既小斂，先內冰盤中，乃設牀於其上，不施席而遷尸焉，秋涼而止。士不用冰，以瓦爲盤，併以盛水耳。漢禮大盤廣八尺，長丈二，深三尺，赤中，夷盤小焉。周禮天子夷盤。士喪禮君賜冰亦用夷盤。然則其制宜同之。 愚謂沐浴之時，若值仲春至仲秋用冰之時，則君大夫皆內冰於盤以寒尸也。夷亦大也。對文則君謂之大盤，大夫謂之夷盤，散文則大盤亦謂夷盤。周禮凌人「大喪，共夷盤冰」，是也。士盤小，故併兩盤而用之。於士特言「瓦盤」，則大盤、夷盤皆有漆飾矣。士有君賜，亦得用冰，故士喪禮：「有冰，用夷盤可也。」此盤皆卽浴時承水者，而因內冰焉，既浴以後，則專用以盛冰也。設牀，謂爲沐浴而設牀也。襢，露也，謂去簟席而襢露其第，使浴水得以下流，通於盤也。言「有枕」者，嫌襢第並去枕也。士喪禮不言沐浴設牀，或謂「沐浴卽於含牀」。然含牀設於南牖下，尚有莞簟。坊記云：「浴於中霤，飯於牖下。」此云「設牀，襢第」，則沐浴與含別牀明矣。○鄭氏謂「此事在沐浴之後」。又謂「尸既襲，既小斂，乃內冰盤中，設牀於其上而遷尸」。孔氏曰：既襲，謂大夫也。既小斂，謂士也。皆是死之明日。若天子諸侯，亦三日而設冰，在襲、斂之前也。愚謂此言設盤內冰於含、襲之前，士喪禮「有冰，用夷盤可也」，亦言於沐浴之前。是喪禮用冰者，皆於沐浴時卽用之，不待襲、斂也。設牀，襢第，欲使浴水下流，非爲用冰之故。既浴之後，遷尸含、襲，以至小斂之後，奉尸侇於堂，其內冰於盤而設牀其上，皆與浴時同，但其牀皆有簟席而不襢，下文所言是也。

含一牀，襲一牀，遷尸于堂又一牀，皆有枕席，君、大夫、士一也。釋文：含，胡暗反。

此言用牀之事。坊記曰「浴於中霤，飯於牖下」，則浴與含別牀明矣。上言「設牀，襢第」，此沐浴之牀設於中霤者也。士喪記曰「設牀第，當牖衽，下莞上簟，設枕」，此始死正尸之牀，既沐浴則又遷尸於其上而含焉，故謂之含牀。襲牀在含牀之東。遷尸于堂，謂既小斂，奉尸侇於堂也，設於堂上兩楹之間。含牀下莞上簟，襲牀與遷尸于堂之牀亦然。然則此時雖用冰，其牀不襢第矣。

君之喪，子、大夫、公子、衆士皆三日不食。子、大夫、公子、衆士食粥，納財，朝一溢米，莫一溢米，食之無算。士疏食水飲，食之無算。夫人、世婦、諸妻皆疏食水飲，食之無算。釋文：粥，之育反，又音育。溢音逸，劉昌宗又音實。莫音暮。疏食，音嗣，下同。

鄭氏曰：納財，謂食穀也。二十兩曰溢。於粟米之法，一溢爲米一升二十四分升之一。諸妻，御妾也。同言「無算」，則是皆一溢米，或粥或飯。孔氏曰：財，謂穀也。故大宰云「以九賦斂財賄」，註云：「財，謂泉、穀。」言「納財」者，以一日之中，或粥或飯，作之無時，當須預納其米，故云「納財」。古秤有二法。按律曆志云「黃鐘之律」，其實「一龠」，「重十二銖」。合龠爲合，則二十四銖合重一兩。十合爲一升，升重十兩，二十兩則米二升。說左傳者云「百二十斤爲石」，則一斗十二斤，爲兩則一百九十二兩，則一升爲十九兩有奇。今一兩爲二十四銖，則二十兩爲四百八十銖，計一十九兩有奇爲一升，則總有四百六十銖。八絫以成，四百八十銖唯有十九銖二絫在，是爲米一升二十四分升之一。此大略而言之。食之無算者，居喪困病，不能頓食，隨須則食，故云「無算」。疏，麤也。食，飯也。士賤病輕，故疏食水飲。婦人質弱，恐食粥傷性，故亦疏食水飲也。陸氏喪服釋文曰：王肅、劉逵、袁準、孔倫、葛洪皆云：「滿手曰溢。」敖氏繼公曰：小爾雅「一手之盛謂之溢，兩手曰掬」，一升也。愚謂財，讀如漢書「太僕見馬遺財足」之財。疏，謂糲米也。粟一石舂米六斗爲糲。九章粟米之法云：「粟率五十，糲米三十，粺二十七，鑿二十四，侍御二十一。」言粟五升爲糲米三升，以下漸細。侍御者，蓋人君之所食。然則大夫士常食，蓋以粺與鑿與？食粥與疏食水飲，皆謂三日不食之後也。疏食但不爲粥，亦不過朝一溢米，莫一溢米也。水飲，言但飲水而已，無漿酪之屬也。衆士食粥，謂君有服之親也。士疏食水飲，異姓之士也。食之無算，哀痛不能多食，稍稍進之也。○孔氏曰：按檀弓主人、主婦歠粥，此夫人、世婦、妻皆疏食者，熊氏云：「檀弓『主婦』謂女主，故食粥。」愚謂君之喪，女主則夫人也。大夫之喪，女主則其妻也。如熊氏之說，則夫人、妻、妾之外別有女主，殊不可曉。檀弓謂主婦三日不食之時，君命之歠粥也，此謂三日之外，妻妾得疏食，義不相妨。

大夫之喪，主人、室老、子姓皆食粥，衆士疏食水飲，妻妾疏食水飲。士亦如之。

鄭氏曰：室老，其貴臣也。衆士，所謂「衆臣」。士亦如之者，如其子食粥，妻妾疏食水飲。愚謂子姓，衆子也。士亦如之，鄭氏止以「子」與「妻妾」言之者，蓋鄭氏謂士無臣故也。特牲記「公有司門西，北面，東上」，「私臣門東，北面，西上」，喪服記「士爲庶母」、「貴臣、貴妾」，則士有臣明矣。士冠禮、士喪禮有宰，此士之貴臣也，其餘則衆臣也。其貴臣食粥，衆臣疏食水飲，亦皆如大夫之禮也。

既葬，主人疏食水飲，不食菜果，婦人亦如之，君、大夫、士一也。練而食菜果，祥而食肉。

鄭氏曰：果，瓜桃之屬。孔氏曰：既葬哀殺，可以疏食，不復用一溢米也。愚謂既葬疏食，則不止朝一溢米，莫一溢米，當以足爲度也。主人未葬食粥，兼可解渴，故不飲水，既葬疏食，然後亦飲水也。

食粥於盛，不盥，食於篹者盥。食菜以醯、醬。始食肉者先食乾肉，始飲酒者先飲醴酒。釋文：篹，本又作「匴」，又作「算」，悉緩反，又蘊管反。乾音干。○鄭註：篹或作「簨」。

鄭氏曰：盛，謂今時杯、杅也。篹，竹筥也。歠者不盥，手飯者盥。孔氏曰：歠粥不用手，故不盥。飯盛於簋，以手取之，故盥也。「食肉」「飲酒」，文承「既祥」之下，謂祥後也。然間傳曰「父母之喪」，「大祥有醯、醬」，「禫而飲醴酒」，二文不同。庾氏云：「記者所聞之異。大祥既鼓琴，亦可以食乾肉矣。食菜用醯、醬，於情爲安。」熊氏云：「此據病而不能食者，練而食醯、醬，祥而飲酒也。」愚謂食於簋，此吉凶每日常食之器也，禮食乃以簠。先食乾肉，先飲醴酒者，皆以其味差薄故也。

期之喪，三不食，食疏食，水飲，不食菜果。三月既葬，食肉飲酒。期，終喪不食肉，不飲酒。父在，爲母爲妻，九月之喪，食飲猶期之喪也。食肉飲酒，不與人樂之。釋文：期音基。爲，並于僞反。與音預。○樂音洛，下同。

鄭氏曰：食肉飲酒，亦謂既葬。孔氏曰：期之喪，三不食，謂大夫士旁期之義服也。其正服則二日不食。故間傳云：「齊衰二日不食。」愚謂下文言「叔母、世母」「食肉飲酒」，此即旁期之義服，則此云「疏食水飲，不食菜果」者，非專指義服明矣。蓋期之正服，如爲祖父母，爲世叔父，爲兄弟，爲兄弟之子，其輕重亦自不同。故此云「三不食」，間傳云「二日不食」，各據其一端言之，或亦禮俗之有不同也。

五月、三月之喪，壹不食，再不食可也。比葬，食肉飲酒，不與人樂之。叔母、世母、故主、宗子，食肉飲酒。釋文：比，必利反。

鄭氏曰：叔母、世母食肉飲酒，義服恩輕也。故主，謂舊君也。言「故主」者，容大夫君也。孔氏曰：壹不食，謂緦麻；再不食，謂小功。併言之者，容殤降之緦麻再不食，義服小功壹不食。愚謂比葬，食肉飲酒，謂自成服以至於葬，得食肉飲酒也。叔母、世母、故主、宗子食肉飲酒，亦謂成服後，葬前也。○葉味道問：「喪大記有『叔母、世母、故主、宗子食肉飲酒』之文，註云：『義服恩輕。』不知自死至未葬之前，可以通行何如？但一人向隅，滿堂不樂。服既不輕，而飲酒居處獨不爲之節制，可乎？」朱子曰：「禮經無文，不可强說。竊意在喪次則當如本服之制，歸私家則自如，其或可也。」

不能食粥，羹之以菜可也。有疾，食肉飲酒可也。五十不成喪，七十唯衰麻在身。

鄭氏曰：性不能食粥者，可食飯、菜羹也。有疾食肉飲酒者，爲其氣微。成猶備也。所不能備，謂不致毁、不散送之屬也。唯衰麻在身，言其居處飲食與吉時同也。愚謂不能食粥，則當疏食，而云「羹之以菜」，凡疏食者必有菜羹也。不能食粥，羹之以菜，謂未葬之前；有疾，飲酒食肉，謂既葬之後也。

既葬，若君食之則食之，大夫、父之友食之則食之矣。不辟粱肉，若有酒、醴則辭。釋文：君食之，友食之，食並音嗣。辟音避。

鄭氏曰：尊者之前可以食美也。變於顏色亦不可。愚謂雜記曰「大功以下，既葬，適人，人食之，其黨也食之，非其黨不食也」，則三年之喪不食於人矣。惟尊者之命，則不敢辭。不辟粱肉，亦爲重違尊者之命也。有酒、醴則辭者，酒、醴能動人之志氣，爲其散哀心也。

禮記卷四十四

喪大記第二十二之二

小斂於户内，大斂於阼。君以簟席，大夫以蒲席，士以葦席。

鄭氏曰：簟，細葦席也。三者下皆有莞。　孔氏曰：按士喪記「設牀，當牖，下莞上簟」，士喪經云「布席於户内，下莞上簟」，謂小斂席也。大斂云：「布席如初。」是士初死至大斂，用席皆同也。士尚有莞，則知君及大夫皆有莞也。但大夫辟君，上席以蒲。若吉禮祭祀，則蒲在莞下。故司几筵「諸侯祭祀席蒲筵、繢純，加莞席、紛純」，與此異也。士以葦席，與君同者，士卑，不嫌也。　愚謂詩箋云：「竹葦曰簟。」士喪禮「下莞上簟」，是士之葦席亦謂之簟也。但葦席有二。雜記曰：「士輤，葦席以爲屋，蒲席以爲裳帷。」此葦席之精於蒲席者也，君斂之所用也。又雜記曰：「有葦席，既葬蒲席。」此葦席之麤於蒲席者也，士斂之所用也。

小斂，布絞，縮者一，横者三。君錦衾，大夫縞衾，士緇衾，皆一，衣十有九稱。君陳衣于序東，大夫士陳衣于房中，皆西領，北上，絞、紟不在列。　釋文：絞，户交反。稱，尺證反。　杜預云：「衣單、複具曰稱。」後放此。紟，其鴆反，後同。○鄭註：或曰「縮者二」。

鄭氏曰：絞，既斂所用束堅之者。縮，從也。衣十有九稱，法天地之終數也。絞、紟不在列，以其不成稱，不連數也。小斂無紟，因絞不在列見之也。孔氏曰：以布爲絞，從者一幅，橫者三幅。從者在橫者之上，舒衾於絞上，衣布於衾上，然後舉尸於衣上，屈衣裹，又屈衾裹之，然後以絞束之。賈氏公彦曰：絞直言幅數，不言長短者，人有長短不定，取足而已。愚謂大斂之絞言「不辟」，則小斂之絞辟之矣。辟者，謂用全幅布爲之，而析其末爲三也。凡斂之絞、紟、衾、衣，皆先言者在下，後言者在上，在上者先斂，在下者後斂。此云「縮者一，橫者三」，則縮者在下，橫者在上也。士喪禮曰「絞橫三縮一」，先橫後縮，蓋禮俗不同也。縞，生絹也。緇，緇布也。士喪禮曰：「緇衾，赬裏，無紞。」然則凡衾皆複爲之也。序東，堂上東夾前也。小斂之衣，雖尊卑同用十九稱，而陳衣多寡不同：君陳衣於東序，衣多也。大夫士陳於東房，衣少也。序東、房中，皆在尸東，故皆西領。士喪禮「陳衣於房，南領，西上」，與此不同。小斂在户内，陳衣當統於尸。君陳衣於序東，故西領，北上，皆統於尸。若大夫士陳衣於房中，則不當北上，皆如士喪禮之所言也。絞、紟不在列，則衾在列矣。衾得在列者，以其複爲之故也。○孔氏曰：此以下至「絺、綌、紵不入」，廣明君、大夫、士小斂、大斂及襚所用之衣，并所陳之處。

大斂，布絞，縮者三，橫者五，布紟，二衾，君、大夫、士一也。君陳衣于庭，百稱，北領，西上。大夫陳衣于序東，五十稱，西領，南上。士陳衣于序東，三十稱，西領，南上。絞、紟如朝服。絞一幅爲三，不辟。紟五幅，無紞。釋文：幅，本又作「畐」，方服反。「爲三」，絕句。辟，補麥反，又音璧，徐扶移反。紞，丁覽反。○鄭註：紞或爲「點」。

鄭氏曰：二衾者，或覆之，或薦之。如朝服者，謂布精粗。朝服十五升。小斂之絞，廣終幅，析其末，以爲堅之强也。大斂之絞，一幅三析用之，以爲堅之急也。紞，以組類爲之，綴之領側，若今被識矣。生時禪被有識，死者去之，異於生也。孔氏曰：紟，禪被也。大斂二衾，其所用與小斂同。此衾一是始死覆尸者，故士喪禮「幠用斂衾」，註：「大斂所用之衾。」一是大斂時復制。北領者，尸在堂也。西上者，由西階取之便也。大夫士小斂衣少，統於尸，故北上，大斂衣多，故南上，亦取之便也。賈氏公彥曰：大斂衣不依命數，喪禮畧上下。大夫及五等諸侯各同一節，則天子宜百二十稱。小斂惟一衾，大斂用二衾者，大斂衣多，宜用二衾裹之也。大斂衾不言其所用之異，則與小斂同也。愚謂君陳衣於庭，大夫士陳衣於序東，皆爲大斂之衣多於小斂也。百稱、五十稱、三十稱，皆據用以斂者言之，其陳者不必止於此也。大斂時，尸在阼，君陳衣於庭，蓋在阼階下之東，故北領，西上。此云「大夫士皆陳衣於序東，西領，南上」，士喪禮「大斂陳衣於房，南領，西上」，與此不同，亦禮俗異也。序東西領南上，房中南領西上，亦皆統於尸也。辟，擘也。小斂之絞擘其末，大斂之絞，用一幅布析爲三而用之，而不復擘也。

小斂之衣，祭服不倒。釋文：倒，丁老反。

鄭氏曰：不倒，尊祭服也。斂者要方，散衣有倒。

君無襚。大夫士畢主人之祭服，親戚之衣受之，不以卽陳。釋文：襚音遂。○「君無襚」爲句。熊氏以「君無襚大夫士」爲句，非是。

君無襚，言君之小斂不用襚衣也。士喪禮襚衣「庶襚繼陳，不用」，蓋君之小斂亦陳襚衣而不用也。畢，盡也。大夫士小斂兼用襚衣，然必先盡用主人之祭服，而後以襚衣繼之，主人先自盡也。親戚，謂大功以上之親也。不以卽陳，謂主人不使人陳之也。士喪禮云「親者襚，不將命，以卽陳」，與此不同者，蓋襚者之衣皆委於尸東，而主人之人以之卽陳，若大功以上之襚，則襚者自以卽陳，而主人不使人陳之，蓋與士喪禮文似異而義實同也。

小斂，君、大夫、士皆用複衣、複衾。大斂，君、大夫、士祭服無算。君褶衣、褶衾；大夫士猶小斂也。釋文：複音福。褶音牒。

鄭氏曰：褶，袷也。君衣尚多，去其著也。愚謂有著者謂之複，有表裏而無著者謂之褶。君大斂衣多，故衣、衾之有著者爲其太厚，不便於斂也。大夫士猶小斂，猶用複衣、複衾也。複衣，卽袍也。袍、褶與裘、葛，皆褻衣也。襲、斂兼用褻衣，然用袍、褶而不用裘、葛，爲裘太厚，葛太疏，取其中者而用之也。

袍必有表，不禪，衣必有裳，謂之一稱。釋文：禪音單。

鄭氏曰：袍，褻衣，必有以表之乃成稱也。雜記曰「子羔之襲，繭衣裳與稅衣、纁袡爲一」，是也。論語「當暑袗絺綌，必表而出之」，亦爲其褻也。愚謂袍，有著之衣也，而曰「不禪」者，謂不專用一衣，與玉藻「禪曰絅」之義異也。衣必有裳，釋所以袍必有表之義也。衣、裳具，乃謂之稱。袍乃長襦，故必以有裳之衣若襐衣者爲之表，乃謂之一稱也。士喪禮曰：「襚者以褶，則必有裳。」必有裳，即必有表之謂。袍、褶皆褻衣，故用之之法同。○孔氏曰：熊氏云：「褻衣所用，尊卑不同。士襲用褻衣，故士喪禮『陳襲事』，有『襐衣』，註云：『襐，所以表袍者。』是襲有袍。士喪禮小斂，云『散衣次』，註云：『襐衣以下袍、繭之屬。』是小斂有袍。士喪禮大斂『散衣』，是亦有袍。若大夫，襲亦有袍，雜記『子羔之襲，繭衣裳』是也。斂則必用正服，不用褻衣，故檀弓『季康子之母死，陳褻衣，敬姜』『命徹之』。若公，則襲及大、小斂皆不用褻衣。雜記『公襲』，無袍、繭。襲輕尚無，大、小斂可知。」愚謂敬姜命徹褻衣，謂婦人之褻服不當陳於序東，使賓客見之耳，非謂不可用以斂也。上文「小斂，君、大夫、士皆用複衣」，大斂，「君褶衣」。大夫士猶小斂複衣，褶衣即褻衣也，則君、大夫、士大、小斂無不用褻衣矣。人君襲無褻衣，所用衣少也。大、小斂用褻衣，所用衣多也。

凡陳衣者實之篋，取衣者亦以篋，升降者自西階。釋文：篋，古協反。

取衣，謂取之於所陳之處而用之也。隋方曰篋。鬼神之位在西，衣是死者所用，故升降皆由西階。

凡陳衣不詘，非列采不入，絺、綌、紵不入。釋文：詘，丘勿反。紵，直呂反。

鄭氏曰：不詘，謂舒而不卷也。列采，謂正色之服也。絺、綌、紵，當暑之褻衣也。周禮典枲註曰：「白而疏細曰紵。」孔氏曰：列采，謂五方正色；非列采，謂雜色也。絺是細葛，綌是粗葛，紵是紵布。此褻衣，故不入陳也。愚謂絺、綌不以入，則袍、褶固陳之矣。論語「紅紫不以爲褻服」，則紅紫而外，其他間色或用爲褻服矣，惟陳之而用以斂者必以正色也。

凡斂者袒，遷尸者襲。

鄭氏曰：袒者，於事便也。　愚謂斂，大、小斂也。遷尸有八：始死遷於牖下，一也。遷於浴牀，二也。遷於含牀，三也。遷於襲牀，四也。小斂遷尸，五也。奉尸侇於堂，六也。大斂遷尸，七也。遷尸於棺，八也。袒者，於事便也。斂事多，故袒；遷尸事少，故襲。若主人奉尸皆袒也。

君之喪，大胥是斂，衆胥佐之。大夫之喪，大胥侍之，衆胥是斂。士之喪，胥爲侍，士是斂。

釋文：胥，依註作「祝」，之六反。

鄭氏曰：胥，樂官也，不掌喪事。胥當爲「祝」，字之誤也。侍猶臨也。大祝之職，大喪贊斂；喪祝，卿大夫之喪掌斂。士喪禮商祝主斂。　愚謂士喪禮大、小斂皆商祝布衣，鄭氏謂「胥當爲祝」，是也。周禮小宗伯大喪，「帥執事而涖大斂、小斂」，鄭云：「親斂者，蓋事官之屬爲之。」又大祝「大喪」「贊斂」，疏云：「冬官主斂事，大祝贊之。」是天子之斂，事官之屬主斂，大祝贊之，而小宗伯涖之也。君之喪，大祝主斂，衆祝佐之，降於天子也。衆祝，小祝、喪祝也。其涖者蓋亦小宗伯與？大夫之喪，大祝侍之，衆祝是斂，又降於君也。士之喪，祝爲侍，士是斂，又降於大夫也。士，謂喪祝之胥徒也。

小斂、大斂，祭服不倒，皆左衽，結絞不紐。釋文：紐，女九反，舊而慎反。

鄭氏曰：左衽，衽鄉左，反生時也。孔氏曰：前已言「小斂，祭服不倒」，此又言「小斂」者，爲下諸事出也。　愚謂生時之衽在左而鄉右，謂之右衽；大、小斂之衽在右而鄉左，謂之左衽也。結絞，謂結大、小斂之絞也。生時大帶綴紐，而用組約之，大、小斂之絞不綴紐，直取兩端交結之，欲其束之堅急也。

斂者既斂必哭，士與其執事則斂，斂焉則爲之壹不食。凡斂者六人。釋文：與音預。○鄭註：執或爲「槸」。

士與其執事則斂者，言喪祝之士與執是人之喪事者，則必爲之斂，周禮所謂「掌事而斂」，蓋其職然也。既斂必哭，又爲之壹不食者，喪無人不致其哀，而親有事於尸者，尤情之所不能已者也。大夫士之喪，祝與其士之與於斂者皆然，但言「士」者，承上文「士是斂」言之也。若君之喪，則大祝、衆祝皆其臣也，其哀又不待言矣。孔氏曰：凡者，貴賤同也。兩邊各三人，故用六人。

君錦冒，黼殺，綴旁七。大夫玄冒，黼殺，綴旁五。士緇冒，赬殺，綴旁三。凡冒，質長與手齊，殺三尺。自小斂以往用夷衾，夷衾質、殺之裁猶冒也。釋文：冒，莫報反。殺，色戒反，徐所例反。裁，才再反。○鄭注：裁或爲「材」。

鄭氏曰：冒者，既襲所以韜尸，重形也。殺，冒之下帬，韜足上行者也。小斂又覆以夷衾。裁猶制也。

孔氏曰：冒作兩囊，上者曰質，下者曰殺。縫合一頭，又縫合一邊，餘一邊不縫，安帶綴以結之。

愚謂冒者，質、殺之總名。錦冒、玄冒、緇冒，皆指其質而言也。質，正也。冒之在上者，上下方正，故曰質。殺，削也。冒之在下者，向足而漸削，故曰殺。大、小斂之衾，大夫以縞，士以緇布，則大夫之玄冒、黼殺亦以帛爲之，士之緇冒、赬殺亦以布爲之也。緇冒、赬殺，所以象天地之色，則錦冒者玄錦，黼殺者皆纁帛而畫以黼文也。長與手齊者，人之長短不一，皆以齊於手爲度也。自小斂以往用夷衾者，始死覆用大斂之衾，既小斂，則大斂之衾須陳，故別制夷衾以覆尸，至大斂而去之也。夷衾質、殺之裁猶冒者，夷衾之制如衾，其上下所用緇色及長短之度，則與冒同也。既夕禮：「幠用夷衾。」蓋夷衾乃殯時所用以覆棺於殯中者，故既啟而其覆如故也。小斂後暫用夷衾以覆尸，猶始死暫用斂衾以覆尸也。賈疏云：「朝廟及入壙，雖不言『用夷衾』，又無『徹』文，以覆棺言之，當隨柩入壙矣。」

君將大斂，子弁絰，即位于序端；卿大夫即位于堂廉，楹西，北面，東上；父兄堂下北面；夫人、命婦尸西，東面；外宗房中南面。小臣鋪席，商祝鋪絞、紟、衾、衣，士盥于盤上。士舉遷尸于斂上。卒斂，宰告，子馮之踊，夫人東面亦如之。釋文：鋪，普吳反，又音敷。

鄭氏曰：子弁絰者，未成服也。弁如爵弁而素。大夫之喪，子亦弁絰。愚謂鄭氏謂「大夫之喪，亦弁絰」，是也；弁謂「如爵弁而素」，則非也。弁師云「王之皮弁，會五采，玉璂、象邸、玉笄。王之弁絰，弁而加環絰。」是凡言「弁絰」者，其弁皆皮弁也。若其絰，則有弔服之弁絰，其絰爲環絰。此言「弁絰」，則其絰爲小斂時所加之苴絰，大鬲者也。雜記云：「大夫與殯弁絰。」大夫與他人殯尚弁絰，則其爲父母弁絰必矣。檀弓「叔孫武叔」「小斂」「投冠」。曾子問：「『君出疆，以三年之戒，以椑從。君薨，其入如之何？』子曰：『共殯服，則子弁絰、疏衰。如小斂，則子免而從柩。』」則是君大夫之弁絰，至大斂乃服之，而小斂猶素冠也。士喪禮小斂後「袒，括髮」，「襲、絰於序東」，以至成服。人君至大斂則素弁而加絰，此禮之異於士者也。序端，東序之南頭也。即位於序端者，以大斂在阼階上也。堂廉，堂之南畔廉棱之上也。楹西，東楹之西也。北面，向尸也。堂廉，南北節也。楹西，東西節也。必立於堂廉上者，斂於阼階上，必直阼階上之南，乃得北面而鄉之也。必立於東楹之西者，不敢迫近斂處也。以此子與卿大夫之位觀之，則大斂之處蓋在阼階上直西楹之南矣。其西直、西序，則爲殯所也。東上，統於君也。父兄，謂旁親自期以下者，舉尊長以該卑幼也。父兄若爲卿大夫者，自在卿大夫之位。堂下北面，謂其不爲卿大夫者也。小斂之後，主人卽位阼階下西面，卿、大夫、父、兄繼而南；及大斂，君與卿大夫升堂，而父兄之爲士者，以賤不得升堂，故在阼階下北面也。不言「東上」者，蒙上可知也。人君初喪，室中之位，父、兄、子姓同在東方，大斂時，父兄在堂下北面，則子姓亦然。人君尊，故衆子遠辟喪主也。命婦，内命婦也。外宗，宗婦也。房中南面者，在西房中而南面也。知在西房者，此時夫人在尸西，外宗之位宜統於夫人也。不言「姑、姊妹、子姓」者，以命婦之位見之也。不言「外命婦」者，以外宗之位見之也。商祝，喪祝之習於商禮者也。士喪禮凡襲、斂，皆使商祝，鄭氏云：「商人教之以敬，於接神宜。」鋪絞、紟、衾、衣者，先鋪絞，次紟，次衾，次衣；及斂，則先衣，次衾，次紟，卒乃以絞束之也。士，喪祝之士也。舉尸先盥者，致其潔也。盤，所以承盥水也。馮，謂以身就尸而馮依之也。夫人，薨君之夫人也。

大夫之喪，將大斂，既鋪絞、紟、衾、衣，君至，主人迎，先入門右，巫止于門外。君釋菜，祝先入，升堂。君卽位于序端；卿大夫卽位于堂廉，楹西，北面，東上；主人房外南面；主婦尸西，東面。遷尸。卒斂，宰告，主人降，北面于堂下，君撫之，主人拜稽顙。君降，升主人馮之，命主婦馮之。釋文：巫止，本或作「巫止門外」，「門外」衍字耳。

鄭氏曰：先入右者，入門而右也。巫止者，君行必與巫，巫主辟凶邪也。釋菜，禮門神也。必禮門神者，禮，君非問疾、弔喪不入諸臣之家也。　敖氏繼公曰：主人不迎賓，若有所迎則不哭，蓋禮然爾。周官喪祝、男巫皆於王弔則前。　國君不得並用巫、祝，於廟門外則巫前，至廟門則祝前，互用其一，所以下天子也。　必用巫、祝者，其亦與神交之道與？巫至廟門乃止，則君下之處差遠於廟門矣。　愚謂主人迎者，迎於外門外也。　凡主人於君命，則迎於寢門外；於君親至，則迎於外門外。　迎君不拜者，蓋喪禮不迎賓，以主於哀戚，而不暇於接賓也。　若君弔，則出迎而不拜，蓋於迎之禮有所不備，亦猶其不迎賓之義也。　先入門右者，君弔於臣，主人之位在門右北面也。　君至臣家，即位於阼階，此「即位於序端」，亦以大斂在阼階上而避之也。　士喪禮：「君升主人，主人西楹東，北面。」此不待君命即升堂，又在房外南面，大夫之子尊也。　主婦尸西，東面者，時尸猶在兩楹之間，主婦在其西而東面也。　北面於堂下，在阼階下中庭也。　阼階下中庭，臣於君弔受禮之處也。　撫，撫尸也。　君撫尸則視斂事畢，故降。　命主人、主婦馮之者，君雖已撫之，必使主人、主婦得自盡其情也。　此與下文「大夫士既殯而君往」，其禮畧同，而文各有詳畧，互相備也。

士之喪，將大斂，君不在，其餘禮猶大夫也。

鄭氏曰：其餘，謂卿大夫及主婦之位。　孔氏曰：士卑，君不視斂，故云「君不在」。　其餘禮猶大夫者，謂鋪衣、列位、男女之儀，事悉如大夫也。　若有大夫來而君在位，則卿大夫位亦在堂廉近西。　愚謂卿大夫視斂在堂廉楹西者，位之正也。　士喪禮君視大斂，「主人西楹東，北面，卿大夫繼之，東上」，蓋以士卑不敢近君，而卿大夫不可越主人而東也。若君不在，則主人當在序端，而卿大夫自在堂廉楹西之位矣。

鋪絞、紟踊，鋪衾踊，鋪衣踊，遷尸踊。斂衣踊，斂衾踊，斂絞、紟踊。

鄭氏曰：目孝子踊節。　愚謂此無算之踊，不以三者三爲節，且惟主人踊，而賓客不與拾踊者也。

君撫大夫，撫內命婦。大夫撫室老，撫姪、娣。釋文：姪，大結反。娣，大計反。

鄭氏曰：撫，以手按之也。內命婦，君之世婦。

君、大夫馮父、母、妻、長子，不馮庶子。士馮父、母、妻、長子、庶子。庶子有子，則父母不馮其尸。凡馮尸者，父、母先，妻、子後。釋文：長，竹丈反。

鄭氏曰：目於其親所馮也。馮，謂扶持、服膺。孔氏曰：君、大夫之庶子雖無子，並不得馮也。

君於臣撫之，父母於子執之。子於父母馮之，婦於舅姑奉之，舅姑於婦撫之。妻於夫拘之，夫於妻、於昆弟執之。釋文：奉，芳勇反。

鄭氏曰：此恩之深淺尊卑之儀也。馮之類必當心。孔氏曰：撫之，以手撫按尸心，身不服膺也。馮之，服膺心上也。奉之，捧當心上衣也。拘之，微引心上衣也。執之，執其心上衣也。馮者爲重，奉次之，拘次之，執次之。尊者則馮、奉，卑者則撫、執。執雖輕於撫而恩深，故君於臣撫，父母於子執。吴氏澄曰：總言之，皆謂之馮尸，分言之，則有馮、奉、撫、拘、執五者之異。愚謂夫者妻之天也，乃於其尸不馮之者，廉恥之道存焉。拘者，奉其衣而稍引以自向，視奉則爲親，視執則爲尊也。舅姑於婦，婦於舅姑及昆弟，非主其喪則不馮也。

馮尸不當君所。

鄭氏曰：不敢與尊者所馮同處。

凡馮尸，興必踊。

鄭氏曰：悲哀之至，馮尸必坐。　愚謂馮尸必坐者，尸斂於地，必坐乃得馮之也。凡馮尸，興必踊，則不獨子之於父母然也。

父母之喪，居倚廬，不塗，寢苫枕甴，非喪事不言。　君爲廬，宮之，大夫士襢之。釋文：枕，子鴆反。甴，苦內反。襢，章善反。

鄭氏曰：倚廬，倚木爲廬，在中門外，東方北戶。苫，編藁。甴，堛也。（喪服註。）宮，謂圍障之也。襢，袒也，謂不障。　孔氏曰：宮之者，謂廬外以帷障之，如宮牆。襢之，不帷障也。　愚謂倚廬，於殯宮門外，就東牆爲之，以木抵於地，而斜倚於牆，用草蓋之，其南北亦以草爲屏蔽，而於其北開戶以出入也。於殯宮則褻，於異室則遠，故爲廬於殯宮門外者，欲其近殯宮而無至於褻也。

既葬，拄楣，塗廬，不於顯者，君、大夫、士皆宮之。釋文：拄，張主反。楣音眉。

鄭氏曰：不於顯者，不塗見面。　孔氏曰：拄楣以納日光，又泥塗以辟風寒。不於顯者，言塗廬不塗廬外顯處。　朱子曰：始者無拄與楣，檐著於地，至是乃施楣，又施短柱，以柱起其楣，架其檐令稍高，而下可作户也。

凡非適子者，自未葬，以於隱者爲廬。釋文：適，丁歷反。○按儀禮喪服賈疏引此作「倚於隱者爲廬」。

鄭氏曰：不欲人屬目，蓋廬於東南角。既葬猶然。愚謂言「自未葬」者，嫌至葬後乃改廬於此，故言自未葬以至於葬後其禮皆然也。

既葬，與人立。君言王事，不言國事。大夫士言公事，不言家事。

鄭氏曰：此常禮也。孔氏曰：未葬不與人立，既葬後可與人並立也，猶不羣立。庾氏云：「曾子問『三年之喪，練不羣立，不旅行』，此既葬而與人立者，曾子問據無事之時，此有事須言故也。」愚謂王事，謂朝聘、會盟、征伐之事，施於境外，以蕃輔天子者也。國事，政令之施於一國，以治其人民者也。

君既葬，王政入於國，既卒哭而服王事。大夫士既葬，公政入於家，既卒哭，弁、絰、帶，金革之事無辟也。釋文：辟音避。

鄭氏曰：此權禮也。愚謂弁，服弁也。司服：「凡凶事，服弁服。」服弁者，用喪冠之物，而如弁之制爲之者也。士喪服以冠，大夫以上喪服以弁。經、帶，卒哭所受之葛絰、葛帶也。弁、絰、帶，金革之事無辟，言服喪服以從軍事也。上云「大夫士既葬」，而下言「弁、絰、帶」，惟據大夫言之者，士位卑人衆，大夫位尊人少，卒哭而從金革之事者在士恒少，在大夫恒多也。○王制：「父母之喪，三年不從政。」又曰：「喪不貳事。」雜記：「三年之喪，祥而從政。」公羊傳：「古者臣有大喪，君三年不呼其門。」此皆謂尋常無事之時，必終三年之喪，然後出而從政也。喪大記：「既葬，君言王事，不言國事。大夫士言公事，不言家事。」此謂議論謀度之爾，非謂出而從政也。喪大記又云：「君既葬，王政入於國，既卒哭而服王事。大夫士既葬，公政入於家，既卒哭，弁、絰、帶，金革之事無避也。」禮運云：「三年之喪，與新有昏者，期不使。」檀弓云：「父母之喪，使必知其反也。」此皆謂國家有事，則或有既卒哭、既練而出而從公者，鄭氏所謂「權制」也。然金革之事尤急，故以卒哭爲斷，出使之事稍緩，故以期年爲則，於權制之中，而其中又有權衡。然此皆謂國家安危所係，不得已而變通之者，苟非不得已，則君三年不呼其門，所謂「君子不奪人喪」也。

既練，居堊室，不與人居。君謀國政，大夫士謀家事。既祥，黝堊。祥而外無哭者，禫而內無哭者，樂作矣故也。釋文：堊，烏路反。又烏各反。黝，於糾反。禫，大感反。○鄭註：黝堊，或爲「要期」。禫，或皆作「道」。

堊室者，疏衰者始喪之所居。卒哭之後，疏衰者還居寢室，斬衰者既練則徙而居焉。鄭註喪服云：「堊室，於中門外屋下壘墼爲之，不塗墍。」蓋在殯宮門外東霤之下，就東塾之外壁，而累土於其三面以爲室焉。黝，黑也，謂平治其土令黑也。堊，白土也，謂以堊塗牆壁令白也。爾雅：「地謂之黝，牆謂之堊。」既祥之後，入居殯宮，間傳曰「大祥居復寢」是也。殯宮乃死者所居，故塗其屋令白，又平治其地令黑，若欲新之然也。其旬人所徹西北厞，亦當於祥前修治之也。內、外，謂殯宮之內、外也。大祥入居殯宮，故外無哭者，而猶有無時思憶之哭在於殯宮。至禫則不復哭，故內無哭者。樂作有漸，檀弓曰：「孔子既祥，五日彈琴而不成聲，十日而成笙歌。」又曰：「孟獻子祥，縣而不作。」又曰：「是月禫，徙月樂。」是樂之作始於琴瑟，成於笙歌，而極於金石也。哀樂之情不並行，哀除故樂作，而哭於是乎止也。○鄭氏以黝堊爲堊室，非也。祥而復寢，豈復居堊室乎？

禫而從御，吉祭而復寢。

鄭氏曰：從御，御婦人也。復寢，不復宿殯宮也。　孔氏曰：杜預以從御爲從政、御職事，鄭必爲御婦人者，下文云「期，終喪不御於內」，既言「不御於內」，故知此「御」是御婦人也。　愚謂吉祭乃復寢，則禫後尚在殯宮也。殯宮乃正寢，非御婦人之所，而曰「從御」者，謂婦人當御者從於燕寢侍御之所，而主人猶未入，檀弓「孟獻子禫，比御而不入」是也。所以雖未入而必比御者，亦示卽事之漸也。吉祭，謂奉主入廟，而以吉禮祭之也。士虞記曰：「是月也，吉祭，猶未配。」禫祭若當四時常祭之月，則於禫月行吉祭；若常祭在禫之後月，則待後月而祭。間傳言「祥而復寢」者，謂復於平時之正寢也。此云「吉祭而復寢」者，謂復於平時之燕寢也。　孔氏謂「間傳既祥復寢，謂不復宿中門外，復於殯宮之寢；吉祭後不復宿殯宮，復於平常之寢」，是也。

期，居廬，句。終喪不御於內者，父在爲母爲妻。　齊衰期者，大功布衰九月者，皆三月不御於內。

釋文：期音基，下同。爲，于僞反，下「爲之賜」同。

期，期喪也。父在爲母及爲妻，雖並爲期喪，而初喪居倚廬，不居堊室，且終喪不御於內。此二事，與餘期喪異也。　蓋父母之恩一也。爲父三年，而父在爲母止於期，則以不敢同於父也。凡尊長於卑幼之服皆報，夫婦齊體，妻爲夫三年，則夫宜報服，而其服乃止於期，則以不敢同於母也。　二服本由三年而屈，故其初喪居倚廬，終喪不御內，與其祥、禫之祭，杖屨之服，皆與三年者同也。三年之喪，既練而居堊室，此初喪居廬，蓋爲母既練而居堊室，爲妻既葬而居堊室與？然父在爲母，終喪不御於內，特對夫他期喪之三月不御於內而言爾，其實喪雖已除，而心喪以終三年，未三年，不可以御於內也。喪服傳曰：「父必三年然後娶，達子之志也。」用是推之，則妻喪雖除，亦未可遽御於內矣。○朱子曰：小功、緦，禮既無文，即當自如矣，服輕故也。

婦人不居廬，不寢苫。喪父母，既練而歸；期、九月者，既葬而歸。

不居廬者，婦人居喪於房中，不次於外也。不寢苫，以質弱，優之也。不居廬，不寢苫，據三年者言，則期以下輕喪可知也。孔氏曰：女子出嫁，爲祖父母及兄弟爲父後者皆期。九月，謂本是期而降在大功者。按喪服「女子爲父母」，「卒哭折笄首」，鄭謂「卒哭，喪之大事畢，可以歸於夫家」。熊氏云：「卒哭可以歸，其實歸在練後也。」

公之喪，大夫俟練，士卒哭而歸。

歸，謂歸其家。此謂異姓之卿、大夫、士與君無服者，若與君有服，則雜記云：「大夫次於公館以終喪，士練而歸。」

大夫士，父母之喪既練而歸，朔月、忌日則歸哭于宗室；諸父、兄弟之喪，既卒哭而歸。

鄭氏曰：歸，謂歸其宮也。忌日，死日也。宗室，宗子之家，謂殯宮也。禮，命士以上，父子異宮。孔氏曰：大夫士，謂庶子爲大夫士也。宗室，適子家，殯宮也。賀氏云：「此『弟』，謂適弟。」下云「兄不次於弟」，謂庶弟也。愚謂大夫士爲君既練、既卒哭而歸，及庶子爲父母既練而歸，皆於其宮之外爲喪次以居，其飲食居處皆與其次於殯宮外者無異也。

父不次於子，兄不次於弟。

鄭氏曰：謂不就其殯宮爲次而居。愚謂子，謂衆子也。小記曰：「父不爲衆子次於外。」

君於大夫、世婦，大斂焉，爲之賜，則小斂焉。於外命婦，既加蓋而君至，於士，既殯而往，爲之賜，大斂焉。夫人於世婦，大斂焉，爲之賜，小斂焉。於諸妻，爲之賜，大斂焉。於大夫、外命婦，既殯而往。

鄭氏曰：爲之賜，謂有恩惠也。君於外命婦加蓋而至，於臣之妻畧也。愚謂世婦，皆謂君之世婦也。外命婦，卿大夫之妻也。凡爲之賜而小斂者，皆於小斂、大斂而再往也。夫人於大夫、外命婦，既殯而往，謂有親屬之恩者也，非是則不往。

大夫士既殯而君往焉，使人戒之。主人具殷奠之禮，俟于門外，見馬首，先入門右。巫止于門外，祝代之先。君釋菜于門內，祝先升自阼階，負墉南面。君卽位于阼，小臣二人執戈立于前，二人立于後。擯者進，主人拜稽顙。君稱言，視祝而踊，主人踊。大夫則奠可也，士則出俟于門外，命之反奠乃反奠。卒奠，主人先俟于門外。君退，主人送于門外，拜稽顙。

鄭氏曰：殷，大也。朝夕小奠，至月朔則大奠。君將來，則具大奠之禮以待之，榮君之來也。祝負墉南面，直君北，房户東也。小臣執戈先後君，君升而夾階立。大夫殯即成服，成服則君亦成服，錫衰而往弔之。稱言，舉所以來之辭也。視祝而踊，祝相君之禮，當節之也。孔氏曰：君即位於阼者，主人不敢有其室，故君位在阼而西鄉也。盧云：「上言『即位於序端』，謂君臨大夫將大斂時，禮未成，辟執事，故即位於序端。此大夫士既殯而君往，禮已成，故即位於阼階也。」前後二小臣各執戈，辟邪氣也。君升，而小臣夾階北面俟。君言，謂弔辭也。愚謂上云「於士，既殯而往」，謂殯日既殯之後也。此云「既殯而往」，謂既殯以後，未葬以前也。戒猶告也。既殯君往，無常期，故先使人告之。士喪禮「小臣二人執戈先，二人後」，謂君行時也。此云「二人執戈立於前，二人立於後」者，謂君升即位時也。君即位於阼階上，西面，二人北面立於阼階東，在君之後，二人北面立於阼階西，在君之前也。小臣執戈先後君者，君之常儀也，故左傳「二執戈者前矣」，非謂臨喪辟凶邪也。檀弓「君臨臣喪，以巫、祝、桃、茢、執戈」先，此既有巫，則亦有桃、茢矣，不言者，文略也。擯，相主人之禮者也。擯者之位，蓋負東塾，君既即位，則進而告主人使受弔也。拜稽顙，拜於阼階下之中庭也。凡臣於君臨其喪，皆即位於門右，受禮於中庭。士喪禮：「主人中庭，君哭，主人哭，拜稽顙，成踊。」君稱言者，蓋舉其慰問主人之辭，非弔辭也。出俟於門外，不敢必君之留也。門外，外門外也。○鄭氏云「迎不拜，拜送者，拜迎則爲君之答己」，非也。禮，弔賓不答拜，況君之於臣乎？臣於君弔不拜迎，蓋禮然爾，說已見前。

君於大夫疾，三問之；在殯，三往焉。士疾，壹問之；在殯，壹往焉。石經壹並作「一」。

鄭氏曰：所以致殷勤也。　愚謂在殯而往者，謂既弔又於殯後更往，以致其慰問殷勤之意，即上文「大夫既殯而君往」是也。然士喪禮不見有殯後君弔之禮，此蓋謂於君有親屬之恩，故在殯又往與？

君弔，則復殯服。　鄭註：復或爲「服」。

鄭氏曰：復，反也。反其未殯、未成服之服，新君事也。謂臣喪既殯後，君乃始來弔也。　孔氏曰：殯服，謂殯時未成服之服，苴絰、免、布深衣也，不散帶。　愚謂復殯服，謂免也。小記曰：「君弔，雖不當免時也，主人必免，不散麻。親者皆免。」其齊、斬之服無變也。註疏謂「殯服爲殯時未成服之服」，非也。　小記又曰君弔，「必皮弁、錫衰」，「主人未喪服，則君亦不錫衰」，則君弔於殯後，主人之服不變也，惟加免爲異耳。

夫人弔於大夫士，主人出迎于門外，見馬首，先入門右。夫人入，升堂即位，主婦降自西階，拜稽顙于下。夫人視世子而踊，奠如君至之禮。夫人退，主婦送于門內，拜稽顙，主人送于大門之外，不拜。

夫人於大夫士，既殯而往，升堂即位，即位於阼階上也。拜稽顙於下，拜於阼階下中庭。必以主婦拜者，喪禮男主拜男賓，女主拜女賓，雖於君、夫人之弔亦然也。世子非所以相夫人之禮事者，周禮女巫：「王后弔，則與祝前。」祝，謂天官女祝也。則夫人之弔，當女巫止於門外，女祝代之而詔相其禮矣。前云「君視祝而踊」，則夫人當視女祝而踊，「世子」蓋「女祝」之誤也。　孔氏曰：奠如君至之禮者，主婦拜竟而設奠事，如君弔禮，若士則亦如主人先出而聽命反奠也。主婦送於門內，門，寢門也。

婦人迎送不出門。主人送於大門外，不拜者，喪無二主，主婦已拜，故主人不拜。

大夫君，不迎于門外，入卽位于堂下。主人北面，衆主人南面，婦人卽位于房中。若有君命，命夫、命婦之命，四鄰賓客，其君後主人而拜。

鄭氏曰：入卽位于下，不升堂而立阼階之下，西面，下正君也。衆主人南面於其北，婦人卽位於房中，君雖不升堂，猶避之也。後主人而拜者，將拜賓，使主人陪其後，而君前拜。不俱拜者，主人無二也。

孔氏曰：大夫君，謂大夫之臣稱大夫爲君也。不迎於門外，貶於正君。入卽位於堂下者，卽阼階下位而西鄉也。主人，適子也。君既卽阼階下位，故適子避之，在君之南而北面也。婦人卽位於房中者，婦人之位在堂，其君既來，故婦人並爲位於東房中也。又前君臨大斂，主婦尸西，不辟者，大斂哀深，故不辟君；今既斂後哀殺，故辟也。按未大斂之前，君雖來，主婦猶在尸西，其既殯已後，君雖來，不顯婦人之位。今此大夫君云「婦人卽位房中」，明正君既殯而來，婦人亦卽位房中也。又若大夫君妻來，當同夫人禮也。　愚謂大夫君卽位於堂下，非徒下正君，亦爲不可以君道臨其臣之賓客也。主人北面，在阼階下中庭而北面也。此所降於正君之禮有三焉：不迎於門外，一也。卽位於堂下，二也。主人北面，不卽位於門右，三也。此謂大夫君於既殯後至者，若當大斂時，則當升堂視斂，大夫君與主人、主婦、卿、大夫之位，皆當如君視大夫大斂之禮也。衆主人南面，爲君辟也。士喪禮君視大斂，「衆主人辟於東壁，南面」，註云：「南面，則當坫之東。」賈疏云：「南面，則西頭爲首者當堂角之坫。」此衆主人之位亦然也。其君後主人而拜者，其君使主人陪於其後，而已代主人拜賓，亦猶諸侯弔於異國之臣，其君爲主之義也。然君命與命夫、命婦之命及四鄰賓客來弔，大夫君與主人之位不同。若君命，則弔者升堂西面，大夫君當在中庭稽顙，主人北面於門內之右，在大夫之後，哭而不拜也。若命夫、命婦之命及四鄰賓客來弔，則弔賓卽位於阼階之南，大夫君東面拜之，主人亦東面立於大夫君之後，哭而不拜也。疏謂「君拜在前，主人拜在後」，誤也。如其說，則是喪有二孤矣，此季康子之所以見譏也。

君弔，見尸、柩而后踊。鄭註：踊或爲「哭」，或爲「浴」。

見尸，謂未殯時；見柩，謂未葬時也。故上言「既殯君往」，「視祝而踊」，若既葬君弔，則不踊也。檀弓曰：「葬也者，藏也。」又曰：「反而亡焉，失之矣。」殯時柩雖在塗內，猶爲未藏未亡也。

大夫士若君不戒而往，不具殷奠，君退必奠。

鄭氏曰：榮君之來。孔氏曰：君來不先戒，當時雖不得殷奠，君去後必設奠告殯，以榮君來故也。

愚謂殷奠非倉卒可具，不具殷奠，亦爲不敢久留君也。

君大棺八寸，屬六寸，椑四寸。上大夫大棺八寸，屬六寸。下大夫大棺六寸，屬四寸。士棺六寸。釋文：屬音燭。椑，步歷反。

鄭氏曰：大棺，棺之在表者也。檀弓曰：「天子之棺四重：水、兕革棺被之，其厚三寸，杝棺一，梓棺二。四者皆周。」此以內說而出也。然則大棺及屬用梓，椑用杝。庶人之棺四寸。上大夫，謂列國之卿也。趙簡子云「不設屬、椑」，時僭也。孔氏曰：孔子爲中都宰，制四寸之棺，五寸之椁。是庶人之棺四寸。哀公二年，趙簡子與鄭師戰於鐵，簡子自誓云「桐棺三寸，不設屬、椑」，「下卿之罰也」。大夫依禮無椑，今云「罰」始無椑，是當時大夫常禮用椑，僭也。　愚謂君，謂五等之君也。大棺，外棺也。椑，親身之棺也。　大棺與屬，以梓木爲之，檀弓所謂「梓棺」也。椑以柂木爲之，檀弓所謂「柂棺」也。天子之棺四重：水、兕革棺被之，一也。梓棺二，三也。柂棺一，四也。諸侯無水、兕革棺，棺三重；大夫無椑，棺二重；士惟大棺一重而已。　庶人棺四寸，士棺六寸，大夫加屬四寸爲一尺，上大夫大棺及屬加二寸爲一尺四寸[一]，君加椑四寸爲一尺八寸。天子之大棺蓋九寸，屬六寸，椑四寸，水、兕革棺三寸，共爲二尺二寸。　鏘鳴按：此說天子棺制，與檀弓注互異，似當再考。　天子以下至士，皆以四寸爲差降也。

君裏棺用朱、緑，用雜金鐕。大夫裏棺用玄、緑，用牛骨鐕。士不緑。　釋文：鐕，子南反。

鄭氏曰：鐕，所以琢著裏。　孔氏曰：裏棺，謂以繒貼棺裏也。朱繒貼四方，緑繒貼四角。鐕，釘也。舊說云：「用金釘，又用象牙釘，雜之以琢朱、緑著棺也。」隱義云：「朱、緑，皆繒也。」雜金鐕，尚書云：「貢金三品，黃、白、青色。」大夫裏棺用玄、緑者，四面玄，四角緑。用牛角鐕，不用牙金也。士不緑者，悉用玄也。亦用牛骨鐕，不言，從可知也。

君蓋用漆，三衽三束。大夫蓋用漆，二衽二束。士蓋不用漆，二衽二束。

鄭氏曰：用漆者，塗合牝牡之中也。衽，小要也。　愚謂君蓋用漆者，謂棺既加蓋，而用漆塗合其縫

[一]「及屬」二字原本脫，據經文及文義補。

際牝牡之間也。衽，小要也，所以連合棺之縫際者。以木爲之，兩端廣，中央狹，有似深衣之衽，故名焉。古棺無釘，君與大夫以漆塗合縫際，又鑿身與蓋合際處作坎，內小要於坎中，以連合之。又每當衽上，用牛皮束之以爲固也。衽與束有橫有縮，此云「三束」「二束」，惟據其橫者言之也。大夫二衽二束，降於君也。士蓋不用漆，又降於大夫也。檀弓曰「棺束，縮二，衡三，衽每束一」，謂天子也。諸侯之衽與束，其橫者與天子同，則其縮者亦與天子同矣。大夫士橫者二，則其縮者一與？○棺束有二：一是大斂加蓋後之束，專屬於棺者，此與檀弓所言者是也。一是葬時柩車既載後之束，以繫棺於柩車者，士喪禮「乃載，踊無算，卒束，襲」是也。在棺之束有橫有縮，柩車之束則但有橫者耳。

君、大夫鬊、爪實于綠中，士埋之。釋文：鬊音舜。○鄭註：綠或爲「簍」。

鄭氏曰：綠當爲「角」，聲之誤也。角中，謂棺內四隅也。鬊，亂髮也。將實爪、髮棺中，必爲小囊盛之。孔氏曰：士亦有物盛而埋之。愚謂綠當作「簍」。檀弓曰：「設簍、翣。」簍，柳也。實於簍中者，殯時置棺外，及葬則實於棺外柳內也。士埋之者，沐浴之後，埋於甸人所掘兩階間之坎也。

君殯用輴，欑至于上，畢塗屋。大夫殯以幬，欑置于西序，塗不暨于棺。士殯見衽，塗上。帷之。釋文：輴，敕倫反。欑，才冠反。幬音道。見，賢遍反。○鄭註：幬或作「錞」，或作「埻」。○按欑置，毛本誤作「至」。疏中作「欑置」，不誤。

鄭氏曰：欑猶菆也。屋，殯上覆如屋者也。幬，覆也。暨，及也。此記參差，以檀弓參之：天子之殯，居棺以龍輴，欑木題湊象椁，上四注如屋以覆之，盡塗之。諸侯輴不畫龍，欑不題湊象椁，其他亦如之。大夫之殯，廢輴，置棺西牆下，就牆欑其三面。塗之不及棺者，言欑中狹小，裁取容棺。然則天子諸侯差寬大矣。士不欑，掘地下棺，見小要耳。帷之，鬼神尚幽闇也，士達於天子皆然。孔氏曰：君，諸侯也。凡殯之禮，天子先以龍輴置於客位殯處，然後從阼階舉棺於輴中，以木攢聚輴之四邊。木高於棺，乃從上加綃黼於棺上，然後以木題湊象椁上之四注以覆之，如屋形，以泥塗之。於屋之上，又加席三重於殯上。按周禮掌次：「凡喪，王則張帟三重，諸侯再重，孤、卿、大夫不重。」註云：「張帟柩上承塵。」此「席」字誤，當作「帟」。其諸侯則居棺以輴，亦菆木輴外，木高於棺，後加布幕於棺上，又菆木於塗上，不題湊象椁也。雖不象椁，亦中央高似屋形，但不爲四注，故經云「畢塗屋」，總包君也。塗上加席三重。按此當云「加帟再重」。大夫殯以幬者，幬，覆也，謂棺衣覆之也。大夫言「幬覆」，則王、侯並幬覆也。欑置于西序者，大夫不輴，又不四面欑，以一面倚西壁而三面欑之，又上不爲屋也。塗不暨于棺者，暨，及也，王、侯塗之而欑廣，去棺遠，大夫亦塗而欑狹，去棺近，裁使塗不及棺也。士掘肂見衽，其衽上出處亦以木覆而塗之，故謂塗上也。帷之者，帷障也，貴賤悉然，朝夕哭乃徹也。鄭云「此記參差」者，若君據天子，應稱龍輴，不得直云「輴」；若君據諸侯，不得云「欑至于上，畢塗屋」。其文或似天子，或似諸侯，故云「參差」。愚謂喪自大斂之後，未葬之前，必殯之者，所以爲火備也。蓋棺柩重大，猝難移徙，故預爲之備如此。且不獨此也，尸柩者，人子之所見而深感，而不能以暫離者也。若如是以至於葬，使之晝夜哀號乎其側，必至於滅性矣。故既斂於棺，則殯之而使暫藏焉。於是節之以朝夕哭，而哀痛可以少殺；休之以喪次，而勞憊亦可以少息也。輴，輴車也，天子畫龍於轅，諸侯不畫龍。欑，叢木。

也。塗，以土塗之也。諸侯之殯，以輴居柩，欑木於柩之四旁，上高於柩，乃以木題湊而盡塗之。屋者，言其題湊之形，中高而旁下，如屋之形也。左傳「宋葬文公，椁有四阿」，言其僭天子也。天子椁有四阿，其菆塗象椁亦爲四阿可知。諸侯椁不得爲四阿，則爲兩下之形，其欑塗亦爲兩下之形，象椁也。四阿者，殿屋之形。兩下者，夏屋之形。故檀弓言「天子之殯」，此言諸侯之殯，而皆曰「畢塗屋」也。鄭氏以此言諸侯「畢塗屋」爲參差，非也。孔疏云「諸侯雖不象椁，亦中央高似屋形，但不爲四注」，此則已破鄭義矣。然謂「諸侯不象椁」，亦非也。天子椁四阿，諸侯椁兩下，其菆塗正各象其椁形爾。幬，覆也，謂覆棺以夷衾也。尊卑皆然，獨於大夫言之者，舉中以見上下也。大夫殯無輴車，以一面倚西序，欑木於其三面而塗之，其上正，不爲屋形也。

熬，君四種八筐，大夫三種六筐，士二種四筐，加魚、腊焉。釋文：熬，五羔反。種，章勇反。腊音昔。

鄭氏曰：熬者，煎穀也。將塗，設於棺旁，所以惑蚍蜉，使不至棺也。士喪禮曰：「熬，黍稷各二筐。」又曰：「設熬，旁各一筐。」大夫三種，加以粱；君四種，加以稻。四筐則首足皆一，其餘設於左右。孔氏曰：腊，謂乾腊。特牲士用兔，少牢大夫用麋。天子諸侯當用六獸之屬。賈氏公彥曰：天子當加麥、苽，六種十筐。敖氏繼公曰：孝子以尸柩既殯，不得復奠於其旁，雖有奠在室，而不知神之所在，故置熬於棺旁，亦所以致其愛敬也。愚謂加魚、腊，蓋以腊節折之，而與魚各加於每筐之中也。葬時椁內有黍、稷、遣奠之屬，故殯時畧仿其禮，亦有熬與黍稷之屬，皆孝子事死如事生之意。敖氏謂「致其愛敬」，是也。鄭以爲惑蚍蜉，謬説也。

飾棺，君龍帷，三池，振容，黼荒，火三列，黻三列，素錦褚，加僞荒，纁紐六，齊，五采，五貝，黼翣二，黻翣二，畫翣二，皆戴圭，魚躍拂池。君纁戴六，纁披六。釋文：褚，張呂反。僞，依注讀爲帷。齊如字，徐才細反。翣，所甲反。戴，丁代反。披，彼義反，徐甫髮反。○鄭注：僞或作「于」。

鄭氏曰：飾棺者，以華道路及壙中，不欲衆惡其親也。荒，蒙也。在旁曰帷，在上曰荒，皆所以衣柳也。黼荒，緣邊爲黼文，火、黻爲列於其中耳。僞當爲「帷」，聲之誤也。大夫以上，有褚以襯覆棺，乃加帷荒於其上。紐，所以結連帷荒者也。池，以竹爲之，如小車笭，衣以青布。柳象宮室，縣池於荒之爪端，若承霤然。君大夫以銅爲魚，縣於池下。揄翟，青質五色，畫之於絞繒而垂之，以爲振容，象水草之動搖，行則魚上拂池。雜記曰：「大夫不揄絞屬於池下。」是不振容也。士則去魚。齊，居柳之中央，鏘鳴按：齊，居柳之中央，參用既夕禮注。若小車蓋上蕤，縫合雜采爲之，形如瓜分然，綴貝絡其上及旁。戴之言值也，所以連繫棺束與柳材，使相值，因而結前後披也。漢禮，翣以木爲筐，廣三尺，高二尺四寸，方兩角高，衣以白布。畫者，畫雲氣，其餘各如其象，柄長五尺，車行使人持之而從，既窆，樹於壙中。周官司士注曰：披，柩車行，所以披持棺者。有紐以結之，謂之戴。結披必當棺束，於束繫紐。

孔氏曰：帷，柳車邊障也，以白布爲之，王、侯皆畫爲龍，象人君之德也。池，織竹爲籠，衣以青布，挂著荒之爪端，象平生宮室有承霤也。天子屋四注，四面承霤，柳亦四池。諸侯屋亦四注，而柳降一池，闕於後一，故三也。振，動也。容，飾也。振容，以絞繒爲之，長丈餘，如旛，畫爲雉，縣於池下爲容飾，車行則旛動，故曰振容。荒，柳車上覆，謂鼈甲也。列，行也。火，形如半環。黻，兩「已」相背也。黼荒，火三列，黻三列者，緣荒邊爲白黑斧文，又於荒中央畫火、黻各三行也。素錦，白錦也。褚，屋也。於荒下用白錦爲屋，葬在路，象宮室也。加帷荒者，褚覆竟而加帷荒於褚外也。纁紐六者，上蓋與邊牆相離，又以纁爲紐連之，旁各三，凡用六紐也。齊，五采，五貝者，鼈甲上，當中形圓如車蓋，高三尺，徑二尺餘，人君以五采繒衣之，列行相次，又連貝爲五行，交絡齊上也。翣形似扇，在路則障車，入椁則障柩。禮器云：「天子八翣，諸侯六，大夫四。」皆戴圭者，謂諸侯六翣，兩角皆戴圭也。鄭註縫人云：「漢禮器制度『飾棺，天子龍、火、黼、黻皆五列』，又有龍翣二，其戴皆加璧也。」魚躍拂池者，凡池必有魚，故縣銅魚於池下，若車行則魚跳躍上拂池也。君纁戴六者，事異飾棺，故更言「君」也。纁戴，謂用纁帛繫棺紐，著柳骨也。棺橫束有三，每束兩邊屈皮爲紐，三束有六紐，今穿纁戴於紐，以繫柳骨，故有六戴也。纁披六者，亦用纁帛，一頭繫柳戴，一頭出帷外，人牽之，每戴繫之，故亦有六也。謂之披者，若牽車登高，則引前以防軒車，適下則引後以防翻車，欹左則引右，欹右則引左，使車不傾覆也。賈氏公彥曰：齊居柳之中央，以若人之臍，居身之中央也。戴兩頭皆結於柳材，又以披在棺上絡過，然後貫穿戴之連繫棺束者，乃結於戴，餘披出之於外，使人持之，以備虧傾也。愚謂棺飾，蓋以柳木爲骨，衣以繒綵，而外加帷荒焉。故或謂之柳，指其木材言之也。或謂之牆，言其四周於棺，有似於宮室之牆也。三池者，闕其後也。池視重霤，諸侯屋雖四注，而北無重霤，故池亦象之。褚，囊也，所以韜藏於物者。左傳成三年：「荀罃之在楚也，鄭賈人或謀置諸褚中以出。」柩以素錦韜之，若囊形然，故謂之褚。紐有二：經言「纁紐」，用帛爲之，而連屬帷荒者也。疏言「用纁帛繫棺紐」，屈束棺之皮爲之，而戴之所貫者也。士喪禮註云：「披絡柳棺上，貫結於戴。」賈疏謂「披在棺上絡過，然後穿戴而結之」，則是披橫絡棺上，而兩端出於棺外，以帛一條而爲二披也。孔疏謂「披一頭繫柳戴，一頭出帷外」，則帛一條止爲一披也。士喪禮飾柩、設牆而後設披，則披不得復絡棺而過，以礙於帷荒故也。且帛之長不過四十尺，而古之尺度短，若絡於棺上，下結於戴，則兩端之外出者無幾，於牽挽亦不便，疑孔氏之說爲是。

大夫畫帷，二池，不振容，畫荒，火三列，黻三列，素錦褚，纁紐二，玄紐二，齊三采，三貝，黻翣二，畫翣二，皆戴綏，魚躍拂池。大夫戴前纁後玄，披亦如之。釋文：綏音蕤，耳佳反，下同。

鄭氏曰：畫荒，緣邊爲雲氣。綏當爲「蕤」，蓋五采羽注於翣首也。孔氏曰：大夫畫帷者，不得爲龍，畫爲雲氣。二池者，庾云：「兩邊而已。」賀云：「前後各一。」不振容者，謂不以揄絞屬於池下，其池上揄絞則有也。齊三采者，絳、黃、黑也。皆戴綏者，翣角不圭，但用五采羽作綏，注翣兩角也。陸氏佃曰：戴玉者必戴綏，戴綏者不必戴玉。陳氏澔曰：披亦如之，謂色與數悉與戴同也。愚謂二池在前後，大夫屋南北有承霤，故其池象之也。士喪禮註云：「齊，以三采繒爲之，上朱、中白、下蒼。」疏云：「聘禮記『三采朱、白、蒼』，彼據繅藉，此齊用三采亦然。」此疏以三采爲絳、黃、黑，絳乃「降」字之誤，言大夫降於人君，少黃、黑二色也。

士布帷，布荒，一池，揄絞，纁紐二，緇紐二，齊三采，一貝，畫翣二，皆戴綏。士戴前纁後緇，二披，用纁。釋文：揄音遙。緇，則其反。

孔氏曰：士布帷、布荒，皆白布爲之而不畫也。一池者，唯一池在前也。揄絞者，亦畫雉於絞，在於池上，而池下無振容也。士戴前纁後緇，通兩邊爲四戴也。二披用纁者，據一邊前後各一披，故云「二披用纁」，若通兩旁，則亦四披也。愚謂此云「士一貝」，士喪禮云「無貝」，蓋亦禮俗之不同也。披繫於棺束之橫者，其數亦與棺束同。人君棺三束，故兩旁各三披；大夫士棺二束，故兩旁各二披。但大夫旁二披前纁後玄，士則前後皆纁，亦降於大夫也。

君葬用輴，四綍，二碑，御棺用羽葆。大夫葬用輴，二綍，二碑，御棺用茅。士葬用國車，二綍，無碑，比出宮，御棺用功布。釋文：輴，依注音輇，市專反，王勑倫反。綍音弗。御棺，一本作「御柩」。國，依注亦作「輇」，市專反，王如字，云「一國所用」。比，必利反。○鄭注：綍或爲「率」。○今按：輴當如字，音敕倫反。「國」字亦當如字，王說爲是。

鄭氏曰：大夫廢輴，此言「輴」，非也。輴皆當爲「載以輇車」之輇，聲之誤也。輇，字或作「團」，是以又誤爲「國」。輇車，柩車也，尊卑之差也。在棺曰綍，行道曰引，至壙將窆，又曰綍而設碑，是以連言之。碑，桓楹也。御棺，居前爲節度也。士言「比出宮」，「用功布」，則出宮而止，至壙無矣。愚謂載柩之車，名爲輴車，又曰蜃車。此云「君葬用輴」，「大夫葬用輴」，則是柩車又名爲輴車也。天子諸侯所用以殯之車，與載柩之車，其制相似，但其輪異耳，是以皆名爲輴車也。士之國車，亦輴車也，曰「國車」者，言其爲國人所同用也。鄉師云：「鄉共吉、凶、禮、樂之器。」君大夫之輴皆自造之，士之柩車乃鄉器，故謂之國車。綍，以麻爲之。殯及朝廟時屬於輴及輁軸，謂之綍，葬時在塗，屬於柩車，謂之引，及至壙說載除飾，屬於柩束，又謂之綍，其實則一物也，是以或通其名焉。朝廟與在塗之綍，皆屬於車兩旁，至葬時說載，則屬於柩。天子六綍，以四綍屬於前後之縮束，以二綍屬於兩旁當中橫束。諸侯四綍，於前後左右分屬之。大夫士二綍，惟屬於前後束也。碑，以木爲之，所以繞綍以下棺者也。天子謂之豐碑，諸侯謂之桓楹，通而名之，則大夫以上皆謂之碑也。天子四碑，分樹於壙之四旁：前後二碑重鹿盧繫以四綍，左右二碑分繫二綍也。諸侯二碑，樹於壙之前後，繫以二綍，其左右二綍，則使人背壙而負之。大夫二碑，亦樹於壙之前後，分繫二綍。士無碑，其二綍亦使人背而負之也。御棺者，居前指麾，爲柩行抑揚進止之節也。周禮喪祝：「及朝，御匶，乃奠。及祖，飾棺，乃載，遂御。及葬，御匶出宮，乃代。」代，謂代以鄉師及匠師也。是天子之喪，自朝廟以至葬，皆有御匶。諸侯大夫亦然。比，及也。士喪禮朝廟無御柩，至將爲祖奠還車之時，乃云「商祝御柩」；及將行，又云「商祝執功布以御柩」。此言「比出宮，御棺用功布」，明朝廟無御柩也。士朝廟無御柩者，士柩車差輕，宮內道近，且無險阻故也。士祖時已御柩，而云「比出宮，御棺」者，祖時但還車而未行，故據出宮言之。鄭氏謂「士出宮無御柩」，非是。功布，大功布也。大夫之茅，不如羽葆之華，功布則又加質矣。

凡封，用綍去碑負引。君封以衡，大夫士以咸。君，命毋譁，以鼓封；大夫，命毋哭；士，哭者相止也。釋文：封，依注作「窆」，彼驗反。咸，依注讀爲緘，古鹹反。○鄭注：封或皆作「斂」。咸或爲「椷」。

鄭氏曰：封，周禮作「窆」。窆，下棺也。此「封」或皆作「斂」。檀弓曰「公輸若方小斂，般請以機封」，謂此「斂」也。然則棺之入坎爲斂，與斂尸相似，記時同之耳。咸讀爲緘。凡柩車及壙，説載除飾，而屬紼於柩之緘，又樹碑於壙之前後，以紼繞碑間之鹿盧，輓棺而下之。此時棺下窆，使輓者皆繫紼而繞腰，負引，舒縱之，備失脱也。用紼去碑者，謂縱下之時也。衡，平也。人君之喪，又以木橫貫緘耳，居旁持而平之，又擊鼓爲縱舍之節。大夫士旁牽緘而已；庶人縣窆，不引紼也。禮，唯天子葬有隧。今齊人謂棺束爲緘繩。孔氏曰：下棺之時，將紼一頭繫棺緘，一頭繞碑間鹿盧，負引之人在碑外，背碑而立，漸漸應鼓聲而下，故云「用紼去碑負引」也。諸侯四紼二碑：前後二紼各繞前後二碑之鹿盧，其餘兩紼於壙之兩旁，人挽之而下。其天子六紼四碑：前後各重鹿盧，前後每一碑用二紼二碑，用四紼，其餘二紼繫於兩旁之碑也。前經「士二紼，無碑」，紼有人持之法，不要在碑也。君封以衡者，諸侯禮大物多棺重，恐棺不正，别以大木爲衡，貫穿棺束之緘，平持而下，備傾頓也。大夫士以咸者，大夫士無衡，以紼直繫棺束之緘，而下於君也。君命毋譁，以鼓封者，謂君下棺時，命令衆人無得喧嘩，以擊鼓爲窆時縱舍之節，每一鼓漸縱紼也。大夫命毋哭者，大夫卑，不得擊鼓，直使人無哭耳。士哭者相止也者，士又卑，不得施教令，直以哭者自相止。愚謂君封以衡者，諸侯下棺，以木貫於棺束，而以紼繫之，其木橫而平正，若稱之衡然也。大夫士以緘者，大夫士不得用衡，直以紼繫於棺緘也。命毋譁者，主徒役者命之，蓋鄉師、遂師之屬也。以鼓封，又擊鼓以爲下棺縱舍之節也。大夫命毋哭，蓋其宰命之也。大夫但命毋哭，則不得擊鼓也。命毋譁者，命徒役之辭也。命毋哭者，命主人以下之辭也。君不命毋哭，君尊，不敢直命也。士哭者相止，主人以下，自相止勿哭也。周禮鄉師「及葬」，「執斧以涖匠師」，冢人「及窆，執斧以涖」。諸侯窆以鼓，或未必用斧與？

君松椁，大夫柏椁，士雜木椁。

鄭氏曰：椁，謂周棺者也。天子柏椁以端，長六尺。夫子制於中都，使庶人之椁五寸。五寸，謂端方也。自天子、諸侯、卿、大夫、士、庶人六等，其椁長自六尺而下，其方自五寸而上，未聞其差所定也。孔氏曰：按檀弓「柏椁以端，長六尺」，註云：「其方蓋一尺。」以此差之，諸侯方九寸，卿八寸，大夫七寸，士六寸，庶人五寸。　愚謂天子柏椁以端，而大夫亦用柏椁者，天子之柏椁，諸侯之松椁，皆用松柏之心，所謂「黄腸」也；大夫雖用柏椁，而不得用黄腸，則降於人君矣。　諸侯與上大夫大棺同八寸，下大夫與士大棺同六寸，庶人四寸。　庶人棺四寸，而椁五寸，椁大於棺一寸，則棺六寸者椁七寸，棺八寸者椁九寸〔一〕。　天子椁一尺，則大棺九寸也。　鏘鳴按：此說天子椁制，亦與檀弓注異。

棺、椁之間，君容柷，大夫容壺，士容甒。　釋文：甒音武。

鄭氏曰：間可以藏物，因以爲節。　孔氏曰：君棺、椁間容柷，若天子棺、椁間則差寬大，故司几筵云「柏席用萑」，玄謂「柏，椁字摩滅之餘，椁席，藏中神坐之席」，是也。諸侯棺、椁間亦容席，故司几筵云「柏席」，「諸侯則紛純」，稍狹於天子，故此云「容柷」。　愚謂柷，樂器。　壺、甒，皆盛酒之器也。　柷方二尺四寸。　壺容一石，甒容五斗。　士喪禮：「甒二，醴、酒。」凡藏器於棺、椁之間，君之藏器柷爲大，大夫之藏器壺爲大，士之藏器甒爲大，其棺、椁間皆可以容此物，言以此爲廣狹之度也。　據司几筵，則

〔一〕「棺」，原本作「椁」，據文義并參萬有文庫本改。

諸侯椁内有席，席制三尺三分寸之一，則視柷爲大。今不據席而據柷者，豈諸侯椁內之席小於常席與？

君裏椁、虞筐，大夫不裏椁，士不虞筐。

鄭氏曰：裏椁之物，「虞筐」之文未聞也。 吴氏澄曰：言君之椁有物裏之，而又有虞筐。大夫雖不裏椁，而猶有虞筐也。士則並虞筐亦無。

禮記卷四十五

祭法第二十三 別録屬祭祀。

鄭氏曰：祭法者，以其記有虞氏至周天子以下所制祀羣神之數也。 愚謂此篇首言禘、郊、祖、宗之法，及篇末「夫聖王之制祭祀也」以下，見於國語，爲展禽論臧文仲祀爰居之言，至其中間所言，不見於國語者，多有詭異，而考之其他經傳，往往不合。 禮記固多出於漢儒，而此篇尤駁雜不可信。

祭法：有虞氏禘黃帝而郊嚳，祖顓頊而宗堯。 夏后氏亦禘黃帝而郊鯀，祖顓頊而宗禹。 殷人禘嚳而郊冥，祖契而宗湯。 周人禘嚳而郊稷，祖文王而宗武王。 釋文：嚳，口毒反。顓音專。頊，許玉反。 鯀，本又作「鮌」，古本反。契，息列反。

首言「祭法」，以冠通篇之義也。 趙氏匡曰：虞氏禘黃帝，蓋舜祖顓頊出於黃帝，所謂「禘其祖之所自出」也。 郊嚳者，帝王郊天，當以始祖配，則舜合以顓頊配天，爲身繼堯緒，不可舍唐之祖，故推嚳以配天，而舜之世系出自顓頊，故以爲始祖。 凡祖者，創業傳世之所自來也。 宗者，德高而可尊，其廟不遷也。 楊氏復曰：禘、郊、祖、宗，乃宗廟之大祭：禘者，禘其祖之所自出，而以其祖配之也。 郊者，祀天，以祖配食也。 祖者，祖有功，宗者，宗有德，其廟世世不毁也。 有虞氏、夏后氏皆禘黃帝，殷、周皆禘嚳者，舜、禹皆祖顓頊，而黃帝者，顓頊之所自出也；殷祖契，周祖稷，而帝嚳者，稷、契之所自出也。有虞氏郊嚳，夏后氏郊鯀，殷人郊冥，周人郊稷者，顓頊，舜之祖也，有虞氏當以顓頊配天，爲身嗣堯位，故推帝嚳以配天，而以顓頊爲始祖，仁之至，義之盡也；鯀治水非無功也，以其蔽於自用，而績用弗成，禹能修鯀之功，則前日未成之功成矣，故夏后氏以鯀配天也；冥，契六世孫也，冥勤其官而水死，其功烈與先聖並稱，故殷人以冥配天也；禮，以祖配天，后稷，周之大祖也。禮運曰「杞之郊也禹也，宋之郊也契也」，與此不同。杞、宋以先代之後，統承先王，脩其禮物，而有所改更，疏以爲時王所命也。愚謂趙氏、楊氏謂「顓頊爲舜之祖」，據大戴禮帝繫篇而言也。然宗廟必序昭穆，舜既宗堯，則顓頊必堯之祖，而大戴禮未可據矣。舜典言「受終於文祖」，又言「格於藝祖」，藝祖、文祖蓋卽顓頊也。舜受堯禪，其所祭者卽堯之宗廟，蓋受天下於人者之禮然也。大禹謨言「受命於神宗」，神宗卽堯也。舜受天下於堯，故以天下傳禹必告於堯，情理之所宜然也。禹爲顓頊之後，而受天下於舜，夏后氏禘黃帝而祖顓頊，所因於堯、舜而無變者也；郊鯀而宗禹，蓋其後世子孫之所爲也。當禹之時，蓋郊堯而宗舜耳。有虞氏祖顓頊，而以黃帝爲所自出之帝，顓頊非親黃帝子也，則禘之所祭，由始祖而上，推其有功德之帝而祭之，而不必祭始祖之父也。殷有三宗，獨言「宗湯」者，據其功德尤盛者言之也。自殷以前，皆於始祖而外別推一帝以配天。周以后稷爲始祖，卽以后稷配天，此周禮所監於前代而精焉者也。郊特牲曰「萬物本乎天，人本乎祖」，此所以配上帝也。虞、夏、殷之祖，始祖也。周祖文王，大祖也，其始祖則后稷也。雝之頌曰「既右烈考，亦右文母」，而序以爲「禘大祖」，白虎通義曰「有始祖，有大祖，后稷爲始祖，文王爲大祖」，是也。周立文武之廟爲世室，而文王稱祖，武王稱宗，皆百世不遷者也。夏宗禹，而書曰「明明我祖」，殷宗湯，而詩曰「衎我烈祖」，然則祖、宗亦通名與？

燔柴於泰壇，祭天也。瘞埋於泰折，祭地也。用騂、犢。釋文：燔音煩。瘞，於滯反。折，之設反。

鄭氏曰：壇、折，封土爲祭處也。壇之言坦也。坦，明貌也。折，炤晢也。必爲炤明之名，尊神也。地，陰祀，用黝牲，與天俱用犢，連言爾。孔氏曰：燔柴於泰壇者，謂積薪於壇上，而取玉及牲置柴上燔之，使氣達於天也。瘞埋於泰折者，謂瘞繒埋牲，祭地祇於北郊也。陰祀用黝牲，祭地宜用黑犢，今文承「祭天」之下，故連言「用騂、犢」也。馬氏晞孟曰：燔柴於泰壇，所謂「祭天於地上圜丘」；瘞埋於泰折，所謂「祭地於澤中方丘」。折旋中矩，矩，方也。愚謂燔柴所以降天神，瘞埋所以出地祇也。祭宗廟始於灌，祭天神始於燔柴，祭地祇始於瘞埋，皆用之以降神者也。郊特牲曰：「灌用圭璋，用玉氣也。」典瑞曰「四圭有邸以祀天」，「兩圭有邸以祀地」，「祼圭有瓚以肆先王」，則燔柴、瘞埋兼用玉矣。泰壇者，南郊之壇也。泰折者，北郊之坎也。泰者，尊之之稱也。壇以言其高，則知泰折之爲坎矣。折以言其方，則知泰壇之爲圜矣。

埋少牢於泰昭，祭時也。相近於坎、壇，祭寒暑也。王宮，祭日也。夜明，祭月也。幽宗，祭星也。雩宗，祭水旱也。四坎、壇，祭四方也。山林、川谷、丘陵能出雲，爲風雨，見怪物，皆曰神。有天下者祭百神。諸侯在其地則祭之，亡其地則不祭。釋文：相近，依註讀爲禳祈，如羊反，下巨依反，王肅作「祖迎」。幽宗、雩宗，並依註讀爲禜，禜敬反，王如字。見，賢遍反。亡如字，無也，一音無。

鄭氏曰：昭，明也，亦謂壇也。時，四時也，亦謂陰陽之神也。埋之者，陰陽出入於地中也。凡此以下，皆祭用少牢。相近，當爲「禳祈」，聲之誤也。禳猶卻也。祈，求也。寒暑不時，則或禳之，或祈之。寒於坎，暑於壇。王宮，日壇。王，君也。日稱君，宮，壇營域也。夜明，月壇也。宗皆當爲「禜」，字之誤也。幽禜，星壇也。星以昏始見，禜之言營也。雩禜，水旱壇也，雩之言吁嗟也。春秋傳曰：「日、月、星辰之神，則雪霜風雨之不時，於是乎禜之。山川之神，則水旱癘疫之不時，於是乎禜之。」四方，卽謂山林、川谷、丘陵之神也。祭山林、丘陵於壇，川谷於坎，每方各爲坎爲壇。怪物，雲氣非常見者也。有天下，謂天子也。百神，假成數也。孔氏曰：祭時者，謂四時之氣不和，祭此氣之神也。泰昭，壇名也。春夏爲陽，秋冬爲陰。祈陰則埋牲，祈陽則不應埋之，今並云「埋」者，以陰陽之氣俱出入：於地中而生萬物也。用少牢者，降於天神也。自此以下，及「日」「月」至「山林」並少牢，先儒云「不薦孰，惟殺牲埋之」也。祭寒暑者，若寒暑太甚，祭以禳之；寒暑頓無，祭以祈之。寒則於坎，寒，陰也。暑則於壇，暑，陽也。王，君也。宮亦壇也，營域如宮也。日神尊，故其壇曰「君宮」。月明於夜，故其壇曰「夜明」。星至夜而出，故曰「幽」。爲營域而祭之，故曰「幽禜」。水旱爲人所吁嗟，亦爲營域而祭之，故曰「雩禜」。四坎、壇，祭四方者，四方各爲一坎一壇，壇以祭山林、丘陵，坎以祭川谷、泉澤。山林、山谷、丘陵，此卽四坎、壇所祭之神也。有天下者祭百神，謂天子祭山林、川澤在天下而益民者也。諸侯祭山林、川澤在封內者，亡，無也，境內無此山川則不得祭也。周禮大宗伯備列諸祀，而不見祭四時、寒暑、水旱者，宗伯所言，依歲時常祀，此所載，謂四時乖序，寒暑僭逆，水旱失時，須有祈禱之禮，非關正禮，故不列於宗伯也。按小司徒「小祭祀，奉牛牲」，則王者之祭無不用牛。此祈禱之祭也，故用少牢。按聖證論王肅「六宗」之說，用家語之文，以此四時也，寒暑也，日也，月也，星也，水旱也，爲六宗歲之常祀。孔註尚書亦同。愚謂周禮有「圜丘」「方澤」之名，此南北郊祭天地之壇也。此則云「燔柴於泰壇，瘞埋於泰折」，固已不合於周禮矣。至於泰昭、王宮、夜明之屬，名號詭異，言不雅馴，尤非三代淳質時所有。王肅以此爲歲之常祀，然日、月、天神之尊，不應止用少牢；祀日、月、星辰用實柴，不應埋牲。周禮、春秋、月令言「雩」及「大雩」而已，無「雩宗」之名；天子雩上帝，諸侯雩山川，不聞别祭水旱之神也。鄭、孔以爲此祈禱之祭，故皆用少牢。又孔氏云「此非歲時常祀，故不列於宗伯」，然上文言「禘」「郊」「祖」「宗」及「泰壇」「泰折」，未嘗專言「祈禱」，此不當獨異。又篇末云「非此族也，不在祀典」，是此篇所言皆常祀，不得爲祈禱。又凡祈禱之祭，本皆歲時常祀，至有事又祈禱之爾，未有無常祀而獨祭祈禱者。又祈禱之祭，皆就正祭之兆：祭日宜於東郊，祭月宜於西郊，不宜曰「王宮」「夜明」。祈禱之禮，雖簡於正祭，然亦未嘗相悖戾，祭日、月、星辰當燔柴，不當埋牲。凡此以鄭、王二説考之，無一而可通者。惟相近於坎、壇，祭寒暑，疑即周禮籥章「迎寒」「逆暑」之祭，而「相近」二字，孔叢子作「祖迎」。祖猶餞也，謂送其往也。迎，謂迓其來也。寒暑循環，於其來者迎之，則於其往者送之矣。而四坎、壇，祭四方，則與周禮小宗伯「兆山川、丘陵、墳衍，各因其方」者正合。迎寒逆暑用土鼓，其禮甚簡質，而山林、川澤在地祇亦非甚尊，諸侯社稷用少牢，則此二者用少牢亦宜。但四方爲地祇，固當瘞埋，而寒暑爲陰陽之氣，非專屬於地者，乃概用埋牲，亦恐未必然耳。

大凡生於天地之間者皆曰命，其萬物死皆曰折，人死曰鬼，此五代之所不變也。七代之所更立者，禘、郊、宗、祖，其餘不變也。釋文：大如字，徐音泰。更，古行反。○宗、祖，今本並作「祖、宗」。據孔疏，作「禘、郊、宗、祖」。疏又云：「上先祖後宗，此先宗後祖，故鄭上注云：『祖、宗通言爾。』」是當作「宗、祖」無疑，今正之。

命，猶「天命之謂性」之命。人物之生，其形氣皆稟之於天，故生於天地之間者皆曰命。折者，斷絶也。斷則不復續矣。鬼者，氣之屈也。有屈則有伸矣。蓋人物之受命於天地雖同，然物則氣質昏濁，故其死也謂之折，言其斷絶而不復續也。人爲萬物之靈，故其死也，屈而能伸，是以有昭明、焄蒿、悽愴之感，此立廟祭祀之法所由起也。上文言禘、郊、宗、祖之所及，自黃帝以至於周，黃帝爲立法之祖，歷顓頊、帝嚳、唐、虞、三代爲七代，專數唐、虞、三代則爲五代。於所不變言「五代」，於所變特言「七代」者，以明禘、郊、宗、祖之法起於黃帝以來，而不始於虞也。其餘不變者，謂自天子以下立廟多寡之法也。

天下有王，分地建國，置都立邑，設廟、祧、壇、墠而祭之，乃爲親疏多少之數。釋文：廟，本亦作「庿」，古字。墠音善。

鄭氏曰：建國，封諸侯也。置都立邑，爲卿大夫之采地，及賜士有功者之地。廟之言貌也。宗廟者，先祖之尊貌也。祧之言超也，超上去意也。封土曰壇，除地曰墠。愚謂大者謂之都，小者謂之邑。祖、禰爲親，遠者爲疏。廟少者止祭其親，廟多者兼及其疏。

是故王立七廟、一壇、一墠：曰考廟，曰王考廟，曰皇考廟，曰顯考廟，曰祖考廟，皆月祭之；遠廟爲祧，有二祧，享嘗乃止。去祧爲壇，去壇爲墠。壇、墠，有禱焉祭之，無禱乃止。去墠曰鬼。釋文：禱，丁老反，一音丁報反。

鄭氏曰：王、皇，皆君也。顯，明也。祖，始也。名先人以君、明、始者，所以尊本之意也。天子遷廟之主〔一〕，以昭穆合藏於二祧之中。諸侯無祧，藏於祖、考之廟中。聘禮曰「不腆先君之祧」，是謂始祖廟也。享嘗，謂四時之祭。天子諸侯爲壇、墠，所禱，謂後遷在祧者也。既事則反其主於祧。鬼亦在祧，顧遠之於無事，祫乃祭之爾。春秋文二年秋「大事於大廟」，傳曰「毀廟之主陳於大祖，未毀廟之主皆升合食於大祖」，是也。魯煬公者，伯禽之子也，至昭公、定公，久已爲鬼，而季氏禱之而立其宮，則鬼之主在祧明矣。唯天子諸侯有主禘、祫，大夫有祖考者，亦鬼其百世，不禘、祫無主爾。其無祖考者，庶士以下鬼其考、王考，官師鬼其皇考，大夫、適士鬼其顯考而已。凡鬼者，薦而不祭。楊氏復曰：「三壇同墠」之說，出於金縢，乃因有所禱而爲之，非宗廟之外預爲壇、墠以待他日有禱也。孝經「爲之宗廟，以鬼享之」，非去墠爲鬼也。晉張融謂「祭法『去祧爲壇，去壇爲墠』，『去墠爲鬼』，爲衰世之法，所言難以盡信」。愚謂大戴禮諸侯遷廟篇曰：「告於皇考某侯。」士虞、特牲、少牢稱祖曰「皇

〔一〕「主」，原本作「祖」，據禮記注疏改。

祖」，曲禮「王父曰皇祖考」，「父曰皇考」。今乃稱曾祖爲皇考，則與父之稱相亂。又凡始祖謂之大祖，今稱爲祖考，則與祖之稱相亂。且以皇考、顯考爲曾祖、高祖之異稱，於義亦無所取也。春秋於周公稱大廟，魯公稱世室，羣公稱宮，故有武宮、煬宮、桓宮、僖宮之名。是羣廟皆以謚配宮爲名，未聞其曰「考廟、王考廟、皇考廟、顯考廟、祖考廟」也。鄭氏周禮守祧註云：「先公之遷主藏於后稷之廟，先王之遷主藏於文武之廟。」此註云「天子遷廟之主，以昭穆合藏於二祧之中」，是以二祧爲文武之廟也。夫謂「先王之遷主藏於文武廟中」，是也，而以二祧爲文武廟則非也。春秋稱魯公廟爲世室，而明堂位云：「魯公之廟，文世室也。武公之廟，武世室也。」是文武二廟名世室，不名祧也。此言「遠廟爲祧」，蓋謂高祖之父、高祖之祖之廟也。謂之遠廟者，言其世數遠而將遷也。不及文武二廟者，蓋以七廟常數言之，而不及功德之祖，劉歆所謂「七者，其正法宗不在此數」，是也。然周禮「守祧八人」，則祧不徒爲遠廟矣。聘禮云「不腆先君之祧」，左傳「其敢愛豐氏之祧」，臧武仲言「失守宗祧」，是雖五廟、三廟者亦有祧矣。蓋祧卽寢也，其字從兆，乃窈窕幽邃之義。寢在廟後，故以名焉。廟以奉神主，寢以藏衣冠，故守祧云「其遺衣服藏焉」。聘禮言「不腆先君之祧」，自謙，故不言「廟」而言「寢」也。然則記之言亦非也。祭神祇於壇，祭人鬼於廟。祭人鬼而爲壇者，必其廟非已之所當祭，有爲爲之也。周公禱三王，爲三壇同墠，蓋周公爲支子，非有武王之命則不敢自禱於天子之廟，故爲壇。宗子去國，庶子無爵而居者，望墓而爲壇，以時祭，亦以宗廟非庶子之所得祭故也。若天子諸侯自祭其祖，何必爲壇耶？廟雖已遷，然大祫之禮，遷廟主固祭於廟矣，有祈禱於遷廟之主，出主於廟而禱焉可也。自祭法有「壇、墠」之說，而注疏又爲推廣之。曾子問「凡殤與無後者，祭於宗子之家」，鄭氏云：「無廟者爲墠祭之。」喪服小記「庶子不祭殤與無後者，殤與無後者從祖祔食」，鄭氏云：「宗子之諸父無後者，爲墠祭之。」「妾祔於妾祖姑，亡則中一以上而祔」，孔氏云：「妾無廟，今乃云祔及高祖者，當爲壇祔之。」雜記「有父母之喪，尚功衰，而祔兄弟之殤」，鄭氏云：「此兄弟之殤，謂大功以下親也。」孔氏云：「小功兄弟當祔於從祖之廟，其小功兄弟身及父是庶人，不合立祖廟，則曾祖適孫爲之立壇，祔小功兄弟之長殤於從祖。」昏義「古者婦人先嫁三月，祖廟未毀，教於公宮，祖廟已毀，教於宗室」，「教成，祭之」，鄭氏云：「宗子之家，若其祖廟已毀，則爲壇而告焉。」凡此皆愚所未敢以爲然者也。

諸侯立五廟、一壇、一墠：曰考廟，曰王考廟，曰皇考廟，皆月祭之；顯考廟、祖考廟，享嘗乃止。去祖爲壇，去壇爲墠。壇、墠，有禱焉祭之，無禱乃止。去墠爲鬼。

朱子曰：月享無明文，只祭法、國語有之，恐未足據。愚謂周禮及春秋經、傳皆言「四時祭宗廟」而已，惟國語有「日祭」「月祀」之文。日祭蓋謂喪中朝夕奠，月祀蓋謂每月告朔也。此篇言天子四親廟及大廟皆月祭，諸侯曾祖以下皆月祭，以爲告朔則不可通。蓋天子告朔於明堂，不於廟；諸侯告朔於大廟，不及羣廟也。此外惟有薦新之禮，然新物非每月皆有，若告朔、薦新之外又有月祭，則瀆而不敬。諸侯月祭，止及曾祖，而高祖、大祖不與，則又有豐昵之嫌。先王之典，必不如此。

大夫立三廟、二壇：曰考廟，曰王考廟，曰皇考廟，享嘗乃止。顯考、祖考無廟，有禱焉，爲壇祭之。去壇爲鬼。

鄭氏曰：大夫祖考，謂別子也。　愚謂王制：「大夫三廟，一昭，一穆，與大祖之廟而三。」今此曾祖有廟，而大祖乃無廟，亦非也。大夫非大宗子則以曾祖備三廟耳。

適士二廟，一壇：曰考廟，曰王考廟，享嘗乃止。顯考無廟，有禱焉，爲壇祭之。去壇爲鬼。官師一廟：曰考廟。王考無廟而祭之。去王考爲鬼。庶士、庶人無廟，死曰鬼。釋文：適，丁歷反，篇內同。顯考，顯音皇，出註。

鄭氏曰：適士，上士也。官師，中士、下士。庶士，府史之屬。此「適士」云「顯考無廟」，非也。當爲「皇考」，字之誤。　孔氏曰：大宗子爲士，得立祖、禰二廟也。曾子問疏。　愚謂適士，謂大宗世適爲士者也。鄭氏以適士爲上士，孔疏雖順註爲義，而曾子問疏有「大宗子爲士，得立祖、禰二廟」之說，蓋已陰識鄭說之非矣。適士二廟者：一爲考廟，一則別子爲祖者之廟也。此乃以爲王考廟，亦非也。官師，三等之士也。春秋襄十五年「劉夏逆王后於齊」，左傳云：「官師從單靖公逆王后於齊。」杜預釋例云：「元士、中士稱名，劉夏、石尚是也。下士稱人，『公會王人于洮』是也。」是官師非專爲中、下士明矣。官師一廟者，凡三等之士非爲大宗子者，皆惟立一廟也。庶士、庶人無廟，祭於寢也。

王爲羣姓立社，曰大社；王自爲立社，曰王社。諸侯爲百姓立社，曰國社；諸侯自爲立社，曰侯社。大夫以下，成羣立社，曰置社。釋文：爲，並于僞反。

鄭氏曰：大夫以下，謂下至庶人也。大夫不得特立社，與民族居，百家以上則共立一社，今時里社是也。孔氏曰：羣姓，謂百官以下及兆民也。大社在庫門內之右，故小宗伯云「右社稷」。王社所在，書傳無文，或云「與大社同處」。崔氏云：「在藉田。王所自祭，以供粢盛。」詩頌云「春藉田而祈社稷」，是也。諸侯亦然。大夫以下，滿百家以上得立社，爲衆特置，故曰置社。言「以上」，皆不限多少，故鄭駁異義引「州長職曰『以歲時祭祀州社』」，是二千五百家爲社也」。雖云「百家以上」，惟治民大夫乃得立社。愚謂大社祭畿內之地祇，國社祭一國之地祇。郊特牲曰：「惟社，邱、乘共齊盛。」州、黨祭社，其齊盛出於民之所自供，則其社固民之所自立也。蓋大夫以下，於所居之州、黨，得與同居之民相與立社，而治地大夫若州長者爲之主其祭也。○「王社」「侯社」，不見於他經，鄭氏於此篇亦無註說，崔氏謂「王社在藉田」。今按天子之社，祭畿內之土神也。諸侯之社，祭一國之土神也。州社，祭一州之土神也。所載有廣狹，故其神有尊卑，其祭之之禮有隆殺。故王制云：「天子之社稷用大牢，諸侯之社稷用少牢。」大司樂「奏大簇，歌應鐘，舞咸池，以祭地祇」，此天子社稷之祭也。舞師「教帗舞，帥而舞社稷之祭祀」，此大夫以下所置社稷之祭也。若藉田，天子止千畝，諸侯止百畝，則未知其神居何等，而祭之又用何禮耶？天子有大社，諸侯有國社，則藉田已在其中矣，又別立社稷於藉田，而名之曰王社、侯社，於禮則瀆，於情則私，必非先王之典也。

王爲羣姓立七祀：曰司命，曰中霤，曰國門，曰國行，曰泰厲，曰户，曰竈；王自爲立七祀。諸侯爲國立五祀：曰司命，曰中霤，曰國門，曰國行，曰公厲；諸侯自爲立五祀。大夫立三祀：曰族厲，曰門，曰行。適士立二祀：曰門，曰行。庶士、庶人立一祀：或立户，或立竈。

鄭氏曰：此非大神所祈報大事者也，小神居人之間，司察小過，作譴告者爾。司命，主督察三命；疏云：「援神契云：『命有三科：有受命以保慶，有遭命以謫暴，有隨命以督行。受命，謂年壽也。遭命，謂行善而遇凶也。隨命，謂隨其善惡而報之。』」中霤，主堂室、居處；門、户，主出入；行，主道路、行作；厲，主殺罰；竈，主飲食之事。明堂月令：「春曰其祀户，祭先脾。夏曰其祀竈，祭先肺。中央曰其祀中霤，祭先心。秋曰其祀門，祭先肝。冬曰其祀行，祭先腎。」聘禮曰使者出，「釋幣於行」；歸，「釋幣於門」。士喪禮曰「疾病」，「禱於五祀」。司命與厲，其時不著。今時民家，或春秋祠司命、行神、山神，門、户、竈在傍，是必春祠司命，秋祠厲也；或者合而祠之。山卽厲也。民惡言「厲」，巫、祝以厲，山爲之，謬乎！春秋傳曰：「鬼有所歸，乃不爲厲。」孔氏曰：司命者，宮中小神。熊氏云：「非天之司命，故祭於宮中。」皇氏云「司命者，文昌宮星」，其義非也。泰厲，謂古帝王無後者也。此鬼無所依歸，好爲民作禍，故祀之。公厲，謂古諸侯無後者。族厲，謂古大夫無後者。族，衆也。大夫無後者衆多，故言「族厲」。陳氏祥道曰：周官雖天子止於五祀，儀禮雖士亦備五祀，則五祀無尊卑隆殺之數矣。祭法曰「七祀」，推而下之，至於「適士二祀」，「庶人一祀」，非周制也。愚謂五祀有二：其大者爲五行之神，大宗伯「以血祭」「祭五祀」，左傳「社、稷、五祀，是尊是奉」，是也。其小者爲户、竈、門、行、中霤之神，曲禮、王制、月令、周禮小祝、士喪禮之所言者是也。蓋户、竈、門、行、中霤，皆關於飲食起居之至切近者，故自天子以下皆祭其神。若司命以爲文昌宮星，則大宗伯以槱燎祭之者不當祭於宮中；若如以爲宮中小神督察三命者，則不知其於天神、地祇、人鬼何所屬耶？至泰厲、公厲，則天子諸侯所祭因國之在其地而無主後者，亦不當與中霤、户、竈、門、行爲類。且五祀爲宫中之神，故自天子以下各自祭之，今乃謂「天子爲羣姓立七祀」，有中霤、户、竈，「諸侯爲國立五祀」，有中霤，則是國人宫内之神，而乃祭之於天子諸侯之宫，有是理乎？

王下祭殤五：適子、適孫、適曾孫、適玄孫、適來孫。諸侯下祭三，大夫下祭二，適士及庶人祭子而止。

鄭氏曰：祭適殤者，重適也。祭適殤於廟之奧，謂之陰厭。王子、公子祭其適殤於其黨之廟，大夫以下，庶子祭其適殤於宗子之家，皆當室之白，謂之陽厭。凡庶殤不祭。愚謂殤惟祔與除服二祭。凡死未有不祔，其服未有不除者也，豈限適、庶耶？殤與無後者從祖祔食，如士、庶人之孫死，若己爲適子，則當爲之祔於禰，若己爲庶子，則己之昆弟爲父後者又當爲之祔矣，安有祭子而止者耶？鄭氏於曾子問及小記註，皆云「庶殤不祭」，此爲祭法所誤也，説已詳曾子問。

夫聖王之制祭祀也，法施於民則祀之，以死勤事則祀之，以勞定國則祀之，能禦大菑則祀之，能捍大患則祀之。是故厲山氏之有天下也，其子曰農，能殖百穀。夏之衰也，周棄繼之，故祀以爲稷。共工氏之霸九州也，其子曰后土，能平九州，故祀以爲社。帝嚳能序星辰以著衆，堯能賞均、刑法以義終，舜勤衆事而野死，鯀鄣鴻水而殛死，禹能脩鯀之功，黄帝正名百物以明民共財，顓頊能脩之，契爲司徒而民成，冥勤其官而水死，湯以寬治民而除其虐，文王以文治，武王以武功去民之菑，此皆有功烈於民者也。及夫日、月、星辰，民所瞻仰也，山林、川谷、丘陵，民所取財用也，非此族也，不在祀典。釋文：鄣音章。殛，紀力反。顓頊能脩之，本或作「顓頊脩黄帝之功」。文治直吏反。去，起吕反。

鄭氏曰：厲山氏，炎帝也，起於厲山，或曰有烈山氏。棄，后稷名也。共工無録而王謂之霸，在大昊、炎帝之間。著衆，謂使民興事，知休作之期也。賞，賞善，謂禪舜封禹、稷等也。能刑，謂去四凶。義終，謂既禪二十八載乃死也。野死，謂征有苗，死於蒼梧也。明民，謂使之衣服有章也。民成，謂知五教之禮也。冥，契之六世孫。其官，玄冥，水官也。虐、菑，謂桀、紂也。烈，業也。孔氏曰：法施於民，若神農、后土、帝嚳與堯，及黄帝、顓頊與契之屬是也。以死勤事，若舜及鯀、冥是也。以勞定國，若禹是也。禦大菑，捍大患，若湯及文武是也。農，謂厲山氏後世子孫名柱，能殖百穀，爲農官，因名農。夏之衰也，周棄繼之者，以夏末湯七年大旱，變置社稷，故廢農祀棄。祀以爲稷者，謂農及棄皆祀之以配稷之神。后土，是共工氏後世之子孫，爲后土之官。后，君也。爲君而掌土，能治九州五土，故祀之以配社之神。嚳能紀星辰、序時候以明著，使民休作有期，不失時節，故祀之也。堯以天下授舜，封禹、稷，官得其人，是能賞均平也。五刑有宅，是能刑有法也。禪舜而老，二十八載乃殂，是義終也。舜征有苗，仍巡守陟方而死，是勤衆事而野死。鯀塞鴻水，亦有微功，故得祀之。若無微功，焉得治水九載？上古雖有百物而未有名，黄帝爲物作名，正名其體也。以明民者，謂垂衣裳，使貴賤分明，得其所也。共財者，謂山澤不障，教民取百物以自贍也。顓頊能脩之，謂能脩黄帝之法。契爲司徒，掌五教，故民之五教得成。湯除其虐，謂放桀也。文武去民之菑，謂伐紂也。此皆有功烈於民者也，結上「厲山」以下得祀之人，有功烈於民故也。及夫日、月、星辰，民所瞻仰者，釋上「燔柴於泰壇」，「瘞埋於泰折」，「祭日」「祭月」「祭星」之等。上有「祭天」「祭地」「祭四時」「祭寒暑」「祭水旱」，此不言者，舉日月則天地可知，四時、寒暑、水旱則日月陰陽之氣，故舉日月以包之也。非此族也，不在祀典者，合結上事也。族，類也。若非上自「厲山」以下，及日、月、星辰之等無益於民者，悉不得預於祭祀之典也。按上陳宗廟及七祀，并通適殤以下，此經不覆明之者，此經所云，謂是外神有功於民，其宗廟與殤以下及親屬、七祀之等，宮中小神，所以不載。愚謂以義終，謂堯崩，以天下授舜，而不私其子也。共，給也。明民共財者，百物之名定，則民之視聽不惑，故俗定事成，而財用給足也。冥嗣爲商侯，入爲王朝玄冥之官，溺死於河，事見竹書紀年。紂爲民患，文王脩德，使民忘如燬之虐，而樂孔邇之仁，是以文治去民之菑也。武王伐紂救民，是以武功去民之菑也。此所言，自「武王」以上，農及后土，配食社、稷之人也，其餘則皆四代之所禘、郊、宗、祖。孔疏以爲並外神，非也。蓋惟四親廟不論功德，至於禘、郊、宗、祖，必其功德足以堪之，非子孫之所得而私也。

禮記卷四十六

祭義第二十四（別錄屬祭祀。）

方氏慤曰：陳平外者祭之法，存乎中者祭之義。君子於祭，豈徒法爲哉，亦有義存焉爾。愚謂此篇自篇首至「公桑蠶室」章，皆明祭祀之義。次言禮樂之養人，次言孝親之道，次言尚齒之義。篇末又專以祭祀言之。蓋事死事生，其道一也，故因祭而言孝。事父事兄，其道一也，而敬老之義即因事兄之心而推之者，故又因孝親而言尚齒。獨其言禮樂者，於前後不相比附，而本見於樂記，疑樂記重出之文而錯在此篇耳。

祭不欲數，數則煩，煩則不敬。祭不欲疏，疏則怠，怠則忘。是故君子合諸天道，春禘、秋嘗。

釋文：數，色角反。○按「禘」字當讀爲禴，下同。

方氏慤曰數、疏言其時，煩、怠言其事，不敬與忘言其心。愚謂禘當作「禴」，諸侯春祭之名也。四時皆祭，言「春」「秋」則該冬夏矣。天道每時一變，而孝子思親之心因之，故一歲四祭者，不疏不數之節也。

霜露既降，君子履之，必有悽愴之心，非其寒之謂也。春雨露既濡，君子履之，必有怵惕之心，如將見之。

鄭氏曰：非其寒之謂，謂悽愴及怵惕皆爲感時念親也。霜露既降，禮説在秋，此無「秋」字，蓋脱爾。孔氏曰：如將見之，念親如得見親也。悽愴云「非其寒之謂」，則怵惕非其煖之謂，怵惕云「如將見之」，則悽愴亦如將見之，是其互也。

樂以迎來，哀以送往，故禘有樂而嘗無樂。

鄭氏曰：迎來而樂，樂親之將來也。送去而哀，哀其享否不可知也。小言之，則爲一祭之間，孝子不知鬼神之期；推而廣之，放其去來於陰陽。孔氏曰：小言之，爲一祭之間，既不知鬼神來去期節，故祭初若來而樂，祭末似去而哀。推一祭而廣論一年，神之去來似於陰陽二氣，但陽主生長，春夏陽來，似神之來，故祭有樂；秋冬陰，似神之往，故祭無樂。然周禮四時之祭皆有樂，殷則烝、嘗之祭亦有樂。故那詩云「庸、鼓有斁，萬舞有奕」，下云「顧予烝、嘗」，則殷秋冬亦有樂。愚謂春者，陽氣之至而申者也，故其祭也，所以迎乎親之來；秋者，陰氣之反而屈者也，故其祭也，所以送乎親之往。樂其來，故有樂；哀其往，故無樂。然天子四時祭皆用樂，嘗祭無樂，蓋諸侯之禮也。説已見郊特牲。

致齊於内，散齊於外。齊之日，思其居處，思其笑語，思其志意，思其所樂，思其所嗜。齊三日，乃見其所爲齊者。釋文：齊，側皆反，後不出者同。樂音洛，又五教反。

鄭氏曰：致齊，思此五者也。散齊，不御、不樂、不弔耳。見所爲齊者，思之熟也。所嗜，素所欲飲食也。孔氏曰：先思其麤，漸思其精，故居處在前，樂、嗜在後。愚謂致齊於内，專其内之所思也。

散齊於外，防其外之所感也。所樂，所樂爲之事也。所嗜，所嗜飲食之物也。齊三日，必見所爲齊者，由其專精之至也。

祭之日，入室，僾然必有見乎其位；周還出戶，肅然必有聞乎其容聲；出戶而聽，愾然必有聞乎其嘆息之聲。釋文：僾音愛。還音旋，本或作「旋」。愾，開代反。

入室，謂始祭時也。僾然，髣髴有見之貌。周還出戶，謂朝事之時，出戶而事尸於堂也。出戶而聽，謂祭畢，尸將謖而主人出戶也。特牲禮「主人出立于戶外，西面」，「祝東面」，「告利成」，尸謖。少牢禮：「主人出立于阼階上，西面，祝出立于西階上，告利成。祝入，主人降立于阼階東，西面。」「尸謖」，祭畢而送之，故如聞乎其嘆息之聲。蓋人子之於祖、考，以送其往爲哀，則祖、考之心亦必以其往爲哀，故宜有嘆息之聲也。馬氏晞孟曰：僾然言其貌，肅然言其容，愾然言其氣。

是故先王之孝也，色不忘乎目，聲不絕乎耳，心志嗜欲不忘乎心。致愛則存，致慤則著。著、存不忘乎心，夫安得不敬乎！

方氏慤曰：色不忘乎目，常若承顏之頃也。聲不絕乎耳，常若受命之際也。愚謂先王事死如生，事亡如存，故其耳目之所接，心之所念，無時不在於親，非特祭祀之時而已也。致其愛親之心，則雖亡如存；致其誠慤之意，則雖幽而著。著、存不忘乎心者，言其愛、慤無時而或怠也。如此，則安得有斯須之不敬者乎？

君子生則敬養，死則敬享，思終身弗辱也。君子有終身之喪，忌日之謂也。忌日不用，非不祥也，言夫日，志有所至，而不敢盡其私也。釋文：養，羊尚反。夫音扶。言夫日，或作「言夫忌日」。

鄭氏曰：忌日，親亡之日。忌日，不用舉他事，如有時日之禁也。祥，善也。志有所至，至於親以此日亡，其哀心如喪時。　愚謂思終身弗辱者，敬養、敬享之心無時而或忘，而思以守其身者孝其親也。既言君子有終身之敬，又言君子有終身之哀。忌日，親之死日，不用，不以爲他事也。夫日，此日也。志有所至，言志極於念親也。不敢盡其私，不敢盡其心於私事也。

唯聖人爲能饗帝，孝子爲能饗親。饗者，鄉也，鄉之然後能饗焉。是故孝子臨尸而不怍。君牽牲，夫人奠盎；君獻尸，夫人薦豆。卿大夫相君，命婦相夫人。齊齊乎其敬也！愉愉乎其忠也！勿勿諸其欲其饗之也！釋文：鄉，許亮反。齊齊，如字。○鄭註：上饗或爲「相」。

馬氏晞孟曰：饗帝、饗親，致其誠而已。蓋德不足以與之對，則亦非鄉之之盡也。聖人盡天道者也，孝子盡人道者也。　愚謂色不和而有所變動曰怍。臨尸而不怍者，惟其誠於鄉之而已。祭祀之禮，主人、主婦獻尸，尸皆親受之，不奠也。奠當作「薦」，禮器曰「君親牽牲，大夫贊幣而從，君制祭，夫人薦盎」，是也。注疏以此所言爲繹祭，又以奠盎爲設盎齊之尊，蓋亦以「奠盎」之文爲疑，而欲曲通之，然其說益無據矣。祭禮先薦豆，次君獻尸，次夫人獻尸。此於三事乃逆陳之者，蓋於君、夫人各以一事相對言之，故不以先後爲序也。齊齊乎其敬者，言其敬容之齊一也。愉愉乎其忠者，言其和順之發於誠也。勿勿者，勸勉之意，詩「黽勉從事」，劉向引之，作「密勿從事」是也。勿勿諸其欲其饗之者，言其欲神之饗之，勉勉而不敢懈也。

文王之祭也，事死者如事生，思死者如不欲生，忌日必哀，稱諱如見親，祀之忠也。如見親之所愛，如欲色然，其文王與？詩云「明發不寐，有懷二人」，文王之詩也。祭之明日，明發不寐，饗而致之，又從而思之。祭之日，樂與哀半：饗之必樂，已至必哀。釋文：樂音洛。

孔氏曰：思死者如不欲生者，言思念死者，意欲隨之而死也。稱諱如見親者，廟中上不諱下，於祖廟稱親之諱，如似見親也。愚謂欲色，謂有欲得之色也。大戴禮文王官人篇：「欲色嫗然以愉。」蓋致齊之時，思親之所樂、嗜，故祭之日如見親之所愛，若有欲得之色然也。詩，小雅小宛之篇。明發，謂將旦而光明開發也。二人，謂父母也。祭之明日，明發不寐者，謂祭畢之夕，思念父母不寐，以至於明日之旦也。饗而致之者，謂祭時如見其親也。又從而思之者，既祭而又明發不寐以思之也。樂與哀半，樂其來格，而哀其將往也。樂以迎來，哀以送往，此以一歲之來往爲哀樂者也。饗之必樂，已至必哀，此以一祭之始終爲哀樂者也。上章言唯「仁人爲能饗帝，孝子爲能饗親」，此又言文王之祭如此，蓋必仁孝如文王，然後以之饗帝、饗親而無不盡也。

仲尼嘗，奉薦而進，其親也慤，其行也趨趨以數。已祭，子贛問曰：「子之言祭，濟濟漆漆然。今子之祭，無濟濟漆漆，何也？」子曰：「濟濟者，容也遠也。漆漆者，容也自反也。容以遠，若容以自反也，夫何神明之及交？夫何濟濟漆漆之有乎？反饋樂成，薦其薦、俎，序其禮樂，備其百官，君子致其濟濟漆漆，夫何慌惚之有乎？夫言豈一端而已，夫各有所當也。」釋文：趨音促。數，色角反，徐音速。濟，子禮反。漆，依註音切。客也，口白反，下「客以遠」同。容也，羊凶反，下「若容以自反」同。慌，況往反，一音荒。惚音忽，本又作「忽」。當，丁浪反。○按容也遠也，容以遠，王肅本及釋文並作「客」，今從鄭作「容」。反饋，孔疏以「及，至」釋之，是孔氏本作「及饋」。又疏云：「定本作反。」按反義爲長，今從定本。

鄭氏曰：嘗，秋祭也。親，謂身親執事時也。慤與趨趨，言少威儀也。趨讀如促。數之言速也。漆漆，讀如朋友切切。自反，猶言自脩整也。容以遠，言非所以接親親也。容以自反，言非孝子所以事親也。及，與也。此皆非與神明交之道也。孔氏曰：濟濟者，容貌自疏遠。漆漆者，容貌自反覆而脩整也。愚謂反饋者，天子諸侯之祭，既行朝踐之禮於堂，乃反於室而行饋食之禮也。樂成者，樂至合舞而成，合舞當饋食之節也。上薦，謂進也。下薦，謂籩、豆之實也，此謂所進饋食之籩、豆也。俎，謂饋熟之俎也。百官，廟中助祭者。君子，卽百官也。諸侯祭禮，二灌朝踐，君與夫人交獻而已，至饋食而後賓長酳尸，至爲加爵而後長兄弟、衆賓長獻尸，於此時而君子乃致其濟濟漆漆。蓋濟濟漆漆乃助祭者之容，而非主祭者之容也。慌惚，髣髴若有見聞之意。若事鬼神而有濟濟漆漆之容，則情意疏遠，而無如將見之誠矣。

孝子將祭，慮事不可以不豫，比時，具物不可以不備，虛中以治之。釋文：比，必利反。○「比時」句絕。

比時，及祭時也。虛中，謂心無他念之雜，專致其精明以交於神明也。

宮室既修，牆屋既設，百物既備，夫婦齊戒、沐浴、盛服，奉承而進之。洞洞乎！屬屬乎！如弗勝，如將失之，其孝敬之心至也與！薦其薦、俎，序其禮樂，備其百官，奉承而進之。於

是諭其志意，以其慌惚以與神明交，庶或饗之。庶或饗之，孝子之志也。釋文：洞音動。屬音燭。弗，本亦作「不」。勝音升。

鄭氏曰：脩，設，謂糞除及黝、堊也。備其百官，奉承而進之，百官助主人進之也。諭其志意，謂使祝祝饗及侑尸也。　愚謂宮室既脩，牆屋既設，慮事之豫也。百物，謂三牲、魚、腊及籩、豆之實。百物既備，具物之備也。上言「奉承而進之」，謂朝踐時；下言「奉承而進之」，謂饋熟時也。洞洞、屬屬，以其慌惚以與神明交，誠意專一，如將見之，虛中以治之之驗也。

孝子之祭也，盡其愨而愨焉，盡其信而信焉，盡其敬而敬焉，盡其禮而不過失焉。進退必敬，如親聽命，則或使之也。

盡其愨，盡其信，盡其敬，盡其禮，謂存於內者無不盡也。愨焉，信焉，敬焉，而不過失焉，謂著於外者無不盡也。　孔氏曰：禮包衆事，非一可極，故不得云「盡其禮」，云「不過失」則是禮也。如或使之，如父母或使之也。　輔氏廣曰：愨與信，皆誠也。愨以其固言之，信以其實言之。

孝子之祭可知也：其立之也敬以詘，其進之也敬以愉，其薦之也敬以欲。退而立，如將受命，已徹而退，敬齊之色不絕於面，孝子之祭也。釋文：詘，求勿反。齊如字，又側皆反。

孝子之祭可知也，言觀其祭而可以知其孝也。立，謂立於其位也。詘，容之俯也。進，謂進至於尸前也。愉，色之和也。薦，謂奉物而進之也。欲，欲親之饗之也。退，謂反其位也。如將受命，如親之有所教使也。詘言其容，愉言其色，欲言其心。

立而不詘，固也。進而不愉，疏也。薦而不欲，不愛也。退立而不如受命，敖也。已徹而退，無敬齊之色，而忘本也。如是而祭，失之矣。釋文：敖，五報反。○鄭注：而忘本，「而」衍字。

固，謂固陋而不知禮也。敬齊之色，根於心之誠敬而發，誠敬之心，所以祭祀之本也。忘本，忘其所以祭祀之本，蓋其所根於心者淺而失之速也。

孝子之有深愛者必有和氣，有和氣者必有愉色，有愉色者必有婉容。孝子如執玉，如奉盈，洞洞屬屬然如弗勝，如將失之。嚴威儼恪，非所以事親也，成人之道也。

鄭氏曰：成人，既冠者。然則孝子不失其孺子之心也。愚謂孝子事死如事生，其事親於生時者如此，故没而祭之，亦必如上文之所言，而後可以爲孝也。

先王之所以治天下者五：貴有德，貴貴，貴老，敬長，慈幼。此五者，先王之所以定天下也。貴有德何爲也？爲其近於道也。貴貴，爲其近於君也。貴老，爲其近於親也。敬長，爲其近於兄也。慈幼，爲其近於子也。是故至孝近乎王，至弟近乎霸。至孝近乎王，雖天子必有父；至弟近乎霸，雖諸侯必有兄。先王之教，因而弗改，所以領天下國家也。釋文：長，竹丈反。近，「附近」之近。乎王，於況反。弟音悌。

德者，行道而有得於心也。人有一德，雖未必遽盡乎道之全，然亦道之所散而見也，故曰「近乎道」。霸，諸侯之長也。事親者，仁之實，由仁而極之，則王者天下一家之心也，故曰「至孝近乎王」。從兄者，義之實，由義而極之，則霸者尊主庇民之事也，故曰「至弟近乎霸」。天子必有父，諸侯必有兄，言孝弟之心根於固有，不以勢位之尊而有所異也。先王因人心固有之孝弟而教之，則天下國家之人情皆統領於是而不能外矣。○項氏安世曰：王者君位之極，霸者臣位之極。霸，即「伯」字，諸侯之長也。堯舜有四岳，夏、殷有二伯，文武時周、召爲二伯。自孟子、荀子明王、霸之辨，而後學者以霸爲羞，不知孟、荀所闢，謂春秋時五霸耳。

子曰：「立愛自親始，教民睦也。立敬自長始，教民順也。教以慈睦，而民貴有親；教以敬長，而民貴用命。孝以事親，順以聽命，錯諸天下，無所不行。」釋文：錯，千路反。

王者無不愛也，而愛必自親始；王者無不敬也，而敬必自長始。愛敬自盡其道，而其民則而效之，則所以教民者在是矣，所謂「不出家而成教於國」也。民貴有親，則睦矣。民貴用命，則順矣。蓋人莫不有孝順之心，我以人之所同然者感之，則其聽從之易有不期然而然者矣。

郊之祭也，喪者不敢哭，凶服者不敢入國門，敬之至也。

說見郊特牲。

祭之日，君牽牲，穆答君，卿大夫序從。既入廟門，麗于碑，卿大夫袒而毛牛，尚耳，鸞刀以封取膟、膋，乃退。爓祭祭腥而退，敬之至也。釋文：封，苦圭反。膟音律。膋，力彫反。爓音尋。○鄭注：序或爲「豫」。爓祭祭腥，或爲「合祭腥、泄、膶、熟」。

祭，謂祭宗廟也。君牽牲者，謂二灌後，君出迎牲，牽之而入也。穆，謂主祭者之嗣子也。答，對也。君牽上牲，嗣子牽其次，與君相對而牽之也。嗣子答君牽牲者，以其有傳重之端也。卿大夫序從者，卿大夫贄幣，士奉芻，以次序從君也。禮器曰「君親牽牲，大夫贄幣而從」，祭統曰「卿大夫從，士執芻」，是也。麗，繫也。碑在廟之中庭，所以爲行禮之節，繫牲於其上，因其便而用之也。毛牛，取其毛以告純也。三牲皆然，獨言「牛」者，以上牲爲主也。尚耳，以耳毛爲尚也。鸞刀，刀之有鈴者。刲，割也。膟，血也。膋，腸間脂也。取血以告殺，又與膋並以供爇蕭也。乃退，殺牲之事畢而退也。爓，沈肉於湯也。朝祭之時，先祭腥，次祭爓。而退者，朝踐之禮畢而退也。孔氏曰：此腥肉卽禮運云「腥其俎」，爓肉卽禮運云「熟其殽」。先云「爓」者，記者文便耳。

郊之祭，大報天而主日，配以月。夏后氏祭其闇，殷人祭其陽，周人祭日以朝及闇。

鄭氏曰：主日者，以其光明，天之神可見者莫著焉。闇，昏時也。陽，讀爲「曰雨曰暘」之暘，謂日中時也。朝，日出時也。夏后氏大事以昏，殷人大事以日中，周人大事以日出。孔氏曰：周人尚文，祭天自朝及闇。季氏大夫之家，祭禮應少，而亦以朝及闇，故夫子譏之。愚謂郊禮於經無可考。覲禮曰「天子乘龍，載大旂」，「出拜日於東門之外，反祀方明，禮日於南門外，禮月與四瀆於北門外，禮山川、丘陵於西門外。」祀方明以禮天地四方之神，蓋略放郊禮而爲之者也。拜日於東門之外者，祭天主日，故拜之於東門之外，以迎其神而禮之也。所祀之神非一，而獨迎日者，若鄉飲酒禮「主人迎賓」而「衆賓從之」者然也。禮日於南門外，禮月於北門外，所謂「主日而配以月」也。祭天之禮，於天神兼祭日月，而不及其餘，於此可見矣。禮日於南門外，禮月與四瀆於北門外，禮山川、丘陵於西門外，所謂「三望」者也。春秋僖公三十一年「四卜郊，不從，乃免牲，猶三望」，傳曰：「望，郊之細也。」祭天之禮，兼及三望，此所以終日而後畢也。天尊，可以統地祇，故兼祭四瀆及山川、丘陵。周禮掌次「祀五帝則張大次、小次」，鄭註云：「小次，王接祭退俟之處。」周禮祭天，以朝及闇，雖有强力，孰能支之？是以退俟，與諸臣代有事焉，此所以終日行禮而無跛倚之失也與？

祭日於壇，祭月於坎，以別幽明，以制上下。祭日於東，祭月於西，以別外內，以端其位。日出於東，月生於西，陰陽長短，終始相巡，以致天下之和。釋文：別，彼列反。巡，依注音沿。○按巡，今如字。

此謂春分朝日，秋分夕月之禮也。日照於晝爲明，而壇亦在上而明者也。月照於夜爲幽，而坎亦在下而幽者也。祭日於壇，祭月於坎，別日月之幽明，而制其上下之位也。東，謂東郊。西，謂西郊。端，正也。位，所祭之兆也。日爲陽，陽主外，而東方亦陽方也。月爲陰，陰主內，而西方亦陰方也。祭日於東郊，祭月於西郊，又因日月之東西以正其外內之位也。日生於東，日以朝出於東方也。月生於西，月晦後生明，始見於西方也。陰謂夜，陽謂日。夏陽長而陰短，冬陰長而陽短。始，謂日之朝，月之朔；終，謂日之夕，月之晦也。巡，行也，偏也，謂其運行周偏，代明而不已也。以致天下之和者，陰陽相濟，和氣由此而致也。○陳氏祥道曰：祀日月之禮有六。祭義曰「郊之祭，大報天而主日，配以月」，一也。玉藻曰「朝日於東門之外」，祭義曰「祭日於東，祭月於西」，二也。小宗伯兆四類於四郊，兆日於東郊，兆月於西郊，三也。大司樂「樂六變而致天神」，月令孟冬「祈來年於天宗」，四也。覲禮「禮日月」，五也。「雪霜風雨之不時，於是乎禜之」，六也。因郊蜡而祀之，非正祀也。類禜而祀之，與覲諸侯而禮之，非常祀也。春分朝之於東門外，秋分夕之於西門外，此祀之正與常也。愚謂兆日於東郊，兆月於西郊，即春秋分所祭之兆，非有二也。祭天宗，乃秦禮，以樂六變而致天神爲蜡祭，兼祭日月，鄭氏之誤也。去此二祭，則祀日月之禮凡有四，而惟朝日、夕月乃其祀之正也。

天下之禮，致反始也，致鬼神也，致和、用也，致義也，致讓也。致反始，以厚其本也。致鬼神，以尊上也。致物用，以立民紀也。致義，則上下不悖逆矣。致讓，以去争也。合此五者以治天下之禮也，雖有奇邪，而不治者則微矣。釋文：去，起呂反。奇，紀宜反。

鄭氏曰：因祭之義，汎説禮也。致之言至也，使人勤行至於此也。至於反始，謂報天之屬也。至於鬼神，謂祭宗廟之屬也。至於和用，謂治民之事以足用也。物猶事也。變「和」言「物」，互文也。微，少也。孔氏曰：此一節，明禮之大用凡五事，若行之得理，則天下治矣。和，謂百姓和諧。用，謂財用豐足。義，謂斷制得宜。讓，謂遞相推讓。反始報天，是厚重其本。祭祀鬼神，是尊嚴其上。民豐物用，則知榮辱禮節，故可以立人紀，義能除凶去暴，故上下不悖逆。奇謂奇異，邪謂邪惡，皆據異行之人。合此五者以治天下之禮，雖有異行不從治者，亦當少也。事必須和，和能立事，故云「互」也。

宰我曰：「吾聞鬼神之名，不知其所謂。」子曰：「氣也者，神之盛也。魄也者，鬼之盛也。合鬼與神，教之至也。」

鄭氏曰：氣，謂噓吸出入者也。耳目之聰明爲魄。合鬼神而祭之，此聖人教之至極也〔一〕。朱子

〔一〕禮記注疏作「此聖人之教致之也」。

曰：人之精神知覺，與夫運動云爲，皆是神，但氣是充盛發於外者，故謂之神之盛。四肢九竅，與夫精血之屬，皆是魄，但耳目能視聽而精明，故謂之鬼之盛。　愚謂鬼神體物不遺，程子所謂「天地之功用，造化之迹」，張子所謂「二氣之良能」也。而夫子乃專以氣與魄言之者，蓋宰我所問者祭祀之鬼神，故夫子專以其在人身者言之，以明報氣、報魄之禮所由起也。○朱子曰：子産有言：「人生始化曰魄，既生魄，陽曰魂。」孔子曰「氣也者，神之盛，魄也者，鬼之盛」，鄭氏注曰：「噓吸出入者氣也，耳目之精明爲魄。」氣則魂之謂也。　淮南子曰「天氣爲魂，地氣爲魄」，高誘注曰：「魂，人陽神也。魄，人陰神也。」此數説者，其於魂魄之義詳矣。物生始化云者，謂受形之初，精血之聚，其間有靈者名之曰魄也。既生魄，陽曰魂者，既生此魄，便有暖氣，其間有神者名之曰魂也。二者既合，然後有物，易所謂「精氣爲物」是也。及其散也，則魂升而爲神，魄降而爲鬼矣。又曰：陰主藏受，陽主運用。凡能記憶，皆魄之所藏受也。至於運用，發出來是魂。魂魄雖各自分屬陰陽，然陰陽中又各自有陰陽也。

又曰：魂魄是形氣之精英。

衆生必死，死必歸土，此之謂鬼。骨肉斃于下，陰爲野土。其氣發揚于上，爲昭明，焄蒿、悽愴，此百物之精也，神之著也。　釋文：斃，本亦作「獘」，婢世反。陰，依註音蔭，於鴆反。焄，許云反。蒿，許高反。○鄭注：蒿或作「藨」。

鄭氏曰：陰讀爲「依蔭」之蔭，言人之骨肉蔭於地中爲土壤也。焄，謂香臭也。蒿，氣蒸出貌。上言「衆生」，此言「百物」，明其與人同也，不如人貴爾。　愚謂衆生，兼人、物而言也。陰猶掩也。昭明，謂其光景之著見也。焄蒿，謂其香臭之發越也。悽愴，謂其感動乎人，而使人爲之悽愴也。骨肉之掩於下者，魄之降而爲鬼也。氣之發揚於上者，魂之升而爲神也。此皆人、物之所同，但人爲萬物之靈，其魂魄爲尤盛耳。

因物之精，制爲之極，明命鬼神，以爲黔首則，百衆以畏，萬民以服。

鄭氏曰：明命，猶尊名也。尊極於鬼神，不可復加也。黔首，謂民也。則，法也。孔氏曰：明猶尊也。命，名也。黔，黑也。凡人以黑巾幪頭，故謂之黔首。百衆，謂百官、衆庶。萬民，謂天下衆民。言聖人因人、物之精靈，制爲尊極之稱，謂之鬼神，以爲百姓之法則，而天下皆畏敬之也。

聖人以是爲未足也，築爲宮室，設爲宗、祧，以別親疏遠邇，教民反古復始，不忘其所由生也。衆之服自此，故聽且速也。

周於外者謂之宮，處於內者謂之室。前爲廟謂之宗，後爲寢謂之祧。古、始，皆謂祖、考也。以其已往則曰古，以其爲身之所自始則曰始。反古復始，謂設爲祭祀之禮，以追而事之也。聖人以明命鬼神，其名雖尊，而無所以事之之禮，則於情爲未足，於是立宗廟，制祀典，使天下之人莫不有以盡其報本追遠之意，而衆莫不服之。蓋鬼神之感人，而人之欲敬事其祖、考，乃出於人心之同然而不容已者，而聖人因而導之，故人莫不服從而速於聽命也。

二端既立，報以二禮：建設朝事，燔燎羶、薌，見以蕭光，以報氣也，此教衆反始也。薦黍稷，羞肝、肺、首、心，見間以俠甒，加以鬱鬯，以報魄也。教民相愛，上下用情，禮之至也。

釋文：羶，依注音馨。見以，依注見作「覸」，見間，合爲「覸」字，並音「間厠」之間。俠，古洽反。甒音武。○今按：羶讀如字。

二端，謂鬼也神也。二禮，報氣、報魄之禮也。聖人既立爲鬼神之名，又設二禮以報之也。朝事，謂薦血、腥也。羶薌，牛羊腸間脂也。羊膏羶，牛膏薌。見與見間，鄭氏皆讀爲覸，覸，雜也。蕭，香蒿也。蕭光，謂爇之而有火光也。燔燎羶、薌，間以蕭光，謂取膟、膋燔之，而間雜以香蒿之光。此饋食之初，尸未入室時也。以報氣者，血、腥與燔燎皆不可以飲食，而以其氣感神，所以報氣之陽也。祖、考爲人之始，氣又爲祖、考之始，故報氣者，所以教民反始也。薦黍、稷，謂饋熟時也。羞，謂熟而羞之於俎也。肝、肺、首、心，皆所以共尸祭：有虞氏祭首，夏后氏祭心，殷祭肝，周祭肺也。俠，兩也。甒，所以盛酒者。必用兩者，以玄酒配設也。覸以俠甒者，謂既有黍稷及俎，又間雜以甒酒以獻尸也。加以鬱鬯，謂加以祭初鬱鬯之灌也。以報魄者，黍、稷、牲、酒之屬可以飲食，而以其味享神，所以報魄之陰也。薦黍、稷，羞俎實，與二灌不同時，以其俱所以報魄，故合而言之。教民相愛者，飲食之具，所以致其相愛之實也。主人事尸，下用情以愛其上；尸酢主人，上用情以愛其下也。禮之至者，言報氣、報魄，所以事鬼神之禮，此爲至極也。鄭氏曰：報氣以氣，報魄以實，各首其類。○孔疏據禮器及郊特牲注，謂「朝踐、饋食皆有焫蕭」，長樂陳氏、草廬吴氏又謂「焫蕭專在朝踐時」，皆非也。郊特牲曰：「既奠，然後焫蕭合羶、薌。」奠，謂祝酌奠于鉶南，乃饋熟之始，尸在堂行朝踐禮畢，未入室時也。既奠然後焫蕭，則固不當朝踐之節，而亦非兩度焫蕭矣。陸農師謂「既奠，謂奠灌爵」，又非也。灌以瓚酌，奠以斝、角，郊特牲「舉斝、角，詔妥尸」是也，豈可比而一之哉？禮器曰「君牽牲」，「夫人薦盎。君割牲，夫人薦酒」。此云「薦黍稷，羞肺、肝、首、心，間以俠甒」，則是諸侯祭惟朝踐獻盎齊，而饋食獻以酒矣。祭統曰：「執醴授之，執鐙。」坊記曰：「醴酒在室，醍酒在堂。」彼得用醴齊、醍齊者，或上公之禮，或大祫禮盛也。郊特牲以升首爲報陽，謂初殺牲時，腥而升之者也。此以羞首爲報魄，謂有虞氏祭首，熟而升之者也。鬱鬯亦爲報魄，則鬱鬯，尸亦飲之明矣。

君子反古復始，不忘其所由生也。是以致其敬，發其情，竭力從事以報其親，不敢弗盡也。致其敬者，盡之於心；發其情者，達之於事。竭力從事，謂下文所言「耕藉」、「巡牲」、「蠶」、「繅」之事也。

是故昔者天子爲藉千畝，冕而朱紘，躬秉耒，諸侯爲藉百畝，冕而青紘，躬秉耒，以事天地、山川、社稷、先古，以爲醴、酪、齊盛，於是乎取之，敬之至也。釋文：藉，在亦反，說文作「耤」。紘音宏。齊音咨，本亦作「齍」。

藉，藉田也。天子藉田在南郊，諸侯在東郊。冕而耕者，敬其事也。躬秉耒者，躬耕三推，示親其事也。先古，先祖也。稷曰明齊。盛，謂盛之於簠也。祭祀兼有黍、稷，言「齊盛」者，以稷爲主也。酪，酢截也。

古者天子諸侯必有養獸之官，及歲時，齊戒沐浴而躬朝之，犧、牷、祭牲必於是取之，敬之至也。君召牛，納而視之，擇其毛而卜之，吉然後養之。君皮弁、素積，朔月、月半，君巡牲，所以致力，孝之至也。釋文：朝，直遥反。牷音全。
養獸之官，謂充人也。周禮充人：「掌繫祭祀之牲、牷，祀五帝則繫于牢，芻之三月。享先王亦如之。」歲時，謂每歲依時也。色純曰犧，體具曰牷。「君召牛」以下，覆明上文之事也。納而視之，謂納於牧人而視之也。擇其毛，謂擇其完具而不雜者也。卜，謂祭前三月卜牲也。牲之未卜者養於牧人，既卜而後，養之於充人也。朔月、月半，即上文所謂「歲時」也。巡牲，即上文所謂「齊戒沐浴而躬朝之」，蓋以察其芻豢之肥瘠也。皮弁、素積，天子視朝之服也。以視朝之服巡牲，敬其事也。天子以皮弁，則諸侯以朝服也。君不可自養牲，每月巡視之，亦所以自致其力也。於耕藉言「敬之至」，於養牲言「孝之至」，互相明也。

古者天子諸侯必有公桑、蠶室，近川而爲之，築宮，仞有三尺，棘牆而外閉之。及大昕之朝，君皮弁、素積，卜三宮之夫人、世婦之吉者，使入蠶于蠶室，奉種浴于川，桑于公桑，風戾以食之。歲既單矣，世婦卒蠶，奉繭以示于君，遂獻繭于夫人。夫人曰：「此所以爲君服與？」遂副、褘而受之，因少牢以禮之。古之獻繭者，其率用此與？及良日，夫人繅，三盆手，遂布于三宮夫人、世婦之吉者，使繅，遂朱、綠之，玄、黃之，以爲黼黻、文章。服既成，君服以祀先王、先公，敬之至也。釋文：近，「附近」之近。昕，許斤反。奉，芳勇反。種，章勇反。食音嗣。單音丹。與音餘。褘音暉。率音類，又音律，又所律反。

鄭氏曰：大昕，季春朔日之朝也。諸侯夫人三宮，半王后也。風戾之者，及早涼脆採之，風戾之使露氣燥，乃以食蠶，蠶性惡溼也。歲單，謂三月月盡之後也。言「歲」者，蠶，歲之大功，事畢於此也。副、褘，王后之服，而云「夫人」，容二王之後與？禮之，禮奉繭之世婦也。三盆手者，三淹也。凡繅，每淹大總而手振之，以出緒也。孔氏曰：公桑、蠶室者，謂官家之桑於其處，而築養蠶之室也。近川而爲之，取其浴蠶種便也。築宮，謂築養蠶宮。牆七尺曰仞，仞有三尺，牆高一丈也。棘牆，牆上置棘。外閉，謂扇在門外閉也。大昕之朝，季春朔日之朝也。諸侯夫人半王后，故三宮。世婦，諸侯之世婦。此雜互天子之禮言之。天子有三夫人，若諸侯，唯有世婦也。養蠶非一人，唯云「世婦之吉者」，擇其吉者以爲主領也。奉種浴于川者，初於仲春時已浴之，至蠶將生之時又浴之也。戾，乾也。風戾以食之者，凌早采桑，必帶露而溼，蠶性惡溼，故乾而食之。單，盡也。歲既單，謂三月之末，四月之初。蠶是婦人之事，故獻繭于夫人。擬爲君之祭服，故夫人首著副，身著褘衣，受此所獻之繭。少牢以禮之，接獻繭之世婦也。良日，吉日也。更擇吉日，日至而後，夫人自繅也。三盆手者，猶三淹也。每淹，以手振出其絲，故曰三盆手。婦人不與外祭，故云「以祀先王、先公」，其實養蠶爲衣，亦事天地、山川、社稷。陳氏澔曰：三盆手者，置繭於盆中，而以手三次淹之，每淹則以手振出其緒也。

愚謂仞，說文云「伸臂一尋，八尺」，是也。考工記匠人「爲溝洫」：「井間廣四尺，深四尺，謂之溝」；「成間廣八尺，深八尺，謂之洫」；「同間廣二尋，深二仞，謂之澮」。溝、洫之廣、深同，則澮之廣、深亦同，是二仞卽二尋也。但古人言廣者多曰尋，言高深者多曰仞，若七尺曰仞，則此「仞有三尺」言「一丈」可矣，何必繁其辭乎？

君子曰：「禮、樂不可斯須去身。致樂以治心，則易、直、子、諒之心油然生矣。易、直、子、諒之心生則樂，樂則安，安則久，久則天，天則神。天則不言而信，神則不怒而威，致樂以治心者也。致禮以治躬則莊敬，莊敬則嚴威。心中斯須不和不樂，而鄙詐之心入之矣。外貌斯須不莊不敬，而慢易之心入之矣。故樂也者，動於內者也；禮也者，動於外者也。樂極和，禮極順，內和而外順，則民瞻其顏色而不與争也，望其容貌而衆不生慢易焉。故德煇動乎內，而民莫不承聽；理發乎外，而衆莫不承順。故曰：『致禮、樂之道，而天下塞焉，舉而錯之無難矣。』樂也者，動於內者也。禮也者，動於外者也。故禮主其減，樂主其盈。禮減而進，以進爲文；樂盈而反，以反爲文。禮減而不進則銷，樂盈而不反則放，故禮有報而樂有反。禮得其報則樂，樂得其反則安。禮之報，樂之反，其義一也。」

說已見樂記。

曾子曰：「孝有三：大孝尊親，其次弗辱，其下能養。」釋文：養，羊尚反，後同。

孔氏曰：大孝尊親，卽下文「大孝不匱」，聖人爲天子者也。尊親，嚴父配天也。其次弗辱，謂賢人爲諸侯、卿、大夫、士，各保社稷、宗廟、祭祀，不使傾危以辱親也，卽下文「中孝用勞」也。其下能養，謂庶人也，與下文「小孝用力」爲一。能養，謂因天分地以養父母也。黄氏裳曰：自天子至庶人，孝道有三：立身行道，有大功大德，俾人頌美其先而尊重之，上也。生事、葬祭之以禮，全父母遺體，没身無毁者，次也。事父母盡其色養者，下也。愚謂下文言「小孝用力，中孝用勞，大孝不匱」，以位之尊卑而異者也。此言「大孝尊親，其次弗辱，其次能養」，以行之優劣而分者也。蓋大孝之極，非天子之博施備物，固不足以盡之，然卽大夫士而言，其孝亦未嘗不有大小焉。亨、熟、羶、薌，嘗而薦之，此僅能養而已者也。使國人稱願然，曰「幸哉有子如此」，此則能尊親者也。

公明儀問於曾子曰：「夫子可以爲孝乎？」曾子曰：「是何言與！是何言與！君子之所謂孝者，先意承志，諭父母於道。參直養者也，安能爲孝乎？」釋文：與音餘。先，悉薦反。

諭猶曉也。善承父母之意，能諭之於道，蓋非大舜之得親順親不足以當此。直，但也。

曾子曰：「身也者，父母之遺體也。行父母之遺體，敢不敬乎？居處不莊，非孝也。事君不忠，非孝也。涖官不敬，非孝也。朋友不信，非孝也。戰陳無勇，非孝也。五者不遂，烖及於親，敢不敬乎？釋文：蒞音利，本又作「涖」。陳，直覲反。

方氏慤曰：身者，父母之遺體，五者不遂，則烖及其身，烖及其身，是及其親也，豈孝也哉！

亨、熟、羶、薌，嘗而薦之，非孝也，養也。君子之所謂孝也者，國人稱願然曰『幸哉有子如此』，所謂孝也已。衆之本教曰孝，其行曰養。養可能也，敬爲難；敬可能也，安爲難；安可能也，卒爲難。父母既沒，愼行其身，不遺父母惡名，可謂能終矣。仁者，仁此者也。禮者，履此者也。義者，宜此者也。信者，信此者也。强者，强此者也。樂自順此生，刑自反此作。」釋文：亨，普彭反。遺如如字，又于計反。

方氏慤曰：論語云「不敬何以別」，故敬爲難。揚子曰「孝莫大於寧親」，故安爲難。孝經曰「立身行道，揚名於後世，以顯父母，孝之終也」，故卒爲難。　愚謂衆之本教曰孝，言聖人之教衆人，其根本在於孝也。　其行曰養者，言孝之見於行事之實者謂之養也。養固未足以盡孝，而孝未有離乎養者，故首以此言之，而遞推之以及其至焉。　曰養、曰安、曰卒，皆事親之事也，卒則守身之事也，能以守身爲事親，則其爲孝也大矣。　「仁此」以下，七「此」字皆指孝而言。　仁、禮、義、信、强五者之德，無所不在，而無非所以成其孝也。　順乎此則樂，而至於手舞足蹈，樂之所以生也。　反乎此，則三千之罪莫大，刑之所以作也。

曾子曰：「夫孝，置之而塞乎天地，溥之而橫乎四海，施諸後世而無朝夕，推而放諸東海而準，推而放諸西海而準，推而放諸南海而準，推而放諸北海而準。　詩云：『自西自東，自南自北，無思不服。』此之謂也。」釋文：溥，本亦作「敷」。放，甫往反。

方氏慤曰：置，謂直而立之。　溥，謂敷而散之。　施，謂其出無窮。　推，謂其進不已。　愚謂孝之德本乎天地，協乎人心，無古今之殊，無遠近之異，此所以置之、溥之、施之、推之而無所不同也。放，至也。

曾子曰：「樹木以時伐焉，禽獸以時殺焉。　夫子曰：『斷一樹，殺一獸，不以其時，非孝也。』

釋文：斷，丁管反。

「夫子曰」以下，曾子述孔子之言也。　君子親親而仁民，仁民而愛物，故由愛親之心而推之，則雖一物之微，有不可不愛者，而況其大焉者乎！

孝有三：小孝用力，中孝用勞，大孝不匱。　思慈愛忘勞，可謂用力矣。　尊仁、安義，可謂用勞矣。博施、備物，可謂不匱矣。釋文：施，始豉反。

鄭氏曰：勞猶功也。　愚謂不匱，言其所及者遠，而所致者大也。思父母之慈愛，而忘其躬耕之勞，庶人之孝也。尊仁安義，則體不虧而名不辱，士大夫之孝也。博施，謂德教加於四海，刑於百姓。備物，謂天地之間，可薦者無不咸在，人君之孝也。

父母愛之，喜而弗忘；父母惡之，懼而無怨。父母有過，諫而不逆；父母既沒，必求仁者之粟以祀之。此之謂禮終。」釋文：惡，烏路反。

雖困窮不能備祭禮，然猶不敢苟取以事其親，則其平日之謹身守道可見矣。禮終，所謂「能卒」也。此言中孝用勞之事，蓋君子既不能爲不匱之孝，又不可止爲用力之孝，所當自勉者，用勞而已。黃氏曰：粟者，禄也。父母既沒，必仕於仁諸侯、賢大夫之朝，立身行道，以終祭祀，恐辱先也。

樂正子春下堂而傷其足，數月不出，猶有憂色。門弟子曰：「夫子之足瘳矣，數月不出，猶有憂色，何也？」樂正子春曰：「善如爾之問也！善如爾之問也！吾聞諸曾子，曾子聞諸夫子，曰：『天之所生，地之所養，無人爲大。父母全而生之，子全而歸之，可謂孝矣。不虧其體，不辱其身，可謂全矣。故君子頃步而弗敢忘孝也。』今予忘孝之道，予是以有憂色也。壹舉足而不敢忘父母，壹出言而不敢忘父母。壹舉足而不敢忘父母，是故道而不徑，舟而不游，不敢以先父母之遺體行殆。壹出言而不敢忘父母，是故惡言不出於口，忿言不反於身。不辱其身，不羞其親，可謂孝矣。」釋文：頃讀爲跬，缺婢反，又邱弭反。

天地之間，無人爲大，以其全天地之心，而爲萬物之靈也。父母全而生之，子全而歸之，蓋無媿於天地，然後能無忝於父母也。頃當作「跬」，字亦作「蹞」。荀子曰：「不積蹞步，無以致千里。」徑，步邪趨疾也。游，川行也。言悖而出者，亦悖而入，惡言不出於口，則忿言不反於身矣。○自「曾子曰『孝有三』」至此，明孝之道，而多爲曾子之言，其義與孝經相爲表裏。

昔者有虞氏貴德而尚齒，夏后氏貴爵而尚齒，殷人貴富而尚齒，周人貴親而尚齒。虞、夏、殷、周，天下之盛王也，未有遺年者。年之貴乎天下久矣，次乎事親也。方氏慤曰：四代之所貴不同，由救弊之政異也。貴德之弊，至於忘君，故夏后氏救之以貴爵，貴爵所以明貴賤也。貴爵之弊，至於忘功，故殷人救之以貴富，貴富所以明世祿也。三者之弊，至於忘親，故周人救之以貴親。愚謂左傳曰「周之宗盟，異姓爲後」，周禮「王天揖同姓，時揖異姓，土揖庶姓」，周人之尚親者然也。貴與尚，皆尊之也。四代之所貴不同，而無不尚齒者，言各於其所貴之中，而又皆以齒爲尚也。

是故朝廷同爵則尚齒。七十杖於朝，君問則席，八十不俟朝，君問則就之，而弟達乎朝廷矣。釋文：朝，直遥反。弟音悌，後皆同。

鄭氏曰：同爵尚齒，老者在上也。君問則席，爲之布席於堂上而與之言。凡朝位立於庭，不俟朝，君揖之卽退，不待朝事畢也。就之，就其家也。老而致仕，君或不許，異其禮而已。孔氏曰：此經所云，是君不許致事者，故七十杖於朝，君問則席；八十不俟朝，君問則就之。若許致事，則王制云：「七十不俟朝，八十杖於朝。」　愚謂席，謂席於路寢之堂也。凡朝，君既揖羣臣，退適路寢聽政，卿大夫亦就治朝左右而治事。君有疑，召而問之，則入至路寢之堂。若七十者，則君命爲之布席，而使之坐焉，所以優禮之也。卿大夫在朝，皆待治事畢而後退，八十不俟朝，謂不待朝事畢而先退，君有疑則使人就其家而問之，彌優之也。

行，肩而不併，不錯則隨，見老者則車、徒辟，斑白者不以其任行乎道路，而弟達乎道路矣。

釋文：併，步頂反，徐扶頂反。辟音避。

鄭氏曰：錯，鴈行也。父黨隨行，兄黨鴈行。斑白，髮雜色也。　孔氏曰：行，肩而不併者，謂老少並行，少者差退在後。肩臂不得相併，則朋友肩隨是也。不錯則隨者，若兄黨則爲鴈行之參錯，若父黨則隨從而在後也。見老者則車、徒辟，謂少者或乘車，或徒步，逢老者則辟之。任，謂擔持。斑白者不以其任行乎道路，少者必代之也。

居鄉以齒，而老、窮不遺，强不犯弱，衆不暴寡，而弟達乎州、巷矣。　釋文：遺，本又作「匱」。

鄭氏曰：老、窮不遺，以鄉人尊而長之，雖貧，且無子孫，無棄忘也。一鄉者五州。巷猶閭也。

古之道，五十不爲甸徒，頒禽隆諸長者，而弟達乎獀狩矣。　釋文：甸，田見反。獀，本又作「廋」，音蒐。

○今按：甸讀爲田。

甸讀爲田，周禮小宗伯「若大甸，則帥有司而饁獸于郊」，肆師「凡師甸，用牲于社宗，則爲位」，是也。小司徒：「凡起徒役，毋過家一人，以其餘爲羨，唯田與追胥，竭作。」五十不爲甸徒，免於竭作之役也。

頒，分也。隆，多也。頒禽隆諸長者，謂未五十而與於田役者，則計其年之長者，而多與之禽也。

軍旅什伍，同爵則尚齒，而弟達乎軍旅矣。

什伍，謂士卒部曲也。五人曰伍，二伍曰什。

孝弟發諸朝廷，行乎道路，至乎州、巷，放乎獀狩，脩乎軍旅，衆以義死之而弗敢犯也。

吴氏澄曰：朝廷，政令所自出，故先言之。道路，民所行。州、巷，民所居。獀狩，用衆於內。軍旅，用衆於外。義，謂所宜行。衆人以孝弟爲所宜行，故寧死而不敢犯不孝不弟之事也。

祀乎明堂，所以教諸侯之孝也。食三老、五更於大學，所以教諸侯之弟也。祀先賢於西學，所以教諸侯之德也。耕藉，所以教諸侯之養也。朝覲，所以教諸侯之臣也。五者，天下之大教也。釋文：食音嗣。更，古衡反。大音泰，下同。

祀乎明堂，宗祀文王於明堂以配上帝也。大學，成均也。先賢，謂學之先師也。西學，瞽宗也。祀先賢於西學，周禮大司樂「掌成均之法」，「有道者、有德者使教焉，死則以爲樂祖，祭于瞽宗」，是也。先賢有德，尊而祀之於學，所以教諸侯，使自勉於德也。周氏諝曰：先王之教也，豈必諄諄然命之哉！禮行於此，而人自得於彼者，乃教之至也。

食三老、五更於大學，天子袒而割牲，執醬而饋，執爵而酳，冕而總干，所以教諸侯之弟也。

是故鄉里有齒，而老窮不遺，强不犯弱，衆不暴寡，此由大學來者也。

由大學來者，言由天子躬行尚齒之教於大學，故天下化之，而孝弟無所不達也。

天子設四學，當入學而大子齒。

天子立四學，周制也。周立四代之學：虞庠在北，瞽宗在西，東序在東，而當代之學居中，南面，謂之成均。齒，謂與學士以年齒爲次序也。

天子巡守，諸侯待于竟，天子先見百年者。釋文：守，手又反，本亦作「狩」。竟，居領反。

百年者，齒之最尊者也。天子巡守，諸侯待于竟，天子未見諸侯而先見百年者，急於致敬而不敢稍緩也。

八十、九十者，東行西行者弗敢過，西行東行者弗敢過，欲言政者，君就之可也。

八十、九十者，齒之尊次乎百年者也。其行乎道路之中，若東行，則西行之人皆駐立以待之，而不敢過；若西行，則東行之人皆駐立以待之，而不敢過也。前言「見老者則車、徒辟」，謂辟之而旁行也。此遇之而弗敢過，則不但辟之而已。君就之，謂君親就其家也。前云「八十不俟朝，有問焉，則就之」，謂不許致仕者也。此云「欲言政者，君就之」，謂已致仕者也。

壹命齒于鄉里，再命齒于族，三命不齒。族有七十者弗敢先。

壹命齒于鄉、里，再命齒于族，三命而不齒，此周禮黨正職之文，據天子之國，蜡祭正齒位禮言之也。天子下士一命，中士再命，上士三命。齒於鄉里，謂與其同鄉里之人以年齒爲次序也。族，同高祖之親也。齒於族，謂與其同族之人以年齒爲次序也。不齒，謂雖有同族之人，不與之計年齒也。弗敢先，不敢先之而入也。雖有三命之尊，然猶不敢先七十者而入，所以深明七十者之尊也。鄭氏曰：

不復齒，席之於賓東。不敢先，謂既一人舉觶，乃入也。雖非族亦然。承「齒乎族」，故言「族」爾。熊氏安生曰：黨正「飲酒」「正齒位」，故有七十者，若鄉飲酒之禮，則無七十者，故鄉飲酒「明日」，「乃息司正」，「告于先生、君子」，是老者明日乃入也。葉氏夢得曰：三命不齒，貴貴也。七十者不敢先，長長也。先王之道，其並行而不悖者如此。○此據周禮黨正之文。三命不齒者，天子之上士也。鄉飲酒禮據諸侯之國，故云「諸公大夫」「皆席於賓東」。三等之國，卿或三命，或再命，大夫或再命，或一命，而皆席於賓東，是卿大夫皆不齒，不以命數爲限也。鄉飲酒雖據賓賢能之禮，其實黨正正齒位亦然。孔疏謂「列國鄉飲酒，卿大夫皆得不齒，黨正『正齒位』，三命乃不齒」，非也。正齒位之禮，六十者坐，五十者立於堂下。諸侯之黨正，士也。若子男之國，正齒位之禮，黨正坐於堂上爲主人，而其卿再命，大夫一命，反位於堂下，可乎？

七十者，不有大故不入朝。若有大故而入，君必與之揖讓而后及爵者。釋文：朝，直遥反。

此謂致仕在家者也。大故，謂兵寇。讓猶辭也。君既先揖之，則辭讓令退，不欲久勞之也。○自「有虞氏貴德而尚齒」至此，明弟長之義。

天子有善，讓德於天。諸侯有善，歸諸天子。卿大夫有善，薦於諸侯。士、庶人有善，本諸父母，存諸長老。祿爵慶賞，成諸宗廟，所以示順也。釋文：長，竹丈反。

鄭氏曰：薦，進也。成諸宗廟，於宗廟命之。孔氏曰：有善讓於尊上，以示敬順之道，不敢專也。

昔者聖人建陰陽天地之情，立以爲易。易抱龜南面，天子卷冕北面，雖有明知之心，必進斷其志焉，示不敢專，以尊天也。善則稱人，過則稱己，教不伐，以尊賢也。釋文：卷，古本反。知音智。斷，丁亂反。

建，立也。天地言其體，陰陽言其氣。情，謂吉凶之著見也。易，謂卜、筮之書也。周禮卜有「三兆」，筮有「三易」，此言「易」而不言「兆」，下言「抱龜」而不言「著」，皆互相備也。易抱龜南面，此「易」謂卜、筮之官也。按士冠禮、特牲、少牢筮日，主人與筮者皆西面，士喪禮「卜日」，「主人北面」，而卜者「席于闑西、閾外」，則西面。此卜者南面，天子北面，蓋卜郊之禮，與特牲禮「筮日主人玄端」，少牢禮筮日「朝服」，是卜、筮祭日者皆用其祭之服。此云「天子袞冕」，蓋十二章之冕服也。此因上言天子讓善於天，因擧卜、筮一事，以見聖人之尊天，又因聖人之尊天，而言聖人之尊賢，皆所以教天下以謙讓之德也。○此上二節，又因弟長之意而推廣言之。

孝子將祭祀，必有齊莊之心以慮事，以具服物，以脩宮室，以治百事。及祭之日，顏色必溫，行必恐，如懼不及愛然。其奠之也，容貌必溫，身必詘，如語焉而未之然。宿者皆出，其立卑靜以正，如將弗見然。及祭之後，陶陶遂遂，如將復入然。是故愨善不違身，耳目不違心，思慮不違親。結諸心，形諸色，而術省之，孝子之志也。釋文：齊，側皆反。語，魚御反。陶音遙。遂，本又作「燧」。思，息嗣反。術，義作「述」。○今按：陶如字。

顏色必溫者，爲親之將饗之，而和顏以承之也。行必恐，如懼不及愛然者，又恐親之不果饗，而不及致其愛親之心也。此謂初祭時也。奠之，謂奠置祭饌於神前也。容貌必溫，身必詘者，爲親之已饗，而若受命於其前也。如語焉而未之然，如親之將語已而猶未語然。此皆謂正祭時也。宿者，謂助祭之賓也。助祭之賓，於祭前必宿之。宿者皆出，謂祭畢而出也。祭畢而親往，故其立卑靜以正，如將弗復見親，而致其送之之意也。陶，如「鬱陶」之陶。陶陶，思之結於中也。遂遂，思之達於外也。如將復入然者，思之深，而如親將復入也。行必恐，身必詘，立必卑，靜以正者，身容之愨也。顏色容貌必溫者，身容之善也。術與述同。思慮不違親，故結諸心而發於耳目；耳目不違心，故形諸色而著爲愨善。術則循乎愨善者而無所違也，省則察乎愨善者而不敢失也。

建國之神位：右社稷而左宗廟。

右，路門外之西。左，路門外之東也。陳氏祥道曰：宗廟陽也，故居左。社稷陰也，故居右。戴氏震曰：聘禮曰「公出送賓，及大門內」，周官司儀曰「出，及中門之外」，廟在中門內明矣。春秋「桓宮、僖宮災」，「火自司鐸踰公宮」，至桓、僖二廟，廟邇公宮也。「季桓子至，御公立於象魏之外」，立當遠火也。春秋穀梁傳曰：「禮，送女，父不下堂，母不出祭門，諸母、兄弟不出闕門。」廟門謂之祭門，雉門謂之闕門。闕門在外，祭門在內，不出闕門者，得出祭門者也。春秋左氏傳曰「間于兩社，爲公室輔」，以朝廷執政所在爲言，宜繫君臣日見之朝，社在中門內明矣。愚謂緜之詩曰：「乃立皐門，皐門有伉。乃立應門，應門將將。乃立冢土，戎醜攸行。」冢土，大社也。君子將營宮室，宗廟爲先。此詩上章先言「作廟」，此章乃以自外及內之序言之：首作皐門，次作應門，次立社稷。社稷與宗廟左右相對，天子在應門內，諸侯在雉門內，曉然可見矣。

禮記卷四十七

祭統第二十五 別錄屬祭祀。

統猶本也。祭有物有禮，有樂有時，而其本則統於一心，故以祭統名篇。篇中凡五段：首言祭禮之重，又自未祭之先，以及於祭末，次第言之，而皆歸本於心之自盡，以明祭統之義。次言祭有十倫，又次言祭有四時，皆以申首段未盡之義也。又次言鼎銘，又次言魯賜重祭，又因祭祀致敬而廣其義也。

凡治人之道，莫急於禮；禮有五經，莫重於祭。

鄭氏曰：禮有五經，謂吉、凶、賓、軍、嘉也。莫重於祭，以吉禮爲首也。

夫祭者，非物自外至者也，自中出，生於心也，心怵而奉之以禮。是故唯賢者能盡祭之義。

釋文：怵，勑律反。○鄭注：怵或作「述」。

陳氏澔曰：怵，即前篇「必有怵惕之心」，謂心有感動也。愚謂物猶事也。冠、昏、賓客之禮，皆先有其事於外，而後以我之心應之。唯祭則不然，乃由思親之心先動於中，而後奉之以禮，此祭之義也。若無思親之實心，則不足以盡乎祭之義矣。

賢者之祭也，必受其福。非世所謂福也，福者，備也，備者，百順之名也。無所不順者之謂備，言内盡於己而外順於道也。忠臣以事其君，孝子以事其親，其本一也。上則順於鬼神，外則順於君長，内則以孝於親，如此之謂備。唯賢者能備，能備然後能祭。是故賢者之祭也，致其誠信與其忠敬，奉之以物，道之以禮，安之以樂，參之以時，明薦之而已矣，不求其爲。此孝子之心也。釋文：長，竹丈反。道之，音導。爲，于僞反。

已。輔氏廣曰：必受其福，以理必之，世所謂福，則不可必也。名，猶「名言」之名，猶言備者百順之謂而已。内盡於己，外順於道，則仰不愧天，俯不怍人，心安體胖，是賢者之所謂福也。鄭氏曰：其本一者，言忠孝俱由順出也。愚謂順於鬼神，以事死言；孝於其親，以事生言。能備，則以事鬼神，事君長，事其親，而無乎不順也。誠信、忠敬，所謂「内盡於己」也。時，謂一歲四祭，不煩不怠也。「奉之以物」，至「參之以時」，所謂外順於道也。爲，謂鬼神之佑助。蓋賢者之祭，有得福之理，而無求福之心也。

祭者，所以追養繼孝也。孝者，畜也。順於道，不逆於倫，是之謂畜。釋文：養，羊尚反，下同。畜，許六反。

孔氏曰：親没而祭之，追生時之養，繼生時之孝也。畜，謂畜養。愚謂順於道，謂立身行道，而能諭諸其親也。不逆於倫，謂承順乎親，而於倫理無所忤也。不逆於倫者，得親之謂；順於道者，順親之謂。

是故孝子之事親也，有三道焉：生則養，没則喪，喪畢則祭。養則觀其順也，喪則觀其哀也，祭則觀其敬而時也。盡此三道者，孝子之行也。釋文：行，下孟反。

內盡於己，則有誠、信、忠、敬，舉「敬」以見誠、信與忠；外盡於道，則有禮、樂、物、時，舉「時」以見物與禮、樂也。

既內自盡，又外求助，昏禮是也。故國君取夫人之辭曰：「請君之玉女與寡人共有敝邑，事宗廟、社稷。」此求助之本也。釋文：取，七住反。

取夫人之辭，謂納采之辭也。鄭氏曰：玉女者，美言之，君子於玉比德焉。

夫祭也者，必夫婦親之，所以備外內之官也。官備則具備：水草之菹，陸產之醢，小物備矣。三牲之俎，八簋之實，美物備矣。昆蟲之異，草木之實，陰陽之物備矣。凡天之所生，地之所長，苟可薦者，莫不咸在，示盡物也。外則盡物，內則盡志，此祭之心也。

官猶職也。具，祭饌也。具備，謂君割牲，夫人薦籩、豆之屬也。水草之菹，若周禮醢人「茆菹」「芹菹」之屬。陸產之醢，若醢人「鹿臡」「麋臡」之屬。陸產亦謂之小物者，以其莝之以爲醢，非體骨之全也。簋盛黍、稷。祭用八簋，天子之禮也。昆蟲之異，若醢人「蚳醢」「蠯醢」之屬。草木之實，若籩人「蔆」、「芡」、「榛」、「㮚」之屬也。祭祀之具，莫非陰陽之氣所生，獨於昆蟲、草木言「陰陽之物」者，言其如是而後備也。此一節，申言「奉之以物」也。

是故天子親耕於南郊以共齊盛，王后蠶於北郊以共純服；諸侯耕於東郊亦以共齊盛，夫人蠶於北郊以共冕服。天子諸侯非莫耕也，王后、夫人非莫蠶也，身致其誠信，誠信之謂盡，盡之謂敬，敬盡然後可以事神明。此祭之道也。釋文：齊，本亦作「齋」，與粢同，音咨。純，側其反，下「純冕」亦同。○鄭注：齊或爲「粢」。

此及下節，皆承內則「盡志」而言。鄭氏曰：純服，亦冕服也，互言之爾。純以見繒色，冕以著祭服。東郊，少陽，諸侯象也。夫人不蠶於西郊，婦人禮少變也。

及時將祭，君子乃齊。齊之爲言齊也，齊不齊以致齊者也。是故君子非有大事也，非有恭敬也，則不齊。不齊則於物無防也，耆欲無止也。及其將齊也，防其邪物，訖其耆欲，耳不聽樂。故記曰「齊者不樂」，言不敢散其志也。心不苟慮，必依於道；手足不苟動，必依於禮。是故君子之齊也，專致其精明之德也。故散齊七日以定之，致齊三日以齊之。定之之謂齊，齊者，精明之至也，然後可以交於神明也。釋文：齊也、齊不齊、以致齊、以齊之，並如字，餘側皆反。

齊之爲言齊，言齊一也。大事，謂祭祀之事也。恭敬，則以其心言之，蓋亦有非祭祀而致其恭敬者，如齊戒以見君是也。物自外至，故曰「防」。耆欲自內出，故曰「止」。防其邪物者，謂若不飲酒、不茹葷之類。酒與葷不可謂之邪物，然於齊時則不當飲，不當食，雖謂之邪物可也。訖亦止也。訖其耆欲，謂不御也。君子未嘗苟慮、苟動，特於齊尤致其慎爾。定之之謂齊，申言「散齊以定之」；齊者精明之至，申言「致齊以齊之」也。

是故先期旬有一日，宮宰宿夫人，夫人亦散齊七日，致齊三日。君致齊於外，夫人致齊於內，然後會於大廟。君純冕立於阼，夫人副、褘立於東房。君執圭瓚祼尸，大宗執璋瓚亞祼。及迎牲，君執紖，卿大夫從，士執芻，宗婦執盎從，夫人薦涚水。君執鸞刀，羞嚌，夫人薦豆。此之謂「夫婦親之」。釋文：先，悉薦反，又如字。大廟，音泰，下同。紖，以忍反。從，才用反。涚，舒銳反。嚌，本亦作「齊」，才細反。○鄭注：芻或爲「⿰禾芻」。

鄭氏曰：宿讀爲肅，肅猶戒也。戒輕，肅重也。愚謂先期旬有一日者，容散齊七日，致齊三日也。周禮大宰職：「前期十日，帥執事而卜日，遂戒。」彼不數祭日，故云「十日」，此兼數祭日，故云「旬有一日」也。宫宰，内宰也。外，君之正寢；內，夫人之正寢也。大廟，大祖之廟也。純冕，純衣而冕服也。立於阼，謂初入即位時也。瓚，祼器，以圭璋爲之柄。大宗，大宗伯也。半圭曰璋。諸侯祭禮，夫人亞君而祼，此既云「夫人副、褘」，又云「大宗執璋瓚亞祼」者，容夫人有故，則宗伯攝而祼獻也。紖，牛鼻繩。君親牽牲，故執紖。卿大夫從者，或驅牲，或執幣以供告殺也。芻，藁也。殺牲則以芻藁藉之，故士執之以從也。宗婦，同宗之婦也。盎，盎齊也。薦，獻也。涚即盎也，盎齊曰涚酌。水，明水也。獻尸用齊，而不用明水，因明水配齊而設，故并言「涚水」也。宗婦執盎從者，謂於夫人獻尸之時，宗婦執盎以從之也。主人與主婦獻尸，併獻祝與佐食，故夫人執盎齊獻尸，宗婦執獻祝與佐食之爵，以從夫人。周禮外宗職「王后以樂羞齍，則贊，凡王后之獻亦如之」，是也。特牲禮主婦獻尸，宗婦不贊，少牢禮雖有「婦贊者受爵」，然獻祝及佐食皆主婦自洗、酌於房中，夫人則宗婦實盎於爵以從，尊卑之禮異也。羞，進也。嚌，謂俎實也。特牲、少牢禮尸舉肺及牲體，皆「振祭，嚌之」，故謂俎實爲嚌也。此一節，申言「道之以禮」也。

及入舞，君執干戚就舞位。君爲東上，冕而總干，率其羣臣以樂皇尸。是故天子之祭也，與天下樂之；諸侯之祭也，與竟內樂之。冕而總干，率其羣臣以樂皇尸，此與竟內樂之之義也。釋文：樂，並音洛。竟音境，篇內皆同。

鄭氏曰：君爲東上，近主位也。皇，君也。言「君尸」者，尊之。愚謂君執干戚就舞位，所謂「朱干玉戚，以舞大武」也。舞有文、武，獨言「干戚」者，以武舞爲重也。冕而總干，象武王之總干山立也。朱干玉戚，以舞大武，此天子之禮，兼云「諸侯」者，據魯禮言之也。與天下樂之，得萬國之歡心，以事其先王也。與竟內樂之，得一國之歡心，以事其先君也。此一節，申言「安之以樂」也。

夫祭有三重焉：獻之屬莫重於祼，聲莫重於升歌，舞莫重於武宿夜。此周道也。凡三道者，所以假於外而以增君子之志也，故與志進退；志輕則亦輕，志重則亦重。輕其志而求外之重也，雖聖人弗能得也。是故君子之祭也，必身自盡也，所以明重也。道之以禮，以奉三重而薦諸皇尸，此聖人之道也。釋文：獻之屬，一本無「之屬」二字。

升歌，謂升歌清廟也。大武之第一成謂之武宿夜，象武王之師次孟津而宿也。祼者獻之始，升歌者聲之始，武宿夜者舞之始。天子祭禮十二獻，上公九獻，侯伯七，子男五，而祼爲重。聲有下管、間歌，而升歌爲重。武有六成，而武宿夜爲重。志，卽上所謂「誠信」「忠敬」也。有誠信、忠敬之志，則能自盡矣。此一節，又因祭之用禮樂，而歸本於自盡之義也。

夫祭有餕，餕者，祭之末也，不可不知也。是故古之人有言曰「善終者如始」，餕其是已。是故古之君子曰「尸亦餕鬼神之餘」也。惠術也，可以觀政矣。是故尸謖，君與卿四人餕。君起，大夫六人餕，臣餕君之餘也。大夫起，士八人餕，賤餕貴之餘也。士起，各執其具以出，陳于堂下，百官進，徹之，下餕上之餘也。凡餕之道，每變以衆，所以別貴賤之等，而興施惠之象也。是故以四簋黍，見其脩於廟中也。廟中者，竟內之象也。祭者，澤之大者也。是故上有大澤，則惠必及下，顧上先下後耳，非上積重而下有凍餒之民也。是故上有大澤，則民夫人待于下流，知惠之必將至也，由餕見之矣。故曰：「可以觀政矣。」釋文：百官進，依注作「餕」。別，彼列反。見其，賢遍反。修，一本作「徧」。重，直龍反。見之，如字。

食餘曰餕。鬼神享氣，朝踐時先薦腥、爓，至饋食，尸乃食之，故曰「尸亦餕鬼神之餘」。祭之餕，以上之所食者逮及於下，此施惠之道也。爲政在於施惠，故於餕可以觀政也。謖，起也。君與卿四人餕，君與三卿也。文王世子曰：「其登、餕、獻、受爵，則以上嗣。」此君自與卿餕，蓋未立世子者之禮與？大夫士衆多，其六人、八人餕者，皆有事於廟中者也。特牲禮以長兄弟爲下養，少牢禮以二佐食養，則非有事於廟中者不得餕可見矣。士起，各執其具以出者，士既餕畢，各執其所餕之簋、鉶以出於室也。百官，謂餘士之無事於廟者也。進當作「餕」。餕徹，言既餕而遂徹之也。餕之道每變以衆，既以爲貴賤之別，而又以象其惠之漸廣也。簋，盛黍、稷之器也。特牲禮二敦，以一敦餕留，一敦爲陽厭；少牢禮四敦，以二敦餕留，二敦爲陽厭。又少牢禮二佐食養，「司士進一敦黍於上佐食，又進一敦黍於下佐食」，則是餕皆以黍矣。蓋尸食黍而不食稷，餕宜以尸之所食者也。諸侯六簋，黍惟三簋，此得有四簋黍者，蓋別用一簋分之，六人餕則遍分爲六簋，八人餕則遍分爲八簋，若特牲禮佐食分簋、鉶之爲也。脩，整治也。廟中者，竟内之象者，鬼神之惠偏於廟中，猶君之惠偏於竟内也。

夫祭之爲物大矣，其興物備矣。順以備者也，其教之本與？是故君子之教也，外則教之以尊其君長，内則教之以孝於其親。是故明君在上，則諸臣服從；崇祀宗廟、社稷，則子孫順孝。盡其道，端其義，而教生焉。是故君子之事君也，必身行之：所不安於上，則不以使下；所惡於下，則不以事上。非諸人，行諸己，非教之道也。是故君子之教也，必由其本，順之至也，祭其是與？故曰：「祭者，教之本也已。」釋文：長，竹丈反。惡，烏路反。

爲物，猶爲禮也。備以物言，順兼心與禮言。人君教民之事非一，而盡禮於祭祀者，乃其本也。祭祀事尸如事君，所以教民尊其君長也。追養繼孝，所以教民孝於其親也。教之以尊其君長，則諸臣服從；教之以孝於其親，則子孫順孝。「盡其道」以下，皆以明設教之必本於身也。

夫祭有十倫焉：見事鬼神之道焉，見君臣之義焉，見父子之倫焉，見貴賤之等焉，見親疏之殺焉，見爵賞之施焉，見夫婦之別焉，見政事之均焉，見長幼之序焉，見上下之際焉。此之謂十倫。釋文：見，並賢徧反。殺，色界反。

倫，謂義禮之次序也。

鋪筵，設同几，爲依神也。詔、祝於室，而出于祊，此交神明之道也。釋文：爲，于僞反。

鋪筵，設同几，謂祭以某妃配，而同鋪一筵，同設一几也。特言「同几」者，几小筵大，几同則筵可知。爲依神者，言所以依神者異於生人也。詔、祝於室，所謂「血毛詔於室」；出于祊，所謂「爲祊於外」也。蓋生時形體異，故男女別筵；死時精氣合，故男女同几。生人有象可接，故事之有定所；死則不知神之所在，故求之非一處。此二者，皆所以交神明之道也。

君迎牲而不迎尸，別嫌也。尸在廟門外則疑於臣，在廟中則全於君；君在廟門外則疑於君，入廟門則全於臣、全於子。故不出者，明君臣之義也。

鄭氏曰：不迎尸者，欲全其尊也。尸，神象也。鬼神之尊在廟中，人君之尊出廟門則伸。愚謂君出迎尸，則君屈於臣，故不出者，所以全君之尊，而君臣之義所以明也。

夫祭之道，孫爲王父尸，所使爲尸者，於祭者子行也。父北面而事之，所以明子事父之道也。此父子之倫也。釋文：行，户剛反，徐胡孟反。

尸用所祭者之孫，無孫則取族中孫行者爲之，以其昭穆同也。此據祭考廟而言之，故尸於主祭者爲子行，主祭者於尸爲諸父也。北面而事之者，天子諸侯之禮，朝踐時尸在堂上南面，主人北面而事之也。

尸飲五，君洗玉爵獻卿；尸飲七，以瑤爵獻大夫；尸飲九，以散爵獻士及羣有司。皆以齒，明尊卑之等也。

蓋凡禮記言諸侯之祭，多據魯禮，此謂上公九獻者也。尸飲五者，裸獻二，朝獻二，至饋食，主人獻尸而爲五也。夫人又獻尸而爵止，君乃以玉爵獻卿。玉爵，獻尸所用之爵，以玉爲飾者。以玉爵獻卿，因獻尸之爵也。尸飲七者，尸作止爵，及食畢君酳尸而爲七也。既則夫人又酳尸而爵止，君乃以瑤爵獻大夫也。瑤爵，酳尸所用之爵，以瑤爲飾者。周禮內宰職曰「后之裸、獻，則贊，瑤爵亦如之」，鄭氏云「瑤爵，后酳尸之爵」，是也。以瑤爵獻大夫，亦因酳尸之爵也。尸飲九者，尸作止爵飲之，賓長又酳尸而爲九也。既則長兄弟爲加爵而爵止，君乃以散爵獻士也。五升曰散，以璧飾之。爲加爵者用璧散，明堂位曰「加以璧散、璧角」是也。以散爵獻士，亦用獻尸之爵也。獻士，謂獻士之有事於廟者也。羣有司，衆士也。皆以齒，同爵則尚齒也。特牲禮賓長以下，同以三獻爵止後獻之，此獻卿、大夫、士不同時者，人君之臣尊卑殊，故其尊者先獻之，卑者後獻之，是明尊卑之等也。○周禮司尊彝疏謂「此據侯伯禮」，尸飲五，獻卿，爲酳尸三獻之後。此篇鄭氏注云：「尸飲五，謂酳尸五獻也。」疏謂「此據九獻之禮，主人酳尸爲尸飲五」。蓋注疏之説，皆謂二裸尸不飲故也。人君獻尸用玉爵，酳尸用瑤爵，此獻卿用玉爵，因獻尸之爵，此必在酳尸之前，而二裸，尸亦卒爵，益可見矣。特牲禮賓長獻尸，爵止而主人、主婦致爵，尸作止爵飲畢，而主人獻賓。此於尸飲五而獻賓，則致爵當在其前，其於主人饋獻之後與？

夫祭有昭穆，昭穆者，所以別父子、遠近、長幼、親疏之序而無亂也。是故有事於大廟，則羣昭羣穆咸在而不失其倫。此之謂親疏之殺也。

羣昭羣穆，謂子孫之昭穆也。宗廟之禮，始祖爲大廟，自此以下，每一世爲昭，每一世爲穆，而子孫亦以爲稱。其在大廟之中，昭爲一列，穆爲一列，雖其世數之久，人衆之多，而其父子、遠近、長幼、親疏皆可得而序也。

孔氏曰：祭大廟則羣昭羣穆咸在，若餘廟唯所出之子孫來耳。

古者明君爵有德而祿有功，必賜爵祿於大廟，示不敢專也。故祭之日，一獻，君降立于阼階之南，南鄉，所命北面，史由君右執策命之，再拜稽首，受書以歸，而舍奠于其廟。此爵賞之施也。釋文：鄉，許亮反。舍，依注音釋。

鄭氏曰：一獻，一酳尸也。舍當爲「釋」。孔氏曰：酳尸之前，皆爲祭事，承奉鬼神，未暇策命，至尸食已畢，祭事方了，可以行爵賞也。若天子命羣臣，則不因常祭之日，特假於廟。故大宗伯云「王命諸侯，則儐」，註云「王將出命，假祖廟，立依前，南鄉」，是也。舍奠于其廟者，卿大夫既受策書，歸而釋奠於家廟，告以受君之命也。愚謂史，內史也。由君右者，詔辭自右也。策，所以書命辭者也。王於卿大夫，蓋亦因祭時命之，其命諸侯及有大功若召穆公者，則不待祭時與？

君卷冕立于阼，夫人副、褘立于東房。夫人薦豆執校，執醴授之執鐙；尸酢夫人執柄，夫人受尸執足。夫婦相授受，不相襲處，酢必易爵，明夫婦之別也。釋文：卷，古本反。校，户教反，又户交反。鐙音登，又丁鄧反。○夫人受尸，舊本誤作「授尸」，今據孔疏及石經正之。

鄭氏曰：校，豆中央直者也。鐙，豆下跗也。孔氏曰：執醴授之執鐙者，夫人獻尸，此人執醴以授夫人；至夫人薦豆，又執豆以授夫人。獻與薦，皆此人所掌。執醴之人授夫人以豆，執鐙；夫人受之，乃執校也。爵爲雀形，以尾爲柄。尸酢夫人執爵尾，夫人受尸執爵足也。夫婦相授受，不相襲處，謂夫婦交相致爵之時，其執之不相因故處也。酢必易爵，謂主人致爵於主婦，更爵自酢。鄭註特牲云：「男子不承婦人爵也。」愚謂特牲、少牢禮主人、主婦獻尸，皆親洗、酌，主婦薦豆自東房，亦無贊授之者，此云「執醴授之執鐙」，是夫人獻尸不親酌，其薦豆又有贊授之者，皆與大夫士禮異矣。尸酢夫人執柄，夫人受尸執足，則夫人獻尸亦執足，尸受夫人亦執柄矣。夫婦，猶言男女。君與夫人所立之異所，執器之異處，主人自酢之易爵，皆以明男女之別也。

凡爲俎者，以骨爲主。骨有貴賤。殷人貴髀，周人貴肩。凡前貴於後。俎者，所以明祭之必有惠也。是故貴者取貴骨，賤者取賤骨，貴者不重，賤者不虛，示均也。惠均則政行，政行則事成，事成則功立，功之所以立者不可不知也。俎者，所以明惠之必均也。善爲政者如此。故曰：「見政事之均焉。」釋文：髀，必氏反，又必履反。重，直龍反。

鄭氏曰：殷人貴髀，爲其厚也。周人貴肩，爲其顯也。凡前貴於後，謂脊、脅、臂、臑之屬。孔氏曰：殷質，貴髀之厚，賤肩之薄。周文，貴肩之顯，賤髀之隱。凡前貴於後，據周言之。愚謂爲俎，謂主人以下及助祭者之俎也。凡牲之體骨，兩肱各三：肩、臂、臑也。兩股各三：髀、肫、骼也。脊三：正脊、脡脊、橫脊也。兩胉各三：代脅、長脅、短脅也。其右胖以爲尸俎，其左胖以爲主人、主婦及助祭者之俎。殷人貴後，而髀則後體之上者；周人貴前，而肩則前體之上者。貴者取貴骨，賤者取賤骨，言自主人以下之俎，以貴賤次第用之也。然骨雖有貴賤，而未嘗不各有所取，則惠無不均矣。人君欲恩惠周徧，必由於政事之均平，故於爲俎而可以見政事之均焉。

凡賜爵，昭爲一，穆爲一，昭與昭齒，穆與穆齒。凡羣有司皆以齒。此之謂長幼有序。

賜爵，謂獻之也。羣有司，謂異姓之士也。卿、大夫及士之有事於廟者，皆别獻之，前云「玉爵獻卿」，「瑤爵獻大夫」，「散爵獻士」，是也。其士之無事於廟者，同姓則使昭爲一列，穆爲一列，而以年齒爲序；異姓則雖不序昭穆，而亦以齒爲序，而皆次第獻之也。此獻昭穆及羣有司，即上云「尸飲九」，「獻羣有司皆以齒」，是也。但上則通卿、大夫、士而等其位，所以明貴賤，此則就同於爲士之中而序其齒，所以别長幼，義各有所主也。

夫祭有畀煇、胞、翟、閽者，惠下之道也，唯有德之君爲能行此。明足以見之，仁足以與之，畀之爲言與也，能以其餘畀其下者也。煇者，甲吏之賤者也。胞者，肉吏之賤者也。翟者，樂吏之賤者也。閽者，守門之賤者也。古者不使刑人守門。此四守者，吏之至賤者也。尸又至尊，以至尊既祭之末而不忘至賤，而以其餘畀之，是故明君在上，則竟内之民無凍餒者矣。此之謂上下之際。釋文：煇，依注作「韗」，况萬反，又音運。胞，步交反。

畀，謂頒胙及之也。鄭氏曰：明足以見之，見此畀者也。仁足以與之，與此畀者也。煇，周禮作「韗」，謂韗磔皮革之官也。翟，謂教羽舞者也。古者不使刑人守門，謂夏、殷時。孔氏曰：夏、殷不使刑人守門，故雖賤人得受恩賜。際，接也。言至尊與賤者，其道相接也。方氏慤曰：祭之有俎，固已見惠均矣，然未足以盡惠下之道。以至尊之尸，而畀至賤之吏，然後見惠下也。此政事之均，與上下之際所以異焉。○此以上，明十倫，又以申「道之以禮」之義也。

凡祭有四時：春祭曰礿，夏祭曰禘，秋祭曰嘗，冬祭曰烝。礿、禘，陽義也。嘗、烝，陰義也。禘者，陽之盛也。嘗者，陰之盛也。故曰：「莫重於禘、嘗。」古者於禘也，發爵賜服，順陽義也。於嘗也，出田邑，發秋政，順陰義也。故記曰：「嘗之日，發公室，示賞也。」草艾則墨，未發秋政，則民弗敢草也。釋文：礿，羊灼反，字又作「禴」。艾音刈。

鄭氏曰：莫重於禘、嘗者，夏時尊卑著，而秋萬物成。爵命屬陽，國邑屬陰。愚謂礿、禘、嘗、烝，夏、殷四時之祭名也。天子別有大禘之祭，故周改春夏祭名以避之：春曰祠，夏曰禴。而諸侯之祭，其名不改，故春秋魯有禘祭，而晉人亦曰「寡君之未禘祀」，是也。莫重於禘、嘗者，魯之大禘，因夏禘行之，諸侯之大祫，因秋嘗行之，故記者因以禘、嘗爲重也。秋政，謂刑殺之政也。發公室，謂發公室之貨財以賞賜也。草艾，謂季秋草木黄落，伐薪爲炭之時也。墨，五刑之輕者，每歲行刑，自輕者始，象天道之殺物有漸也。行墨刑則發秋政矣，故其時可以艾草；未發秋政，則民弗敢艾草也。孔氏曰：左傳云「賞以春夏，刑以秋冬」。其實四時皆有賞，故車服屬夏，田邑屬秋。

故曰：「禘、嘗之義大矣，治國之本也，不可不知也。」明其義者，君也。能其事者，臣也。不明其義，君人不全；不能其事，爲臣不全。

明其義者，知其所以然。能其事者，循其所當然也。

夫義者，所以濟志也，諸德之發也。是故其德盛者其志厚，其志厚者其義章，其義章者其祭也敬，祭敬則竟内之子孫莫敢不敬矣。是故君子之祭也，必身親涖之，有故，則使人可也。雖使人也，君不失其義者，君明其義故也。其德薄者其志輕，疑於其義而求祭，使之必敬也弗可得已。祭而不敬，何以爲民父母矣！

濟，成也。志，即「與志進退」之志。義明然後志重，故義者所以濟志也。義非有德者不能明，故明於其義，乃諸德之所發見也。祭而不敬，則無以爲立教之本，故不可以爲民父母。○此上三節，申前「參之以時」之義，而又歸本於志也。

夫鼎有銘，銘者，自名也，自名以稱揚其先祖之美，而明著之後世者也。爲先祖者，莫不有美焉，莫不有惡焉，銘之義，稱美而不稱惡。此孝子孝孫之心也，唯賢者能之。

鄭氏曰：銘，謂書之刻之以識事者也。自名，謂稱揚其先祖之德，著己名於下。

銘者，論譔其先祖之有德善、功烈、勳勞、慶賞、聲名，列於天下，而酌之祭器，自成其名焉，以祀其先祖者也。顯揚先祖，所以崇孝也。身比焉，順也。明示後世，教也。釋文：譔音撰。比，毗志反。

鄭氏曰：烈，業也。王功曰勳，事功曰勞。酌之祭器，言斟酌其美，傅著於鐘鼎也。身比焉，謂自著名於下也。自著名以稱揚先祖之德，孝順之行也。教，所以教後世也。

夫銘者，壹稱而上下皆得焉耳矣。是故君子之觀於銘也，既美其所稱，又美其所爲。爲之者，明足以見之，仁足以與之，知足以利之，可謂賢矣。賢而勿伐，可謂恭矣。釋文：知音智。見，賢遍反。○今按：見如字。

鄭氏曰：見之，見其先祖之美也。與之，與其先祖之銘也。利之，利己名得比於先祖。愚謂上，謂先祖；下，謂己身。美其所稱，美其先祖有可稱之美也。美其所爲，美其子孫能稱其先祖之美也。

故衛孔悝之鼎銘曰：「六月丁亥，公假于大廟，公曰：『叔舅！乃祖莊叔，左右成公，成公乃命莊叔隨難于漢陽，卽宮于宗周，奔走無射。釋文：悝，孔回反。假，加百反。左右，音佐又，又如字。難，乃旦反。奔，本又作「犇」。射音亦。

鄭氏曰：孔悝，衛大夫也。公，衛莊公蒯聵也。德孔悝之立己，依禮褒之。假，至也。至於大廟，謂以夏之孟夏禘祭。公曰「叔舅」者，公爲策書，尊呼孔悝而命之也。乃猶女也。莊叔，悝七世祖孔達也。隨難者，成公爲晉文公所伐，出奔楚，命莊叔從焉。漢，楚之川也。卽宮于宗周，後反得國，坐殺弟叔武，晉人執而歸之於京師，寘之深室也。射，厭也。言莊叔奔走勞苦而不厭倦也。孔氏曰：按左傳哀公十五年冬，蒯聵得國；十六年六月，飲孔悝酒而逐之。此得六月命之者，蓋命後卽逐之。孔悝是異姓大夫，故稱叔舅。

啟右獻公，獻公乃命成叔纂乃祖服。

鄭氏曰：獻公，衛侯衎，成公曾孫也，亦失國得反。右，助也。言莊叔之功流於後世，啟右獻公，使得反國也。成叔，莊叔之孫成子烝鉏也。纂，繼也。服，事也。獻公反國，命成子繼莊叔之事，欲其忠如孔達也。

乃考文叔，興舊耆欲，作率慶士，躬恤衞國。其勤公家，夙夜不解。民咸曰：『休哉！』」釋文：耆，市志反。解，古賣反。

鄭氏曰：文叔者，成叔之曾孫文子圉，卽悝父也。應氏鏞曰：耆欲者，心志之所存，言其先世之忠，皆以愛君憂國爲耆欲，文叔嚮慕而興起之也。作率，奮起而倡率之也。慶士，卿士也。古「卿」「慶」字通，故「慶雲」亦言「卿雲」。

公曰：『叔舅！予女銘，若纂乃考服。』悝拜稽首，曰：『對揚以辟之勤大命施于烝彝鼎。』此衞孔悝之鼎銘也。

若，乃，皆女也。言予命女以此辭銘著於器，女當繼乃考文叔之事也。蓋成公、獻公、莊公皆失國得反，故莊公稱悝先世之功以褒美之，而因以勉其後也。對，答。揚，舉也。以，用也。辟，君也。勤大命，殷勤尊大之命也。烝，冬祭也。彝，法也。彝鼎，法度之鼎也。言君有此殷勤尊大之命，已當對答稱揚，用以施於烝祭法度之鼎也。獨言「烝」者，大夫干祫在冬與？天子大祫以冬，司勳「凡有功者，銘書于王之大常，祭于大烝」，是也。諸侯大祫以秋，避天子也。大夫干祫以冬，又避其君也。

古之君子，論譔其先祖之美，而明著之後世者也，以比其身，以重其國家如此。子孫之守宗廟、社稷者，其先祖無美而稱之，是誣也；有善而弗知，不明也；知而弗傳，不仁也。此三者，君子之所恥也。

自「夫鼎有銘」至此，明鼎銘之義。因上文言祭祀致敬，而稱揚先祖亦敬親之一端也，故廣而言之。然孔悝之事，本無足道，記者亦節取之耳。

昔者周公旦有勳勞於天下，周公既没，成王、康王追念周公之所以勳勞者，而欲尊魯，故賜之以重祭。外祭則郊、社是也，内祭則大嘗、禘是也。夫大嘗、禘，升歌清廟，下而管象，朱干玉戚以舞大武，八佾以舞大夏，此天子之樂也，康周公，故以賜魯也。子孫纂之，至于今不廢，所以明周公之德，而又以重其國也。

鄭氏曰：言此者，王室所銘，若周公之功。干戚，武舞之所執也。佾，列也。大夏，禹樂，文舞也，執羽籥。文武之舞皆八列，互言之耳。康，猶褒大也。愚謂大嘗，大祫也。諸侯皆得社與大祫，惟不得郊與大禘。此因郊而并言「社」，因禘而并言「嘗」耳。然魯之郊、禘，本惠公以後之僭禮，而託言出於王賜耳。記之所言，則因魯之所自託者而遂傳以爲實也。餘説已見文王世子及明堂位。

禮記卷四十八

經解第二十六 別録屬通論。

此篇凡爲三段：首論六經教人之得失，次言天子之德，終言禮之正國，其義各不相蒙，蓋記者雜採衆篇而録之者也。○古者學校以詩、書、禮、樂爲四術。易掌於大卜，第爲卜、筮之書，然春秋時，學士大夫多能言其義者。春秋者，列國之史，非獨魯有之。晉國語司馬侯「曰『羊舌肸習於春秋』，乃使叔嚮傅太子彪」。楚國語「莊王使士亹傅太子箴」，「問於申叔時，叔時曰『教之春秋，而爲之聳善而抑惡焉，以戒勸其心』」。是易與春秋亦先王之所以教人者也。蓋四術盡人皆教，而易則義理精微，非天資之高者不足以語此；春秋藏於史官，非世胄之貴或亦莫得而盡見也。孔氏贊周易，删詩、書，定禮、樂，脩春秋，因舉六者而言其教之得失，然其時猶未有經之名。孔子没後，七十子之徒尊孔子之所删定者，名之爲經，因謂孔子所語六者之教爲經解爾。

孔子曰：「入其國，其教可知也：其爲人也，温柔、敦厚，詩教也。疏通、知遠，書教也。廣博、易良，樂教也。絜靜、精微，易教也。恭儉、莊敬，禮教也。屬辭、比事，春秋教也。故詩之失愚，書之失誣，樂之失奢，易之失賊，禮之失煩，春秋之失亂。釋文：易良，以豉反。屬音燭。比，毗志反。

溫柔，以辭氣言；敦厚，以性情言。疏通，謂通達於政事；知遠，言能遠知帝王之事也。廣博，言其理之無不包；易良，言其情之無不順。洗心藏密，故絜靜；探賾索隱，故精微。屬辭者，連屬其辭，以月繫年，以日繫月，以事繫日也。比事者，比次列國之事而書之也。失，謂不善學者之失也。蔽於溫柔、敦厚而不知通變，故至於愚。蔽於疏通、知遠而不知闕疑，故至於誣。蔽於廣博、易良而不知所反，故至於奢。蔽於絜靜、精微而入於隱怪，故失之賊。賊，害也，謂害於正理也。蔽於恭儉、莊敬而失其所安，故至於煩。蔽於屬辭、比事而妄爲襃貶，故至於亂。

其爲人也，溫柔、敦厚而不愚，則深於詩者也。疏通、知遠而不誣，則深於書者也。廣博、易良而不奢，則深於樂者也。絜靜、精微而不賊，則深於易者也。恭儉、莊敬而不煩，則深於禮者也。屬辭、比事而不亂，則深於春秋者也。」

深，謂學之而能深知其義也。深知其義，則有得而無失矣。

天子者，與天地參，故德配天地，兼利萬物；與日月並明，明照四海，而不遺微小。其在朝廷則道仁聖、禮義之序，燕處則聽雅、頌之音，行步則有環佩之聲，升車則有鸞、和之音。居處有禮，進退有度，百官得其宜，萬事得其序。詩云：「淑人君子，其儀不忒。其儀不忒，正是四國。」此之謂也。釋文：道音導。

鄭氏曰：環佩，佩環、佩玉也，所以爲行節也。環取其無窮止，玉則比德焉。孔子佩象環五寸。人君之環，其制未聞也。鸞、和，皆鈴也，所以爲車行節也。韓詩內傳曰：「鸞在衡，和在軾前。」升車則馬動，馬動則鸞鳴，鸞鳴則和應。居處，朝廷與燕處也。進退，行步與升車也。孔氏曰：田車鸞在鑣，乘車鸞在衡。吳氏澄曰：聖者，生知之智，無所不通者也。序，謂言之有次第也。愚謂天子之所以德配天地，明並日月，非求之於遠也，亦惟自其一身正之，使外無非禮之動，而內無非僻之干而已，故引詩言「其儀不忒，正是四國」者以明之。

發號出令而民說謂之和，上下相親謂之仁，民不求其所欲而得之謂之信，除去天地之害謂之義。義與信，和與仁，霸王之器也。有治民之意而無其器，則不成。釋文：說音悅。王，徐于況反。

上言其德之具於身，此又言其德之施於政者也。人君操四者以治民，猶人操器以作事，有治民之意而無其器則不成，所謂徒善不可以爲政也。

禮之於正國也，猶衡之於輕重也，繩墨之於曲直也，規矩之於方圜也。故衡誠縣，不可欺以輕重；繩墨誠陳，不可欺以曲直；規矩誠設，不可欺以方圜；君子審禮，不可誣以姦詐。釋文：圜音圓。縣音玄。○鄭注：誠或作「成」。

鄭氏曰：衡，稱也。縣，謂錘也。陳、設，謂彈、畫也。

是故隆禮、由禮謂之有方之士，不隆禮、不由禮謂之無方之民，敬讓之道也。故以奉宗廟則敬，以入朝廷則貴賤有位，以處室家則父子親，兄弟和，以處鄉、里則長幼有序。孔子曰：「安上治民，莫善於禮。」此之謂也。釋文：長，竹丈反，下同。

隆，謂尊奉之。由，謂踐履之。方，道也。禮以敬讓爲道，故以之奉宗廟，入朝廷，處室家、鄉黨，無所往而不得其宜。

故朝覲之禮，所以明君臣之義也。聘問之禮，所以使諸侯相尊敬也。喪祭之禮，所以明臣子之恩也。鄉飲酒之禮，所以明長幼之序也。昏姻之禮，所以明男女之別也。夫禮禁亂之所由生，猶坊止水之所自來也。故以舊坊爲無所用而壞之者，必有水敗；以舊禮爲無所用而去之者，必有亂患。釋文：別，彼列反。坊音房，本又作「防」。

鄭氏曰：昏姻，謂嫁娶也。壻曰昏，女曰姻。

故昏姻之禮廢，則夫婦之道苦，而淫辟之罪多矣。鄉飲酒之禮廢，則長幼之序失，而爭鬬之獄繁矣。喪祭之禮廢，則臣子之恩薄，而倍死、忘生者衆矣。聘、覲之禮廢，則君臣之位失，諸侯之行惡，而倍畔、侵陵之敗起矣。釋文：辟，匹亦反。倍音背。行，下孟反。

鄭氏曰：苦，謂不至、不答之屬。孔氏曰：倍畔，謂倍畔天子。侵陵，謂侵陵鄰國。上經尊重者在前，卑輕者在後，故先朝覲，後昏姻；又殊別君臣，故先朝覲，後聘問。此經據人倫急切者在前，故先昏姻，後聘、覲，而聘、覲合言者，以倍畔、侵陵其惡相通也。愚謂鄉飲酒有正齒位之禮，故廢則長幼之序失。覲禮廢則君臣之位失，而至於倍畔；聘禮廢則諸侯之行惡，而至於侵陵。

故禮之教化也微，其止邪也於未形，使人日徙善遠罪而不自知也，是以先王隆之也。易曰：「君子慎始。差若豪氂，繆以千里。」此之謂也。釋文：遠，于萬反。差，初佳反。豪，依字作「毫」。氂，李其反，本又作「釐」。
所引「易曰」，周易無此文，史記集解、漢書顔師古註皆以爲易緯之辭也。

哀公問第二十七 別録屬通論。

哀公所問有二：前問禮，後問政。二者非一時之言，記者合而記之。

哀公問於孔子曰：「大禮何如？君子之言禮，何其尊也！」孔子曰：「丘也小人，不足以知禮。」君曰：「否。吾子言之也。」孔子曰：「丘聞之，民之所由生，禮爲大。非禮無以節事天地之神也，非禮無以辨君臣、上下、長幼之位也，非禮無以別男女、父子、兄弟之親，昏姻、疏數之交也。君子以此之爲尊敬然。釋文：長，竹丈反。別，彼列反。數，色角反。
節，制限也。天地之神，尊卑不同，各以其制限事之，若天子祭天地，諸侯祭社稷也。疏數，謂交際往來或疏或數也。哀公言「君子」，謂孔子也。孔子言「君子」，謂行禮之君子也。君子尊敬此禮，故其行之不敢不勉，此所以爲教民之本者也。

然後以其所能教百姓，不廢其會節。有成事，然後治其雕鏤、文章、黼黻以嗣。其順之，然後言其喪筭，備其鼎、俎，設其豕、腊，脩其宗廟，歲時以敬祭祀，以序宗族，卽安其居，節醜其衣服，卑其宮室，車不雕幾，器不刻鏤，食不貳味，以與民同利。昔之君子之行禮者如此。」釋文：雕，本亦作「彫」。備其鼎、俎，本亦無此句。腊音昔。幾音祈。

會，謂會聚其行禮之人。節，謂品節也。喪筭，謂喪之月數也。方氏慤曰：以其所能教百姓，所謂「以身教」者也。有成事，言教之有成也。治其雕鏤、文章、黼黻以嗣，治其器以嗣其道也。鼎、俎，祭器也。豕、腊，祭物也。宗廟，祭所也。歲時以敬祭祀，孝經所謂「春秋祭祀，以時思之」也。以序宗族，祭統所謂「昭與昭齒，穆與穆齒」也。卽安其居者，卽其所居而安之，無事乎改爲也。節醜其衣服者，節之使各從其類，而不至於僭差也。自「卽安其居」以下，至於「食不貳味」，皆言其以儉爲德也。儉者不奪人，故能與民同其利。愚謂禮貴得中，奢則不孫，儉則固。當時人君僭侈，故此言行禮而專歸之於儉，蓋所以救時之失，所謂「國奢則示之以儉」也。

公曰：「今之君子，胡莫之行也？」孔子曰：「今之君子，好實無厭，淫德不倦，怠荒敖慢，固民是盡，午其衆以伐有道，求得當欲，不以其所。昔之用民者由前，今之用民者由後。今之君子莫爲禮也。」釋文：好，呼報反。厭，于艷反。敖，五報反。午，五故反，一音如字，王肅作「迕」。當，丁浪反。

鄭氏曰：實猶富也。淫，放也。固猶故也。午其衆，逆其族類也。當猶稱也。所猶道也。由前，用上所言。由後，用下所言。孔氏曰：午，忤也。忤，違逆也。陳氏澔曰：固，猶「固獲」之固，言取之力也。盡，竭其所有也。愚謂伐國非人之所欲也，況伐有道乎？今乃逆而行，是求當於一己之欲，而不顧民之失其所也。禮以恭敬、辭讓爲本，當時諸侯所行如此，則禮之本固已亡矣，其將何以行禮哉！

孔子侍坐於哀公，哀公曰：「敢問人道誰爲大？」孔子愀然作色而對曰：「君之及此言也，百姓之德也。固臣敢無辭而對：人道政爲大。」釋文：坐，才臥反。愀，七小反，又音秋。

鄭氏曰：愀然，變動貌也。作猶變也。德猶福也。辭，讓也。愚謂人道，謂治人之道也。固臣，自謙言固陋之臣也。無辭而對，言不辭讓而對也。

公曰：「敢問何謂爲政？」孔子對曰：「政者，正也。君爲正，則百姓從政矣。君之所爲，百姓之所從也。君所不爲，百姓何從？」公曰：「敢問爲政如之何？」孔子對曰：「夫婦別，父子親，君臣嚴，三者正，則庶物從之矣。」

庶物，謂衆事也。爲政在於修身，三綱正，則身修道立，以之正朝廷，正百官，正萬民，而莫不一於正矣。有夫婦然後有父子，有父子然後有君臣，故其序如此。

公曰：「寡人雖無似也，願聞所以行三言之道，可得聞乎？」孔子對曰：「古之爲政，愛人爲大。所以治愛人，禮爲大。所以治禮，敬爲大。敬之至矣，大昏爲大，大昏至矣。大昏既至，冕而親迎，親之也。親之也者，親之也。是故君子興敬爲親，舍敬，是遺親也。弗愛不親，弗敬不正。愛與敬，其政之本與？」釋文：迎，逆敬反。舍音捨。不親、不正，一本不皆作「弗」。與音餘，下並同。

似，肖也。無似，猶言不肖也。大昏，謂天子諸侯之昏也。爲國以禮，而禮以敬爲本，而敬之至極之中，尤莫大於大昏也。大昏既爲敬之至極，故國君雖尊，必服冕服以親迎也。士親迎服爵弁，則親迎皆服其上服：公袞冕，侯伯鷩冕，子男毳冕也。蓋夫婦之道，乃父子、君臣之所從出。哀公以妾爲妻，國人不服，則夫婦失其正，而父子、君臣從之矣。故問所以行三言之道，而孔子特以大昏之重告之。

輔氏廣曰：冕而親迎，躬親之也。躬親之者，所以致其親愛之意也，是與敬所以爲親也。彼以褻爲親者，未要其終也，惟以敬爲親，則愛得其正矣。方氏慤曰：弗愛則無以相合而疏，弗敬則無以相別而褻。愛敬之道，始於閨門之内，夫婦之間，及乎廣而充之，其愛至於不敢惡於人，其敬至於不敢慢於人，而德教加於百姓，刑於四海，故曰：「愛與敬，其政之本與？」〇胡氏安國曰：娶妻必親迎，禮之正也。天子不親迎，使卿逆，公監之，禮也。若夫邦君，以爵則有尊卑，以國則有大小，以道塗則有遠邇，或迎之於其國，或迎之於境上，或迎之於所館，禮之節也。愚謂下文言「合二姓之好」、「以爲天地、宗廟、社稷之主，」朱子以爲通天子而言，則天子亦親迎矣。春秋十二公皆不書出國迎夫人，惟桓公書「會齊侯于讙」，則以齊侯親送女故也。然則天子諸侯之昏，皆於其國爲館而行親迎之禮與？胡氏謂「天子不親迎」，及言諸侯親迎遠邇之差，恐皆未然。

公曰：「寡人願有言然。冕而親迎，不已重乎？」孔子愀然作色而對曰：「合二姓之好，以繼先聖之後，以爲天地、宗廟、社稷之主，君何謂已重乎？」釋文：好，呼報反。

鄭氏曰：已猶太也。怪親迎乃服祭服。先聖，周公也。朱子曰：天地，蓋通天子而言。愚謂婦人不與外祭，然后、夫人蠶繅以爲衣服，郊廟之服皆后、夫人之所共也，故曰「爲天地、宗廟、社稷之主」。

公曰：「寡人固，句。不固，焉得聞此言也？寡人欲問，不得其辭。請少進！」孔子曰：「天地不合，萬物不生。大昏，萬世之嗣也，君何謂已重焉？」孔子遂言曰：「内以治宗廟之禮，足以配天地之神明；出以治直言之禮，足以立上下之敬。物恥足以振之，國恥足以興之。爲政先禮，禮其政之本與？」釋文：焉得，於虔反。○舊以「寡人固不固」爲句，陸氏佃讀「寡人固」爲句，今從之。

固，謂固陋也。哀公自言固陋，故不知大昏之重，然若不固陋，則不問，不得聞孔子此言也。蓋公欲再問，而先爲謙辭以發其端也。大昏者，所以繼祖宗，延嗣續，故上以「繼先聖之後」明其重，此又以「萬世之嗣」明其重也。宗廟之禮，謂祭祀之禮也。宗廟之中，君在阼，以象日之生於東，夫人在房，以象月之生於西，所謂「配天地之神明」也。直，正也。言，謂教令也。名不正則言不順，言不順則不足以服人而致其敬。若夫婦之分定，則名正言順，所出之教令皆合於禮，而上而朝廷，下而萬民，莫敢不敬矣。如哀公爲妾齊衰，而曰「魯人以妻我」，則其有愧於心而言之不直甚矣。故其立也，則宗人辭之，國人惡之，其喪也，則有若譏之，其何以取敬於人哉！物，事也。物恥，謂事之廢壞而可恥。國恥，謂國之衰弱而可恥也。有禮則綱紀立，國家安，故物恥可振而國恥可興也。

孔子遂言曰：「昔三代明王之政，必敬其妻子也，有道。妻也者，親之主也，敢不敬與？子也者，親之後也，敢不敬與？君子無不敬也，敬身爲大。身也者，親之枝也，敢不敬與？不能敬其身，是傷其親；傷其親，是傷其本；傷其本，枝從而亡。三者，百姓之象也。身以及身，子以及子，妃以及妃，君行此三者，則愾乎天下矣，大王之道也。如此，則國家順矣。」

釋文：大音泰。

鄭氏曰：愾猶至也。　方氏慤曰：三者，百姓之象，言身與妻、子者百姓之象也。　葢能敬其身，則能敬百姓之身矣，以至妻也子也，亦莫不然。　葉氏夢得曰：三者，君行於上而民傚於下，故曰「百姓之象也」。百姓象其行，莫不敬其身，亦莫不敬其妻、子，　所謂「愾乎天下」也。　大王愛厥妃，　至於內無怨女，外無曠夫，葢得其政矣。

公曰：「敢問何謂敬身？」孔子對曰：「君子過言則民作辭，過動則民作則。君子言不過辭，動不過則，百姓不命而敬恭。如是，則能敬其身，能敬其身，則能成其親矣。」

鄭氏曰：則，法也。民者，化君者也。君之言雖過，民猶稱其辭；君之行雖過，民猶以爲法。　馬氏晞孟曰：擬之而後言，則無過言；議之而後動，則無過動。言而世爲天下則，動而世爲天下法，百姓不命而敬恭，能敬身之效也。能敬身，則能立身揚名以顯父母矣。　愚謂敬於言而無過辭，敬於動而無過則，則百姓不命而敬恭矣。未至於此，則必我之敬有未至也。故曰「如是，則能敬其身」。

公曰：「敢問何謂成親？」孔子對曰：「君子也者，人之成名也。百姓歸之名，謂之君子之子，是使其親爲君子也，是爲成其親之名也已。」

方氏慤曰：君子者，君國、子民之稱也。達則能居是位，窮則能全是德，如是則成而無虧矣，故曰「人之成名也」。祭義所謂「不遺父母惡名」者，如是而已。　愚謂君子者，道德成就之名。己能立身行道，以顯父母，推本其所從來者，未嘗不歸美於其親焉，故曰「是使其親爲君子也」。

孔子遂言曰：「古之爲政，愛人爲大。不能愛人，不能有其身；不能有其身，不能安土；不能安土，不能樂天；不能樂天，不能成其身。」釋文：樂音洛。

鄭氏曰：有猶保也。朱子曰：不能有其身，謂不能持守其身而陷於非僻。安土，謂安其所處之位而無外求。樂天，謂樂循天理。講義曰：我與人本無有異，不能愛人，決不能自愛，不能自愛，則雖有此身，猶無有也。有其身者，知有其身而不至於自棄也。不能有其身，則心隨放蕩，豈能安土？不能安土，則以欲、惡而爲欣、戚，豈能樂天？安土者，無適而不自得之謂。樂天者，以禍福得喪一歸之於天，而順之之謂也。人能安於平易之地，至迫於利害，鮮有不動者，是未識樂天之理也。故惟樂天，而後身之成可必。

公曰：「敢問何謂成身？」孔子對曰：「不過乎物。」

鄭氏曰：物猶事也。朱子曰：家語作「夫其行己也不過乎物，謂之成身。不過乎物，是天道也」。以上下文推之，當從家語。○周氏諝曰：詩云：「天生蒸民，有物有則。」孟子曰：「萬物皆備於我矣。」則凡在我身者，雖一毫髮之微，莫不具性命之理，則求其所以成身者，其能過此乎？應氏鏞曰：物者，實然之理也。易曰「言有物」，大學言「格物」，蓋性分之内，萬物皆備，卽物而觀，其理尤實。仁人孝子，不過乎物者，卽其身之所履，皆在義理之内，而不過焉，猶大學所謂「止於仁」，「止於孝」也。違則過之，止則不過矣。夫物有定理，理有定體，雖聖人豈能加毫末於是哉，亦循循然而不過耳。愚謂不過乎物，則於一事一物莫不有以止乎至善之地，而性無不盡，形無不踐矣。天生蒸民，有物有則，故不過乎物者，是乃天道之本然也。

公曰：「敢問君子何貴乎天道也？」孔子對曰：「貴其不已。如日月東西相從而不已也，是天道也。不閉其久，是天道也。無爲而物成，是天道也。已成而明，是天道也。」

朱子曰：不閉其久，當從家語作「不閉而能久」。方氏慤曰：物成而功可見，故曰「已成而明」。愚謂孔子言「不過乎物」，「是天道也」，故哀公又以天道爲問。天道如此，君子貴之，而其法天也，純亦不已，篤恭而天下平焉。

公曰：「寡人惷愚、冥煩，子志之心也。」釋文：惷，如容反，一音丁絳反。冥，莫亭反，徐忌定反。志，依註音識。○今按：志如字。

惷亦愚也。冥者，暗於理；煩者，亂於事。志猶記也。哀公言己之愚昧不明，乃孔子素所志記於心者，欲其告以要言，而使之易曉也。

孔子蹴然辟席而對曰：「仁人不過乎物，孝子不過乎物。是故仁人之事親也如事天，事天如事親。是故孝子成身。」釋文：蹴，子六反。辟音避。

鄭氏曰：蹴然，敬貌。事親、事天，孝敬同也。孝經曰：「事父孝，故事天明。」舉無過事，以孝事親，是所以成身。真氏德秀曰：仁人之事親如事天，事天如事親，此與孝經明察之指畧同。先儒張氏作西銘，卽事親以明事天之道。大畧謂：天之予我以是理也，莫非至善，而我悖之，卽天之不才子也。具人之形而盡人之性，卽天之克肖子也。禍福吉凶之來，當順其正。天之福澤我者，非私我也，予之以爲善之資，乃所以厚其責。譬之事親，則父母愛之，喜而不忘也。天之憂戚我者，非厄我也，將以拂亂其心志，而增益其不能。譬之事親，則父母惡之，懼而不怨也。即此推之，親即天也，天即親也，其所以事之者，豈容有二哉！夫事親如天，孝子事也，而孔子以爲仁人，蓋孝之至則仁矣。愚謂仁人之事親如事天，事天如事親，此二語實張子西銘之所自出。仁孝無二道，事天與事親亦無二理，故曰「孝子成身」。

公曰：「寡人既聞此言也，無如後罪何！」孔子對曰：「君之及此言也，是臣之福也。」

罪猶過也。哀公既聞孔子之言，而自恐其行之不能無過也。孔子言「是臣之福」者，以哀公有志於行而勉之也。

禮記卷四十九

仲尼燕居第二十八（別録屬通論。）

仲尼燕居，子張、子貢、言游侍，縱言至於禮。子曰：「居！女三人者。吾語女禮，使女以禮周流，無不偏也。」（釋文：女音汝，後同，本亦作「汝」。語，魚據反，下同。）

鄭氏曰：退朝而處曰燕居。縱言，汎說事。居，使之坐。凡與尊者言，更端則起。愚謂禮經緯萬端，故明於禮則可以此周旋流轉，而無所不偏也。

子貢越席而對曰：「敢問何如？」子曰：「敬而不中禮謂之野，恭而不中禮謂之給，勇而不中禮謂之逆。」子曰：「給奪慈仁。」（釋文：中，竹仲反。）

三子侍坐，以齒爲序。子貢居子張之次，越子張之席而先對也。敬以主於中者言，恭以見於貌者言。敬而不中禮，則質勝其文，故失於鄙野。恭而不中禮，則文過其質，故失於便給。勇而不中禮，則不度於禮義而妄動，故失於逆亂。然野與亂，猶爲徑情直行之失，給則有務外說人之意，故足以奪其本心慈仁之德，張釋之所謂「徒文具而無惻怛之意」也。就三子言之，則子張之辟，於給爲近與？

子曰：「師！爾過，而商也不及。子產猶衆人之母也，能食之，不能教也。」子貢越席而對曰：「敢問將何以爲此中者也？」子曰：「禮乎禮。夫禮，所以制中也。」釋文：食音嗣。

過，不及之義，朱子於論語訓之至矣。子產於其民，能食而不能教，猶母之於子，親而不尊，蓋於仁爲過，而於義爲不及者也。始言「禮乎」者，設爲疑辭以問之也。繼又曰「禮」者，又爲決辭以答之也。

禮者天理之節文，所以裁制人事之宜，而使歸於中者也。

子貢退，言游進曰：「敢問禮也者，領惡而全好者與？」子曰：「然。」「然則何如？」子曰：「郊、社之義，所以仁鬼神也。嘗、禘之禮，所以仁昭穆也。饋、奠之禮，所以仁死喪也。射、鄉之禮，所以仁鄉黨也。食、饗之禮，所以仁賓客也。」釋文：與音餘。穆亦作「繆」，音同。食音嗣。

領猶治也。惡者氣質之偏，好者德性之美。領惡、全好，猶禮器之言「釋回增美」也。仁者，謂行之以至誠惻怛之意，而不徒以其文也。射，謂鄉射。鄉，謂鄉飲酒。吴氏澄曰：上言「以禮制中」，損其過，益其不及，蓋因其氣質之偏而除治之，所謂「領惡」也。此言「仁鬼神」至「仁賓客」，蓋因其德性之美而充周之，所謂「全好」也。

子曰：「明乎郊、社之義，嘗、禘之禮，治國其如指諸掌而已乎！是故以之居處有禮，故長幼辨也。以之閨門之內有禮，故三族和也。以之朝廷有禮，故官爵序也。以之田獵有禮，故戎事閑也。以之軍旅有禮，故武功成也。是故宮室得其度，量、鼎得其象，味得其時，樂得其節，車得其式，鬼神得其饗，喪紀得其哀，辨說得其黨，官得其體，政事得其施，加於身而錯於前，凡衆之動得其宜。」釋文：長，竹丈反，後皆同。量音諒。錯，七故反，本又作「措」。

鄭氏曰：三族，父、子、孫也。量，豆、區、斗、斛也。味，酸苦之屬。四時有所多，及獻所宜也。黨，類也。方氏愨曰：戎事閑於無事之日，故於田獵言之。武功成於尚功之時，故於軍旅言之。量爲器之大，鼎爲器之重。大者、重者得其宜，則小者、輕者可知。車有六等之數，作車之得其式也。辨五路之用，乘車之得其式也。鬼神得其饗，若天神皆降，地示皆出是矣。喪紀得其哀者，發於容體、聲音、言語、飲食、居處、衣服，而各得其宜也。辨說得其黨，若在官言官，在府言府，在庫言庫之類。官得其體，若天官掌邦治，地官掌邦教之類。

子曰：「禮者何也？即事之治也。君子有其事必有其治。治國而無禮，譬猶瞽之無相與，倀倀乎其何之？譬如終夜有求於幽室之中，非燭何見？若無禮，則手足無所錯，耳目無所加，進退、揖讓無所制。是故以之居處，長幼失其別，閨門、三族失其和，朝廷、官爵失其序，田獵、戎事失其策，軍旅、武功失其制，宮室失其度，量、鼎失其象，味失其時，樂失其節，車失其式，鬼神失其饗，喪紀失其哀，辨說失其黨，官失其體，政事失其施，加於身而錯於前，凡衆之動失其宜。如此，則無以祖洽於衆也。」釋文：洽，並直吏反。相，息亮反。倀，勑良反。倀倀，狂行不知所如也。鄭氏曰：祖，始也。洽，合也。言失禮無以爲衆倡始而合和之。

子曰：「慎聽之！女三人者。吾語女：禮猶有九焉，大饗有四焉。苟知此矣，雖在畎畝之中，事之，聖人已。兩君相見，揖讓而入門，入門而縣興，揖讓而升堂，升堂而樂闋，下管象，句。武、夏籥序興，陳其薦、俎，序其禮樂，備其百官，如此而后，君子知仁焉。行中規，還中矩，和、鸞中采齊，客出以雍，徹以振羽，是故君子無物而不在禮矣。入門而金作，示情也。升歌清廟，示德也。下而管象，示事也。是故古之君子，不必親相與言也，以禮樂相示而已。釋文：縣音玄。中，竹仲反。還音旋。齊本又作「薺」，在細、在絲二反。

大饗，謂諸侯相饗也。大饗有四者，金作示情，一也，升歌清廟示德，二也。下管象示事，三也。武、夏籥序興，四也。禮有九而大饗有四，則其餘五事不在大饗也。事，行也。識禮樂之文者能述，知禮樂之情者能作。述者之謂明，作者之謂聖。知此者，知禮樂之情者也。故雖在畎畝之中，體此禮於身而行之，而可以爲聖人也。縣，鐘鼓之縣也。興，作也。入門縣興，謂大饗納賓，金奏肆夏之三也。凡九夏之詩，皆以鐘鼓奏之，下文獨言「金作」者，以金爲重也。闋，止也。升堂而樂闋者，升堂之時，主人獻賓，賓飲卒爵而酢主人，主人又飲，卒爵而樂止。郊特牲云「賓入大門而奏肆夏」，「卒爵而樂闋」，是也。「升堂而樂闋」下，當有「升歌清廟」一句，文脱也。象，周頌維清之篇也。序云：「維清，奏象舞也。」維清以奏象舞，故因謂維清爲象。下管象，謂堂下之樂，以管播維清之詩也。武，大武之舞也。夏籥，言大夏之舞執籥以舞也。序興者，言文武之舞次第而起也。入門，金奏納賓之樂也。升歌、下管、合舞，正樂之三節也。正樂有歌、管、間、合四節，而惟舉其三者，以間歌非樂之所重而略之也。知仁者，知主人以恩意相接，上文云「食、饗之禮，所以仁賓客」是也。和、鸞中采齊，謂車出迎賓之時，奏采齊之詩，以爲車行之節，而車之和、鸞，其聲與樂相應也。周禮樂師：「教樂儀，行以肆夏，趨以采齊。車出亦如之。」此獨言「和、鸞中采齊」者，凡車及行步之節，門內行，門外趨，迎賓之時，車行宜疾，蓋雖門內亦趨，故惟言其趨之節也。雍、振羽，皆周頌篇名。振羽，即振鷺也。王饗諸侯，徹時歌雍，賓出奏肆夏。大司樂「大享不入牲，其他皆如祭祀」是也。兩君相見，客出奏雍，徹時歌振羽，降於天子也。物，事也。示情者，取金聲之和，以示其情之和也。示德者，清廟以發文王之德也。示事者，維清以奏象舞，所以象文王征伐之事也。「金作」以下，覆明四者之禮。不言「武、夏籥序興」者，文王世子曰「下管象，舞大武，大合樂以事」，蓋管象、合舞，皆所以示事，故舉其一以該之也。大饗之禮如此，故不必親相與言，而賓主情意之洽，先王功德之盛，皆可得而見也。○鄭氏曰：春秋傳曰：「肆夏繁、遏、渠，天子所以享元侯也。文王、大明、緜，兩君相見之樂也。」然則諸侯相與燕，升歌大雅，合小雅，天子與次國、小國君燕亦如之；與大國君燕，升歌頌，合大雅。其笙、間之詩未聞。鏘鳴按：此引儀禮燕禮注。賈氏公彥曰：天子享元侯，升歌頌，合大雅；享五等諸侯，升歌大雅，合小雅；享臣子，歌小雅，合鄉樂。若兩元侯自相享，及五等諸侯自相享，皆與天子同。鏘鳴按：此引周禮鐘師疏。愚謂春秋傳「三夏，天子所以享元侯」，謂納賓之樂也。「文王，兩君相見之樂」，謂升歌之樂也。周禮大司樂「王出入，奏王夏；尸出入，奏肆夏；牲出入，奏昭夏」；「大饗不入牲，其他皆如祭祀」，則是天子享諸侯，其納賓皆奏肆夏之三，不獨元侯矣。而穆叔獨言「元侯」者，蓋舉其尤尊者以明其樂之重也。此及郊特牲皆言「升歌清廟」，則大饗皆升歌頌也。春秋傳謂「文王爲兩君相見之樂」，不云「饗」，則兩君相見者，燕也。天子饗諸侯，及兩君相饗，皆升歌頌；天子燕諸侯，及諸侯自相燕，皆升歌大雅；天子及諸侯燕諸侯之臣子，皆升歌小雅。此燕、饗尊卑用樂之差也。鄭、賈以三夏爲升歌之樂，又謂

「燕大國，君升歌頌，享五等諸侯，升歌大雅」，其說皆非是。又鄉飲酒禮、燕禮樂有「工歌」、「笙入」、「間歌」、「合樂」，凡四節，而無舞，益稷謨言「笙、鏞以間」，卽繼之以「簫韶九成」，而不言「合樂」，則是樂之輕者，間歌之後合樂，樂之重者，間歌之後合舞，合舞卽合樂也。大饗舞大武，諸侯燕臣子舞勺，以此差之，則天子燕諸侯及諸侯自相燕皆舞象與？舞大武則歌周頌桓、賚等七篇以奏之，舞象則歌周頌維清之篇以奏之。勺卽籥也。籥謂之南籥，則歌二南之詩以奏之也。然燕禮有不用舞者，則升歌大雅者合小雅，升歌小雅者合鄉樂，蓋合樂所用，例降於升歌一等也。

子曰：「禮也者，理也。樂也者，節也。君子無理不動，無節不作。不能詩，於禮繆。不能樂，於禮素。薄於德，於禮虛。」釋文：繆音謬。

鄭氏曰：繆，誤也。素猶質也。歌詩，所以通禮意也。作樂，所以同成禮文也。崇德，所以實禮行也。

愚謂禮之文至繁，然各有其理，故不煩。樂之情至和，然各有其節，故不流。古人行禮之際，每歌詩以見志，不能詩，將有賦「相鼠」「茅鴟」而不知者，能不繆於禮乎？禮主其減，樂主其盈。不能樂，則有撙節退讓之意，而無欣喜歡愛之情，其於禮不亦樸素乎？忠信之人，可以學禮，薄於德，則無忠信之實，其於禮不爲虛僞乎？

子曰：「制度在禮，文爲在禮，行之其在人乎！」

馬氏晞孟曰：制度者，文爲之體；文爲者，制度之用。簠、簋、俎、豆，所謂制度也。升降上下，所謂文爲也。制度、文爲，皆禮之法也，徒法不能以自行，故行之在人。輔氏廣曰：所謂人者，必興於詩，成於樂，厚於德，然後可。不然，非所謂其人也。

子貢越席而對曰：「敢問夔其窮與？」子曰：「古之人與！古之人也。達於禮而不達於樂，謂之素；達於樂而不達於禮，謂之偏。夫夔達於樂而不達於禮，是以傳於此名也，古之人也。」

輔氏廣曰：達，謂窮盡其義而無不至也。愚謂子貢以夔達於樂而不達於禮，故疑其窮。然夔之於禮，非全不達，特不如其於樂深耳，可謂之偏，未可謂之窮也。再言「古之人」者，深明其未可以輕議也。

子張問政。子曰：「師乎，前！吾語女乎！君子明於禮樂，舉而錯之而已。」子張復問。子曰：「師！爾以爲必鋪几、筵，升降，酌、獻、酬、酢，然後謂之禮乎？爾以爲必行綴兆，興羽籥，作鐘鼓，然後謂之樂乎？言而履之，禮也。行而樂之，樂也。君子力此二者，以南面而立。夫是以天下太平也，諸侯朝，萬物服體，而百官莫敢不承事矣。釋文：復，扶又反。樂之，音洛。

言而履之，曲禮所謂「脩身踐言」也。行而樂之，孟子所謂「樂則生」而至於「手舞」「足蹈」也。如此，則內和外理，而以之平治天下不難矣。物，事也。服猶順也。萬物服體，言萬事莫不順其理也。

禮之所興，衆之所治也。禮之所廢，衆之所亂也。目巧之室，則有奧、阼，席則有上下，車則有左右，行則有隨，立則有序，古之義也。室而無奧、阼，則亂於堂、室也。席而無上下，則亂於席上也。車而無左右，則亂於車也。行而無隨，則亂於塗也。立而無序，則亂於位也。昔聖帝、明王、諸侯，辨貴賤、長幼、遠近、男女、外內，莫敢相踰越，皆由此塗出也。」

釋文：奧，又作「隩」，烏報反。

鄭氏曰：衆之所治，衆之所以治也。衆之所亂，衆之所以亂也。目巧，謂但用巧目善意作室，不由法度，猶有奧、阼賓主之處也。自「目巧」以下，古今常事，不可廢改也。陳氏澔曰：衆之治亂，由禮之興廢，此所以爲政先禮也。目巧，謂不用規矩準繩，但據目力相視之巧也。言雖苟簡爲之，亦必有奧、阼之處。室之有奧，以爲尊者所處；堂之有阼，以爲主人之位也。愚謂遠近以地言，外內以位言。此「塗」，謂禮也。

三子者既得聞此言也於夫子，昭然若發矇矣。

鄭氏曰：乃曉禮樂不可廢改之意也。若發矇者，謂若目不明，爲人所發而有所見也。

孔子閒居第二十九

別録屬通論。

孔子閒居，子夏侍。子夏曰：「敢問詩云『凱弟君子，民之父母』，何如斯可謂民之父母矣？」

孔子曰：「夫民之父母乎！必達於禮樂之原，以致五至，而行三無，以橫於天下。四方有敗，必先知之。此之謂民之父母矣。」

釋文：凱，本又作「愷」，又作「豈」，邱在反。弟，本又作「悌」，徒禮反。

横，古曠反。

鄭氏曰：退燕避人曰閒居。凱弟，樂易也。横，充也。　愚謂禮樂之原，卽下文謂「無聲之樂，無體之禮，無服之喪」也。由此而推於彼，謂之致。由心而達於事，謂之行。横於天下，卽下文所謂「志氣塞乎天地」也。四方有敗，必先知之者，惟其有憂民之實心，而其識又足以察乎幾微也。蓋聖人之於天下，明於其利，達於其患，所以維持而安全之者，無所不用其極，使四海之內，無一物不得其所，故可以爲民之父母。

子夏曰：「民之父母，既得而聞之矣，敢問何謂五至？」孔子曰：「志之所至，詩亦至焉；詩之所至，禮亦至焉。禮之所至，樂亦至焉；樂之所至，哀亦至焉。哀樂相生。是故正明目而視之，不可得而見也。傾耳而聽之，不可得而聞也。志氣塞乎天地。此之謂五至。」釋文：哀樂，音洛。

鄭氏曰：凡言「至」者，至於民也。志，謂恩意也。言君恩意至於民，則其詩亦至也。詩，謂好惡之情也。自此以下，皆謂民之父母者善推其所有，以與民共之。人耳不能聞，目不能見，行之在心胸也。　愚謂在心爲志，發言爲詩，既有憂民之心存於內，則必有憂民之言形於外，故詩亦至焉。既有憂民之言，則必有以踐之，而有治民之禮，故禮亦至焉。既有禮以節之，則必有樂以和之，故樂亦至焉。樂者樂也。既與民同其樂，則必與民同其哀，故哀亦至焉。五者本乎一心，初非見聞之所能及，而其志氣之發，充滿乎天地而無所不至，故謂之五至。

子夏曰：「五至既得而聞之矣，敢問何謂三無？」孔子曰：「無聲之樂，無體之禮，無服之喪，此之謂三無。」子夏曰：「三無既得畧而聞之矣，敢問何詩近之？」孔子曰：「『夙夜其命宥密』，無聲之樂也。『威儀逮逮，不可選也』，無體之禮也。『凡民有喪，匍匐救之』，無服之喪也。」釋文：近，「附近」之近。其，依注音基。逮，大計反。選，宣面反。

無聲之樂，謂心之和而無待於聲也。無體之禮，謂心之敬而無待於事也。無服之喪，謂心之至誠惻怛而無待於服也。三者存乎心，由是而之焉則爲志，發焉則爲詩，行之則爲禮、爲樂、爲哀，而無所不至。蓋五至者禮樂之實，而三無者禮樂之原也。宥，宏深也。密，静謐也。其，詩作「基」。基者，積累於下，以承籍乎上者也。此詩周頌昊天有成命之篇，言成王夙夜積德，以承藉乎天命者甚宏深而静謐，無聲之樂之意也。逮逮，詩作「棣棣」，閑習之意。此詩邶風柏舟之篇，言仁人之威儀無不閑習，而不可選擇，無體之禮之意也。匍匐，手足並行之貌。此詩邶風谷風之篇，言凡民非於己有親屬，然聞其喪則匍匐而往救，無服之喪之意也。

子夏曰：「言則大矣、美矣、盛矣，言盡於此而已乎？」孔子曰：「何爲其然也？君子之服之也，猶有五起焉。」

服猶行也，言行此三無也。起猶發也，言君子行此三無，由內以發於外，由近以及於遠，其次第有五也。

子夏曰：「何如？」孔子曰：「無聲之樂，氣志不違；無體之禮，威儀遲遲；無服之喪，內恕孔悲。無聲之樂，氣志既得；無體之禮，威儀翼翼；無服之喪，施及四國。無聲之樂，氣志既從；無體之禮，上下和同；無服之喪，以畜萬邦。無聲之樂，日聞四方；無體之禮，日就月將；無服之喪，純德孔明。無聲之樂，氣志既起；無體之禮，施及四海；無服之喪，施于孫子。」釋文：施，以豉反。畜，許六反。聞音問，下「令聞」同。

氣志不違者，言其發之中節而無所乖戾也。既無乖戾，則合於理矣，故曰「既得」，得，謂得於理也。既得於理，則順於民矣，故曰「既從」，從，順也。既順於民，則著聞於四方矣，既著聞乎四方，則民之氣志皆起而應之矣。威儀遲遲，行禮以和，而從容不迫也。和而有節，則又見其翼翼而嚴正矣。禮達而分定，則上下和睦而齊同矣。上下既一於禮，則日有所就，月有所將，而行之不倦矣。人皆行禮不倦，則道德一，風俗同，而施及四海矣。內恕孔悲者，以己度人而實致其惻怛、慈愛之意也。既有愛人之心，則必有及物之恩，而施及於四國矣。既有及物之恩，則民有被恩之實，而可以養畜萬邦矣。恩足以畜萬邦，則其德純一而顯明矣。德既甚顯明，則不惟及於當時，而又施及孫子，使後世亦蒙其澤矣。蓋禮樂之原於一心，而橫乎天下者如此。

子夏曰：「三王之德，參於天地，敢問何如斯可謂參於天地矣？」孔子曰：「奉三無私以勞天下。」子夏曰：「敢問何謂三無私？」孔子曰：「天無私覆，地無私載，日月無私照，奉斯三者以勞天下，此之謂三無私。其在詩曰：『帝命不違，至於湯齊。湯降不遲，聖敬日齊。昭假遲遲，上帝是祇。帝命式于九圍。』是湯之德也。釋文：炤音照，本亦作「照」。湯齊，依注音躋，亦作

「躋」，子兮反，詩如字。日齊，側皆反，詩作「躋」。假音格。祗，諸夷反。

勞，勞來也。詩，商頌長發之篇。日齊，詩作「日躋」。躋，升也。朱子曰：商之先祖，既有明德，天命未嘗去之，以至於湯。湯之生也，應期而降，適當其時。其聖敬又日躋升，以至昭假於天，久而不息，惟上帝是敬，故帝命之使爲法於九州也。愚謂引詩以證湯有無私之德，故帝命之使爲法於天下也。

天有四時，春秋冬夏，風雨霜露，無非教也。地載神氣，神氣風霆，風霆流形，庶物露生，無非教也。呂氏大臨曰：此衍「神氣風霆」四字。

鄭氏曰：言天之施化收殺，地之載生萬物，非有所私也。愚謂此言天地之無私也。神氣，五行之精氣也。露生，謂露見而發生也。天以四時運於上，地以神氣應於下，播五行於四時也。雨及霜露降於天，雷霆出乎地，而風則鼓盪於天地之間，故於天地皆言之。乾資始，故言「風雨霜露」，舉其所以施之者而已。坤資生，故言「品物露生」，而究其功用之著焉。無非教者，天何言哉？四時行焉，百物生焉，莫非天地無私之政教也。

清明在躬，氣志如神。耆欲將至，有開必先。天降時雨，山川出雲。其在詩曰：『嵩高維嶽，峻極于天。維嶽降神，生甫及申。維申及甫，維周之翰。四國于蕃，四方于宣。』此文武之德也。釋文：耆，市志反。翰，胡旦反，徐音寒。

耆欲，謂所願欲之事也。聖人之所願欲者，德澤之及於民也。人之德本清明，惟其有物欲之累也，故不能無所蔽。聖人無私，故其德之在躬者極其清明，合於神明，而能上格乎天焉。其於所願欲之事，但爲之開其端，而天必先爲生賢臣以輔佐之，猶天之將降雨澤，而山川先爲之出雲也。詩，大雅嵩高之篇。甫，甫侯，穆王時賢臣。申，申伯，宣王時賢臣。此詩宣王時尹吉甫送申伯所作，而記者引之，以證文武之事，斷章之義也。

三代之王也，必先其令聞。詩云『明明天子，令聞不已』，三代之德也。『弛其文德，協此四國』，大王之德也。」子夏蹶然而起，負牆而立，曰：「弟子敢不承乎！」釋文：弛，徐式氏反，一音式支反，皇作「施」。大音泰。蹶，居衛反，徐音厥。

鄭氏曰：弛，施也。協，和也。大王，文王之祖。周道將興，始有令聞。承，奉承不失隊也。起負牆者，所問竟，辟後來者。

孔氏曰：三代所以王天下者，必父、祖未王之前先有令聞也。以其無私，故令聞不已。詩本作「矢其文德」，矢，陳也，言宣王陳其文德，和協此四方之國。此云「弛其文德」，弛，施也，言大王施其文德，和此四方之國。三代之王，前文唯云「湯」與「文武」，不稱「夏」者，以夏承禹後有天下，治水過門不入，無私事，明殷、周以戰争取天下，恐其有私，故特舉之。愚謂令聞者，無私之德之著見而不可掩者也。先其令聞，謂先有令聞爾，非謂三代之王先以令聞爲務也。然三王皆有令聞，而周之積累尤久，故又引詩以明大王之德，以見周之先有無私之德者不獨文武已也。

禮記卷五十

坊記第三十別録屬通論。

此篇言先王以制度坊民之事。

子言之：「君子之道，辟則坊與？坊民之所不足者也。大爲之坊，民猶踰之，故君子禮以坊德，刑以坊淫，命以坊欲。」釋文：辟，匹亦反。坊音防，徐扶訪反。○今按：「辟」字，張子讀爲「譬喻」之譬，今從之。

鄭氏曰：民所不足，謂仁義之道也。命，謂教令。　愚謂辟讀爲譬。君子之道，所以坊民之失，譬如水之有坊，所以止水之放泆也。民之所不足者，德也。民不足於德，則入於邪辟，故先王設爲制度以坊之。大爲之坊，民猶踰之，所以深明坊之不可廢也。禮以教之於未然，故曰「坊德」，坊其悖於德也。刑以治之於已犯，故曰「坊淫」，坊其入於淫也。命，謂政令。命以禁之於將發，故曰「坊欲」，坊其動於欲也。君子之坊民，以禮爲本，而刑與政輔之。篇中所言，皆以禮坊民之事也。○陸氏佃曰：命以坊欲，孟子所謂「有命焉，君子不謂性也」。　應氏鏞曰：天理人欲，相與消長，欲動情勝，人欲熾盛而有餘，天理消滅而不足。禮坊其所不足，制其所有餘。性之善爲德，禮以坊之而養其源；性之蕩爲淫，刑以坊之而遏其流。出德則入於淫，故出禮則入於刑，聖人坊民之具至是盡矣。然人之欲無窮，非防閑所可盡，聖人於是有命之説焉。命出於天，各有分限，以是防之，則覬覦者塞，羨慕者止，而欲不得肆矣。詩曰：「抱衾與裯，寔命不猶。」苟不知命有貴賤，則賤妾進御求逞，其欲何能盡其心乎？　愚謂「命」字，鄭氏之説爲確。宋時諸儒皆以爲「子罕言命」之命，其義亦通。○孔氏曰：此篇凡三十九章，三十八章悉稱「子云」，唯此一章是一篇總要，故特稱「子言之」。

子云：「小人貧斯約，富斯驕。約斯盜，驕斯亂。禮者，因人之情而爲之節文，以爲民坊者也。故聖人之制富貴也，使民富不足以驕，貧不至於約，貴不慊於上，故亂益亡。」釋文：喬音驕，本亦作「驕」。慊，口簟反。○鄭注：慊或爲「嫌」。

鄭氏曰：約猶窮也。節文，謂農有田里之差，士有爵命之級也。慊，恨，不滿之貌也。孔氏曰：聖人之制富貴，制爲富貴貧賤之法也。不云「貧賤」，文畧也。富不足以驕者，制富者居室、丈尺、俎豆、衣服之事皆有法度，不足至於驕也。貧不至於約者，制農田百畝，桑麻自贍，比閭相賙，不令至於約也。貴不慊於上者，制其禄秩，隨功而施，則貴臣無復恨君爵禄之薄也。不云「賤」者，從可知也。方氏愨曰：家富不過百乘，所以制富而不使之驕。匹夫受田百畝，所以制貧而不至於約。伐冰之家不畜牛羊，所以制貴而不使之慊。輔氏廣曰：慊，謂滿足。貴不慊於上，如滿而不溢，高而不危之意。愚謂慊有不滿之義，孟子「吾何慊乎哉」是也。又有滿足之義，孟子「行有不慊於心則餒矣」是也。此「慊」字，鄭氏以不滿解之，方氏、輔氏以滿足解之，義皆可通。

子云：「貧而好樂，富而好禮，衆而以寧者，天下其幾矣！詩云：『民之貪亂，寧爲荼毒。』故制國不過千乘，都城不過百雉，家富不過百乘。以此坊民，諸侯猶有畔者。」釋文：好，呼報反。幾，居豈反。乘，繩證反。

鄭氏曰：寧，安也。大族衆家，恒多作亂。詩言「民之貪」爲「亂」者，安其荼毒之行，惡之也。古者方十里，其中六十四井，出兵車一乘，此兵賦之法也。成國之賦千乘。雉，度名也。高一丈，長三丈爲雉。百雉爲長三百丈，方五百步。子男之城方五里。百雉者，此謂大都，三國之一。孔氏曰：千乘之國，地方三百一十六里有畸。按周禮，公五百里，侯四百里，則是過千乘。云「不過千乘」者，其地雖廣，其兵賦唯千乘，故論語註云：「雖大國之賦，亦不是過焉。」子男之城五里，其大都，三國之一爲百雉也。但國城之制，凡有二義：鄭之此註，子男五里，則侯伯七里，公九里，天子十二里。又鄭駁異義云：「天子城九里，公七里，侯伯五里，子男三里。」此云「百雉」者，謂侯伯之大都，杜預同焉，與鄭此註異也。於時卿大夫亦多畔，而言「諸侯」者，舉其重也。○馬氏融曰：司馬法：「六尺爲步，步百爲畝，畝百爲夫，夫三爲屋，屋三爲井，井十爲通，通十爲成。成出革車一乘。」千乘之賦，其地千成，居地方三百一十六里有畸，唯公侯之封乃能容之，雖大國之賦亦不是過焉。邢氏昺曰：云「居地方三百一十六里有畸」者，以方百里者一，爲方十里者百，方三百里者三，三而九，則爲方百里者九，合成方十里者九百，得九百乘也，計千乘猶少百乘，方百里者一也。又以此方百里者一，六分破之，每分得廣十六里，長百里，引而接之，則長六百里，廣十六里也。半折之，各長三百里，將埤前三百里南西兩邊，是方三百一十六里也。然西南角猶缺方十六里者一，爲方一里者二百五十六，然鼎割方百里者爲六分，餘方一里者四百，今以方一里者二百五十六，埤西南角猶餘方一里者一百四十四，又復破而埤三百一十六里兩邊，則每邊不復得半里，故云「三百一十六里有畸」也。云「唯公侯之封乃能容之」者，按周禮大司徒云「諸公之地，封疆方五百里」，「諸侯之地，封疆方四百里」，「諸伯之地，封疆方三百里，」「諸子之地，封疆方二百里」，「諸男之地，封疆方百里」。此千乘之國，居地方三百一十六里有畸，伯、子、男自方三百以下，則莫能容之，故云「唯公侯之封乃能容之」。制國不過千乘，地雖廣大，以千乘爲限，故云「雖大國之賦，亦不是過焉」。

子云：「夫禮者，所以章疑別微，以爲民坊者也。故貴賤有等，衣服有別，朝廷有位，則民有所讓。」〔釋文：別，彼列反，下同。朝，直遥反。

孔氏曰：疑，謂是非不決，用禮以章明之。微，謂幽隱不著，用禮以分別之。

子云：「天無二日，土無二王，家無二主，尊無二上，示民有君臣之別也。春秋不稱楚、越之王喪，禮，君不稱天，大夫不稱君，恐民之惑也。詩云：『相彼盍旦，尚猶患之。』」〔釋文：相，息亮反。盍音渴，徐苦蓋反。

鄭氏曰：楚、越之君，僭號稱王，不稱其喪，謂不書「葬」也。春秋傳曰：「吳、楚之君不書葬，辟其僭號也。」臣者天君，稱天子爲天王，稱諸侯不言天公，辟王也。大夫有臣者稱之曰主，不言君，辟諸侯也。此皆爲使民疑惑，不知孰者尊也。盍旦，夜鳴求旦之鳥也，求不可得。人猶惡其反晝夜而亂昏明，況於臣之僭君也？孔氏曰：此逸詩也。夜是闇時，盍旦必欲求明，欲反夜而爲晝，猶臣之奢僭，欲反臣而爲君。愚謂大夫之家臣，稱大夫亦曰君。左傳「司徒老祁、慮癸」謂「南蒯曰『羣臣不忘其君』」，此謂季氏爲君也。又「晉祁盈之臣」曰「憖使吾君聞勝與臧之死也以爲快」，此稱盈爲君也。又宋司馬「命其徒攻桓氏」，「其新臣曰『從吾君之命』」，此稱皇野爲君也。然但稱於其臣，至他人稱之則不然，故曰「大夫不稱君」。

子云：「君不與同姓同車，與異姓同車不同服，示民不嫌也。以此坊民，民猶得同姓以弒其君。」釋文：殺音試，本又作「弒」。

鄭氏曰：同姓者，謂先王、先公子孫，有繼及之道者也。其非此則無嫌也。僕、右恒朝服，君則各以時事，唯在軍同服。

子云：「君子辭貴不辭賤，辭富不辭貧，則亂益亡。故君子與其使食浮於人也，寧使人浮於食。」釋文：自此以下，「子云」本或作「子曰」。

鄭氏曰：食，謂祿也。在上曰浮。祿勝己則近貪，己勝祿則近廉。愚謂人不甘於貧賤，而必求富貴，爭亂之所由起也。富與貴，不以其道得之不處焉，貧與賤，不以其道得之不去焉，則退讓之道著，而爭亂之禍息矣。君子不使食浮於人，不以非道而處富貴也。寧使人浮於食，不以非道而去貧賤也。

子云：「觴酒、豆肉，讓而受惡，民猶犯齒。衽席之上，讓而坐下，民猶犯貴。朝廷之位，讓而就賤，民猶犯君。詩云：『民之無良，相怨一方。受爵不讓，至于己斯亡。』」

鄭氏曰：犯猶僭也。齒，年也。禮，六十以上，籩、豆有加。貴，秩異者。愚謂觴酒，盛酒於觴也。豆肉，盛肉於豆，謂庶羞胾、炙之屬也。酒肉所以養老，老者宜美，少者宜惡，若鄉飲酒義云「五十者二豆」，「六十者三豆」，是也。衽席，謂享、燕所設之席也。朝廷之位，謂人君視朝，卿、大夫、士所立之位也。席位、朝位，尊卑不同，皆所以爲君臣貴賤之別。於衽席言「犯貴」，於朝廷言「犯君」，互見之也。讓而受惡，讓而坐下，讓而就賤，皆君子躬行禮讓以示民，而民猶不免於有所犯也。引小雅角弓之詩，以證犯貴、犯君之事也。

子云：「君子貴人而賤己，先人而後己，則民作讓。故稱人之君曰君，自稱其君曰寡君。」

鄭氏曰：寡君，猶言「少德之君」，言之謙。

子云：「利祿先死者而後生者，則民不偝；先亡者而後存者，則民可以託。詩云：『先君之思，以畜寡人。』以此坊民，民猶偝死而號無告。」釋文：偝音佩。畜，許六反，毛詩作「勗」。

鄭氏曰：言不偷於死亡，則於生存信。愚謂亡，謂出在國外者。存，謂在國者。仕者之子孫，恒世其祿，先死而後生也。臣有故而去君，三年不收其田里，先亡而後存也。偝，謂死而背之也。託，謂寄託也。若孟子言「託其妻子於其友」是也。詩，邶風燕燕之篇，莊姜送歸妾戴嬀之詩也。先君，謂莊公。畜，詩作「勗」，勉也。寡人，莊姜自謂也。莊姜言戴嬀恒勉己思念莊公。引之，以證不偝死之義也。號無告，謂負人之託，使老弱呼號而無所告訴也。

子云：「有國家者貴人而賤祿，則民興讓；尚技而賤車，則民興藝。故君子約言，小人先言。」

人，謂有德之人也。人君貴尚有德，而不愛其爵禄，則人知爵禄之不可以無德受也，故皆興起於禮讓。人君貴尚技能，而不愛其車服，則人知車服之不可以無能得也，故皆興起於技藝。約，寡也。君子尚德而不尚言，故約言。約言者，讓也。小人尚言而不尚德，故先言。先言者，不讓也。鄭氏曰：約與先，互言耳。君子約則小人多矣，小人先則君子後矣。

子云：「上酌民言，則下天上施。上不酌民言，則犯也；下不天上施，則亂也。故君子信讓以涖百姓，則民之報禮重。詩云：『先民有言：詢于芻蕘。』」釋文：施，始豉反。

鄭氏曰：酌，猶取也。取衆民之言以爲政教，則得民心，得民心，則恩澤所加，民受之如天矣。愚謂犯，猶左傳「衆怒難犯」之犯，言不順於民之心也。上不酌民言，則乖戾而至於犯民；下不天上施，則怨怒而至於作亂。民者至愚而不可欺，至弱而不可勝，信則有不敢欺之心，讓則有不求勝之意。如是，則民感其德，而所以報之者重矣。引大雅板之詩，以證酌民言之意。

子云：「善則稱人，過則稱己，則民不爭。善則稱人，過則稱己，則怨益亡。詩云：『爾卜爾筮，履無咎言。』」釋文：履如字，毛詩作「體」。○今按：履讀爲體。

爭見於事，怨在於心，怨亡則不止於不爭矣。履，詩作「體」，謂兆卦之體也。引詩言爾之卜、筮本無咎言，而致咎者在己，以明過則稱己之意。此與詩之本義不同，蓋斷章取之爾。

子云：「善則稱人，過則稱己，則民讓善。詩云：『考卜惟王，度是鎬京。惟龜正之，武王成之。』」釋文：度，徒洛反，毛詩作「宅」。

讓善者，以善相讓，則又不止於無怨而已。陳氏澔曰：詩，大雅文王有聲之篇。言武王以龜爲正，而成此鎬京，是武王不自以爲功，而讓之龜卜也。故引以爲讓善之證。

子云：「善則稱君，過則稱己，則民作忠。君陳曰：『爾有嘉謀嘉猷，入告爾君於內，女乃順之於外。曰：「此謀此猷，惟我君之德。」於乎！是惟良顯哉！』」釋文：於乎，音烏，下火吳反。

子云：「善則稱親，過則稱己，則民作孝。大誓曰：『予克紂，非予武，惟朕文考無罪。紂克予，非朕文考有罪，惟予小子無良。』」

子云：「君子弛其親之過，而敬其美。論語曰：『三年無改於父之道，可謂孝矣。』高宗云『三年其惟不言，言乃讙』。」釋文：大音泰。弛，式豉反。讙，依註音歡，火官反。

鄭氏曰：弛，猶棄忘也。孝子不記藏父母之過。讙當爲「歡」。愚謂引高宗者，周書無逸篇述殷高宗之事也。不言，謂不出教令也。讙，書作「雍」，喜悅也。言高宗居喪三年不言，不欲遽出教令以改父之所行，是以既言而人喜悅之也。

子云：「從命不忿，微諫不倦，勞而不怨，可謂孝矣。詩云：『孝子不匱。』」

鄭氏曰：微諫不倦者，子於父母尚和順，不用鄂鄂。論語曰：「事父母幾諫，見志不從，又敬不違。」內則曰：「父母有過，下氣怡色，柔聲以諫。諫若不入，起敬起孝，悅則復諫。」此所謂「不倦」。匱，乏也。孝子無乏止之時。愚謂父母之命雖不合於理，爲人子者且當從之，而不可遽有忿怒之心。又當幾微以諫，而不可怠倦，雖父母不悅，至於勞之而不可以怨也。孝子不匱，言人子之諫父母，雖不見從，而不敢乏止也。

子云：「睦於父母之黨，可謂孝矣。故君子因睦以合族。詩云：『此令兄弟，綽綽有裕；不令兄弟，交相爲瘉。』」釋文：綽，昌灼反。瘉，羊主反。

孔氏曰：因睦以合族者，言君子因親睦之道以會聚宗族，爲燕食之禮。詩，小雅角弓之篇。令，善也。瘉，病也。言有德之人善於兄弟，綽綽然有寬裕；無德之人不善兄弟，交相爲病害也。

子云：「於父之執，可以乘其車，不可以衣其衣，君子以廣孝也。」釋文：上「衣」字於既反。

鄭氏曰：父之執，與父執志同者也。可以乘其車，車於身差遠也。謂今與己位等。陳氏澔曰：廣孝，謂敬之同於父，亦錫類之義也。

子云：「小人皆能養其親，君子不敬，何以辨？」釋文：養，羊尚反。

何以辨者，言何以別於小人也。

子云：「父子不同位，以厚敬也。書云：『厥辟不辟，忝厥祖。』」釋文：辟，並必亦反。

鄭氏曰：同位，尊卑等，爲其相褻。孔氏曰：書，太甲三篇，伊尹戒太甲之辭。辟，君也。忝，辱也。言爲君不自尊高，而與臣下相褻，則辱其先祖。若爲人父不自尊嚴，而與卑下相瀆，亦辱累其先祖也。

子云：「父母在，不稱老，言孝不言慈，閨門之内，戲而不歎。君子以此坊民，民猶薄於孝而厚於慈。」石經「猶」下有「有」字。

不稱老，爲其感動親也。不言慈，嫌以恩望其親也。鄭氏曰：戲，謂孺子言笑者也。孟子曰：「舜年五十，而不失其孺子之心。」歎，謂有憂戚之聲也。

子云：「長民者，朝廷敬老，則民作孝。」釋文：長，竹丈反。

子云：「祭祀之有尸也，宗廟之有主也，示民有事也。脩宗廟，敬祀事，教民追孝也。以此坊民，民猶忘其親。」

鄭氏曰：有事，有所尊事。

子云：「敬則用祭器，故君子不以菲廢禮，不以美没禮。故食禮，主人親饋則客祭，主人不親饋則客不祭。故君子苟無禮，雖美不食焉。易曰：『東鄰殺牛，不如西鄰之禴祭寔受其福。』詩云：『既醉以酒，既飽以德。』以此示民，民猶爭利而忘義。」

鄭氏曰：祭器，籩、豆、簠、鉶之屬也。有敬事於賓客則用之，謂饗食也。盤、盂之屬爲燕器。不以菲廢禮，不以美没禮，言不可以其薄不及禮而不行禮，亦不可以其美過禮而去禮。引易，以喻奢而慢，不如儉而敬也。引詩，言君子饗、燕，非專爲酒肴，亦以觀威儀，講德美。愚謂食有宜於菲而薄者，有宜於美而豐者，而莫不以禮爲重焉。食薄而禮不行，則禮廢而不存矣。食美而禮不逮，則禮没而不見矣。食者利之所在，禮者義之所出，君子於飲食之際，務於行禮，而不惟其物之厚薄，凡以重義而輕利而已。

子云：「七日戒，三日齊，承一人焉以爲尸，過之者趨走，以教敬也。醴酒在室，醍酒在堂，澄酒在下，示民不淫也。尸飲三，衆賓飲一，示民有上下也。因其酒肉，聚其宗族，以教民睦也。故堂上觀乎室，堂下觀乎上。詩云：『禮儀卒度，笑語卒獲。』釋文：齊，側皆反。醍音體。度如字，法度也，徐徒洛反。

戒，謂散齊也。承，事也。過之者趨走，謂爲君尸者，大夫士見之則下車而趨走也。蓋尸乃神象，故齊戒以承之，趨走以避之，教民以敬事其祖、考也。醴酒，醴齊也。醍酒，醍齊也。澄，清也。澄酒，三酒也。醴齊、醍齊味薄而在室堂，三酒味厚而在堂下，示民以不淫於味也。尸飲三，謂大夫士祭禮饋食之後，主人、主婦、賓長各酳尸而爲三也。衆賓飲一，謂主人於衆賓唯一獻之也。尸尊，故得獻多，賓客卑，故得獻少，示民以上下之分也。因祭祀之酒肉，聚其宗族於宗廟而獻酬之，教民以和睦也。堂上觀乎室，言堂上之人觀乎在室之人以爲法也。堂下觀乎上，言堂下之人觀乎堂上之人以爲法也。卒，盡也。引小雅楚茨之詩，以證祭祀之禮無不盡得其度也。○孔氏曰：禮運云「醴、醆在户」，此云「在室」，不同者，在户之内則是在室也。愚謂特牲禮「尊於户東」，少牢禮「尊於房、户之間」，以禮運及此記推之，天子諸侯之祭，其盎齊之尊蓋當特牲、少牢禮設尊之處，在室、户外之東，泛齊、醴齊設於室内，而在盎齊之北。禮運云「醴、醆在户」，則醴齊在室、户内之東，而泛齊又在其北也。醍齊、沈齊設於堂上，而在盎齊之南。醍齊之尊，蓋當燕禮設尊之處，在東楹之西，而沈齊又在其南也。五齊之上，又有鬱鬯。禮運云「玄酒在室」，謂鬱鬯也。鬱鬯又當在泛齊之北，則在北墉下也。

子云：「賓禮每進以讓，喪禮每加以遠。浴於中霤，飯於牖下，小斂於户内，大斂於阼，殯於客位，祖於庭，葬於墓，所以示遠也。殷人弔於壙，周人弔於家，示民不偝也。」子云：「死，民之卒事也，吾從周。以此坊民，諸侯猶有薨而不葬者。」釋文：飯，户晚反。○鄭注：阼或爲「堂」。

周喪至葬而送死之事乃畢，故自內而外，每加以遠，所以爲卽事之漸也。殷人弔於壙，既窆而弔也。周人弔於家，反哭而弔也。蓋以尸柩既藏，孝子哀慕迫切，故從而弔之，所以示民不偝其親也。卒，終也。死爲人之終事，反而亡焉失之矣，哀痛之情，於是爲甚，故弔於壙者不如弔於家者之情文爲尤盡也。諸侯五月而葬，薨而不葬，謂不能如期而葬也。趙氏汸曰：周末文繁禮備，葬或有缺，則不敢以葬期告諸侯。坊記云「諸侯猶有薨而不葬者」，謂不成喪也。是故諸侯不書「葬」，非皆由魯不會，苟其國葬不以禮，而不以葬期來告，亦無由往會之爾。

子云：「升自客階，受弔於賓位，教民追孝也。未没喪，不稱君，示民不爭也。故魯春秋記晉喪曰：『殺其君之子奚齊，及其君卓。』以此坊民，子猶有弒其父者。」釋文：殺音弒。

鄭氏曰：升自客階，受弔於賓位，謂反哭時也。既葬矣，猶不由阼階，不忍卽父位也。愚謂居喪之禮，升降不由阼階，至反哭猶然。受弔之禮，皆在阼階下，惟反哭受弔則在西階上。蓋西階之上，殯之所在，今上堂而不見，孝子之哀於是爲甚，故不忍離其所而於此受弔也。此二者，皆所以追孝於其親也。未没喪，不稱君，謂史册所書也。以下文引春秋推之，當云「未踰年，不稱君」，記者之誤爾。蓋一歲不二君，未踰年而稱君，則是急於受國而有爭奪其父之心矣。奚齊及卓，皆晉獻公之子。春秋僖公九年秋九月：「晉侯佹諸卒。」「冬，晉里克弒其君之子奚齊。」奚齊不稱君，立未踰年也。十年春正月：「里克弒其君卓。」卓稱君，已踰年也。

子云：「孝以事君，弟以事長，示民不貳也。故君子有君不謀仕，唯卜之日稱二君。喪父三年，喪君三年，示民不疑也。父母在，不敢有其身，不敢私其財，示民有上下也。故天子四海之内無客禮，莫敢爲主焉。故君適其臣，升自阼階，卽位於堂，示民不敢有其室也。父母在，饋獻不及車馬，示民不敢專也。以此坊民，民猶忘其親而貳其君。」釋文：弟音悌。饋，本又作「餽」，音同。

孝以事君，謂以事親之孝事君也。弟以事長，謂以事兄之弟事長也。鄭氏曰：不貳，不自貳於尊者也。君子有君，謂君之子父在者也。不謀仕，嫌遲爲政也。卜之日，謂君有故而爲之卜也。二當爲「貳」，唯卜之時，辭得曰「君之貳某」爾。晉惠公獲於秦，命其大夫歸擇立君，曰：「其卜貳圉也。」喪君三年，示民不疑於君之尊也。君無骨肉之恩，不重其服，至尊不明。有猶專也。不敢有其身，私其財，身及財皆當統於父母也。不敢有其室，臣亦統於君也。車馬，家物之重者。孔氏曰：不貳者，不敢自副貳於其君，謂與尊者相敵。

子云：「禮之先幣、帛也，欲民之先事而後禄也。先財而後禮則民利，無辭而行情則民爭，故君子於有饋者弗能見，則不視其饋。易曰：『不耕穫，不菑畬，凶。』以此坊民，民猶貴禄而賤行。」釋文：行，下孟反。○鄭註：或云「禮之先辭而後幣、帛」。

鄭氏曰：禮，謂所執之贄以見者也。既相見，乃奉幣、帛以脩好也。財，幣、帛也。利猶貪也。不能見，謂有疾也。不視，猶不内也。孔氏曰：先相見，是先事。後幣、帛，是後禄。愚謂禮之先幣、帛，若聘禮先執圭以聘，而後用束帛加璧以享也。辭，賓主相接之辭。表記曰「無辭不相接也，無禮不相見也」，是也。行情，謂用幣、帛以致其情也。賓主相接，先有辭以相通，然後執贄以相見；既相見，然後用幣、帛以致其情。先財而後禮，無辭而行情，則是不務行禮，而唯以貨財爲尚，故民化之，而有貪利爭奪之心也。君子於有饋者不能見，則不視其饋者，爲其不能行禮，而徒取財也。易無妄六二爻辭云「不耕穫，不菑畬，則利有攸往」，無「凶」字，此蓋衍文也。爾雅曰：「田一歲曰菑，二歲曰新田，三歲曰畬。」菑，謂始墾之而菑殺其草木也。畬，謂既耕之而其土舒緩也。引易言不耕則不得穫，不菑則不得畬，以喻爲其事而後獲其利，先事而後禄之意也。

子云：「君子不盡利，以遺民。詩云：『彼有遺秉，此有不斂穧，伊寡婦之利。』故君子仕則不稼，田則不漁，食時不力珍。大夫不坐羊，士不坐犬。詩云：『采葑采菲，無以下體。德音莫違，及爾同死。』以此坊民，民猶忘義而爭利，以亡其身。」釋文：遺，唯季反。穧，子賜反，又才計反。葑，芳容反。菲，芳尾反。

孔氏曰：不盡利以遺民，謂不盡竭其利，而以餘利遺與民也。詩，小雅大田之篇。言歲時豐稔，田稼既多，穫刈促遽，彼處有遺秉把，此處有不斂之穧束，與寡婦捃拾以爲利，證以利遺民也。愚謂仕則不稼者，仕而受禄，則不得復稼穡也。田則不漁者，田獵取禽，則不得復漁，故魯隱矢魚，臧僖伯諫之。食時不力珍者，食四時之利，則不得力求珍羞。周禮：「王珍用八物。」王制：「八十常珍。」蓋珍物唯天子及養老用之，士大夫不得常食也。大夫得食羊，士得食犬，則不得復坐其皮。然則古者燕居之席，蓋有以皮爲之者與？葑，蔓菁也。菲，蕌類也。下體，根也。引邶風谷風之詩，言采葑菲者既取其葉，無得兼取其根，以證不盡利之義。此與詩之本義不同，亦斷章之法爾。

子云：「夫禮，坊民所淫，章民之別，使民無嫌，以爲民紀者也。故男女無媒不交，無幣不相見，恐男女之無別也。以此坊民，民猶有自獻其身。詩云：『伐柯如之何？匪斧不克。取妻如之何？匪媒不得。』『蓺麻如之何？橫從其畝。取妻如之何？必告父母。』」釋文：別，彼列反。取，七樹反。從，子容反。告音谷。○按伐柯，詩作「析薪」。

鄭氏曰：淫猶貪也。章，明也。嫌，嫌疑也。獻猶進也。愚謂淫，貪也，謂貪於色。男女無別，則族姓不明，故嫌疑生也。無媒不交，男女行媒，然後交相知名也。幣，納徵之幣也。納徵而昏禮成，然後行親迎之禮，執贄以相見也。自獻其身，謂不待媒妁、幣聘而奔人者。詩，齊風南山之篇。引之，以證昏姻之禮必待媒妁之言，父母之命也。○孔氏曰：自此以下，總坊男女淫欲之事。

子云：「取妻不取同姓，以厚別也。故買妾不知其姓則卜之。以此坊民，魯春秋猶去夫人之姓，曰『吳』，其死，曰『孟子卒』。」釋文：去，起吕反。

去夫人之姓，曰「吳」者，春秋於取夫人皆書其姓，如取齊女則曰「夫人姜氏至自齊」是也。昭公取於吳爲同姓，故諱書其姓，但云「夫人至自吳」也。然今春秋無此文，此所引蓋魯史之舊文，而孔子已删之者也。其卒曰「孟子卒」者，孟，字；子，宋姓也。凡春秋於夫人之喪，曰「夫人某氏薨」。昭公諱取同姓，謂之吳孟子，使若宋女者然。故哀十二年昭夫人薨，經但書「孟子卒」，蓋因昭公之所稱者而書之也。

子云：「禮，非祭，男女不交爵。以此坊民，陽侯猶殺繆侯而竊其夫人，故大饗廢夫人之禮。」

釋文：殺音弒，一音如字。繆音穆。

祭時男女得交爵，特牲禮主婦獻尸，并獻祝及佐食，賓長獻尸，致爵於主婦是也。蓋祭事嚴敬，不嫌也。陽、繆，疑二國名。淮南子繆作「蓼」。古者於大賓客，其敬之與祭祀同，必皆夫婦親之，故天子饗諸侯，及諸侯相饗，后、夫人皆與於獻賓。內宰「凡賓客之祼、獻、瑤爵，皆贊」是也。繆侯饗陽侯，陽侯說其夫人，遂滅其國而竊之，蓋若楚文王之取息嬀然也。由是而大饗廢夫人之禮，使人攝之而已。

子云：「寡婦之子，不有見焉，則弗友也，君子以辟遠也。故朋友之交，主人不在，不有大故則不入其門。以此坊民，民猶以色厚於德。」釋文：見，賢遍反。辟音避。

鄭氏曰：大故，喪、病。　愚謂色厚於德，謂好色厚於好德也。

子云：「好德如好色，諸侯不下漁色，故君子遠色，以爲民紀。故男女授受不親，御婦人則進左手，姑、姊妹、女子子已嫁而反，男子不與同席而坐，寡婦不夜哭，婦人疾，問之，不問其疾。以此坊民，民猶淫佚而亂於族。」釋文：好，呼報反。遠，于萬反。佚，本又作「逸」。

鄭氏曰：好德如好色，此句似不足。論語曰「未見好德如好色」，疾時人厚於色之甚，而薄於德也。內取於國中，爲下漁色。昏禮始納采，謂采擇其可者也。國君而內取，象捕魚然，中網取之，是無所擇。

寡婦不夜哭，嫌思人道也。婦人疾，問之，不問其疾者，嫌媚，略之也，問增損而已。亂於族，犯非妃匹也。　愚謂好德如好色者，言人好德之心當如好色之誠也。婦人之疾，或有不可以語人者，故不問之，亦爲其相褻故也。

子云：「昏禮，壻親迎，見於舅姑，舅姑承子以授壻，恐事之違也。以此坊民，婦猶有不至者。」釋文：迎，魚敬反。

鄭氏曰：舅姑，妻之父母也。妻之父爲外舅，妻之母爲外姑。　愚謂親迎之禮，壻與主人揖讓升堂，再拜奠鴈，母立於房、户外之西，南面，是見於舅姑也。女出房，父西面戒之，母南面戒之，壻降出而婦從，是承子以授壻也。父戒之曰「夙夜毋違命」，母戒之曰「夙夜無違宮事」，恐其女於室家之事有違也。不至，謂男親迎而女不行，若陳風東門之楊之所刺是也。父母欲女無違於其夫，而婦乃有不隨夫以行者，則其不能承順其夫又不待言矣。

中庸第三十一 朱子章句。

禮記卷五十一

表記第三十二別録屬通論。

程子曰：表記亦近德，其言正。朱氏申曰：仁者，天下之表也。此篇記孔子言仁爲詳，故以表記名篇。愚謂此篇凡爲八支：自首章至第九章爲第一支，言君子持身莊敬、恭信之道，而言敬之義爲詳。自第十章至第十六章爲第二支，兼明仁、義、報三者之道。自第十七章至第二十三章爲第三支，專明仁之道。自第二十四章至第二十七章爲第四支，專明義之道。自第二十八章至第三十三章爲第五支，以虞、夏、殷、周之治，明「凱弟君子」之義。自第三十四章至第四十五章爲第六支，明事君之道。自第四十六章至第五十章爲第七支，明言行之要。自第五十一章至第五十五章爲第八支，明卜、筮之重。孔疏云：「此篇稱『子言之』者八，皇氏云：『皆是發端起義，事之頭首，記者詳之。下更廣開其義，或曲説其理，則直稱「子」曰。』」今按「後世雖有作者」一章，結前章「凱弟君子」之義，非發端之辭，而稱「子言之曰」。「君子不以辭盡人」一章，與前數章不相蒙，乃更端之辭，而稱「子曰」。豈傳寫之誤與？

子言之：「歸乎！君子隱而顯，不矜而莊，不厲而威，不言而信。」

歸乎者，孔子道不行而思歸之辭也。隱而顯者，言君子雖隱處於下，而道德顯著也。君子不待矜持而自然莊敬，不待嚴厲而自有威儀，不待言語而人自信之，蓋其道德之盛如此，此所以雖隱而顯也。

子曰：「君子不失足於人，不失色於人，不失口於人。是故君子貌足畏也，色足憚也，言足信也。甫刑曰：『敬、忌而罔有擇言在躬。』」尚書無「而」字。

不失足，故貌足畏；不失色，故色足憚；不失口，故言足信。上章所言，聖人之盛德，自然而然者也。此章所言，則學者持守省察之事也。甫刑，尚書呂刑篇。忌，戒也。罔，無也。罔有擇言在躬，謂所言皆合於道，不可擇而去之也。

子曰：「裼、襲之不相因也，欲民之毋相瀆也。」

燕居恆襲，玉藻謂「不文飾也不裼」是也。行禮則改襲而裼；若禮之至重，則又改裼而襲。蓋禮以變爲敬，若相因則瀆，瀆則不敬矣。

子曰：「祭極敬，不繼之以樂。朝極辨，不繼之以倦。」釋文：樂音洛。朝，直遥反。倦，本又作「勌」。

樂，謂歡樂，若燕飲之禮，脱屨升坐，而無不醉也。祭禮雖有旅酬、無筭爵，然皆立而飲酒，不若燕禮之歡樂也。辨，謂辨治。祭以奉事鬼神，始終貴乎敬，樂則不足於敬矣。朝廷，政事之所出，始終貴乎辨，倦則不足於辨矣。

子曰：「君子慎以辟禍，篤以不揜，恭以遠恥。」釋文：辟音避。遠，于萬反。

篤，謂篤厚也。揜者，困迫之意，易曰「困，剛揜」，是也。人能敬慎，則擇地而蹈，而可以辟禍患矣。人能篤厚，則誠以感人，而不至於被困迫矣。人能恭敬，則人亦敬之，而可以遠恥辱矣。

子曰：「君子莊敬日强，安肆日偷。君子不以一日使其躬儳焉如不終日。」釋文：儳，徐在鑑反，又仕鑑反。○鄭注：肆或爲「褻」。

程子曰：常人之情，纔放肆，則日就曠蕩；自檢束，則日就規矩。應氏鏞曰：收斂則精神內固，操存則血氣不浮，故日進於强。宴安則物欲肆行，縱肆則膚體懈弛，故日至於偷。儳然，差錯不齊之貌。心無所檢束，故儳焉散亂，外既散亂，內亦拘迫，故如不終日也。君子主一以直內，無斯須之不莊、不敬，則心廣體胖，何至於如不終日乎？

子曰：「齊戒以事鬼神，擇日月以見君，恐民之不敬也。」釋文：齊，側皆反。見，賢遍反。

鄭氏曰：擇日月以見君，謂臣在邑境者。

子曰：「狎侮死焉而不畏也。」

鄭氏曰：怯於無敬心也。愚謂小人好相狎暱、侮慢，不知畏死亡也，而死亡恆及之，此慎以辟禍之反也。

子曰：「無辭不相接也，無禮不相見也，欲民之毋相褻也。易曰：『初筮告。』『再三瀆，瀆則不告。』」釋文：三，息暫反，又如字。

鄭氏曰：辭，所以通情也。禮，謂摯也。春秋傳曰「古者諸侯有朝聘之事」，「號辭必稱先君以相接」也。愚謂辭，賓主相接之辭，若士相見禮曰「某也願見，無由達，某子以命命某見」，是也。禮，謂執贄以相見也。相接必以辭，相見必以禮者，恐其輕於相見而至於褻也。蓋罕見則尊嚴，尊嚴則相敬，交之所以全也。數見則狎習，狎習則相褻，交之所以離也。引易蒙卦之辭，言人再三相見，則至於不相告語也。

子言之：「仁者，天下之表也。義者，天下之制也。報者，天下之利也。」

鄭氏曰：報，謂禮也。禮尚往來。孔氏曰：仁爲行之盛極，故爲天下之儀表。義，宜也。制，謂裁斷於事也。呂氏大臨曰：天下有道，所謂德、怨之報者皆出於天下之公而已。有德者報以官，有功者報以賞，所謂「以德報德」，民知所勸矣。傷人者報以刑，滅人者報以殺，所謂「以怨報怨」，民知所懲矣。愚謂呂氏以報爲德、怨之報，是也。德、怨之報得其公，則人皆知怨之不宜樹而競於德矣，故曰「天下之利」。○此下七章，兼明仁、義、報三者之道也。

子曰：「以德報德，則民有所勸。以怨報怨，則民有所懲。詩曰：『無言不讎，無德不報。』大甲曰：『民非后，無能胥以寧；后非民，無以辟四方。』」釋文：大音泰。無能胥以寧，尚書作「罔克胥匡以生」。辟音璧。

勸者，勉於施德；懲者，戒於樹怨。引大甲言君能安其民，則民能戴其君，以德報德之義也。

子曰：「以德報怨，則寬身之仁也。以怨報德，則刑戮之民也。」

呂氏大臨曰：以德報怨，雖過於寬而本於厚，未害其爲仁也。以怨報德，則反易天常，天下之亂民，法所當誅者也。愚謂寬猶容也。以德報怨，則天下無不釋之怨矣。雖非中道，而可以寬容其身，亦仁之一偏也。若以怨報德，則爲人情之所共忿，而刑戮必及之矣。

子曰：「無欲而好仁者，無畏而惡不仁者，天下一人而已矣。是故君子議道自己，而置法民。」

鄭氏曰：一人而已，喻少也。呂氏大臨曰：無欲而好仁，無畏而惡不仁，所謂「性之」者也，安仁者也。安仁者，天下一人而已，則非聖人不足以性仁。苟志於仁矣，無惡也，則衆人皆可以爲仁。以聖人所性而議道，則道無不盡；以衆人所能而制法，則法無不行。

子曰：「仁有三，與仁同功而異情。與仁同功，其仁未可知也。與仁同過，然後其仁可知也。仁者安仁，知者利仁，畏罪者强仁。釋文：知者，音智。

呂氏大臨曰：仁者安仁，無欲而好仁，無畏而惡不仁者也。知者利仁，有欲而好仁者也。畏罪者强仁，有畏而惡不仁者也。三者之功，同歸於仁，而其情則異。此堯、舜性之，湯、武身之，五霸假之，所以異也。功者，人所貪也，假之者有之。過者，人所避也，有不幸而致焉。桓公九合諸侯，一匡天下，湯、武之舉，不過乎是，而其情則不同，故其仁未可知也。周公使管叔監殷，管叔以殷畔，過於愛兄而已，孔子對陳司敗以「昭公知禮」，過於諱君而已，皆出於情而無僞，故其仁可知。愚謂功者，人之所有心而勉之者也，故與仁同功，未足以知其情之異也。過者，人之所無意而失之者也，故與仁同過，而後其仁可知。觀人者，不於其所勉，而於其所忽也。安仁者，與仁爲一者也。利仁者，真知仁之可好，而必欲得之者也。畏罪者强仁，自恐蹈於不仁之罪，而勉力於爲仁者也。論語言「好仁者無以尚之」，利仁者也。「惡不仁者，其爲仁矣，不使不仁者加乎其身」，强仁者也。仁者右也，道者左也。仁者人也，道者義也。厚於仁者薄於義，親而不尊；厚於義者薄於仁，尊而不親。

吴氏澄曰：日用動作之便，右優而左稍劣。仁者，中心所具之德，體也。道者，事物所由之路，用也。仁右道左，猶云「禮先樂後，志至氣次」云爾。仁之爲體，以此心之在人者言，故曰「人也」。道之爲用，以事物之義理而言，故曰「義也」。人之氣稟，得生物之氣多者，仁厚而義薄；得收物之氣多者，義厚而仁薄。仁者，温然之慈惠，故人親愛之；義者，截然之裁制，故人尊敬之。

道有至義有考。至道以王，義道以霸，考道以爲無失。」釋文：道有至義，依注讀爲有至有義。王，于況反。

鄭氏曰：此讀當言「道有至、有義、有考」，字脱一「有」耳。有至，謂兼仁義者。有義，則無仁矣。呂氏大臨曰：至道者，至於道之極，不可以有加也，故以王。義道者，揆道而裁之，制節謹度，可以有國而長諸侯，故以霸。考道者，必稽古昔，稱先王，所謂「非法不言，非道不行」，雖未達道，亦庶幾乎不失矣。馬氏晞孟曰：考道，非體道者也，惟稽考而已，故止於無失。應氏鏞曰：至道，即仁也。至道渾而無迹，故得其渾全、精粹以爲王。義道嚴而有方，故得其裁制、割斷而爲霸。盡稽考之道，而事無輕舉，亦可以無失矣。

子言之：「仁有數，義有長短小大。中心憯怛，愛人之仁也。率法而强之，資仁者也。詩云

『豐水有芑，武王豈不仕，詒厥孫謀，以燕翼子，武王烝哉』，數世之仁也。國風曰『我今不閱，皇恤我後』，終身之仁也。」釋文：憯，七感反。我今，毛詩作「我躬」。

鄭氏曰：資，取也。數與長短小大，互言之耳。性仁義者其數長大，取仁義者其數短小。孔氏曰：言仁有數，則義亦有數，義有長短小大，則仁亦有長短小大，互言之耳。呂氏大臨曰：中心憯怛，仁發於性者也。率法而强之，外鑠於仁者也。以其誠心愛人，故曰「愛人之仁」，以其有取於外，故曰「資仁」。此所發淺深之數也。數世之仁，終身之仁，此所施遠近之數也，故曰「仁有數」。義有長短小大者，義無定體，長短小大唯其所宜而已。如孔子可以仕則仕，可以止則止，可以久則久，可以速則速是也，故曰「義有長短小大」。此章論仁，而兼及義者，蓋仁之數，是亦義也。○此下七章，專明仁之道也。

子曰：「仁之爲器重，其爲道遠，舉者莫能勝也，行者莫能致也。取數多者，仁也。夫勉於仁者，不亦難乎！是故君子以義度人，則難爲人；以人望人，則賢者可知已矣。」釋文：勝音升。度，徒洛反。

呂氏大臨曰：仁爲器重，爲道遠，隨其所舉之多少，所至之遠近，皆可以謂之仁。故管仲之功，微子之去，箕子之囚，比干之死，皆得仁之名，語仁之盡，則堯、舜其猶病諸，此仁所以取數之多也。舉莫能勝，行莫能致，勉之者之爲難也。以義度人者，盡義以度人者也。以人望人者，舉今之人以相望也。盡義以求人，非聖人不足以當之，故難爲人。舉今之人以相望，則大賢愈於小賢，小賢愈於不賢，故賢者可知已矣。此亦以數而言仁也。愚謂仁之取數多，故人皆可以與於仁，然非勝其重，致其遠，則不足以盡仁之道，故勉於仁者難其人也。陸氏佃曰：以義度人，若春秋是也。齊桓、晉文，皆罪人也，以諸侯望之，可謂賢矣，故曰「春秋無義戰」，彼善於此則有之。

子曰：「中心安仁者，天下一人而已矣。大雅曰：『德輶如毛，民鮮克舉之，我儀圖之。惟仲山甫舉之，愛莫助之。』」釋文：輶音酉，一音由。鮮，息淺反。

引大雅烝民之篇，言安仁者少，其有能至之者，又非有待於人之助也。

小雅曰：『高山仰止，景行行止。』」子曰：「詩之好仁如此。鄉道而行，中道而廢，忘身之老也。不知年數之不足也，俛焉日有孳孳，斃而后已。」釋文：仰止，本或作「仰之」。景行，下孟反。行止，詩作「行之」。好，呼報反。俛音勉，本或作「僶」，非也。斃音弊，本又作「弊」。○按「行」字，朱子讀如字，今從之。

朱子曰：景行，大道也。高山則可仰，大道則可行。愚謂鄉道而行，仁以爲己任也。廢，謂廢竭。中道而廢，若所謂「既竭吾才」，言其力之廢竭而無餘也。年數之不足，謂既老而將來之年少也。俛焉，用力之篤而無他顧之意。此言其欲罷不能，死而後已也。詩之於仁如此，此所以能勝其重而致其遠與？

子曰：「仁之難成久矣。人人失其所好，故仁者之過易辭也。」釋文：易，以豉反。

呂氏大臨曰：仁者之心公，衆人之心私。公則所好者兼容博愛，私則所好者克伐怨欲，此人人失其所好者也。心誠鄉仁，雖有過差，其情則善，不待辭而辨矣，故曰「仁者之過易辭」。愚謂仁之爲道，人莫不知其可好，此秉彝好德之心也。然鮮能勝其重，致其遠，此所以人人失之也。辭，猶解免也。仁者有過，如日月之食，人皆見之，未嘗有自解免之意，然人皆知其心之無他，故易辭。

子曰：「恭近禮，儉近仁，信近情，敬讓以行，此雖有過，其不甚矣。夫恭寡過，情可信，儉易容也。以此失之者，不亦鮮乎！詩曰：『溫溫恭人，惟德之基。』」釋文：近，「附近」之近。

呂氏大臨曰：恭則不侮，得禮之意，近乎禮矣。儉則不奪，得仁之意，近乎仁矣。言語必信，存心正行，近乎情矣。三者之行，以敬讓行之，雖有過差，其情則善，故不甚矣。不侮人，則人亦不侮，斯寡過矣。近乎情，則不志乎欺，斯可信矣。不奪人則知足，斯易容矣。如是而失之者，鮮可與進於德矣。　愚謂仁者，德之全也。引大雅抑之詩，言人能有上三者之行，則可以爲德之基而漸進於仁也。

子曰：「仁之難成久矣，唯君子能之。是故君子不以其所能者病人，不以人之所不能者愧人。是故聖人之制行也，不制以己，使民有所勸勉愧恥，以行其言，禮以節之，信以結之，容貌以文之，衣服以移之，朋友以極之，欲民之有壹也。小雅曰：『不愧于人，不畏于天。』」

釋文：制行，下孟反。移，昌氏反。○今按：移讀如字。

呂氏大臨曰：人人失其所好，此仁之所以難成。君子責人以恕，而成人有道，則仁不難成矣，故曰「唯君子能之」。君子之所能，衆人必有不能者，使衆人傚己之所能則病，使衆人自彰其不能則愧矣。故聖人制行以立教，必與天下共之，以天下之所能行者爲之法，所以爲達道也。曾子執親之喪，水漿不入口者七日，此曾子之所能也。水漿不入口者三日，此衆人之所能也。故喪以三日爲節，則不取乎七日，此所謂「不制以己」也。唯不制以己，故民知跂乎此而有所勸勉，知不及乎此而有所愧恥。非特此也，制禮以節其行而使之齊，立信以結其志而使之固，其容貌必稱其志，其衣服必稱其容，朋友切磋相成，至於極而後已，則一道德而同俗矣。蓋脩其外則知愧於人，脩其內則知畏於天，故曰「不愧于人，不畏于天」。陸氏佃曰：孔子曰「衰麻、苴、杖者，志不存乎樂」，非耳弗聞，服使然也。「黼黻、袞冕者，容不褻慢」，非性矜莊，服使然也。是之謂移。愚謂壹，謂專壹於爲善也。

是故君子服其服，則文以君子之容；有其容，則文以君子之辭；遂其辭，則實以君子之德。是故君子恥服其服而無其容，恥有其容而無其辭，恥有其辭而無其德，恥有其德而無其行。是故君子衰絰則有哀色，端冕則有敬色，甲冑則有不可辱之色。詩云：『維鵜在梁，不濡其翼。彼記之子，不稱其服。』」釋文：衰，七雷反。行，下孟反。鵜音啼。○記，今詩作「其」。

此申上「衣服以移之」、「容貌以文之」之義。德者，道之得於心者也。行者，道之見於事者也。有其辭而無其德，則辭爲勦說。有其德而無其行，則知之而未能蹈之也。蓋衣服容貌若在於外，然養其外者以及其內，脩其粗者以及其精，而言語、德行皆由此而出焉。聖人之使人勸勉愧恥以行其言如此。引曹風候人之篇，言人之德必稱其服也。呂氏大臨曰：此皆脩其外以移其內，率法而強之者也。及其成也，則與中心安仁者一也。

子言之：「君子之所謂義者，貴賤皆有事於天下。天子親耕，粢盛、秬鬯以事上帝，故諸侯勤以輔事於天子。」

有事，有所尊事也，與坊記「示民有事」義同。天子之事天，諸侯之事天子，皆出於理之所當然，所謂義也。在上者先有以自盡，則在下者莫敢不從矣。孔氏曰：天地不裸，此祭上帝有秬鬯者，凡鬯有二：若和之以鬱，謂之鬱鬯，鬱人所掌是也，祭宗廟而裸也。若不和鬱，謂之秬鬯，鬯人所掌是也。謂五齊之酒，以秬黍爲之，芬芳鬯達，故得以事上帝。○此下四章，專明義之道也。

子曰：「下之事上也，雖有庇民之大德，不敢有君民之心，仁之厚也。是故君子恭儉以求役仁，信讓以求役禮，不自尚其事，不自尊其身，儉於位而寡於欲，讓於賢，卑己而尊人，小心而畏義，求以事君，得之自是，不得自是，以聽天命。詩云：『莫莫葛藟，施于條枚。凱弟君子，求福不回。』其舜、禹、文王、周公之謂與？有君民之大德，有事君之小心。詩云：『惟此文王，小心翼翼，昭事上帝，聿懷多福。厥德不回，以受方國。』」釋文：藟，力水反。施，以豉反。凱，本亦作「愷」，又作「豈」。與音餘。

鄭氏曰：無君民之心，是思不出其位。愚謂役，謂爲其事也。儉猶約也。儉於位，謂不求處尊位也。不自尚，不自尊，恭也。儉於位而寡於欲，儉也。讓於賢，卑己而尊人，讓也。小心而畏義，信也。盡仁禮以事君，不以外之得失而有變焉。蓋得與不得者命也，我之所當爲者義也。義則盡之自己，命則聽之於天，此君子之心也。

子曰：「先王謚以尊名，節以壹惠，恥名之浮於行也。是故君子不自大其事，不自尚其功，以求處情；過行弗率，以求處厚；彰人之善，而美人之功，以求下賢。是故君子雖自卑而民敬尊之。」釋文：行，下孟反。下，户嫁反。

諡者，行之迹也。先王論行以爲諡，所以尊崇其名譽，而使可傳於後也。惠猶善也。人之善行雖多，唯節取其大者以爲諡，使其善有所專。如文王非不足於武，而諡曰文；武王非不足於文，而諡曰武也。君子恥名浮於行，故制諡之法如此。情，實也。過行，過高之行，所以欺世而盜名者也。率，循也。厚，謂篤厚也。君子不自矜大以求處情，則專於爲己而無馳鶩之心；不爲過高之行以求處厚，則篤於庸行而有踐履之實；彰人之善，而美人之功以求下賢，則人皆樂告以善而有輔仁之益。如此，則德業日進於崇高，故雖自卑而人尊敬之也。蓋小人求名浮於行，行隳而名不可得；君子求行浮於名，行脩而名隨之矣。

子曰：「后稷，天下之爲烈也。豈一手一足哉，唯欲行之浮於名也，故自謂便人。」釋文：行，下孟反。

孔氏曰：烈，業也。后稷播殖之功，豈止一人之手、一人之足哉，言用之者多也。唯欲實行過於名，故自謂便於稼穡之人，不自謂神聖也。愚謂人莫不有所當事，知其當事而事之，盡禮義也。然人之情多好自夸大，而有不欲下人之心，則有於所當事而不能事者矣。故上章引夫子之言，以明君子之謙卑自下，此章又引夫子言后稷之事如此，皆不自尚、不自尊之意。與舜、禹、文王、周公有君民之大德，有事君之小心者，其道一也。

子言之：「君子之所謂仁者，其難乎！詩云：『凱弟君子，民之父母。』凱以强教之，弟以說安之，樂而毋荒，有禮而親，威莊而安，孝慈而敬，使民有父之尊，有母之親。如此而后可以爲民父母矣，非至德其孰能如此乎？釋文：强，其良反，徐其兩反。說音悅。樂音洛。

强教，謂强勸而教訓之。說安，謂和悅而安定之。毋荒也，有禮也，威莊也，敬也，皆强教之效，而使民有父之尊者也。樂也，親也，安也，孝慈也，皆說安之效，而使民有母之親者也。於二者兼盡之而不偏，則可以謂之仁，可以謂之民父母矣。

今父之親子也，親賢而下無能；母之親子也，賢則親之，無能則憐之。母親而不尊，父尊而不親。水之於民也，親而不尊，火尊而不親。土之於民也，親而不尊，天尊而不親。命之於民也，親而不尊，鬼尊而不親。」釋文：下，户嫁反。

下，謂卑下之也。命，謂君之政令。鬼，謂鬼神。父母之尊、親，以其情言之；水火之尊、親，以其勢言之；土與天之尊、親，以其體言之；命與鬼之尊、親，以其道言之也。尊、親之道，各有所偏主，而兼之者之所以爲難也。呂氏大臨曰：地載我者也，然近人，人可得而載；天覆我者也，然遠人，人不可階而升。君之命見於事，近人而可行；鬼之道存諸理，遠人而不可形也。

子曰：「夏道尊命，事鬼敬神而遠之，近人而忠焉。先禄而後威，先賞而後罰，親而不尊。其民之敝，惷而愚，喬而野，朴而不文。釋文：遠，于萬反。近，「附近」之近。惷，傷容反，徐昌容反，范陽江反，又丁降反，字林音丑降反。喬音驕。

尊命，謂尊上之政教也。遠之，謂不以鬼神之道示人也。蓋夏承重黎絕地天通之後，懲神人雜糅之敝，故事鬼敬神而遠之，而專以人道爲教。忠，情實也。敝，謂其後世政教之失也。喬與驕同。上之文網疏，則下之機智少，故其敝也，惷愚而少知識。内之忠誠勝，則外之文飾寡，故其敝也，驕倨而鄙野，朴陋而無文。○此下五章，引孔子論虞、夏、殷、周之道，以申上章「凱弟君子」之義也。

殷人尊神，率民以事神，先鬼而後禮，先罰而後賞，尊而不親。其民之敝，蕩而不静，勝而無恥。釋文：勝，始證反。

夏忠勝而敝，其失野，救野莫如敬，故殷人承之而尊神，尊神則尚敬也。觀盤庚之篇，諄諄於先后之降罰，則可以知殷人之先鬼；觀商之詩、書，皆駿厲而嚴肅，則可以知殷人之先罰。尚鬼神，則馳心於虚無，故其敝也，心意放蕩而不安静；畏刑罰，則相競於機變，故其敝也，求勝上以苟免，而無愧恥之心。

周人尊禮尚施，事鬼敬神而遠之，近人而忠焉。其賞罰用爵列，親而不尊。其民之敝，利而巧，文而不慚，賊而蔽。」釋文：蔽，畢世反，又音弊。○按「蔽」字，今讀爲敝。

殷敬勝而敝，其失鬼，救鬼莫若文，故周人承之而尊禮尚施，尊禮尚施則文勝。列，等也。周之賞罰，不分先後，但以爵位之等爲輕重之差也。文勝則實意衰，習於威儀揖讓之節，故其敝也，便利而儇巧；相接以言辭，故其敝也，文辭多而不以捷給爲慚；儀物繁多，故其敝也，傷害於財力，至於困敝而不能振也。吕氏大臨曰：賞罰用爵列，如刑不上大夫，禮不下庶人，賜君子、小人不同日，命夫、命婦不躬坐獄訟之類。○三代之道，或强教之意多，或説安之意多，其於或尊或親，皆不能無偏勝焉。非聖人之德有所未至，蓋所值之時不同，而救敝之道有不得不然者爾。

子曰：「夏道未瀆辭，不求備，不大望於民，民未厭其親。殷人未瀆禮，而求備於民。周人强民，未瀆神，而賞爵、刑罰窮矣。」

未瀆辭者，夏道尚忠，尚行而不尚辭也。刑罰寬，故所求於民者不備；禮文簡，故所望於民者易從。是以其民安其政教，而親愛其上，不至於厭斁也。忠之俗既敝，行脩而人猶未信，故殷人始瀆辭，然其於禮尚簡，未至於瀆，亦不大望於民。然先罰後賞，則法網密而所求於民者備矣。敬之俗又敝，辭雖瀆而未足以取信，故周人始瀆禮，而事爲之制，曲爲之防，則大望於民，而强之使從上之教矣。未瀆神者，事鬼敬神而遠之也。窮，盡也。言周人遠鬼神而盡於人事，爵賞、刑罰，所以爲治之具備盡而無遺也。

子曰：「虞、夏之道寡怨於民，殷、周之道不勝其敝。」釋文：勝音升。敝音弊。

呂氏大臨曰：虞、夏之道質，質者責人畧，故寡怨於民。殷、周之道文，文者責人詳，民之不從，則窮刑賞以驅之，故不勝其敝。

子曰：「虞、夏之質，殷、周之文，至矣。虞、夏之文不勝其質，殷、周之質不勝其文。」釋文：勝，世證反，又音升。

方氏慤曰：至矣者，言其質文不可復加也。加乎虞、夏之質，則爲上古之洪荒；加乎殷、周之文，則爲後世之虛飾。

子言之曰：「後世雖有作者，虞帝弗可及也已矣。君天下，生無私，死不厚其子，子民如父母，有憯怛之愛，有忠利之教，親而尊，安而敬，威而愛，富而有禮，惠而能散。其君子尊仁畏義，恥費輕實，忠而不犯，義而順，文而靜，寬而有辨。甫刑曰『德威惟威，德明惟明』，非虞帝其孰能如此乎？」釋文：費，芳貴反。威，依尚書音畏。

呂氏大臨曰：三代之道，或親而不尊，或尊而不親，不免流於一偏。若虞帝則子民如父母：有母之親，故有憯怛之愛；有父之尊，故有忠利之教。愚謂有忠利之教者，言其實心於利民而教之也。威，畏也。安也，愛也，富也，惠也，皆由於憯怛之愛，而民之所以親之也。敬也，威也，有禮也，能散也，皆由於忠利之教，而民之所以尊之也。尊仁者，尊行仁道。畏義者，顧畏義理。恥費者，恥於靡費，儉也。輕實者，輕於貨財，廉也。忠而不犯，愛而將之以敬也。義而順，剛而克之以柔也。文則不朴陋而又能靜，則非浮華之文也。寬則不慘刻而又有辨，則非縱弛之寬也。尊仁也，恥費也，不犯也，順也，文也，寬也，皆由於憯怛之愛，而君子之所以親之也。畏義也，輕實也，忠也，義也，靜也，辨也，皆由於忠利之教，而君子之所以尊之也。蓋所謂「凱弟君子」者，惟舜可以當之。

子言之：「事君先資其言，拜自獻其身，以成其信。是故君有責於其臣，臣有死於其言。故其受祿不誣，其受罪益寡。」

資，藉也。拜，謂受其命。獻，謂進於朝。先藉其言以告君，所謂「敷奏以言」也。度君之能用我言焉而後進，故無不可踐之言，而能成其信。君有責於其臣，於其所資者課之也。臣有死於其言，於其所資者守之也。功與位稱，故受祿不誣。事與言符，故受罪益寡。○此下十二章，皆明事君之道也。

子曰：「事君，大言入則望大利，小言入則望小利。故君子不以小言受大祿，不以大言受小祿。易曰：『不家食吉。』」

呂氏大臨曰：大言則所言者大，小言則所言者小。利及天下，澤及萬世，大利也。進一介之善，治一官之事，小利也。諫行言聽，利斯從之矣。愚謂言，卽所資之言也。利，謂臣所建白之效也。祿，臣所受於君之食也。祿必稱其位之大小。小言入，則所望者小利而已，受大祿則祿浮於其言，而不足以稱其職。大言入，則所望者大利也，受小祿則言浮於其祿，而不足以行其道。引大畜卦辭，言臣之受祿不可苟也。若以小言受大祿，以大言受小祿，則不可謂之吉矣。

子曰：「事君不下達，不尚辭，非其人弗自。小雅曰：『靖共爾位，正直是與。神之聽之，式穀以女。』」釋文：共音恭，本亦作「恭」，同。女音汝。

呂氏大臨曰：以下達之事事其君，則賊其君者也。尚辭而實不稱，則欺其君者也。非其人而自達，枉己以事君者也。傳曰：「君子上達，小人下達。」上達者，進於高明，如伊尹恥其君不爲堯、舜，孟子非堯、舜之道不敢以陳於王前者也。下達者，趨乎汚下，如孟子所謂「吾君不能謂之賊」者也。愚謂自，由也，所由以進者也。非其人而由之以進，則已先不正，而無以正君矣。如楊龜山之於蔡京，吳康齋之於石亨，猶不免爲賢者之累，況其下者乎！詩，小雅小明之篇。與，助也。穀，善道也。靖則不尚繁辭，恭則責難於君。正直之人是助，則無比匪之失，而所自必正矣。

子曰：「事君遠而諫則讇也，近而不諫則尸利也。」釋文：讇，本亦作「諂」。

孔氏曰：遠而諫，謂與君疏遠，强欲諫爭，則是讇佞之人，望欲自達也。呂氏大臨曰：既無言責，又遠於君，非其職而諫之，凌節犯分，以求自達，故曰「讇」。有言責之臣，不諫則曠厥官，懷祿固寵，主於爲利，故曰「尸利」。

子曰：「邇臣守和，宰正百官，大臣慮四方。」

邇臣，謂侍御、僕從之臣。邇臣日在君，側慮其便辟、側媚，故欲其和而不同，獻可替否，以成君德也。冢宰統百官，故欲其以正率之。大臣，謂卿大夫也。大臣謀慮四方之大事，非徒治一職而已。宰非不慮四方也，而以正百官爲急，百官正則四方無不正矣。

子曰：「事君欲諫不欲陳。詩云：『心乎愛矣，瑕不謂矣？中心藏之，何日忘之？』」

陳，謂陳數其君之失也。引詩以明諫君者由於心之愛君，而陳者不能然也。

子曰：「事君難進而易退，則位有序；易進而難退，則亂也。故君子三揖而進，一辭而退，以遠亂也。」釋文：易，以豉反。遠，于萬反。

周氏諝曰：其進也以禮，故難。其退也以義，故易。呂氏大臨曰：位有序者，小德役大德，小賢役大賢之謂。亂者，賢不肖倒置之謂也。愚謂事君難進而易退，則量而後入，而位必與其德相稱，故有序；易進而難退，則干進務入，而且至於蔽賢矣。故事君者易進而難退，則亂賢否之分。相見者易進而難退，則亂賓主之分。故君子三揖而進，一辭而遂退，所以遠亂也。

子曰：「事君三違而不出竟，則利祿也。人雖曰『不要』，我弗信也。」釋文：竟音境。要，於遥反。

違猶去也。利猶貪也。要，求也。人臣以道去君，或猶有望其道之行，而不忍遽出其竟者，若孟子三宿而後出晝是也。然至於三違，則我之必不合於君，而君之必不能行其道，聽其言亦可見矣。如是而猶不出竟，則必其貪慕爵祿，而有所求於君，而非真有不忍去其君之意也。

子曰：「事君慎始而敬終。」

鄭氏曰：輕交易絶，君子所恥。愚謂慎始，不敢苟進。敬終，不敢苟去也。孔子於魯，以微罪行；孟子於齊，三宿而後出晝。蓋君子雖難進易退，而其去亦必有其道也，不然，則未免爲小丈夫矣。

子曰：「事君可貴可賤，可富可貧，可生可殺，而不可使爲亂。」

呂氏大臨曰：臣之事君，富貴、貧賤、生殺，唯君所命，其不可奪者，吾之理義而已。凡違乎理義者，皆亂也。

子曰：「事君，軍旅不辟難，朝廷不辭賤。處其位而不履其事，則亂也。故君使其臣，得志則慎慮而從之，否則孰慮而從之，終事而退，臣之厚也。易曰：『不事王侯，高尚其事。』」

釋文：辟音避。難，乃旦反。朝，直遥反。慎亦作「昚」。○鄭注：終事，事或爲「身」。

賤，謂卑辱之役也。事君處其位則有其事，雖患難之事，卑辱之役，不可辭也。若避難辭辱，則職守亂矣。得志，謂諫行、言聽也。慎慮而從之，敬慎以從事，不可以得志而自滿也。否，謂不得其志，而君之所使者非己之所欲也。孰慮而從之，謂詳孰思慮，欲其無悖乎君之命，而又無貶乎己之道也。

終事，謂終竟所使之事。退，謂去位也。仕不得志而遽退，則顯其君之失，故孰慮以從之；既終事而後退，忠厚之道也。呂氏大臨曰：此篇言亂有三：易進而難退，亂於賢不肖者也。不可使爲亂，亂於理義者也。處其位而不履其事，亂於名實者也。易，蠱之上九之辭。唯不事王侯，乃可以高尚其事，若委質而仕，反欲高尚而不事事，則曠官尸利，無所逃罪矣。

子曰：「唯天子受命于天，士受命于君。故君命順則臣有順命，君命逆則臣有逆命。詩曰：『鵲之姜姜，鶉之賁賁，人之無良，我以爲君。』」釋文：唯音雖。鶉，士倫反。賁音奔。○今按：唯如字。姜，詩作「彊」。

呂氏大臨曰：此章重述事君不可使爲亂之義也。天道無私，莫非理義，君所以代天而治者，推天之理義，以治斯人而已。君命合乎理義爲順天命，爲臣者將不令而從；不合則爲逆天命，爲臣者雖令不從矣。此所以有逆命、順命之異，然後知其不可使爲亂也。愚謂唯，發端之辭。天子於天之命，臣於君之命，皆當順而不當逆也。然惟天命無不順，君之命則有順有逆。君命逆則君不順於天，而臣亦將不順乎君矣。上章言「終事而退」，謂其事雖非己之所欲，而猶無甚害於義理者也。命逆則害於義理，而不可以苟從矣，可諫則諫，不可諫則去之可也。

子曰：「君子不以辭盡人，故天下有道，則行有枝葉；天下無道，則辭有枝葉。是故君子於有喪者之側，不能賻焉，則不問其所費；於有病者之側，不能饋焉，則不問其所欲；有客不能館，則不問其所舍。故君子之接如水，小人之接如醴。君子淡以成，小人甘以壞。小雅曰：「盜言孔甘，亂是用餤。」〔釋文：行，下孟反。費，方貴反。餤音談，徐本作「監」，以占反。○鄭注：接或爲「交」。問其所費，石經無「所」字。

君子不以辭盡人，不以言而決人之賢否也。天下有道，則人尚行，故行有枝葉；天下無道，則人尚辭，故辭有枝葉。行有枝葉，則行有餘於其言；言有枝葉，則言有餘於其行。故以言觀人者，皆不足以盡其賢否之實也。然君子之行己，則但當致力於行，而不可致飾於言，故不爲無實之言以取悅於人也。君子與人以實，一時若無可悅，而其後不至於相負，如水之淡而可久。小人悅人以言，一時雖可以結人之歡，而其後至於相怨，如醴之甘而必敗。呂氏大臨曰：凡言之甘而不出乎誠心者，必將有以盜諸人，故曰「盜言孔甘，亂是用餤」。○皇氏謂「篇中凡八稱『子言之』，皆是發端起義」。然此章實發端之辭，而不稱「子言之」，說已見篇首。此下四章，皆論言行之要，蓋以申明第一支言信之義也。

子曰：「君子不以口譽人，則民作忠。故君子問人之寒則衣之，問人之飢則食之，稱人之美則爵之。國風曰：『心之憂矣！於我歸說。』」〔釋文：衣，于既反。食音嗣。說音悅，又始銳反。

以口譽人，言徒譽之以口，而不根於實心也。君子不以口譽人，其言必本於心，忠之道也，故民化之而作忠。引曹風蜉蝣之篇，言憂其人則欲其於我歸說，不以口譽人之事也。

子曰：「口惠而實不至，怨菑及其身。是故君子與其有諸責也，寧有已怨。國風曰：『言笑晏晏，信誓旦旦。不思其反，反是不思，亦已焉哉！』」〔釋文：菑音災。信誓，本亦作「矢誓」。旦如字，字林作「悬」。

鄭氏曰：善言而無信，人所惡也。已，謂不許也。言諾而不與，其怨大於不許。愚謂引衛風氓之篇，言約誓者不思其後之反覆，以致於乖離，猶輕諾者不思其後之不能踐，以至於見怨也。

子曰：「君子不以色親人。情疏而貌親，在小人則穿窬之盜也與？」釋文：與音餘。

君子待人以誠，故不以色親人。親人以貌，而不本於誠心，此必有所利於人，而又恐人之窺其實也，故擬之以穿窬之盜。

子曰：「情欲信，辭欲巧。」

孔氏曰：君子情貌欲得信實，言辭欲得巧美，不違逆於理，與巧言令色者異也。　愚謂孔子言「巧言令色，鮮矣仁」，而詩曰「令儀令色」，此曰「辭欲巧」，何也？蓋孔子惡巧言，謂其無誠心而徒致飾於言者也。此云「情欲信」，則其心固已有其實矣。但恐恃其信而發爲言者或失之鄙朴，或失之徑遂，故又欲其巧，巧，謂善達其情，而非致飾於外也。○朱子曰：容貌、詞氣之間，正學者持養用力之地。然有意於巧、令，以悦人之觀聽，則心馳於外而鮮仁矣。若就此持養，發禁躁妄，動必温恭，只要體當自家直內、方外之實事，乃是爲己之切，求仁之要，復何病乎？故夫子告顏淵以克己復禮之目，不過視、聽、言、動之間，而曾子將死之善言，亦不外乎容貌、顏色、辭氣三者而已。夫子所謂「遜以出之」，辭欲巧者亦其一事也。

子言之：「昔三代明王，皆事天地之神明，無非卜、筮之用，不敢以其私褻事上帝。是故不犯日月，不違卜、筮。

鄭氏曰：所不違者，日與牲、尸也。　愚謂私，謂情之所便。褻，謂事之所習。犯，謂犯其不吉之日也。卜、筮吉，然後用，故不犯日月。既卜、筮，必從之，故不違卜、筮。○此以下皆言卜、筮之義，又以申明第五章「貴賤皆有事於天下」之義也。

卜、筮不相襲也。

說見曲禮。

大事有時日，小事無時日，有筮。

鄭氏曰：有事於大神，有常時常日也。有事於小神，無常時常日，臨有事筮之。孔氏曰：此經皆論祭祀之事，故解「小事」爲有事於小神。愚謂大事雖有常日，亦必卜之，但以常日爲主耳。周禮大宰「祀五帝」，「帥執事而卜日」，「祀大神示亦如之」，是也。天子大事先卜後筮，小事專用卜，故云「天子無筮」。此云小事有筮者，謂諸侯之禮也。

外事用剛日，內事用柔日。」

說見曲禮。

不違龜筮。子曰：「牲牷、禮樂、齊盛，是以無害乎鬼神，無怨乎百姓。」釋文：牷音全，本亦作「全」。齊音粢，本亦作「齍」。

「子曰」二字，疑當在「不違龜筮」之上。言不違龜筮，故用牲牷、禮樂、齊盛以祭祀，而無傷害乎鬼神；神降之福，故無怨乎百姓。

子曰：「后稷之祀易富也。其辭恭，其欲儉，其禄及子孫。詩曰：『后稷兆祀，庶無罪悔，以迄于今。』」釋文：易，以豉反。

鄭氏曰：富之言備也。以傳世之祿，共儉者之祭，易備也。孔氏曰：后稷乃帝嚳之子，世有祿位，后稷又祭祀恭儉，以世祿之饒，供儉薄之祭，故易豐備。以前明不違龜筮，動合神明，故此明后稷祭祀，福流後世，以證成其義。愚謂后稷之祀，見於生民之篇，其辭則曰「以興嗣歲」而已，無祈禱之辭，是恭也。其所欲則秬、秠、穈、芑，「取蕭祭脂，取羝以軷」而已，是儉也。兆，始也，今毛詩作「肇」。言自后稷始爲祭祀，以迄於今，而無罪悔，唯其易備故也。

子曰：「大人之器威敬。天子無筮，諸侯有守筮。天子道以筮，諸侯非其國不以筮，卜宅寢室。天子不卜處大廟。」釋文：大廟，音泰。

大人之器，謂龜筴也。威敬，言其威重、嚴敬，而不可以褻用也。天子無筮，無徒筮也。大卜，凡國之大事，先卜而後筮[一]。守筮，猶言守龜，言其所寶守之蓍筴也。道，道路也。天子言「道」，諸侯言「非其國」，互見之也。在道，天子但用筮，諸侯不筮，皆簡於其在國之禮也。宅，處也。卜宅寢室者，諸侯適他國，於所舍之寢室，卜而後處之，備不虞也。天子不卜處大廟者，天子適諸侯，必舍其大廟，不須卜之，至尊無所疑也。

子曰：「君子敬則用祭器。是以不廢日月，不違龜筮，以敬事其君長。是以上不瀆於民，下不褻於上。」

[一]周禮大卜無此文，簭人作「凡國之大事，先簭而後卜」。

言「君子敬則用祭器」，以引起下文之所言也。諸侯朝於天子，竟邑之大夫入見於其君，皆卜、筮其日月而後行。祭祀卜日，事君上亦卜日，是敬事其長上與祭祀同，亦敬則用祭器之義也。上有以全其尊，故不瀆於民；下有以致其敬，故不褻於上。

禮記卷五十二

緇衣第三十三 別録屬通論。

陸氏德明曰：劉瓛云：「公孫尼子所作也」。 愚謂此篇言君上化民，人臣事君，及立身行己之道。其曰緇衣者，取次章之語以名篇。

子言之曰：「爲上易事也，爲下易知也，則刑不煩矣。」釋文：易，以豉反。

鄭氏曰：言君不苛虐，臣無姦心，則刑可以措。 呂氏大臨曰：上以機心待民，則民亦以機心報上。上下之交，機心相勝，姦生詐起，欲刑之不煩不可得矣。

子曰：「好賢如緇衣，惡惡如巷伯，則爵不瀆而民作愿，刑不試而民咸服。大雅曰：『儀刑文王，萬國作孚。』」釋文：好，呼報反。惡惡，上烏路反，下如字。

緇衣，鄭國風篇，周人美鄭武公之賢，欲改爲其衣，又欲適其館而授之粲，其殷勤無已如此，好賢之誠也。巷伯，小雅篇名，詩人惡讒人，欲投之豺虎、有北、有昊，惡惡之誠也。人君之好賢惡惡，其誠苟能如此，則民莫不趨其所好而避其所惡，不待勸以賞而民自愿慤，不待加以刑而民皆畏服矣。儀、刑，皆法也。孚，信也。文王明德慎罰，故其德爲民所信，人君能法文王之德，則亦爲民所信也。

子曰：「夫民教之以德，齊之以禮，則民有格心。教之以政，齊之以刑，則民有遯心。故君民者子以愛之，則民親之；信以結之，則民不倍；恭以涖之，則民有孫心。甫刑曰：『苗民匪用命，制以刑，惟作五虐之刑，曰法。』是以民有惡德，而遂絶其世也。」釋文：遯亦作「遁」。倍音佩。孫音遜。

格，至也，謂至於善也。遯，逃也，謂苟逃刑罰而已。子，如中庸「子庶民」之子，言親民如子也。子以愛之，信以結之，恭以涖之，皆教德齊禮之事。親、遜、不倍，則民之格也。匪用命，書作「弗用靈」。靈，善也。引甫刑之言，以極言尚刑之失也。

子曰：「下之事上也，不從其所令，從其所行。上好是物，下必有甚焉者矣。故上之所好惡，不可不慎也，是民之表也。」

令之被民也淺，行之感民也深。故上之所好，民亦好之，非令所能禁也。上之所惡，民亦惡之，非令所能勸也。呂氏大臨曰：「一國之風俗，出於上之好惡。好惡之端，其發甚微，其風之行，或至於不可止，其俗之成，或至於不可敗，此不可不慎也。」

子曰：「禹立三年，百姓以仁遂焉，豈必盡仁？詩云：『赫赫師尹，民具爾瞻。』甫刑曰：『一人有慶，兆民賴之。』大雅曰：『成王之孚，下土之式。』」

遂，成也。以仁遂，言民之仁無不成也。然此非民之皆能仁也，由禹好仁，故民皆化於仁爾。

子曰：「上好仁，則下之爲仁爭先人。故長民者章志、貞教，尊仁以子愛百姓，民致行已以說其上矣。詩云：『有梏德行，四國順之。』」釋文：長，竹丈反。說音悅。牿音角。行，下孟反。○今按：梏如字，音谷。

仁者，民之所固有，上好之則下爲之矣。章，明也。章志者，明己之志，使民皆知我之好仁而惡不仁也。貞教者，以正道導民，使民皆知所以爲仁而去不仁也。志之在己，與教之及民者，皆在於尊尚仁道以愛其民，則民莫不盡力於行仁，以趨上之所好也。梏，爾雅云：「直也。」今毛詩作「覺」。

子曰：「王言如絲，其出如綸；王言如綸，其出如綍。故大人不倡游言。可言也不可行，君子弗言也。可行也不可言，君子弗行也。則民言不危行，而行不危言矣。詩云：『淑慎爾止，不諐于儀。』」釋文：綸音倫，又古頑反。綍音弗。危行，而行，並下孟反。諐，起虔反。○按諐，詩作「愆」，同。

綸，綬也。綍，引柩索也。綸大於絲，綍大於綸。游言，浮游無實之言也。王者之言，宣之爲政教，成之爲風俗，其端甚微，其末甚大，苟以游言倡之，則天下亦相率爲游言，而虛浮之風作矣。可言不可行，謂過高之言，不可見之於行事者。可行不可言，謂過高之行，不可言之以率人者。危，高峻也。君子之言行，不越乎中庸，而民效之。故言不敢高於行，言必顧行也；行不敢高於言，行必顧言也。

子曰：「君子道人以言，而禁人以行，故言必慮其所終，而行必稽其所敝，則民謹於言而慎於行。詩云：『慎爾出話，敬爾威儀。』大雅曰：『穆穆文王，於緝熙敬止。』」釋文：道音導。於緝，音烏。

呂氏大臨曰：引詩，言爲人上者，當善慎其容止，不過於先王曲禮之儀，以證言行之不可過也。

道者，率其爲善；禁者，防其爲惡。於言言「道」，於行言「禁」，互相備也。敝，敗也。人之言行，有其初本善，而其流不能無失者，故君子之於言，於其始而遂慮其所終；君子之於行，於其成而先稽其所敗，故其見於言行者，皆可法於當時，傳於後世，其民則而倣之，而於言無不謹，於行無不慎也。

子曰：「長民者衣服不貳，從容有常，以齊其民，則民德壹。詩云：『彼都人士，狐裘黃黃。其容不改，出言有章，行歸于周，萬民所望。』」釋文：長，竹丈反。貳，本或作「貸」，同音二。黃，徐本作「横」，音同。行，下孟反。

貳，差忒也。衣服之不忒，言貌之有常，皆德之所發也。故以此化民，而民之德亦歸於一也。周，忠信也。

子曰：「爲上可望而知也，爲下可述而志也，則君不疑於其臣，而臣不惑於其君矣。尹吉曰：『惟尹躬及湯，咸有壹德。』詩云：『淑人君子，其儀不忒。』」釋文：吉，依注爲「告」，音誥。忒，他得反，本亦作「貳」，音二。

志猶識也。可述而志，謂其言可稱述而記識也。上以誠待下，而見於貌者平易而可親，下以誠事上，而見於言者終始之不渝，則君臣之間情意交孚，而無所疑惑矣。尹吉，當作「尹告」。此書咸有一德伊尹告大甲之言也。

子曰：「有國家者章善癉惡，以示民厚，則民情不貳。詩云：『靖共爾位，好是正直。』」釋文：章義，尚書作「善」。癉，丁但反。共音恭，本亦作「恭」。好，呼報反。

鄭氏曰：章，明也。癉，病也。　呂氏大臨曰：明之斯好之矣，癉之斯惡之矣。善居其厚，惡居其薄，此所以示民厚也。　好善惡惡，則民壹歸於義理，此民情所以不貳也。

子曰：「上人疑則百姓惑，下難知則君長勞。故君民者章好以示民俗，慎惡以御民之淫，則民不惑矣。臣儀行，不重辭，不援其所不及，不煩其所不知，則君不勞矣。詩云：『上帝板板，下民卒癉。』小雅曰：『匪其止共，惟王之邛。』」釋文：好，呼報反。惡，烏路反，行如字。亶，丁但反，本亦作「癉」。共音恭，皇本作「躬」。邛，其恭反。

疑，謂好惡不明也。難知，謂陳言於君，而其旨意不顯白也。　爲上者章其所好，慎其所惡，使民皆知我之好善而惡惡，則從違定而不至於惑矣。儀，度也。　儀行，儀度君之所行也。不重辭，不多爲辭說也。援，引也。　爲臣者度君之所能行而引之，則不至援其所不及；不多爲辭說以瀆之，則不至煩其所不知。　如此，則君坦然知我言之可行而不至於勞矣。　蓋爲人臣者雖當責難於君，然時勢有難易緩急，而君之材質又有昏明強弱，若不量度乎此，而遽爲高遠難行之說，強其君以必從，亦豈事之所可行者乎？引板之詩，以證君使民惑；引巧言之詩，以證下使上勞也。

子曰：「政之不行也，教之不成也，爵祿不足勸也，刑罰不足恥也。故上不可以褻刑而輕爵。康誥曰：『敬明乃罰。』甫刑曰：『播刑之不迪。』」播，書作「布」，又無「不」字。

鄭氏曰：播，施也。不，衍字耳。迪，道也。　愚謂刑罰必加於有罪，則民知所恥，民知所恥則政行；爵祿必加於有德，則民知所勸，民知所勸則教成。所刑者不必有罪，則刑褻而民不恥；所爵者不必有德，則爵輕而民不勸矣。播刑之不迪者，言民之不迪者，乃施之以刑也。今書無「不」字。

子曰：「大臣不親，百姓不寧，則忠敬不足，而富貴已過也。大臣不治，而邇臣比矣。故大臣不可不敬也，是民之表也；邇臣不可不慎也，是民之道也。君毋以小謀大，毋以遠言近，毋以內圖外，則大臣不怨，邇臣不疾，而遠臣不蔽矣。葉公之顧命曰：『毋以小謀敗大作，毋以嬖御人疾莊后，毋以嬖御士疾莊士大夫、卿、士。』」釋文：治音值。比，毗志反。○葉當作「祭」，側界反。大臣不親者，謂君疏其大臣，而大臣亦自疏於其君也。大臣者，所以出政令以治民，大臣疏則政令不行而百姓不寧矣。忠，謂待以實心也。忠不足則疑，敬不足則慢。君之於大臣，既富貴之，則宜敬信之。忠敬不足，而徒厚以富貴，則君臣之間以利相與，以貌相承，此大臣之所以不親也。大臣疏於上而不得治其職，則壅蔽之患生，故邇臣皆得比周以欺其君也。大臣尊重，民所視以爲表率，故待之不可以不敬。慎，謂慎擇其人也。邇臣朝夕左右，所以成君德以導民，故擇之不可以不慎也。葉當作「祭」，字之誤也。將死而言曰顧命。祭公之顧命者，祭公謀父將死告穆王之言也。今見逸周書祭公解篇。小謀，小臣之所謀；大作，大臣之所爲也。嬖御人，謂嬖寵之妾。莊后，謂齊莊之后也。嬖御士，嬖寵之近臣也。莊士大夫、卿、士，謂齊莊之士爲大夫、卿、士者也。陸氏德明曰：賤而得幸曰嬖。

子曰：「大人不親其所賢，而信其所賤，民是以親失，而教是以煩。詩云：『彼求我則，如不我得。執我仇仇，亦不我力。』君陳曰：『未見聖，若己弗克見；既見聖，亦不克由聖。』」釋文：陳，本亦作古「敶」字。

所賢，謂貴者，所賤，謂不肖者，互言之也。民，謂臣下也。蓋人君所貴者必賢，所賤者必不肖，賢者宜親，不肖者宜疏，此理之常也。今乃反之，則賢者不見親，而所親者又未必賢，此親之所以失也。貴者之權，賤者起而奪之，此教之所以煩也。引正月之詩及君陳之書，皆以爲不親賢臣之證也。

子曰：「小人溺於水，君子溺於口，大人溺於民，皆在其所褻也。夫水近於人而溺人，德易狎而難親也，易以溺人。口費而煩，易出難悔，易以溺人。夫民閉於人而有鄙心，可敬不可慢，易以溺人。故君子不可以不慎也。大甲曰：『毋越厥命以自覆也。』『若虞機張，往省括于厥度則釋。』兌命曰：『惟口起羞，惟甲冑起兵，惟衣裳在笥，惟干戈省厥躬。』大甲曰：『天作孽，可違也；自作孽，不可以逭。』尹吉曰：『惟尹躬天見于西邑夏，自周有終，相亦惟終。』」釋文：近，「附近」之近。費，方貴反。慢，本又作「漫」。大音泰。度如字，又大各反。尚書無「厥」字。兌音悅，本亦作「說」。兵，尚書作「戎」。孽，魚列反。尚書作「天作孽，猶可違也」。不可以逭，本又作「[足官]」，呼亂反。尚書作「弗可逭」，無「以」字。吉音告。天，依注作「先」。相，息亮反。○鄭注：費或爲「哱」，或爲「悖」。見或爲「敗」。邑或爲「予」。

鄭氏曰：言人不溺於所敬者。溺，謂覆没不能自理出也。閉於人，不通於人道。忠信爲周。呂氏大臨曰：小人，謂民也。君子，謂士大夫。大人，謂王、公。凡人覆没於禍患，不能以自出者，皆在其易而褻之也。水之德至柔，民狎之而不戒，此取溺之道也。古之君子，辭達而已，若於己則費，於人則煩，其甚至於害身喪德，易出而不可悔，非口之溺人乎？民愚且賤，上之所易也。惟愚，故蔽於心而不可理喻，惟賤，故有鄙心，多怨而無恥。為王、公者，慢而不敬，則輕身輕上，無所不至，此民之溺人也。引大甲，言為政者如虞人之射禽，張機省括而後發，則無溺於民之患。兌命言庶政不可不慎，大甲言禍患之來，莫非自取，尹告言君以忠信有終，皆君所自致也。

子曰：「民以君為心，君以民為體。心莊則體舒，心肅則容敬。心好之，身必安之；君好之，民必欲之。心以體全，亦以體傷；君以民存，亦以民亡。詩云：『昔吾有先正，其言明且清，國家以寧，都邑以成，庶民以生。誰能秉國成？不自為正，卒勞百姓。』君雅曰：『夏日暑雨，小民惟曰怨。資冬祁寒，小民亦惟曰怨。』」釋文：好，呼報反。「昔吾有先正」，至「庶民以生」五句，今詩皆無此語，餘在小雅節南山篇，或皆逸詩也。清，舊才性反，一云「此詩協韻，宜如字」。上「先正」，當音征。誰能秉國成，毛詩無「能」字。雅音牙，尚書作「牙」。夏，户嫁反。尚書無「日」字。資，尚書作「咨」。○按小民亦惟曰怨，尚書「怨」下有「咨」字。

民之欲惡由於君，而君之存亡係於民。然則君之所好，其公私得失之間，乃存亡之所由分也，可不謹與？詩，逸詩。先正，先世之賢臣也。國成，邦之八成也。呂氏大臨曰：心、體之說，姑以為譬，然求之實理，則非譬也。體完則心說，猶有民則有君也。體傷則心憯，猶民病則君憂也。引詩，言君不正，民之所以勞也。引君雅，言天之寒暑，小民且怨之，況君之政教乎？

子曰：「下之事上也，身不正，言不信，則義不壹，行無類也。」釋文：行，下孟反，下「行有格」同。

陳氏祥道曰：下之事上，以身為本，而信以成之也。身正，然後無好異之行，是以行有類。言信，然後有不可移之義，是以義主於壹。身不正，則動皆反常矣，其形於可見之行者斯無類；言不信，則德二三矣，其見於事君之義者斯不壹。

子曰：「言有物而行有格也，是以生則不可奪志，死則不可奪名。故君子多聞，質而守之；多志，質而親之；精知，畧而行之。君陳曰：『出入自爾師虞，庶言同。』詩云：『淑人君子，其儀一也。』」釋文：是故，一本作「以」。○鄭注：精或爲「清」。也，今詩作「兮」。

呂氏大臨曰：有物則無失實之言，有格則無踰矩之行，生乎由是，死乎由是，故志與名不可得而奪也。義重於生，舍生而取義，不義之名，君子所不受也。多聞，所聞欲博也。多志，多見而識之也。質，正也。不敢信己，質衆人之所同，然後用之也。守之者，服膺弗失也。親之者，學問不厭也。由多聞多志而得之，又當精思以求其至約而行之。畧，約也。此皆義壹、行類之道也。愚謂鶴山魏氏引「侵敗王畧」、「封畛土畧」，證此「畧」字之義，是也。「畧」字從田從各，乃土田之界別，故此借以爲分別之義。蓋多聞多志，則所以考之於古者博矣。質而守之，質而親之，則所以辨之於人者審矣。於是又反之於己，而體驗之，思索之，使所知者極其精，然後分別其可否而行之。如此，必無無物之言，踰格之行矣。引書，以明凡事必度之於衆，所謂「質而守之，質而親之」也。引詩，言儀度當歸於純一，所謂「畧而行之」也。

子曰：「唯君子能好其正，小人毒其正。故君子之朋友有鄉，其惡有方。是故邇者不惑，而遠者不疑也。詩云：『君子好仇。』」釋文：好，呼報反，下皆同。正音匹。鄉，許亮反。惡，烏路反。○今按：正如字。仇，詩作「逑」。

正，謂益者之友，能正己之失者，唯君子能好之，若小人則反毒害之矣。方亦鄉也。君子所交之朋友，有一定之鄉，必其善者也；其所惡亦有一定之方，必其不善者也。是以能見信於遠邇也。

子曰：「輕絶貧賤，而重絶富貴，則好賢不堅，而惡惡不著也。人雖曰『不利』，吾不信也。詩云：『朋友攸攝，攝以威儀。』」

貧賤者未必不賢也，而輕於絶之，則必有以賢而見絶者，而好賢之心不堅矣。富貴者未必不惡也，而重於絶之，則必有以惡而見容者，而惡惡之心不著矣。如此，則其交也，徒以勢利而不以道義也。引詩，言人之交友，當相攝以威儀，不可以貧賤富貴爲向背也。

子曰：「私惠不歸德，君子不自留焉。詩云：『人之好我，示我周行。』」釋文：行，户剛反，又如字。○鄭注：歸或爲「懷」。

君子愛人以德，苟有私惠於我，而不歸於德義之公，則君子不以其身留之。齊景公待孔子以季、孟，而不能行其道，則孔子去之矣。齊王饋孟子以兼金，而不能處以禮，則孟子辭之矣。周行，大道也。引詩，言人之相好，當相示以大道，而不可以私惠也。

子曰：「苟有車，必見其軾；苟有衣，必見其敝。人苟或言之，必聞其聲；苟或行之，必見其成。葛覃曰：『服之無射。』」釋文：軾音式。敝，鄭裨世反，敗也。庾必世反，隱蔽也。人苟或言之，一本無「人」字。射音斁。○今按：「敝」字當從庾氏讀。

敝當作「蔽」。車成則必駕之，而見其軾之高；衣成則必衣之，而見其蔽於體。人有言行，不可得而掩，亦猶是也。引葛覃者，證有衣必見其蔽之義。

子曰：「言從而行之，則言不可飾也。行從而言之，則行不可飾也。故君子寡言而行，以成其信，則民不得大其美而小其惡。詩云：『白圭之玷，尚可磨也。斯言之玷，不可爲也。』小雅曰：『允也君子，展也大成。』君奭曰：『在昔上帝，周田觀文王之德，其集大命于厥躬。』」

釋文：行從，下孟反，下「則行」同。寡音顧，出註。周田觀文，依註讀爲割申勸寧。○今按：寡如字。允也，詩作「允矣」。「割」字句絶。

君子之言，必從而行之，故言不可飾，飾則言不顧行矣。君子之行，必從而言之，故行不可飾，飾則行不顧言矣。信，謂能踐其言也。君子不尚多言，而惟致力於行。其所言者無不踐，而無虛僞之言，故民不得張大其美，而減小其惡也。蓋本無美而以言飾之使著，是爲張其美；本有惡而以言飾之使減，是爲小其惡。不得大其美而小其惡者，由化於君子，皆尚行而不尚言，故自有所不得然爾，非禁於勢也。呂氏大臨曰：言之不信，所謂玷也。允也君子，展也大成，言君子非信則不成也。君奭言文王有誠信之德，爲天所命，況於人乎！

子曰：「南人有言曰：『人而無恒，不可以爲卜、筮。』古之遺言與？龜筮猶不能知也，而況於人乎！詩云：『我龜既厭，不我告猶。』兌命曰：『爵無及惡德，民立而正事。』『純而祭祀，是爲不敬。事煩則亂，事神則難。』易曰：『不恒其德，或承之羞。』『恒其德偵，婦人吉，夫子凶。』」釋文：與音餘。兑音説。偵音貞，周易作「貞」。○鄭注：純或爲「煩」。○按書無作「罔」，又無「民立而正事」一句，純而作「黷于」，事煩作「禮煩」。

鄭氏曰：恒，常也。不可爲卜、筮，言卦兆不能見其情，定其吉凶也。猶，道也。言褻而用之，龜厭之，不告以吉凶之道也。惡德，無恒之德也。惡德之人使事煩，事煩則亂；使事鬼神，又難以得福也。愚謂民立而正事者，言以爵加人，而立之爲卿大夫，必其有恒而行正道者。若無恒之人，專求之於鬼神，是爲瀆黷不敬。其事煩則亂於典禮，而事神難以得福也。引易恒卦九三爻辭〔一〕，以明無恒之取羞；引六五爻辭，又以明所謂恒者，當因義而制其變通，而不可如婦人之專一也。

〔一〕「恒卦」二字原本脱，據周易補。

禮記卷五十三

奔喪第三十四 別録屬喪服。

鄭氏曰：奔喪者，居於他邦，聞喪奔歸之禮，實逸曲禮之正篇也。漢興後得古文，而禮家又貪其說，因合於禮記耳。奔喪禮，屬凶禮也。　孔氏曰：鄭云「逸禮」者，漢書藝文志云：「漢興，始於魯淹中得古禮五十七篇，其十七篇與今儀禮正同，其餘四十篇，藏在秘府，謂之逸禮，其投壺禮亦此類也。」又六藝論云：「漢興，高堂生得禮十七篇。後孔子壁中得古文禮五十七篇，其十七篇與前同，而字多異。」按漢書藝文志：「禮古經五十六卷。」又云：「漢興，高堂生傳士禮十七篇。」「禮古經者，出於魯淹中」，「多三十九篇」。此引漢志，云「古禮五十七篇，多今儀禮四十篇」。又引六藝論，亦云「古文禮五十七篇」，視今漢志所言，多一篇，未詳其說。　以此言之，此奔喪禮十七篇外，既謂之逸，下文鄭注又引逸奔喪禮者，此奔喪禮對十七篇爲逸禮，録入於記，其不入於記者又比此爲逸，其實祇一篇也。　愚謂此篇與投壺皆儀禮之正經也。儀禮古經五十六篇，藏在秘府，世莫之見，後遂散逸。此篇與投壺爲小戴録入禮記，故幸而得存。然此篇雖爲小戴所録，而其中已有删之者，鄭注所引逸奔喪禮，即戴氏之所删者，而鄭氏尚得見之也。

奔喪之禮：

奔喪者，在外聞其親屬之喪而歸也。曰「奔」者，著其急也。以喪之輕重，則有父，有母，有齊衰以下，以奔之遲速，則有聞喪卽奔，有聞喪不得奔，有既殯而至，有既葬而至，有除喪而後歸。其禮各不同。首云「奔喪之禮」，所以總目一篇之事也。孔氏曰：此奔喪禮，兼記天子諸侯，然以士爲主。

始聞親喪，以哭答使者，盡哀；問故，又哭盡哀。

鄭氏曰：親，父母也。以哭答使者，驚怛之哀無辭也。問故，問親喪所由也。雖非父母，聞喪而哭，其禮亦然。愚謂下文言唯「父母之喪」，則此言「親喪」，謂大功以上之親。此「哭」，卽於其聞喪之所而哭也。

右始聞喪。

遂行，日行百里，不以夜行；

鄭氏曰：雖有哀戚，猶辟害也。晝夜之分，別於昏明。哭則遂行者，不爲位。愚謂日行百里行，兼程也。吉行日五十里。

唯父母之喪見星而行，見星而舍；

鄭氏曰：侵晨冒昏，彌益促也。言「唯」，著異也。愚謂身，父母之身也，爲父母之喪而奔，雖患不敢避也，非是則不以父母之身沾患。舍，就館舍也。

若未得行，則成服而后行。

鄭氏曰：謂以君命有爲者也。成喪服，得行則行。

右行。

過國至竟，哭，盡哀而止。釋文：竟音境，下同。

鄭氏曰：感此念親。

哭辟市朝，釋文：辟音避。朝，直遥反。

鄭氏曰：爲驚衆也。　愚謂凡治民之處皆曰朝。

望其國竟哭。

鄭氏曰：斬衰者也。　自是哭且遂行。　愚謂過國至竟哭，望其國竟哭，皆謂奔父母之喪者也。

右過國至望其國竟。

至於家，入門左，升自西階，殯東，西面坐，哭盡哀，括髮，袒，降，堂東卽位，西鄉哭，成踊，襲，絰于序東，絞帶，

鄭氏曰：括髮、袒者，去飾也。　未成服者，素委貌、深衣；已成服者，固自喪服矣。　降，堂東卽位者，已殯者位在下。　襲，服衣也。　不於又哭乃絰者，發喪已踰日，節於是可也。　其未小斂而至，與在家同。

孔氏曰：升自西階者，曲禮云爲人子者，「升降不由阼階」，今父母新死，未忍異於生也。　曾子問云「壻親迎，女在塗」，遭喪，「改服，布深衣，縞總」。　女人之縞總，似男子之素冠，故知布深衣、素冠。　又小記云「遠葬者，比反哭皆冠，及郊而後免」，故知在路皆冠也。　愚謂此謂未成服而奔喪者也。　入門左，變於吉也。　升自西階，居喪之禮不由阼階也。　始至卽括髮、袒者，至在殯後者之禮也。　絰不著

殯前至者之禮，蓋始至笄、纚、深衣，明日乃袒、括髮，與在家者之禮同。但未小斂至者，成服與在家者同日；既小斂，未殯至者，則終其散麻之日數，其成服與在家者異日也。降自西階，堂東即位，即阼階東，西面之位也。絰，首絰、要帶也。絞帶，絞苴麻爲之。吉時有大帶，有革帶，凶時有要絰象大帶，又有絞帶以象革帶也。要絰自大功以上，初喪皆散垂，至成服乃絞之。其象革帶之帶，初服時即絞之，故謂之絞帶。蓋吉服之革帶輕於大帶，凶服之絞帶亦輕於要絰也。○鄭氏云：「不散帶者，不見尸柩。」此誤以絞帶爲絞要絰也。士喪記「小斂」，「既馮尸，主人袒、髻髮，絞帶，衆主人布帶」。主人小斂即絞帶，而衆主人又用布，此皆象革帶之帶也。奔喪者至三日乃成服，未成服之先，要絰亦散垂，其絞者特象革帶之帶耳，正與士喪記同，非以不見尸柩不散帶也。雜記「凡異居，始聞兄弟之喪」章孔疏之支謬，皆鄭氏此語啟之也。又鄭氏謂「未小斂而至，與在家同」，蓋士小斂之前，則死日也。奔喪者若以小斂前至，則始至笄、纚、深衣，至小斂而括髮，小斂後拜賓而襲、絰，皆與在家者同日。疏乃謂「帶、絰自用其奔喪日數」，此因雜記言「親者終其麻、帶、絰之日數」，故生此說，不知雜記所言，自謂至在小斂後者也。

反位，拜賓，成踊，送賓，反位。有賓後至者，則拜之、成踊、送賓皆如初。

鄭氏曰：拜賓者就其位，既拜，反位，哭踊。　愚謂反位，反阼階東之位也。反位，拜賓，謂於反位之時而拜賓，拜賓而後反位也。士喪禮小斂後，「主人拜賓」，而後「即位，踊，襲、絰于序東」。此於襲、絰後乃拜賓者，變於在家者之禮也。若有大夫，則袒而拜之，不待襲也。送賓，送之於殯宮門外。

衆主人、兄弟皆出門，出門哭止，闔門，相者告就次。釋文：相，息亮反。

衆主人，大功以上之親。兄弟，小功以下之親也。主人出送後至之賓，殯宮事畢，則衆主人、兄弟皆出也。闔門，闔殯宮門也。次，倚廬也。

於又哭，括髮、袒，成踊。於三哭，猶括髮、袒，成踊。

鄭氏曰：又哭，至明日朝也。三哭，又其明日朝也。皆升堂括髮、袒，如始至。必又哭、三哭者，象小斂、大斂時也。雜記曰：「士三踊。」其夕哭從朝。夕哭不括髮，不袒，不踊，不以爲數。孔氏曰：小記云「三日五哭三袒」，故知夕哭不袒。愚謂初至三日，皆升堂鄉殯而哭者，象在家者襲及大、小斂三時之哭也。其夕哭，但卽阼階下位，不升堂也。

三日成服，拜賓送賓皆如初。

鄭氏曰：三日，三哭之明日也。既哭，成其喪服，杖於序東。愚謂鄭知成服於序東者，以小斂襲、絰于序東決之也。然則凡成服者皆於此矣。若婦人，則成服於西房與？凡奔大功以上之喪，小斂前至者，成服與在家者同日；小斂後至者，成服與在家者異日。雜記曰「未服麻而奔喪，及主人之未成絰也，疏者與主人遂成之，親者終其麻、帶、絰之日數」，是也。

右至家成服。

奔喪者非主人，則主人爲之拜賓送賓。釋文：爲，于僞反。

非主人，謂衆子也。此著其異者，其餘禮與主人同。

右奔喪者非主人。

奔喪者自齊衰以下，入門左，中庭北面，哭盡哀，免、麻于序東，卽位袒，與主人哭，成踊。

釋文：齊音咨。 免音問。

鄭氏曰：不升堂哭者，非父母之喪，統於主人也。麻，亦絰、帶也。於此言「麻」者，明所奔喪雖有輕者，不至喪所，無改服也。凡袒者於位，襲於序東，袒、襲不相因位，此麻乃袒，變於爲父母也。愚謂殯在西階。中庭，西階下南北之中也。北面，鄉殯也。入門左，與奔父母之喪同；中庭北面，與奔父母之喪異。衆主人在家，免於房，絰於序東，此既不升堂，故其免與絰皆於序東。免、麻一時爲之，又既麻乃袒，皆異於爲父母也。既成踊，乃襲。

於又哭、三哭，皆免、袒。有賓則主人拜賓送賓。

鄭氏曰：又哭、三哭，亦入門左，中庭北面，如始至時也。

丈夫、婦人之待之也，皆如朝夕哭位，無變也。

鄭氏曰：待奔喪者無變，嫌賓客之也。於賓客以哀變爲敬，此骨肉，哀則自哀矣。於此乃言「待之」，明奔喪者至三哭猶不以序入也。愚謂朝夕哭之位，丈夫在阼階下，婦人在阼階上。在家者皆先卽朝夕哭位，奔喪者乃入至中庭北面哭也。孔疏謂「奔喪者急哀，但獨入哭，不俟主人爲次序」，非也。喪禮於弔賓，皆卽朝夕哭位以待之，未嘗爲之變也。此乃特言之者，嫌骨肉之親始至待之或異也。

右齊衰以下奔喪。

奔母之喪，西面哭盡哀，括髮、袒，降，堂東卽位，西鄉哭，成踊，襲、免、絰于序東。拜賓送賓，皆如奔父之禮。於又哭，不括髮。

奔母喪之禮，皆與奔父喪同，其異者，卽位後改括髮而免耳。襲、免、絰於序東，謂於東序之東，襲衣而著免加絰也。又哭，謂明日又明日之哭也。又哭不括髮，則免而已。上既云「免於序東」矣，此又云「不括髮」者，嫌明日又明日之哭，升堂向殯時亦括髮，至卽位後乃免，故又明之，言又哭升堂時卽免，與初至時異也。鄭氏於此註及小記註，皆以又哭爲堂下卽位之哭，誤也。孔氏曰：此謂適子，若庶子則亦主人爲之拜賓送賓。

右奔母之喪。

婦人奔喪，升自東階，殯東，西面坐，哭盡哀，東髽，卽位，與主人拾踊。釋文：拾，其劫反。

鄭氏曰：婦人，謂姑、姊妹、女子子也。東階，東面階也。婦人入者由闈門。去纚大紒曰髽。東髽，髽於東序，不髽於房，變於在室者也。拾，更也。愚謂婦人非父母、兄弟之喪不奔。東階，東房北下之階也，亦謂之側階。雜記夫人奔喪，「升自側階」是也。升自側階，則出自東房也。東髽，謂就堂上東序而髽也。凡踊皆拾，婦人居間。○鄭氏云「主人與之拾踊，賓客之」，非也。經於主人奔喪，但云「成踊」，蓋主人踊則衆主人以下隨之皆踊可知。於齊衰以下奔喪，云「與主人哭成踊」，於婦人奔喪，云「與主人拾踊」，蓋以齊衰以下及婦人之奔喪，主人或不與之俱踊，故特言之。奔喪者，主人無不與之俱踊，豈由賓客之而然乎？

右婦人奔喪。

奔喪者不及殯，先之墓，北面坐，哭盡哀。主人之待之也，卽位於墓左，婦人墓右，成踊，盡哀，括髮，東卽主人位，絰、絞帶，哭，成踊。拜賓，反位，成踊。相者告事畢。釋文：相，息亮反。

鄭氏曰：主人之待之，謂在家者也。哭於墓，爲父母則袒。愚謂此亦聞喪卽奔，而以道遠，葬後乃至也。主人，在家之子也。括髮不言「袒」，文畧也。下文「除喪而後歸」者，其在墓尚袒，則未除喪者可知。括髮而後東卽主人位，則括髮卽於北面時爲之也。告事畢，告以於墓無事，可以歸也。

遂冠，歸入門左，北面，哭盡哀，括髮、袒，成踊，東卽位，拜賓，成踊。賓出，主人拜送。有賓後至者，則拜之、成踊、送賓如初。衆主人、兄弟皆出門，出門哭止，相者告就次。

冠者，行道不可無飾也。不升堂者，柩已葬也。北面，哭盡哀，鄉所殯之處，而深哀其不復見也。言主人拜賓，兼容奔喪者，非主人之禮也。

於又哭，括髮，成踊。於三哭，猶括髮、成踊。三日成服，於五哭，相者告事畢。

又哭不言「袒」，文畧也。成服日又哭爲四哭，至明日又哭爲五哭。五哭，謂於殯宮卽位之哭也。是時在家者已卒哭矣，故五日而奔喪者，殯宮之哭可以止，此後朝夕哭皆於次而已。告事畢者，告以於殯宮無事也。○鄭氏云「又哭、三哭不袒者，哀戚已久，殺之也」，非也。袒輕而括髮重，袒有不括髮，括髮未有不袒者。果哀久而殺，何以殺其輕者，而重者反不殺乎？又鄭氏曰：「逸奔喪禮說：『不及殯日，於又哭猶括髮，卽位，不袒。』」疑此「不袒」之文，乃鄭氏自以意足成之，非逸禮本文也。下文齊衰者奔喪不及殯，於又哭、三哭皆免、袒，則爲父括髮，安有不袒者乎？

爲母所以異於父者，壹括髮，其餘免以終事。他如奔父之禮。

鄭氏曰：壹括髮，謂歸入門哭時也。於此乃言「爲母異於父」者，明及殯、不及殯，其異者同。　愚謂爲母之異於父者，前既著之矣，又言此者，嫌不及殯者之禮或異也。

右奔父母喪不及殯。

齊衰以下不及殯，先之墓，西面哭盡哀，免、麻于東方，即位，與主人哭，成踊，襲。有賓則主人拜賓送賓。賓有後至者，拜之如初。相者告事畢。

鄭氏曰：不北面者，亦統於主人。　愚謂於成踊言「襲」，則即位時亦袒可知。

遂冠，歸入門左，北面，哭盡哀，免、袒，成踊，東即位，拜賓，成踊。賓出，主人拜送。

拜賓者亦主人。

於又哭，免、袒，成踊。於三哭，猶免、袒，成踊。三日成服，於五哭，相者告事畢。

孔氏曰：小功以下不稅，若奔在葬後三月之外，則不得有三日成服。　愚謂稅與不稅，以聞喪之日爲斷。若奔喪至家，雖在葬後，而聞喪在先，則至家之日，其免、絰成服之禮皆不異也。

右奔齊衰以下之喪不及殯。

聞喪不得奔喪，哭盡哀；問故，又哭盡哀。乃爲位，括髮、袒，成踊，襲、絰、絞帶，即位，拜賓，反位，成踊。賓出，主人拜送于門外，反位。若有賓後至者，拜之、成踊、送賓如初。

鄭氏曰：聞父母喪而不得奔，謂以君命有事，不然者，不得爲位。位有鄰列之處，如於家朝夕哭位矣。不於又哭乃絰者，喪至此踰日，節於是可也。孔氏曰：若非君命有事，則不得爲位，當須速奔，今乃爲位，故知以君命有事者也。不於又哭乃絰，謂不於明日之又哭也。初聞喪，象始死；明日又哭，象小斂時。士喪禮小斂乃絰，此亦當又哭乃絰，今於聞喪之日即絰、帶者，以喪至此，赴者至，踰其日節，故於聞喪之日即加絰、帶也。愚謂凡聞喪不得奔喪，乃爲位；聞喪即奔者，哭不爲位也。爲位，敍列親疏，而已即阼階下西面之位也。上言「乃爲位」，指其將爲位之事；下言「即位」，正言爲位之禮也。襲、絰、絞帶乃即位，又變於至家者之禮也。袒，括髮，成踊在堂上，襲、絰、絞帶於序東，不言者，蒙前可知也。即位拜賓，反位成踊者，謂於即位之時先拜賓，而後反位成踊也。

於又哭，括髮，袒，成踊。於三哭，猶括髮，袒，成踊。三日成服，於五哭，拜賓送賓如初。

鄭氏曰：不言「就次」者，當從其事，不可以喪服廢公職也。其在官，亦告就次。言「五哭」者，以迫公事，五日哀殺，亦可以止。愚謂五哭，謂爲位之哭也。五哭之後，哭於喪次而已。

右聞喪不得奔喪。

若除喪而后歸，則之墓，哭，成踊，東括髮，袒，絰，拜賓，成踊，送賓，反位，又哭盡哀，遂除。於家不哭。

鄭氏曰：東，東即主人位，如不及殯者也。遂除，除於墓而歸。愚謂東括髮、袒者，括髮、袒而東即主人之位也。東括髮、袒，不言「成踊」，文畧也。

主人之待之也，無變於服，與之哭，不踊。

鄭氏曰：無變於服，自若時服也。亦即位于墓左，婦人墓右。　孔氏曰：不踊者，在家者服已除，哀情已殺也。

自齊衰以下，所以異者免、麻。

孔氏曰：齊衰以下，除服之後奔喪，唯著免、麻，不括髮，墓所哭罷即除。

右除喪而后歸。

凡爲位，非親喪，齊衰以下皆即位，哭盡哀，而東免、絰，即位，袒，成踊，襲，拜賓，反位，哭，成踊，送賓，反位。相者告就次。

鄭氏曰：謂無君事，又無故，可得奔喪，而以己私未奔者也。父母之喪，則不爲位，其哭之，不離聞喪之處。　孔氏曰：必知無君事者，若銜君命，於事爲重，唯父母之喪乃敢顯然爲位也。　愚謂此言齊衰以下爲位之禮也。齊衰以下皆即位者，言齊衰以下不得奔喪皆得爲位也。爲位之禮，亦於堂上，哭盡哀，乃降而免、絰于序東，然後即阼階下西面之位。凡受弔於外者，雖非主人，皆拜賓，但不稽顙耳。

三日五哭，卒。主人出送賓，衆主人、兄弟皆出門，哭止，相者告事畢。成服，拜賓。　按「主人出送賓」，至「哭止」十五字，於上下不相屬，注疏皆無解說，蓋衍文。

鄭氏曰：卒猶止也。三日五哭者，始聞喪，訖夕爲位，乃出就次，一哭也。與明日又明日之朝、夕而五哭。不五朝哭，而數朝、夕，備五哭而止，亦爲急奔喪，已私事當畢，亦明日乃成服也。凡云「五哭」者，其後有賓，亦與之哭而拜之。

若所爲位家遠，則成服而往。

鄭氏曰：謂所當奔者外喪也。外喪緩而道遠，成服乃行，容待齎也。愚謂上言有故不得奔喪者，此非有他故，直以道遠服輕，故成服乃往耳。

右齊衰以下爲位。○上爲正經，此下乃其記也。

齊衰望鄉而哭，大功望門而哭，小功至門而哭，緦麻卽位而哭。

鄭氏曰：奔喪哭，親疏遠近之差也。

右記奔齊衰以下喪哭遠近之節。

哭父之黨於廟，母、妻之黨於寢，師於廟門外，朋友於寢門外，所識於野張帷。

鄭氏曰：此因五服聞喪而哭，列人恩諸所當哭者也。黨，謂族類無服者也。逸奔喪禮曰：「哭父族與母黨於廟，妻之黨於寢，朋友於寢門外，壹哭而已，不踊。」言「壹哭而已」，則不爲位矣。沈氏曰：事由父者哭之廟，事由己者哭之寢。愚謂母之黨哭於寢，謂母在也。哭諸廟，謂母沒也。檀弓「師哭諸寢」，由己事之者也。此言「師於廟門外」，謂奉父命事之者，若父在則亦哭之於寢也。

右記哭無服之喪之處。

凡爲位不奠。

鄭氏曰：以其精神不在乎是。

右記爲位不奠。

哭天子九，諸侯七，卿大夫五，士三。

鄭氏曰：此臣聞君喪而未奔，爲位而哭，尊卑日數之差也。　愚謂觀此，則士之有臣亦可見矣。

右記哭天子以下之差。

大夫哭諸侯，不敢拜賓；

鄭氏曰：謂哭其舊君，不敢拜賓，避爲主。

諸臣在他國，爲位而哭，不敢拜賓；

鄭氏曰：謂大夫士使於列國。

與諸侯爲兄弟，亦爲位而哭。

鄭氏曰：族親昏姻在異國者。

右記爲位不敢拜賓。

凡爲位者壹袒。

鄭氏曰：始聞喪，哭而袒，其明日則否。　父母之喪，自若三袒也。

右記爲位壹袒。

所識者弔，先哭于家而後之墓，皆爲之成踊，從主人北面而踊。釋文：爲，于僞反。

鄭氏曰：從主人而踊，拾踊也。北面，自外來便也。主人墓左西鄉。愚謂奔父母之喪不及殯，之墓北面。齊衰以下則西面，變於親喪也。所識者弔於墓北面，又變於有服之親也。

右記所識者弔。

凡喪：父在，父爲主；父沒，兄弟同居，各主其喪；親同，長者主之；不同，親者主之。釋文：長，竹丈反。

凡喪，父在，父爲主者，謂父子皆可主其喪，則尊者爲之主。若舅主適婦之喪，則其夫不爲主；祖主適孫之喪，則其世叔父不爲主是也。父之所不主者，則子自主之。

右記凡喪爲主。

聞遠兄弟之喪，既除喪而后聞喪，免、袒，成踊，拜賓則尚左手。

鄭氏曰：小功、緦麻不稅者也，雖不服，猶免、袒。尚左手，吉拜也。逸奔喪禮曰：「凡拜，吉、喪皆尚左手。」

右記遠兄弟之喪除喪而后聞喪。

無服而爲位者，唯嫂叔，及婦人降而無服者麻。

鄭氏曰：雖無服，猶弔服加麻，袒、免，爲位哭也。婦人降而無服，族姑、姊妹嫁者也。逸奔喪禮曰：「無服袒、免爲位者，唯嫂與叔。凡爲其男子服，其婦人降而無服者麻。」愚謂哭有服之親乃爲位，嫂叔無服而爲位者，以其本親也。爲兄弟之妻皆然，獨言「嫂叔」者，避文繁也。麻者，以麻爲弔服之絰也。凡弔服用葛絰，嫂叔及婦人降而無服者雖服弔服，而以麻爲絰，重之也。蓋二者本應有服，一以遠嫌絶之，一以出嫁降之，故哭之皆爲位，且重其弔服之絰，以別於其餘無服者之親也。○鄭氏云：「正言『嫂叔』，尊嫂也。兄公，於弟之妻則不能也。」孔氏云：「兄公，於弟妻不服者，卑遠之也。弟妻於兄公不服者，尊絶之也。」非也。曲禮曰：「嫂叔不通問。」檀弓曰：「嫂叔之無服也。」雜記：「嫂不撫叔，叔不撫嫂。」凡舉嫂叔以該兄公與弟妻者多矣，豈容於此獨生異義？且夫之世叔父又尊於兄公矣，然且爲之服而報焉，何以不遠之絶之乎？

右記無服爲位。

凡奔喪，有大夫至，袒，拜之，成踊，而后襲；於士，襲而后拜之。鄭注：或曰「大夫後至者，袒拜之，爲之成踊」。

鄭氏曰：主人袒，降哭，而大夫至，因拜之，不敢成己禮，乃禮尊者。

右記奔喪拜大夫士之異。

禮記卷五十四

問喪第三十五 別録屬喪服。

此篇設爲問答，以發明居喪之禮，故曰問喪。

親始死，雞斯，徒跣，扱上衽，交手哭。惻怛之心，痛疾之意，傷腎、乾肝、焦肺，水漿不入口，三日不舉火，故鄰里爲之糜粥以飲食之。釋文：雞斯，依注爲「笄、纚」。笄，古兮反。纚，色買反，徐所綺反。扱，初拾反。乾音干。漿，本亦作「漿」。糜，本亦作「饜」。飲音蔭。食音嗣。

鄭氏曰：親，父母也。雞斯，當爲「笄、纚」，聲之誤也。親始死，去冠，二日乃去笄、纚，括髮也。今時始喪者邪巾貊頭，笄、纚之存象也。徒猶空也。上衽，深衣之裳前。五臟，腎在下，肝在中，肺在上，舉三者之焦、傷，而心、脾在其中矣。五家爲鄰，五鄰爲里。孔氏曰：笄，骨笄也。纚，謂韜髮之繒。親始死，孝子去冠，唯留笄、纚也。徒跣，無屨而空跣也。扱深衣上衽於帶，以號踊履踐爲妨也。交手哭，謂交手拊心而爲哭也。糜厚而粥薄：薄者以飲之，厚者以食之。〇陈氏祥道曰：檀弓「始死，羔裘、玄冠者易之而已」，則始死有易冠，無去冠。又云：「主人既小斂，袒、括髮。」又云：「袒、括髮，變也。」「袒、括髮，去飾之甚也。」又「叔孫武叔之母死，既小斂，舉者出户，出户袒，且投其冠」，則小斂乃投冠，但投冠在尸未出户之前耳。　愚謂雞斯之義未詳，鄭氏讀爲笄、纚，此雖別無考據，然古人於吉凶之變，皆有其漸。始死而去冠，至小斂而去笄、纚，自吉而變凶，其漸固當如此。且冠屨相配，始死徒跣，則首宜去冠。此鄭氏之説所以雖他無明據，而可以遵信者也。然檀弓言叔孫武叔去冠，則知大夫士小斂之有冠；喪大記「君將大斂，子弁經即位于序端」，則知人君大斂之有弁。蓋大、小斂，喪之大事也，故不敢以不冠臨之。笄、纚者，所以爲變；冠且弁者，所以爲敬。喪之有冠，蓋自小斂始與？又喪大記「主人之出也，徒跣、扱衽」，則非出時不必徒跣、扱衽矣。笄、纚與徒跣、扱衽爲類，非出時不徒跣、扱衽，則亦不必笄、纚。蓋自始死踰日始小斂，而時有寒暑，體有强弱，故小斂以前，雖出時必笄、纚，而室中亦或有深衣、素冠之時，此孔子所以言「始死，羔裘、玄冠者易之」也。

夫悲哀在中，故形變於外也。痛疾在心，故口不甘味，身不安美也。

口不甘味，故水漿不入口。身不安美，故有笄、纚、徒跣、扱衽之變也。

三日而斂，在牀曰尸，在棺曰柩。動尸舉柩，哭踊無數。惻怛之心，痛疾之意，悲哀志懣、氣盛，故袒而踊之，所以動體、安心、下氣也。婦人不宜袒，故發胸、擊心、爵踊，殷殷田田，如壞牆然，悲哀痛疾之至也。故曰「辟踊哭泣，哀以送之，送形而往，迎精而反」也。釋文：懣，忘本反，又音滿，范音悶。殷殷，並音隱。壞音怪，字林作「敷」。辟，婢尺反，徐扶亦反。

鄭氏曰：故袒而踊之，言聖人制法故使之然也。爵踊，足不絶地。辟，拊心也。哀以送之，謂葬時也。迎其精神而反，謂反哭及日中而虞也。孔氏曰：爵踊，似爵之躍，其足不離於地也。如壞牆，言將欲崩倒也。愚謂動尸，謂斂及殯時遷尸也。舉柩，謂啟殯及載時也。婦人發胸，以代袒也。擊心亦拊，爵踊亦踊也，但視男子爲輕耳。辟踊哭泣，哀以送之，引孝經語以證之也。送，謂送柩也。送形而往，謂葬時送其體魄而往。迎精而反，謂反哭時迎其精氣而反也。

其往送也，望望然，汲汲然，如有追而弗及也。其反哭也，皇皇然，若有求而弗得也。故其往送也如慕，其反也如疑。

鄭氏曰：望望，瞻望之貌也。慕者，以其親之在前。疑者，不知神之來否。孔氏曰：望望然者，瞻望之意。汲汲然者，促急之情。皇皇然者，意彷徨也。如慕，如孺子啼慕父母。如疑，不知神之來否，如人之有疑也。愚謂其往送如慕，其反也如疑，見檀弓，亦孔子語也。

求而無所得之也，入門而弗見也，上堂又弗見也，入室又弗見也，亡矣喪矣，不可復見已矣！故哭泣辟踊，盡哀而止矣。心悵焉愴焉，惚焉愾焉，心絕志悲而已矣。祭之宗廟，以鬼享之，徼幸復反也。釋文：上，時掌反。復，扶又反。

鄭氏曰：說反哭之義也。孔氏曰：祭之宗廟，以鬼享之，謂虞祭於殯宮，神之所在，故稱宗廟。愚謂檀弓曰「反哭升堂，反諸其所作也。主婦入于室，反諸其所養也」。故曰「上堂弗之見，入室又弗見」。反而歸，不見尸柩，故其心悵恨悽愴，恍惚愾歎，皆言其無可奈何之貌也。其形體不可復見，故爲虞祭以安之，冀幸其精氣之復反也。孝經曰：「爲之宗廟，以鬼享之。」蓋葬前殯宮有朝夕奠，猶用事生之禮，至反哭以虞易奠，然後以鬼神之道享之也。

成壙而歸，不敢入處室，居於倚廬，哀親之在外也。寢苫枕塊，哀親之在土也。故哭泣無時，服勤三年，思慕之心，孝子之志也，人情之實也。釋文：枕，之蔭反。○鄭注：入處室，或爲「入宮」。

鄭氏曰：言親在外在土，孝子不忍反室自安也。勤，謂憂勞。　孔氏曰：人情之實，言非詐僞爲之，是人情悲慕之實也。

或問曰：「死三日而后斂者何也？」曰：「孝子親死，悲哀志懣，故匍匐而哭之，若將復生然，安可得奪而斂之也？故曰：三日而后斂者，以俟其生也。三日而不生，亦不生矣，孝子之心亦益衰矣，家室之計，衣服之具，亦可以成矣，親戚之遠者亦可以至矣。是故聖人爲之斷決，以三日爲之禮制也。」釋文：爲之，于僞反。斷，丁亂反。○鄭注：匍匐，或作「扶服」。

此以下，皆設問以發其義也。　鄭氏曰：三日而后斂，問之者，怪其遲也。　孔氏曰：三日斂者，以士言之，則大斂也；以大夫言之，則小斂也。　愚謂家室之計，言計其家室之所有以治喪也。三日而后斂，謂小斂也。　士雖以二日而斂，然死有早晚，如日晚而死，死日不及襲，則明日乃襲，又明日乃斂，固事之所必至矣。　記者欲明斂之遲，故總據三日發問也。

或問曰：「冠者不肉袒，何也？」曰：「冠至尊也，不居肉袒之體也，故爲之免以代之也。」釋文：免音問。

鄭氏曰：問之者，怪冠、衣之相爲也。　身無飾者不敢冠，冠爲褻尊服，肉袒則著免。　免狀如冠，而廣一寸。　孔氏曰：此冠不居肉袒者，謂心既悲哀，肉袒形褻，故不可褻其尊服而冠也。　若吉事而內心肅敬，則雖袒而著冠，郊特牲「君袒而割牲」是也。

然則禿者不免，傴者不袒，跛者不踊，非不悲也，身有錮疾，不可以備禮也，故曰『喪禮唯哀爲主』矣。女子哭泣悲哀，擊胸傷心，男子哭泣悲哀，稽顙觸地無容，哀之至也。」釋文：禿，吐禄反。傴，於縷反，一音符距反。跛，補火反。○鄭注：或曰「男女哭踊」。

免者，小斂後既去笄、纚，而以布約其髮也。禿者無髮，故不免，以其無髮可約也。傴者曲背，故不袒，以其不便於袒也。跛者足廢，故不踊，以其不能乎踊也。稽顙觸地無容，謂爲喪主拜賓也。喪禮以哀爲主，故有疾之人雖於禮有所不能備，亦盡其哀而已矣。○鄭氏云「將踊先袒，將袒先免，此三疾俱不踊、不袒、不免」，非也。袒、免、踊雖一時爲之，然喪禮襲而踊者固多矣，三疾於禮各廢其一，非皆不踊、不袒、不免也。又鄭氏云「擊胸傷心，稽顙觸地，不踊者若此而可」，亦非也。婦人不袒、不踊，故上文云「發胸擊心、爵踊」，初非爲有疾不能袒、踊而以此代之也。稽顙乃主人拜賓之禮，自非主人，雖不踊，而可以稽顙乎？

或問曰：「免者以何爲也？」曰：「不冠者之所服也。禮曰：『童子不緦，唯當室緦。』緦者其免也，當室則免而杖矣。」釋文：爲，于僞反。

鄭氏曰：怪本所爲施也。不冠者，猶未冠也。當室，謂無父兄而主家者也。童子不杖，不杖者不免，當室則杖而免。免，冠之細，別以次成人也。緦者其免也，言免乃有緦服也。孔氏曰：成人肉袒之時應著免，今非成人亦免，故問之。不冠者之所服，謂未冠童子之所服也。當室，謂無父兄，當室主家事。　愚謂童子不免、不緦、不杖，蓋免所以代冠，童子本未冠，則不必有以代之也。　緦者服之末，杖者服之重，童子未能惇行孝弟，恩不能以至緦，而其於父母之喪，亦未可責其病而予之以杖也。　惟無父兄而主家事，則與族人有相接之恩，而情不可以不免，故爲應緦者服緦，又於應著免之時則免也。　當室既應著免，則於其父母之喪，又當爲喪主而杖矣。

或問曰：「杖者何也？」曰：「竹、桐一也。　故爲父苴杖，苴杖，竹也。爲母削杖，削杖，桐也。」

釋文：苴，七餘反。

鄭氏曰：杖者何也，怪其義各異。　竹、桐一也，言所以杖者義一也，顧所用異耳。　愚謂此怪爲父母之杖不同而問之也。　竹、桐一也者，言其皆所以輔病，皆所以擔主，其義一也。　苴杖用竹，因其苴惡之色，故施之於父喪之斬衰；削杖用桐而削之，則差晳而澤，故施之於母喪之齊衰。　此桐、竹之所以不同也。

或問曰：「杖者以何爲也？」曰：「孝子喪親，哭泣無數，服勤三年，身病體羸，以杖扶病也。則父在不敢杖矣，尊者在故也。　堂上不杖，辟尊者之處也。　堂上不趨，示不遽也。　此孝子之志也，人情之實也，禮義之經也。　非從天降也，非從地出也，人情而已矣。」釋文：羸，力垂反。辟音避。　處，昌慮反。　○鄭注：數或爲「時」。

鄭氏曰：杖者以何爲也，怪所爲施。　父在不杖，謂爲母喪也。　尊者在不杖，避尊者之處不杖，有事不趨，皆爲其感動，使之憂戚也。　孔氏曰：此問孝子居喪何以須杖之義也。　爲母，親對父之時不敢杖，以尊者在，故不敢也。堂上，父之所在，避尊者之處，故爲母，堂上不杖也。爲母，堂上不爲喪趨，示父以閒暇，不促遽也。若堂上而趨，則感動父情，使之憂戚也。

服問第三十六

別録屬喪服。

上篇廣言居喪之禮，此篇專言喪服之義，故因上篇之名而謂之服問。

傳曰「有從輕而重」，公子之妻爲其皇姑；釋文：從如字。爲，于僞反，下皆同。

此下四條，皆引大傳之文而釋之也。公子，諸侯之庶子也。皇姑，謂公子之母也。皇，君也。曰「皇姑」者，由公子之妻尊稱之，明非適夫人。公子之妻爲其皇姑，從公子而服者也。然公子爲其母練冠縓緣，既葬除之，而其妻爲其姑服齊衰期，是從輕而重也。蓋凡尊厭之法，惟子於父之所厭者不得伸其服，其妻則遠矣。此與大夫降其庶子，其孫不降其祖者同義也。

「有從重而輕」，爲妻之父母。

妻爲父母服齊衰，夫從妻服緦麻，是從重而輕也。○鄭氏云「妻齊衰而夫從緦麻，不降一等，非服差」，非也。凡妻從夫之服皆降一等，子從母之服皆降二等，夫從妻之服皆降三等，其差正當然爾。

「有從無服而有服」，公子之妻爲公子之外兄弟；

鄭氏謂公子之外兄弟爲「公子之外祖父母、從母」，非也。公子爲外祖父母、從母，從服也。從服不累從，其妻安得又從而服之？兄弟，謂族親也。喪服記曰：「夫之所爲兄弟服，妻降一等。」此「公子之外兄弟」，謂公子旁親，如世叔父母及昆弟之子之屬也。曰「外兄弟」者，以明非公子之親昆弟，猶曰「遠兄弟」云爾，非外親之謂也。公子之外兄弟厭於君，公子爲之無服，而其妻自服其從服，亦猶爲其皇姑服之義也。

「有從有服而無服」，公子爲其妻之父母。

公子之妻爲其父母齊衰期，公子屈於父，不敢伸其私服，故爲妻之父母無服。

傳曰：「母出則爲繼母之黨服，母死則爲其母之黨服。」爲其母之黨服，則不爲繼母之黨服。

傳，舊傳也。爲其母之黨服，則不爲繼母之黨服，記者申釋舊傳之義也。爲出母之父母不服，故爲繼母之黨服。鄭氏曰：雖外親，亦無二統。○此上五節，皆明從服之義。

三年之喪既練矣，有期之喪既葬矣，則帶其故葛帶，絰期之絰，服其功衰。釋文：期音基。

此謂三年既練，又值期喪既葬之節也。鄭氏曰：帶其故葛帶者，三年既練，期既葬，差相似也。絰期之葛絰，三年既練，首絰除矣。爲父既練，衰七升；母既葬，當作「練」。衰八升。凡齊衰既葬，衰或八升，或九升。服其功衰，服麤衰也。孔氏曰：謂三年未練之前，有期喪未葬，爲前三年之喪爲練祭，至期喪已葬，乃帶其故葛帶，絰期之葛絰也。期喪未葬，得爲三年練祭者，雜記云：「三年之喪，既穎，其練、祥皆行。」後喪三年既穎，得行前喪三年練祭，則知後喪期年未穎之前，得爲前三年之喪而練也。故葛帶，謂三年練葛帶也。三年既練，要帶四寸百二十五分寸之七十六。期喪既葬，其葛帶亦然。但父帶爲重，故帶其故葛帶也。三年既練，男子首絰既除，其首空，故絰期之葛絰。此文主於男子。若婦人，則首絰練之故葛絰，練後麻帶已除，則要絰期之麻帶也。服其功衰，謂七升，父之衰也。不云「服其父衰」而云「功衰」者，經稱「三年之喪」，則父爲長子，父卒爲母，並是三年，母喪既練，雖衰八升，與正服既葬齊衰同，以母服爲重，亦服母之齊衰也。愚謂三年既練而遭期喪，固改服期喪之服矣。至期喪既葬，則又以三年之練服爲重，故於既虞、卒哭而反服練服之冠衰、要帶，惟練無首絰，則絰期喪之絰也。○鄭氏云「爲父既練，衰七升，母既練，衰八升」，此言三年既練之衰也。「凡齊衰既葬，衰或八升，或九升」，此言期喪既葬之衰也。而「母既練」誤爲「既葬」，則似釋「期喪既葬」之文。儀禮賈疏據之，遂謂「父喪未除而母死，止服期」。喪服「齊衰三年」章「父卒則爲母」，賈疏：「服問注云『爲母既葬，衰八升』，亦據父卒爲母，與父在爲母同：五升衰裳，八升冠，既葬，以其冠爲之受衰八升。是父卒爲母，未得伸三年之驗。」又謂「父在爲母服齊期，正服五升」。夫爲母之所以服齊衰期者，爲父在屈也，父沒則得伸矣，何以必待終父喪乎？母喪本三年，其齊衰期乃因父在而降也。齊期正服五升，則降服宜四升，既葬衰七升，既練衰八升矣。詳鄭氏之意，上言父母三年既練之服，下言齊衰既葬之服，其旨甚明。若云「父在爲母既葬，衰八升」，則下文「齊衰既葬，衰八升」之內足以該之矣，又何必特出其文於上哉？

有大功之喪亦如之。

鄭氏曰：大功之麻，變三年之練葛，期當作「大功」。既葬之葛帶，小於練之葛帶，又當有絰，亦反服其故葛帶，絰期之絰，差之宜也。此雖變麻服葛，大小同耳，亦服其功衰。凡三年之喪，既練始遭齊衰、大功之喪，絰、帶皆麻。孔氏曰：此言三年之喪，練後有大功之喪既葬也。不云「既葬」者，從上省文也。亦如之者，言亦帶其故葛帶，絰期之絰也。三年練之葛帶四寸有餘，大功既葬葛帶三寸有餘，小於練之葛帶，故反服練之故葛帶也。又大功既葬，首絰四寸有餘，若要服練之葛帶，首服大功既葬之絰，麤細相似，不得爲五分去一之差，故首服期之絰五寸有餘，進與期之既葬同也。愚謂三年既練而遭大功之喪，則改服大功之服。雜記「有三年之練冠，則以大功之麻易之，唯杖、屨不易」，是也。至大功既葬，則亦帶其故葛帶，絰期之絰，服其功衰，一如三年既練遭期喪既葬之禮也。

小功無變也。

鄭氏曰：無所變於大功、齊、斬之服，不用輕累重也。愚謂斬衰既虞、卒哭遭齊衰則變服，既練遭大功則變服；齊衰既虞、卒哭遭大功則變服。若小功之喪值上喪，虞、練之後悉不得變之，蓋大功以上謂之親，小功以下謂之疏，不以疏變親也。

麻之有本者，變三年之葛。

鄭氏曰：有本，謂大功以上也。小功以下，澡麻斷本。孔氏曰：大功以上爲帶，麻之根本並留之，合糾爲帶。如此者，得變三年之練葛。小功以下，其帶澡麻斷本，是麻之無本，不得變三年之葛也。愚謂有本，兼首絰、要帶而言。喪自大功以上，首絰、要帶，其麻皆有本；下殤小功，首絰去本，而帶猶不絕本；成人小功，則首絰、要帶皆無本也。三年之葛，謂葬後變麻服葛也。三年之喪，齊衰變既葬，大功變既練，故曰「麻之有本者，變三年之葛」。

既練，遇麻斷本者，於免絰之，既免去絰，每可以絰必絰，既絰則去之。釋文：斷，丁管反。免音問。去，起呂反。

鄭氏曰：雖無變，緣練無首絰，於有事則免、絰如其倫。免無不絰，絰有不免，其無事則自若練服也。愚謂麻之斷本者，小功以下之麻也。練已除首絰，乃不絰輕服之絰者，小功之首絰，三年之練帶，皆四寸百二十五分寸之七十六，麤細相似，不得爲五分去一之差，緦之絰又小焉。而小功緦既輕，故不絰。其絰於免絰之者，以當事爲重也。

小功不易喪之練冠，如免，則絰其緦、小功之絰，因其初葛帶。

小功不易喪之練冠者，小功之冠輕於三年練冠故也。因其初葛帶，因練服之帶也。雜記曰父母之喪，「雖功衰，不弔」，「如有服而將往哭之，則服其服而往」，則三年既練，於哭小功、緦麻之喪，不惟絰其絰，又當爲之變服矣，其不變者惟葛帶耳。既哭，則反其練服。

緦之麻不變小功之葛，小功之麻不變大功之葛，以有本爲稅。釋文：稅，吐外反。

鄭氏曰：稅亦變易也。小功以下之麻，雖與上葛同，猶不變也，此要其麻有本者乃變上耳。雜記曰「有三年之練冠，則以大功之麻易之，唯杖、屨不易」也。孔氏曰：緦與小功，麻絰既無本，不合稅變前喪也。

殤長、中，變三年之葛，終殤之月筭，而反三年之葛。是非重麻，爲其無卒哭之稅。下殤則否。釋文：長，竹杖反。重，直勇反，徐治龍反。爲，于僞反。

鄭氏曰：謂大功之親，爲殤在緦、小功者也。可以變三年之葛，正親親也。三年之葛，大功變既練，齊衰變既虞、卒哭。凡喪卒哭，受麻以葛。殤以麻終喪之月數，非重之而不變，爲殤未成人，文不縟耳。下殤則否，言賤也。男子爲大功之殤中從上，服小功；婦人爲之中從下，服緦麻。孔氏曰：長、中殤，謂本服大功之喪，降在長、中殤，男子則爲之小功，婦人爲長殤小功，中殤則緦麻。如此者，得變三年之葛也。愚謂此本服大功之殤也。喪服小記云：「下殤小功，帶澡麻不絕本。」此謂本服期之下殤降在小功者。若大功親之長、中殤，帶皆斷本矣，而得變三年之葛者，以此長、中殤本大功之親，其本服乃應服有本之麻者也。成人大功，得變三年練服，此長、中殤降在小功、緦，故男子則爲之變葛帶，婦人則爲之變葛絰，其冠衰則不易也。終殤之月筭者，小功終五月，緦麻終三月也。稅，變易也。凡以下服之麻，變上服之葛者，皆於下服既卒哭而反上服之葛，不待終喪。而大功親之長、中殤降在小功者，乃終殤之月筭，而反三年之葛，非特重此長、中殤之麻而不變，爲殤無卒哭變除之節故也。下殤則否，亦謂大功親之下殤也。若齊衰之下殤，則得變三年之葛，以齊衰之下殤帶不絕本，重於大功親之長、中殤也。○自「三年之喪既練矣」至此，明遭喪變易之法。

君爲天子三年，夫人如外宗之爲君也。釋文：爲，于僞反，後皆同。

外宗，宗婦也。說詳雜記。外宗之夫爲君服斬，外宗從服期。諸侯爲天子服斬，其夫人亦從服期，故曰「如外宗之爲君也」。○鄭氏云「外宗，君外親之婦也，其夫與諸侯爲兄弟，服斬，妻從服期」，非也。君之外親，其人不等：有爲己之臣子者，有爲諸侯者，有爲諸侯之大夫者。惟己之臣子爲君服斬，其妻當從服期。若諸侯，則服其本服，諸侯之大夫則用本服之月數，而服之以齊衰，其妻則皆無服也。

世子不爲天子服。

鄭氏曰：遠嫌也。不服，與畿外之民同也。愚謂畿內之民爲天子齊衰三月，畿外則無服。

君所主：夫人妻，大子，適婦。釋文：大音太，下同。適，丁歷反。

鄭氏曰：言「妻」，見大夫以下亦爲此三人爲喪主也。孔氏曰：三人既正，雖君之尊，亦主其喪也。

愚謂言「夫人妻」者，嫌爲天子之三夫人，故正言「妻」以明之。

大夫之適子爲君、夫人、大子，如士服。

鄭氏曰：大夫不世子，不嫌也。士爲國君斬，小君期。大子，君服斬，臣從服期。

君之母非夫人，則羣臣無服，唯近臣及僕、驂乘從服，唯君所服服也。釋文：驂，七南反。乘音剩。

君之母非夫人，謂妾母也。君爲妾母之服，私服也，故羣臣不從而服。近臣，閽寺之屬。僕，御車者。驂乘，車右也。近臣朝夕在君側，僕、右與君同車，不可吉凶參差，故皆從君而服。曾子問：「古者天子練冠以居。」此庶子爲君，爲其母之服也。大夫士之庶子，父在爲其母，或大功或期，父没皆三年，而爲父後者但服緦。人君之庶子，父在爲其母練冠縓緣，既葬除之，父没服大功，而爲父後者服練冠，蓋與父在爲其母之服同也。練冠在五服之外，則無可從，而服制有定，亦非可唯君所服者。而記之言乃如此，是知庶子爲君者，爲其母雖有練冠之制，而人君各以其意加隆，無復定制，故至春秋而遂有以小君之服服之者，蓋禮之失非一日也。○鄭氏云：「禮，庶子爲後，爲其母緦。言『唯君所服』，伸君也。春秋之義，有以小君服之者。時若小君在，則益不可。」於是曾子問孔疏及喪服賈疏遂有「小君没得伸」之説，皆非也。婦人無以尊厭人之法。公子爲其母之服，皆厭於君，非厭於小君，則不因小君之存没以爲伸不伸矣。且喪者不祭，庶子爲後者，爲其母緦。嗣君奉先君之宗廟，豈因小君没而得伸其私服乎？庶子爲君，爲其母練冠以居，記言「唯君所服」，蓋周末禮失耳。鄭氏謂爲「伸君」者，蓋以庶子爲後者，爲其母服緦，而唯君所服則當不限以服緦，故曰「伸君」。此雖未有以正記文之失，而順文爲解，其意尚未誤也。孔疏乃謂「公子爲其母練冠縓緣，既葬除之，君得服緦，爲伸君」，則并鄭氏之意而失之。練冠縓緣，乃公子父在爲其母之服也，父没則服大功矣，其可以服緦爲伸君乎？

公爲卿大夫錫衰以居，出亦如之，當事則弁絰。大夫相爲亦然。爲其妻，往則服之，出則否。釋文：錫，思歷反。

錫衰以居，謂成服之後也。主人未成服，則君亦不錫衰。出，出至他所也。君於卿大夫有腹心手足之誼，爲之服錫衰，蓋既葬而後除也。當事，謂當殯、斂之事。弁絰，皮弁而加絰也。當事弁絰，則非當事當錫衰、素冠也。大夫相爲有僚友之恩，故其服亦然。喪服記曰：「朋友麻。」君爲大夫，及大夫相爲，皆錫衰以居，則其首亦加麻絰與？爲其妻，往則服之，謂往弔其喪則服錫衰也。出則否，謂既弔而出則不服也。君及大夫弔於士，皆素冠、疑衰。

凡見人無免絰，雖朝於君無免絰，唯公門有税齊衰。傳曰：「君子不奪人之喪，亦不可奪喪也。」釋文：免音勉。朝，直遥反。稅，吐活反。

鄭氏曰：見人，謂行求見人也。無免絰，絰重也。稅猶免也。有稅齊衰，謂不杖齊衰也。於公門有免齊衰，則大功有免絰也。愚謂下曲禮曰：「藨屨不入公門。」藨屨，杖齊衰之屨也。喪大記曰「大夫士既葬，公政入於家，既卒哭，弁絰、帶，金革之事無辟也」，則爲母之喪必無以齊衰、藨屨入公門者矣。此與曲禮所言，蓋主謂齊衰期，自父在爲其母以外者也。朝於君無免絰，則冠不易矣。然則齊衰之入公門者，衣與屨皆易之，唯其在首者無變也。下曲禮又曰：「厭冠不入公門。」冠既不入，則固當免絰矣，其爲大功以下者與？

傳曰：「罪多而刑五，喪多而服五。上附下附，列也。」釋文：罪，本或作「辠」。上，時掌反。列，徐音列，本亦作「例」。○今按：列如字。

列，等也。罪雖多，刑止於五；喪雖多，服止於五。重者上附於重，輕者下附於輕，各從其等列也。

禮記卷五十五

問傳第三十七別録屬喪服。

鄭氏曰：名曰問傳者，以其記喪服之間輕重所宜也。吴氏澄曰：問當讀爲「間厠」之間。此篇總論喪禮哀情之發，非釋經之正傳，而厠於喪服之正傳者也。愚謂名篇之義未詳，吴氏之説稍爲近是。

斬衰何以服苴？苴，惡貌也，所以首其内而見諸外也。斬衰貌若苴，齊衰貌若枲，大功貌若止，小功、緦麻容貌可也。此哀之發於容體者也。釋文：苴，七余反。見，賢遍反。齊音咨。枲，思里反。○鄭注：枲或爲「似」。○首，去聲。

鄭氏曰：有大憂者，面必深黑。止，謂不動於喜樂之事。吴氏澄曰：儀禮經「斬衰、苴絰、杖」，「齊衰、牡麻絰」，傳曰：「苴，麻有蕡者。」「牡麻，枲也。」斬衰服苴，謂衰裳、絰、杖並苴色也。苴色蒼黑，貌之惡似之。首其内而見諸外，謂内有哀情則外有此惡貌也。枲無子，麻色亦蒼而黑淺，齊衰稍輕於斬，衰絰不用苴而用枲。若苴若枲，貌各如其絰之色也。止，不動也。貌活動者象春之生，貌静止者象秋之殺。若止，有慘戚，無懽欣也。容貌，謂貌如平常之容。小功、緦麻之服雖輕，然情之厚者，貌亦畧變於常，其或不能，然而但如平常之容，則情不爲厚，而亦未至於甚薄也。

斬衰之哭若往而不反，齊衰之哭若往而反，大功之哭三曲而偯，小功、緦麻哀容可也。此哀之發於聲音者也。釋文：偯，于起反，説文作「悠」。

鄭氏曰：三曲，一舉聲而三折也。偯，聲餘從容也。吳氏澄曰：往而不反，謂氣絶而不續。往而反，謂氣絶而微續。三曲而偯，謂聲不質直而稍文也。哀容，則彌文矣。愚謂哀容者，言雖致哀而稍爲容飾，喪彌輕也。

斬衰唯而不對，齊衰對而不言，大功言而不議，小功、緦麻議而不及樂。此哀之發於言語者也。釋文：唯，于癸反，徐以水反。

鄭氏曰：議，謂陳説非時事也。愚謂唯者，應人而已，對則有言辭矣。對者，對其所問而已，言則及於他事矣。至於議，則又有論説之詳焉。及樂，謂及於聽樂也。此與上節，皆謂始死時之聲音、言語然也。雜記云「三年之喪，言而不語，對而不問」，謂既殯居廬時，故與此不同也。

斬衰三日不食，齊衰二日不食，大功三不食，小功、緦麻再不食，士與斂焉則壹不食。故父母之喪既殯食粥，朝一溢米，莫一溢米；齊衰之喪疏食水飲，不食菜果；大功之喪不食醯、醬；小功、緦麻不飲醴酒。此哀之發於飲食者也。釋文：與音豫。莫音暮。疏食，音嗣。醯，本亦作「醢」。

孔氏曰：齊衰二日不食，皇氏云：「謂正服齊衰也。」喪大記云「三不食」，當是義服齊衰。愚謂此云「齊衰二日不食」，喪大記云「三不食」，此云「小功、緦麻再不食」，大記云「一不食、再不食」，此云「大功既殯，不食醯、醬」，大記云大功「食飲猶期之喪」，則「疏食水飲，不食菜果」，蓋齊衰以下之喪，有降服、正服、義服之不同，故其情不能無隆殺，記者各言其大畧而已。然參而觀之，則同爲一服之中，而情隆者從其隆，情殺者從其殺，其差等亦可得而見矣。

父母之喪既虞、卒哭，疏食水飲，不食菜果；期而小祥，食菜果；又期而大祥，有醯、醬；中月而禫，禫而飲醴酒。始飲酒者先飲醴酒，始食肉者先食乾肉。釋文：期音基。中如字，徐竹仲反。禫，大感反。乾音干。

此又明父母之喪既虞、卒哭以後，飲食變除之節也。吴氏澄曰：父母之喪既虞、卒哭，所食與齊衰既殯同，小祥後所食與大功既殯同，大祥後與小功既殯同，禫得食肉飲酒，漸復常矣。

父母之喪，居倚廬，寢苫枕塊，不說絰、帶；齊衰之喪，居堊室，苄翦不納；大功之喪，寢有席；小功、緦麻，牀可也。此哀之發於居處者也。釋文：說，吐活反。苄，户嫁反。

鄭氏曰：苄，今之蒲苹也。孔氏曰：蒲苹爲席，翦頭爲之，不編納其頭而藏於内也。敖氏繼公曰：喪莫重於絰、帶，非變除之時及有故，雖寢猶不敢説，明其頃刻不忘哀也。

父母之喪，既虞、卒哭，柱楣翦屏，苄翦不納；期而小祥，居堊室，寢有席；又期而大祥，居復寢；中月而禫，禫而牀。釋文：拄，知矩反，一音張炷反。楣音眉。

此又專明父母之喪既虞、卒哭以後，居處變除之節也。吴氏澄曰：既、虞卒哭，苄翦不納，與齊衰初喪同，特居廬爲異耳。小祥寢有席，與大功初喪同；禫而牀，乃與小功、緦麻初喪同也。愚謂大記云「練而食菜果」，「食菜以醯、醬」，此大祥始食醯、醬，喪服傳虞而「寢有席」，此小祥乃有席，蓋禮文曲折，禮俗或有不同，記者各記所聞也。

斬衰三升，齊衰四升、五升、六升，大功七升、八升、九升，小功十升、十一升、十二升，緦麻十五升去其半。有事其縷，無事其布，曰緦。此哀之發於衣服者也。

鄭氏曰：此齊衰多二等，大功、小功多一等，服主於受，是極列衣服之差也。孔氏曰：喪服記「齊衰四升」，「大功八升若九升，小功十升若十一升」，此經齊衰多於喪服二等，大功、小功多於喪服一等。喪服主於受服而言，以大功之殤無受服，不列大功七升。又喪服父母爲主，欲其文相值，故畧而不言。喪服既畧，故記者於是經備列之也。　愚謂喪服記斬衰二等，此惟一等，蓋喪服主於服之相受，斬衰雖有「三升、三升有半」二等，而其受服同以六升也。此記主言親屬之服，而三升有半之斬衰乃臣爲君之服，故畧之也。○賈氏公彥曰：凶服所以表哀，哀有淺深，故布有精粗。喪服十有一章，從斬至緦，升數有異。斬有正、義不同，爲父三升爲正，爲君三升半爲義，其冠同六升。齊衰三年，惟有正服四升，冠七升。繼母、慈母雖是義以配父，故與因母同。齊衰杖期，父在爲母爲妻同，正服五升，冠八升，有正而已。齊衰不杖期，有正有義：正則五升，冠八升；義則六升，冠九升。齊衰三月，皆義服，六升，冠九升。曾祖父母是正服，但正服合服小功，以尊其祖，不服小功而服齊衰，非本服，故同義服也。殤大功有降有義：爲夫之昆弟之子之長殤爲義，其餘皆降，降服衰七升，冠十升；義服衰九升，冠十一升。大功有降、有正、有義：姑、姊妹出適之等是降，婦人爲夫族是義，其餘皆正，正服衰八升，冠十升。繐衰唯有義服四升半，冠七升，諸侯之大夫爲天子而已。殤小功有降有義：婦人爲夫之族類是義，其餘皆降，降則衰冠同十升，義則同十二升。小功亦有降、有正、有義，正服衰冠同十一升也。緦麻亦有降、有正、有義，但衰冠同十五升去其半而已。愚謂「齊衰杖期」章之「父在爲母」，「不杖」章之「爲人後者爲其父母」，「女子子適人者爲其父母」，皆由三年而降者也。周景王有后與大子之喪，而叔向謂其有三年之喪二，則妻之服雖非由三年而降，亦本有三年之義者也，則亦當爲降服矣。齊衰期正服衰五升，冠八升，則降服衰四升，冠七升，賈氏謂「齊衰期無降服」，非也。吉布十五升，而喪衰則極於小功十二升而止。十三升、十四升之布不用爲衰者，以其升數與吉布相近，不可爲吉凶之别，故緦麻用十五升去其半而爲之，蓋布雖疏而縷則精矣。

斬衰三升，既虞、卒哭，受以成布六升，冠七升。爲母疏衰四升，受以成布七升，冠八升。去麻服葛，葛帶三重。釋文：爲，于僞反。重，直龍反。

此下四節，又申言父母之喪卒哭以後衣服變除之節也。但言「爲母疏衰四升」，然則爲母雖有三年、期之異，而其服同也。鄭氏曰：葛帶三重，謂男子也，五分去一而四糾之。帶輕，既變因爲飾也。婦人葛絰，不葛帶。舊說云：「三糾之，練而帶去一股。」去一股，則小於小功之絰，似非也。孔氏曰：三升、四升、五升之布，縷既麤疏，未爲成布；六升以下，其縷漸細，與吉布相參，故稱成布也。葛帶三重者，既虞、卒哭，要帶以葛代麻，又差小於前五分去一，唯有四分。見在三重，謂作四股糾之，積而相重，四股則三重，未受服之前麻帶爲兩股相合也。此直云「葛帶三重」，則首絰雖葛，猶兩股糾之也。○張子謂「成布事布、事縷，但未加灰練」，此似不然。雜記曰：「朝服十五升去其半而緦，加灰焉錫也。」喪服傳曰「無事其縷，有事其布，曰錫」，則所謂「有事」者，卽加灰練之耳。三年之練冠，始練大功布爲之，然則齊衰之冠，既葬而練之，大功、小功始喪而練之矣。練冠特練其布，則喪冠之縷皆無事也。緦衰有事其縷，錫衰有事其布，則小功以上之衰，布、縷皆無事也。小功衰三等，其冠衰之升數皆同，而其冠則有事之，則亦精於衰矣。緦衰有事其縷，則其冠布、縷皆有事與？

期而小祥，練冠、縓緣，要絰不除。男子除乎首，婦人除乎帶。男子何爲除乎首也？婦人何爲除乎帶也？男子重首，婦人重帶。除服者先重者，易服者易輕者。釋文：縓，七戀反。緣，徐音掾，悦絹反。要，一遥反。

練冠、縓緣，說見檀弓。鄭氏曰：婦人重帶，帶在下體之上，婦人重之，辟男子也。其爲帶猶五分絰去一耳。易服，謂爲後喪所變也。

又期而大祥，素縞、麻衣。釋文：縞，古老反，又古報反。

鄭氏曰：麻衣十五升，布深衣也。大祥除衰杖。愚謂素縞，縞冠素紕也。說見玉藻。大祥之祭，縞冠、朝服，既祭，其冠不變，而服麻衣以居，麻衣用十五升吉布爲之，而以縓爲緣者也。練中衣已用縓緣，然喪服之中衣皆用其衰之布爲之，而其袂繼揜尺，是以謂之長衣。麻衣用吉布爲之，而其袂不復繼揜尺，故不曰「長衣」而曰「麻衣」也。大祥既除喪，則服之爲外服。喪服記曰：「公子爲其母，練冠麻，麻衣、縓緣；爲其妻，縓冠，葛絰、帶，麻衣、縓緣。皆既葬除之。」此其冠卽小祥之冠，其衣卽大祥之衣也。蓋公子爲其母及妻之服，本有練、有祥者也，特以厭於君而不得伸，故雖既葬而除，而其服則練、祥皆備，所以明其本有此服，而有爲而降也。由彼推此，則大祥麻衣之制，灼然可見矣。鄭乃謂「麻衣無采飾」，非也。

中月而禫，禫而纖，無所不佩。釋文：纖，息廉反。○鄭注：纖或作「綅」。

鄭氏曰：黑經白緯曰纖。疏云：戴德變除禮文。舊說：「纖，冠者采纓也。」無所不佩，紛帨之屬如平常也。又士虞記注曰：「中猶閒也。禫，祭名也，與大祥閒一月。自喪至此，凡二十七月。禫之言澹澹然，平安意也。」孔氏曰：無所不佩，此謂禫祭既畢，吉祭以後，始得無所不佩。若吉祭以前，禫祭雖竟，未得無所不佩，以其尚纖冠、玄端、黃裳，故知吉祭以後始從吉也。愚謂自祥而禫，自禫而即吉，其服有六：祥祭縞冠、朝服，一也。既祭縞冠、麻衣，二也。禫祭玄端、綅冠，三也。禫訖綅冠、深衣，四也。吉祭玄冠、玄端，五也。祭後復常，六也。說詳雜記。

易服者何爲易輕者也？斬衰之喪既虞、卒哭，遭齊衰之喪。輕者包，重者特。

自此以下，皆因上文易服之義而申之也。鄭氏曰：既虞、卒哭，謂齊衰可易斬服之節也。輕者可施於卑，服齊衰之麻，以包斬衰之葛，謂男子要，婦人首也。重者宜主於尊，謂男子之首，婦人之要，特其葛不變之也。此言「包」「特」者，明於卑可以兩施，而尊者不可貳。愚謂包，謂以新包舊也。特，獨也，謂獨主於重喪也。婦人不葛帶，鄭云「特其葛」，據男子言之耳。

既練遭大功之喪，麻、葛重。釋文：重，直龍反。

鄭氏曰：此言大功可易斬服之節也。斬衰已練，男子除絰，而帶獨存，婦人除帶，而絰獨存，謂之單。單，獨也。遭大功之喪，男子有麻絰，婦人有麻帶，又皆易其輕者以麻，謂之重麻。既虞、卒哭，男子帶其故葛帶，絰期之葛絰，婦人絰其故葛絰，帶期之葛帶，謂之重葛。孔氏曰：云「絰期之葛絰」，「帶期之葛帶」者，麤細與期同，其實是大功之絰，大功之帶也。

齊衰之喪既虞、卒哭，遭大功之喪，麻、葛兼服之。

鄭氏曰：此言大功可易齊衰期服之節也。兼猶兩也。不言「包」「特」而言「兩」者，包、特著其義，兼者明有絰、有帶耳。不言「重」者，三年之喪既練，或無絰，或無帶。言「重」者，以明今皆有，期以下固皆有矣。兩者，有麻、有葛耳，葛者亦特其重，麻者亦包其輕。孔氏曰：此即前「輕者包，重者特」之義。齊衰既虞、卒哭，遭大功之喪，男子則以大功麻帶易齊衰之葛帶，其首猶服齊衰葛絰，是首有葛，要有麻，故云「麻、葛兼服之」。「兼服」之文，據男子也。婦人則首服大功之麻絰，要服齊衰之麻帶，上下俱麻，不得云「麻、葛兼服」也。

斬衰之葛，與齊衰之麻同；齊衰之葛，與大功之麻同；大功之葛，與小功之麻同；小功之葛，與緦之麻同。麻同則兼服之。

鄭氏曰：此竟言有上服，既虞、卒哭，遭下服之差也。唯大功有變三年既練之服，小功以下，則於上皆無易焉。此言「大功之葛與小功之麻同，小功之葛與緦之麻同」，主爲大功之殤長、中言之。孔氏曰：後服之麻與前服之葛麤細同，則得服後麻，兼服前葛也。按服問，小功、緦不得變大功以上。此小功之麻得變大功之葛，緦之麻得變小功之葛，謂成人大功之殤在長、中者也。

兼服之服重者，則易輕者也。

鄭氏曰：服重者，謂特之也。則者，則男子與婦人也。凡下服，虞、卒哭，男子反其故葛帶，婦人反其故葛絰，其上服除，則固自受以下服之受矣。孔氏曰：前文「麻、葛兼服」，但施於男子，不包婦人；此言「易輕者」，男子則易於要，婦人則易於首，男子、婦人俱得易輕也。云「凡下服，虞、卒哭，男子反其故葛帶，婦人反其故葛絰」者，此明遭後服初喪，男子、婦人雖易前服之輕，至後服既葬之後，還須反服其前喪，故云「男子反服其故葛帶，婦人反服其故葛絰」。但經文據其後喪初死，得易前喪之輕，註意則謂後喪服滿，還反服前喪輕服，故經、註稍異也。愚謂兼服之者，謂兼輕重服之絰、帶而服之也。服重者，謂爲重喪服其重者，謂男子首絰，婦人要帶也。易輕者，謂以輕服易其輕者，謂男子要帶，婦人首絰也。至輕喪既虞、卒哭，則反服重喪；至重喪既除，則又專服輕喪也。鄭氏註自「凡下服，虞、卒哭」以下，皆以補記文之所未及，疏謂「經、註稍異」，非也。

三年問第三十八 別錄屬喪服

此篇設問，以發明喪服年月之義，又見於荀卿之書，蓋其所作也。

三年之喪何也？曰：稱情而立文，因以飾羣，別親疏、貴賤之節，而弗可損益也。故曰：「無易之道也。」釋文：稱，尺証反。別，彼列反。

鄭氏曰：稱情而立文，稱人情之輕重，而制其禮也。無易，猶不易也。孔氏曰：飾，謂章表也。羣，謂五服之親，因三年之喪差降，而各表其親黨也。親，謂大功以上。疏，謂小功以下。貴，謂天子諸侯絶期、卿大夫降期以下。賤，謂士、庶人服族也。無易之道，引舊語、成文也。愚謂此雖問三年之喪，其實總問三年以下五服之義也。人於親黨，其情之有厚有薄，乃天理之當然而不可易者。先王稱此以立禮文，故服制不可得而損益也。

創鉅者其日久，痛甚者其愈遲。三年者，稱情而立文，所以爲至痛極也。斬衰、苴杖，居倚廬，食粥，寢苫枕塊，所以爲至痛飾也。釋文：創音瘡，初良反。愈，徐音庾。枕，之鴆反。

此下五節，專明三年之喪之義。孔氏曰：鉅，大也。創小則易差，創大則難愈。愈，差也。賢者喪親，傷腎乾肝，斬斫之痛，其創既甚，故其差亦遲也。既痛甚差遲，故稱其病情而立三年之文以表之。

愚謂三年之喪若斬，故創鉅痛甚。

三年之喪，二十五月而畢，哀痛未盡，思慕未忘，然而服以是斷之者，豈不送死有已，復生有節也哉！釋文：思如字，一音息吏反。斷，丁亂反。復音伏。

鄭氏曰：復生，除喪反生者之事也。吴氏澄曰：大祥後所服，非喪之正服也。喪之正服，止於二十五月。

凡生天地之間者，有血氣之屬必有知，有知之屬莫不知愛其類。今是大鳥獸則失喪其羣匹，越月踰時焉，則必反巡過其故鄉，翔回焉，鳴號焉，蹢躅焉，蜘蹰焉，然後乃能去之。小者至於燕雀，猶有啁噍之頃焉，然後乃能去之。故有血氣之屬者莫知於人，故人於其親也，至死不窮。釋文：喪，息浪反。號音豪。蹢，本又作「躑」，直亦反，徐治革反。躅，徐音馳，字或作「踟」。蹰音廚。啁，張留反。噍，子流反。知音智。

鄭氏曰：言燕雀之恩不如大鳥獸，大鳥獸不如人，含血氣之類，人最有知而恩深也。於其五服之親，念之無止已。　愚謂於其親，謂於其父母也。

將由夫患邪淫之人與？則彼朝死而夕忘之，然而從之，則是曾鳥獸之不若也。夫焉能相與羣居而不亂乎？釋文：夫音扶。人與，音餘。曾，則能反。焉，於虔反。

鄭氏曰：言惡人薄於恩，死則忘之，其相與聚處，必失禮也。　愚謂恩莫厚於父母，淫邪之人於父母且朝死而夕忘之，則其於所薄者可知矣，此所以羣居而必至於亂也。

將由夫修飾之君子與？則三年之喪，二十五月而畢，若駟之過隙，然而遂之，則是無窮也。釋文：過，古臥反，徐音戈。隙，本又作「郤」，去逆反。

鄭氏曰：駟之過隙，喻疾也。遂之，謂不時除也。　孔氏曰：駟，謂駟馬。隙，謂空隙。駟馬峻疾，空隙狹小，以峻疾而過狹小，急速之甚。

故先王焉爲之立中、制節，壹使足以成文理，則釋之矣。

鄭氏曰：立中、制節，謂服之年月也。釋猶除也，去也。　孔氏曰：焉是語辭。君子、小人，其意不同，故先王爲之立中人之制，以爲年月限節。壹，謂齊同。言君子、小人皆齊同。三年一閏，天道小成，又子生三年，然後免於父母之懷，故服以三年，使足以成文章、義理，則除去其服。　愚謂由淫邪之人，則哀不足以及乎三年；由脩飾之君子，則哀不止於三年。故先王斟酌乎賢、不肖之間，立爲中道，制其節限，使賢者俯而就之，不肖者企而及之。文，謂文章。理，謂條理。三年之中，有殯、葬、虞、祔、練、祥之禮，而使之足以成文章；有變除之節，而使之足以成條理。如此，則可以除去其服矣。此喪之所以斷以三年也。

然則何以至期也？曰：至親以期斷。是何也？曰：天地則已易矣，四時則已變矣，其在天地之中者，莫不更始焉，以是象之也。釋文：期音基。斷，丁亂反。更，古衡反。

此明期喪之義也。何以至期，問期喪何以至期而畢也。○何以至期也，鄭氏以爲此「期」謂爲人後者，及父在爲母；孔氏以爲禮期而練，男子除絰，婦人除帶，此問其一期應除之義。今按下文「何以三年也」，問三年之義，「由九月以下何也」，問大功以下之義，則此「何以至期」，乃泛爲期喪設問。故下文又總之曰「故三年以爲隆，緦、小功以爲殺，期、九月以爲閒」，固非問三年之練除，亦非專問爲人後者及父在爲母之服也。按「然則何以至期也」，荀子作「然則何以分之」，是總問五服之分限，故下文歷言五服之日月以釋之，其義尤明。楊倞注：「分，半也，謂半於三年。」是欲以牽合禮記「何以至期」之意而反失之。

然則何以三年也？曰：加隆焉爾也。焉使倍之，故再期也。釋文：加隆焉爾，一本作「加隆爲爾」。倍，步罪反。

此因至親以期斷而轉明三年之義也。

由九月以下何也？曰：焉使弗及也。

此明九月以下之喪之義也。至親以期斷，恩隆於期則爲三年，不及乎期則爲九月、五月、三月之喪也。

故三年以爲隆，緦、小功以爲殺，期、九月以爲閒。上取象於天，下取法於地，中取則於人，人之所以羣居和壹之理盡矣。釋文：殺，所界反。

鄭氏曰：閒，隆殺之間也。自三年以至緦，皆歲時之數也。

孔氏曰：取象於天地，謂法其變易也。上取象於天，下取法於地者，天地之氣，三年一閏，是三年取象於一閏；天地一期物終，是一期取象於一周；九月象陽數，又象三時而物成也；五月象五行，三月象天地一時而氣變。此五服之節皆取法於天地也。中取則於人者，子生三年，然後免於父母之懷，故服三年；人之一歲，情意改變，故服一期；九月、五月、三月之屬，亦逐人情而減殺。是中取則於人。取法天地與人，三才並備，故能調和羣衆聚居，和諧專壹，義理盡備矣。愚謂此總結五服之義。大功以上謂之親，小功以下謂之疏。期、九月者雖不及三年之加隆，而其情未至於殺也，故曰「期、九月以爲閒」，言在隆殺之閒也。三年之喪，以象三年一閏，期之喪象一年，九月象三時，五月象二時，三月象一時，此法象於天地也。人情莫隆於父母，由此而上殺、下殺、旁殺，而服之輕重出焉，此取則於人也。親屬相爲服，則親親之誼篤，故人之所以羣衆居處，和睦而不至於乖離，純壹而不至於偈薄者，其理盡於此矣。

故三年之喪，人道之至文者也。夫是之謂至隆。

此以下，又專明三年之義也。文，以禮言；隆，以情言。

是百王之所同，古今之所壹也，未有知其所由來者也。

鄭氏曰：不知其所由來，喻此三年之喪，前世行之久矣。

孔氏曰：古之葬者，厚衣之以薪，葬之中野，喪期無數。尚書云：「百姓如喪考妣，三載。」此云「不知所從來者」，但不知定在何時。唐、虞以前，喪服與吉服同，皆以白布爲之。故郊特牲云「大古冠布，齊則緇之」，若不齊則皆用白布。至三代以下，吉凶異也。愚謂三年之喪，人情之實也。蓋自天地生人，而親愛其父母之心固已與之俱生矣。則親死而哀之者，乃生人所自有之心，而先王特因而飾其禮焉爾。其由來不已久乎！

孔子曰：「子生三年，然後免於父母之懷。」夫三年之喪，天下之達喪也。

鄭氏曰：達，謂自天子至於庶人。○馬氏晞孟曰：世衰道微，狃於習俗，宰我親受業於聖門，猶以「期可已」爲問，則此書亦有爲而作也。

禮記卷五十六

深衣第三十九 別録屬制度。

鄭氏曰：深衣，用十五升布，鍛濯灰治，純之以采。　孔氏曰：諸侯、大夫、士夕時之服也。故玉藻曰：「朝玄端，夕深衣。」庶人吉服亦深衣，皆著之在表也。餘服上衣、下裳不相連，深衣衣、裳相連，被體深邃，故謂之深衣。　愚謂禮衣上衣、下裳，深衣連衣、裳爲之，以其用於燕私，尚簡便也。自深衣之外，與深衣同制而其用不同者有三：一曰中衣，衣於禮服之内者，玉藻所言「錦衣」、「玄綃衣」、「絞衣」、「緇衣」之屬是也。中衣之所用，與禮服同。祭服皮弁用繒，朝服玄端用布，故玉藻曰：「以帛裏布，非禮也。」而別以華美之物爲之領緣，故郊特牲言「黼、繡、丹朱、中衣」。大夫士亦以采色爲之，故裼謂之見美，謂見此中衣之領緣也。一曰長衣，喪服之中衣也。中衣、長衣之袂皆繼揜尺。聘禮：「遭喪，將命於大夫，主人長衣、練冠以受。」雜記：「如筮，則史練冠、長衣以筮。」蓋喪中因事而脱衰，則不復加餘服，而卽以中衣爲上服，故喪服之中衣不謂之中衣，而謂之長衣，以其袂名其衣也。檀弓：「練，練衣黄裏、縓緣。」又曰：「袪，裼之可也。」蓋練中衣始用縓緣，故可裼以見美，然則自練以前未有飾也。一曰麻衣，大祥之所服也。麻衣用十五升布爲之，而亦緣以縓，喪服記「公子爲其母，練冠，麻衣縓緣」，是也。縓緣者，布也。麻衣卽深衣。大祥既除衰，故服麻衣以居。深衣之緣，或以繢，或以青，或以素，皆繒也。而麻衣仍小祥之縓緣，則猶未離乎凶也。此篇專明深衣之制。由深衣之制以推之，則中衣、長衣、麻衣之制亦可見矣。

古者深衣蓋有制度，以應規、矩、繩、權、衡。釋文：應，於證反。

鄭氏曰：言聖人制事必有法度。愚謂此爲一篇之綱，其説在下。

短毋見膚，長毋被土，釋文：見，賢遍反。被，彼義反。

鄭氏曰：毋見膚，衣取蔽形。毋被土，爲汙辱也。愚謂此總言衣、裳長短之制也。人身雖有長短，而深衣皆以及踝爲度也。

續衽鉤邊，要縫半下。釋文：鉤，古侯反。要，一遥反。縫，扶用反。○鄭注：續或爲「裕」。要或爲「優」。

此言裳之制也。鄭氏曰：續猶屬也。衽，在裳旁者也。屬連之，不殊裳前後也。鉤邊，若今曲裾也。三分要中，減一以益下，下宜寬也。愚謂深衣之裳，用布六幅，而斜裁爲十二幅：前六幅，後六幅。於前幅左右之兩旁，用布續之，以掩其前後際，謂之衽。衽之在左者，續於前幅，而縫著於後幅；其在右者，但續於前幅而不縫著，至衣之，則掩於後幅也。鉤，曲也。邊，卽衽之交掩處也。深衣之裳，幅上狹而下廣，其衽之掩於後幅者則上廣而下狹，二者相交，上下皆廣，而中央獨狹，則其形鉤曲矣。勉齋黃氏與朱子論深衣之制云「曲裾，以一幅布交解之爲兩條，上闊下狹，綴之兩旁，如燕尾然」，是也。禮衣之衽，垂於裳之兩旁，而不屬於裳。其裳用正幅而襞積之，與衽相值之處亦無鉤邊之象，故續衽鉤邊惟深衣之制爲然。要縫，謂要中所縫紩之度也。下，謂齊也。深衣之裳，用布六幅，斜裁爲十二幅。布廣二尺二寸，除四寸爲縫，餘布一尺八寸，三分之：狹頭得一分，爲六寸，合十二幅，則爲七尺二寸也；闊頭得二分，爲一尺二寸，合十二幅，則爲一丈四尺四寸也。以七尺二寸爲要，以一丈四尺四寸爲齊，是要縫之度，半於齊縫之度也。

袼之高下，可以運肘；袂之長短，反詘之及肘。 釋文：袼，本亦作「胳」，音各。肘，竹九反，又張柳反。袂，彌世反。詘，邱勿反。○鄭注：肘或爲「腕」。

此言衣之制也。袼之高下，可以運肘，言袂之寬隘之度也。袂之長短，反詘之及肘，又言其長短之度也。　鄭氏曰：肘不能不出入。袼，衣袂當掖之縫也。袂屬幅於衣，詘而至肘，當臂中爲節。臂骨上下各尺二寸，則袂，肘以前尺二寸。　孔氏曰：袼，謂當臂之處，宜稍寬大，可以運動其肘。袂二尺二寸，肘尺二寸，是可運肘也。袂之長短，反詘之及肘者，袂長二尺二寸，并緣寸半，爲二尺三寸半，除去其縫之所殺各一寸，餘有二尺一寸半在，從肩至手二尺四寸。今二尺一寸半之袂，得反詘及肘者，以袂屬於衣，幅闊二尺二寸，自脊至肩但尺一寸，從肩覆臂又尺一寸，是衣幅之畔覆臂將盡，今又屬袂於衣又二尺一寸半，故反屈其袂，得及於肘也。　劉氏曰：古者布幅二尺二寸，深衣裁身用布八尺八寸，中屈而四疊之，則正方。袖本齊之，而漸圜殺以至袪，則廣一尺二寸，故下文云「袂圜應規」也。衣四幅，而要縫七尺二寸，又除負繩之縫與領旁之屈積各寸，則兩腋之餘，前後各三寸許，續以二尺二寸幅之袖，則二尺有五寸也。　然周尺二尺五寸，不滿今舊尺二尺，僅足齊手，無餘可反屈也，曰「反屈及肘」，則接袖初不以一幅爲拘矣。經言「短無見膚，長無被土」，及「袼可運肘」，「袂反及肘」，皆以人身爲度，而不言尺寸者，以人身有大小長短之殊故也。朱子云「度用指尺，中指中節爲寸」，則各自與身相應矣。　愚謂反屈及肘，劉氏與鄭、孔之說不同，以人情言之，劉氏爲近是。

帶，下毋厭髀，上毋厭脅，當無骨者。　釋文：厭，於甲反。髀，卑婢反。脅，許刼反。當，丁郎反。

此言束帶之法也。大夫以上有雜帶，深衣之帶也。士無雜帶，則深衣亦用大帶矣。髀與脅皆有骨，脅之下，髀之上，無骨之處也。　鄭氏曰：帶當骨，緩急難爲中也。

制十有二幅，以應十有二月，袂圜以應規，曲袷如矩以應方，負繩及踝以應直，下齊如權、衡以應平。故規者，行舉手以爲容，負繩、抱方者，以直其政，方其義也。故易曰：「坤六二之動，直以方也。」下齊如權、衡者，以安志而平心也。五法已施，故聖人服之。故規、矩取其無私，繩取其直，權、衡取其平。故先王貴之。　釋文：應，「應對」之應。圜音圓。袷音刼。踝，胡瓦反。齊音咨，亦作「齋」。○鄭注：政或爲「正」。

此總言深衣制度，以釋首節之義也。　鄭氏曰：制十有二幅，裳六幅，幅分之，以爲上下之殺也。袂圜，謂胡下也。袷，交領也。古者方領，如今小兒衣領。繩，謂裻與後幅相當之縫也。踝，跟也。齊，緝也。行舉手，謂揖讓。引易者，言深衣之直、方，應易之文也。心平志安，行乃正，或低或昂，則心有異志者與？五法已施，聖人服之，言非法不服也。　孔氏曰：鄭以漢時領皆向下交垂，故云「古者方領」，似今擁咽，故云「若今小兒衣領」，但方折之也。衣之背縫，及裳之背縫，上下相當，如繩之正，故云「負繩」。負繩，背之縫也。抱方，領之方也。直其政，解「負繩」，方其義，解「抱方」也。愚謂五法，謂規、矩、繩、權、衡也。言「聖人服之」，則天子或亦服之與？

故可以爲文，可以爲武，可以擯、相，可以治軍旅。完且弗費，善衣之次也。釋文：相，息亮反。費，芳貴反。

此又言深衣之所用也。治軍旅，謂若卿大夫以下作民師田、行役之事也。擯、相，謂大夫士相見，而爲之接賓、相禮也。擯、相，文事；軍旅，武事。言深衣不獨施於燕私也。鄭氏曰：完且弗費，言可苦衣而易有也。善衣，朝、祭之服也。自士以上，深衣爲之次，庶人吉服，深衣而已。呂氏大臨曰：深衣之用，上下不嫌同名，吉凶不嫌同制，男女不嫌同服。諸侯朝朝服，夕深衣；大夫士朝玄端，夕深衣；庶人吉服深衣。此上下同也。有虞氏深衣而養老；將軍文子除喪受弔，練冠、深衣；親迎，女在途，壻之父母死，深衣、縞，總以趨喪。此吉凶、男女同也。推其義類，則非朝、祭皆可服之，故曰「可以爲文，可以爲武，可以擯、相，可以治軍旅」也。

具父母、大父母，衣純以繢。具父母，衣純以青。如孤子，衣純以素。純袂、緣、純邊，廣各寸半。釋文：大音太。純，之允反。繢，户對反。緣，悦絹反。廣，古曠反。○孔疏：「緣讀爲緆。」音錫，又以豉反。

此言純、緣之法也。鄭氏曰：尊者存，以多飾爲孝。純，謂緣之也。繢，畫文也。三十以下無父，稱孤。緣袂，謂其口也。緣，緆也。緣邊，衣、裳之側。廣各寸半，則表、裏共三寸矣。唯袷廣二寸。孔氏曰：具父母、大父母，所尊俱在，純以繢。若其不具，一在一亡，不必純以繢也。有父母而無祖父母，以爲吉不具，故飾少而純以青，降於繢也。若無父母，唯祖父母在，亦當純以青。純，緣也。純袂，謂純其袂口也。緣讀爲緆。既夕禮云明衣「縓綼、緆」，鄭注云：「在幅曰綼，在下曰緆。」此云「緆」，則深衣之下緣也。純邊，謂深衣之旁側也。深衣外衿之邊有緣，裳雖前後相連，然外邊曲裾揜處，其側亦有緣也。廣各寸半者，言純袂口及裳下之緆，并純旁邊，其廣各寸半。陳氏祥道曰：純以繢，備五采以爲樂也。純以青，體少陽以致敬也。純以素，存凶飾以致哀也。愚謂繢、青、素，皆繒也。朝、祭之服，其飾有一定，深衣用於燕居，故其飾有是三者之異。上云「具父母，衣純以青」，下言「孤子，衣純以素」，則是無父者皆孤也。鄭云「三十以下無父爲孤」，非也。家無二尊，父没母存，則純當以素；母没父存，純猶以青也。大父母亦然。孔概云「一在一亡，不得純以繢」，亦非也。

投壺第四十 別録屬吉禮

大夫士與賓客燕飲，而投壺以樂賓，其禮如此，亦儀禮經之正篇也。孔氏曰：投壺與射爲類，此於五禮宜屬嘉禮，或云：「宜屬賓禮。」

投壺之禮：

此亦總目一篇之事也。呂氏大臨曰：投壺，射之細也。燕飲有射以樂賓，以習容而講藝也。或庭之脩廣不足以張侯置鵠，賓客之衆不足以備官比耦，則用是禮也。雖弧矢之事不能行，而比禮比樂，志正體直，所以觀德者猶在，此先王所以不廢也。應氏鏞曰：壺，飲器也。其始必於燕飲之間，謀以樂賓，或病於不能射也，舉席間之器以寓射節焉。制禮者因爲之節文，此投壺之所由興也。孔氏曰：投壺是大夫士之禮。經云「主人請賓」，是平敵之辭，與鄉飲、鄉射同，故知是大夫士也。若諸侯，則燕禮、大射，每事云「請於公」，不得云「主人請賓」也。諸侯相燕，亦有投壺，故左傳「晉侯與齊侯燕」，「投壺」。然則天子亦有之。愚謂投壺，射之類也。然射禮重而投壺禮輕，射禮繁而投壺禮簡。燕禮云：「若射，則大射正爲司射，如鄉射之禮。」諸侯燕射之禮如鄉射，大夫士之燕射，其禮宜簡於諸侯，其投壺之禮又簡於燕射也。

主人奉矢，司射奉中，使人執壺。釋文：奉，芳勇反。

鄭氏曰：燕飲酒，既脱屨升坐，主人乃請投壺也。否則或射，所謂燕射也。矢，所以投者也。中，士則鹿中也。射人奉之者，投壺，射之類也。其奉之，西階上，北面。孔氏曰：知脱屨升坐，主人乃請投壺者，按燕禮「取俎以出」，「卿大夫皆降」，「賓反入，及卿大夫皆脱屨，升就席」，「羞庶羞」之後，乃云「若射，則大射正爲司射」，則知此投壺亦脱屨升坐之後。若鄉射之禮，則在飲酒未旅之前爲射，以其詢衆庶，禮重，異於燕射也。中，謂受算之器。鄉射記云「大夫兕中」，「士鹿中」，其形刻木爲之，狀如兕、鹿而伏，背上立圓圈，以盛算。云「奉之西階上，北面」者，按鄉射禮將射，司射「升自西階，階上北面，告於賓」，故知此司射奉中亦在西階上北面。使人執壺者，使人執所投之壺於司射之西而北面也。所以皆在西階上者，欲就賓處也。唯云「使人」，不言官者，以賤略之也。愚謂鄉射主於射，故射行於未旅酬之前；燕禮主於飲酒，故燕射與投壺行於既旅酬，脫屨升坐之後。矢用木爲之，而不去皮，無羽、鏃之屬，與射者之矢不同。但投壺本所以代射，故亦因名爲矢焉。鄉射禮盛矢以楅，「設於中庭，南北當洗」。投壺之禮，蓋亦於中庭設楅以盛矢，主人將請賓，則贊者取矢於楅，以授主人，主人受之以奉於賓也。主人席於阼，賓席於牖間；主人奉矢時，降席立於阼階上，西面，客亦降席立於西階上，東面。射禮有司射，以主其禮，投壺，射之類，故其主禮者亦曰司射。中，盛算之器，蓋刻木爲兕、鹿之形，而鑿其背以受算也。奉中、執壺者，爲將設之也。設壺、設中，皆司射之事，執壺者贊爲之耳。投壺於堂，則釋算當在堂上。下文云「設中，東面」，則設之在西也，是中設於西階上矣。司射之位在中西，東面，是時奉中升堂，預度所設中西之位而立焉，執壺者在其南，皆東面。

主人請曰：「某有枉矢、哨壺，請以樂賓。」賓曰：「子有旨酒、嘉肴，某既賜矣，又重以樂，敢辭。」釋文：哨，七笑反，徐又以救反。樂音洛，下同，一讀下「以樂」音岳。重，直用反。

鄭氏曰：枉、哨，不正貌，爲謙辭。王氏肅曰：枉，不直。哨，不正也。愚謂又重以樂，言又重以投壺之禮以爲歡樂也。

主人曰：「枉矢、哨壺不足辭也，敢固以請。」賓曰：「某既賜矣，又重以樂，敢固辭。」主人曰：「枉矢、哨壺不足辭也，敢固以請。」賓曰：「某固辭不得命，敢不敬從。」

鄭氏曰：不得命，不以命見許。愚謂鄉射禮請射，賓不辭，此賓乃再辭者，鄉射爲射而舉，投壺則燕飲之間所以樂賓者也。燕禮不言「請射」「賓辭」，臣於君命不敢辭也。若敵者行燕射，則賓亦當有辭讓之辭如此禮與？鄉射禮「司射請射」，「賓許，適阼階上，告主人」。此主人親請賓，投壺禮簡故也。

賓再拜受，主人般還，曰：「辟。」主人阼階上拜送，賓般還，曰：「辟。」釋文：般，步干反。還音旋。辟音避，徐扶亦反。

鄭氏曰：賓再拜受，拜受矢也。主人既辟，進授矢兩楹之間也。拜送，送矢也。辟亦於其階上。孔氏曰：般還，謂盤曲折還。曰「辟」者，言辟而不敢受也。賓既許主人投壺，乃於西階上北面再拜遙受矢。主人般還曰「辟」者，欲止賓之拜也。於是，賓及主人各來兩楹之間，俱南面，主人在東，授矢與賓。主人既授矢，還歸阼階上，北面拜送矢也。賓受矢之後，歸於西階上，見主人之拜，般還曰「辟」，亦止主人拜也。

右請投。

已拜，受矢，進卽兩楹間，退反位，揖賓就筵。

鄭氏曰：主人既拜送矢，又自受矢。進卽兩楹間者，言將有事於此也。退乃揖賓卽席，欲與偕進，明爲耦也。賓席、主人席皆南鄉，間相去如射物。孔氏曰：投壺是射之類，故知席相去如射物。物，射者所立之處，兩物相去容一弓。故鄉射記云：「物長如笴，其間容弓。」愚謂已拜者，主人已拜送矢也。受矢者，贊者以主人所投之矢授主人，而主人受之也。進卽兩楹間，示將投壺於此，而使人設筵也。鄉射記云：「序則物當棟，堂則物當楣。」此設筵在兩楹間，則亦當楣矣。反位，反阼階上之位也。主人既反位，使者設筵，主人遂揖賓就筵也。衆耦投壺，皆就兩楹間之筵，主人與賓爲耦，先投，故先揖賓就筵也。投壺或在堂，或在室，或在庭，此言「進卽兩楹間」，謂在堂之禮也。若室中，蓋在中霤之稍北，庭中，蓋在兩階間之少南與？以室中迫狹，而庭中曠遠，其設筵皆宜近北也。

右賓主就筵。

司射進度壺，間以二矢半，反位，設中，東面，執八算興。釋文：度，徒洛反。

鄭氏曰：度壺，度其所設之處也。壺去坐二矢半，則堂上去賓席、主人席邪行各七尺也。反位，西階上位也。設中，東面，既設中，亦實八算於中，橫委其餘於中西，執算而立，以請賓俟投。孔氏曰：投壺有三處，室中、堂上及庭中。矢有長短，隨地廣狹，而度壺皆使去席二矢半也。室中矢五扶，壺去席五尺；堂上矢七扶，壺去席七尺；庭中矢九扶，壺去席九尺。既設中於中西，東面，手執八算而起，其中裏亦實八算。鄉射禮：「實八算於中。」投壺，射之類，故亦然。愚謂進度壺者，受壺於執壺者，進至筵前，度其遠近之節而設之也。間以二矢半，其所度之度也。先設壺而後設中，事之次也。反位，反其西階上之位也。司射受壺之時，其中蓋以授執壺者，既設壺反位，則受中於執壺者而設之也。鄉射禮：「釋獲者設中。」投壺無釋獲者，故司射設之東面者，中象兕、鹿，使其面向東也。司射之位在中西，東面，於此言「反位，設中」，則知司射奉中時已在此位矣。算，所以記獲之籌也。執八算興者，一耦共投八矢，執八算於手，擬釋賓與主人之獲也。

右度壺、設中。

請賓曰：「順投爲入，比投不釋，勝飲不勝者。正爵既行，請爲勝者立馬，一馬從二馬。三馬既立，請慶多馬。」釋文：比，毗志反。勝飲，上尺證反，下於鴆反。爲，于僞反。○釋文無「一馬從二馬」句。孔疏云：「定本無此句。」

鄭氏曰：請猶告也。順投，矢本入也。比投，不拾也。正爵，所以正禮之爵也。或以罰，或以慶。馬，勝算也。謂之馬者，若云技藝如此，任爲將帥乘馬也。射、投壺，皆所以習武，因爲樂。孔氏曰：此經明司射執八算，起而告賓爲投壺之法也。順投爲入者，矢有本、末，投矢於壺，以矢本入者乃名爲入，爲之釋算。若以矢末入，則不名爲入，不爲釋算也。比，頻也。賓主當更遞而投，若不待後人投而已頻投，雖入亦不爲之釋算也。正爵，謂勝飲不勝之爵也。慶馬勝算，亦爲正爵，以其爲正禮也。立馬，取算以爲馬，表於勝數也。一馬從二馬者，每一勝卽立一馬，禮以三馬爲成，但勝偶未必專頻得三，若勝偶得二，劣偶得一，一既劣於二，故徹取劣偶之一，以足勝耦爲三也。三馬既立，請慶多馬者，若頻得三馬，或取彼馬足爲三馬，是其勝已成，又酌酒慶賀於多馬之偶也。按鄉射禮三耦先射，賓主乃射。投壺禮不立三耦者，投壺輕於射也。方氏慤曰：上言「入」，下言「釋」，互明之也。呂氏大臨曰：矢本入，則本、末之序正；左右拾投，則賓主之儀答。不如是，則雖投不爲入，雖入不釋算，所以責審固，詳節文也。故射與投壺，所以觀人之德，必容體比於禮，容節比於樂，不尚於苟中也。

愚謂自「順投爲入」以下，皆請賓之辭也。矢以木爲之，以本爲下，以末爲上，故以本投者謂之順。罰爵、慶爵，固皆謂之正爵，然此云「正爵」，乃專指罰爵而言。鄭兼下文解之，故云「或以罰，或以慶」也。馬，所以表勝者也。周禮大司馬註引漢田律云「爭禽不審者，罰以假馬」，賈疏謂「馬爲獲禽之籌」。陳用之云：「漢人格五之法，有功馬、散馬，皆刻馬象而植焉。」或投壺之馬亦如此與？爲勝者立馬者，司射爲勝者立馬以表之。孔疏「勝者自表堪爲將帥」，非也。

右請賓。

請主人亦如之。

孔氏曰：鄉射禮司射請賓於西階上，請主人於阼階上，此請賓、請主人亦皆就賓主之前也。

右請主人。

命弦者曰：「請奏貍首，間若一。」大師曰：「諾。」釋文：貍，吏持反。間，「間厠」之間。大音泰。○今按，「間」字，孔疏讀「中間」之間，釋文讀爲「間厠」之間，釋文爲長。

鄭氏曰：弦，鼓瑟者也。貍首，詩篇名也，今逸。間若一者，投壺當以爲志、取節焉。孔氏曰：鄭知鼓瑟者，約鄉射禮用瑟也。間若一者，謂前後樂節，中間疏、數如一也。投壺者當聽之以爲志，取、投合於樂節，故須中間若一也。既非諸侯投壺，而奏貍首者，猶如鄉射「奏騶虞」，不計人之尊卑。按鄉射禮第一番偶射不釋算，第二番釋算不作樂，第三番乃用樂。此發初卽用樂者，投壺禮輕，主於歡樂故也。愚謂命弦者，亦司射也。鄉射禮「樂正命大師」，此無樂正，故司射命弦者也。弦者，樂工，鼓瑟以爲投壺之節者也。大師，工之長也。鄉射禮「工四人」，投壺禮輕，蓋歌者、弦者各一人也。樂尊人聲，則歌者當爲大師，此不命大師而命弦者，大師尊也。鄉射禮直命大師，鄉射禮重也。命弦者而大師曰「諾」，統於其長也。鄉射禮曰「大師則爲之洗」，則此或亦不必有大師矣。無大師，則當命歌者，而歌者曰「諾」與？奏貍首者，歌貍首之詩，而奏瑟以倚其聲也。周禮樂師：「王以騶虞爲節，諸侯以貍首爲節，大夫以采蘋爲節，士以采蘩爲節。」此大夫士投壺，乃奏貍首者，樂師所言，特謂大射之樂節，鄉射歌騶虞及采蘋，皆五終，是餘禮用射節，與大射異，故此投壺禮得奏貍首也。鄉射歌五終，則五節也，投壺蓋三終與？間讀爲「離間」之間，言每終相離間當如一也。

右命作樂。

左右告矢具，請拾投。有入者，則司射坐而釋一算焉。賓黨於右，主黨於左。釋文：拾，其劫反。

鄭氏曰：告矢具，請拾投者，司射也。拾，更也。司射東面立，釋算則坐。以南爲右，北爲左也。已投者退，各反其位。孔氏曰：約鄉射禮射畢則各反其位，此投壺者畢亦各反其位也。愚謂司射告時北面。左謂賓，右謂主人也。釋算則賓黨於右，主黨於左，以南爲上也。鄉射禮「釋獲者東面」，司射西面視之，投壺禮簡，故司射釋算也。已投退，各反其位：賓反其牖間之位，主人反其阼階上之位，餘耦各反其堂西之位也。○孔疏云：「反位，謂主黨於東，賓黨於西。」按鄉射禮衆耦之位皆在堂西，投壺禮賓主之黨亦當皆在堂西，孔疏非是。

右請投。

卒投，司射執算曰：「左右卒投，請數。」二算爲純，一純以取；一算爲奇。遂以奇算告，曰：「某賢於某若干純。」奇則曰「奇」，鈞則曰「左右鈞」。釋文：數，色主反。純音全，鄭注儀禮如字。奇，居衣反。

卒投，賓主之黨皆已投也。執算，執爲末耦所釋之餘也。鄉射禮云：「釋獲者東面，於中西坐，先數右獲。二算爲純，一純以取，實於左手，十純則縮而委之，每委異之，有餘純則橫於下。一算爲奇，奇則又縮諸純下。興，自前適左，東面坐，兼斂算，實於左手，一純以委，十則異之，其餘如右獲。」投壺數算之法亦如之。一純以取者，取之皆以右手，數右算則從地取置於左手，滿十純則委之於地，每委各爲一處也。數左算則斂而實於左手，從左手取而委諸地也。每一純則一委，每滿十純，亦別而異之，各爲一處也。先數右算者，尊賓也。數右算、左算不同者，以相變爲文也。奇，零也。上言「一算曰奇」，一純所餘之零數也。下言「奇算」，賓主二算相校，而勝者所多之零數也。以奇算告，執勝者所多之算，以告賓於其席前也。賢，謂勝也。曰「某」者，或賓或主，不定之辭也。某賢於某若干純，奇則曰「奇」者，謂若多二算則曰一純，一算則曰一奇，三算則曰一純一奇也。鈞，等也。鄉射禮曰：「若右勝，則曰『右賢於左』；左勝，則曰『左賢於右』。以純數告。若有奇者，亦曰『奇』；若左右鈞，則左右皆執一算以告，曰『左右鈞』。」「左右卒投」二句，請數算之辭也。「二算爲純」三句，數算之法也。「遂以奇算告」以下，告勝算之法也。

右卒投數算。

命酌，曰：「請行觴。」酌者曰：「諾。」當飲者皆跪，奉觴曰：「賜灌。」勝者跪曰：「敬養。」釋文：奉，芳勇反。養，羊尚反。

鄭氏曰：酌者，勝黨之弟子。酌者亦酌奠於豐上，不勝者坐取，乃退而跪飲之。灌猶飲也。言「賜灌」

者，服而爲尊敬辭也。周禮曰：「以灌賓客。」賜灌、敬養，各與其耦於西階上，如飲射爵。孔氏曰：知賜灌、敬養各與其耦於西階上者，約鄉射禮而知也。愚謂命酌，司射命勝者之弟子酌酒以行罰爵也。弟子之位，在西階之西，東面，司射命行酌，蓋降階而西面命之也。命弟子而曰「請」者，辭無所不敬也。注疏謂「請於賓與主人」，非也。鄉射禮「司射命設豐」，不請，則投壺可知也。已諾，弟子設豐於西楹之西。勝者之弟子，洗酌奠於豐上，勝者乃揖不勝者，俱升於西階上，北面，勝者在右，不勝者在左，取爵跪而飲之。敬養者，酒所以養老、養病也。此實罰爵，而曰「賜灌」，曰「敬養」，皆謙、敬之辭也。若飲賓，則弟子洗爵升實之，以授賓於席前，不置於豐上，而揖之使飲也。少儀曰「侍投則擁矢，勝則洗而以請，客亦如之」，是也。於主人亦然。

右勝飲不勝者。

正爵既行，請立馬，馬各直其算。

鄭氏曰：飲不勝者畢，司射又請爲勝者立馬，當其所釋算前也。愚謂正爵既行者，勝者各揖其耦飲畢也。請立馬者，請於賓與主人也。馬各直其算者，賓黨勝則立馬直右算，主黨勝則立馬直左算，所以表明孰勝也。

右立馬。

一馬從二馬，以慶。慶禮曰：「三馬既備，請慶多馬。」賓主皆曰：「諾。」

鄭氏曰：三立馬者，投壺如射，亦三而止也。一黨不得三勝，其一勝者并其馬於再勝者以慶之。飲慶爵者，偶親爵，不使弟子，無豐。　孔氏曰：鄉射禮初番三耦射，但唱獲而已，未釋算，亦未飲不勝者。第二番耦射畢，賓主之黨皆射畢，乃釋算，飲不勝者。第三番賓主等皆射中鼓節，乃釋算，飲卒觶。今投壺初則不立三耦，唯賓主三番而止。

右三投慶多馬。

正爵既行，請徹馬。

鄭氏曰：投壺禮畢，可以去其勝算也。既徹馬，無算爵乃行。　愚謂上云「正爵既行」，謂罰爵也。此云「正爵既行」，謂慶爵也。罰爵與慶爵皆謂之正爵者，對無算爵言之也。

右徹馬。○以上投壺正經，以下乃其記也。

算多少視其坐。釋文：坐如字，又才卧反。

鄭氏曰：算視坐投壺者之衆寡爲數也。投壺者人四矢，亦人四算。

右記算之多少。

籌，室中五扶，堂上七扶，庭中九扶。釋文：籌，直由反。扶，方于反。

鄭氏曰：籌，矢也。鋪四指曰扶，一指按寸。春秋傳曰：「膚寸而合。」投壺者，或於室，或於堂，或於庭，其禮褻，隨晏早之宜，無常處。　孔氏曰：投壺，日中於室，日晚於堂，大晚則於庭。矢之長短，隨地廣狹：室中狹，矢長五扶；堂上差寬，矢長七扶；庭中彌寬，矢長九扶。四指曰扶，扶廣四寸。五扶則二尺，七扶則二尺八寸，九扶則三尺六寸也。　愚謂投壺蓋以堂上爲常禮，以燕飲本在堂也。故經言主人「進卽兩楹間」，據禮之常者言之也。然其禮本簡易，故或在室以避風塵，或於庭以就明顯，又可以各隨其宜也。投壺之處雖不同，而主人與賓飲酒之席位不異，投畢皆各反其位，其設豐行爵，亦皆在西階上也。

右記籌之長。

算長尺二寸。釋文：長，直亮反。○鄭注：或曰「算長尺，有握」。握，數也〔一〕。

鄭氏曰：其節三扶可也。

右記算之長。

壺：頸修七寸，腹修五寸，口徑二寸半，容斗五升。壺中實小豆焉，爲其矢之躍而出也。釋文：爲，于僞反。

鄭氏曰：修，長也。腹容斗五升，三分益一則爲二斗，得圜囷之象，積三百二十四寸也。以腹脩五寸約之，所得求其圜周，圜周二尺七寸有奇，是爲腹徑九寸有餘也。實以小豆，取其滑且堅。朱子曰：經言「容斗五升」，注乃以「二斗」釋之，經言圜壺之實數，注乃借方體言之，算法所謂「虛加之數」也。然其言知借而不知還，知加而不知減，乃於下文遂併方體之所虛加以爲實數，又皆必取全寸，不計分釐，定爲圜壺腹徑九寸，而圍二尺七寸，則爲失之。今以算法求之。此言二斗之量者，計其積實當爲三百二十四寸，而以其高五寸者分之，則每高一寸，爲廣六十四寸八分。此六十四寸者爲正方，

〔一〕數，禮記注疏作「素」。

又取其八分者割裂而加於正方之外，則四面各得二釐五毫之數，乃復合此六十四寸八分者五，爲一方壺，則其高五寸，其廣八寸五釐，而外方三尺二寸二分，中受二斗，如註之初說矣。然此方形者，算術所借以爲虛加之數，若欲得圜壺之實數，則當就此方形，規而圜之，去其四角虛加之數四分之一，使六十四寸八分者但爲四十八寸六分，三百二十四寸者但爲二百四十三寸，則壺腹之高雖不減於五寸，其廣雖不減於八寸五釐，而其圍則僅爲二尺四寸一分五釐，其中所受僅爲斗有五升，如經之云，無不諧會矣。

右記壺。

壺去席二矢半。

右記壺去席之度。

矢以柘若棘，毋去其皮。釋文：柘，止夜反。去，起呂反。

鄭氏曰：取其堅且重也。舊說云：「矢大七分。」或以棘取無節〔一〕。　呂氏大臨曰：毋去其皮，質而已矣。

右記爲矢之木。

魯令弟子辭曰：「毋幠，毋敖，毋偝立，毋踰言！偝立、踰言有常爵。」薛令弟子辭曰：「毋幠，毋敖，毋偝立，毋踰言！若是者浮。」釋文：幠，如吾反。敖，五報反，又五羔反。偝音佩，徐符代反，舊又蒲來

〔一〕禮記注疏作「或言去其皮節」。

反。浮，縛謀反。○鄭注：浮或作「匏」，或作「符」。踰或爲「遥」。

鄭氏曰：弟子，賓黨、主黨年穉者也。爲其立堂下相褻嫚，司射戒令之。謂魯、薛者，禮衰乖異，不知孰是也。憮、敖，慢也。偝立，不正鄉前也。踰言，遠談語也。常爵，常所以罰人之爵也。浮，亦謂是也。晏子春秋曰：「酌者奉觴而進曰：『君令浮！』」晏子時以罰梁邱據。愚謂憮，大言也。敖，容不肅也。毋憮毋敖，猶詩言「不吳不敖」也。令弟子辭異，異國禮俗不同，記者兩記之。

右記令弟子辭。

鼓：○□○○□□○□○○□。半，○□○□○○○□□○□。○魯鼓：○□○○○□□○□○○□□○□○○□□○。半，○□○○○□□。○薛鼓：取半以下爲投壺禮，盡用之爲射禮。

鄭氏曰：此魯、薛擊鼓之節也。圜者擊鼙，方者擊鼓。古者舉事，鼓各有節，聞其節則知其事矣。投壺之鼓，半射節者，投壺，射之細也。射，謂燕射。愚謂此鼓之一節也。樂師：「天子以騶虞爲節，諸侯以貍首爲節，大夫以采蘋爲節，士以采蘩爲節。」射人天子「九節」，諸侯「七節」，大夫士「五節」。每奏詩一終爲一節，而鼓節與之相應，每奏詩一終則鼓亦一終也。然鼓節可以增減，而詩篇長短有定，投壺鼓節用射節半，其歌詩之法未知何如。意者詩辭雖有一定，而其長言咏歎之間，固有可舒可蹙者與？不然，則天子之騶虞反少於大夫士之采蘋、采蘩，何以爲尊卑之差別哉？

右記鼓節。

司射、庭長及冠士立者皆屬賓黨，樂人及使者、童子皆屬主黨。釋文：長，竹丈反。冠古亂反。

鄭氏曰：庭長，司正也。使者，主人所使薦羞者。樂人，國子能爲樂者。此皆與於投壺。愚謂司射、司正，蓋以私臣、公有司之屬爲之。冠士、童子，主人之子弟觀禮者也。立者，自「司射」以下皆立，惟賓與主人有堂上之席耳。樂人，奏樂之人，謂若擊鼓、擊鼙者。而弦歌之人，自大師以外，或不用瞽矇，卽以私臣、公有司及弟子之習於樂者爲之，亦謂之樂人也。樂人非一，使之彼此相代，故得與於投壺也。使者，主人所使令之人，若執壺者，設筵者，授主人以矢者，皆是也。此賓主之黨，皆主人之人，因投壺而分爲二黨耳。以尊而長者爲賓黨，卑而幼者爲主人黨，尊賓之意也。

右記賓主之黨。

魯鼓：○□○○□□○○。半，○□○○石經無此○。□○○○○□○□○。大戴禮下尚有一□一○，朱子從之。薛鼓：○□○○○○□○□○○○□○□○○□○。半，○□○□○○○○□○。

此二國鼓節之異，禮家所傳不同，記者兼記之。

右別記鼓節之異。

禮記卷五十七

儒行第四十一 別録屬通論。

孔子爲魯哀公陳儒者之行也。 呂氏大臨曰：儒者之行，一出於義理，皆吾性分所當爲，非以是自多而求勝於天下也。此篇之説，有誇大勝人之氣，少雍容深厚之風，竊意末世儒者將以自尊其教，謂「孔子言之」，殊可疑。 然考其言，不合於義理者殊寡，學者果踐其言，亦不愧於爲儒矣，此先儒所以存於篇也與？

魯哀公問於孔子曰：「夫子之服，其儒服與？」孔子對曰：「丘少居魯，衣逢掖之衣；長居宋，冠章甫之冠。丘聞之也：君子之學也博，其服也鄉。丘不知儒服。」釋文：與音餘。少，詩照反。衣逢，于既反，逢如字。掖音亦。長，竹丈反。冠章，古亂反。

鄭氏曰：哀公館孔子，見其服與士大夫異，又與庶人不同，疑爲儒服而問之。逢猶大也。大掖之衣，大袂襌衣也，此君子有道藝者所衣也。 孔子生魯，長而之宋而冠焉。宋，其祖所出也。衣少所居之服，冠長所居之冠，是之謂鄉。 言「不知儒服」，非哀公志不在於儒，乃問其服。 孔氏曰：禮，臣朝於君，應著朝服，而著常服者，時孔子自衛反魯，哀公館之，故衣冠異也。 呂氏大臨曰：古者衣服之制，自天子至於庶人，皆有差等，未聞儒者之有異服也。末世上下僭亂，至於無別，儒者獨守法度，此衆所以謂之儒服，哀公所以發問也。　愚謂孔子之所服，蓋深衣也。孔子見君，不以朝服者，諸侯、大夫、士皆夕深衣，時哀公蓋服深衣就見孔子，故孔子亦服深衣以見之，蓋不敢以有加於君之服也。時人尚簡易，深衣之袂，不復二尺二寸，故哀公見孔子之服，疑其爲儒者之服，有異於人也。逢，大也。逢掖之衣，卽深衣也。深衣之袂，其當掖者二尺二寸，至袪而漸殺，故曰「逢掖之衣」。孔子少衣逢掖之衣，則童子之衣爲深衣之制於此可見矣。章甫，殷玄冠之名，宋人冠之，所謂「脩其禮物」也。孔子既長，居宋而冠，冠禮始冠緇布冠，既冠而冠章甫，因其俗也。君子貴乎學問之廣博，其衣服則但隨其鄉俗，而不求異於人也。孔子不欲直言哀公之服之失，但言己之所服者乃鄉俗之舊法，非儒服之特異，既以見當時深衣之失其制，而儒者之異於人不在衣服亦可見矣，故哀公因之遂問儒行也。

哀公曰：「敢問儒行。」孔子對曰：「遽數之不能終其物，悉數之乃留。更僕，未可終也。」釋文：行，下孟反。數，色主反。更，古衡反，一加孟反。

鄭氏曰：遽猶卒也。物猶事也。留，久也。僕，大僕也，君燕朝則正位，掌擯、相。更之者，爲久將倦，使之相代。　愚謂哀公聞孔子之言，知儒者之所以異於人者不在服，故進而問其行也。僕，侍御之人，若夏官大僕、小臣之屬也。言儒者之行，遽數之則不能盡其事，盡數之乃當久留，至於僕侍之人怠倦而更代，猶未可盡，極言儒行之廣博而深厚也。

哀公命席，孔子侍，曰：「儒有席上之珍以待聘，夙夜强學以待問，懷忠信以待舉，力行以待取。其自立有如此者。釋文：强，居兩反。

鄭氏曰：爲孔子布席於堂，與之坐也。君適其臣，升自阼階，所在如主。愚謂侍，侍坐也。哀公在阼階上，西向，孔子侍，蓋負東房而南向與？珍，玉也。席，筵也。待聘，謂待諸侯聘問之事而用之也。此以玉之待聘，喻君子之待問、待舉、待取也。儒者之强學，所以自致其知，非爲君之來問也，而自可以待問。儒者之懷忠信，所以自立其本，非爲君之舉我也，而自可以待舉。儒者之力行，所以自盡其道，非爲君之取我也，而自可以待取。猶玉之在席上，非有求於人，而聘問者自不能舍也。夫無求於世，而其君自不能舍，則可謂能自立矣。

儒有衣冠中，動作慎；其大讓如慢，小讓如僞；大則如威，小則如愧；其難進而易退也，粥粥若無能也。其容貌有如此者。釋文：易，以豉反。粥，徐本作「鬻」，章六反。

孔氏曰：粥粥，柔弱專愚貌。張子曰：大讓，如讓國、讓天下，誠心而讓，其貌若不屑也。飲食辭辟之間，是小讓也，如僞爲之，以爲儀爾。呂氏大臨曰：衣冠中，謂得其中制，不異於衆，不流於俗而已。動作慎，非禮勿履而已。非其義也，祿之以天下弗顧也。辭其大者，若自尊以驕人然，非自尊也，尊道也。辭其小者，若矯飾而不出於情然，非矯飾也，欲由禮也。尊道而不屈於世，若有所威；由禮而不犯非禮，若有所愧。非義不就，所以難進；色斯舉矣，所以易退。

儒有居處齊難，其坐起恭敬；言必先信，行必中正；道塗不爭險易之利，冬夏不爭陰陽之和；愛其死以有待也，養其身以有爲也。其備豫有如此者。釋文：齊，側皆反。難，乃旦反。行，皇如字，舊下孟反。爲，于僞反。○今按：爲當如字。

鄭氏曰：齊難，齊莊可畏難也。行不爭道，止不選處，所以遠鬭訟。呂氏大臨曰：居處齊難，坐起恭敬，言必先信，行必中正，如見大賓，如承大祭也。不爭險易，不爭陰陽，己所不願，弗施於人也。懲忿窒慾，身立德充，可以當天下之變，任天下之重，備豫之至也。愚謂儒者之居處必慎，坐起不苟，所以遠其身之害，言必先信，行必中正，所以進其身之德，皆所以養其身也。不爭險易，不爭陰陽，不妄與人爭競者，皆所以愛其死也。夫愛其死，非貪生也，蓋以懲其血氣之忿，而養其義理之勇，以待夫事之大者而爭之也。養其身，非私其身也，蓋以我之身乃民物之所託命，故慎以養之，而將以大有爲於世也。儒者之備豫如此。

儒有不寶金玉，而忠信以爲寶；不祈土地，立義以爲土地；不祈多積，多文以爲富；難得而易祿也，易祿而難畜也。非時不見，不亦難得乎！非義不合，不亦難畜乎！先勞而後祿，不亦易祿乎！其近人有如此者。釋文：積，子賜反，又如字。易，以豉反。畜，許六反。見，賢遍反。近，「附近」之近。○鄭註：積或爲「貨」。

呂氏大臨曰：儒者所以自爲者，德而已。所以應世者，義而已。趙孟之所貴，趙孟能賤之。我之所貴，人不得而奪也。故金玉、土地、多積，不如信、義、多文之貴也。難得、難畜，主於義，而所以自貴也。愚謂寶者，人之所珍藏也，儒者則內蘊忠信，故曰「忠信以爲寶」。土地，各有所宜者也，儒者之立義，亦因事制宜，故曰「立義以爲土地」。積聚之多，人之所謂富也，儒者則多學於詩、書六藝之文，故曰「多文以爲富」。夫儒者之内足乎己而無求於外若此，似乎高峻而不可攀矣，然而難得而易祿也，易祿而難畜也，其先勞後祿，固未嘗遠乎人情。而其非時不見，若見爲難得者，值其時又未嘗不見也。其非義不合，若見爲難畜者，處以義又未嘗不可得而畜也。蓋儒者之近人如此。

儒有委之以貨財，淹之以樂好，見利不虧其義；劫之以衆，沮之以兵，見死不更其守；鷙蟲攫搏，不程勇者；引重鼎，不程其力；往者不悔，來者不豫；過言不再，流言不極；不斷其威，不習其謀。其特立有如此者。釋文：樂，五教反。好，呼報反。沮，在呂反。鷙，與摯同，音至。攫，俱縛反，一音九碧反。搏音博。斷音短，直卵反，又丁亂反。〇鄭注：斷或爲「繼」。〇勇者，家語作「其勇」。

鄭氏曰：淹，謂浸漬之。劫，劫脅也。沮，謂恐怖之也。鷙蟲，猛鳥、猛獸也，字從鳥，鷙當作「摯」。省聲也。程猶量也。不再，猶不更也。不極，不問所從來也。呂氏大臨曰：見利不虧其義，見死不更其守，所謂「富貴不能淫，貧賤不能移，威武不能屈」也。鷙蟲攫搏，不程勇者，自反而縮，千萬人吾往矣，其勇也非慮勝而後動也。引重鼎，不程其力者，仁之爲器重，舉之莫能勝也，其自任也不自知其力之不足也。方氏慤曰：不程勇，勇足以犯難而無所顧。不程力，材足以任事而有所勝。往者不悔，非有所吝而不改也，爲其動足以當理而無所悔。來者不豫，非有所忽而不防也，爲其機足以應變而不必豫。愚謂鷙蟲攫搏，以喻凶暴之威也。勇者，當從家語作「其勇」。重鼎，以喻艱鉅之任也。言雖有凶暴之威，苟自反而縮，則不自程其勇，而有所必赴也。雖有艱鉅之任，苟義所當爲，則不自量其力，而有所必任也。極，窮也。過言，出於己者也。有不善未嘗復，何再之有？此改過之勇也。

流言，起於人者也。在己者可以自信，何窮之有？此自反之功也。不斷其威者，氣配道義而無所餒。不習其謀者，道立於豫而不疑其所行也。

儒有可親而不可劫也，可近而不可迫也，可殺而不可辱也。其居處不淫，其飲食不溽，其過失可微辨而不可面數也。其剛毅有如此者。釋文：溽音辱。數，所具反。○今按：「數」字宜色主反。

鄭氏曰：恣滋味爲溽，溽之言欲也。呂氏大臨曰：儒者立於義理而已。以義交者，雖疏必親，非義加之，雖强禦不畏，故可親、可近、可殺而不可劫、迫、辱也。淫，侈濫也。溽，濃厚也。侈其居處，厚其飲食，欲勝之也。不淫不溽，立義以勝欲也。其過失可微辨而不可面數，此尚氣好勝之言，於義理未合。所貴於儒者，以見義必爲，聞過而能改也。子路聞過則喜，成湯改過不吝，推是心也，苟有過失，雖怨詈且將受之，況面數乎？

儒有忠信以爲甲冑，禮義以爲干櫓；戴仁而行，抱義而處；雖有暴政，不更其所。其自立有如此者。釋文：戴，本亦作「載」，音同。○更，平聲。

鄭氏曰：甲，鎧。冑，兜鍪也。干櫓，小楯、大楯也。孔氏曰：甲冑、干櫓，所以禦患難，儒者以忠信、禮義禦患難，謂有忠信、禮義則人不敢侵侮也。戴仁而行，仁之盛。抱義而處，義不離身。愚謂忠信以感人，則人莫之欺；禮義以服人，則人莫之侮。忠信、禮義，可以禦人之欺侮，猶甲冑、干櫓之可以禦患也。仁者元善之長，戴仁而行，言其尊仁而行之。義者事之宜，抱義而處，言無事不在乎義也。不更其所，不變其所立之仁義也。呂氏大臨曰：首章言「自立」，論其所學、所行足以待天下之用而不窮。此章言「自立」，論其所信、所守足以更天下之變而不易。二者皆自立，而有本末先後之差焉。

儒有一畝之宮，環堵之室，篳門圭窬，蓬户甕牖；易衣而出，并日而食；上答之不敢以疑，上不答不敢以諂。其仕有如此者。釋文：堵音睹。篳音畢。窬，徐音豆，郭璞三倉解詁音臾，左傳作「竇」。

鄭氏曰：言貧窮屈道，仕爲小官也。宮，謂牆垣也。環堵，面一堵也。五版爲堵，五堵爲雉。篳門，荆竹織門也。圭窬，門旁窬也，穿牆爲之如圭矣。并日而食，二日用一日食也。上答之，謂君應用其言。孔氏曰：一畝之宮者，徑一步，長百步爲畝，若折而方之，則東西南北各十步爲宅也。環，周迴也。環堵之室，東西南北唯一堵。篳門，謂以荆竹織門也。杜氏云：「柴門也。」圭窬，門旁窬，穿牆爲之如圭，故曰「圭窬」。說文云：「穿木爲户。」左傳作「竇」，謂門旁小户也。上鋭下方，形如圭也。蓬户，謂編蓬爲户，又以蓬塞門，謂之蓬户也。甕牖，謂牖牕圓如甕口也。又云：「以敗甕口爲牖。」易衣而出者，王云：「更相衣而後可以出。」是合家共一衣，出則更著之也。并日而食者，謂不日日得食，或二日、三日併得一日之食也。愚謂堵雉之說，諸家不同。公羊傳「五版而堵，五堵而雉」，何休以爲堵四十尺，雉二百尺。五經異義引戴禮及韓詩說，謂「八尺爲版，五版爲堵」；古周禮及左傳說，「一丈爲版，版廣二尺；五版爲堵，一堵之牆，長丈廣丈；三堵爲雉，長三丈，廣一丈」。鄭注坊記，用左氏之說。此註所引，乃公羊傳文，以左氏「堵長一丈」，室無周環衹一丈之理；公羊說一堵有四十尺，庶幾近之耳。甕牖者，牖如甕口，言其室狹而牖小也。上答之不敢以疑，自信者篤也。上不答不敢以諂，自守者堅也。此言儒者之仕，將以行道，若不得其志，則辭尊居卑，辭富居貧，至於窮約如此，不欲諂媚以求厚祿也。

儒有今人與居，古人與稽；今世行之，後世以爲楷；適弗逢世，上弗援，下弗推。讒諂之民，有比黨而危之者，身可危也，而志不可奪也；雖危，起居竟信其志，猶將不忘百姓之病也。其憂思有如此者。釋文：推，昌誰反。比，毗志反。信音伸。思，息嗣反。

鄭氏曰：援猶引也，取也。推猶進也，舉也。危，欲毀害之也。起居，猶舉事動作。愚謂儒者上有所考於古人，下可以法於來世，雖生弗逢世，至於見危，而其志不可屈，猶且以百姓之病爲憂，而不爲一己之私計也。蓋其憂思之深如此。

儒有博學而不窮，篤行而不倦，幽居而不淫，上通而不困；禮之以和爲貴，忠信之美，優游之法；慕賢而容衆，毁方而瓦合。其寬裕有如此者。釋文：行，下孟反。上，時掌反。

鄭氏曰：幽居，謂獨處時也。不困，既仕則不困於道德不足也。陳氏澔曰：博學不窮，温故知新之益也。篤行不倦，賢人可久之德也。幽居不淫，窮不失義也。上通不困，達不離道也。禮之體嚴，而用貴於和。忠信，禮之質也，故以忠信爲美。優游，用之和也，故以優游爲法。賢固在所當慕，衆亦不可不容，汎愛衆而親仁也。陶瓦之事，其初則圓，剖之爲四，其形則方，毁其圓以爲方，合其方而復圓，蓋於涵容之中，未嘗無分辨之意也，故曰「其寬裕有如此者」。愚謂「博學」七句，言行己之寬裕也。「慕賢」二句，言接物之寬裕也。

儒有內稱不辟親，外舉不辟怨，程功積事，推賢而進達之，不望其報，君得其志。苟利國家，不求富貴。其舉賢援能有如此者。釋文：辟音避。

鄭氏曰：君得其志者，君所欲爲，賢臣成之。孔氏曰：稱亦舉也。君得其志，謂此賢者輔助其君，使君得遂其志也。應氏鏞曰：程算其功，積累其事，不苟薦也。下不求報於人，上不求報於國。愚謂不求其報，不望所舉者之報也。不求富貴，不求國家之賞也。蓋薦賢以爲國，而不以爲私，此儒者舉賢援能之心也。

儒有聞善以相告也，見善以相示也；爵位相先也，患難相死也；久相待也，遠相致也。其任舉有如此者。釋文：難，乃旦反。

呂氏大臨曰：舉賢援能，儒者所以待天下之士也。任舉者，所以待其朋友而已。爲同其好惡也，故聞善相告，見善相示。爲同其憂樂也，故爵位相先，患難相死。彼雖居下，不待之同升則不升。彼雖疏遠，不致之同進則不進。此任舉朋友，加重於天下之士者，義有厚薄故也。

儒有澡身而浴德，陳言而伏；靜而正之，上弗知也；麤而翹之，又不急爲也；不臨深而爲高，不加少而爲多；世治不輕，世亂不沮；同弗與，異弗非也。其特立獨行有如此者。釋文：澡音早。靜如字，徐本作「諍」，音爭。治，直吏反。沮，在呂反。行，下孟反，又如字。

陳氏澔曰：翹，與「招其君之過」「招」字同，舉也。舉其過而諫之也。呂氏大臨曰：惟大臣爲能格君心之非，在我者未正，未有能正人者也。故澡身浴德者，所以正己也。陳言而伏者，入告嘉謀而順之於外也。靜而正之者，將順其美，匡救其惡，常在於未形也。故曰「上弗知也」。方氏慤曰：靜而正之者，隱進之也。麤而翹之者，明告之也。靜而正之，既不見知，然後麤而翹之，然亦緩而不迫，故曰「又不急爲也」。鄭氏曰：不臨深而爲高，臨衆不以己位尊自振貴也。不加少而爲多，謀事不以己少勝自矜大也。愚謂人臣之事君，雖功如伊、周，皆分之所當盡，無可以自高而自多也。苟臨深爲高，加少爲多，則是有自滿假之心，此齊桓之震矜之所以爲假之也。蓋澡身浴德，所以爲事君之本也。「陳言而伏」四句，言其正君之實也。「不臨深而爲高」二句，言其忠勤匪懈之心也。世治不輕，道可以行之於世也。世亂不沮，節可以守之於己也。同乎己者弗與，則不黨同。異乎己者弗非，則不伐異。和而不同，以義理爲主，而己不與也。前言「特立」，以行己言；此言「特立獨行」，以事君言也。

儒有上不臣天子，下不事諸侯；慎靜而尚寬，强毅以與人，博學以知服；近文章，砥厲廉隅；雖分國，如錙銖，不臣不仕。其規爲有如此者。釋文：近，「附近」之近。砥音脂，又音旨。分如字。錙，側其反。銖音殊。

鄭氏曰：雖分國如錙銖，言君分國以祿之，視之輕如錙銖矣。八兩曰錙。愚謂與人，猶論語「可者與之」之與。服，行也。君臣之義，無所逃於天地之間，儒者非不臣天子也，枉其道則有所不臣矣。非不事諸侯也，枉其道則有所不事矣。不臣天子，不事諸侯，其心可謂慎靜，其操可謂强毅矣。慎靜則恐其規模之太狹，而又能貴尚乎寬容；强毅則慮其風裁之太峻，而又能汎愛以與人。所學極其博，然博學則慮其泛濫而失歸，而又能知其所當行。多文以爲富，然近文章則慮其浮華而無實，而又能砥厲乎廉隅。二十四銖爲兩，八兩爲錙。非其道義，雖國君分國以禄之，視之如錙銖之輕，而不臣不仕，蓋其廉隅之峻飭如此。此皆言其道德周備，而不倚於一偏，所以爲儒者之規爲也。

儒有合志同方，營道同術；竝立則樂，相下不厭；久不相見，聞流言不信。其行本方立義，同而進，不同而退。其交友有如此者。釋文：樂音洛。下，户嫁反。行，下孟反。

鄭氏曰：同方、同術，等志行也。聞流言不信，不信其友所行，如毀謗也。　愚謂所合之志同其方，心意之同也。所營之道同其術，學業之同也。並立，謂聚處也。其並立也，則樂而相下不厭，敬業樂羣，以受勸善規過之益也。其不相見也，則聞流言不信，同心斷金，而不間於出處語默之異也。其行本乎方，而存於心者無阿諛取容之意；立乎義，而見於外者無便辟善柔之失。同者，益友也，同方、同術者也，則進而交之。不同者，損友也，異方、異術者也，則退而遠之。此儒者交友之道也。

温良者，仁之本也。敬慎者，仁之地也。寬裕者，仁之作也。孫接者，仁之能也。禮節者，仁之貌也。言談者，仁之文也。歌樂者，仁之和也。分散者，仁之施也。儒者兼此而有之，猶且不敢言「仁」也。其尊讓有如此者。釋文：孫音遜。施，始豉反。

吕氏大臨曰：質之温良者可與爲仁，故曰「仁之本」。行之敬慎者可與行仁，故曰「仁之地」。其規模寬裕，則稱仁之動作。其與人遜接，則習仁之能事。威儀中節，敬於仁者也，故爲仁之貌。出言有章，仁之見於外者也，故爲仁之文。詠歌之不足，不知手之舞之，足之蹈之，則安於仁而至於和者也。

貨不爲己，則利與人同，與人爲善，則善與人同，凡以分散與物，共而不私，則仁術之施不吝也。入者，儒必兼而有之，然後可以盡儒行之實，猶且不敢言「仁」，則聖人之志存焉。有聖人之志存，則可與入聖人之域矣。　愚謂温良稟乎性，敬慎存乎心，寬裕見乎事，孫接應乎物。本以基之，地以居之，作以發之，能以爲之，貌以表之，文以飾之，和以積其順，施以廣其恩。蓋道莫大於仁，儒者之爲仁，必兼此八者而有之，然猶不敢自以爲仁也。夫子曰：「若聖與仁，則吾豈敢！」蓋其尊讓如此，聖不自聖之心也。

儒有不隕穫於貧賤，不充詘於富貴，不慁君王，不累長上，不閔有司。故曰『儒』。今衆人之命儒也妄，常以儒相詬病。」釋文：隕，于敏反。穫，本又作「獲」，同户各反。詘，求勿反，徐邱勿反。慁，胡困反。累，力僞反，一音力追反。長，竹丈反。閔，本亦作「愍」，武謹反。○鄭注：充或爲「統」。閔或爲「文」。

鄭氏曰：隕穫，困迫失志之貌也。充詘，歡喜失節之貌。慁猶辱也。累猶繫也。閔，病也。言不爲天子、諸侯、卿、大夫、羣吏所困迫而違道，孔子自謂也。　愚謂隕穫者，困於貧賤，若草之隕落、斬艾，而失其生意也。充詘者，淫於富貴，志意充滿，而不能自强於義理也。命，名也。妄，無實也。言今衆人之命爲儒者，本未嘗有儒之實，故爲人所輕，常以儒相詬病。若有儒行之實者，不可得而詬病也。○孔氏云：「孔子説儒，凡十七條。其從上以來，至下十五條，皆明賢人之儒。其第十六條，明聖人之儒，包上十五條賢人儒也。其十七條之儒，是夫子自謂也。」愚謂從上十五條所言，未見其專爲賢人之事；而第十六條所言，亦未足以盡聖人之道也。且聖人之儒，非孔子固不足以當之，而又專以十七條爲孔子自謂，亦恐不然也。

孔子至舍，哀公館之，聞此言也，言加信，行加義，終没吾世，不敢以儒爲戲。

鄭氏曰：儒行之作，蓋孔子自衛初反魯時也。孔子歸至其舍，哀公就而禮館之，問儒服，而遂問儒行，乃始覺焉。言「没世不敢以儒爲戲」，當時服。孔氏曰：此經明孔子自衛反魯，歸至其家，哀公就而館之，聞孔子之言，遂敬於儒也。言加信，行加義，是記者所録也。終没吾世，不敢以儒爲戲，是哀公之言，記者述而録之。哀公終竟不能用孔子，是當時暫服，非久也。按左傳哀十一年冬：「衛孔文子將攻大叔疾，訪於仲尼。仲尼曰：『胡簋之事，則嘗學之矣。甲兵之事，未之聞也。』退，命駕而行。」「文子遽止之」，「將止，魯人以幣召之，孔子乃歸。」以傳文無館事，故鄭稱蓋以疑之。愚謂舍，居也。孔子至舍，謂自衛反魯，歸至其家也。哀公館之，謂哀公館禮孔子。此二句追述前事，明哀公就見孔子，而得聞儒行之由也。此篇不類聖人氣象，先儒多疑之。而哀公爲人多妄，卒爲三桓所逐。其於孔子，則生不能用，没而誄之，所謂「言加信，行加義，終没吾世，不敢以儒爲戲」者，亦夸大之辭爾。蓋戰國時儒者見輕於世，故爲孔子之學者託爲此言，以重其道。其辭雖不粹，然其正大剛毅之意，恐亦非荀卿以下之所能及也。

大學第四十二 朱子章句。

禮記卷五十八

冠義第四十三

釋文：冠，古亂反。篇内惟「玄冠」如字，以外並同。○別録屬吉事。

此下六篇，皆據儀禮正經之篇而言其義，其辭氣相似，疑一人所作。此篇釋士冠禮之義也。呂氏大臨曰：冠、昏、射、鄉、燕、聘，天下之達禮也。儀禮所載謂之禮者，禮之經也。禮記所載謂之義者，訓是經之義也。先王制禮，其本出於君臣、父子、長幼、尊卑之間，其詳見於儀章、度數、周旋、曲折之際，皆義理之所當然。故禮之所尊，尊其義也。失其義，陳其數，祝、史之事也。知其義，則禮雖先王未之有，可以義起也。

凡人之所以爲人者，禮義也。禮義之始，在於正容體，齊顔色，順辭令。容體正，顔色齊，辭令順，而後禮義備。以正君臣，親父子，和長幼。君臣正，父子親，長幼和，而后禮義立。故冠而后服備，服備而后容體正，顔色齊，辭令順。故曰：「冠者，禮之始也。」是故古者聖王重冠。釋文：長，竹丈反。

鄭氏曰：言人爲禮，以正容體、齊顔色、順辭令三者爲始。三始既備，乃可求以三行也。立猶成也。言服未備者，未可求以三始也。童子之服，采衣紒。呂氏大臨曰：容體，動乎四體者也。顔色，發乎面目者也。辭令，見乎言語者也。三者，脩身之要也。必學而後成，必成人而後備。童子於三者未能備，不可以不學，學之而至於二十，則三者備矣，故冠而責以成人之事。愚謂禮義之始，在於正容體，齊顏色，順辭令者，朱子謂「爲學之序，須自外面分明有形象處把捉扶竪起來」，是也。蓋容體、顏色、辭令者，五事之要，身之所具者也。君臣、父子、長幼者，人倫之重，身之所接者也。身之所具者無所忒，而後禮義備，身之所接者無不盡，而後禮義立，未有不謹其身之所具，而能善其身之所接者也。故禮義備，而後可以正君臣，親父子，和長幼。服所以章德，童子未冠，則其於禮義固有所未能備矣。成人則服備，服備則必備乎禮義，而後可以稱其服也。故冠爲行禮之始，自是授之室則有昏禮，賓於鄉則有射、鄉，仕於朝則有燕、聘，皆於是基之矣。

古者冠禮筮日、筮賓，所以敬冠事。敬冠事所以重禮，重禮所以爲國本也。釋文：重，直用反。

日，冠日也。賓，爲子加冠者。呂氏大臨曰：筮日、筮賓，質之神明，敬之至也。敬至則禮重，禮重則人道立，故曰「以爲國本」。馬氏晞孟曰：筮日必吉，所以要其終身之吉。筮賓必賢，所以要其終身之賢。冠禮者，君臣、父子、長幼之道所自出，而國之所由重也，故曰「爲國本」。

故冠於阼，以著代也。醮於客位，三加彌尊，加有成也。已冠而字之，成人之道也。釋文：著，張慮反。醮，子笑反。

鄭氏曰：阼，謂主人之北也。適子冠於阼。若不醴，則醮用酒於客位，敬而成之也。户西爲客位。庶子冠於房户外，又因醮焉，不代父也。冠者初加緇布冠，次加皮弁，次加爵弁，每加益尊，所以益成也。孔氏曰：二十有爲父之道，不可復稱其名，故冠而加字之，成人之道也。愚謂阼，阼階也。著，明也。阼階乃主人之階，冠於阼階之上，明其將代父而爲主也。酌而無酬酢曰醮。客位，户牖間之位也。用醴謂之醴，用酒謂之醮。冠禮或用醴，或用醮，醴質而醮文，隨人之所用也。獨言「醮於客位」者，蓋周末文勝，用醮者多，故據而言之也。冠禮三加：始加緇布冠，再加皮弁服，三加爵弁服。皮弁尊於緇布冠，爵弁又尊於皮弁，故曰「三加彌尊」。既三加，則冠禮成於此矣，故醮之於客位，以尊異之也。冠於阼，醮於客位，皆適子之禮也。若庶子，則冠於房外，南面，遂醮焉。成人之道者，幼時稱名，成人則稱字也。

見於母，母拜之，見於兄弟，兄弟拜之，成人而與爲禮也。釋文：見，賢遍反。

士冠禮冠者既醴，「取脯」，「見於母，母拜受，子拜送，母又拜」；既字，「見於兄弟，兄弟再拜，冠者答拜」。以母兄之尊，而先拜子弟者，重其爲成人之始而敬之也。敬之之深，正所以明其望之之重，責之之備，而冠者益不可不思所以稱其服矣。呂氏大臨曰：孔疏：「冠子，以酒、脯奠廟，子持所奠脯以見母，母以脯從廟來，故拜之，非拜子也。」此説未然。冠禮所薦脯、醢，爲醴子設，非奠廟也。蓋禮有斯須之敬，母雖尊，有從子之道，故當其冠也，以成人之禮禮之。若謂「脯自廟來，拜而受之」，則子拜送之後，母又拜，何居？

玄冠、玄端，奠摯於君，遂以摯見於鄉大夫、鄉先生，以成人見也。釋文：摯，本亦作「贄」。

鄭氏曰：易服，不朝服者，非朝事也。摯，雉也。鄉先生，鄉中老人爲卿、大夫致仕者。賈氏公彥曰：易服者，爵弁，助祭之服，不可服見君及鄉大夫等也。初冠服玄端，爲緇布冠，服以緇布冠，冠而敝之，故易玄冠配玄端也。士冠禮注疏。敖氏繼公曰：見於君，不朝服，以其未仕也。所見者亦玄端見之。鄉大夫，鄉之異爵者。或曰：「卽主治一鄉者。」未知孰是。先生，齒、德俱尊者也。士相見禮曰：「士見於大夫，終辭其摯，於其入也，一拜其辱。」見於先生之禮，亦宜如之。愚謂君子敬其事，則命以始。冠者始見於君，必不用冠之餘日，蓋別擇日以見之。表記言「日月以見君」，此亦其一端與？冠者見於母及兄弟，皆用三加之爵弁服，見於君則易服者，蓋爵弁乃助祭於君之服，冠時暫服之耳。母及兄弟，以冠日見，用冠服可也；既冠見君，則易服玄端也。奠摯，謂奠置於地而不敢授，臣見於君之禮也。以成人見者，以其爲成人之始，故見之也。國語「趙文子冠」，徧見六卿，皆有戒諭之辭。凡冠而見鄉大夫、鄉先生者，其禮皆如此與？

成人之者，將責成人禮焉也。責成人禮焉者，將責爲人子、爲人弟、爲人臣、爲人少者之禮行焉。將責四者之行於人，其禮可不重與？釋文：少，詩照反。之行，下孟反。

鄭氏曰：言責人以大禮者，己接之不可以苟。呂氏大臨曰：所謂成人者，非謂四體膚革異於童稚也，必知人倫之備焉。親親、貴貴、長長，不失其序之謂備。愚謂爲人弟，專以事兄言之。爲人少，則凡在宗族而屬之尊於我，在鄉黨而齒之長於我，在朝廷而德位之先於我，皆我爲之少，而當事之者也。四者之行重，故必重其禮而後可以責之也。

故孝、弟、忠、順之行立，而后可以爲人，可以爲人而后可以治人也。故聖王重禮。故曰：

「冠者，禮之始也，嘉事之重者也。」釋文：弟音悌。治，直吏反。

鄭氏曰：嘉事，嘉禮也。宗伯掌五禮：有吉禮，有凶禮，有軍禮，有賓禮，有嘉禮。而冠屬嘉禮，周禮曰「以昏、冠之禮親成男女」也。呂氏大臨曰：孝、弟、忠、順之行，有諸己而後可以責諸人，故人倫備，然後謂之成人，成人然後可以治人也。愚謂孝於親，弟於兄，忠於君，順於長，則於人道無不盡，而可以謂之成矣。能爲人子，然後可以爲人父；能爲人弟，然後可以爲人兄；能爲人臣，然後可以爲人君；能爲人幼，然後可以爲人長。故成人然後可以治人。嘉禮之別有六，而冠爲成人之始，其禮爲重，他如飲食、慶賀之類，視冠禮則爲輕矣。

是故古者重冠。重冠故行之於廟，行之於廟者，所以尊重事。尊重事而不敢擅重事，不敢擅重事，所以自卑而尊先祖也。

呂氏大臨曰：古者重禮必行之廟中，昏禮納采至親迎，皆主人筵几於廟，聘禮廟受，爵有德，祿有功，必策命於大廟，所以示有尊而不敢專也。冠禮必行諸廟，猶是義也。愚謂冠禮行於廟，有二義：一則尊重事，一則不敢擅重事。尊重事者，所以明成人之禮之重，所以厚責其子；不敢擅重事者，以明重禮必成於禰，又所以尊敬其父也。

昏義第四十四 別録屬吉事。

此篇釋儀禮士昏禮之義。自篇首至「禮之大體也」，明昏禮之重。自「夙興」以下四節，明婦事舅姑之義。「古者婦人先嫁三月」一節，言婦順由於教成。「古者天子」以下，又因昏義而廣言之也。

昏禮者，將合二姓之好，上以事宗廟，而下以繼後世也。故君子重之。釋文：昏者，一本作「昏禮者」。合如字，徐音閤。好，呼報反。

鄭氏曰：娶妻之禮，以昏爲期，因名焉。必以昏者，取其陽往陰來之義。日入三商爲昏。○呂氏大臨曰：物不可以苟合，必受之以賁。蓋天下之情，不合則不成，而其所以合也，敬則能終，苟則易離。必受之以致飾者，所以敬而不苟也。昏禮者，其受賁之義乎？故自納采至親迎，皆男先乎女，所以別疑遠恥，成婦之順正也。朱子曰：男女居室，人之至近，而道行乎其間。幽暗之中，衽席之上，人或褻而慢之，則天命有所不行矣。然非知幾慎獨之君子，其孰能體之？易首乾、坤，而中於咸、恆，禮謹大昏，而詩以二南爲正，其以此與？

是以昏禮納采、問名、納吉、納徵、請期，皆主人筵几於廟，而拜迎於門外，入揖讓而升，聽命於廟，所以敬慎、重正昏禮也。

鄭氏曰：聽命，謂主人聽使者所傳壻家之命。孔氏曰：納采，謂納采擇之禮也。問名，問其女之所生母之姓名。故昏禮云「爲誰氏」，言女之母何姓氏也。此二禮，一使而兼行之。納吉，謂男家既卜吉，以告女氏也。納徵者，納聘財也。徵，成也。先納聘財，而后昏成。春秋則謂之「納幣」。其庶人則緇帛五兩，卿大夫則玄纁，玄三纁二，加以儷皮，諸侯加以大璋，天子加以穀圭。請期者，謂男家使人請女家以昏期，由男家告於女家。必請者，男家不敢自專，執謙敬之辭，故云「請」也。女氏終聽男家之命，乃告之。納吉、納徵、請期，每一事則使者一人行。惟納徵無鴈，以有幣故，其餘皆用鴈。主人，謂女父母，行此等禮時，皆設几筵於禰廟也。聽命於廟，謂女之父母聽受壻家之命於廟堂之上，兩楹之間也。愚謂問名者，問女之名，將以加諸卜也。故曲禮曰：「男女非有行媒，不相知名。」士昏記問名辭云：「敢請女爲誰氏？」謙不敢質言，故言「誰氏」。疏家疑婦人不以名通，故孔氏謂「問其母所生之姓名」，賈氏又謂「問女之姓氏」，皆非也。既已納采，固無不知其姓氏之理，而母所生之女，非止爲一人，而姓氏者尤非一人之所專也，將何以卜其吉凶乎？

父親醮子而命之迎，男先於女也。子承命以迎，主人筵几於廟，而拜迎于門外。壻執鴈入，揖讓升堂，再拜奠鴈，蓋親受之於父母也。降出，御婦車，而壻授綏，御輪三周，先俟于門外。婦至，壻揖婦以入，共牢而食，合巹而酳，所以合體、同尊卑，以親之也。釋文：迎，魚敬反。先，悉薦反。子承命，本或作「子承父母命」，誤。壻，本又作「聟」，依字從士從胥，俗從知，下作「耳」。巹音謹，說文作「𧯷」。

鄭氏曰：酌而無酬酢曰醮。醮之禮如冠醮與？其異者於寢耳。壻御婦，車輪三周，御者代之，壻自乘其車，先道之歸也。共牢而食，合巹而酳，成婦之義。孔氏曰：共牢而食者，在夫之寢，壻東面，婦西面，共一牲牢而食，不異牲。合巹而酳者，酳，演也，謂食畢飲酒，演安其氣。巹，謂半瓢。以一瓠分爲兩瓢，謂之巹。壻與婦各執一片以酳，故曰「合巹而酳」。愚謂親迎而父親醮之者，重其事也。男子親迎，男先乎女，剛柔之義也。親迎受禮於廟，亦敬慎重正之義，不言者，蒙上可知也。父母，女之父母也。昏禮母在房戶外南面，女出房南面，父西面誡之，女西行，母南面誡之，故言「親受之於父母」，猶坊記言「舅姑承子以授壻」也。二牲以上謂之牢，士昏禮用特豚，此云「共牢」，容大夫以上之禮也。昏禮夫婦「酳，用巹」。巹，以一瓠分而爲二，夫婦各用其半以酳，而合之則實爲一瓠，故曰「合巹而酳」也。凡牢禮，以尊卑爲差。合巹而酳，合體之義；共牢而食，同尊卑之義。

敬慎重正，而后親之，禮之大體，而所以成男女之別，而立夫婦之義也。男女有別，而后夫婦有義；夫婦有義，而后父子有親；父子有親，而后君臣有正。故曰：「昏禮者，禮之本也。」

釋文：別，彼列反。

此承上二節而結之。敬慎重正，則男女之別成；親之，則夫婦之義立。禮運曰：「夫義婦順。」此不言「順」而言「義」者，夫婦之道，不患其不順也，患其苟於順而傷於義也，失義則順亦不可保矣，故曰「立夫婦之義。」物之苟合者，親也不可以久，故男女有別，而后夫婦有義；有夫婦然後有父子，故父子之親由於夫婦之別；有父子然後有君臣，故君臣之正由於父子之親。

夫禮始於冠，本於昏，重於喪、祭，尊於朝、聘，和於鄉、射。此禮之大體也。釋文：朝，直遥反。

鄭氏曰：始猶根也。本猶幹也。鄉，鄉飲酒。愚謂鄉、射，謂鄉飲酒及鄉射二禮也。

夙興，婦沐浴以俟見。質明，贊見婦於舅姑，婦執笲，棗、栗、段脩以見。贊醴婦，婦祭脯、醢，祭醴，成婦禮也。釋文：見，賢遍反。笲音煩，一音皮彥反。段，丁亂反，本又作「腶」，或作「鍛」，同。○醴，鄭云：「當作禮。」今如字。

夙，早也，謂昏明日之早晨也。興，起也。質明，正明也。贊，贊助行禮者，蓋以婦人爲之。見婦於舅姑，謂通言於舅姑，使得見也。笲，竹器，緇被纁裏，以盛棗、栗、段脩者。棗、栗、段脩，婦見舅姑之摯也。見舅以棗、栗，見姑以段脩。士昏禮舅席於阼階，西面，姑席於房外，南面，婦執笲，棗、栗，拜奠於舅席，又執笲，段脩，拜奠於姑席。此婦見舅姑之禮也。贊醴婦者，婦既見，宜有以答之，故贊爲舅姑酌醴以禮婦也。凡主人於賓客之初見，則必有以禮之，故聘禮、冠禮皆醴賓。舅姑之醴婦，其義亦然。但舅姑尊，故不自醴而使贊代之也。婦受醴，贊者薦脯、醢。祭，謂祭之於地也。成婦禮者，婦見醴於舅姑，乃成其爲婦之禮也。

舅姑入室，婦以特豚饋，明婦順也。釋文：饋，其位反。一本無「婦」字。

鄭氏曰：以饋明婦順者，供養之禮主於孝順。孔氏曰：士昏禮：「舅姑入於室，婦盥饋，特豚，合升，側載，無魚、腊，無稷，並南上。其他如取女禮。」鄭註云：「側載者，右胖載之舅俎，左胖載之姑俎，異尊卑。並南上者，舅姑共席於奧，其饌各以南爲上。」是特豚饋也。此是士昏禮，若大夫以上，非惟特豚。愚謂供養舅姑者，爲婦孝順之道也。既成婦禮，則宜盡婦道，故繼之以盥饋者，所以明婦順也。

厥明，舅姑共饗婦以一獻之禮，奠酬，舅姑先降自西階，婦降自阼階，以著代也。

鄭氏曰：言既獻之，而授之以室事也。降者，各還其燕寢。婦見及饋饗於適寢。賈氏公彥曰：饗婦亦於舅姑適寢之上，與醴婦同在客位也。舅獻姑酬，共成一獻。朱子曰：以鄉飲酒禮約之，席在室戶外西，舅酌酒獻婦，婦於席西飲畢，更爵酢，舅姑乃酌自飲畢，更爵以酬婦，婦受爵奠於薦左，不舉，正禮畢也。楊氏復曰：舅姑之位，當如婦見，舅席於阼，姑席於房外，而婦行酢，舅奠酬之禮與？愚謂厥明，謂盥饋之明日也。凡饗禮，主人獻賓，賓酢主人，主人又酌自飲畢，更爵以酬賓，爲一獻。此饗婦之禮，舅獻而姑酬，故曰「共饗婦以一獻之禮」。凡飲酒，拜送於阼階上，拜受於西階上。醴婦，婦席西，東面拜者，避贊者之位也。朱子謂「饗婦，婦亦於席西拜受」，蓋以婦於舅姑不敢當賓主之禮與？西階者，客階。阼階者，主人之階。舅姑既饗婦，則授之以室事，故己降自客階，使婦降自主階，明使婦代己爲主也。盥饋、饗婦，皆適婦之禮。士昏記云：「庶婦，則使人醮之，婦不饋。」婦既不饋，則舅姑不饗之可知。蓋供養之事統於適婦，而著代之義亦惟適婦有之也。○疏謂「士禮饗婦與盥饋同日，此厥明饗婦爲大夫禮」，非也。士昏禮「饗婦」不言「厥明」，特文畧耳。婦見之後，繼以醴婦，又繼以盥饋，禮亦煩矣，饗婦用其明日爲宜。士昏禮「饗婦」後又有「饗送者」之禮，亦不言異日，其皆爲文畧可知也。

成婦禮，明婦順，又申之以著代，所以重責婦順焉也。婦順者，順於舅姑，和於室人，而后當於夫，以成絲麻、布帛之事，以審守委積、蓋藏。是故婦順備而后內和理，內和理而后家可長久也。故聖王重之。釋文：當，丁浪反。委，於僞反。積，子賜反。藏，才浪反。

此又承上三節而結言之。鄭氏曰：室人，女妐、女叔、諸婦也。當猶稱也。後言稱夫者，不順舅姑，不和室人，雖有善者，猶不爲稱夫也。愚謂婦順備，言所以順於舅姑、室人者，周備而無闕也。婦順備，而能當於夫，故內和；能成絲麻、布帛，守委積、葢藏，故內理。情無不和，事無不理，此家室長久之道也。家之興衰，基於婦人，可不重與？

是以古者婦人先嫁三月，祖廟未毀，教于公宮，祖廟既毀，教于宗室，教以婦德、婦言、婦容、婦功。教成，祭之，牲用魚，芼之以蘋藻，所以成婦順也。

鄭氏曰：謂與天子諸侯同姓者也。嫁女者，必就尊者教成之。教成之者，女師也。祖廟，女所出之祖也。公，君也。宗室，宗子之家也。婦德，貞順也。婦言，辭令也。婦容，婉娩也。婦功，絲麻也。祭之，祭其所出之祖也。魚、蘋藻，皆水物，陰類也。魚爲俎實，蘋藻爲羹菜。祭無牲牢，告事爾，非正祭也，其齊盛用黍云。君使有司告之。孔氏曰：祖廟未毀，謂與君同高祖以下，廟未毀除也。祖廟已毀，謂與君同高祖之父以上，其廟既遷也。公宮，謂官家之宮爾，非謂諸侯公宮也。宗室，大宗、小宗之家。與大宗近者，於大宗教之；與小宗近者，於小宗教之。此謂君之同姓，若異姓，亦有大宗、小宗，族人嫁女，皆教於其家也。按內則「女子十年，不出，使姆教之」，明前此恆教，但嫁前三月特就公宮教之，尊之也。愚謂祖廟未毀，謂與君同高祖以下者，則宗室亦謂繼高祖以下之宗，非大宗也。女子無祭祖廟之法，教成之祭輕，君又不當親祭，故鄭氏謂「使有司告之」。若卿大夫之家，則宗子主其祭，而祭饌則此女設之，詩所謂「誰其尸之？有齊季女」，是也。女子之事夫，猶男子之事君也。然男子二十而冠，其仕乃寬以二十年之久，而女子則笄而遂嫁，故雖教之有素，而深懼其未習也。爲之特舉其禮，嚴之以君宗之所，以動其禮法之慕，重之以宗廟之告，以生其恭敬之心，此婦順之所由成也。

古者天子后立六宮、三夫人、九嬪、二十七世婦、八十一御妻，以聽天下之內治，以明章婦順，故天下內和而家理。天子立六官、三公、九卿、二十七大夫、八十一元士，以聽天下之外治，以明章天下之男教，故外和而國治。故曰：「天子聽男教，后聽女順；天子理陽道，后治陰德；天子聽外治，后聽內治。教順成俗，外內和順，國家理治，此之謂盛德。」釋文：嬪，毗人反。治，直吏反，除「后治陰德」皆同。

鄭氏曰：天子六寢，而六宮在後，六官在前，所以承副，司外內之政也。內治，婦學之法也。陰德，謂主陰事、陰令也。　愚謂御妻，周禮之女御也。后之六宮，以三夫人、九嬪以下分屬焉。周禮春官：「世婦，每宮卿二人，下大夫四人，中士八人。」世婦之卿，以三夫人、九嬪充之，下大夫以世婦充之，中士以女御充之。然合六宮，而世婦止二十四人，女御止四十八人，則二十七世婦、八十一御妻亦略言三相倍之法如此，而其數有所不必備矣。蓋先王之立內官，所以佐后之內治，非淫於色也。故雖設此數，而無其人則闕，周禮天官於世婦、女御不言其數，以此也。外官三公、九卿以下，亦以三相倍言之，欲見內外官之相當，以明其職之並重耳。二十七大夫、八十一元士，亦惟謂其分屬於六卿之下，若大宰之小宰、宰夫，司徒之小司徒、鄉師，非謂六官之屬盡於此也。以體言則曰「男女」，以德言則曰「陰陽」，以位言則曰「外內」，其實一也。天子與后分治內外，乃夫婦之道之尤重者，故因昏禮而上言之。匡衡曰：大上者，民之父母。后、夫人之行不侔於天地，則無以承神靈之統，而理萬物之宜。是故國家理治，非天子與后皆有盛德，則不可得而致也。

是故男教不修，陽事不得，適見於天，日爲之食；婦順不修，陰事不得，適見於天，月爲之食。是故日食則天子素服而修六官之職，蕩天下之陽事；月食則后素服而修六宮之職，蕩天下之陰事。故天子之與后，猶日之與月，陰之與陽，相須而後成者也。釋文：適，直革反。見，賢遍反。爲，于僞反。

鄭氏曰：適之言責也。食者，見道有虧傷也。蕩，蕩滌，去穢惡也。

天子修男教，父道也。后修女順，母道也。故曰：「天子之與后，猶父之與母也。」故爲天王服斬衰，服父之義也。爲后服資衰，服母之義也。釋文：衰，七雷反。資，依註作「齊」，音咨。

爲天王服斬衰，爲后服齊衰，謂天子之臣及列國諸侯也。諸侯之臣爲天子服繐衰，既葬而除，爲后無服。

禮記卷五十九

鄉飲酒義第四十五 別録屬吉禮。

此釋儀禮鄉飲酒禮之義也。篇中凡爲四段：首段凡五節，皆引鄉飲酒禮之文而釋之；第二段專明黨正正齒位之禮；第三段引孔子之言，明鄉飲酒備五行；第四段本別爲一篇，而記者合之，説見於後。孔氏曰：此篇凡有四事：一則鄉大夫三年賓賢能；二則鄉大夫飲國中賢者；三則州長習射飲酒；四則黨正蜡祭飲酒。知此篇有四事者，此篇本説儀禮鄉飲酒，儀禮所據，是諸侯之鄉大夫三年賓賢能之禮也。此篇又云「鄉人、士、君子」，鄉人即鄉大夫，君子謂國中賢者。又云「六十者坐，五十者立侍」，是黨正飲酒之事。又云「合諸鄉射」，是州長習射之禮。鄉則三年一飲，州則一年再飲，黨則一年一飲。

鄉飲酒之義：主人拜迎賓于庠門之外，入三揖而后至階，三讓而后升，所以致尊讓也。盥、洗、揚觶，所以致絜也。拜至、拜洗、拜受、拜送、拜既，所以致敬也。尊讓、絜、敬也者，君子之所以相接也。君子尊讓則不争，絜、敬則不慢。不慢不争，則遠於鬭、辨矣，不鬭、辨，則無暴亂之禍矣，斯君子所以免於人禍也。故聖人制之以道。釋文：庠音詳。絜音結。致絜，一本作「致絜敬」。遠，于萬反。○鄭注：揚，今禮皆作「騰」。

鄭氏曰：庠，鄉學也。州、黨曰序。揚，舉也。　孔氏曰：此謂鄉大夫，故迎賓於庠門外，若州長、黨正，則於序門外也。　愚謂「鄉飲酒之義」，此一句所以總目下文之事也。序、庠惟一門，三揖而後至階，謂賓主既入門而三揖也。三讓，讓升也。盥，盥手。洗，洗爵。揚，舉也。盥、洗、揚觶，謂主人盥手洗爵，而舉爵以獻賓也。獻、酢以爵，酬以觶，此言獻賓而曰「觶」者，以觶與爵俱所以盛酒，故通而言之。下文「卒觶，致實於西階上」，亦謂爵爲觶也。拜至，主人於賓之初至而拜之也。鄉飲酒禮「賓升，主人阼階上當楣北面再拜」，是也。拜洗，主人洗爵，升，賓於西階上北面再拜，拜主人爲己洗爵也。拜受者，主人獻賓，賓於西階上拜受爵也。拜送者，賓既受爵，主人於阼階上拜送也。既，盡也。拜既，賓飲卒爵而拜也。鬬，謂逞於力。辨，謂競於言。道猶禮也。

鄉人、士、君子，尊於房户之間，賓主共之也。尊有玄酒，貴其質也。羞出自東房，主人共之也。洗當東榮，主人之所以自絜而以事賓也。釋文：下「共」字音恭。

鄭氏曰：鄉人，鄉大夫也。士，州長、黨正也。君子，謂卿、大夫、士也。卿、大夫、士飲國中賢者亦用此禮也。共尊者，人臣卑，不得專大惠。羞出自東房，羞，燕私，可以自專也。　孔氏曰：設尊於東房之西，室户之東，示賓主共有此酒也。酒雖主人之物，賓亦以酢主人，故曰「賓主共之」。北面設尊，玄酒在左，謂在酒尊之西也。所以玄酒在西者，地道尊右，貴其質素故也。共，共於賓也。榮，屋翼也。設洗於庭，當屋翼也。必在東者，示主人所以自絜以事賓。　愚謂鄉人，謂鄉大夫、州長、黨正之屬也。士，所賓賢能之士也。君子，卿大夫爲僎者也。羞，謂籩、豆之實也。鄉射記曰「薦，脯以籩」，「醢以豆，出自東房」，是也。又鄉飲酒記曰「俎由東壁，自西階升」，則俎實與庶羞不由房中出矣。

賓主，象天地也。介、僎，象陰陽也。三賓，象三光也。讓之三也，象月之三日而成魄也。四面之坐，象四時也。釋文：僎音遵。坐，才卧反，又如字。

鄭氏曰：陰陽，助天地養成萬物之氣也。古文禮僎皆作「遵」。遵者，謂此鄉之人仕至於大夫，主人之所榮而遵法也。　孔氏曰：賓主象天地，介、僎象陰陽者，天地則陰陽著成爲天地，故賓在西北，天地嚴凝之氣著；主在東南，天地温厚之氣著；介在西南，象陰之微氣；僎在東北，象陽之微氣。四面之坐象四時者，主人東南象夏始，賓西北象冬始，僎東北象春始，介西南象秋始。　愚謂賓者，主人之所敬事，象乎天之尊，主人以禮下人，象乎地之卑，故曰「賓主象天地」。介、僎以輔賓主之禮，猶陰陽以助天地之化，故曰「介、僎象陰陽」。三賓，衆賓之長也。衆賓不惟三人，其長者三人耳。鄉飲酒禮主人「西階上獻衆賓，衆賓之長升拜受者三人」，是也。三賓席於賓西，衆賓立於堂下。三賓之尊次於介，猶三光之尊次於月，故曰「三賓象三光」。三日，謂望後三日也。魄，月之有體而無光處也。月二日而明生，三日而明著，故三日謂之朏。既望二日而魄生，三日而魄著。明著則進而盈，魄著則退而闕，故三讓者，象月之三日而成魄也。

天地嚴凝之氣，始於西南而盛於西北，此天地之尊嚴氣也，此天地之義氣也。天地温厚之氣，始於東北而盛於東南，此天地之盛德氣也，此天地之仁氣也。主人者尊賓，故坐賓於西北，而坐介於西南以輔賓。賓者，接人以義者也，故坐於西北；主人者，接人以仁、以德厚者也，故坐於東南；而坐僎於東北，以輔主人也。仁義接，賓主有事，俎、豆有數，曰聖。聖立而將之以敬曰禮，禮以體長幼曰德。德也者，得於身也。故曰：「古之學術道者，將以得身也。是故聖人務焉。」〔釋文〕：凝，魚矜反。

賓席於牖間，其位在西北；介席於西階上，其位在西南；主人席於阼階上，其位在東南；僎席於賓東，其位在東北。賢能之士，方進身之始，則貴於難進易退，而有介然不苟之意，故其接人也主於義，主於義則其進也必正矣。主人與賢能而獻之君，則貴於愛賢下士，而有藹然相親之情，故其接人也主於仁，主於仁則其好賢也有誠，而其德厚矣。介者賓之次，故坐於西南以輔賓。鄉飲酒之禮，就先生而謀賓、介，則僎乃贊成主人之禮者，故坐於東北以輔主人。「仁義相接」以下，又兼習射尚齒之禮而言之。蓋賓以不苟進爲義，主人以好賢爲仁，仁義相接者，賓賢能之義也。賓主相與有事，以習禮樂者，習射之義也。六十者三豆，以至九十者六豆，俎、豆有數，以明齒讓者，尚齒之義也。明乎三者之義，則謂之聖，言其有通明之識也。通明之識立，而以敬心奉而行之，則謂之禮。體猶成也，立也。禮行於賓賢，則以體仁義；行於習射，則以體禮樂；行於尚齒，則以體長幼。獨言「體長幼」者，舉其一，餘從可知也。得於身，言身實有此德也。古之學術道者，非徒明乎其義，必將得之於身，故聖王務於行此三者之禮，欲天下之勉於德也。

祭薦，祭酒，敬禮也。嚌肺，嘗禮也。啐酒，成禮也。於席末，言是席之正，非專爲飲食也，爲行禮也，此所以貴禮而賤財也。卒觶，致實於西階上，言是席之上，非專爲飲食也，此先禮而後財之義也。先禮而後財，則民作敬讓而不争矣。釋文：薦，本亦作「廌」，同。嚌，才細反。啐，七内反。爲，于僞反。

鄭氏曰：非專爲飲食，言主於相敬以禮也。致實，謂盡酒也。酒爲觴實。祭薦、祭酒、嚌肺於席中，唯啐酒於席末也。孔氏曰：祭薦者，主人獻賓，賓卽席祭所薦脯、醢也。祭酒者，賓既祭薦，又祭酒也。敬禮，言敬重主人之禮也。嚌肺，嘗禮者，賓既祭酒，興，取俎上之肺，齒嚌之，所以嘗主人之禮也。啐酒，成禮者，啐，謂飲酒入口，成主人之禮也。席末，席西頭也。鄉飲酒禮嚌肺在先，祭酒在後，此「祭酒」與「祭薦」相連，表其俱敬禮之事也。敬主人之物，故祭薦、祭酒、嚌肺皆在席中，啐酒入於己，故在席末。席上祭薦、祭酒，是貴禮；於席末啐酒，是賤財也。啐，纔始入口，猶在席末；卒觶則盡爵，故遠在西階上。云「卒觶」者，論其將欲卒觶之時；致實，論其盡酒之體也。吕氏大臨曰：人之所以争者，無禮而志於財也。如知貴禮而賤財，則敬讓行矣。

鄉飲酒之禮，六十者坐，五十者立侍以聽政役，所以明尊長也。六十者三豆，七十者四豆，八十者五豆，九十者六豆，所以明養老也。民知尊長養老，而后乃能入孝弟；民入孝弟，出尊長養老，而后成教；成教而后國可安也。君子之所謂孝者，非家至而日見之也，合諸鄉射，教之鄉飲酒之禮，而孝弟之行立矣。釋文：弟音悌。行，下孟反。

鄭氏曰：此説鄉飲酒，謂黨正「國索鬼神而祭祀，則以禮屬民而飲酒於序，以正齒位」之禮也。其鄉射，則州長「春秋以禮會民而射於州序」之禮也。謂之鄉者，州、黨乃鄉之屬也。或則鄉之所居州、黨，鄉大夫親爲主人焉，如今郡國下令長於鄉射飲酒，從太守相臨之禮也〔一〕。孔氏曰：按鄉飲酒禮賓賢能則用處士爲賓，其次爲介，其次爲衆賓，皆以年少者爲之。此正齒位之禮，賓、介等皆用年老者爲之，其餘爲衆賓。賓內年六十以上，於堂上，於賓席之西，南面坐；若不盡，則於介席之北，東面北上。其五十者，則立於西階下，東面，北上，示有陪侍之義也。以聽政役，謂立於堂下，聽受六十以上政事役使也。六十者以上，每十年加一豆，非正禮，故不得爲籩、豆偶也。五十者但二豆而已，則鄉飲酒禮衆賓立於堂下者皆二豆，其賓、介之豆無正文，當依衆賓之年而加之也。立侍，是陪侍之義，故云「明尊長」。豆，供養之物，故云「明養老」。合諸鄉射，謂合聚其民於州長鄉射之禮。教之鄉飲酒之禮，謂十月黨正飲酒，教之以禮也。愚謂上文所言，皆以釋儀禮鄉飲酒禮之義也。此又別言正齒位之禮，事與上殊，故又以「鄉飲酒之禮」別起其文也。鄉飲酒禮自賓、介以至於堂下之衆賓，皆惟一籩一豆，脯、醢而已。疏謂「堂下衆賓有二豆」，誤也。籩、豆必偶，而士冠禮醴子，士昏禮饗婦，鄉飲酒禮、燕禮，皆惟脯、醢，葢以籩、豆相配而爲偶也。鄉飲酒禮之一籩一豆者，禮之正也。養老以飲食爲重，正齒位之禮，豆以十年遞加者，禮之變也。然豆加則籩亦加，籩、豆相配，亦皆爲偶數矣。鄉射之禮，自賓、介以下亦尚齒，故合諸鄉射，教以鄉飲酒之禮，而孝弟之行立矣。

孔子曰：「吾觀於鄉而知王道之易易也。」釋文：易，以豉反。

〔一〕「禮」，原本作「法」，據禮記注疏改。

鄭氏曰：鄉，鄉飲酒也。易易，謂教化之本，尊賢尚齒而已。　愚謂禮行於鄉，而人無不化者，故可以知王道之易行也。

主人親速賓及介，而衆賓自從之，至于門外，主人拜賓及介，而衆賓自入，貴賤之義別矣。

釋文：別，彼列反。

敖氏繼公曰：主人既速介，即先歸，介及衆賓皆同至賓之門外，俟賓同往也。　愚謂主人於賓及介皆拜迎，於衆賓揖之而已，故曰「拜賓及介，而衆賓從之」。

三揖至于階，三讓，以賓升，拜至，獻、酬辭讓之節繁，及介，省矣。至于衆賓，升受、坐祭、立飲，不酢而降，隆殺之義辨矣。　釋文：省，所領反。殺，色戒反。

鄭氏曰：繁猶盛也。小減曰省。辨猶別也。　尊者禮隆，卑者禮殺，尊卑別也。　孔氏曰：主人於賓，三揖三讓，拜其來至，又酌酒獻賓，賓酢主人，主人又酌而自飲以酬賓，是辭讓之節其數繁多也。介酢主人則止，主人不酬介，是及介省矣。　愚謂鄉飲酒禮「主人以介揖、讓、升，拜如賓禮」，則其揖、讓、拜至之禮亦與賓同。然其獻之也，於其席前，而不於阼階上，介之受獻，不拜洗，不嚌肺，不啐酒，不告旨，不親酢，又主人不酬，是其禮省於賓矣。至於衆賓，則升而拜受者惟其長三人，坐祭、立飲，不酢主人而降。賓之禮隆，介殺於賓，衆賓又殺於介，此隆殺之義也。

工入，升歌三終，主人獻之。笙入三終，主人獻之。間歌三終，合樂三終，工告「樂備」，遂出。一人揚觶，乃立司正焉，知其能和樂而不流也。　釋文：間，「間厠」之間。合如字，徐音閤。○鄭注：

一人，或爲「二人」。

鄭氏曰：工，謂樂正也。樂正既告備而降，言「遂出」者，自此至去，不復升也。流，猶失禮也。立司正，以正禮，則禮不失可知。孔氏曰：工入，升歌三終者，謂升堂歌鹿鳴、四牡、皇皇者華，每一篇爲一終也。主人獻之，謂獻工也。笙入三終者，謂吹笙之人，入於堂下，奏南陔、白華、華黍，每一篇一終也。主人獻之，謂獻笙人也。間歌三終者，間，代也，堂上歌魚麗，則堂下笙由庚爲一終；堂上歌南有嘉魚，則堂下笙崇丘爲二終；堂上歌南山有臺，則堂下笙由儀爲三終。堂上堂下一歌一吹，相代而作也。合樂三終者，工歌關雎，則笙吹鵲巢合之；工歌葛覃，則笙吹采蘩合之；工歌卷耳，則笙吹采蘋合之。堂上下歌、瑟及笙俱作也。工，謂樂正。工先告樂正，樂正告賓以「樂備」，而遂下堂也。言「遂出」者，樂正自此至去，不復升堂也。鄉飲酒云「工告于樂正」，「樂正告于賓，乃降」，註云：「樂正降者，以正歌備，無事也。降立西階東，北面。」一人揚觶，乃立司正者，一人，謂主人之吏，舉觶示將行旅酬，爲有懈惰，故主人使相禮者一人爲司正以監之也。流，失禮也。立司正以正之，故飲酒不流邪失禮也。愚謂升歌而笙不升者，貴人聲也。先升歌，次笙，次間歌，次合樂，此正樂之四節也。四者備，則樂備矣。鄉飲酒禮末有無算樂，正樂雖備，弦歌之工尚未得降，惟樂正既告「樂備」，遂降立於堂下，以至於禮畢而遂出也。一人揚觶者，謂主人獻衆賓之後，一人舉觶於賓，賓取奠於薦西，至旅酬，則賓取以酬主人於阼階上也。司正，飲酒之間監察儀法者也。行禮之始謂之相，將旅酬則立之爲司正。蓋旅酬之後，爵行無算，恐飲多或至惰慢，故立司正以監之也。一人舉觶在升歌之前，立司正在樂備之後，而謂「一人舉觶，乃立司正」者，蓋立司正爲將旅酬，而一人舉觶乃旅酬之始，二事相因故也。作樂樂賓，可謂「和樂」矣，又立司正以防其失，此和樂而不流也。○儀禮賈疏謂「合樂者，堂上有歌、瑟，堂下有笙、磬，合奏是詩」，與孔疏異，朱子是賈氏而非孔疏。竊謂歌與笙以三篇爲三終，間歌與合樂皆以六篇爲三終，蓋間歌則以二篇相間爲一終，合樂則以二篇相合爲一終，若如賈氏，則合樂爲六終矣。似當以孔疏爲是。

賓酬主人，主人酬介，介酬衆賓，少長以齒，終於沃、洗者焉，知其能弟長而無遺矣。釋文：少，詩召反。沃，於木反。弟音悌。

孔氏曰：旅酬之時，賓主人之黨，各以少長爲齒，以次相旅，至於執掌罍洗之人，以水沃、盥、洗爵者，皆預旅酬也。終於沃、洗，是無算爵之節，鄉飲酒記「主人之贊者西面，北上，不與，無算爵然後與」，是也。此因旅酬，遂連言「無算爵」，欲見無不周徧也。弟，少也。言少之與長，皆被恩澤而無遺棄也。朱子曰：弟，悌也，敬順之意。言使少者皆承順以事長者，而無所遺棄也。

降，說屨升坐，脩爵無數。飲酒之節，朝不廢朝，莫不廢夕。賓出，主人拜送，節文終遂焉，知其能安燕而不亂也。釋文：說，徒活反。廢朝，直遥反。莫音暮。

鄭氏曰：朝、夕，朝莫聽事也。不廢之者，既朝乃飲，先夕則罷，其正也。終遂，猶充備也。孔氏曰：說屨升坐，謂無算爵之初也。以前皆立而行禮，未徹俎，故未說屨，至此徹俎之後，乃說屨升堂坐也。脩爵無數，謂無算爵也。朝不廢朝，朝後乃行飲酒之禮也。莫不廢夕，飲酒禮畢，乃治私家之事也。

此謂鄉飲酒禮，若黨正飲酒，一國若狂，無不醉也。飲畢，主人備禮，拜而送賓，節制文章，終竟申遂，不有闕少，知其能安燕樂而不亂也。

貴賤明，隆殺辨，和樂而不流，弟長而無遺，安燕而不亂，此五行者，足以正身安國矣。彼國安而天下安，故曰：「吾觀於鄉，而知王道之易易也。」

合結上文五節之義。

鄉飲酒之義，立賓以象天，立主以象地，設介、僎以象日月，立三賓以象三光。古之制禮也，經之以天地，紀之以日月，參之以三光，政教之本也。

鄭氏曰：日出於東，僎所在也。月生於西，介所在也。三光，三大辰也。天之政教，出於大辰。孔氏曰：此覆說鄉飲酒之義有所法象，前文雖備，此更詳也。賓者，主之所尊敬，故以賓象天。主供物以養賓，故以主象地。日月，即前經「陰陽」也。但陰陽據其氣，日月言其體。僎在東北，象日出也。介在西南，象月出也。公羊傳：「大辰者何？大火也。」「伐爲大辰，北辰亦爲大辰。」故爾雅云：「大辰，房、心、尾也。大火謂之大辰。」「北極謂之北辰。」是三大辰也。何休云：「大火與伐，天所以示民時早晚，天下取以爲正，故謂之大辰。辰，時也。」是天之政教出於大辰。呂氏大臨曰：飲酒之禮，莫先於賓主，立賓象天，立主象地，禮之經也。介、僎以輔之，輔之者紀也。三賓以陪之，陪之者參也。政教之立，必有經、有紀、有參，然後可行，故飲酒之禮，必有此三者，然後可行也。愚謂自此以下，與首一段大同小異，而別以「鄉飲酒之義」起其端。蓋傳禮之家，各爲解說其義，本異人之作，別爲一篇，記者見其與前篇所言，義雖大同，而間有爲前之所未備者，不忍割棄，因録而附於前篇之末也。

亨狗於東方，祖陽氣之發於東方也。洗之在阼，其水在洗東，祖天地之左海也。尊有玄酒，教民不忘本也。釋文：亨，普萌反。

鄭氏曰：祖猶法也。海，水之委也。教民不忘本者，太古無酒，用水而已。愚謂狗者，燕禮之牲也。鄉飲酒牲亦用狗者，鄉飲酒者，大夫士之燕禮也，狗不爲牢數，牲之小而輕者也；燕禮視饗食爲簡，於籩、豆惟用其一，故其牲亦惟以狗，欲其禮之稱也。東方，謂堂之東北，鄉飲酒記「亨于堂東北」是也。烹飪以火，火爲陽氣之盛，亨於東方者，所以法陽氣之發於東方也。洗當東榮，水又當洗之東，法天地之左海也。古者無酒，用水而已。尊有玄酒，非但貴其質素，且教民不忘禮之本始也。敖氏繼公曰：堂東北，爨所在也，就而亨焉。凡學宮惟有一門，故牲爨不於門外，而於堂東北，堂東北即東夾之東北。學宮有左右房，則亦當有夾室。

賓必南鄉。東方者春，春之爲言蠢也，產萬物者聖也。南方者夏，夏之爲言假也，養之、長之、假之，仁也。西方者秋，秋之爲言愁也，愁之以時，察守義者也。北方者冬，冬之爲言中也，中者藏也。是以天子之立也，左聖鄉仁，右義偝藏也。釋文：鄉，許亮反。蠢，尺允反。假，古雅反。愁，依註讀爲揫。藏如字，徐才浪反。偝音背。○鄭注：察或爲「殺」。

鄭氏曰：春猶蠢也。蠢動，生之貌也。聖之言生也。假，大也。愁讀爲揫。揫，斂也。察，猶察察，嚴殺之貌也。南鄉、鄉仁，貴長大萬物也。孔氏曰：五行春爲仁，夏爲禮，今春爲聖，夏爲仁者，春夏皆是生育長養，俱有仁恩之義，故此夏亦仁也。生物於春，如通明之聖，故東方爲聖也。各以義言之，理亦通也。愚謂春作夏長，仁也。秋斂冬藏，義也。蓋天地以仁之德生物，生物之功成於夏，而聖則其氣之初通者也。天地以義之德成物，成物之功始於秋，而藏則其氣之歸根者也。聖人法天，以仁育萬物，以義正萬民，二者不可偏廢。故其立也，於聖則左之，法天之生物於春也；於義則右之，法天之成物於秋也。然天雖生、成並用，而常以生物爲本；聖人雖仁義並施，而常以仁民爲先。故聖人於仁則鄉之，法天地之陽居大夏，而以生育長養爲事也；於藏則偕之，法天之陰居大冬，而積於虛空不用之處也。聖人之立如此，而賓之南鄉亦如之，尊賓之至也。此一節，明賓之坐位之義也。

介必東鄉，介賓主也。

介猶間也。賓在牖間，主人在阼，介在西階上東鄉。蓋介亦主人之所敬事，而其尊次於賓，故其位間廁於賓主之間也。此明介之坐位之義也。

主人必居東方。東方者春，春之爲言蠢也，產萬物者也。主人者造之，產萬物者也。

造，作也，謂作此飲酒之禮也。主人爲禮之所從出，猶春爲萬物之所從生也。此明主人坐位之義也。

月者三日則成魄，三月則成時。是以禮有三讓，建國必立三卿。三賓者，政教之本，禮之大參也。

禮有三讓，非但法於月之三日而成魄，又取法於三月而成時也。建國必立三卿，行禮必立三賓，故三賓爲政教之本。三賓輕於賓、介，言「三賓」則賓、介可知也。○此篇所記孔子之言，所以發明鄉飲酒之義者備矣，而所謂「觀於鄉而知王道之易易」者，尤非聖人不能道也。其餘則多附會牽合之說，似皆不出於先王制禮之本義也。

禮記卷六十

射義第四十六 別錄屬吉事。

此篇釋儀禮大射儀之義也。冠、昏、燕、聘、鄉飲酒等，皆引儀禮正經而釋之，此篇不引儀禮，但泛論習射之義，與他篇不同。凡禮射有四：一曰大射，君臣相與習射而射也。自天子以下至於士，皆有之，今惟諸侯大射禮存。二曰賓射，天子諸侯饗來朝之賓，而因與之射。亦謂之饗射，司服「饗射則鷩冕」是也。饗禮在廟，故服鷩冕。諸侯饗聘賓，亦與之射，左傳晉士鞅「來聘」，「公享之」，「射者三耦」，是也。今其禮並亡。三曰燕射，天子諸侯燕其臣子或四方之賓，而因與之射。大夫士燕其賓客，亦得行之。燕禮云「若射」，「則如鄉射之禮」。此諸侯燕射之可見者也。四曰鄉射，州長與其衆庶習射於州序，儀禮鄉射禮是也。而鄉大夫以五物詢衆庶，亦用是禮焉。四者之禮，賓射爲重，而大射爲大。燕禮記云「君與射，則爲下射」，鄉射禮「賓、主人、大夫若皆與射，則遂告于賓」，則燕射、鄉射君若賓以下或有不與者，惟大射則無不與射也。此外又有主皮習武之射。周禮司弓矢「王弓、弧弓，以授射甲革、椹質者」，鄭氏云：「質，正也。樹椹以爲射正。射甲與椹，試弓習武也。」鄉射記云「禮射不主皮，主皮之射者，勝者又射，不勝者降」，是也。

古者諸侯之射也，必先行燕禮；卿、大夫、士之射也，必先行鄉飲酒之禮。故燕禮者，所以明君臣之義也；鄉飲酒之禮者，所以明長幼之序也。釋文：長，丁丈反。

鄭氏曰：言別尊卑老穉，然後射，以觀德行也。呂氏大臨曰：射者，男子所有事也。天下無事，則用之於禮義，故習大射、鄉射之禮，所以習容、習藝，觀德而選士；天下有事，則用之於戰勝，故主皮、呈力，所以禦侮克敵也。諸侯之射，必先行燕禮者，大射儀也。卿、大夫、士之射，必先行鄉飲酒之禮者，鄉射也。愚謂此「射」皆謂大射也。鄉飲酒者，卿、大夫、士之燕禮也。諸侯謂之燕，卿、大夫、士謂之飲酒，其禮一也。諸侯與其臣行大射，必先行燕禮；卿、大夫、士與其臣大射，必先行鄉飲酒之禮。左傳昭公二十七年：「齊侯請饗公，子家子曰：『朝夕立於其朝，又何饗焉？其飲酒也。』乃飲酒，使宰獻，而請安。」是燕禮亦謂之飲酒也。

故射者，進退周旋必中禮，內志正，外體直，然後持弓矢審固，持弓矢審固，然後可以言中。此可以觀德行矣。釋文：中，丁仲反。

鄭氏曰：內正、外直，習於禮樂有德行者也。呂氏大臨曰：聖王制射禮，以善養人於無事之時。君子敬以直內，義以方外，則不疑其所行。故發而不中節者，常生於不敬；所存乎內者敬，則所以形於外者莊矣。內外交修，則發乎事者中矣。射，一藝也。容比於禮，節比於樂，發而不失正鵠，是必有樂於義禮，久於恭敬，用志不分之心，然後可以得之，則其德可知矣。愚謂射者，進退周旋之禮甚煩，一有不中，則志氣之動，而持弓矢必不審固矣。進退周旋必中禮，見於未射之先者也。內志正，外體直，謹於方射之際者也。志正則於心無所偏，而持弓矢也審；體直則於力有所專，而持弓矢也固。矢之或出於侯之上下左右者，不審之過也。矢之不及侯而反，若大射禮所謂「梱復」者，不固之過也。既審且固，則無不中矣。然而進退周旋之中禮，內志之正，外體之直，豈一時所能襲取哉？必其莊敬、和樂，所以養其身心者久，而後可以致之，故曰：「可以觀德行矣。」

其節：天子以騶虞爲節，諸侯以貍首爲節，卿大夫以采蘋爲節，士以采蘩爲節。騶虞者，樂官備也。貍首者，樂會時也。采蘋者，樂循法也。采蘩者，樂不失職也。是故天子以備官爲節，諸侯以時會天子爲節，卿大夫以循法爲節，士以不失職爲節。故明乎其節之志，以不失其事，則功成而德行立。德行立則無暴亂之禍矣，功成則國安。故曰：「射者，所以觀盛德也。」釋文：騶，側尤反。貍，力之反。

騶虞、采蘋、采蘩，召南篇名。貍首，逸詩。節者，歌之以爲射之節也。周禮射人王射「九節、五正」，諸侯「七節、三正」，大夫士「五節、二正」。每歌一終爲一節。節之正者，用以拾、發乘矢，其餘則用以聽者也。天子大射，歌騶虞以爲射者之節；諸侯大射，歌貍首以爲射者之節；大夫大射，歌采蘋以爲射者之節；士大射，歌采蘩以爲射者之節。而其節之多寡，則各以尊卑爲差，如射人之所言也。大射儀諸侯之禮，與射者有大夫士，而惟歌貍首，則用射節之法於此可見矣。騶虞之詩，言「壹發五豝」，以喻賢才衆多，足以備朝廷之官也。會時，謂會天子之時事。貍首樂會時，未聞。采蘋之詩，言大夫妻能循法度，采蘩之詩，言教成之祭，其女子能齊敬以主其事，是不失職之義也。明乎其節，以不失其事，則天子必求賢審官，諸侯必虔其王命，大夫必能謹於禮法，士必能盡其職業。如是，則外之而事功無不成，內之而德行無不立矣。○劉氏敞曰：騶虞、采蘋、采蘩三詩，皆在二南，則貍首亦必其儔，豈夫子刪詩時已亡之與？或曰：貍首，鵲巢也。篆文「貍」似「鵲」，「首」似「巢」。愚謂劉氏謂貍首當在二南，是也。孔子言「自衞反魯而樂正，雅、頌各得其所」，則詩之用於正樂者，夫子時必未嘗亡。然以今之詩考之，則貍首之用於射節，新宮之用於下管，采薺之用於樂儀，皆無其篇，則今之詩豈必皆夫子所刪之舊乎？

是故古者天子以射選諸侯、卿、大夫、士。射者，男子之事也，因而飾之以禮樂也。故事之盡禮樂，而可數爲，以立德行者莫若射，故聖王務焉。釋文：數，色角反。

鄭氏曰：選士者，先考德行，乃後決之以射。孔氏曰：諸侯繼世而立，卿大夫有功乃升，非專以射而選，但既爲諸侯、卿、大夫，又考其德行，更以射辨其才藝高下，非謂直以射選補而用之也。男子生有懸弧之義，因此射事更飾以禮樂，容比於禮，節比於樂是也。陳氏祥道曰：人之賢不肖，不能逃於威儀、揖讓之間，而好惡趨舍，常見於行同、能耦之際，故射而飾之以禮樂以觀其德，比之以耦以觀其類。

是故古者天子之制：諸侯歲獻，貢士於天子，天子試之於射宮。其容體比於禮，其節比於樂，而中多者，得與於祭；其容體不比於禮，其節不比於樂，而中少者，不得與於祭。數與於祭而君有慶，數不與於祭而君有讓；數有慶而益地，數有讓而削地。故曰：「射者，射爲諸侯也。」是以諸侯君臣盡志於射以習禮樂。夫君臣習禮樂而以流亡者，未之有也。釋文：比，毗志反。中，丁仲反。與音預。數，色角反。

鄭氏曰：三歲而貢士，舊說云：「大國三人，次國二人，小國一人。」呂氏大臨曰：古之選士，中多者得與於祭，蓋禮樂節文之多，惟射與祭爲然。能盡射之節文，而不失其誠，可以奉祭祀矣。能心平體正，持弓矢審固而中多，其敬可以事鬼神矣。愚謂古者王國之人才，天子用之；侯國之人才，諸侯用之。蓋教化美而賢才多，則不必借才於境外，而無憂不足，而王者以公天下爲心，則才之在諸侯與在王朝，一也，豈必使諸侯悉貢其賢者於我，而獨與不賢者治其國乎？且三歲貢士，以千八百國每國二人通率計之，歲常至千餘人，加以成均之所教，鄉大夫之所興，用之必不能盡，必有壅滯失職之患矣。詩、書、周禮、左傳，初無諸侯貢士之事，獨尚書大傳言之，此書駁雜，不足信也。又謂「大射爲將祭擇士，中多得與於祭，中少不得與於祭」，亦恐不然。考之周禮祭祀之禮，奉牲、贊幣，以及宗、祝、巫、史之屬，皆有常人，所謂「宗人授事，以爵以官」，恐無臨祭而射以擇之之理。大射之禮，委曲繁重，亦未必數數爲之，而天子一歲祭天九，祭地一，祭社二，祭廟四，若皆祭前以大射擇士，則禮繁而瀆，而且將不暇給矣。是大射者，特君臣相與習射之事，而「將祭擇士」乃附會之說也。

故詩曰：「曾孫侯氏，四正具舉。大夫君子，凡以庶士，小大莫處，御于君所。以燕以射，則燕則譽。」言君臣相與盡志於射以習禮樂，則安則譽也。是以天子制之，而諸侯務焉。此天子之所以養諸侯而兵不用，諸侯自爲正之具也。鄭注：譽或爲「與」。

鄭氏曰：四正，正爵四行也。四行者，獻賓、獻公、獻卿、獻大夫，乃後樂作而射。莫處，無安居其官次者也。御猶侍也。以燕以射，先行燕禮乃射也。則燕則譽，言國安則有名譽。孔氏曰：獻大夫後，樂作而射，謂大射也，若燕射則說屨升坐之後乃射。正，謂修正也，言射者是諸侯自爲修正之具。

愚謂則燕，謂燕樂也。則譽，謂有名譽也。猶詩之言「燕笑語兮，是以有譽處」也。記者引此詩，以證君臣習射之事，而鄭氏以爲卽貍首之詩，非也。儀禮註又附會「樂會時」之義，謂「貍首者，欲射諸侯不來朝者之首」，則益謬矣。騶虞、采蘋、采蘩，皆射節也，然初不及射事，則貍首之詩必不專爲射而作也。王者於諸侯，不祭則修意，不祀則修言，不享則修文，不貢則修名，未嘗不反而自責，而治其相服之本，未嘗遽以甲兵加之。若因其不朝，而至欲抗其首而射之，則雖桀、紂之暴不至是。史記云：「萇弘設射貍首，欲以致諸侯。」是說也，蓋出於衰周之末厭勝之小術，而安可以證聖人之經乎？

孔子射於矍相之圃，蓋觀者如堵牆。射至於司馬，使子路執弓矢出延射，曰：「賁軍之將，亡國之大夫，與爲人後者，不入，其餘皆入。」蓋去者半，入者半。釋文：矍，俱縛反。相，息亮反。觀如字，又古亂反。賁，依注讀爲僨。將，子匠反。與音預。不入，一本作「不得入」，非。○鄭注：延或爲「誓」。

鄭氏曰：矍相，地名也。樹菜蔬曰圃。射至於司馬者，先行飲酒禮，將射，乃以司正爲司馬。子路執弓矢出延射，則爲司射也。延，進也。出進觀者欲射者也。賁讀爲僨。僨猶覆敗也。亡國，亡君之國者也。與猶奇也。後人者，一人而已，既有爲者，而往奇之，是貪財也。子路陳此三者，而觀者畏其義，則或去也。劉氏敞曰：先儒謂「與爲人後者，人有後矣，而又往與之者也」。有後而又往與之，是兩後矣，安有兩後者？與之者，干之也。與爲人後者，庶子而奪其嫡，則簒其祖也。嫡子而後其族，則輕其親也。諸父、諸兄、諸弟而後其子兄弟，則亂昭穆也。異姓而後於人，則背其族也。衰周此類蓋多，此子路之所惡也。愚謂此孔子與門人行大射之禮也。矍相之圃，蓋在學宮之旁，所謂澤也。蓋大夫士之欲行大射者，庭或不足樹侯，器或不足供用，故假諸澤宮之廣，而且資其器焉。賁軍之將無勇，亡國之大夫不忠，與爲人後者不孝。○舊説謂「士不得大射」，非也。射人王「射三侯」，諸侯「射二侯」，大夫「射一侯」，士「射豻侯」。豻侯，皮侯也。皮侯，大射所用，則射人所言，乃大射之禮，而士之得大射可見矣。

又使公罔之裘、序點揚觶而語。公罔之裘揚觶而語曰：「幼、壯孝弟，耆、耋好禮，不從流俗，脩身以俟死，者不？句。在此位也。」蓋去者半，處者半。序點又揚觶而語曰：「好學不倦，好禮不變，旄、期稱道不亂，者不？在此位也。」蓋廑有存者。釋文：罔又作「冈」。弟音悌。耋，大結反。好，呼報反。旄，本又作「耄」，莫報反。廑音勤，又音僅。○鄭注：序點，或爲「徐點」。壯或爲「將」。旄期，或爲「旄勤」。今禮揚皆作「騰」。

鄭氏曰：射畢又使二人揚觶者，古者於旅也語，語謂説義理也。三十曰壯。耆、耋，皆老也。流俗，失俗也。處猶留也。八十、九十曰旄，百年曰期頤。稱猶言也。道，行也[一]。者不，言有此行不，可以在此賓位也。孔氏曰：公罔、序，氏；裘、點，名也。案鄉射禮射畢，「司馬反爲司正」，樂工升堂復

[一]「道」字原本脱，據禮記注疏補。

位，「賓取俎西之觶」，「酬主人」，主人「酬大夫」，自相酬畢〔二〕，「使二人舉觶於賓與大夫」，則當衮、點二人揚觶之節也。但射事既了，衆耦皆在賓位〔三〕，主人以禮接之，不復斥言其惡，故但簡其善者。二十曰幼，三十曰壯。幼、壯孝弟，言自幼、壯以來，能行孝弟也。六十曰耆，七十曰耋。耆、耋好禮，謂老而不倦於好禮也。不從流俗，身行獨行，不從流移之俗也。者不〔四〕，在此位者，問衆人有此諸行否，若有，則可以在此賓位也。八十、九十曰旄，百年曰期。好學不倦，好禮不變，旄、期稱道不亂，此所誓彌精於前。前雖云「孝弟」「好禮」，未能不倦不變也。旄、期之人，本來觀禮，雖不能射，與在賓中，故旅酬之時猶在也。○呂氏大臨曰：孔子不爲已甚，互鄉難與言，猶與其進，未聞拒人如此之甚也。矍相之事，疑不出於聖人。愚謂賁軍之將，亡國之大夫，與爲人後者，此三者之人，蓋匪有之爾。今以如堵之衆，而乃居其半焉，其說固已可疑矣。至於已與射之人，至旅酬之後，乃擯之使不得與於無算爵，非但不近於人情，恐於禮亦未之有也。公罔之裘、序點之所言，若在聖門，亦當爲高第弟子，而乃以責之與射之衆，豈聖人與人不求備之意？此記蓋傳聞、附會之言與？

射之爲言者繹也，或曰舍也。繹者，各繹己之志也。故心平體正，持弓矢審固，持弓矢審固則射中矣。故曰：「爲人父者以爲父鵠，爲人子者以爲子鵠，爲人君者以爲君鵠，爲人臣

〔二〕「酬」，禮記注疏作「旅」。

〔三〕「耦」，禮記注疏作「賓」。

〔四〕「者」字原本脫，據經文及禮記注疏補。

者以爲臣鵠。」故射者，各射己之鵠。故天子之大射謂之射侯，射侯者，射爲諸侯也。射中則得爲諸侯，射不中則不得爲諸侯。釋文：繹音亦，徐音釋。舍如字，舊音捨。中，丁仲反。鵠，古毒反，徐如字。射己，食亦反。

鄭氏曰：以爲某鵠者，將射，還視侯中之時，意曰此鵠乃爲某之鵠，吾中之則成人，不中之則不成人也。得爲諸侯，謂有慶也。不得爲諸侯，謂有讓也。又曰：侯以虎、熊、豹、麋之皮飾其側，又方制之以爲辜，謂之鵠，著于侯中，所謂「皮侯」。謂之鵠者，取名於鳱鵠。鳱鵠小鳥，難中，是以中之爲儁。亦取鵠之言較，較者直也，射所以直己志。司裘註。愚謂繹，尋繹也。舍，處也，如詩「舍命不渝」之舍，言能處其所射之鵠也。繹己之志，以申「繹」字之義，射中，以申「舍」字之義，蓋必先繹之而後能舍之也。鵠者，侯之中，射之的也。射以觀德，故爲父、子、君、臣者，當射時必念此所射者卽己之鵠，中之則能勝其所爲，不中則不能勝其所爲，此所謂「繹己之志」者也。侯，所射者也。凡侯，皆以布爲之。大射之侯，以皮飾其側，又以皮爲之鵠，謂之「皮侯」。考工記梓人云「張皮侯而棲鵠，則春以功」，是也。司裘「王大射則共虎侯、熊侯、豹侯」，「諸侯則共熊侯、豹侯，卿大夫則共麋侯」。射人云王「射三侯」，諸侯「射二侯」，卿大夫「射一侯」，士「射豻侯」。蓋士與王之大射，則與卿大夫共侯；自行大射，則辟卿大夫而用豻侯。司裘不言「豻侯」者，士自大射之侯，司裘不供之故也。大射儀諸侯之禮，有大侯、參侯、豻侯。大侯，君所射之侯，卽熊侯也。參侯，參於大侯、豻侯之間，卽麋侯也。司裘諸侯惟二侯，蓋畿內之諸侯降避天子也。大射儀用三侯，畿外之諸侯遠於王，得伸也。然其三侯無虎侯，而有豻侯，則亦降於天子也。賓射之侯，畫以五采，梓人「張五采之侯，則遠國屬」，是也。燕射、鄉射之侯，畫爲獸形，謂之「獸侯」，梓人「張獸侯，則王以息燕」。鄉射記云：「凡侯，天子熊侯，白質；諸侯麋侯，赤質；大夫布侯，畫以虎豹；士布侯，畫以鹿豕。」燕禮「若射」，「則用鄉射之禮」。是燕射、鄉射之侯同也。○朱子曰：射中則得爲諸侯，射不中則不得爲諸侯，此等語皆難信。王氏應電曰：矢之所至，以張侯之地爲候。古文作「医」，象矢集於布之形。「医」「候」二字，皆從人而諧医聲：「人」在上作「矦」，又加「人」在旁作「候」。前人不識古文，遂謂「射中者得爲諸侯」耳。愚謂自冠義以下七篇，疑皆漢儒所爲，其辭義頗淺近。而此篇與鄉飲酒義，尤多附會、牽合之說。○孔氏曰：此一經，釋射之義，及「鵠」與「矦」之文。

天子將祭，必先習射於澤。澤者，所以擇士也。已射於澤，而后射於射宮，射中者得與於祭，不中者不得與於祭。不得與於祭者有讓，削以地，得與於祭者有慶，益以地，進爵、絀地是也。釋文：與音預。絀，勅律反。

鄭氏曰：澤，宮名也。士，謂諸侯朝者，諸臣及所貢士也。皆先令習射於澤，已乃射於射宮，課中否也。諸侯有慶者先進爵，有讓者先削地。孔氏曰：前經已言「數與於祭而君有慶，數不與於祭而君有讓」，此經又重言者，前言貢士之制，故賞罰所貢之君，此論人君將祭擇士，賞罰其士之身，故又重言也。前經「貢士」，云「容體比禮，其節比樂」，此經直云「射中」「射不中」，不云「容體」及「射節」者，文不具也。澤是宮名，於是宮射而擇士，故謂此宮爲澤。澤所在無文，蓋於寬閒之處，近水澤而爲之也。非惟祭而擇士，餘射亦在其中，故書傳論主皮射云：「嚮之取也於囿中，勇力之取也。今之取也於澤宮，揖讓之取也。」是主皮之射亦近於澤也。選士於澤，不射侯也，但試武而已。故司弓矢云「澤共射椹質之弓矢」，鄭司農引此射義之文以釋之，是於澤中射椹質而已。又鄭註司弓矢云：「樹椹以爲射正。射甲與椹，試弓習武也。」其主皮之射，則張皮，亦揖讓也。愚謂澤，澤宮也。辟雍謂之澤，以其雍水於邱也。澤宮近辟雍爲之，故亦謂之澤。國家禮射之外，又有主皮習武之射，而大夫士之大射，又或假於學校以行其禮，不欲其雜擾於學士弦誦之所，故於學宮之旁，別規寬閒之地爲澤宮以習射，天子諸侯皆有之，若魯有矍相之圃是也。射宮，東序也。天子將大射，則其與於禮者先於澤宮預習之，然後天子於射宮親行其禮也。餘辨已見上文。

故男子生，桑弧，蓬矢六，以射天地四方。天地四方者，男子之所有事也。故必先有志於其所有事，然後敢用穀也，飯食之謂也。釋文：弧音胡。蓬，步工反。飯，扶晚反。

鄭氏曰：男子生則設弧於門左，三日負之，人爲之射，乃卜食子也。孔氏曰：此明男子重射之義。男子生而有爲射之志，故長大重之。桑弧、蓬矢，取其質也。所以用六者，射天地四方也。禮射惟四矢，象禦四方之亂。射畢用穀，猶若事畢設飯食，故云「飯食之謂也」。方氏慤曰：人爲之射，以射人代之而已。愚謂射人代之射者，世子生之禮；若大夫士之子，則亦家臣隸、子弟之屬代之與？用穀，謂食子也。人莫不飯食，其初生也，先射天地四方，而後飯食，以示爲人者必能治天地四方之事，而後可以飯食也。然則其所以責之者重矣。

射者，仁之道也。射求正諸己，己正而后發，發而不中則不怨勝己者，反求諸己而已矣。

反求，石經作「求反」。

陳氏澔曰：爲仁由己，射之中否亦由己，非他人所能與也。故不怨勝己，而反求諸身。

孔子曰：「君子無所爭，必也射乎！揖讓而升下，而飲，其爭也君子。」釋文：爭，「爭鬭」之爭。「揖讓而升下」絕句，「而飲」一句。

下，降也。揖讓而升下，而飲者，言升堂而射，射畢而降，及衆耦皆射畢而勝飲不勝者，皆有揖讓之禮也。大射儀司射「作上耦射」，出次揖，「當階揖，及階揖，升堂揖，當物北面揖，及物揖」，此升時揖讓也。「卒射」，「北面揖，揖如升射」，此下時揖讓也。「勝者之弟子洗觶，酌奠于豐上」，「三耦及衆射者皆升，飲射爵於西階上」，「一耦出，揖如升射」，「升堂」，「卒觶」，「揖，興」，此飲時揖讓也。朱子曰：言君子恭遜，不與人爭，惟於射而後有爭。然其爭也，雍容揖遜乃如此，則其爭也君子，而非若小人之爭矣。

孔子曰：「射者何以射？何以聽？循聲而發，發而不失正鵠者，其唯賢者乎！若夫不肖之人，則彼將安能以中？」釋文：正音征。夫音扶。○鄭註：發或爲「射」。

鄭氏曰：何以，言其難也。聲，謂樂節也。畫布曰正，棲皮曰鵠。正之言正也。鵠之言梏也。梏，直也，言人正直乃能中也。又曰：正亦鳥名，齊、魯之間名題肩爲正。（大射儀註。）孔氏曰：畫布曰正，賓射也。棲皮曰鵠，大射也。

詩云：「發彼有的，以祈爾爵。」祈，求也，求中以辭爵也。酒者，所以養老也，所以養病也，求中以辭爵者，辭養也。釋文：的，丁歷反。養如字，徐羊尚反。○鄭註：爾或爲「有」。

鄭氏曰：發猶射也。的，謂所射之識也。言「射的必欲中之者，以求不飲女爵」也。辭養，辭見養也。　愚謂此引詩以明射者之所以求中者，非欲求勝於人也，特欲辭見養爾，亦君子無所爭之意也。

燕義第四十七 別録屬吉事。

此釋儀禮燕禮之義也。古者飲食之禮有三：曰饗，曰食，曰燕。饗、食禮重而體嚴，燕則禮輕而情洽。有燕來朝之諸侯者，司儀「王燕則諸侯毛」，是也。諸侯相朝亦有之。有燕諸侯來聘之臣者，聘禮「燕羞，俶獻無常數」，此諸侯燕其聘賓也。天子於諸侯之使臣亦有之。有君自燕其臣子者，鹿鳴之詩言「燕樂嘉賓之心」，有駜之詩言「在公載燕」，是也。有燕其宗族者，行葦之詩燕父兄宗族，及文王世子「公與族燕則以齒」，是也。有養老而燕之者，王制「養老，有虞氏以燕禮，夏后氏以饗禮，殷人以食禮，周人修而兼用之」，是也。儀禮燕禮乃諸侯燕其臣子之禮，而其記又兼及於燕四方之賓，其餘禮則不可得而考矣。　陳氏祥道曰：於司儀，見王所以燕諸侯者以齒也，故曰「王燕則諸侯毛」；於膳夫，見王所以爲燕者非自爲主也，故曰「王燕飲則爲獻主」；於大僕，見王所以燕者必於內朝也，故曰「王燕則相其法」；於酒正，見王所以燕賓者必有多寡之數也，故曰「王燕則共其計」；於鞮鞻氏，見王所以燕者必有樂也，故曰「掌四夷之樂與其聲歌，祭祀則歙而歌之，燕亦如之」。然其牢禮之物，獻、酬之數，衣服器皿之用，與其歌舞節奏，皆不得而詳。至諸侯燕禮，則邦國之相和，君臣之相接，禮義之相與，恩好之相交，明嫌疑而不瀆，別貴賤而不亂，所謂「禮讓爲國」者，於此可想見焉。

古者周天子之官有庶子官。庶子官職諸侯、卿、大夫、士之庶子之卒，掌其戒令與其教治，別其等，正其位；國有大事，則率國子而致於大子，唯所用之；若有甲兵之事，則授之以車甲，合其卒伍，置其有司，以軍法治之，司馬弗正。凡國之政事，國子存游卒，使之脩德學道，春合諸學，秋合諸射，以考其藝而進退之。釋文：卒，依注音倅，七對反，下「游卒」同。大子，音泰。卒伍，子忽反。弗正，音征。

庶子官，周禮夏官之諸子也。諸、庶，皆衆也。此官掌公、卿、大夫、士之子，因以名其官。公、卿、大夫、士，適、庶之子非一，故曰「諸子」，亦曰「庶子」也。諸侯，謂畿內之諸侯爲王朝公卿者也。卒，周禮作「倅」，副也。庶子之倅，謂公、卿、大夫之衆子，爲適子之副貳者也。戒令，卽下文「致於大子」之事也。教治，卽下文「脩德學道」之事也。別其等，謂別其材藝之優劣也。正其位，謂正其位序之高下，在朝則尚爵，在學則尚齒也。大事，謂若大祭祀及征伐、會同之事也。國子，公、卿、大夫之適子也。公、卿、大夫之適子，則師氏、保氏及大司樂之屬教之，其政令、教治與別等、正位之事，非諸子之所掌，諸子所掌者獨其倅耳。至有事而致於大子，則適、庶之子並庶子率之。故上云「庶子之倅」，而此變言「國子」，見不徒率其衆子，而並率其適子也。有甲兵之事，謂軍旅之事，從大子而出也。百人爲卒，五人爲伍。有司，謂將帥也。司馬弗正，謂國子別屬於大子，司馬不得以軍事役之也。國之政事，謂力役旬徒、追胥之類也。存猶留也。國有用民之政事，國子之倅存留不用，使得游暇無事以脩其業也。國子之倅不用，則國子可知。獨言其倅者，亦據此官之所掌者言之也。德，德行。道，道藝也。合，聚也，聚之而考察其所業也。王制：「春秋教以禮樂，冬夏教以詩書。」州長職「春秋以禮會民而射于州序」，則國學亦春秋習射可知。於春言「學」，於秋言「射」，互相備也。考其藝，謂考其德行、道藝也。獨言「藝」者，舉輕以見重也。藝優則進之，而與俊選同升；藝劣則退之，而仍歸於學也。此節皆周禮諸子職文。此篇釋儀禮燕禮之義，下文「諸侯燕禮之義」以下者是也。此諸子職之文，與燕禮本無所當，蓋後人因篇末有獻庶子之事，誤以卽庶子之官，遂引此冠於篇首耳。

諸侯燕禮之義：君立阼階之東南，南鄉，爾卿大夫，皆少進，定位也。君席阼階之上，居主位也。君獨升立席上，西面特立，莫敢適之義也。釋文：鄉，許亮反。適音敵，大歷反，本亦作「敵」。

諸侯燕禮者，諸侯燕其羣臣之禮也。蓋君臣之分雖嚴，而上下之情不可以不通，故無事則相與燕飲爲樂，以通上下之情。而臣有征伐、聘問之事，還歸其國，則亦爲特舉此禮，若四牡勞使臣，出車「勞還帥」，是也。「諸侯燕禮之義」，此一句總目一篇之事，以下皆引儀禮之文而釋之也。君立阼階之東南，南鄉，此君視燕朝之位也。爾，揖而進之也。卿大夫初入門右，皆北面東上，爾卿者，君揖卿使進，卿皆西面北上也。君又爾大夫，大夫皆少進。定位者，卿西面，大夫北面者，乃燕朝之常位，故揖之使進，以定其位也。居主位者，阼階上乃主人之位也。燕禮雖別立主人，然君自居主位，膳夫特爲之行獻禮耳。君獨升立席上，西面特立者，君既命爲賓者揖卿大夫升就席，是時賓及卿大夫皆未升，故曰「獨升」，言無與偕升也；曰「特立」，言無與偕立也。以君之尊，莫敢與之匹敵故也。

設賓主，飲酒之禮也。使宰夫爲獻主，臣莫敢與君亢禮也。不以公卿爲賓，而以大夫爲賓，爲疑也，明嫌之義也。賓入中庭，君降一等而揖之，禮之也。釋文：亢，苦浪反。使宰夫，本亦作「使膳夫」。爲，于僞反。

宰夫，膳夫也。周禮膳夫職：「王燕飲酒，則爲獻主。」檀弓杜蕢曰「蕢宰夫也」，而左傳言「膳宰屠蒯」，則知宰夫卽膳夫，非周禮天官之考也。爲獻主，使之爲主而獻賓也。飲酒之禮，必立賓主以行獻、酬，君燕其臣，不自獻而使宰夫者，君之意匪曰「吾之尊不可屈也」，特以臣不敢與君亢禮。若君自爲主，則賓將踧踖不安，而非所以爲樂矣。故使宰夫爲獻主，則可以盡宴飲之歡，體賓之心也。公，四命之孤也。卿，上大夫也。燕禮記曰：「與卿燕，則大夫爲賓；與大夫燕，亦大夫爲賓。」蓋燕禮之爲賓者勞，故凡燕皆不以所爲燕者爲賓，優之也。然所爲燕者，雖或有公、卿、大夫之不同，而所命爲賓者則必大夫，蓋公卿已尊，又加以爲賓之尊，則疑於君而無別也。賓乃臣子，君降一等而揖之者，以其爲賓而禮之也。

君舉旅於賓，及君所賜爵，皆降，再拜稽首，升成拜，明臣禮也。君答拜之，禮無不答，明君上之禮也。臣下竭力盡能以立功於國，君必報之以爵祿，故臣下皆務竭力盡能以立功，是以國安而君寧。禮無不答，言上之不虛取於下也。上必明正道以道民，民道之而有功，然後取其什一，故上用足而下不匱也。是以上下和親，而不相怨也。和寧，禮之用也。此君臣上下之大義也。故曰：「燕禮者，所以明君臣之義也。」釋文：稽，徐本作「䭫」，音啟。以道、道之，並音導。

君舉旅於賓，謂舉旅酬之爵於賓。燕禮「小臣作下大夫二人媵觶於公」，「公取大夫所媵觶以酬賓」，是也。蓋君以臣不敢與亢禮，故使膳宰獻賓，然又以爲未足以盡己之情，故於大夫之媵觶，而親舉以酬賓也。君所賜爵，謂君爲卿舉旅，爲大夫舉旅，爲士舉旅，君所取之觶，皆唯君所賜也。賓受君舉旅，及諸臣得賜爵者，皆降，再拜稽首，君辭之，乃升成拜。臣必拜於堂下者，所以敬其君，臣之禮當然也。君於臣之拜必答之，所以敬其臣，君之禮當然也。上不虛取於下，謂取之必有以報之也。上用足而下不匱者，寧也；上下和親而不怨者，和也。和、寧由禮而生，故曰「禮之用也」。此因君答臣拜，而見上不虛取於下之義，因推之以明爵祿之道，又推之以明取民之法，皆以明上之與下，分雖不同，而其報施往來之義如此，是以情無不通，而惠無不浹也。呂氏大臨曰：君盡君之禮以下下，故賓入及庭，降一等揖之，賓拜受爵，君皆答拜。臣盡臣之禮以事上，故君舉旅、賜爵，皆降，再拜稽首，君辭，然後升成拜。天下之禮，未有不交而成者也。故天地交而萬物通，上下交而其志同，此所以君臣和，禮義行也。楊氏復曰：公取媵爵以酬賓，此與尋常酬爵不同。君臣之際，其分甚嚴，其情甚親。使宰夫爲獻主，所以嚴君臣之分；舉觶以酬賓，所以通君臣之情也。

席：小卿次上卿，大夫次小卿，士、庶子以次就位於下。獻君，君舉旅行酬，而后獻卿；卿舉旅行酬，而后獻大夫；大夫舉旅行酬，而后獻士；士舉旅行酬，而后獻庶子。俎、豆、牲體、薦、羞，皆有等差，所以明貴賤也。釋文：差，初宜反。

上卿，謂三卿也。小卿，大夫之上，若司徒下之小司徒，司馬下之小司馬也。燕禮不言小卿之席。大射儀「卿賓東，東上，小卿賓西，東上」，則燕禮亦當然。卿與小卿之席不相屬，而曰「小卿次上卿」者，以尊卑之次言之也。賓席牖間，最尊；上卿在賓東近君，次於賓；小卿在賓西，又次於上卿也。大夫次小卿者，大夫又在小卿之西也。士、庶子以次就位於下者，士初入在西方東面，既獻，立于東方西面。燕禮不言庶子之位，此言「士、庶子以次就位」，蓋其初入及既獻後之位皆在士之南與？獻君，君舉旅行酬者，燕禮獻賓後獻君，次酬賓，「賓奠觶於薦東」，「下大夫二人舉觶於公」，「公取大夫所媵觶以酬賓」，此君爲賓舉旅也，卽前云「舉旅於賓，賓降，再拜稽首」是也。獻卿，卿舉旅行酬者，主人「獻卿於西階上」畢，「二大夫媵爵如初」，「公又行一爵，若賓若長，唯公所酬」，此爲卿舉旅也。獻大夫，大夫舉旅行酬者，「主人獻大夫於西階上」，辯工入，升歌三終，「獻工」，「公又取奠觶，唯公所賜，以旅於西階上」，此爲大夫舉旅也。不言「獻小卿」者，小卿亦大夫，此「獻大夫」中兼有小卿也。獻士，士舉旅行酬者，「脱屨，升」「坐」之後，「主人獻士於西階上」，辯又獻旅食，「賓媵觚於公」，「公取賓所媵觶，興，唯公所賜」，「乃就席，坐行之」，「大夫終受者興，以酬士」，「士以旅於西階上」，此爲士舉旅也。獻庶子者，「主人獻庶子於阼階上」也〔一〕。此節言「士、庶子以次就位於下」，及言「獻庶子」，皆謂庶

〔一〕「阼」，原本作「西」，據儀禮燕禮改。

子官所掌之庶子，非謂庶子之官也。不爲庶子舉酬者，庶子卑也。牲體，卽俎實。薦，謂豆及籩。羞，謂庶羞也。按燕禮公與賓以下皆惟一籩一豆，又燕禮記唯公與賓有俎，燕牲用狗，故自卿以下皆無俎，以牲小故也。又燕禮「獻大夫」，辯乃「羞庶羞」，是庶羞不及士以下也。公與賓薦、俎、庶羞備有，卿大夫有薦、羞而無俎，士以下又無羞，唯薦而已，是其等差也。席有尊卑，獻有先後，饌有隆殺，此皆所以明貴賤也。呂氏大臨曰：貴貴之義不行，亂之所由生也。燕禮於君臣貴賤之義，極其密察至於此者，所以防亂也。

禮記卷六十一

聘義第四十八

別錄屬吉事。

呂氏大臨曰：聘禮，有天子所以撫諸侯者，大行人「一歲徧存，三歲徧覜，五歲徧省」，是也。有諸侯所以事天子者，大行人「時聘以結諸侯之好，殷覜以除邦國之慝」，是也。有鄰國交脩其好者，大行人「凡諸侯之邦交，歲相問，殷相聘」，是也。儀禮所載，鄰國交聘之禮；聘義者，釋聘禮之義也。愚謂此釋儀禮聘禮之義也。古者諸侯同在方嶽之內，而有兄弟昏姻之好者，久無事則相聘焉。大聘使卿，小聘使大夫。而三等之國，其出聘之卿、介有多少，主國所以待之之禮亦有差降。聘禮經云「五介」，又云「及竟張旜」，是侯伯之卿，大聘之禮也。故此篇言「以圭璋聘」，又言「出入三積」之等，亦皆據侯伯之禮言之。

聘禮：上公七介，侯伯五介，子男三介，所以明貴賤也。介紹而傳命，君子於其所尊弗敢質，敬之至也。釋文：傳，丈專反。

鄭氏曰：此皆使卿出聘之介數也。大行人職曰：「凡諸侯之卿，其禮各下其君二等。」質，謂正自相當。

孔氏曰：上公親行則九介，其卿降二等，故七介，侯、伯、子、男以次差之可知也。愚謂首言「聘禮」，亦總目下文之事也。「介紹而傳命」以下，明所以賓必有介之義也。紹，繼也。介紹而傳命，謂陳列衆介，相繼而立，而後傳聘君之命也。兩君相朝，主君迎於大門外，各陳擯、介：擯傳主君之命，以請於介，介以告於朝君，介又傳朝君之命，以告於擯，擯以告於主君，司儀謂之「交擯」，謂擯、介傳辭相交也。若聘賓，則主君迎於大門內，上擯出請事，而賓與上擯相對傳命，司儀謂之「旅擯」，謂但陳列擯、介而不交辭也。旅擯之禮，介雖不傳辭，然亦繼賓而陳列，故曰「介紹而傳命」也。質，謂質愨也。禮以文爲敬，若傳命之時不用衆介，則過於質愨，而非所以爲敬矣。故介紹而傳命，乃聘賓所以致敬於主國也。禮器曰「七介以相見，不然則已愨」，是也。

三讓而后傳命，三讓而后入廟門，三揖而后至階，三讓而后升，所以致尊讓也。

鄭氏曰此「揖」「讓」，主謂賓也。三讓而后傳命，賓至門，主人請事時也。賓見主人陳擯，以大客禮當己，則三讓之，不得命，乃傳其君之聘命也。三讓而后入廟門，讓主人廟受也。小行人曰：「凡四方之使者，大客則擯，小客則受其幣，聽其辭。」孔氏曰：聘禮入廟門之時，無「三讓」之文，不備也。敖氏繼公曰：於賓入門左而揖，參分庭一，在南而揖；又偕行至參分庭一，在北而揖。是三揖也。賓至西方之中庭，公乃與之偕行。愚謂三讓而后傳命者，賓見主君，使上卿請事，不敢當而讓之，三讓不得命，乃傳其君之聘命也。事同曰讓，事異曰辭。此宜曰「辭」，而曰「讓」者，辭、讓亦通名爾。按聘禮：「卿爲上擯，大夫爲承擯，士爲紹擯。擯者出請事，公皮弁，迎賓于大門內，大夫納賓。」是始而請事，繼而納賓者惟上擯，而承擯、紹擯未嘗出也。然則謂「讓主君陳擯」者不然矣。三讓而后入廟門者，謂「入及廟門，公揖，入，立於中庭」，「擯者納賓」，於此時而賓與擯者三讓也。凡賓主相與入門，皆主先入以道賓，三讓者，擯者以先入讓賓，賓三讓，然後擯者先入而賓從之也。按聘禮賓入門，「公揖，入，每門每曲揖」。若讓廟受，則與公每門每曲揖時當讓；若至廟門，則蚤知其當廟受，不必讓矣，故知讓非讓廟受也。三揖而后至階者，賓與主君相與揖也。賓入廟門時，公先立於中庭，賓至西方之中庭，公乃與之偕行。前二揖，公立於其位而與賓揖；後一揖，公乃與賓偕行而揖也。三讓而后升者，賓與主君讓升也。凡升階，亦皆主人先升而賓從，賓與主君將升，主君以先升讓賓，賓三讓，而後主君先升也。凡此揖讓之禮，皆聘賓所以致尊讓於主國也。三讓而后傳命、三讓而后入廟門，聘禮皆無此文，不備也。

君使士迎于竟，大夫郊勞，君親拜迎于大門之內而廟受，北面拜貺，拜君命之辱，所以致敬也。釋文：竟音境。勞，力報反。況，本亦作「貺」。

孔氏曰：君使士迎于竟，謂主君使士迎客于竟。聘禮賓「及竟，張旜」，「君使士請事，遂以入」，是也。大夫郊勞者，聘禮「賓至于近郊」，「君使下大夫請行，君又使卿朝服，用束帛勞」。此「大夫郊勞」者，卽卿也。君親拜迎于大門之內而廟受者，按聘禮「賓入門左，公再拜」，是君拜迎于大門之內；聘禮又云「及廟門，公揖，入」，「納賓，賓入門左」，「賓升西楹西，東面」，是廟受也。北面拜貺者，君於阼階之上北面再拜，拜聘君之貺。貺，謂惠賜也。聘禮「公當楣再拜」，是也。拜君命之辱，言主君所以北面拜貺，拜聘君之命來屈辱也。所以致敬者，所以致敬於聘君。愚謂上言「敬之至」，賓之敬也；此言

「敬之至」，主君之敬也。

敬讓也者，君子之所以相接也。故諸侯相接以敬讓，則不相侵陵。

合結上文三節之意。

卿爲上擯，大夫爲承擯，士爲紹擯。君親禮賓，賓私面私覿，致饔餼，還圭、璋，賄贈，饗、食、燕，所以明賓客君臣之義也。釋文：覿，大歷反。雍，字又作「饔」。餼，許既反。還音旋。賄，呼罪反，字林音悔。食音嗣。

鄭氏曰：設大禮則賓客之也。或不親而使臣，則爲君臣也。孔氏曰：承擯，承副上擯也。紹，繼也，謂繼續承擯。按聘禮註云：「主君公也，則擯者五人；侯伯也，則擯者四人；子男也，則擯者三人。」其待聘客及朝賓，其擯數皆然。故大行人云上公「擯者五人」，侯伯「四人」，子男「三人」，謂迎朝賓也。若擯者五人，則士爲紹擯者三人；若擯若四人，則士爲紹擯者二人；若擯者三人，則士爲紹擯者一人。君親禮賓者，謂行聘已訖，君親執醴以禮賓。故聘禮賓行聘訖，「宰夫徹几改筵，公出，迎賓以入」，「公側受醴，賓受醴，公拜送醴」，是也。賓私面，謂私以己禮見主國之卿大夫也。私覿，私以己禮見主國之君也。以其非公聘正禮，故謂之私。按聘禮私面在後，此先云「私面」者，記者便文，無義例也。聘禮註云：「面亦見也。其謂之面，威儀質也。」以於臣謂之面。而司儀云「諸公之臣，相爲國客」，「私面私獻」，註云：「私面，私覿也。」又以私面爲私覿者，以司儀之文但云「私面私獻」，不云「私覿」，故以私面爲私覿也。左傳昭六年「楚公子棄疾」，「以其乘馬八匹私面」，於君而稱面者，因行過鄭而見鄭伯，非正禮，故雖君亦稱面也。致饔餼者，謂主君使卿致饔餼於賓館，聘禮「君使卿韋弁，歸饔餼五牢」，是也。牲殺曰饔，生曰餼。還圭、璋者，謂賓將去時，君使卿就賓館還其所聘之圭、璋，聘禮云「君使卿皮弁，還玉于館」，是也。賄贈者，還玉卽畢，以賄贈之，聘禮云「還圭、璋」畢，「大夫賄用束紡」，是也。饗、食、燕者，謂主君設大禮以饗賓，設食禮以食賓，皆在朝也；又設燕以燕之，燕在寢也。聘禮云「公於賓，壹食，再饗，燕與羞，俶獻無常數」，是也。君親禮賓，賓用私覿，及致饔餼、饗、食之屬，或主人致敬，或賓答主人，或君親接賓，或使臣致之，是顯明賓客、君臣之義也。饗、食之屬，使人延賓於館，主君親待之，是賓客其使人也。主君或不親饗、食，使人致饗致食，及致饔餼，還圭、賄贈之屬，皆主君不親，使臣致禮於客，客是臣，故使臣敵之，是君臣之義也。　呂氏大臨曰：擯者，主國之君所使接賓者也。主之有擯，猶賓之有介。擯有三者，以多爲文也。大宗伯「朝、覲、會、同，則爲上相」，相卽擯也。入詔禮，曰相；出接賓，曰擯。　敖氏繼公曰：承、紹者，皆有爲之先之辭。周官言天子之擯者，其於上公則五人，於侯伯則四人，於子男則三人，皆以朝者之爵爲差也。此但言「上擯」「承擯」「紹擯」而不言其人數，則是諸侯之擯者三人而已，不以己爵及朝、聘者之尊卑而異，所以別於天子也。此擯者雖有三人，惟上擯專相禮事，乃必立承、紹者，所以別於諸臣之禮也。　愚謂大行人上公九介，而王之「擯者五人」，侯伯七介，而「擯者四人」，子男五介，而「擯者三人」，則擯用介數之半，蓋以示其自降於賓之意，亦所以爲謙讓也。王待諸侯之禮如此，則諸侯於朝、聘之賓可知：上公之卿七介，則主國之擯者五人，上擯一人，承擯、紹擯各二人也。侯伯之卿五介，則主國之擯者三人，上擯、承擯、紹擯各一人也。子男之卿三介，則主國之擯者二人，上擯、承擯各一人而已。聘禮乃侯伯之國使卿大聘之禮，故曰「卿爲上擯，大夫爲承擯，士爲紹擯」，擯者三人也。於君言「覿」者，尊辭也；於臣言「面」者，質辭也。致饔餼兼有醯、醢、簠、簋、米、禾、薪、芻之屬，獨言「饔餼」者，以牢禮爲重也。圭所以聘君，璋所以聘夫人，典瑞「瑑圭、璋、璧、琮」，「以覜聘」，是也。聘禮記云「所以朝天子，圭與繅皆九寸」，「問諸侯，朱綠繅八寸」，此謂上公之禮也。上公問諸侯，繅八寸，則圭亦八寸，降於其命圭一寸。以此推之，侯伯聘圭當六寸，子男用璧，當四寸也。賄，謂於還玉之時而賄之，聘禮「賄用束紡」，是也。贈，謂賓出舍於郊而贈之，聘禮「遂行，舍于郊，公使卿贈，如覿幣」，是也。賄所以答其聘，贈所以答其私覿也。饗禮今亡，食則公食大夫之禮是也。燕則燕禮記云「若與四方之賓燕，則公迎之于大門內，揖、讓、升，賓爲苟敬」，是也。凡此諸禮，君之所致於賓，及賓所致於主國之臣者，皆所以明賓客之義也。君之所致於賓，而差降於其君，及賓所致於主國之君者，皆所以明君臣之義也。

故天子制諸侯，比年小聘，三年大聘，相厲以禮。使者聘而誤，主君弗親饗食也，所以愧厲之也。諸侯相厲以禮，則外不相侵，內不相陵。此天子之所以養諸侯，兵不用而諸侯自爲正之具也。釋文：比，必履反。使，色吏反。

鄭氏曰：比年小聘，所謂「歲相問」也。三年大聘，所謂「殷相聘」也。孔氏曰：天子立制，使諸侯相於，比年使大夫小聘，三年使卿大聘。大行人云：「諸侯之邦交，歲相問也。」聘禮記曰：「小聘曰問。」

故知此「比年小聘」是歲相問也。大行人又云：「殷相聘也。」殷，中也。謂三年之時，中間無事，故稱殷也。王制云：「諸侯之於天子，比年一小聘，三年一大聘，五年一朝。」與此不同者，此經諸侯相聘，是周公制禮之正法；王制所云，謂文、襄之法，故不同也。呂氏大臨曰：使者聘而誤，主君不親饗食，聘禮所謂「大夫來使，無罪饗之，過則餼之」也。先王御諸侯，使之相交以修好，必求疏數之中，故比年小聘，三年大聘也。使之相敬以全交，必相厲以禮，故使者誤，主君不親饗食，以愧厲之，然後仁達而禮行也。先王制禮，以善養人於無事之時，使之不安於媮惰而安於行禮，不恥於相下而恥於無禮，則忿爭之心，暴慢之氣，無所自而作。天子以是養諸侯，諸侯以是養士大夫，此兵所以不用，天下之所以平也。禮之節文之多，惟聘、射之禮爲然。節文之多，養人之至者也。故二禮之義，天子養諸侯之意爲深，故其義皆曰「兵不用而諸侯自爲正之具也」。

以圭、璋聘，重禮也。已聘而還圭、璋，此輕財而重禮之義也。諸侯相厲以輕財重禮，則民作讓矣。

鄭氏曰：圭，瑞也。尊璋、圭之類也。按疏云：「尊敬此璋，同於圭，則璋是圭之等類。」玩孔意，宜作「尊璋、圭之類也」，而今註疏皆作「圭、璋」，誤倒之耳。用之還之，皆爲重禮。禮必親之，不可以己之有，遥復之也。財，謂璧、琮、享幣也。受之爲輕財者，財可遥復，重賄反幣是也。孔氏曰：既聘之後，賓將歸時，致此圭、璋，付與聘使，而還其聘君也。凡行聘禮之後，享君用璧，享夫人用琮。圭、璋質，惟玉而已，璧、琮則重其華美，加於束帛。聘使既了，還其圭、璋之玉，重其禮，故還之；留其璧、琮之財，輕其財，故留之。重者難可報復，故用本物還之；輕者易可酬償，故更以他物贈之。此輕財重禮之義也。聘禮「圭」「璋」與「璧」「琮」相對，故圭、璋爲聘，璧、琮爲享，若諸侯之朝天子，圭、璋與璧、琮皆爲享也，皆爲財。故小行人「合六幣，圭以馬，璋以皮」。二王之後，享天子用圭，享后用璋，則雖圭、璋亦受之不歸也。愚謂圭、璋無藉，但以行禮；璧、琮加於束帛，用爲貨財。聘君用圭、璋以聘，而璧、琮但用以享，主君於聘賓將歸，還其圭、璋，而璧、琮則留之，此皆輕財重禮之義。上但言「重禮」者，文省也。此「圭、璋」乃瑑圭，鄭氏乃以圭爲瑞者，瑑圭亦瑑刻象瑞圭，故曰「圭，瑞也」。此據侯伯之禮，故云「以圭、璋聘」，若子男則聘君用璧，聘夫人當用琮，而其享當用琥、璜矣。

主國待客，出入三積，餼客於舍，五牢之具陳於內，米三十車，禾三十車，芻、薪倍禾，皆陳於外，乘禽日五雙，羣介皆有餼牢，壹食，再饗，燕與時賜無數，所以厚重禮也。古之用財者不能均如此，然而用財如此其厚者，言盡之於禮也。盡之於禮，則內君臣不相陵，而外不相侵，故天子制之而諸侯務焉爾。釋文：積，子賜反。芻，初俱反。倍，步罪反。乘，繩證反。一食，一本又作「壹食」，音嗣。

孔氏曰：出入三積者，謂入三積，出亦三積。故司儀云：「遂行，如入之積。」是去之積如來時也。此謂上公之臣。若侯伯以下之臣，則不致積也。故司儀云「諸公之臣相爲國客，則三積」，註云：「侯伯之臣不致積也。」聘禮是侯伯之臣，故文無「致積」也。聘禮致客有饔有餼，今直云「餼客」者，略言之。於舍，謂於賓館也。五牢之具，謂飪一牢，在賓館西階，腥二牢，在賓館東階，餼二牢，在賓館門內之西，是皆陳於内也。按聘禮「米三十車」，「設于門東」，「東陳，禾三十車」，「設于門西，西陳，芻、薪倍禾」，鄭註：「薪從米，芻從禾。」乘禽，乘行羣匹之禽，雁、鶩之屬，聘卿則每日致五雙也。羣介皆有餼牢者，鄭註掌客云：「爵卿也，則飧二牢，饔餼五牢；爵大夫也，則飧大牢，饔餼三牢；爵士也，則飧少牢，饔餼大牢也。」壹食，再饗，燕與時賜無數，此謂聘卿也。一爲之設食，再爲之設饗，其歡燕與當時之賜無常數也。愚謂積，謂芻、米之屬，所以供賓道路之需者。出入三積，謂入與出皆三致之也。此記皆據聘禮釋之，而聘禮乃無「致積」，蓋有闕文也。司儀「諸公之臣相爲國客，則三積」，又云「侯、伯、子、男之臣，以其國之爵相爲客而相禮，其儀亦如之」，則五等之臣爲客皆有積可知矣。又周禮大行人上公「出入五積」，侯伯「四積」，子男「三積」，則諸公之臣三積，侯伯之臣二積，子男之臣一積也。餼客，致饔餼於客也。乘禽日五雙，謂聘卿也。按周禮掌客上公「乘禽日九十雙」，侯伯「日七十雙」，子男「日五十雙」，與此「乘禽五雙」之數相懸者，蓋掌客五等諸侯相朝，「惟上介有禽獻」，其次介以下，蓋朝君以其乘禽分賜之，主國不特致，故君之乘禽多。此聘禮羣介各有禽獻，故聘禮記云「宰夫始歸乘禽，日如其饔餼之數，士中日則二雙」，故聘賓之乘禽少也。時賜，謂四時新物，以時賜之，羣介皆有餼牢者，聘禮「上介饔餼三牢」，「士介四人皆餼大牢」，是也。厚重禮，言聘禮重，故所以待賓者豐厚也。聘禮之用財如此其厚，他事不即聘禮所謂「俶獻」是也。然聘禮所以用財之厚者，盡用之以行禮也。禮有所不可闕，則財有所不能皆然，是用財不能均也。務行禮而不惜己之財，則必不欲犯非禮以取人之所有，而内外侵陵之患何自而起乎？容惜。

聘、射之禮，至大禮也，質明而始行事，日幾中而后禮成，非强有力者弗能行也。故强有力者將以行禮也，酒清人渴而不敢飲也，肉乾人飢而不敢食也，日莫人倦，齊莊、正齊而不敢解惰，以成禮節，以正君臣，以親父子，以和長幼。此衆人之所難，而君子行之，故謂之有行。有行之謂有義，有義之謂勇敢。故所貴於勇敢者，貴其能以立義也；所貴於立義者，貴其有行也；所貴於有行者，貴其行禮也。故所貴於勇敢者，貴其敢行禮義也。故勇敢强有力者，天下無事則用之於禮義，天下有事則用之於戰勝。用之於戰勝則無敵，用之於禮義則順治。外無敵，内順治，此之謂盛德。故聖王之貴勇敢、强有力如此也。勇敢、强有力而不用之於禮義、戰勝，而用之於爭鬬，則謂之亂人。刑罰行於國，所誅者亂人也。如此，則民順治而國安也。釋文：乾音干。莫音暮。齊莊，側皆反。正齊，如字。解音懈。長，丁丈反。有行，下孟反。治，直吏反。○鄭註：禮成，或曰「行成」。勝或爲「陳」。

孔氏曰：酒清人渴而不敢飲，肉乾人飢而不敢食，謂射禮之先，唯以禮獻、酬，而不得醉飽也。以正君臣，謂諸侯之射，先行燕禮，所以明君臣之義。以親父子，以和長幼，謂大夫士之射，先行鄉飲酒之禮，有齒於父族之事，所以明長幼之序。愚謂此因聘禮而併明射禮。蓋聘、射之禮，禮節之至繁者也：質明而始行事，日幾中而禮成者，聘禮也；日莫人倦而不敢解惰者，射禮也。射禮尤繁於聘，故非强有力者不能行聘禮，非勇敢者不能行射禮也。呂氏大臨曰：君子之自養也，養其强力、勇敢之氣，一用之於禮義、戰勝，則德行立矣。其養人也，養其强力、勇敢之氣，一用之於禮義、戰勝，則教化行矣。此所以内順治，外無敵而國安也。

子貢問於孔子曰：「敢問君子貴玉而賤碈者何也？爲玉之寡而碈之多與？」孔子曰：「非爲碈之多故賤之也，玉之寡故貴之也。夫昔者君子比德於玉焉：温潤而澤，仁也。縝密以栗，知也。廉而不劌，義也。垂之如隊，禮也。叩之，其聲清越以長，其終詘然，樂也。瑕不揜瑜，瑜不揜瑕，忠也。孚尹旁達，信也。氣如白虹，天也。精神見于山川，地也。珪、璋特達，德也。天下莫不貴者，道也。詩云：『言念君子，温其如玉。』故君子貴之也。」釋文：碈，武巾反，字亦作「瑉」。爲，于僞反。與音餘。縝音軫，一音真。知音智。劌音九衛反，又音巳芮反。隊，直位反，又音遂。詘，其勿反。孚，依註音浮。尹，依註音筍，又作「筠」，于貧反。見，賢遍反。○孚尹，吕氏讀如字。○鄭註：瑉或作「玟」。潤或爲「濡」。孚或爲「姇」，或爲「扶」。

鄭氏曰：碈，石似玉。玉色柔温潤，似仁也。縝，緻也。栗，堅貌。劌，傷也。義者，不苟傷人也。如隊，禮尚謙卑也。樂作則有聲，止則無也。越猶揚也。詘，絶止貌。樂記曰：「止如槀木。」瑕，玉之病也。瑜，其中間美者。玉之性，善惡不相掩，似忠也。孚讀爲浮。尹，讀如竹箭之筠。浮筠，謂玉采色也。采色旁達，不相隱翳，似信也。虹，天氣也。精神，亦謂精氣也。山川，地所以通氣也。特達，謂以朝、聘也。璧、琮則有幣，唯有德者無所不達，不有須而成也。道者，人無不由之。貴玉者，以其似君子也。吕氏大臨曰：因聘禮用玉，故以「子貢問玉」一章附於聘義之末。玉者，山川至精之所融結，其德之美，有似乎君子，故君子服之用之，所以比德而貴之也。碈，石之似玉者也，似是而非，君子賤之，如紫之於朱，莠之於苗，鄉愿之於德也。玉氣粹精之所發，則温潤而澤，如君子之仁，温厚深淳之氣形諸外也。玉理密緻而堅實，如君子之知，密而不疏則中理，堅而不解則可久也。金之有廉，雖利也，用之則傷；玉之有廉，雖不利也，用之則不能傷。如君子之義，其威雖若不可犯，卒歸於愛人而已。玉之體重，垂之則如隊而欲下，如君子之好禮，以謙恭下人爲事，故曰「禮也」。凡聲滯濁而韻短者，石也；清越而韻長者，玉也。始洪而終殺者，金也；始終若一者，玉也。此玉之聲所以與金石異也。其終詘然，所謂「玉振之」也者，終，條理也，樂之始作翕如，至於皦如以成歌者，止如槀木，其合止皆無衰殺之漸，則君子於樂，其終詘然如玉之聲也。玉之瑜者，其美也；瑕者，其病也。玉之明，洞炤乎內外，瑕瑜不能相揜，如君子之忠無隱情，善惡盡露而無所蓋，故曰「忠也」。孚尹未詳。或曰：「信發於中謂之孚也，信也。尹或訓誠，亦信也。」玉之明徹，蘊於內而達於外，猶君子之信由中出也。先儒以孚爲「浮」，以尹爲「筠」，如竹箭之筠，謂玉采色也。其文其音，既悉有改，義亦無據，恐未然也。玉之瑩者，其光氣能達於天，所謂「氣如白虹」也。韜諸石中，則光輝必見，所謂「精神見於山川」也。如君子之達於天，則與天同德；充實而有光輝，則與地同德也。玉之爲璧、琮，其用也，必有幣以將之；玉爲圭、璋，特達而已，如君子之德，無待乎外也。莫非物也，玉之爲物，天下貴之；莫非道也，君子之道，天下尊之。故曰：「天下莫不貴者，道也。」愚謂分而言之，則爲仁、爲知、爲義、爲禮樂、爲忠信，合而言之，皆德也。天地以言其德之著見於上下，道以言其德之見用於人，故曰「君子於玉比德焉」。

喪服四制第四十九

別録屬喪禮

鄭氏曰：名曰喪服四制者，以其記喪服之制，取於仁、義、禮、知也。孔氏曰：以上諸篇，皆記儀禮當篇之義，故每篇言「義」。此別記喪服之四制，非記儀禮喪服之篇，故不言「喪服之義」。

凡禮之大體，體天地，法四時，則陰陽，順人情，故謂之禮。訾之者，是不知禮之所由生也。

鄭氏曰：禮之言體也，故謂之禮，言本有法則而生也。口毀曰訾。愚謂體天地者，言本天地以爲體，猶「體物不遺」之體。禮儀三百，威儀三千，莫非天理之所當然。此言凡禮由是四者而生，蓋五禮之所同也。下文乃專以喪禮言之。

夫禮吉凶異道，不得相干，取之陰陽也。

陰陽相干則天道失，吉凶相干則人事悖。故居喪之衣服、容貌、飲食、居處皆與吉時不同者，取則於陰陽也。上文言禮由「天地」四者而生，此下二節，惟言「陰陽、四時、人情」，而不言「天地」者，蓋陰陽、四時皆天地之用，而人情之至亦莫非天理也，言「陰陽、四時、人情」則天地在其中矣。

喪有四制，變而從宜，取之四時也。有恩、有理，有節、有權，取之人情也。恩者仁也，理者義也，節者禮也，權者知也。仁、義、禮、知，人道具矣。釋文：知音智。

鄭氏曰：取之四時，謂其數也。取之人情，謂其制也。孔氏曰：喪有四制。門内主恩，若於門外，則變而行義。尊卑有定，禮制有恆，以節爲限；或有事故，不能備禮，則變而行權。是皆變而從宜，取人情也。恩屬於仁，理屬於義，節屬於禮，量事度宜，非知不可也。　愚謂天有四時，或生或成，因乎物之宜者也。喪之四制，或隆或殺，隨乎事之宜者也。有親屬而服之者謂之恩，本非親屬，因義理之宜而服之者謂之理；立其制限謂之節；酌其變通謂之權。服之出於恩者，由性之仁爲之也。服之本於理者，由性之義爲之也。服之有節限者，由性之禮爲之也。禮者，天理之節文，故於服能制其節限也。服之有權宜者，由性之知爲之也。知能知事理之所宜，故於服能酌其權宜也。仁、義、禮、知，人之所以爲人者，其道不外乎此矣。

其恩厚者其服重，故爲父斬衰三年，以恩制者也。釋文：爲，于僞反。衰，七雷反。

喪之正服，皆以恩制，而恩莫重於父，故特以父言之。

門内之治恩揜義，門外之治義斷恩。資於事父以事君而敬同，貴貴尊尊，義之大者也。故爲君亦斬衰三年，以義制者也。釋文：治，直吏反。揜，于檢反。斷，丁亂反。

鄭氏曰：貴貴，謂爲大夫君也。尊尊，謂爲天子諸侯也。呂氏大臨曰：極天下之愛，莫愛於父；極天下之敬，莫敬於君。敬愛生乎心，與生俱生者。故門内以親爲重，爲父斬衰，親親之至也。門外以君爲重，爲君斬衰，尊尊之至也。内外尊親，其義一也。　愚謂門内之服，自義率祖，而殺極於三月；自仁率親，而加隆於三年。是恩重而義輕也，故曰「恩揜義」。蓋恩莫隆於父，而凡爲義者莫得而奪之也。門外之服，以恩制者，不過旁親之期、功；以義制者，極於至尊之三年。是義重而恩輕也，故曰

「義斷恩」。蓋義莫重於君，而凡爲恩者莫得而並之也。資，藉也。事君之敬同於父，故其服亦同於父，所謂「方喪三年」也。上以理對恩言，此以義對恩言。在物爲理，處物爲義，體用之名也。喪之義服，皆以義制，義莫重於君，故特以君言之。

三日而食，三月而沐，期而練，毁不滅性，不以死傷生也。喪不過三年，苴衰不補，墳墓不培，祥之日鼓素琴，告民有終也，以節制者也。釋文：期音基。

鄭氏曰：食，食粥也。沐，謂將虞祭時也。鼓素琴，始存樂也。愚謂三月而沐者，三月而葬，既葬而虞，始得沐浴也。苴衰，謂斬衰之喪用苴麻爲衰也。衰特喪之所服而已，喪畢則將除之，故雖敝而不補；墳特葬之所封而已，既葬則無所事，故雖庳而不培。素琴，琴之無飾者也。祥之日，得鼓素琴，而子路譏「朝祥暮歌」者，琴之聲出於器，歌之聲出於口，內外之別也。終，盡也。孝子有終身之憂，而喪以三年爲限，示民有終盡之期也。不以死傷生者，所以節其哀之過；告民有終者，所以節其時之過。

資於事父以事母而愛同，天無二日，土無二王，國無二君，家無二尊，以一治之也。故父在爲母齊衰期者，見無二尊也。杖者何也？爵也。三日授子杖，五日授大夫杖，七日授士杖。或曰「擔主」，或曰「輔病」。婦人童子不杖，不能病也。百官備，百物具，不言而事行者，扶而起。言而后事行者，杖而起。身自執事而后行者，面垢而已。禿者不髽，傴者不袒，跛者不踊，老病不止酒肉。凡此八者，以權制者也。釋文：爲，于僞反。齊音咨。見，賢遍反。擔，是豔反。扶而起，一本作「扶而后起」。扶或作「杖」。○鄭註：髽或爲「免」。

鄭氏曰：擔，假也。賈氏公彥曰：父在子爲母屈而期，心喪猶三年。恩謂以一治之者，欲使其尊歸於一，以統治之也。杖本爲爵者設，蓋有爵者德必厚，德厚則恩深，恩深者其居喪必病，故須杖以扶之也。天子七日而殯，殯而成服，故七日授士杖，若諸侯，則大夫士皆以五日而杖也。喪服傳曰：「無爵而杖者何？擔主也。非主而杖者何？輔病也。」蓋爲喪主者，假杖以表之，故雖無爵而杖，庶人之適子爲父母是也。體病者，須杖以輔之，故雖非主而杖，衆子爲父母是也。婦人，謂女子之未笄者。童子，謂男子之未冠者。童子未能惇行孝弟，故於喪未能病也。扶而起，謂天子諸侯也。天子諸侯，不言而事行，故待人扶而后起，謂可以極其病也。杖而起，謂大夫士也。大夫士言而后事行，故但須杖扶而起，其病稍淺也。面垢而已者，謂庶人也。庶人無人可使，身自執事而後行，雖有杖而不用，但面有塵垢之容而已，其病又益淺也。禿，無髮也。髽，露紒也。男子免而婦人髽。傴，背曲也。跛，足廢也。人之愛其父母，一也，而父在則母之服屈而爲期，此權乎分之尊卑而制之也。爲君皆杖，有爵之所同也，而或三日而授，或五日而授，或七日而授，此權乎恩之淺深而制之也。爲父母皆杖，以其無不病也，而婦人、童子以不能病不杖，此權乎年之長幼而制之也。成人皆杖，以其無不能病也，而或扶而起，或杖而起，或面垢而已，此權乎位之尊卑而制之也。喪無不髽，而禿者不髽，權乎其無可髽而制之也。喪無不袒，而傴者不袒，權乎其不便乎袒而制之也。喪無不踊，而跛者不踊，權乎其不能乎踊而制之也。喪不飲酒食肉，而老病不止酒肉，權乎其不可以卻酒肉而制之也。此八者，以權制者也。○呂氏大臨曰：父子之道，天之合也，其愛不可解於心，此以恩制者也。君臣之道，人之合也，義則從，不義則去，此以義制者也。情之至者，遂之則無窮也。情至於無窮，則賢者過之，不肖者不可繼，此不可不以節制者也。遂其所不得申，則無等差；施於所不必用，則事無實。責之於所不能具，則力不給；必之於所不能行，則人告病。此不可不以權制者也。　愚謂服之大端，親親尊尊而已。由二者而爲之制限則爲節，由二者而酌其變通則爲權。節與權，卽寓於恩與義之中，而輔之以行，恩與義者其經，而節與權者其緯也。

始死，三日不怠，三月不解，期悲哀，三年憂，恩之殺也。聖人因殺以制節，此喪之所以三年，賢者不得過，不肖者不得不及。此喪之中庸也，王者之所常行也。釋文：解，佳買反。期音基。殺，色戒反。

此申言「以節制」之義也。　呂氏大臨曰：始死哭不絕聲，水漿不入口者三日，此三日不怠也。未葬，哭無時，居倚廬，寢不説絰、帶，此三月不解也。既虞、卒哭，惟朝夕哭，此期悲哀也。既練，不朝夕哭，哀至則哭，此三年憂也。君子之居喪也，期合乎中者也。聖人因隆殺而制其禮，所謂「品節斯」，斯之謂禮。

書曰「高宗諒闇，三年不言」，善之也。王者莫不行此禮，何以獨善之也？曰：高宗者，武丁。武丁者，殷之賢王也。繼世卽位，而慈良於喪。當此之時，殷衰而復興，禮廢而復起，故善之。善之，故載之書中；而高之，故謂之高宗。三年之喪，君不言。書云：「高宗諒闇，三年不言。」此之謂也。然而曰「言不文」者，謂臣下也。釋文：諒闇，依註讀爲梁鶕，徐又並如字。案徐後音是，依杜預義。孔安國讀爲諒陰。衰，色追反。復，扶又反。文如字，徐音問。

諒闇，書作「諒陰」，朱子以爲天子居喪之名。孔氏曰：「諒，信也。陰，默也。」鄭氏曰：「諒，古作『梁』。楣謂之梁。闇，讀如『鶉鵪』之鵪。闇，謂廬也。廬有梁者，所謂柱楣也。」未知孰是。百官備百物具者，不言而事行，此天子居喪之禮也。後世禮廢，王者或不能行，高宗復行古禮，而殷道以興，故書紀其事而善之。言不文，謂士大夫居喪，言而後事行者，故不能無言，但哀痛不爲文飾耳。此孝經之言，而記者引之，言臣子喪禮與人君異，又以申言「以權制」之義也。鄭氏曰：言不文，謂喪事辨不，所當共也。

禮：斬衰之喪，唯而不對；齊衰之喪，對而不言；大功之喪，言而不議；緦、小功之喪，議而不及樂。釋文：唯，余癸反。齊音資，本又作「齋」。

鄭氏曰：此謂與賓客言也。唯而不對，侑者爲之應耳。言，謂先發口也。愚謂此因上文言居喪不言，而言五服之喪，其哀見於言語之間而遞殺者如此，亦以節制之義也。

父母之喪，衰冠、繩纓、菅屨，三日而食粥，三月而沐，期十三月而練冠，三年而祥。比終茲三節者，仁者可以觀其愛焉，知者可以觀其理焉，强者可以觀其志焉。禮以治之，義以正之，孝子、弟弟、貞婦皆可得而察焉。釋文：衰，七雷反。菅音姦。粥，之六反。期音基。比，毗志反。知音智，本亦作「智」，弟弟，上音悌，下如字。

繩纓，斬衰冠之纓。菅屨，斬衰之屨也。爲母則布纓、疏屨，獨言「繩纓、菅屨」者，舉其重者也。三節者，謂三月而沐，期而練，三年而祥。蓋喪以既葬、既練、既祥爲變除之大節也。比終茲三節者，謂三月不解，期悲哀，三年憂，比於三節之終，而能哀禮之交盡也。能終茲三節者，惻怛疾痛，傷腎乾肝，非仁者之篤於愛則不能也。襲、含、斂、殯之具，虞、祔、練、祥之儀，變除、輕重之節，賓客弔哭之文，無不中乎禮，非知者之明於理則不能也。篤於情而又足以勉乎其文，有其始而又足以要乎其終，非强者之志氣堅毅則不能也。以三者爲本，而治以禮以爲之節文，正以義以適乎事宜，居喪而能如此，則其孝可知矣。本事親之孝，而推之以事兄，則爲弟無不弟；本事親之孝，而移之以事夫，則爲婦無不貞。故曰：「孝子、弟弟、貞婦皆可得而察焉。」上言五服之哀不同，此又歸重於父母之喪以結之。蓋喪服以恩爲主，而恩莫隆於父母，故父母之喪，雖以恩制，而仁、義、禮、知莫不備於是焉。故曰：「君子務本，本立而道生。」蓋人道莫重於是矣。

項琪跋

吾鄉孫敬軒先生精三禮學，著有禮記集解六十一卷，藏於家。道光癸巳、甲午間，先伯父雁湖府君與二三同志謀鋟版，命先嚴几山府君先事校勘，纔畢十卷，而兩府君先後捐館。咸豐初年，先生族子琴西、蕖田昆仲於琪爲中表兄弟，深懼先業之湮，悉心釐訂，集貲開雕。功甫及半，旋遭兵燹，板復燬其五六。今幸掇拾散亡，力完是書。琪亦得與校刊之役，幸藉手以竟先人未卒之志，而又歎文字顯晦有數，造物者猶於將成、未成之際若故阨之。而卒底於成，豈非先生一生精力所在，有必不可泯沒者哉！邑後學項琪謹跋。

尚書顧命解

此篇注疏及蔡氏集傳之說，多所未安，希旦少嘗讀而疑焉，蓋二十年于茲矣。近因亭林顧氏之說，取經文反覆而推究焉，乃若頗有以得其義。於是偏考經解諸家之說，則見其與注疏、蔡傳初無以異，惟薛氏、吳氏於「受同」之說，則希旦所自幸以爲得之者，而二家已先言之焉。至於他文，尚沿舊義，爰以鄙見，竊爲疏解，以俟後之君子。其中文義易曉，及蔡傳之所已得者，則不復出云。

惟四月哉生魄，王不懌。甲子，王乃洮、頮水，相被冕服，憑玉几。

冕服，袞冕之服也。覲禮曰「天子袞冕，負斧扆」，則此發顧命，服袞必矣。周禮司几筵：「凡大朝覲，大饗、射，封國，命諸侯，王位設黼依。依前南鄉，設莞筵、紛純，加繅席、畫純，加次席、黼純。左右玉几。」此「玉几」即設於黼扆之前，次席之上者，但言「玉几」者，文略也。大朝覲、饗、射，封國，命諸侯，設黼扆於廟中之牖間，此則設於正寢之牖間。蓋以天下傳子，其事尤大於封國、命諸侯，而以疾病不能至廟，故於正寢牖間之前設黼扆而發命也。

乃同召太保奭、芮伯、彤伯、畢公、衞侯、毛公、師氏、虎臣、百尹、御事。

召者，自路門外治朝而召入於路寢也。人君每日視朝於治朝，退適路寢聽政，羣臣亦就治朝左右而治事。考工記所謂「外有九室，九卿朝焉」者也。是時成王寢疾，不能視朝，羣臣每日入寢門問疾畢，退至治朝治事如常日。王將發顧命，則召之使入也。御事，侍御之臣，大僕大右、大僕從者之屬也。周禮司士治朝之位：「三公北面，東上；孤東面，北上；卿大夫西面，北上。王族故士、虎士在路門之右，南面，東上；大僕大右、大僕從者在路門之左，南面，西上。」此時王在扆前，南面，羣臣之位當與治朝同，而其在路門之左右者，則立於黼扆之左右與？

王曰：「嗚呼！疾大漸，惟幾，病日臻，既彌留，恐不獲誓言嗣，茲予審訓命汝：昔君文王武王宣重光，奠麗陳教則肄，肄不違，用克達殷，集大命，在後之侗，敬迓天威，嗣守文武大訓，無敢昏逾。今天降疾殆，弗興弗悟，爾尚明時朕言，用敬保元子釗弘濟于艱難，柔遠能邇，安勸小大庶邦，思夫人自亂于威義。爾無以釗冒貢于非幾。」茲既受命，還，出綴衣于庭。越翼日乙丑，王崩。

還者，復出而還治事之室也。綴衣，先儒以爲幄帳，蓋設於黼扆之上者也。周禮司几筵及幕人、掌次皆不言黼扆上設幄帳，此特設之者，蓋以王疾病故與？

太保命仲桓、南宮毛，俾爰齊侯呂伋，以二干戈，虎賁百人，逆子釗於南門之外，延入翼室，恤宅宗。

二干戈，謂執干戈者各二人也。諸侯之禮，以執戈者二人先，天子則又有執干者二人也。翼室，正寢之室也。翼，敬也。正寢之室尊嚴，故曰「翼室」。延入翼室，恤宅宗者，迎入正寢之室，坐於尸東，西面而爲喪主也。喪大記諸侯、大夫、士之喪，「既正尸，子皆坐于東方」。此天子之禮亦必然。孔傳訓翼爲明，雖於字義未甚的，而以翼室爲路寢則未有失也。自蘇氏解翼室爲左右夾室，而後儒皆從之，不知喪自未殯以前，主人無頃刻離尸側也，豈有成王始崩，而康王乃遠處夾室者哉！其誤甚矣。

丁卯，命作册、度。

丁卯者，成王崩之第三日也。始死，哭不絕聲，既三日小斂，乃代哭，然後命作册、度，而以成王之命書之。

越七日癸酉，伯相命士須材。

顧氏曰：讀顧命之篇，見成王初喪之時，康王與羣臣皆吉服，而無哀痛之辭，以召公、畢公之賢，反不及子產、叔向，誠爲可疑。再四讀之，知其中有脫簡。而「狄設黼扆、綴衣」以下，即當屬之康王之誥；自此以上，記成王顧命登遐之事；自此以下，記明年正月上日，康王即位朝諸侯之事也。古之人君，於即位之禮重矣，故即位於廟，受命於先王，祭畢而朝羣臣，羣臣布幣而見，然後成之爲君。春秋之於魯公，即位則書，不即位則不書，蓋有遭時之變，而不行此禮，如莊、閔、僖三公者矣。康王繼體之君，當太平之時，而史錄其儀文、訓告，以爲一代之大法，此書之所以傳也。愚謂顧氏以「狄設黼扆」以下爲康王即位之事，此雖聖人復起，不能易者也。越七日者，丁卯後之七日，殯後之三日也。命士須材，爲葬具也。自「命作册、度」以上，言召公受顧命，至王崩而書之於册；自「狄設黼扆」以下，言康王受顧命而即位。獨此節在其間，於上下文無所係屬，蓋此下必有成王葬事，以終此節之所言，而「狄設黼扆、綴衣」之上又必有康王即位之年月，而今皆脫之矣。周人殯於西序，而下文西序有東鄉之席，又有赤刀、大訓、宏璧、琬琰之屬，則西序無殯，其爲既葬之後明矣。人君踰年而卽位，成王以四月崩，十月葬，又越二月爲明年之正月，而康王卽位也。先儒不知此書有脫簡，但見「狄設黼扆、綴衣」之文，上與「伯相命士須材」之文相屬，遂謂「召公以成王殯後傳顧命於康王」，而不知其爲踰年卽位之禮，賴顧氏發明之，而其義始白，其有功於此經大矣。然以經考之，卽位之禮，實行於朝，而顧氏乃謂「在廟」，又以受同謂「祭先王」，則亦猶未免仍舊說之誤也。

狄設黼扆、綴衣。牖間南嚮，敷重篾席、黼純，華玉仍几；

狄，蓋事官之屬，掌張設之事者也。孔疏據祭統，以狄爲樂吏之賤者，蔡傳因之。然考喪大記及此篇，則狄之所掌者爲設階、出壺、設黼扆、綴衣之屬，皆與樂吏無與，未可以其名之偶同而合以爲一也。成王發顧命，設黼扆、綴衣於牖間，今將傳顧命，故復設此位，若成王之親命者然。扆狀如屏風，以其爲人所依，故謂之依，亦謂之扆。爾雅：「户牖之間謂之扆。」蓋户牖之間乃設扆之所，故謂之扆。孔疏乃謂「設於扆地，故名爲扆」，誤矣。先儒皆謂「此象平日見羣臣、覲諸侯之位」，非也。人君朝羣臣，或在路門外治朝，或在路寢阼階下，不在牖間。朝諸侯雖在牖間，然在廟不在朝，與此設於路寢之位無與也。

西序東嚮，敷重底席、綴純，文貝仍几；東序西嚮，敷重豐席、畫純，雕玉仍几；西夾南嚮，敷重筍席、玄紛純，漆仍几。

西序東嚮，平時燕宗族之位；東序西嚮者，平時燕羣臣之位也。燕禮「公在阼階上」，此東序西嚮之位也。文王世子曰「公與族燕，則異姓爲賓」，「公與父兄齒」，然則公與族燕不在阼階上之位明矣。其爲賓者席于牖前，父兄之位或在賓東，或在賓西，公與之齒則宜在西序矣。西夾南嚮之位，於經記無所見，疑齊必居正寢，齊必遷坐，則其坐在此與？既設席於牖間，南嚮，以象成王發顧命之位矣，然不知神之所在，故於平時在路寢所嘗有事之位皆設之焉。祭統曰：「詔祝于室，而出于祊，此交神明之道也。」此之謂也。先儒以西序東嚮爲朝夕聽事之位，西夾南嚮爲親屬私宴之位，其說皆無所據。士相見禮曰：「君在堂，升見無方階，辨君所在。」是人君在堂視事，或南面，或西面，而不必皆東嚮矣。公與族燕則以齒，則與親屬私宴，必不南面而以尊臨之矣。

越玉五重，陳寶：赤刀、大訓、弘璧、琬琰在西序，大玉、夷玉、天球、河圖在東序，胤之舞衣、大貝、鼖鼓在西房，兌之戈、和之弓、垂之竹矢在東房。大輅在賓階面，綴輅在阼階面，先輅在左塾之前，次輅在右塾之前。二人雀弁執惠立于畢門之內，四人綦弁執戈上刃夾兩階戺；一人冕執劉立于東堂，一人冕執鉞立于西堂；一人冕執戣立于東垂，一人冕執瞿立于西垂，一人冕執銳立于側階。

此所陳寶、玉、器、物，皆以西爲上者，鬼神之位在西也。

王麻冕、黼裳由賓階隮，卿士、邦君麻冕、蟻裳入卽位，太保、太史、太宗皆麻冕、彤裳，太保承介圭，上宗奉同、瑁，由阼階隮，太史秉書由賓階隮，御王册命。

麻冕、黼裳者，三章之絺冕裳有黼黻者也。麻冕、彤裳者，一章之玄冕也。蟻裳者，人君之齊服裳，玄色而無章者也。彤裳降於黼裳，蟻裳又降於彤裳。曾子問曰「君薨而世子生」，「太祝裨冕」以告，三日見子，「太宰、太宗、太祝皆裨冕」。而商書伊尹亦以冕服祠于先王。蓋大夫士之父，父也，其尊近；人君之父，父也君也，其尊遠。故雖在喪中，而假吉服以接神，所以抑哀而崇敬也。檀弓曰：「弁絰葛而葬，有敬心焉。」此之謂也。此王與太保以下皆冕服，然皆不用上服，而但用絺冕以下，又以在哀戚而不敢伸也。蓋古者即位之禮皆如此，而蘇氏乃以爲訾，然則伊尹所以祠先王，孔子所以答曾子者，皆非禮耶？

曰：「皇后憑玉几，道揚末命，命汝嗣訓，臨君周邦，率循大卞，燮和天下，用答揚文武之光訓。」王再拜，興，答曰：「眇眇予末小子，其能而亂四方以敬忌天威！」乃受同、瑁。王三宿、三祭、三咤，上宗曰：「饗！」

薛氏曰：古者大禮，冠昏之事皆有祭醮、訓戒之辭，以謹成人繼世之儀，正始之道然也。踐阼受之先王，冠昏受之父母，死生雖異，其義一也。吳氏曰：天子之禮，無可攷證，今以士禮推之。父之命子，必醮以酒，醮者有獻無酬。太保攝王事，傳顧命，命嗣王，亦用酒者，如成王之生存命其子也。然太保，臣也，不敢純如父醮子之禮，故略用臣獻君之禮，有獻有酢也。愚謂孔傳謂「受同以祭」，於是後之說者皆以受同爲祭先王。夫喪中固無祭，若以爲告祭，則亦必有祝以接神，又必有告神之辭，而此皆無之。蓋此爲成王傳顧命於康王，而非有所告於成王也，何祭之有？至蔡傳又以下文之「王答拜」爲代尸拜，此尤謬之甚者。借如舊說爲祭，亦告祭耳。告祭無尸，且特牲、少牢祭禮尸皆自拜，初無俟人代之者。解經如此，其疑誤後學不亦甚哉！蓋此節唯薛氏、吳氏得之。士昏禮「父親醮子而命之」，蓋醮之者，所以禮之也。父將以大事命其子，必先有以禮之，親迎且然，況傳之以天下乎？故大保之同，所以爲成王禮康王者也。太保爲成王禮康王，猶士昏禮「奠菜」，「老醴婦于房中」之義也。下文云「以異同，秉璋以酢」，則知此同之所盛，乃鬱鬯，王則自圭瓚注之，大保則自璋瓚注之者也。用酒謂之醮，用醴謂之醴，用鬱鬯謂之灌。此所行乃灌禮也。同之爲器，他無所見，而獨見於此。蓋圭瓚重大，不可以祭以飲，故注之於同而祭之飲之，蓋凡行灌禮者皆然也。王再拜者，拜受也。王拜受而太保不拜送者，以此禮特爲成王致之，王之再拜非爲太保拜也。宿，進也。灌必設席，王既受同於大保，則進至席前也。三宿者，三受同而進也。周禮王於上公再灌而酢，侯伯一灌而酢，子男一灌不酢。此王三受同而後大保自酢，則三灌而酢矣。三灌而酢者，天子之禮也。吳氏謂「不敢純用父醮子之禮，故有獻有酢」，則非也。祭，祭酒於地也。士冠禮「以柶祭醴，三」，此三宿則有九祭矣，而曰「三祭」者，據每宿而祭言之也。咤者，既飲卒爵而奠之也。知王飲卒爵而奠之者，以上宗曰「饗」，則王饗此酒可知。蓋此酒乃成王之所以禮康王，雖在喪亦不敢不飲。士虞禮主人受尸酢，亦卒爵也。上宗，贊王之禮者，故告王以「饗」，饗辭不以祝而以上宗，又可以見此酒非所以告神也。

太保受同，降，盥，以異同，秉璋以酢，授宗人同，拜，王答拜。太保受同，祭、嚌，宅授宗人同，拜，王答拜。

太保之酢，自酢於王也。凡獻於尊者，不敢煩尊者酢之，則自酢。授宗人同，拜，王答拜者，太保拜受而王拜送也。嚌，飲至齒也。太保之酢，所以達康王之意，然王與太保俱在喪中，哀戚所同，故雖受王之酢，但嚌之而已也。授宗人同，拜，王答拜者，太保既嚌酒，又拜而王又答之也。

太保降，收。諸侯出廟門俟。王出在應門之內，太保率西方諸侯入應門左，畢公率東方諸侯入應門右，皆布乘黃朱。賓稱奉圭兼幣，曰：「一二臣衛敢執壤奠。」皆再拜稽首，王義嗣德，答拜。

王出在應門之內，所謂「卽位」也。位者，人君路門外日視朝之位，遭喪踰年，則就此位，以爲臨涖羣臣之始也。不云「王出在畢門之外」，而曰「王出在應門之內」，則治朝之位在畢門、應門之間，三分之，而二在北，一在南與？古天子卽位之禮，見於此篇。諸侯之禮，雖不可考，然由此篇所言推之，亦畧可見矣。

太保暨芮伯咸進，相揖，皆再拜稽首，曰：「敢敬告天子：皇天改大邦殷之命，惟周文武誕受羑若，克恤西土，惟新陟王，畢協賞罰，戡定厥功，用敷遺後人休。今王敬之哉！張皇六師，無壞我高祖寡命！」王若曰：「庶邦、侯、甸、男、衛，惟予一人釗報誥。昔君文武丕平富，不務咎，底至齊，信用昭明于天下，則亦有熊羆之士、不二心之臣保乂王家，用端命于上帝。皇天用訓厥道，付畀四方，乃命建侯樹屏，在我後之人。今予一二伯父尚胥暨顧，綏爾先公之臣服于先王，雖爾身在外，乃心罔不在王室，用奉恤厥若，無遺鞠子羞！」羣公既皆聽命，相揖，趨出。王釋冕，反喪服。

喪大記曰：「公之喪，大夫俟練，士卒哭而歸。」時成王之喪未練，羣臣尚當在王所，而云「羣公」「趨出」，然則天子之喪，羣臣之廬、堊室在應門之外與？

尚書顧命解跋

鏘鳴校禮記集解畢，復求先生說經之書於其家，得尚書顧命解一卷。顧命，成王崩未葬，君臣皆冕服，又受黄朱、圭、幣之獻，宋眉山蘇氏疑焉，謂「使周公在，必不爲此」。晁公武曰：「蘇氏之說，又本於孫氏覺。」覺仕元祐時。而石林葉氏曰：「康王之事，必有不得已而然者。召公權一時之宜，正君臣之分，禮之變，非禮之失也。」止齋陳氏亦以爲召公、畢公皆盛德大老，豈不知禮？蓋見周公以叔父之親，擁戴太子，而流言之變，起於兄弟，非公之忠誠，則王室幾摇，故於康王之立，特爲非常之禮，以與天下共立新君，使曉然知所定而無疑，其意遠矣。東萊吕氏同此說。蘇氏之論，主於守經，而不知天子諸侯之禮與士、庶人不同，天子之禮又與諸侯不同，未可援喪服行冠禮及春秋諸侯之禮推之也。葉、陳、吕氏之說，出於達權，是又不免以權謀、功利之見，求二帝、三王之大經大法，未必其果有合也。且成、康之世，固周家太平極盛時也，又曷爲有不得已而創此非常之禮哉？朱子以爲易世授受，國之大事，當嚴其禮。此誠千古不易之論矣。其言「王、侯以國爲家，先君之喪，猶以爲己私喪也」，則猶未盡卽乎天理人心之安者也。康侯胡氏又云：「是時成王崩就殯，猶未成服，故用麻冕、黼裳，入受顧命，已受命，誥諸侯，而後釋冕，反喪服，於是成服而宅憂。」不知天子七日而殯，既殯而成服，自乙丑至癸酉凡九日，殯已三日矣，而猶未成服，豈有是哉？此皆求其說不得而强爲之辭者也。亭林顧氏直謂「其中有脫簡」，詳見日知錄。先生讀而韙之，又取經文反覆而推究焉。而其說加備，至於疏解它文，補正舊說所未盡者，皆由參考禮經得之，而益知先生三禮之學通之諸經而無弗協也。刻禮記集解成，遂以此卷附於後，以廣其傳。歐陽子曰：「經非一世之書也，刊正、補輯非一人之能也，使學者各極其所見，而明者擇焉，以俟聖人之復生也。」至哉言乎！余刻是解，故又備述宋儒之說於此，以俟學者審焉。

同治戊辰三月，族子鏘鳴謹跋。